JN438774

최신 관세법

The Customs Law

박민규 지음

도서출판 서훈

Preface 머리말

관세법은 개정 수요가 있을 때에만 개정되던 과거와는 달리 매년 개정이 되고 있다. 관세법은 2011년 본서 개정판 출간 이후에 2011년 12월과 2013년도 1월 1일에 개정이 되었다.

2011년 12월 개정에서는 관세를 신용카드로 납부하는 경우의 납부한도를 상향 조정하며, 정부위원회를 효율적으로 관리·운영하기 위하여 유사한 기능을 수행하는 위원회를 관세심사위원회로 통합했다. 그리고 납세자권리헌장의 교부 대상을 확대하여 관세조사 시 납세자의 절차적 권리를 보장했다. 관세조사 대상 선정기준을 법률에 명확히 규정하고 중복조사를 제한함으로써 납세자의 권리 보호를 강화했고, 물가 안정을 위하여 서민생활과 밀접한 품목, 독과점 품목 등에 대한 기본관세율을 인하했다.

2013년 개정에서는 원산지 검증을 위한 외국 검증기관의 회신을 부과 제척기간의 특례 사유로 인정하는 동시에 납세의무자에게 원산지 증명서 등의 진위여부·정확성에 대한 확인을 요청했음을 통보해주도록 했다. 그리고 할당관세 등으로 세율을 인하하여 적용해왔던 품목에 대한 기본관세율을 인하했다.

최근 2년간의 특징 가운데 하나는 납세자의 권리 보호를 위한 제도적인 장치가 마련되었으며, FTA의 확산에 따른 전반적인 관세율 인하를 반영하고 물가안정을 위해 기본세율을 인하했다는 것이다.

2011년 12월에 법이 개정되었음에도 여러 사정으로 인해 2012년에는 본 교재를 개정을 하지 않았다. 이번 교재 작업을 하면서 두 번의 개정 내용을 반영을 하였다. 2013년 1월 개정된 관세법의 2월에 개정된 시행령과 시행규칙까지 포함하였다. 그러나 정부조직법 개정이 지연되어 정부부처의 명칭을 최종 확인할 수 없어 언론에 보도된 것을 참고하여 미리 반영하였다. 독자들은 이러한 사항을 염두에 두고 학습을 해야 할 것이다.

2013년 2월

인천 용현동 연구실에서 박민규

Contents
목 차

Chapter 2 관세부과 / 41

Chapter 3 관세율의 조정 / 109

Chapter 5 과세 및 부과 · 징수 / 341

Chapter 6 납부 및 환급 · 감면 / 373

Chapter 1 총칙

제1절 관세의 연혁과 기능

1 연혁

관세 (customs duties)란 「관세선(Customs frontier)」을 통과하여 수출입 되는 상품에 부과하는 세금(tariffs 또는 tax)이다. 이때 관세선과 정치적인 국경선은 반드시 일치하는 것은 아니다. 관세의 전제가 되는 관세선(關稅線 : custom line)은 관세에 관한 법률규제가 이루어지는 경계로서, 정치적 경계인 국경선(國境線 : national frontier)과 일치하는 것이 일반적이지만 반드시 일치하는 것은 아니다. 정치적으로는 자국의 영역이라도 관세제도상으로는 타국의 영역과 동일하게 다루어지는 자유무역지역(自由貿易地域), 그와 반대로 정치적으로는 타국의 영역일지라도 관세제도상으로는 자국의 영역과 다름없는 보세구역(保稅區域)이나 관세동맹국(關稅同盟國) 등이 있기 때문이다.[1)]

관세의 어원에 대하여 스미스(A. Smith)는 옛날부터 행하여진 관습적 지불(慣習的 支拂)인 'customary payments'에서 유래한다고 하였으나, 길버트(C. B. Gilbert)는 보관료(保管料)를 의미하는 'custodium'에서 유래한다고 하였다.

1) 네이버 백과사전 참조

영국에서 관세는 전통적으로 왕의 관습적 수입(customary revenue)의 일부분이었고 소비세와 토지세와는 달리 의회의 승인을 받지 않고 부과하였다. 관세를 영어로 customs이라고 표현하는 경우도 있지만 세관(customs)은 관세를 징수하고 동식물과 상품의 흐름을 통제하는 국가 기관을 말한다.

일반적으로 관세는 수출품에 대하여 부과하는 수출세(輸出稅), 수입품에 대하여 부과하는 수입세(輸入稅), 국경을 통과하는 물품에 대하여 부과하는 통과세(通過稅)로 구분된다. 그러나 오늘날 수출세나 통과세를 채택하고 있는 국가는 거의 없고 모든 나라가 수입세를 채택하고 있다. 따라서 관세는 '수입품에 대하여 부과되는 세금(稅金)'이라고 말할 수 있는 것이다.

관세의 부과는 세입(稅入)에 의하여 국가재정이 확충될 뿐만 아니라 수입이 억제됨에 따라 국내 산업이 보호되는 효과가 있다. 관세의 부과는 외국과의 무역의 형태나 교역량에 영향을 미친다. 모든 물품에 일률적인 관세를 부과하는 것이 아니라 개개의 물품에 필요와 상황에 따라 각각 다른 세율의 관세를 부과함으로써 교역되는 물품의 가격과 수량에 상대적 변화를 줄 수 있다. 예를 들어 관세율을 인상함으로써 교역량을 감소시킬 수 있으며, 관세율을 인하함으로써 교역량을 증가시킬 수 있고, 부(負)의 관세를 부과하여 보조금을 지급함으로써 교역량을 크게 확대시킬 수도 있는 것이다. 이와 같이 관세는 중요한 기능을 발휘하고 있으므로 모든 나라가 관세제도를 대외통상정책에 있어서 중요한 수단으로 이용하고 있다. 관세는 국가가 조세법률주의(租稅法律主義)의 원칙에 따라 법률에 따라 부과하는 조세이다.

관세는 다음과 같은 시대적 변천을 거친다. 관세는 옛날에는 일종의 통과세였다. 서양의 경우 로마가 지중해 일대를 통일하기 이전 서유럽을 지배하고 있었던 부족들은 통행세 명목으로 많은 돈을 뜯어냈다. 로마는 지중해 일대를 통일하고 '포르토리아'라는 간접세를 부과했는데 이것이 현대적 의미의 관세의 시초라고 할 수 있다.[2] 포르토리아를 직역하면 '항만세'인데, 로마 제국의 10개 항구에 설치된 세관을 통과하는 물자에 부과하고 징수하는 세금을 가리킨다. 로마시대에 관세는 부족이 지배하던 때보다 세율이 일정해지지고 세금을 내는 횟수가 줄어들어 교역이 활성화되었다. 로마는 세관 설치지역과 물품에 따라 관세를 차등부과 했는데 갈리아 지방은 1.5%, 이탈리아 반도는 5%였다. 홍해와 나일강 중류에 설치된 세관을 통과하는 비단, 보석, 향신료 같은 사치품에는 25%의 관세가 부과되었다.

2) 시오노 나나미 지음·김석희 옮김 「로마인 이야기」 6권, 2007, 236쪽.

관세는 중세에 들어와 봉건영주의 재정수입을 올리기 위한 내국관세로 변형되었으며, 근대국가의 성립과 함께 내국관세는 차차 그 모습을 감추고, 국경선을 통과하는 화물에 부과되는 국경관세가 일반화하면서 관세는 무역정책의 중요한 수단으로 인식되기 시작하였다. 중상주의 시대에는 '수출장려·수입제한'의 정책으로 국부(國富)를 꾀했기 때문에 보호적 관세정책이 적극 활용되었다. 산업혁명 후 시장 확대를 노린 무역자유화 정책이 유럽 전역에 퍼져나갔다. 그러나 자유무역체제는 공업선진국인 영국에게만 이로울 뿐, 공업후진국엔 효과가 없다는 결론에 이른 독일·미국 등은 공업화 촉진을 위해 유치산업 보호를 목적으로 하는 높은 관세정책을 취하게 되었으며, 이런 경향은 프랑스에도 파급되었다.

관세를 통한 보호무역은 제1차 세계대전 후의 불황 속에서 더욱 박차를 가했으며 1932년에는 영국도 자유무역정책을 포기하고 영연방특혜관세제도를 확립하였다. 이를 계기로 세계경제는 블록경제체제로 진전되고, 마침내 제2차 세계대전을 불러일으키고 만다. 대전 말기에 이르러 세계는 국제적 협조를 바탕으로 하는 새로운 세계정치·경제 체제를 모색하게 되었으며, 정치적 안정을 위한 UN 설립, 국제금융을 위한 '브레턴우즈협정'(1944) 체결, 자유무역 질서 회복을 위한 국제무역기구(ITO) 설립추진이었다. 미국 영국 등 승전국들은 제2차 세계대전후 자유무역의 확대를 위하여 국제연합(UN)의 특별기구로서 국제무역기구(ITO)의 설립을 추진하고 ITO 헌장(Havana Charter)까지 작성하였으나, 미 의회의 반대로 설립이 무산되었다.

2 관세의 기능

1. 재정수입 확보

관세법의 목적에서 「관세수입을 확보함으로써 국민경제의 발전에 이바지함을 목적으로 한다」고 정하여 이를 명확히 하고 있다. 우리나라의 경우 관세 자체가 국가 재정수입에서 차지하는 비중은 점차 감소하고 있다. 물건을 수입할 때 내국세와 지방소비세를 함께 징수하며 관세와 내국세, 지방소비세를 합한 수입은 국가 재정수입에서 적지 않은 비중을 차지하고 있다.

관세청의 2010년 관세 징수 목표는 48조 5천 원이다. 관세는 9조 2천 8백 원이며 내국세가 37조 5천 원이다. 부가가치세의 5%인 지방소비세가 2010년 1월부터 징수를 하고 있으며 1조 8천 원 징수 목표이다. 수입을 할 때 내는 세금 가운데 77%는 내국세이고 19%가 관세이며 4%는 지방소비세이다.

2010년 관세 징수 목표

(단위 : 억 원)

구 분	'10년 목표	비율
관 세	92,768	19%
내 국 세	374,569	77%
지방소비세	17,657	4%
합 계	484,994	100%

2. 국내산업 보호

관세부과는 수입을 억제하여 국내 산업을 보호하는 기능이 있다. 우리나라는 농산물과 섬유 등 공산품 일부에 대하여 높은 관세를 부과하여 산업을 보호하려고 하고 있다.

3. 소비억제

수입물품에 관세를 부과하면 가격이 상승하여 수요는 줄고 소비가 억제되다. 수요의 가격탄력성이 적은 생활 필수 품목은 소비억제 효과가 작고, 수요의 가격탄력성이 큰 사치품과 같은 것은 소비억제 효과가 크다.

4. 수입대체 및 국제수지개선

특정 상품에 관세 부과시 가격 상승으로 수입이 억제되고 국내의 동종 상품에 가격경쟁력이 생겨 국내생산이 증가로 수입대체효과가 발생한다.

3 관세의 종류

1. 부과목적에 따른 분류

관세를 과세목적에 따라 분류하면 재정관세와 보호관세로 나뉜다.

재정관세는 세입관세 또는 수입관세라고도 하며 주로 국고수입을 주목적으로 부과되는 관세이다. 어떤 관세이든 조세라는 점에서 보면 모두가 국고수입이 되지만, 이것은 재정수입의 확보가 제1의 목적으로 고려되는 관세이다. 전형적인 것으로, 초기 절대왕제(絶對王制)하의 관세는 수출품·수입품에 모두 부과되는 형태로서, 재정관세로서의 성격이 매우 강했다.

보호관세는 국내산업의 보호를 목적으로 하는 관세로서, 국내 유치산업의 보호육성이나 기존산업의 유지 등을 위하여 국내생산품과 같은 종류의 외국 상품에 대하여 고율의 관세를 책정하여 수입억제를 기하려는 것이다. 이것은 18세기경부터 유럽에서 채용되기 시작하였는데, 초기에는 수입금지와 같은 직접적인 통제수단의 배후에서 그것을 보조하는 역할을 하였다. 보호관세는 다시 그 기능에 따라 육성관세와 독점관세로 나눌 수 있다.

2. 과세의 방법

관세는 개개 상품의 관세율의 결정기준에 따라 종가세(從價稅)와 종량세(從量稅)로 나눈다. 우리나라 관세법 제14조에서는 관세의 과세표준은 수입물품의 가격(종가세) 또는 수량(종량세)으로 한다고 규정하여 종량세와 종가세를 모두 가지고 있다.

종가세는 수입물품의 가격을 과세표준으로 하는 관세이며 세액은 「물품가격 × 세율」이다. 수입품가격을 평가하는 것을 관세평가(關稅評價)라고 하는데, 평가방법은 수입품의 수출지가격(FOB 가격)이나, 수입국 도착가격(CIF 가격)을 표준으로 한다. 한국을 비롯한 많은 나라들이 종가세로 수입국 도착가격을 채택하고 있다. 종가세의 장점은 관세의 부담이 종량세에 비해 균등·공평하고 시장가격의 등락에도 과세부담의 균형유지(인플레 하에서 효과)를 유지할 수 있다는 것이다. 단점은 과세가격 산출이 어렵고 수출국에 따라 관세의 차이가 발생한다는 것이다.

종량세는 수입품의 개수·용적·면적·중량 등의 일정한 단위수량을 과세표준으로 하는 관세이다. 종량세의 세액은 「수량 × 단위수량당 세액」이다. 종량세는 가격이 낮은 것일수록 세 부담이 무거워지며, 가격변동과 세 부담이 역비례 하는 경향이 있으나, 관세사무가 간단하며 수출국 등에 따라 세액의 차이가 생기지 않는다는 이점이 있다. 종량세의 장점은 과세방법이 간단하고 행정상 편리하며 산업보호 효과 강하다는 것이다. 단점은 물가변동에 따른 세율의 적용이 불가능하고 중량산정, 계량단위 통일하는데 어려움이 있고, 관세부담 공평성 상실, 인플레 하에서 재정수입의 확보가 곤란하다는 단점이 있다.

오늘날 한국을 비롯한 세계의 대부분의 국가에서는 종가세와 종량세를 품목별로 나누어 적용하는 혼합세 제도를 가지고 있다. 혼합세 가운데 종가세와 종량세를 동시에 산출하여 합산한 세액을 부과하는 복합세 제도를 우리는 가지고 있지 않으며 종량세와 종가세를 정해놓고 그중 세액이 높은 쪽에 관세부과하는 선택세 제도를 택하고 있다. 일반적으로 수입을 억제하는 데는 가격 하락시 종량세를, 상승시에는 종가세를 부과하는 것이 효과적이다. 대체로 종가세가 적용되는 과세품목수가 압도적으로 많지만, 설탕·원유·석탄·원목 등은 종량세를 적용하는 경우가 많다.

제2절 관세법의 법원

1 관세법의 국내 법원

관세법의 가장 중요한 국내 법원은 관세법, 시행령, 시행규칙이다. 관세법 이외도 여러 법률이 있다. 한국이 2004년 WTO 무역정책검토기구(TPRB)에 제출한 한국 통상정책검토 보고서에서는 한국의 대외무역 관련 기본 법률을 소개하고 있다.[3] 여기에는 관세법(Customs Act)을 통관절차에 관한 법이라고 하고 있다. 대외무역에 관하여 가장 중요한 일반 법률은 WTO 설립 협정 이행특별법(Special Act on the Implementation of the Agreement Establishing the World Trade Organization), 대외무역법, 외국환 거래법 등이다. 그리고 상법과 정부조달법, 독점규제 및 공정거래법이 포함되어 있으며 자유무역지역(Free Trade Zones)과 경제자유구역(Free Economic Zones Act)의 지정 및 운영에 관한 법률도 포함되어 있다.

FTA와 관련하여 2004년에는 한-칠레 FTA가 체결·시행되고 있었으나 그 이후에 한-싱가포르, 한-EFTA, 한-아세안 FTA가 체결되어 시행이 되고 있으며 한-미 FTA, 한-EU FTA 협상이 타결된 상태이다. 관련된 법률은 해운, 항공, 선박법이 포함되어 있으며 지적재산권 보호 관련 법률은 특허법(Patent Act), 상표법(Trademark Act), 컴퓨터프로그램보호법(Computer Programs Protection Act), 부정경쟁방지 및 영업비밀 보호에 관한 법률(Unfair Competition Prevention and Business Secret Protection Act) 등 4개 법률이 포함되어 있다.

관세법의 법원 가운데 성문 관세법이 가장 중요한 위치를 차지하지만 그 외에도 여러 법규가 관련되어 있다. 먼저 국제계약과 국제거래와 관련된 비엔나 협약, 국제조약과 관습법규 그리고 세계 무역과 관련해서 가장 중요한 WTO 협정이 있다. 관세법에 포함되어 있는 양허관세, 지적재산권 보호와 원산지 규정, 관세평가 규정, 반덤핑·보조금·긴급수입관세 등 무역구제 관련 조치들은 WTO 협정문에 근거를 두고 있다.

---

3) WTO, Trade Policy Review Republic of Korea WT/TPR/S/137, 18 August 2004, p 16.

법률명	제정년도
일반법률(General legislation)	
WTO 설립 협정 이행특별법	1994
대외무역법(Foreign Trade Act)	1986
외국환거래법(Foreign Exchange Transaction Act)	1998
자유무역지역의 지정 및 운영에 관한 법률	1970
경제자유구역의 지정 및 운영에 관한 법률	2002
상법(Commercial Act)	1962
정부조직법(Government Organization Act)	1948
독점규제 및 공정거래법(Monopoly Regulation and Fair Trade Act)	1980
정부조달법(Government Procurement Act)	1994
자유무역협정(Free-trade agreements)	
한칠레 자유무역협정(Korea-Chile Free Trade Agreement)	2004
통관절차(Customs procedures)	
관세법(Customs Act)	1949
지적재산권(Intellectual property)	
특허법	1961
상표법	1949
컴퓨터 프로그램 보호법	1986
부정경쟁방지 및 영업비밀 보호에 관한 법률	1961
특정분야(Sector-specific)	
은행법(Banking Act)	1950
증권거래법(Securities and Exchange Act)	1962
통신사업법(Telecommunications Business Act)	1983
전기사업법(Electricity Business Act)	2002
해운법(Marine Transport Act)	1983
선박법(Ship Act)	1960
항공법(Aviation Act)	1961
방송법(Broadcasting Act)	2000
해외투자(Foreign investment)	
해외투자촉진법(Foreign Investment Promotion Act)	1998
조세특례제한법(Special Tax Treatment Control Act)	1998
사회간접시설에 대한 민간투자법 (Act on Private Investment in Infrastructure)	1994

자료 : WTO 한국 통상 정책 검토, WT/TPR/S/137, 2004.

2 관세법의 국제 법원

관세법은 매우 구체적이고 전문화된 주제이다.[4] 그러나 관세법은 국제무역 흐름에 심대한 영향을 미칠 수 있기 때문에 국제 무역정책과 WTO를 비롯한 국제 무역기구의 기본적인 원칙과 규범을 이해하는 것이 중요하다.

1. GATT

2차 세계대전 이후 ITO의 설립은 무산되었으나, 전후 ITO의 설립과 함께 추진된 「관세 및 무역에 관한 일반협정(GATT)」은 23개 체약국으로 1948. 1. 발효되었다. GATT(General Agreement on Tariffs and Trade)는 잠정협정에 불과하였으나, 1948년부터 1995년 WTO가 출범하기까지 국제무역을 관장하는 유일한 다자간 수단으로 존재하였다. GATT는 법적 기구(legal entity)로서의 성격은 없었으나, 불완전한 제도적 형태로 인하여 발생되는 문제들을 현실적인 협정을 통하여 해결, 사실상(de facto)의 국제기구로서의 역할도 수행했다. 우리나라는 1967년 가입했다.

GATT협정은 4부 37개 조항으로 구성되어 있었다. 제1부는 최혜국대우원칙과 양허표에 관한 기본원칙, 제2부는 각종 관세, 비관세 장벽의 제거를 위한 회원국의 의무와 관련된 실체적 규정, 제3부는 협정의 적용, 개정 등 절차적인 규정, 제4부는 개도국들의 무역과 경제개발을 위한 특별규정이다. GATT 출범이후 그동안 케네디라운드·도쿄라운드·우루과이라운드(UR) 등 총 8차례의 다자간 관세협상 라운드가 개최되어 관세의 인하·비관세 장벽의 철폐 등에 대한 교섭을 꾸준히 전개했고, 1993년 12월 한국을 비롯한 117개국이 UR협정문에 조인함으로써 자유무역체제를 확립했다.

---

4) John H. Jackson, et al. Cases, Materials and Text on Legal Problems of International Economic Relations (American Casebook Series) (Jul 9, 2008)

〈표 1-1〉 GATT하의 다자간 무역협상 개요

연도	협상분야	참여국	장소/명칭	주 요 내 용
1947	관세	23	제네바 (Geneva)	- 최초의 다자간 협상으로 당시 세계무역의 절반가량에 해당 하는 45,000건의 관세양허 교환
1949	관세	13	안시 (Annecy)	- 1949~51년 간에 열린 두 차례의 다자간 협상으로 주로 신규 가입 신청국의 GATT 가입 (accession)을 용이하게 처리하기 위한 다자간 협상의 성격을 띰. - Annecy 라운드에서는 9개국이, Torquay 라운드에서는 4개국이 추가로 GATT에 가입
1951	관세	38	토르퀘이 (Torquay)	
1956	관세	26	제네바	- GATT의 운영방식개선 및 GATT조문 재검토를 목표로 하여 추진 - "체약국단은 때때로 관세인하협상을 주최한다."는 계획을 처음으로 GATT 조문에 명시, GATT 제2부의 일부분 수정
1960 – 1961	관세	26	제네바 (딜론 라운드)[5)]	- 유럽경제공동체(EC) 출범을 배경으로 이로 인한 무역 차별 및 무역전환효과를 상쇄하기 위해 개최 • 미국과 EC 평균 10% 관세인하
1964 – 1967	관세, 반덤핑	62	제네바 (케네디 라운드)	- 품목별협상과 선형삭감방식(fromula approach) 병행하여 진행, 선진국의 관세율을 평균적으로 35% 인하 • 반덤핑 및 관세평가에 대한 합의도출
1973 – 1979	관세, 비관세, 기본협정	102	제네바 (동경 라운드)	- 선진국들은 대부분 30% 이상으로 관세율 인하 - 정부조달, 기술장벽, 보조금 및 상계관세, 관세평가, 수입허가, 반덤핑 등 6개 분야에 대한 협정(code) 제정 • 개도국 특별 대우 제도화
1986 – 1994	관세, 비관세 규범 서비스 지재권 분쟁해결 섬유 농업 WTO 창설	123	제네바 (우루과이라운드)	- 세계무역기구(WTO) 설립 • 항구적이고 강력한 국제무역기구의 설립 • 회원국의 국내법을 WTO 규정에 합치시키도록 규정함. - 공산품 관세인하 및 비관세장벽 완화 • UR 협상이전에 비해 1/3이상 관세 인하 • VER 등 회색조치의 철폐 - 농산물 및 섬유류 무역의 GATT 편입 - 기존 GATT 규범의 강화 • 반덤핑, 보조금, 상계관세, 세이프가드 등 - 서비스무역에 과한 기본규범 설정 및 최초의 양허교섭 완료 - 지적재산권 보호 및 투자관련 조치에 관한 규범 마련 - 통합분쟁해결절차 및 규칙(DSU) 합의

5) 종전에는 무역협상라운드가 개최된 지역의 이름을 따서 라운드를 명명하였으나, 1960년대의 두 차례 라운드는 그것의 개최에 가장 크게 공헌한 사람의 이름을 따서 명명하였음. Dillon Round는 Eisenhower 행정부 말기 국무성 차관(딜론 라운드에서의 미국측 수석대표)으로 있다가, Kennedy 행정부의 초대 재무장관을 지낸 C. Douglas Dillon의 이름을, Kennedy Round는 John F. Kennedy 대통령의 이름을 딴 것이다.

2. WTO 협정

1) 세계무역기구의 출범

1980년대에 들어서면서 주요 선진국이 자국 산업 및 국제수지보호를 위하여 보호무역주의적 수단을 남용하기 시작하였으며, GATT 체제를 우회하는 반덤핑제도의 남용, 수출자율규제(VER) 및 시장질서협정(OMA) 등의 회색지대조치가 성행했다. 농산물, 섬유 등 일부 품목은 국제무역에서 차지하는 비중이 높음에도 불구하고 사실상 GATT의 규율을 받지 아니하거나, GATT 규정의 폭넓은 예외조치가 인정되었다. 서비스, 지적재산권 등 새로운 분야는 국제경제에서 차지하는 비중이 점점 증대하여 가고 있음에도 불구하고 국제법적 규율장치가 미비했다.

이러한 배경 하에 GATT 체제의 보완과 유지를 위하여 새로운 다자간 협상이 필요하다는 공통적인 인식을 바탕으로 UR협상이 출범했다. 8년간의 협상을 거쳐 1995년 1월 1일 UR 협정이 발효되고, GATT를 대체하는 항구적이고 강력한 새로운 세계무역기구(WTO : World Trade Organization)가 설립되었다.

(1) 법적 능력

WTO는 GATT와는 달리 법인격이 주어지고 WTO 기능수행에 필요한 법적 능력과 특권 및 면제 향유하게 되었다.

(2) 포괄성과 규범성

상품무역, 서비스, 자본, 기술거래 등 국제경제활동의 주요 부분을 거의 다 포괄할 뿐만 아니라 상세하고 실효성 있는 규범체계를 마련함으로써 과거 국제경제를 지배하던 '힘'의 논리를 '규범'의 논리로 대체하였다.

(3) 다자주의

세계무역에 있어서 다자주의 원칙을 더욱 확고히 함으로써, 일방주의 또는 지역주의의 확산을 방지하고, 회원국의 국내법을 다자규범에 일치시키도록 규정함으로써 일방적 무역조치의 남용방지를 위한 제도적 장치를 마련하였다.

(4) 자유무역과 공정무역의 조화

자유무역정책을 기본으로 하되, 개도국 지원을 위한 예외를 허용하고, 시장력을 남용하는 불공정관행들을 제거하는 공정무역정책을 가미하였다.

2) WTO 기능

(1) 협정 이행

WTO의 기능 가운데 가장 중요한 것은 다자무역협정의 이행, 관리 및 운영을 촉진하고, 그 목적을 증진하는 데 있다. 모든 회원국 정부가 수락한 다자협정 이행을 확보하기 위해 각 회원국 정부의 이행상황에 대한 통지를 접수하고 토의하는 장을 제공한다. 이를 위해 정보제공 등 활동으로 각국의 협정 이행을 위한 노력을 지원한다. WTO는 다자 무역협정뿐만 아니라 복수국간 무역협정의 이행, 관리 및 운영을 위한 틀을 제공하는데 일부 회원국이 수락한 복수국간 무역협정의 이행을 위해 상기와 유사한 활동을 전개한다.

(2) 협상

WTO는 회원국간의 다자간 무역관계에 관하여 협상을 위한 장을 제공하고, 이러한 협상결과의 이행을 위한 틀을 제공한다. 이미 GATT 및 UR 의제에 포함된 주제에 관한 다자협상의 장을 제공하는 것으로서 이는 WTO 고유기능이다. 이에 덧붙여 WTO 각료회의에서 결정할 수 있는 다자무역관계에 관한 추가적 협상, 즉 기존 협약에 명시되어 있지 않은 새로운 의제에 대한 협상을 위한 장을 제공할 수 있다.

(3) 분쟁 및 정책검토

WTO 협정 부속서 2의 분쟁해결규칙 및 절차에 관한 양해를 시행한다. 이를 위해 분쟁해결기구 및 상소기구를 통해 협정 해석, 협정 위반 등에 대한 회원국간의 분쟁을 해결한다. 그리고 WTO 협정 부속서3의 무역정책검토 제도를 시행한다. 회원국의 무역정책을 정기적으로(2년, 4년, 6년) 검토함으로써 협정 이행을 증진한다.

(4) 여타 국제기구들과 협력

세계경제 정책결정에 있어서의 일관성 제고를 위하여 WCO, IMF, IBRD 및 관련 산하기구들과 협력한다.

3) WTO 체제의 원칙

(1) 차별 없는 교역

① 최혜국대우(MFN : Most Favored National Treatment)

최혜국대우 원칙은 모든 회원국에 최혜국대우를 부여함으로써 교역 상대국간 차별대우 금지하는 것이다. 최혜국대우는 특정국가에 대한 특혜는 다른 모든 WTO 회원국에게도 부여해야 하는 것을 의미한다. 예를 들어 특정 국가 A의 상품에 대한 관세인하는 여타 회원국 모두에게 적용해야 하며 WTO는 각국의 정보제공 등 활동으로 각국의 협정 이행을 위한 노력을 지원한다. MFN 대우의 예외로는 자유무역협정, 불공정한 교역을 하고 있는 상대방 국가에 대한 조치, 일부 서비스 분야에서는 제한된 상황에서 차별 가능이다.

② 내국민대우(National Treatment)

외국인과 내국인, 외국 상품과 내국 상품 간 동일한 대우 부여하는 것이다. 내국민대우의 예외로 인정되는 것은 자유무역협정과 불공정한 교역을 하고 있는 상대방 국가에 대한 조치이다.

(2) 교역의 자유화

WTO는 관세 인하 및 비관세 조치의 완화를 통한 교역의 자유화를 추진한다. 무역자유화는 GATT 체제에서도 관세인하 및 무역자유화를 위한 8차에 걸친 다자간 협상 개최하였다.

(3) 예측가능성

관세 및 시장개방일정 등에 대한 양허(약속)를 각 회원국들이 제시하고 수입물량에 대해 상한선을 설정하는 쿼터나 기타 조치의 사용을 억제하도록 하고 있다. 그리고 무역정책검토제도 및 각종 통보의무 부여 등을 통해 각국 관행 및 절차의 투명성 증대시키고 있다.

(4) 공정경쟁의 촉진

WTO는 MFN, 내국민대우의 보장, 그리고 덤핑, 보조금 등에 대한 규범의 도입을 통해 공정한 경쟁을 유도하고 있다.

(5) 경제개발 및 개혁의 장려

WTO체제 아래에서는 GATT체제보다 개도국들에 대한 특별우대조치 허용하고 있다. 개도국들에 대하여 특정 의무 이행기간의 연장 및 완화를 하고 협정 이행을 위한 기술지원 등 능력배양 사업을 지원하고 있다.

4) WTO조직 개요

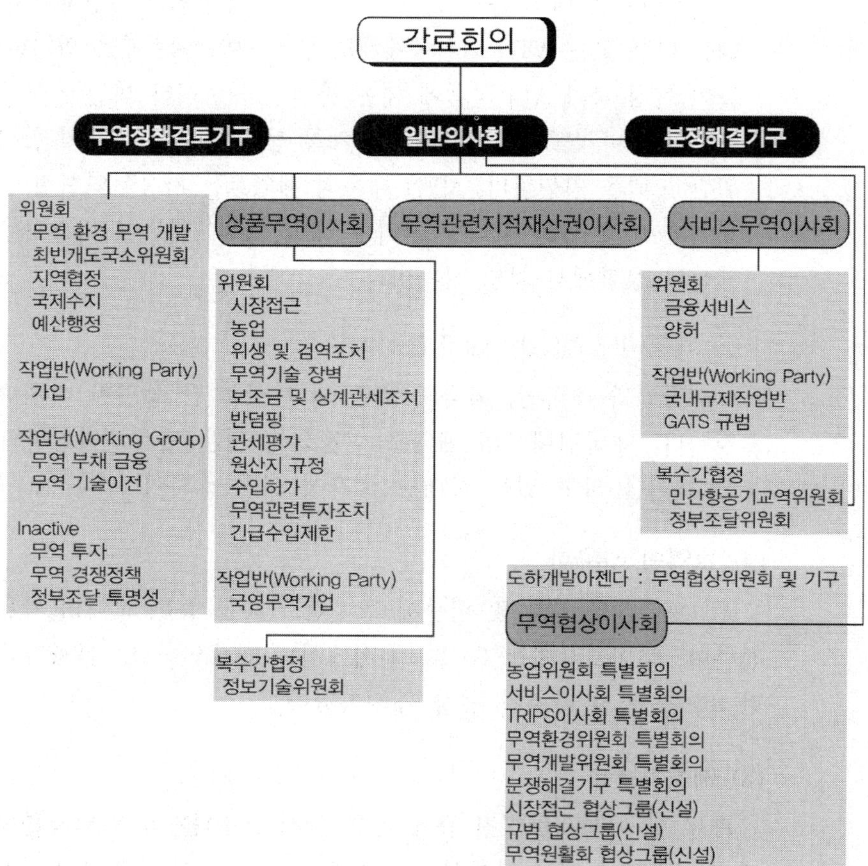

3. 세계관세기구와 교토협약

1) 개요

세계관세기구(WCO : World Customs Organization)는 관세기술 및 관세법규의 국제적 수준에서의 단순화와 조화, 품목 분류 및 평가에 관한 조약의 적용과 해설의 통일 등을 목적으로 1953년 설립됐다. 관세법규에 관한 정보의 국제적 교환 및 기술적 지원을 제공한다. 1994년 6월 총회에서 관세협력

이사회(CCC)의 명칭을 WCO로 개칭하기로 결정하고, 10월 3일부터 법률적 성격의 사용에서만 CCC로 하고 그밖에는 WCO로 사용한다. WCO의 업무영역은 세관 절차의 글로벌 표준 개발 및 단순화·조화 및 국제무역 원활화, 세관 집행 및 이행의 향상, 위조 및 지적재산권 침해행위 적발, 능력개발 프로그램 등이다. 상품분류와 관련된 국제조화시스템을 유지하고 WTO의 관세평가협약과 원산지협약(WTO Agreements on Customs Valuation and Rules of Origin) 이행 관련 기술적 측면을 지원한다.

2) 교토협약(Kyoto Convention) 개요

1973년 교토에서 개최되었던 관세협력이사회 총회에서 채택되어서 교토협약으로 불리어지고 있으며 공식명칭은 『세관절차의 간소화 및 조화에 관한 국제협약』(International Convention on the Simplification and Harmonization of Customs Procedures)이다. 1999년 WCO(세계관세기구) 총회에서 개정의정서를 채택하였다.

협약의 목적은 세관절차의 단순화와 조화를 통해 무역확대에 기여이다. 2005년 11월 3일 인도가 40번째로 가입하여 협약이 발효되었으며 2008년 7월 1일 현재 58개국이 가입했다. 우리나라는 기존 협약을 1983년 10월 가입(조약 821호)하였고 개정 협약은 2003년 2월 19일 가입했다.

3) 교토협약 개정 배경

먼저 교토협약은 세관절차 간소화에 대한 국제규범의 강화 필요성 때문에 개정되었다. 관세장벽, 수량제한 등 전통적인 무역장벽이 축소되는 반면에 통관 등 세관절차의 복잡 및 부조화로 인한 무역장애가 상존하여 이에 대한 국제적 관심 제고다. WTO에서도 제1차 각료회의(96. 12 싱가포르) 이후 "무역원활화" 논의 중이고 APEC, ASEM의 무역원활화 논의에서도 세관절차는 핵심 관심사항이다.

둘째, 교토협약의 구속성 강화이다. 기존 교토협약은 모든 규정에 대하여 유보를 허용하여 체약국들은 협약에 가입하더라도 핵심적 조항은 유보하였다. 개정협약은 가입국이 필수적으로 수락하여야 하는 내용을 일반부속서로 편입하고 선택적으로 수락 가능한 부분은 특별부속서로 편입하여 협약의 구속성을 강화했다. 우리나라는 특별부속서 25개장 중 14개장을 수락하였으며 'B. 수입', 'F. 가공', 'H. 관세범', 'K. 원산지' 부속서 중 11

개장에 대하여는 수락하지 않았다.

셋째, 현대의 발달된 정보기술의 반영 필요이다. 협약에서는 현대 정보기술의 최대한 활용하고 위험관리, 심사통제와 같은 현대적 기법 채택하였다.

4) 개정 교토협약의 체계

〈기존 교토협약과 개정 교토협약 비교〉

	구 성	의무가입 여부	성 격
기존 협약	협약본문, 31개 부속서	모든 조문 유보 가능	선언적
개정 협약	협약본문, 일반부속서, 10개 특별부속서(25개장)	일반부속서는 의무가입 특별부속서는 선택가입	구속적

(1) 개정의정서 (Protocol of Amendment)

개정취지, 의정서 수락 및 발효 등을 규정하며 협약본문, 일반부속서, 특별부속서를 부록으로 첨부하였다.

(2) 협약 본문

의무적 수락 사항이며 협약의 가입과 운영에 필요한 일반적인 사항으로써, 협약이 추구하는 목표, 협약의 관리, 협약의 가입·탈퇴, 규정의 수락·유보, 분쟁해결, 협약의 개정 등을 포함하고 있다.

(3) 일반부속서

의무적 수락 사항이며 모든 가입국이 반드시 수용해야할 핵심적인 사항으로 10개장으로 구성되어 있다. 주요 내용은 관할세관의 지정, 신고인의 권리와 책임, 신고내용의 최소화, 세율의 공고, 정보기술의 적용, 위험관리(risk management) 기법의 사용 등이다.

(4) 특별부속서

선택적 수락 사항이며 물품의 도착, 수입, 수출, 보세창고 및 자유지역, 운송, 가공, 일시수입, 관세범, 특별절차, 원산지 등 총 10개의 특별부속서로 구성되어 있다. 각 특별부속서는 1 - 5개씩 총 25개의 장(chapter)으로 구성되어 있으며 장별로 수락 가능하며 우리나라 14개장 수락했다. 수락한 장 내에서도 일부조항(권고관행)에 대한 유보가 허용된다.

〈표 1-2〉 개정 교토협약(전체) 주요내용

분 야	주요 내용
1. 통관절차의 간소화	• 세관은 최소한의 신고사항만을 요구 • 외국 세관의 봉인 인정 • 여행자 휴대물품에 대한 구두신고 허용
2. 통관절차의 신속화	• 담보제공에 의한 물품반출 허용 • 업무시간외 통관 허용 • 일반적인 우편물에 대한 세관 통제 금지 • 구호용 탁송품에 대한 우선적 통관
3. 통관절차의 국제표준화	• 표준화된 신고양식의 사용 • 국제적으로 인정된 표준을 사용하는 컴퓨터 응용프로그램의 도입 • 여행자 통관시 복수통관제도 도입 • 원산지 결정시 실질변형 기준 채택 • 통관 관련 분쟁발생시 독립기관에 대한 불복청구권 허용
4. 관세의 감면	• 이사물품, 선물용품, 상업용 견본 등 • 일정수량 이하의 담배, 술, 향수 등 • 일시수입물품 • 선박, 항공기 등 상업용 운송수단 • 선용품 및 기용품 • 구호용 탁송품 • 일정한 한도내의 비거주자 개인용 휴대품 • 국외가공을 통해 재수입되는 경우 • 허가를 받은 국내가공을 위한 수입
5. 최혜국대우	• 물품의 원산지국·행선지국에 상관없이 동일한 세관절차의 적용
6. 정보기술의 이용	• 전자적 수단에 의한 물품신고 허용 • 전자이체에 의한 관세 납부

5) 개정 교토협약의 국내법령 반영내용

개정 교토협약은 2000년, 2002년, 2003년에 관세법과 관세법 시행규칙에 반영하였으며 구체적인 내용은 다음과 같다.

〈표 1-3〉 2000년 관세법 개정시 반영내용

협 약	개정년도	관세법령
○ 관세징수의 최저세액 설정(일반 4장13조)	2000년	○ 관세징수 금액이 3,000원 이하인 경우, 관세면제(관세법 제40조, 시행령 제37조)
○ 담보는 관세 및 제세 부과 예정금액 이내(일반 5장6조)		○ 담보금액은 납부해야할 관세에 상당하는 금액으로 함(시행령 제10조 제8항)
○ 일시장치기간의 연장 허용(특별 A2 제13조)	2002년	○ 수입자 요청에 의하여 세관장은 3월의 범위내에서 연장 가능(관세법 제170조)
○ 수입관세 및 제세 면제품목 열거(특별 B3 제7조)		○ 면세대상에 국군묘지 관련 장례식용 물품 등 포함(관세법 제93조)
○구호용 탁송품의 시간외 통관수수료 면제(특별 J5 제3조)	2003년	○ 구호용 탁송품에 대하여는 시간외 통관수수료 면제(시행규칙 제81조)

제3절 관세법 통칙

1 관세법의 목적

관세의 부과·징수 및 수출입물품의 통관을 적정하게 하고 관세수입을 확보함으로써 국민경제의 발전에 이바지함을 목적으로 한다. 판례에서도 '적정한 통관절차의 이행과 관세수입의 확보'가 관세법의 가장 중요한 보호법익임을 밝히고 있다.[6)]

2 관세법의 성격

1. 통관법적 성격

관세법은 수출입 물품의 통관절차에 대하여 규정하고 있다. 통관이란 관세법의 규정에 따른 절차를 이행하여 물품을 수출·수입 또는 반송하는 것을 말한다.

2. 조세법적 성격

관세징수의 주체는 국가로 강제로 징수하며 반대급부가 없고 재정수입을 목적으로 법률 또는 조약에 의해 부과·징수된다.

3. 형사법적 성격

관세를 부과하기 위한 조사와 행정처분에 대하여 규정하고 있다.

4. 쟁송절차법적 성격

관세부과에 대하여 이의가 있으면 심사를 청구하는 절차를 규정하고 있다.

5. 국제법적 성격

관세법에는 관세평가협약, 긴급관세, 원산지, 지적재산권 등 WTO 협정과 WCO 등 국제기구와 국가와의 협정에 관한 내용을 포함하고 있다.

---

6) 【대법원 2008.1.17. 선고 2006도455 선고 판결】

3 관세법의 연혁

한국에 근대적인 관세가 생긴 것은 구한말기(舊韓末期) 미국·영국·일본 등과 통상조약을 맺으면서 부산·인천·원산을 개항(開港)으로 지정하면서부터이며, 그 중에서도 부산에 설치한 두모진(豆毛鎭 : 1878. 9 - 12)은 한국의 근대적 관세징수 업무와 세관설치의 효시(嚆矢)이다. 그러나 국권피탈로 일본의 식민지 통치를 받게 되자 일본의 관세제도가 그대로 통용되었으며, 이러한 제도는 1948년 8월 15일의 정부수립 이후까지도 잠정적으로 답습되다가 1949년 12월에 한국의 관세법을 제정·공포함으로써 비로소 명실상부한 관세자주권의 확립을 보게 되었다.

1. 제정

관세법은 1949년 11월 23일 법률 제67호로 제정되었다. 관세법의 목적은 관세의 부과·징수 및 수출입물품의 통관을 적정하게 하여 국민경제의 발전에 기여하고 관세수입의 확보를 하기 위해서였다. 주요 내용은 관세의 과세·징수·징수면제 기타 이의신청에 관한 사항을 정하고 보세구역을 지정보세구역과 특허보세구역으로 하여 지정보세구역의 종류를 통관역·통관비행장·통관우편국·통관장 및 세관구내로 하고 특허보세구역의 종류를 보세장치장·보세창고 및 보세공장으로 하였다. 그리고 보세운송·내국운송 및 수출·수입 또는 반송의 절차 등 운송 및 통관절차와 세관화물취급인의 자격·허가·업무 등에 관하여 정하였다. 세관장등 세관관리가 관세법 또는 관세법에 따라 발한 명령을 집행하기 위하여 필요한 조치를 할 수 있도록 하고 관세범에 대한 조사와 처분에 관한 사항을 포함하고 있다.

2. 제1차 개정

관세법은 1951년 12월 6일 법률 제229호로 일부 개정되었다. 개정 내용은 자선 또는 구제용 물품에 대하여는 면세를 하고 세관구내의 물품장치기간을 물품 반입일로부터 6월을 물품수용일로부터 3월로 조정하였다. 그리고 관세법 위반에 대한 벌칙을 강화하고 세관관리로 하여금 사법경찰관리의 직무를 행하게 하였다.

3. 제2차 개정

관세법은 1953년 10월 법률 제296호로 개정되었다. 주요 개정 목적은 외국의 원조물자중 무상으로 분배하는 것은 면세토록 하고 유상으로 분배하는 물자에 대하여는 관세와 물품세를 징수해 왔으나 한미합동경제위원회에서 현행법상 미비점으로 부각되고 있는 밀수범에 대한 벌칙규정이 경미하여 밀수방지정책에 막대한 지장을 초래하고 있으므로 이에 대한 대책으로 벌칙을 대폭 강화하여 밀수로 인한 국민경제의 침식을 방지하였다.

4. 2003년 2004년 2005년 2006년 개정

2003년 12월에는 성실납세 풍토를 조성하고 성실납세자 등에 대한 납세편의를 제공하기 위하여 관세납부방식과 신고한 관세에 대한 심사방식을 개선하고, 신고납부한 세액에 과부족이 있는 경우 이를 조정하는 절차를 개선·보완, 가산금으로 인한 납세자의 과중한 부담을 경감하기 위하여 가산금 부과요율 인하, 그 밖에 종합보세구역을 활성화하기 위하여 민간인도 종합보세구역지정을 요청할 수 있도록 하며, 외국인관광객 유치를 위하여 관세 등에 대한 환급절차를 마련하였다.

2004년 10월에는 납부기한이 동일한 달에 속하는 세액을 그 다음달 1일까지 일괄하여 납부하도록 하는 일괄납부제도를 개선하여 해당연도 12월 세수의 다음연도 이월을 방지하는 한편, 선용품(선용품) 및 기용품(기용품)의 면세범위 확대와 국제우편물과 관련된 이의신청절차의 개선으로 탑승대기승객 및 민원인의 편의를 제고하였다.

2005년 7월에는 1개 조문이 개정되었는데 관세징수권의 소멸시효는 5년임에 비하여 납세자의 관세환급청구권 소멸시효는 2년으로서 납세자와 과세권자간에 형평성 문제가 발생하고 있으므로, 납세자의 권익보호를 위하여 관세환급청구권 소멸시효를 3년으로 연장하였다.

2006년 3월에는 성실한 납세풍토를 조성하기 위하여 고액의 관세 등을 체납한 자에 대한 명단공개제도를 도입하고, 특정물품에 대한 품목분류를 변경한 경우 그 변경결정의 효력을 명확하게 규정하며, 국민의 재산을 보호하고 예측가능성을 확보하기 위하여 재수출 감면세율의 범위를 법률에 구체적으로 규정하고, 그 밖에 수출입물품의 원활한 유통을 촉진하기 위하여 보세창고에 물품을 장치할 수 있는 기간을 관세청장이 탄력적으로 조정할 수 있도록 하였다.

5. 2006년 12월 개정

관세법은 2006년 12월 30일 법률 제8136호로 개정되었다. 개정이유는 산

업의 경쟁력 강화 및 품목간 세율불균형의 해소 등을 위하여 관세의 기본세율을 개편하고, 국경을 출입하는 차량의 출입절차 및 통관절차를 간소화하며, 체납자의 은닉재산을 신고한 자에 대한 포상금 지급제도를 도입하는 한편, 그 밖에 제도의 운영상 나타난 일부 미비점을 개선·보완하였다.

6. 2007년 12월 개정

관세법은 2007년 12월 31일 법률 제8833호로 개정되었다. 보세공장에 대하여 이중과세를 방지하고 원료에 대한 과세 신청절차를 간소화하며, 저작권 등에 대하여도 상표권과 같이 세관장이 직권으로 통관을 보류할 수 있도록 하는 제도를 도입하는 등 지식재산권에 대한 보호를 강화하는 한편, 수출입 안전관리 우수 공인업체에 대하여 통관절차상의 혜택을 부여하였다.

주요내용은 보세공장에 대한 이중과세 방지 및 원료과세 신청절차 개선하였는데 보세공장에 대하여 이중과세를 유발하는 관세환급 요건을 현실화하고 원료에 대한 과세신청절차를 간소화하여 보세공장의 기업환경을 개선할 필요가 있어 보세공장에서 생산된 물품이 계약내용과 상이한 경우 최초 수입신고된 보세공장이 아닌 보세공장에 반입하더라도 그 관세를 환급하도록 하고, 보세공장에서 원료에 대한 과세를 신청하는 경우 종전에는 원료의 반입건별로 신청하도록 되어 있었으나 1년의 범위에서 원료별·제품별 또는 보세공장 전체에 대하여 신청할 수 있도록 하였다.

수출입물품의 원산지정보 수집·분석과 관련하여 자유무역협정 체결의 확대 등으로 원산지 확인, 결정 및 검증 등의 업무가 증가하여 이에 대한 대책을 마련할 필요가 있어 관세청장이 원산지 확인, 결정 및 검증 등의 업무에 필요한 정보를 수집·분석하도록 하였다.

저작권 등의 경우 상표권과는 달리 통관단계에서 충분한 보호가 이루어지지 못하고 있어 보호 수준을 높일 필요가 있고, 수출입신고를 한 자가 담보를 제공하는 경우 위조 상품 등에 대하여도 통관이 허용될 수 있는 여지가 있어 상표권의 경우와 같이 저작권 등에 관한 사항을 관세청장에게 신고하게 할 수 있도록 함으로써 저작권 등을 침해한 물품에 대한 효율적인 단속이 이루어지도록 하고, 저작권 등을 침해하였음이 명백한 경우에는 세관장이 직권으로 통관을 보류할 수 있도록 하며, 위조 또는 유사한 상표를 부착한 물품이나 불법 복제된 물품은 담보를 제공하는 경우에도 통관을 허용할 수 없도록 하였다.

수출입 안전관리 강화 및 신속한 통관을 위한 민·관 간 또는 국가 간 협력을 강화하기 위하여 안전관리가 우수한 업체에게 통관절차상의 혜택을 부여할 필요가 있어 제조·운송·보관 또는 통관 등 무역에 관련된 자가 안전관리 기준을 충족하는 경우 관세청장이 수출입 안전관리 우수업체로 공인하고 통관절차상의 혜택을 부여하며 다른 국가와 상호 인증할 수 있도록 하였다.

7. 2008년 12월 개정

납세자의 권리 보호를 강화하기 위하여 과오납한 세액의 환급청구기간을 3년에서 5년으로 연장하고, 가산세가 부과되지 아니하는 보정기간을 신고납부일부터 3개월 이내에서 6개월 이내로 연장하며, 성실납세 기반을 조성하기 위하여 악의적인 허위·부당신고에 대해 가산세를 중과하도록 하였다. 국내 반입이 증가하고 있는 소액 탁송품에 대한 세관의 관리·감독을 강화하는 등 제도의 운영상 나타난 일부 미비점을 개선·보완하였다.

주요내용은 첫째, 납세자의 환급청구권 소멸시효 연장(법 제22조)으로 세관장의 납세자에 대한 관세 징수권 소멸시효 기간은 5년이나 납세자의 관세 과오납금 환급청구권 소멸시효는 3년이어서 납세자의 환급청구권 소멸시효를 5년으로 연장하여 납세자의 권리 보호를 강화했다.

둘째, 보정기간의 연장(법 제38조의2)으로 가산세가 부과되지 않는 보정기간은 신고납부일부터 3개월 이내로 한정되어 있어 납세자가 이를 충분히 활용하기 어려워 보정기간을 신고납부일부터 6개월 이내로 3개월 연장하여 납세자의 보정신청을 활성화 하였다. 셋째, 허위·부당신고에 대한 가산세 중과(법 제42조)로 가산세는 신고 부족세액의 10퍼센트이고 그 상한이 20퍼센트로 일률적으로 규정되어 있어 납세자의 악의적인 허위·부당신고에 대한 제재가 미약하여 이를 강화할 필요가 있어 납세자가 고의로 허위나 부당하게 신고한 경우에 대한 가산세를 10퍼센트에서 40퍼센트로 상향조정하고 가산세의 상한을 폐지하였다. 넷째, 장애인 운동용구의 면세(법 제93조제16호)로 장애인체육용기구 일부 품목은 시장성 등의 이유로 국내 생산이 안 되는 관계로 전량 수입에 의존하고 있으며, 이에 따라 생산국 현지가격에 비해 평균 3배 이상 비싸게 국내에서 판매되고 있어 장애인들이 쉽게 장애인체육 활동에 접근을 하지 못하고 있는 주요 원인으로 꼽히고 있어 관세를 면제하는 특정물품에 장애인운동경기 종목에 해당하는 운동용구(부분품 포함)를 포함하도록 하였다.

다섯째, 승객예약자료 제출시한 신설(법 제137조의2제1항)하였다. 세관장

은 수출입금지품목, 마약류, 총포 등에 대한 검사업무 수행에 필요한 경우 항공사에 승객예약자료 제출을 요구할 수 있다. 이 경우 세관장이 자료제출의 시한을 설정할 수 있도록 하여 여행객에 대한 검사의 효율성을 높일 수 있도록 하였다. 여섯째, 탁송품에 대한 관리 강화(법 제254조의2 신설, 안 제277조제2항)로 전자상거래 활성화에 따라 급증하고 있는 탁송품을 세관이 보다 효율적으로 관리·감독할 필요가 있어 소액 탁송품에 대해 운송업체가 세관에 통관목록을 제출하도록 하고, 만약 운송업체가 이를 사실과 다르게 제출하는 경우 세관이 100만 원 이하의 과태료를 부과할 수 있도록 하였다.

마지막으로 국가관세종합정보망의 구축 및 운영 근거 신설(법 제327조, 제327조의3 및 제327조의4, 안 제327조의2 신설)하였다. 관세청의 국가관세종합정보망의 구축·운영 등에 대한 법적인 근거가 없어 국가관세종합정보망에 대한 법적 근거를 도입하고, 국가관세종합정보망 운영사업자 지정 등 관련 규정을 마련하였다.

8. 2009년 5월 개정

관세법은 2009년 5월 개정되었는데 국내에 반입된 위해(危害) 수입물품으로부터 우리 사회를 보호하고 국민보건 수준을 향상하기 위하여 수입업자 및 수입물품 유통업자로 하여금 유통이력을 신고하게 하고, 신고의무위반 시 500만 원 이하의 과태료를 부과하도록 하여 처벌의 실효성을 확보하면서 지나친 형사처벌로 인하여 국민의 경제활동이 위축되지 않도록 하였다. 구체적으로 수입업자 및 수입물품을 국내에서 거래하는 자는 사회안전 또는 국민보건을 현저하게 해칠 우려가 물품 등으로서 관세청장이 지정하는 물품에 대한 유통이력을 관세청장에게 신고하도록 하였다(법 제240조의2 신설). 관세청장은 필요하다고 인정하는 때에는 세관공무원으로 하여금 유통이력 신고 의무자의 사업장에 출입하여 관련 서류 등을 조사하게 할 수 있도록 하였다(법 제240조의3 신설).

9. 2010년 1월 개정

관세담보의 제공에 따른 기업부담을 완화하기 위하여 관세담보제도를 원칙적으로 무담보 방식으로 전환하고, 희귀난치성질환자 등을 위한 용도로 제작된 물품 중 기획재정부령이 정하는 물품에 대하여는 관세를 면제하며, 탁송품을 통한 마약류 등의 반입을 금지하기 위하여 세관공무원이 탁송품을 검사하도록 하고, 경미한 관세법 위반 행위에 대한 처벌을 형벌에서 과태료로 전환하며, 「형법」상 책임주의 원칙을 구현하기 위하여 일부 형법총칙 배제 규정을 삭제하고, 설탕 완제품의 수입관세율을 40퍼센트에서 35퍼센트로 낮추었다.

10. 2010년 12월 30일 전면 개정

법 위반에 따른 특허보세구역에 대한 물품 반입등 정지처분이 이용자에게 심한 불편을 주거나 공익을 해칠 우려가 있는 경우에는 이를 대신하여 과징금을 부과할 수 있도록 하고, 「대한민국과 유럽연합 및 그 회원국 간의 자유무역협정」 이행을 위하여 지식재산권 보호 대상을 확대하며, 품질 등 허위·오인 표시물품에 대한 통관을 허용하지 아니하도록 하여 국내산업 및 소비자를 보호하고, 녹색성장에 필요한 신성장동력 산업을 지원하기 위하여 주요 원자재·부품 등에 대한 기본세율을 인하하며, 외국의 경제수역에서 포획한 수산물을 내국물품으로 보아 관세를 부과하지 아니하였고, 어려운 용어를 쉬운 용어로 바꾸며, 길고 복잡한 문장은 체계 등을 정비하여 간결하게 하는 등 국민이 법 문장을 이해하기 쉽게 정비하였다.

11. 2011년 12월 개정

국세의 과세표준 및 세액을 결정·경정하는 과정에서 조정된 수입물품의 거래가격에 따라 관세의 과세가격을 조정하여 신고납부한 세액을 경정할 수 있는 근거를 마련했다. 관세를 신용카드로 납부하는 경우의 납부한도를 상향조정하며, 정부위원회를 효율적으로 관리·운영하기 위하여 유사한 기능을 수행하는 위원회를 관세심사위원회로 통합했다. 할당관세의 결과를 국회에 보고하도록 하며, 납세자권리헌장의 교부 대상을 확대하여 관세조사 시 납세자의 절차적 권리를 보장했다. 관세조사 대상 선정기준을 법률에 명확히 규정하고 중복조사를 제한함으로써 납세자의 권리 보호를 강화했고, 물가 안정을 위하여 서민생활과 밀접한 품목, 독과점 품목 등에 대한 기본관세율을 인하했다.

12. 2013년 1월 개정

원산지 검증을 위한 외국 검증기관의 회신을 부과 제척기간의 특례 사유로 인정하는 동시에 납세의무자에게 원산지 증명서 등의 진위여부·정확성에 대한 확인을 요청했음을 통보해주도록 했다. 과세가격 결정에 기초가 되는 동종·동질물품 거래가격의 요건을 명확히 하는 등 과세가격 결정방법을 개선하고, 중소기업 등이 보세판매장을 운영할 수 있도록 제도적 장치를 마련하며, 할당관세 등으로 세율을 인하하여 적용해왔던 품목에 대한 기본관세율을 인하했다.

제4절 관세법 적용의 원칙 등

1 의의

조세는 국민의 재산권과 밀접한 관계가 있으므로 법 적용시 조세법의 자의적 해석 또는 소급과세 등으로 인하여 납세자의 재산권이 부당하게 침해되지 않도록 하여야 한다.

2 법해석의 기준

관세법을 해석하고 적용할 때에는 과세의 형평과 해당 조항의 합목적성에 비추어 납세자의 재산권을 부당하게 침해하지 아니하도록 하여야 한다.

1. 과세형평의 원칙

납세자와 서로 다른 납세자간의 형평이 있어야 한다.

2. 합목적성의 원칙

조세법의 기본이념을 기초로 하여 그 조항의 목적에 맞도록 해석하여야 한다.

3 소급과세 금지

관세법의 해석이나 관세행정의 관행이 일반적으로 납세자에게 받아들여진 후에는 그 해석이나 관행에 따른 행위 또는 계산은 정당한 것으로 보며, 새로운 해석이나 관행에 따라 소급하여 과세되지 아니한다.[7)][8)]

---

7) 통칙 5-0-1(비과세관행의 성립요건) 법 제5조제2항에서 "이 법의 해석 또는 관세관행이 일반적으로 납세자에게 받아들여진 후"라 함은 장기간에 걸쳐 과세를 하지 아니한 객관적 사실이 존재하여야 하고, 과세관청의 비과세에 관한 명시적인 또는 묵시적인 의사표시가 있었다고 볼 수 있는 특별한 사정이 있어야 한다.
8) 소급과세 금지와 관련한 관세법 규정(법 제87조 제3항) 관세청장은 품목분류를 변경하는 때에는 변경일부터 30일이 경과하기 전에 우리나라에 수출하기 위하여 선적된 물품에 대하여 변경전의 품목분류를 적용하는 것이 수입신고인에게 유리한 때에는 변경전의 품목분류를 적용할 수 있다.

판례 신의성실의 원칙이나 국세기본법 제18조 제3항 및 관세법 제5조 제2항(구 관세법 제2조의2 제2항)이 정하는 소급과세금지의 원칙은 합법성의 원칙을 희생하여서라도 납세자의 신뢰를 보호함이 정의에 부합하는 것으로 인정되는 특별한 사정이 있을 경우에만 적용된다고 할 것이고, 그 조항에서의 일반적으로 납세자에게 받아들여진 세법의 해석 또는 국세행정의 관행이란 비록 잘못된 해석 또는 관행이라도 특정납세자가 아닌 불특정한 일반납세자에게 정당한 것으로 이의 없이 받아들여져 납세자가 그와 같은 해석 또는 관행을 신뢰하는 것이 무리가 아니라고 인정될 정도에 이른 것을 말하고, 단순히 세법의 해석기준에 관한 공적 견해의 표명이 있었다는 사실만으로 그러한 해석 또는 관행이 있다고 볼 수는 없는 것이며, 그러한 해석 또는 관행의 존재에 대한 입증책임은 그 주장자인 납세자에게 있다고 할 것이다(대법원 1992. 9. 8. 선고 91누 13670 판결, 2002. 10. 25. 선고 2002두172 판결 등 참조). 원심은 제1심판결의 이유를 인용하여, "피고가 원고로부터 이 사건 물품에 관한 관세와 부가가치세를 납부 받은 후 관세청장의 사전회시신청에 의한 품목분류결정을 받고, 그 결정에 따라 이미 납부한 관세와 부가가치세를 환급하여 주었다고 하더라도 위와 같은 사정만으로는 그 후 품목분류 변경결정에 따라 환급한 관세 등에 대하여 추징한 이 사건 부과처분이 신의성실의 원칙이나 비과세관행에 관한 소급과세금지의 원칙에 위배되지 아니한다."고 판단하였는바, 기록에 비추어 살펴보면 원심의 이러한 사실인정과 판단은 정당하다. 원심판결에는 관세법상 신의성실의 원칙과 소급과세금지의 원칙에 관한 법리 오해 등의 위법이 없다. 【대법원 2006.6.29. 선고 2005두2858 선고 판결】

4 관세법 해석에 관한 질의회신의 절차와 방법

과세형평과 소급과세 금지 기준에 맞는지에 대한 관세법 해석에 관한 사항은 「국세기본법」에 따른 국세예규심사위원회에서 심의할 수 있다.

기획재정부장관 및 관세청장은 「관세법」의 해석과 관련된 질의에 대하여 관세법의 과세의 형평과 해당 조항의 합목적성에 비추어 납세자의 재산권을 부당하게 침해하지 아니하도록 해석하여 회신하여야 한다.

관세청장은 회신한 문서의 사본을 해당 문서의 시행일이 속하는 달의 다음 달 말일까지 기획재정부장관에게 송부하여야 한다. 다만, 사실판단과 관련된 회신이거나 기존의 해석에 따라 회신한 경우에는 그러하지 아니하다.

관세청장은 질의가 「국세기본법 시행령」에서 정하고 있는 다음 어느 하나에 해당한다고 인정하는 경우에는 기획재정부장관에게 의견을 첨부하여 해석을 요청하여야 한다.

– 세법 및 「관세법」의 입법 취지에 따른 해석이 필요한 사항

- 기존의 세법 및 「관세법」 해석 또는 일반화된 국세 및 관세 행정의 관행을 변경하는 사항
- 그 밖에 납세자의 권리 및 의무에 중대한 영향을 미치는 사항

관세청장은 기획재정부장관의 해석에 이견이 있는 경우에는 그 이유를 붙여 재해석을 요청할 수 있다.

기획재정부장관에게 제출된 법 해석과 관련된 질의는 관세청장에게 이송하고 그 사실을 민원인에게 알려야 한다. 다만, 다음 어느 하나에 해당하는 경우에는 기획재정부장관이 직접 회신할 수 있으며, 이 경우 회신한 문서의 사본을 관세청장에게 송부하여야 한다.

- 「국세기본법 시행령」에서 정하고 있는 「국세기본법」에 따른 국세예규심사위원회의 심의를 거쳐야 하는 질의
- 관세청장의 법 해석에 대하여 다시 질의한 사항으로서 관세청장의 회신문이 첨부된 경우의 질의(사실판단과 관련된 사항은 제외한다)
- 법이 새로 제정되거나 개정되어 이에 대한 기획재정부장관의 해석이 필요한 경우

관세청장은 법을 적용할 때 우리나라가 가입한 관세에 관한 조약에 대한 해석에 의문이 있는 경우에는 기획재정부장관에게 의견을 첨부하여 해석을 요청하여야 한다. 이 경우 기획재정부장관은 필요하다고 인정될 때에는 관련 국제기구에 질의할 수 있다. 기타 법 해석에 관한 질의회신 등에 필요한 사항은 기획재정부령으로 정한다.

5 신의성실

납세자가 그 의무를 이행할 때에는 신의에 따라 성실하게 하여야 한다. 세관공무원이 그 직무를 수행할 때에도 또한 같다.

판례 관세법 제2조의2 제2항, 국세기본법 제15조, 제18조 제3항의 규정에 따른 신의성실의 원칙이 적용되거나 비과세의 관행이 성립되었다고 하기 위해서는, 장기간에 걸쳐 어떠한 사항에 대하여 과세하지 아니하였다는 객관적 사실이 존재할 뿐만 아니라, 과세관청 자신이 그 사항에 대하여 과세할 수 있음을 알면서도 어떤 특별한 사정에 따라 과세하지 아니한다는 의사가 있고, 이와 같은 의사가 대외적으로 명시적 또는 묵시적으로 표시되어야 한다(대법원 1995. 10. 12. 선고 95누9815 판결, 1996. 1. 26. 선고 95누15575 판결 등 참

조). 원심이 같은 취지에서, 피고가 1989. 이후 이 사건 부과처분 이전까지 원고 회사가 전달매체만의 가격으로 수입신고를 한 데 대하여 아무런 조치를 취하지 않았다는 사정만으로는 이 사건 부과처분이 신의성실의 원칙에 위배되거나 이미 성립한 비과세 관행에 저촉된다고 볼 수 없다고 판단한 것은 옳고, 거기에 신의성실의 원칙 등에 관한 법리를 오해한 위법이 있다고 할 수 없다. 【대법원 1998. 8. 21. 선고 97누13115 선고 판결】

판례 원심은 구 관세법의 용도세율 적용승인 제도는 관세의 신고납부제도 원칙 아래에서 용도에 따라 적용세율이 달라지는 물품의 실제 용도가 그 신고한 내용대로인지를 확인할 뿐, 세관장이 그 승인에 앞서 그 품목분류 및 세액의 적정성을 심사하여야 하는 것은 아닐 뿐만 아니라, 실제로 이 사건에 있어서도 구체적인 세액심사를 거치지 아니한 채 처리되었으므로, 피고가 이 사건 물품에 대하여 관세율표상 품목번호 9031.80-9091호를 적용한 원고의 용도세율 적용 신청을 승인하면서 수입신고를 수리하였다고 하더라도 그 승인으로써 이 사건 물품에 대하여 원고가 신고한 대로의 품목분류가 적정한 것이라는 내용의 공적인 견해를 표명하였다거나 그에 대한 원고의 신뢰가 형성되었다고는 할 수 없고, 따라서 피고의 이 사건 부과처분은 신의성실의 원칙에 위배되지 아니한다고 판단하였는바, 위와 같은 원심 판단은 관계 법령과 기록에 비추어 정당하고, 거기에 관세법상 신의성실의 원칙에 관한 법리오해 등의 위법이 없다. 【대법원 2006.11.9. 선고 2005두4137 선고 판결】

판례 구 축산법은 시장접근물량에 적용되는 양허세율로 축산물 등을 수입하려는 자는 농림부장관의 추천을 받도록 규정하고 있고, 축산물 등의 수입에 대한 추천업무를 시·도지사에게 위임하거나 농림부장관이 지정하는 비영리법인으로 하여금 대행하게 할 수 있으며, 이 경우 품목별 추천물량·추천기준 기타 필요한 사항은 농림부장관이 정하도록 규정하고 있는바, 이러한 규정의 해석상 위와 같은 추천을 받지 못한 자에게는 시장접근물량에 적용되는 양허세율이 적용될 수 없다 할 것이고, 그와 같은 추천의 요건을 갖추지 못한 경우에 위 양허세율이 적용되지 아니한다 하여 그 수입에 관계되는 구 축산법 제14조의2 , 구 관세법시행령 제5조 제1항, 농축산물시장접근물량양허관세추천및수입관리요령(1997. 7. 10. 농림부고시 제97-52호로 개정된 것)의 규정 등이 조세법률주의나 조세형평의 원칙, 국민의 재산권 보장, 신의성실의 원칙 등에 어긋나 위헌 또는 위법하다고 볼 수는 없다. 【대법원 2003. 2. 14. 선고 2001두4832 선고 판결】

6 세관공무원 재량의 한계

세관공무원은 그 재량으로 직무를 수행할 때에는 과세의 형평과 관세법의 목적에 비추어 일반적으로 타당하다고 인정되는 한계를 엄수하여야 한다.

Chapter 2 관세부과

관세를 담당하는 공무원이 관세를 부과하고 쿼터를 확인하기 위해서는 3가지 결정을 해야 한다. 첫째, 관세율표(tariff schedule)의 어떤 품목에 해당하는지 품목분류(classification)를 해야 한다. 같은 전구인데도 차량용 전구와 자전거용 전구는 세번이 다르고 관세율도 달라질 수 있다. 둘째, 종량세를 부과하가 위해서는 상품의 가격을 평가(valuation)해야 한다. 수입품목에 부과되는 관세는 수입가격과 수량에 관세율을 곱하면 알 수 있다. 통상 인보이스에 있는 수입가격이 적절한지를 판단하는 절차를 말한다. 마지막으로 원산지 판정이다. FTA가 체결된 국가와 WTO 회원국과 비 회원국간의 관세율이 각각 다르다. 이러한 평가 또는 확인 절차를 거친 다음에야 세관 공무원이 관세를 부과할 수 있다.

GATT 제7조부터 10조까지는 회원국들이 준수해야 할 관세 관련 규칙 및 절차에 대하여 규정하고 있다. 제7조는 '관세목적의 평가', 제8조 '수입과 수출에 관련된 수수료 및 절차', 제9조 '원산지 표시', 제10조 '무역규정의 공표 및 시행'이다. GATT 제5조에서는 '통과의 자유'에 대하여 규정하고 있다. GATT 규정의 내용에 대해서는 관련 부분에서 설명을 한다. WTO 도하어젠다에는 무역 원활화(trade facilitation) 협상이 포함되어 있다. 무역원활화는 GATT 제5조, 제8조, 및 제10조의 규정을 명확히 하고 개선하여 상품의 국경 통과를 포함한 이동과 통관절차를 신속히 하는 것에 목적이 있다.

다음에서 품목분류, 관세평가에 관한 국제 규범과 국내 법규를 고찰한다.

제1절 품목분류

1 연혁

국제 거래의 대상이 되는 상품의 통계와 관세 부과를 위한 분류를 위한 국제적인 노력은 1931년부터 국제연맹에 따라 시작되었다. 2차 세계대전이 끝나고 UN은 통계 목적의 SITC(Standard International Trade Classification)를 제정하여 채택을 권고하였다. SITC는 1961년, 1975년, 1986년, 2006년에 각각 개정되었으며, 다음에서 설명하는 HS는 SITC에 기초하였다.

브뤼셀에서 유럽관세동맹 연구그룹이 설립되어, 1953년 관세협력이사회(Customs Cooperation Council, CCC)를 설립하였다. CCC는 브뤼셀 관세 품목분류표(Brussels Tariff Nomenclature, BTN)협약에 대한 작업을 시작하여 1959년부터 발효시켰다. 또한 1976년 BTN을 CCCN(Customs Cooperation Council Nomenclature ; 관세협력이사회 품목표)으로 개칭하였다. 관세협력이사회에서는 1973년 관세와 무역 통계를 위해 HS(The International Convention on the Harmonized Commodity Description and Coding System; Harmonized System ; HS ; 통일상품명 및 부호체계에 관한 국제협약) 개발을 결의하였고 1983년 6월 14일 브뤼셀에서 채택되어 1988년부터 HS 협약이 발효되었다.

〈표 2-1〉 국제 품목분류 제도의 변천사

연대구분	변천 내용	용도	주관
1931	제네바상품분류표	관세	국제연맹
1950	SITC제정 및 체택 권고	통계	UN
1950	BTN협약 및 CCC 협약 성립	관세	CCC
1959	BTN발효	관세	CCC
1973	HS개발결의	관세·무역	CCC 교토총회
1976	BTN을 CCCN으로 개칭	관세	CCC
1983	HS협약체택	관세·무역	CCC
1988	HS협약발효	관세·무역	CCC

CCC는 1994년 세계관세기구(World Customs Organization, WCO)로 변경되었고 WCO 회원국이 세계 무역 98% 이상을 차지한다.

2 HS의 도입배경

GATT 회원국의 대부분이 품목분류를 채택하였고, 1967년까지 세계 무역의 3/4이 BTN 품목분류를 채택하였으나 미국과 캐나다는 채택하지 않았었다. 미국은 1970년에 CCC에 가입을 하였으나 BTN이 구식이고 현대적인 품목분류가 필요하다는 이유로 채택하지 않았다.

CCC는 국제적인 상품분류의 목적을 달성하기 위하여 품목체계구성에는 각종의 품목표(예: 관세·통계, 운송, 보험 등)를 자료로 하고, 개발 작업에는 미국을 포함한 주요 무역국가와 광범위한 분야(철강·섬유·전자 등)의 전문가를 참석시켜 HS를 완성했는데 그 개발이유는 다음과 같이 3가지로 요약할 수 있다.

첫째, CCCN 미채택국(약20개국)과 채택국간에 무역교섭의 공통기반이 없으므로 수출입통계 등의 비교에 많은 노력이 요구되고 따라서 관세율표의 국제적 통일효과를 반감시켰다. 특히 주요 무역국인 미국과 캐나다가 CCCN을 사용하지 않고 있는 것이 문제가 되었다. 미국과 같은 무역대국이 독자의 분류체계를 채택하여 관세율표를 정하고 있다는 것은 세계의 관계자(국가·무역업자)에 미치는 영향이 대단히 크다. 따라서 CCCN 이외의 새로운 국제통일상품분류체계가 필요하게 되었다.

둘째, 무역상품 구조의 변화, 과학기술 발전 등에 부응해서 CCCN체계의 보정이 필요했다. 예를 들면 신규상품인 로켓·인조인간·광섬유 등이 CCCN의 '바스켓(Basket)'품목·(기타품목)에 포함되어 통계자료로 이용할 수 없기 때문에 이들 주요 무역상품들은 새로운 호(Heading)를 설정할 필요가 있게 되었다.

셋째, 민간의 보험·운송(육·해·공)등에 있어서 상품분류의 공통성이 없어서 무역관계자에게 큰 부담과 노력이 소요됨에 따라 무역관계 모든 분야에 사용될 통일된 품목표의 제정 필요가 생겼다.

그러나 운송요율 등에 HS수준의 세분은 필요하지만 개발도상국 등의 나라에서는 확대된 분류체계를 수용할 필요가 없는 등 시행상의 문제점들이 있다.

HS와 CCCN의 차이점을 살펴보면 CCCN이 관세목적에 사용하기 위하여 마련한 특정용도의 국제적 통일품목분류표라면, HS(Harmonized System)는 관세·통계·운송 등 모든 분야에 공용하기 위하여 CCCN과 SITC를 모체로 제정한 다목적·다용도·공통(통일)품목분류표라 할 수 있다. HS란 무역상품이 수출국의 생산자로부터 수입국의 소비자에게 인도되기까지의 각종의 유통단계에 있어서 각 단계의 권역마다 이 품목표를 기초로 하여 채용되기를 기대하고 있는 다목적·통일적 상품 명칭과 전산처리코드로 구성된 분류체계(품목표)이다.

3 HS에 관한 국제협약

HS의 Full Name은 「The International Convention on the Harmonized Commodity Description and Coding System and its Annex : 통일상품명 및 부호체계에 관한 국제협약과 그 부속서」이고 명칭은 「Harmonized System : 조화제도」로 「HS」는 그의 약칭이다. 부속서(Annex)상 원명은 HS품목분류표(HS Nomenclature)라 표기하고 있다. HS 협약상에는 HS체계의 일반구조와 정의에 대하여 제1조에 「협약의 부속서에 규정된 Heading(호)·Sub-Heading(소호) 및 그들에 관련된 코드번호(Numerical Codes), Section(부)·Chapter(류)·소호의 Note(주)와 HS해석에 관한 통칙(GRI) 등으로 구성된 Nomenclature(품목분류표)를 의미한다」라고 규정하고 있다.

HS의 골격은 품목표 전체의 분류지침에 관한 통칙(GRI)을 포함하여 모든 무역상품이 커버될 수 있도록 21부·97류(제77류 포함)·1244호(4단위 호)·5059소호(6단위 소호)의 4차원으로 된 분류체계와 각부·류·소호의 머리에 그 부·류·소호의 분류방향, 타류와의 관계, 용어의 정의 등을 기재한 주(Note)로 구성되어 있다. 또한 일부 류에서는 절을 설정하여 품목분류의 이해를 돕도록 하고 있다. 물론 목차도 갖추고 있다. HS는 무역 분야를 비롯해서 모든 분야에 사용할 수 있도록 작성한 다목적 품목표로서 CCCN분류체계를 모체로 하여 품목과 배번(Code)을 확대·개편한 것이다. HS사용 국가는 우리나라를 비롯한 미·일·EU등 177여개국이 사용 중에 있으며, 2007. 6월 현재 협약가입국은 130개 국가와 EC이다.

1. 협약의 목적

HS협약은 전문과 본문 20개조 및 부속서(HS품목표)로 구성되고 정본은 영어와 불어로 각 1통씩 작성되어 벨기에 정부의 문서보관소에 기탁되어 있으며, 그 전문의 내용은 대략 다음과 같다.

- 국제무역을 원활히 한다.
- 국제무역상의 특정한 자료의 수집 · 비교 및 분석 등이 용이하도록 한다.
- 국제무역에서 상품의 이동에 따른 분류체계의 변화에서 발생하는 비용을 줄이는 것과 국제무역서류의 표준화 및 자료전달이 용이하도록 한다.

- 무역관련 다양한 이해관계자들이 사용할 수 있는 품목분류표를 제공하는 것을 주목적으로 한다.

2. HS협약의 개정

1) HS 개정 연혁

산업발달에 따른 신상품의 출현이나 무역패턴의 변화 등에 대응하기 위해 각 국에서 제기된 HS협약의 문제점을 반영하여 그동안 네 차례의 협약개정이 있었다(1992년, 96년, 2002년, 2007년).

〈표 2-2〉 HS협약 발효 및 개정경위

o 1983.6.14 브뤼셀에서 채택
o 1989.7. HS협약 제1차 개정(안) 제73/74차 이사회에서 채택(1992.1.1발효)
o 1993.7 HS협약 제2차 개정(안) 제81/82차 이사회에서 채택(1996.1.1발효)
o 1999.6 HS협약 제3차 개정(안) 제93/94차 이사회에서 채택(2002.1.1발효)
o 2004.6 HS협약 제4차 개정(안) 제103/104차 이사회에서 채택(2007.1.1발효)

HS 제3차 협약개정의 주요 내용을 보면 4단위 호는 1,241개에서 1,244개로, 6단위 소호는 5,113개에서 5,225개로, 주는 419개에서 444개로 각각 증가하면서 651개 부분이 개정되었다. HS 제4차 협약개정에서는 6단위 소호는 5,224개에서 5,059개로 감소하였다.

구 분	개정개요	주요 개정품목	6단위 코드의 수
1차 개정 ('92.1.1)	HS 제정 작업과정에서 도출된 미비점 반영 및 호의 용어를 보완 · 개정	- 소호의 통합 및 신설 - 호의 용어 등	5,019→5,018
2차 개정 ('96.1.1)	신상품의 개발과 국제기구에서 요청한 마약원료물질 및 오존층 파괴물질 등을 특정 호(또는 소호)에 신설	- 영상전화기, 팩시밀리, 휴대용 컴퓨터 등 - 마약원료물질 및 오존층파괴물질 등	5,018→5,113
3차 개정 ('02.1.1)	폐기물 및 CITES협약대상품목을 특정 호(또는 소호)에 신설 하였으며 HS의 통일적 적용을 위한 용어 정의 등을 마련	- 보증된 참조물질 및 산업 폐기물 등 - 멸종위기에 처한 동식물 - 소매포장 정의 등	5,113→5,224
4차 개정 ('07.1.1)	국제기구에서 제시한 통제물질 및 IT 산업의 급속한 발전으로 특정상품에 대한 호(또는 소호) 를 신설하였으며 다양한 신상품의 개발로 인하여 종전의 용어정의 및 분류 기준을 보완	- 수은화합물, 농약원료, 청석면 등 유해물질 - 반도체 제조용 기기 - 유·무선 통신기기 등 - 신문용지, 합성섬유 및 재생섬유 등에 대한 용어	5,224→5,059

2) 제4차 HS 협약 주요 개정 내용

총 개정건수는 901개로 이를 구체화하면 4단위(Heading, 호)는 1,244개중 67개(5.4%), 6단위(Subheading, 소호)는 5,224개중 747개(14.3%), 주(Note, 註) 규정은 434개중 87개(18.7%)를 각각 개정하였다. 그리고 총 354개 항목의 HS 개정[9]하였다. 구체적으로 신문용지, 청석면, 대나무 등 환경관련 물품 등 신설, 디지털 프린터, 컴퓨터, 집적회로, 반도체 제조용 장비 등 첨단기술 제품 등에 대한 개정, 품목분류상 불필요한 세분(細分)화를 지양하여 분류체계 간소화(닭, 진공청소기, 장난감 등), 국제거래량 5천만 달러 초과물품에 대한 코드 신설(5천만 달러 미만 품목은 삭제), 기타 편집상의 오류를 수정하였다.

현 행	개 정 내 용				개정결과
	계	신설	삭제	변경	
4단위(1,244)	67	5	28	34	1,222(△22)
6단위(5,224)	747	262	434	51	5,059(△165)
- 주(434)	87	15	10	62	439(+5)
- 계	901	282	472	147	

3. 용어의 정의

1) HS의 정의

HS에 관한 협약문상의 HS란 “Harmonized Commodity Description and Coding System”(국제통일상품분류제도)의 약어로서 HS에 관한 협약의 부속서에 규정된 호(Heading)와 소호(Sub-Heading) 및 관련된 코드번호, 부(Section), 류(Chapter)와 소호의 주(Note) 그리고 HS해석에 관한 통칙(GRI: General Rules for Interpretation of Harmonized System) 등으로 구성된 무역 상품 분류의 국제적 통일을 목적으로 제정한 품목분류표를 의미한다.

2) 관세품목분류표(Customs Tariff Nomenclature)

관세품목분류표란 수입물품에 대한 관세의 부과를 목적으로 체약국의 법규에 의거 제정된 품목분류표를 말한다.

3) 통계품목분류표(Statistical Nomenclature)

통계품목분류라 함은 수출입통계자료의 수집을 목적으로 체약국이 제정

9) 부·류의 주, 호 및 소호의 용어 등

한 품목분류표를 말한다.

4) 관세 · 통계통합품목분류표(Combined Tariff · Statistical Nomenclature)

관세·통계통합품목분류표라 함은 수(출)입 품목의 통관을 위하여 체약국이 법적으로 요구하는 관세품목분류표와 통계품목분류표를 통합한 품목분류표를 말한다. 우리나라는 1990년부터 관세·통계통합품목분류표(Harmonized System of Korea : HSK)로 명칭을 변경하여 관세와 통계용으로 사용되며 10단위로 구성되었다.

4. HS품목의 배열

HS의 분류체계는 상위차원에서 하위차원으로 즉 수직적으로 부→류(2단위)→호(4단위)→소호(5·6단위)로 배열하고 수평적으로 부(1부, 2부, … 21부)·류(1류, 2류 … 97류)·절 및 호의 배열형태를 가지고 있다. HS의 상품배열은 동물성, 식물성, 광물성 생산품 등의 기초 원재료로부터 시작하여 「산업별」 또는 「생산단계별」로 수평 배열되고 있다.

5. HS의 분류기준

HS는 동일한 원재료로부터 얻어지는 모든 물품은 동일한 1개의 류(Chapter)에 함께 분류하고 그 각류 내에서는 생산단계별 및 가공단계별 분류기준으로 하여 원재료 → 반제품(중간제품) → 완제품(최종제품) 순으로 호별 수직배열의 방식을 택하고 있다. 그러나 상이한 원재료를 사용함으로써 하나의 제품으로 완성되는 물품의 경우에는 일반적인 생산단계별 및 가공단계별 분류기준을 적용하지 않고 있다. 이는 무역거래의 특성상 다양한 상품을 각기 기준에 따라 분류하는 것이 합리적이기 때문이다. 즉, 의류와 식탁용품 및 주방용품은 재질에 따라 류(Chapter)가 결정되고, 조리기구의 경우에는 전기식과 비전기식으로 구분되는데 비전기식의 경우는 재질별 분류를 따르고 있다. 그리고 조명기구의 경우는 전기식이라 하더라도 용도에 따라 제8512호, 제8513호, 제9405호에 달리 분류하고 있다.

6. HS분류를 위한 부속간행물

1) HS해설서(Explanatory Note)

HS해설서란 HS협약의 일부는 아니지만, 세계관세기구(WCO)가 승인한

HS의 품목분류에 관하여 공식적인 해석을 한 설명서로서 품목분류의 통일성을 확보하기 위하여 분류지침으로 제시하고 있다.

2) HS품목분류의견서(HS Classification)

세계관세기구는 특정물품의 분류에 주의를 환기시키고 통일적인 분류를 위하여 HS품목분류의견서를 발행하고 있는데 HS해설서와 마찬가지로 실무상에서는 이 의견에 따라 분류하고 있다. 이것은 예규형식으로 HS의 번호순서에 따라 수록하고 물품에 대한 해설, 품목분류에 대한 결정 등이 설명되어 있다.

3) HS알파벳색인서(HS Alphabetical Index)

알파벳색인서(Alphabetical Index)는 신속한 품목분류를 위하여 HS품목분류표와 해설서 등에서 취급한 품목을 알파벳순으로 코드(Code)와 연계하여 작성되었다. 이것은 품목분류의 편리를 위한 것이며 법적 구속력은 없고 여기서 찾아진 품목은 다시 호의 내용과 관련 주, HS해설서 등을 참고하여 품목분류를 해야 한다.

7. 관세율표 품목분류 접근방법

첫째, 상품에 대한 충분한 지식으로 물품을 파악한다.

둘째, 카탈로그 또는 관련서적을 찾아 물품의 대체적인 기능, 구성, 성상, 용도 등 물품의 주요 특성을 파악한다.

셋째, 관세율표 및 동해설서 등에 특이 품목이 있는 지를 확인하고 알파벳의견서, 품목분류 의견서, 관세청 품목분류 사례, 품목분류 사전심사집, 수출입물품 분석실적 등 참고자료를 활용한다.

4 HS 품목분류표의 구조

1. HS의 구성

HS는 협약의 부속서에 규정된 Heading(호)·Sub-Heading(소호) 및 그들에 관련된 코드번호(Numerical Code)·Section(부)·Chapter(류)·소호의 Note(주)와 HS해석에 관한 통칙 등으로 구성된 품목분류표(Nomenclature)

이다. 즉 HS는 21부, 97류(77류는 신상품 대비용으로 유보), 1244호, 5059소호로 구성되어 있다. 특히 4단위 호(Heading)와 6단위 소호(Sub-Heading)의 구조는 코드번호와 연결된 용어인 품목이 표시되어 있다. 6단위 소호까지는 자국의 임의대로 변경시킬 수 없는 협약품목으로 전 세계 품목분류가 세계 공통으로 되어 있고, 7단위 이하는 자국의 실정에 맞게 세분화하여 사용함으로 국가마다 상이할 수 있다. HS 기본구조는 먼저 품목분류표 전체의 분류원칙을 정한 통칙(GRI)이 있고 분류체계는 부-류-(절)-호-소호의 수직적 분류형식을 취하고 있으며 통칙과 함께 품목분류의 지침이 되는 것이 '註'인데 이는 부·류·소호에 게기되어 있다.

〈표 2-3〉 HS 관세품목분류표의 골격

		(대분류)	(중분류)		(소분류)	(세분류)	(세세분류)
통칙	:	부	류	절	호	소호	통계부호
				주			

2. 통칙

HS 해석에 관한 통칙(GRI: General Rules for Interpretation of Harmonized System)은 '호의 용어'와 '주' 등의 적용에 있어서 해석에 따라 품목분류가 달라질 수 있는 사항에 대하여 통일적 분류를 하기 위한 기본원칙을 정해놓은 것으로서 '주'나 '호의용어'에서 특별히 규정하고 있지 아니한 모든 상품의 분류에 적용되는 일반원칙이며 법적 구속력이 있다. 본 통칙은 HS품목표의 가장 먼저 위치하는 것으로서 제1호부터 제6호까지 되어 있으며 관세율표 해석에 관한 통칙은 제1호부터 제7호까지 구성되어 있으며 제1호 내지 제5호는 HS의 해석에 관한 통칙과 동일하며 제6호는 관세율표에 규정되지 아니한 사항에 대하여는 HS 협약에 의하도록 규정을 두고 있다. 또한 관세율표상의 통칙7은 세율에 대한 내용을 기재하고 있다.

3. 주(註 : Notes)

1) 의의

관세율표의 부·류·소호에는 주가 설정되어 있다. 주는 용어의 정의·범위 등 명확한 품목분류 해석과 적용 기준을 적시한 법률적 효력을 갖는 규정 중 하나로 『部(Section) 註』·『類(Chapter)註』·『小號(Subheading)註』 등 3종류이다. 주, 통칙, 호·소호의 용어는 HS의 3대 구성요소를 이룬다.

2) 주의 기능과 특성

(1) 주의 기능

주는 하나의 물품은 하나의 호에 분류되어야 한다는 일의성 분류원칙을 실현하기 위한 장치로써 다음의 형식과 내용을 포함하고 있다.

㉠ 호나 소호의 분류범위에 관한 일반적 또는 특정용어에 대한 정의규정
㉡ 경합품목의 소속명시
ⓐ 제외품목명시
ⓑ 포함품목명시
ⓒ 물품분류의 예시
ⓓ 지정호 등에 한정 분류되는 품목명시
㉢ 품목분류에 관한 지침의 제시

(2) 각주(各註)의 내용

각 주의 내용은 다음과 같다.

㉠ 부·류의 주 : 부·류의 주는 다음의 품목분류상의 지침을 규정함으로써 상호 관련류 및 호 간의 품목분류상의 우선순위를 명확히 하고 있다.
ⓐ 해당 부 또는 류의 분류규정
ⓑ 다른 부 또는 류의 분류체계
ⓒ 용어에 대한 정의
㉡ 소호의 주 : 소호의 주는 해당 소호에만 적용되는 것이 일반적이다. 따라서 부, 류의 주보다 우선 적용된다.

(3) 주의 특징

㉠ 부·류의 주는 항상 부·류의 처음에 위치하고 소호주가 있는 부·류에는 소호주가 부주, 류주의 마지막 부분에 기술되어 있다.
㉡ HS의 주는 HS품목표 전체 또는 특정의 부·류·호 또는 일군의 호에 포함되는 상품의 목록을 정해준다.
㉢ 특정 부·류·호로부터 제외되는 물품의 목록을 정해주고 사용자

에게 적절한 부·류·호를 알려준다.

㉣ 모든 부·류에 주가 있는 것은 아니다.

ⓐ 부에 주가 있는 곳 : 제1부, 제2부, 제4부, 제6부, 제7부, 제11부, 제15부, 제16부, 제17부(9개부)

ⓑ 류에 주가 있는 곳 : 93개류(제50류, 제52류, 제53류, 제81류, 제83류에는 주가 없다)

㉤ 어떤 부·류에는 간단한 주가 있다(제2부, 제8부 등).

㉥ 어떤 류에는 매우 광범위한 주가 있다(제28류, 제29류, 제31류, 제39류).

4. 부(Section)

1) 부의 구성

부는 제1부부터 제21부까지의 총21개의 부로 구성되어 있다. 각 부에는 표제 (예: 제2부 식물성 생산품)가 설정되어 있다. 표제는 품목분류적용에 있어서 참조의 편의상 설정된 것이며 법적 구속력은 없다. 그러나 HS의 구조로서의 구속력은 갖고 있는 것이다.

2) 부의 품목분류 배열

각 부에는 비슷하거나 관련된 상품을 분류한다.

(1) 제1부: 산 동물 및 동물성 생산품

제1류: 산 동물

제2류: 육과 식용 설육

제3류: 어류·갑각류·연체동물 등

제4류: 낙농품·조란·천연꿀등 기타 식용의 동물성 생산품

제5류: 다른 류에 분류되지 아니한 동물성 생산품

(2) 제11부 방직용 섬유와 그 제품

제50류 - 제63류의 14개류로 나누고 각종의 섬유사와 직물 및 섬유제품을 분류한다.

(3) 제15부 비(卑)금속과 그 제품

제72류 철강 - 제83류 비금속의 각종제품의 11개류로 나누고 구리·니켈·알루미늄·아연 등 각종 비금속과 다른 부(류)에 분류되지 아니하는 각종의 비금속제품이 분류된다.

5. 류(Chapter)

1) 류의 구성

류의 제01류부터 제97류까지 총 97개의 류로 구성되어 있다(제77류는 유보상태). 각 류에는 법적 구속력이 없는 표제(예: 제39류 플라스틱과 그 제품)가 설정되어 있다. 대부분의 류에는 법적 구속력이 있는 주가 설정되어 있다. 류는 부(Section)를 세분한 것이며 단위는 2단위 숫자로 표기되어 있고 류의 2단위 숫자는 호를 형성하는 것으로 품목분류에 있어서는 류가 확정되지 아니하는 한 품목분류를 할 수 없다.

2) 류의 품목분류

일반적으로 부와 같이 산업별 형태를 유지하면서 재질, 가공형태, 용도 등에 따라 분류되어 있다. 각 류에는 유사한 종류의 물품들이 Group화 되어있다

6. 절(Sub-Chapter)

류를 참조의 편의상 세분한 것이다. 절에도 부·류와 마찬가지로 법적 구속력이 없는 표제가 설정되어 있다. 특정류 외에는 절이 없다. 절이 있는 류로서는 제28류, 제29류, 제39류, 제63류, 제69류, 제71류, 제72류 등이 있다.

7. 호(Heading)

1) 호의 구성

호는 류를 품목에 따라 4단위로 세분한 것으로서 총 1244개의 호로 구성되어 있다. 앞의 2단위는 류를 의미하고, 뒤의 2단위는 류내에서 품목의 배열의 위치를 나타낸다.

2) 호의 용어

호의 용어란 4단위 코드번호와 연결하여 설정되어 있는 품목을 의미한다. 호의 용어는 품목분류에 있어서 법적 구속력이 있는 협약된 용어이다.

3) 기능

'호(소호포함)'는 '통칙', '부·류의 주'와 함께 HS품목분류의 3대 요소를 이룬다.

4) 잔여 호(Residual Heading)

모든 물품을 HS 각호에 품명으로 전부 특게시킬 수 없는 것이기 때문에 무역거래상 이나 산업발전상 중요한 품목은 특게시키고 그 외의 것은 포괄적으로 분류할 수 있는 호로서 "따로 분류되지 아니하는○○, 그 밖의 ○○등으로 표시된 호가 있는데 이 호를 잔여 호 또는 바스켓 호"라고 한다(예: 제2106호, 제3824호, 제7020호, 제8479호 등). 이것은 어느 류 또는 호에도 해당하지 아니한 상품이 HS분류상에서 누락되는 것을 방지하기 위한 구제호로서 각 류에 반드시 설정되어 있다. 소호에도 잔여 소호가 있으며 호의 하단에 ○○○○.9 ○○○○.90 ○○○○.99 등의 코드번호와 함께 "기타"로 표시된다.

각 부·류·호의 물품은 통상 가공정도 순으로 배열하고 있다. 즉, 점진적이고 계층적이며 다음과 같이 원료→반제품·미완성→제품 순서이다.

- 산 동물(제1부)→동물의 가죽(제8부)→구두(제12부)
- 모래(제5부)→유리(제13부)→렌즈(제18부)
- 감자(제7류)→감자분(제11류)→감자조제품(제20류)
- 누에고치(제5001호)→견사(제5004호)→견직물(제5007호)
- PE pellet(제3901호)→PE sheet(제3920호)→PE box(제3923호)

8. 소호(Sub-Heading)

1) 소호의 의미

호(4단위)를 5단위 또는 6단위로 세분한 것으로서 HS는 6단위 분류체계이다. HS는 총 5059개의 소호로 구성되어 있으며, 소호에만 적용되는 '주'가 일부 설정되어 있다.

2) 소호의 용어

소호의 코드번호(6단위)와 연결된 품목을 의미한다. 소호의 용어는 호의 용어처럼 법적 구속력이 있는 협약된 용어이다.

3) 소호의 주

일반 소호에는 주가 설정되어 있는데 해당 소호에만 적용되는 것이 일반적이다. 부·류의 주보다 우선 적용된다. 이는 법적 구속력을 지닌다.

9. 세목 및 통계부호

앞서 설명한 "통칙" 내지 "소호"의 내용이 HS상 구성요소에 대한 설명이며(6단위까지의 설명), 7단위 이하를 한국 실정에 맞게 세분한 것이 관세·통계통합품목표(HSK)에 대한 구성요소라 할 수 있다.

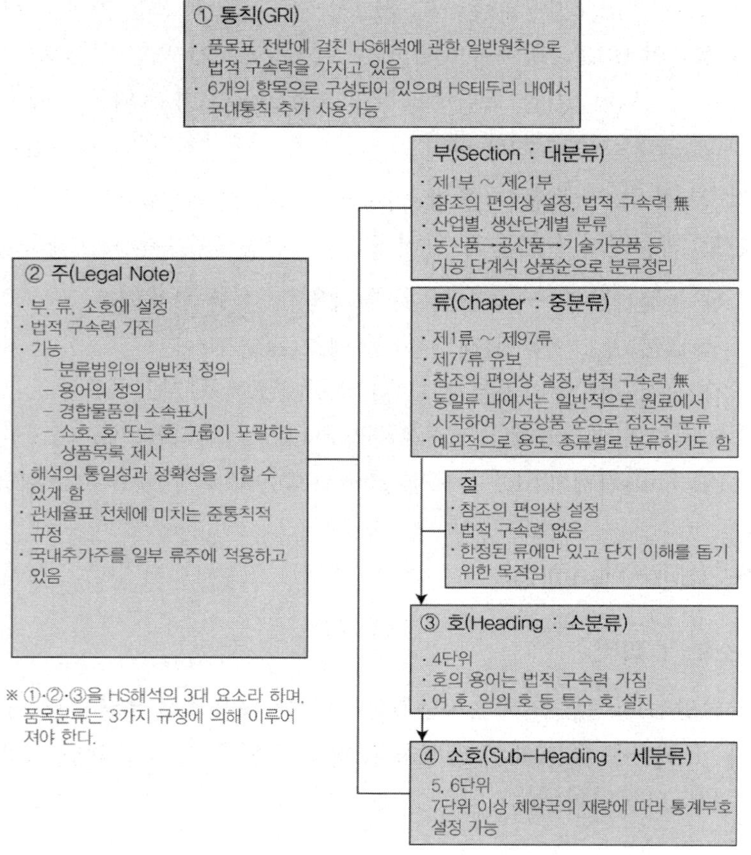

5 한국 관세 품목분류제도

국제무역의 원활한 유통을 위하여 관세율표의 품목분류방법을 국제적으로 통일하기 위한 노력이 계속되어 왔는데, 우리나라도 이에 따라 다음과 같이 변경되어 왔다.

〈표 2-4〉 우리나라의 품목분류방법

기 간	품 목 분 류 방법
• 해방후-1962년	SITC(표준국제무역분류표)
• 1962 - 1972년	BTN(브뤼셀품목분류표)
• 1972 - 1988년	CCCN(관세협력이사회 품목분류표)
• 1988 - 현재	HS(국제통일상품명 및 부호체계표)

우리나라는 HS를 1985년 6월 10일 국회비준 조건부 서명을 하였고 1988년 1월 1일 한국에서 발효되었다.

1. HS와 관세율표의 관계

HS체약국은 그 나라의 관세율표와 통계품목분류표를 HS체계에 일치시켜야 하기 때문에 우리나라의 관세율표도 HS에 따라 편성되었으며 7단위 이상을 우리나라 실정에 맞도록 10단위로 세분하여 관세·통계통합품목분류표(HSK : Harmonized System of Korea)로 작성하여 사용하고 있다.

0102.90-1000(10단위 HSK)의 경우 ① 01: 류(Chapter)→산동물이 분류되는 류(類)로서 앞 2자리를 말한다. ② 0102: 호(Heading)→소(牛)가 분류되는 호(號)로서 앞 4자리를 말한다. ③ 0102.90: 소호(Subheading)→기타의 소가 분류되는 소호(小號)로서 앞 5,6자리를 말한다. ④ 0102.90-1000: 『젖소』가 분류되는 10자리 코드이다. 7단위 이하는 6단위→ *정하는 범위(S 각국이 이를 세분의 소사용할 수 있다.* 우리나라는 「관세통계통합품목분류표」 HSK에서는 마지막 4자리를 세분하여 10단위로 사용하고 있다.

분류번호	01	02	90	10	00
	류	호	소호	부호	

다음 표에서 보는 것처럼 고구마의 HS 협상상 분류는 0714.20로 6단위이다. 그런데 우리나라에는 고구마를 다시 세분하여 신선, 건조, 냉장, 냉동, 기타 등 5개로 나누고 있으며 각각 4개의 단위를 부여하여 분류하고 있다.

품목번호(HS)		품 명	Description	비 고
0714.20		고구마	Sweet Potato	HS협약상 분류
	1000	- 신선한 것	Fresh	HSK 추가분류
	2000	- 건조한 것	Dried	〃
	3000	- 냉장한 것	Chilled	〃
	4000	- 냉동한 것	Frozen	〃
	9000	- 기타	Other	〃
(6단위)	(10단위)			

현행 관세품목분류는 관세법 별표 「관세율표상의 품목분류표」와 「관세·통계통합품목분류표」를 사용 중이다. 전자는 법률사항으로서 관세율항목(세목)별로 분류되었으며 후자는 관세율표상의 품목분류를 더욱 세분한 분류표로서 관세목적은 물론 무역정책 및 통계용으로 활용이 용이하도록 구성되어 있다.

2. 관세율표상의 품목분류

관세법 별표 관세율표상의 품목분류로서 HS 4단위를 품목번호로 하고 관세율 항목별로 구분되어 있으며 변경시에는 관세법 개정절차를 거쳐야 하나 관세율의 변경없이 단순히 품목분류만을 변경할 경우에는 제정경제부장관 고시로 개정이 가능하다. 즉, 관세법 제49조(세율) 및 제50조(세율적용의 우선순위)는 관세율표 및 관세율표상의 품목분류에 관하여 규정하고 있으며, 제84조(품목분류체계의 수정) 및 동법 시행령 제98조(품목분류표 등) 제2항에는 기획재정부장관은 관세협력이사회로부터 “통일상품명 및 부호체계에 관한 국제협약(HS협약)에 관한 권고 또는 결정이 있거나 새로운 상품이 개발되는 등 관세율표상의 품목분류 및 품목분류표를 변경할 필요가 있을 때에는 그 세율을 변경함이 없이 관세율표상의 품목분류 및 품목분류표를 변경고시 할 수 있다”라고 규정하고 있다.

3. 관세 · 통계통합품목분류표(HSK)

1) 연혁

HS는 1983년 6월 국제협약으로 체결되고 HS품목분류체계에 관한 성안작업을 거쳐 1988년 1월1일부터 발효되어 대부분의 국가가 사용하는 범세계적인 품목분류제도로서 우리나라는 1981년부터 도입 기본계획수립과 HS 원본 번역작업 등 국내수용절차를 진행하고 1987년 HSK(Harmonized System of Korea)를 한국통일상품분류(재무부고시)」로 확정하여 고시하고 1988년 1월 1일부터 사용하고 있다. HSK는 HS 6단위 코드를 국내적 필요에 의해 10단위로 세분화하고 재경부고시로 운용하고 있다. 「한국통일상품분류」는 제4차 개정에서 「관세·통계통합품목분류표」로 명칭을 변경하여 오늘에 이르고 있다. 제정 당시 HSK 10단위 기준으로 10,183개 품목이었으나 HS 수정협약 및 여건변화 등으로 15 차례 개정이 있었다.

〈표 2-5〉 HSK 개정 현황

구 분	시행일자	증 감	10단위 품목수
제정(재무부고시) (명칭 : 한국통일상품분류)	'87. 1. 1	–	10,183
시 행 (1차개정)	'88. 1. 1	+22	10,205
2차 개정	'89. 1. 1	+36	10,241
3차 개정	'90. 1. 1	+33	10,274
4차 개정 (개칭 : 관세 · 통계통합품목분류표)	'92. 1. 1	+48	10,322
5차 개정	'93. 1. 1	+95	10,417
6차 개정	'94. 1. 1	+85	10,502
7차 개정	'96. 1. 1	+357	10,859
8차 개정	'97. 1. 1	+45	10,904
9차 개정	'97. 7. 1	+108	11,012
10차 개정	'99. 1. 1	+84	11,096
11차 개정	'00. 1. 1	+74	11,170
12차 개정	'01. 4. 9	+6	11,176
13차 개정	'02. 1. 1	+61	11,237
14차 개정	'03. 1. 1	+24	11,261
15차 개정	'07. 1. 1	+398	11,659

HSK는 관세협력이사회가 제4차 품목분류표를 개정하여 모든 체약국에 2007년 1월 1일부터 시행할 것을 권고함에 따라 우리나라의 관세·통계통합품목분류표의 개정이 불가피한 부분과 특정품목의 수출입 동향파악 등 국내적 필요에 의해 산자부, 관세청 등 관계부처에서 개정을 요청한 품목 중 그 타당성이 인정되는 품목 및 2006년 기본관세율 개정할 때에 품목분류체계가 변경된 면양 등 240여개 품목의 품목분류표를 개정하였다. 2007년 개정에서 HSK 6단위 품목 수는 감소하였으나 10단위 품목 수는 증가하였다. HS협약 수정안 및 관계부처 요청품목에 대한 HSK개정 검토 결과, 6단위는 5052개로 이전보다 172개 품목이 감소하였는데 공산품이 165개 품목, 농산물이 7개 품목이 감소하였고 10단위 기준으로 전체 품목 수는 이전의 11,261개보다 398개 증가하여 총 11,659개로 공산품은 345개 품목이 증가하였고 농산물은 53개 품목이 증가하였다.

〈표 2-6〉 산업별 HSK 개정현황

구 분	단위별 품목 수		
	4단위	6단위	10단위
전 체	1,221(-23)	5,052(-172)	11,659(+398)
공산품	1,025(-19)	4,330(-165)	9,897(+345)
농산물	196(-4)	722(-7)	1,762(+53)

*주) 1. 농산물은 1~24류 2. ( )는 2006년 대비 증감 개수

2) 2006년 주요 개정 내용

(1) HS협약 관련

- 환경 및 사회적 관심사 반영
  - 유해화학물질의 교역시 사전통보승인절차에 관한 협약(로테르담 협약)에 의한 석면, 수은화합물 등의 특게
  - 대나무제품의 감시 · 통제를 용이하게 하기 위하여 대나무 목탄, 대나무 합판 등 특게
- 국제무역 형태를 반영
  - 국제 교역량 증감을 고려하여 마카다미아 등 2개(HS 6단위 기준) 신설 및 개구리 다리 등 203개 삭제
  - 국제무역 관행의 변화에 따른 제4411호(섬유판), 제4412호(합판) 등에 대한 품목분류체계의 변경
- 첨단기술 분야의 기술진보에 따라 반도체 및 평판디스플레이 제조용 장비를 제8486호에 일괄 특게

(2) 국내적 필요

- 수출입급증에 따라 국내 생산과 연계하여 통계파악이 필요한 품목 세번 신설(중고자동차)
- 국제협약 이행을 위하여 수출입 통계가 필요한 품목 특게(무기류)
- 무역상대국과의 통상문제에 효율적으로 대처하고, 적절한 수급관리를 위하여 분류 세분화(철강제품)
- 기본관세율 개정시 품목분류체계가 변경된 품목의 HSK 반영(면양, 농약원제 등)

4. 관세율표 구성의 예

HS 분류방식에 의한 관세율표의 성격은 국제협약과 국내법인 관세법의 통

합체로서의 지위를 가지게 된다. 이러한 관세율표의 구성 예를 살펴보면 다음과 같다.

제40류 고무와 그 제품①	Chapter 40 Rubber and articles thereof
주: ②	Notes.
2. 이 류에서는 다음의 것을 제외한다. 가. 제11부의 물품(방직용 섬유와 그 제품) 나. 제64류의 신발류와 그 부분품	2. This Chapter does not cover: (a) Goods of Section X I(textiles and textile articles): (b) Footwear or parts thereof of Chapter 64:

품목번호			품 명	세율 Rate of Duty			단위 Unit	Description	참조 Reference
Heading Subheading	Code			기본 General (잠정) Temporary	양허 (2002) Concessive				
					WTO	기타 Other			
4011 ③									제40류주2
10			고무제의 공기타이어(신품에 한한다) 1. 승용자동차용의 것 (스테이션웨곤과 경주자동차용의 것을 포함한다) 래디알구조의 것	8% ⑥			u kg ⑦	New pneumatic tyres of rubber 1. Of d kind used on motor cars (including station wa-gons and racing cars)	
	10	00	바이어스 구조의 것		13.0%				
	20	00	기타		13.0%				
	90	00	2. 버스용 및 화물차용의 것		13.0%				
20			래디알 구조의 것④	8%			u kg	2. Of a kind used on buses or lorries Of radial carcass	
	10		림의 직경이 49.53 센티미터미만의 것 ⑤					For use on a rim measur-ing less than 49.53cm in diameter	
		10			13.0%				

1) 표제

①번은 제40류의 표제로서 참조의 편의상 설정한 것이며 법적인 구속력은 없다(HS통칙 1 참조).

2) 류주

②번은 제40류의 분류에서 중요한 가이드라인을 제시해 주는 류주(Chapter Notes)로서 분류상의 법적 구속력을 지닌다.

3) 품목번호(HS번호)

③번은 품목번호(HS번호라고도 함)로서 앞의 4자리를 호(Heading), 다음 두 자리를 소호(Sub-Heading), 그 다음 4자리를 통계부호라 한다. 각 코드번호는 상품의 대분류(부) - 중분류(류) - 소분류(호) - 세분류(소호) 순

의 위계질서에 따라 부여되고 있다.

4) 세목

④번은 흔히 세목이라고 하는 것으로서 국회에서 관세법의 별표로서 통과될 때에는 이 부분까지 포함되고(8단위). 그 이하의 세분류(9·10단위)는 기획재정부장관 고시에 속하는 사항이다. 종합적으로 볼 때 이 표는 국제협약사항인 6단위까지의 상품분류, 관세법 지위하에 있는 세목까지의 관세율표, 기획재정부장관 고시사항인 통계분류(세세분류 : HSK)가 하나로 통합되어 있다.

5) 통계품목

⑤번은 통계품목으로서 수출입통계의 집계나 각종 수출입정책 수립상 중요한 품목을 세분한 것이다. 물품의 미분류방지를 위한 잔여 호 및 잔여 소호가 설정되어 있다(9·10단위).

6) 세율

⑥번은 세율로서 국회통과시에는 기본세율과 잠정세율까지가 포함대상이나, 보통 관세율표에는 협정세율을 부기하고 있다.[10] 그 외의 세율들은 특정물품에 대해서 대통령령으로 정하는 것들로서 수시로 변동되기 때문에 관세율표에 통합해서 표시되는 일은 거의 없고, 다만 참조의 편의를 위해 관련 단체나 기관 등에서 제작하는 수출입요령 책자 등에는 명기되기도 한다.

7) 단위

⑦번은 수량 또는 중량의 단위로서 통계작성시에 수량이나 중량에 대한 통일적인 기준이 없다면 통계의 누적적인 산출이 곤란할 뿐만 아니라 상호 비교가 곤란하므로 상품의 특성에 따라 가장 일반적으로 많이 쓰이는 수량 또는 중량단위를 미리 정해 놓은 것으로서, 이것도 관세법이나 협약사항이 아니고 통계목적에 쓰이는 기획재정부장관 고시에 포함되는 사항이다.

5. 수출입통계 업무체계

앞에서 살펴보았듯이 UN는 무역통계를 위해 SITC를 개발했으나, 오늘날 대부분의 국가에서 관세목적뿐만 아니라 무역통계에서도 HS를 사용하고 있다. 이에 따라 UN통계위원회(Statistical Commission)는 HS를 1993년에 HS를 국

10) 관세율표 통칙7에는 세율에 대한 기본사항을 설명하고 있다.

가 수준의 국제 상품 수출 통계에 사용하는 것을 인정하였다.[11] UN 위원회는 1999년에 SITC를 분석도구(analytical tool)로 한다는 것을 확인하였다.

국내 수출·입 통계업무는 HSK(재경부)와 SKTC(통계청)로 2원화 되어 있으나, 상호 연계표에 의거 통계업무를 처리하고 있다.

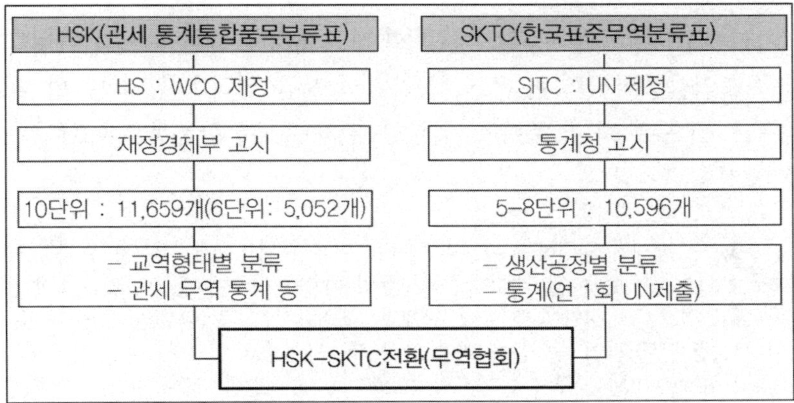

수출입 통관시 HSK 기준으로 작성된 자료를 HSK-SKTC 연계표를 활용, SKTC 기준으로 자료를 변환하여 무역동향 및 국제간 경제비교 분석 등을 위해 매년 UN에 제출하거나 국내 경제 분석자료로 활용하고 있다.

6 품목분류의 운영

수입물품에 대한 관세는 해당 품목번호마다 적용되는 관세율이 미리 정해져 있으므로, 정확한 품목 분류가 선행되어야 납부할 관세액이 결정 된다. 특히, 품목번호는 기능은 유사하지만 형태가 다르거나, 형태는 유사하나 기능이 다른 경우 또는 범용성 부분품인지 아니면 전용부분품인지 여부에 따라 달라지게 된다. 따라서 정확한 관세를 납부하기 위해서는 수입신고 시 올바른 품목분류가 중요하다.

1. 품목분류체계의 수정

기획재정부장관은 「통일상품명 및 부호체계에 관한 국제협약」에 따른 관세협력이사회의 권고 또는 결정이나 새로운 상품의 개발 등으로 별표 관세율

---

11) UN Department of Economic and Social Affairs Statistics Division, *Standard International Trade Classification Revision* 4ST/ESA/STAT/SER.M/34/REV.4 2006.

표 또는 국제협력관세(법 제73조) 및 일반특혜관세(법 제76조)에 따라 품목분류를 변경할 필요가 있는 경우 그 세율이 변경되지 아니하는 경우에는 새로 품목분류를 하거나 다시 품목분류를 할 수 있다(법 제84조).

1) 품목분류표 고시

기획재정부장관은 「통일상품명 및 부호체계에 관한 국제협약(협약)」에 따라 수출입물품의 신속한 통관, 통계파악 등을 위하여 협약 및 법 별표 관세율표를 기초로 하여 품목을 세분한 관세·통계통합품목분류표(품목분류표)를 고시할 수 있다.

판례 구 관세법에 의하면 관세의 세율은 별표 관세율표에 의하되, 관세청장은 대통령령이 정하는 바에 의하여 품목분류의 적용에 관하여 필요한 기준을 정할 수 있도록 하고 있고, 그 위임에 따른 구 관세법시행령에서는 품목분류의 적용기준은 관세청장이 재정경제부장관의 승인을 얻어 고시하도록 규정하고 있으며, 이에 따른 관세법제7조의3의 규정에 따른 품목분류기준고시(2000. 3. 2. 관세청고시 제2000-3호) 제2-9-0(이하 '이 사건 관세청고시'라 한다)에 의하면, 고추다데기에 관하여 다섯 가지의 구성요건을 정하고 그 요건을 모두 충족하는 경우에만 해당 물품을 관세율표상 세번 제2103호의 혼합조미료로 분류하도록 규정하고 있는데, 이와 같은 관세청고시는 국제적으로 수많은 종류의 물품이 거래되고 있고 또 새로이 많은 종류의 물품이 생겨나고 있는 상황에서 구체적으로 어떠한 물품이 관세율표의 어느 항목에 해당하는지가 불분명할 경우에 품목분류자의 주관적인 판단을 배제하고 정확하고 일관성 있는 품목분류를 한 다음 이에 따른 관세율을 적용하기 위하여 제정, 고시된 통일적인 해석기준 내지 적용기준이 되는 것이다. 한편, 어떤 법령이 특정 행정기관에 그 법령내용의 구체적 사항을 정할 수 있는 권한을 부여하면서 그 권한행사의 구체적인 절차나 방법을 특정하고 있지 않은 관계로 **수임 행정기관이 그 법령의 내용이 될 사항을 구체적으로 규정한 고시는, 해당 법률 및 그 시행령의 위임한계를 벗어나지 아니하는 한 그와 결합하여 대외적으로 구속력이 있는 법규명령으로서 효력을 가지는 것**이며, 그와 같은 고시의 내용이 관계 법령의 목적이나 근본 취지에 명백히 배치되거나 서로 모순되는 등의 특별한 사정이 없는 한 효력이 없는 것이라고 할 수 없는 것인바(대법원 2002. 9. 27. 선고 2000두7933 판결 , 대법원 2003. 9. 26. 선고 2003두2274 판결 등 참조), 이 사건 관세청고시는 상위법령으로부터 관세율표상 품목분류의 적용기준에 관한 위임을 받아 품목분류의 세부적인 기준을 정하기 위하여 마련된 규정으로서 상위법령의 내용과 결합하여 대외적인 효력을 가지게 되는 법규명령이라고 할 것이며, 또한 규정의 체계나 취지에 비추어 위와 같은 관세청고시가 상위법령의 위임의 한계를 벗어나거나 포괄위임에 의한 것이라고 할 수 없을 뿐 아니라 그 내용 또한 관련 법령의 목적이나 취지에 반한다고 보이지 아니하므로 그 효력을 함부로 배척할 수는 없다고 할 것이다.따라서 원심이 이 사건 관세청고시가 단순히 과세관청 내부에서 세법의 해석기준 또는 집행기준이 되는 행정규칙이라고 본 잘못은 있으나, 그 내용이 되는 분류기준이 합리적이라고 보고 관세청고시에서 정한 고추다데기로서의 모든 기준을 충족하지 못한 이 사건 물품은 고추다데기에 해당하지 아니한다고 판단한 결론에 있어서는 정당하고 거기에 과세요건법정주의 내지 포괄재위임금지에 관한 법리를 오해하였다거나 관세율표의 해석에 관한 법리를 오해하여 판결 결과에 영향을 미친 위법이 있

다고 할 수 없다. 원고가 상고이유에서 들고 있는 대법원 판결은 이 사건과는 사안을 달리 하는 것이어서 여기에 원용하기에 적절하지 아니하다. 【대법원 2004. 4. 9. 선고 2003두1592 선고 판결】

2) 변경

기획재정부장관은 관세협력이사회로부터 협약의 품목분류에 관한 권고 또는 결정이 있거나 새로운 상품이 개발되는 등 관세법 별표 관세율표와 「세계무역기구협정 등에 의한 양허관세규정」·「특정국가와의 관세협상에 따른 국제협력관세의 적용에 관한 규정」 및 「최빈개발도상국에 대한 특혜관세 공여규정」(양허관세규정 등)에 의한 품목분류 및 품목분류표를 변경할 필요가 있는 경우에는 그 세율을 변경함이 없이 관세법 별표 관세율표와 양허관세규정 등에 의한 품목분류 및 품목분류표를 변경고시할 수 있다. 그 밖에 품목분류를 변경할 수 있는 경우는 관계법령의 개정에 따라 해당 물품의 품목분류가 변경된 경우와 신청인의 허위자료제출 등으로 품목분류에 중대한 착오가 생긴 경우이다.

3) WCO 권고에 의한 변경

기획재정부장관은 관세협력이사회로부터 협약의 품목분류에 관한 권고 또는 결정이 있어서 품목분류를 변경하는 때에는 협약 규정에 따른 기한내에 법 별표 관세율표상의 품목분류 및 품목분류표에 이를 반영하여야 한다.

2. 품목분류 적용기준

1) 기준 설정

관세청장은 품목분류를 적용하는 데에 필요한 기준을 정할 수 있다. 품목분류의 적용기준은 관세청장이 기획재정부장관의 승인을 얻어 이를 정하여 고시한다. 고시된 기준을 변경하는 때에도 또한 같다. 기획재정부장관은 조약의 이행 또는 법 별표 관세율표의 시행과 관련하여 품목분류의 적용기준을 개선할 필요가 있다고 인정될 때에는 관세청장으로 하여금 고시의 내용을 변경하게 할 수 있다.

2) 관세품목분류위원회

(1) 설치 및 심의사항

다음 각 호의 사항을 심의하기 위하여 관세청에 관세품목분류위원회

(분류위원회)를 둔다.

- 품목분류의 적용기준
- 특정물품에 적용될 품목분류의 사전심사
- 특정물품에 적용될 품목분류의 변경
- 그 밖에 품목분류에 관하여 관세청장이 분류위원회에 부치는 사항

(2) 구성

관세품목분류위원회(관세품목분류위원회)는 위원장 1인과 20인 이상 30인 이하의 위원으로 구성한다. 관세품목분류위원회의 위원장은 관세청의 3급 공무원 또는 고위공무원단에 속하는 일반직공무원으로서 관세청장이 지정하는 자가 되고, 위원은 다음 어느 하나에 해당하는 자중에서 관세청장이 임명 또는 위촉한다.

- 관세청소속 공무원
- 관계중앙행정기관의 공무원
- 시민단체(「비영리민간단체 지원법」에 의한 비영리민간단체를 말한다)에서 추천한 사람
- 그 밖의 상품학에 관한 지식이 풍부한 사람

관세품목분류위원회의 위원장은 위원회의 회무를 통할하고 위원회를 대표한다. 관세품목분류위원회의 위원장이 직무를 수행하지 못하는 부득이한 사정이 있는 경우에는 위원장이 지명하는 위원이 그 직무를 대행한다. 관세품목분류위원회의 위원중 공무원인 위원이 회의에 출석하지 못할 부득이한 사정이 있는 경우에는 그가 소속된 기관의 공무원으로 하여금 회의에 출석하여 그 직무를 대행하게 할 수 있다. 관세청장은 회의의 원활한 운영을 위하여 품목분류 등이 관련된 기술적인 사항 있는 부의견을 듣기 위하여 관련 학계·연구기관 또는 협회에서 활동하는 자를 기술자문위원으로 위촉할 수 있다.

(3) 회의

관세품목분류위원회의 위원장은 위원회의 회의를 소집하고 그 의장이 된다. 관세품목분류위원회의 회의는 위원장과 위원장이 매 회의마다 지정하는 14인으로 구성하되, 관계중앙행정기관의 공무원·시민단체에서 추천한 사람, 그 밖의 상품학에 관한 지식이 풍부한 자가 8인 이상 포함

되어야 한다. 관세품목분류위원회의 회의는 구성원 과반수의 출석과 출석위원 과반수의 찬성으로 의결한다. 관세품목분류위원회의 위원장과 위원은 자기와 이해관계가 있는 의사에 관여하지 못한다.

(4) 간사

관세품목분류위원회의 서무를 처리하기 위하여 위원회에 간사 1인을 둔다. 관세품목분류위원회의 간사는 관세청장이 소속공무원 중에서 임명한다.

(5) 수당

관세품목분류위원회의 회의에 출석한 공무원이 아닌 위원 및 기술자문위원에 대하여는 예산의 범위 안에서 수당과 여비를 지급할 수 있다.

(6) 관세품목분류위원회의 운영세칙

관세품목분류위원회의 운영에 관하여 필요한 사항은 위원회의 의결을 거쳐 위원장이 정한다.

3. 품목분류 사전심사

1) 의의

관세액을 산출하기 위해서는 세율을 알아야 하고 세율을 알기 위해서는 물품별로 세율이 정해져 있는 관세율표상 품목분류가 어디에 해당하는지 알아야 한다. 품목분류사전심사제도는 수출입하려는 물품을 관세율표의 어떤 품목번호에 해당되는지 분명하지 않아 수출입신고전에 세율과 수출입제한 사항을 미리 알아두고자 할 경우에 관세청장에게 해당 물품에 적용될 관세율표상의 품목분류를 미리 심사하여 줄 것을 신청하는 특별민원회신제도를 말한다. 관세청장이 품목분류의 사전심사신청을 받고 품목분류를 정하여 통지 및 고시한 물품에 대해서도 일정한 사유가 있는 경우 품목분류가 변경될 수 있으며 이때 신청인은 이를 통지 받게 된다. 이와 같이 품목분류가 변경되더라도 그 변경일로부터 30일이 경과하기 전에 우리나라에 수출하기 위하여 선적된 물품을 변경전의 품목분류를 적용하는 것이 수입신고자에게 유리한 경우에는 변경 전 품목분류를 적용할 수 있다.

2) 특정물품에 적용될 품목분류의 사전심사

물품을 수출입하려는 자, 수출할 물품의 제조자 및 「관세사법」에 따른 관세사·관세법인 또는 통관취급법인(관세사등)은 수출입신고를 하기 전에 서류를 갖추어 관세청장에게 해당 물품에 적용될 별표 관세율표상의 품목분류를 미리 심사하여 줄 것을 신청할 수 있다(법 제86조 제1항).

(1) 품목분류사전심사 담당기관

- 01류 ~ 81류(예: 식품, 화공약품, 철강제의 1차 제품 등) ⇒ 중앙관세분세분석소
- 82류 ~ 97류(예: 기계류, 운동용품, 전기기기, 완구 등) ⇒ 관세평가분류원

(2) 품목분류사전심사 신청 요건

- 신청권자 : 물품을 수출입하려는 자[12)]나 관세사(법인포함)
- 신청시기 : 수출입신고를 하기 전

(3) 제출서류

특정물품에 적용될 품목분류의 사전심사를 신청하려는 자는 다음의 서류 및 물품을 제출하여야 한다.

- 신청서류 : ① 물품의 품명 · 규격 · 제조 과정 · 원산지 · 용도 · 종전의 통관여부 및 통관예정세관을 기재한 신청서, ② 물품설명서 등 그 밖의 설명자료
- 견본 1점 : ① 분말제품 : 소매포장된 경우 1점, 벌크포장인 경우 500g 이상, ② 액상제품 : 소매포장된 경우 1점, 벌크포장인 경우 500ml 이상[13)]
- 분석수수료 : 시료 1품목당 30,000원

다만, 관세청장은 물품의 성질상 견본을 제출하기 곤란한 물품으로서 견본이 없어도 품목분류 심사에 지장이 없고, 해당 물품의 통관시에 세관장이 이를 확인할 수 있다고 인정되는 때에는 견본의 제출을 생략하게 할 수 있다.

(4) 보정요구

관세청장은 제출된 신청서와 견본 및 그 밖의 설명 자료가 미비하여 품목분류를 심사하기가 곤란한 때에는 일정한 기간을 정하여 보정을 요구할 수 있으며, 이 기간 내에 보정을 하지 아니하는 경우에는 이를 반려할 수 있다.

---

12) 수출입신고서에 기입되는 납세자, 신고자, 수입자 등

13) 부피가 큰 기계류, 전기기기등 물품의 성질상 견본을 제출하기 곤란한 물품으로서 견본이 없어도 품목분류 심사에 지장이 없고, 해당 물품의 통관시에 세관장이 이를 확인할 수 있다고 인정되는 경우 견본의 제출을 생략할 수 있으며 그런 경우에는 사유서 및 대체사진 3매를 제출한다.

(5) 품목분류 심사 및 통지

신청을 받은 관세청장은 해당 물품에 적용될 품목분류를 심사하여 이를 신청인에게 통지하여야 한다. 다만, 제출 자료의 미비 등으로 품목분류를 심사하기 곤란한 경우에는 그 뜻을 통지하여야 한다.

관세청장은 품목분류를 심사하여 신청인에게 통지를 하는 때에는 그 내용을 통관예정세관장에게 통지하여야 한다. 이 경우 설명자료를 함께 송부하여야 한다.

(6) 품목분류의 고시

관세청장은 품목분류를 심사한 물품에 대하여는 해당 물품에 적용될 품목분류와 품명, 용도, 규격, 그 밖에 필요한 사항을 고시 또는 공표하여야 한다. 다만, 해당 물품에 적용될 품목분류를 고시 또는 공표하는 것이 적당하지 아니하다고 인정되는 물품에 대하여는 고시 또는 공표하지 아니할 수 있다. 이 경우 품목분류의 고시 또는 공표를 하지 아니한 물품에 대한 품목분류의 유효기간은 1년으로 한다.

(7) 사전 심사의 효력

세관장은 수출입신고가 된 물품이 품목분류 후에 통지한 물품과 같을 때에는 그 통지 내용에 따라 품목분류를 적용하여야 한다. 관세청장은 품목분류를 심사하기 위하여 해당 물품에 대한 구성 재료의 물리적·화학적 분석이 필요한 경우에는 해당 품목분류를 심사하여 줄 것을 신청한 자에게 기획재정부령으로 정하는 수수료를 납부하게 할 수 있다. 분석수수료는 분석이 필요한 물품에 대한 품목분류 사전심사 신청품목당 3만원으로 한다.

4. 특정물품에 적용되는 품목분류의 변경

관세청장은 수출입하려는 자의 신청에 따라 심사한 품목분류를 변경하여야 할 필요가 있거나 그 밖에 관세청장이 직권으로 한 품목분류를 변경하여야 할 부득이한 사유가 생겼을 때에는 해당 물품에 적용할 품목분류를 변경할 수 있다(법 제87조 제1항). 품목분류를 변경할 수 있는 경우는 다음과 같다(영 제107조).

- 관계법령의 개정에 따라 해당 물품의 품목분류가 변경된 경우

- 「통일상품명 및 부호체계에 관한 국제협약」에 따른 관세협력이사회의 권고 또는 결정이나 새로운 상품의 개발 등으로 품목분류를 변경한 경우
- 신청인의 허위자료제출 등으로 품목분류에 중대한 착오가 생긴 경우

관세청장은 품목분류를 변경하였을 때에는 그 내용을 고시하고, 사전 품목분류 결과를 통지한 신청인에게는 그 내용을 통지하여야 한다. 관세청장은 품목분류를 변경하였을 때에는 고시일(변경고시일)부터 변경된 품목분류를 적용하여야 한다. 다만, 변경고시일부터 30일이 지나기 전에 우리나라에 수출하기 위하여 선적된 물품을 변경 전의 품목분류를 적용하는 것이 수입신고인에게 유리한 경우에는 변경 전의 품목분류를 적용할 수 있다.

사전심사 신청인(수출입신고인이나 수출입신고인을 대리한 관세사 등을 말한다)에게 자료제출의 미비 등의 귀책사유가 없는 경우나 사전심사 신청인이 아닌 자가 관세청장이 결정하여 고시하거나 공표한 품목분류에 따라 수출입신고를 한 경우에는 수출입신고인에게 유리할 때에는 변경고시일 전에 수출입신고가 수리된 물품에 대하여도 변경된 품목분류를 적용할 수 있다. 다만, 관계 법령의 개정 또는 품목분류를 변경하거나 과학기술 또는 생산방법의 발달 등에 따라 상품의 주 기능이 변하여 품목분류를 변경한 경우에는 그러하지 아니하다.

제2절 관세평가

오늘날 대부분의 관세는 종량세(ad valorem)이므로 관세액을 계산하기 위해서는 상품의 가격을 확정해야 한다. 구체적인 관세평가 규정은 도쿄 라운드의 관세평가 규칙(Tokyo Round's Customs Valuation Code) 합의가 되었으면 UR에서 거의 변경되지 않았다. 도쿄 라운드 이전에 관세 평가는 많은 분쟁을 야기 하였다. GATT 제7조에서 평가에 관하여 규정을 하고 있으나 충분하지 않았고 회원국간에 많은 차이가 있었다. 미국의 경우에도 조부조항에 근거하여 관세평가규정을 두고 있었으나 복잡하여 다른 회원국들은 이것을 비관세장벽으로 취급되었다. 결국 각국은 도쿄 라운드에서 관세 평가협정을 합의하였다.

1 가격신고

1. 가격신고

1) 의의

관세납부는 신고납부제이므로 납세자 스스로가 납부할 관세액을 정하여 신고하여야 한다. 가격신고는 관세액을 결정하는 한 요소인 과세가격을 납세자가 산출하여 신고하고, 세관은 이를 검토하여 관세액을 확정한다. 따라서 신고납부제의 실효성은 납세자의 성실하고 정확한 신고가 관건이다.

2) 가격신고 방법

관세의 납세의무자는 수입신고를 할 때 대통령령으로 정하는 바에 따라 세관장에게 해당 물품의 가격에 대한 신고(가격신고)를 하여야 한다.

(1) 절차

가격신고를 하려는 자는 수입관련거래에 관한 사항과 과세가격산출내용에 관한 사항을 기재한 서류를 세관장에게 제출하여야 한다. 가격신고는 해당 물품의 과세가격이 제1방법에 따라 결정되는 경우에는 수입물품과세가격 결정에 관한 고시 가격신고서 A(별지 제1-1호 서식), 제2방법 내지 제6방법에 따라 결정되는 경우에는 가격신고서 B(별지 제1-2호 서식)에 의하여 전자문서로 제출한다. 다만, 세관장이 사실 확인을 위하여 필요하다고 인정하는 경우에는 서면신고서와 그 입증자료를 별도로 제출하게 할 수 있다.

(2) 포괄가격신고

동일한 물품을 반복적으로 수입하는 경우, 수입항까지의 운임 및 보험료 외에 우리나라에 수출하기 위하여 판매되는 물품을 구매자가 실제로 지급하여야 할 가격에 가산할 금액이 없는 경우 그 밖의 과세가격결정에 곤란이 없다고 인정하여 관세청장이 정하는 경우에는 해당 서류의 전부 또는 일부를 제출하지 아니하게 할 수 있다. 동일한 판매자와 구매자간에 동일한 물품을 동일한 조건으로 반복하여 수입하는 납세의무자는 일정기간(1년 이내) 동안의 수입물품을 포괄하여 가격신고(포괄가격신고)를 할 수 있다. 다만, 다음 어느 하나에 해당하는 경우에는 가격신고서를 건별로 제출하여야 한다.

- 세관장이 관세를 부과 징수하는 물품
- 잠정가격신고물품
- 수입신고수리전 사전세액심사대상 물품

포괄가격신고를 하려는 자는 수입신고전에 과세가격이 제1방법에 의해 결정되는 경우에는 수입물품 과세가격 결정에 관한 고시별지 제1-3호의 포괄가격신고서(C)를, 제2-6방법에 의해 결정되는 경우에는 수입물품 과세가격 결정에 관한 고시 별지 제1-4호의 포괄가격신고서(D)를 계약서, 송품장 등 과세가격 결정에 관한 사항을 확인할 수 있는 자료와 함께 통관예정지 세관장에게 제출하여야 한다. 포괄가격신고서는 전자문서를 함께 제출하여야 한다. 포괄가격신고서를 제출받은 통관예정지 세관장은 신고사항의 누락여부 등을 확인하고 관세청 전자통관시스템에서 등록번호를 생성하여 신청인에게 전자문서로 통지한다. 포괄가격신고서의 등록번호를 통지받은 신청인은 등록된 포괄가격신고서의 내용과 합치되는 수입물품에 대하여는 포괄가격신고서 등록번호를 수입신고서에 적고 건별 가격신고서 제출을 생략한다. 수입물품의 거래조건 등 등록된 포괄가격신고서의 내용이 변경된 경우 또는 1년을 경과한 경우에는 포괄가격신고서를 갱신 또는 변경하여야 하며 그 절차는 최초 포괄가격신고절차와 동일하다.

(3) 과세자료 제출

가격신고를 하는 때에는 과세가격의 결정에 관계되는 자료(과세자료)를 제출하여야 한다. 가격신고를 할 때에 제출하여야 하는 과세자료는 다음과 같다.

- 송품장
- 계약서
- 각종 비용의 금액 및 산출근거를 나타내는 증빙자료
- 그 밖의 가격신고의 내용을 입증하는 데 필요한 자료

다만, 해당 물품의 거래의 내용, 과세가격결정방법 등에 비추어 과세가격결정에 곤란이 없다고 세관장이 인정하는 경우에는 자료의 일부를 제출하지 아니할 수 있다.

3) 수입신고전 가격신고

통관의 능률을 높이기 위하여 필요하다고 인정되는 경우에는 물품의 수입신고를 하기 전에 가격신고를 할 수 있다. 물품의 수입신고일 이전에 가격신고를 하려는 자는 그 사유와 수입관련거래에 관한 사항과 과세가격산출내용에 관한 사항을 기재한 서류를 세관장에게 제출하여야 한다.

4) 가격신고 생략

과세가격을 결정하기가 곤란하지 아니하다고 인정하는 다음 물품에 대하여는 가격신고를 생략할 수 있다.

- 정부 또는 지방자치단체가 수입하는 물품
- 정부조달물품
- 「정부투자기관 관리기본법」의 규정에 따른 정부투자기관이 수입하는 물품
- 실제로 적용되는 관세율이 무세인 물품(법 제50조)
- 방위산업용 기계와 그 부분품 및 원재료로 수입하는 물품. 다만, 해당 물품과 관련된 중앙행정기관의 장의 수입확인 또는 수입추천을 받은 물품에 한한다.
- 수출용 원재료
- 「특정연구기관 육성법」의 규정에 따른 특정연구기관이 수입하는 물품

다음에 해당하는 물품은 가격신고생략물품에 해당하지 아니한다.

- 과세가격을 결정함에 있어서 금액을 가산하여야 하는 물품(법 제30조제1항제1호 내지 제5호)

- 부과고지대상(법 제39조)으로 세관장이 관세를 부과 · 징수하는 물품
- 잠정가격신고대상(영 16조제1항 각호의 물품)
- 수입신고 수리전 세액심사대상[14)]

2. 잠정가격 신고

1) 의의

잠정가격신고제도는 거래관행이나 계약의 특성상 해당 물품의 가격 또는 거래가격에 가산·조정할 금액이 수입신고시에 확정되지 아니하는 경우에 대하여 잠정가격으로 신고하고 사후에 정산할 수 있도록 하는 제도이다.

2) 대상

납세의무자는 가격신고를 할 때 신고하여야 할 가격이 확정되지 아니한 경우로서 다음 경우에는 잠정가격으로 가격신고를 할 수 있다.[15)]

- 거래관행상 거래가 성립된 때부터 일정기간이 경과된 후에 가격이 정하여지는 물품[16)]으로서 수입신고일 현재 그 가격이 정하여지지 아니한 경우
- 조정하여야 할 금액이 수입신고일부터 일정기간이 경과된 후에 정하여 질 수 있음(법 제30조제1항)이 서류 등에 의하여 확인되는 경우
- 계약의 내용이나 거래의 특성상 잠정가격으로 가격신고를 하는 것이 불가피하다고 세관장이 인정하는 경우

잠정가격으로 가격신고를 하려는 자는 다음의 사항을 기재한 신고서에 가격신고를 할 때 제출해야 하는 서류(영 제15조제3항)를 첨부하여 세관장에게 제출하여야 한다.

- 수입관련거래에 관한 사항과 과세가격산출내용에 관한 사항(영 제15조제1항)
- 거래내용
- 가격을 확정할 수 없는 사유
- 잠정가격 및 잠정가격의 결정방법
- 가격확정예정시기

---

14) 체납중인자, 불성실신고인, 가격변동이 큰 물품 등, 제8조제1항제3호 내지 제5호의 물품

15) 통칙 28-0-1(과다납부한 관세등의 환급신청 유효기간) 법 제28조제2항의 규정에 따른 확정가격신고절차에 따라 세액을 신고납부한 후, 해당 물품에 대한 과세가격의 감액변동 사실이 확인되는 경우, 과세가격 변동분에 대한 관세 등의 경정청구는 해당 물품에 대한 확정가격 신고납부일로부터 2년 이내에 하여야 한다.

16) 원유·곡물·광석 그 밖의 이와 비슷한 1차 산품

3) 확정가격의 신고

납세의무자는 잠정가격으로 가격신고를 하였을 때에는 2년의 범위안에서 구매자와 판매자 간의 거래계약의 내용 등을 고려하여 세관장이 지정하는 기간내에 확정된 가격(확정가격)을 세관장에게 신고하여야 한다. 세관장은 구매자와 판매자간의 거래계약내용이 변경되는 등 잠정가격을 확정할 수 없는 불가피한 사유가 있다고 인정되는 경우에는 납세의무자의 요청에 따라 지정한 신고기간을 연장할 수 있다. 이 경우 연장하는 기간은 지정한 신고기간의 만료일부터 2년을 초과할 수 없다. 확정가격을 신고하려는 자는 다음의 사항이 기재된 신고서에 각종 비용의 금액 및 산출근거를 나타내는 증빙자료와 그 밖의 가격신고의 내용을 입증하는 데에 필요한 자료(영 제15조제3항제3호 및 제4호)를 첨부하여 세관장에게 제출하여야 한다.

- 잠정가격신고번호 또는 수입신고번호와 신고일자
- 품명 및 수입신고수리일자
- 잠정가격 및 확정가격과 그 차액

4) 가격 확정과 사후정산

세관장은 납세의무자가 2년 범위 내에서 세관장이 지정하는 기간내에 확정된 가격을 신고하지 아니하는 경우에는 해당 물품에 적용될 가격을 확정할 수 있다. 세관장은 확정된 가격을 신고받거나 가격을 확정하였을 때에는 잠정가격을 기초로 신고납부한 세액과 확정된 가격에 따른 세액의 차액을 징수하거나 환급하여야 한다. 잠정가격을 기초로 신고납부한 세액과 확정가격에 의한 세액과의 차액을 징수하거나 환급하는 때에는 관세법 제33조, 제34조제2항 내지 제4항 및 제50조 내지 제55조의 규정을 준용한다.

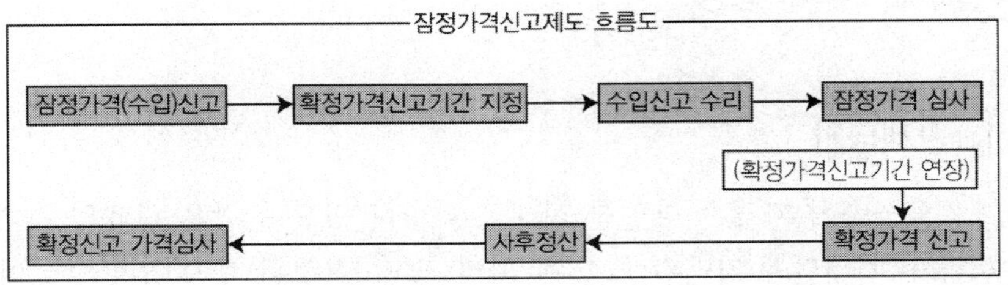

3. 수입신고가격 공표

1) 자료제출요구

기획재정부장관 또는 관세청장은 과세가격을 결정하기 위하여 필요하다고 인정되는 경우에는 수출입업자, 경제단체 또는 그 밖의 관계인에게 과세가격 결정에 필요한 자료를 제출할 것을 요청할 수 있다. 이 경우 그 요청을 받은 자는 정당한 사유가 없으면 이에 따라야 한다.

2) 수입신고가격 등의 공표

관세청장은 원활한 물자수급을 위하여 특정물품의 수입을 촉진할 필요가 있는 경우나 수입물품의 국내가격을 안정시킬 필요가 있는 경우 국민생활에 긴요한 물품으로서 국내물품과 비교 가능한 수입물품의 평균 신고가격이나 반입 수량에 관한 자료를 집계하여 공표할 수 있다. 수입물품의 평균 신고가격이나 반입 수량에 관한 자료의 집계결과를 공표할 때에는 관세청의 인터넷 홈페이지를 통하여 공표하여야 한다. 이 경우 공표대상 수입물품의 선정기준 및 수입물품의 평균 신고가격이나 반입 수량에 관한 자료의 집계방법 등을 함께 공표하여야 한다.

관세청장은 수입물품의 상표 및 상호, 수입자의 영업상 비밀에 관한 사항, 그 밖에 공개될 경우 수입자의 정당한 이익을 현저히 침해할 우려가 있는 사항은 공표하여서는 아니 된다. 국내물품과 비교 가능한 수입물품은 관세·통계통합품목분류표상 품목번호에 해당하고 해당 수입물품의 수입자가 2인 이상인 것으로 한다.

2 과세가격의 결정

1. 관세평가

수입물품의 가격은 다양한 형태로 나타나 있으며 같은 형태의 가격이라 하더라도 거래단계·거래수량 등에 따라 달리 결정될 수도 있는 데 이러한 가격을 과세표준으로 하는 수입물품을 정해진 원칙에 의하여 과세가격을 결정하는 일련의 절차와 방법을 관세 평가라고 한다. 다시 말하면 관세평가란 물품에 대해 이미 제도화된 과세절차를 통해 객관적이고 공정한 방법으로 관세

부가액을 산정해 내는 것을 말한다.

수입물품의 관세평가(customs value of imported goods)는 주로 관세의 종가세율(ad valorem rates)을 적용하기 위해 하지만, 무역통계 작석, 수량제한 감시(monitoring quantitative restrictions), 특혜 관세 적용, 국세 징수 등 다양한 목적을 가지고 있다.

품목분류에 의하여 적용할 세번이 정하여지면 자동적으로 세율이 정하여지므로, 관세는 어떠한 가격을 과세가격으로 할 것인지 또는 어떠한 방법으로 과세가격을 결정할 것인가에 의해 주로 좌우된다. 이와 같이 어떠한 가격을 또는 어떠한 방법으로 과세가격을 결정할 것인가 하는 내용을 관세 평가라고 하며 우리나라의 관세평가는 관세법 제30조(과세가격 결정의 원칙) 내지 제35조(합리적 기준 에 의한 과세가격 결정)에서 규정하고 있는데 이는 WTO 관세평가 협정을 수용할 것이며 국제적인 관세평가 원칙과 동일하다. WTO 관세평가 협정의 정식명칭은 「Agreement on Implementation of Article Ⅶ of the General Agreement on Tariffs and Trade 1994」[17]이나 실무상 흔히 「WTO 평가협정(WTO Valuation Agreement)」으로 불려진다. 이 협정은 그 정식명칭에서 알 수 있는 바와 같이 본질적으로 종전의 GATT평가협정과 동일하다. 다시 말해, 협정의 실체인 평가규칙(Rules on Customs Valuation)[18]은 GATT평가협정의 그것과 같다. 다만, GATT평가협정이 독립된 개별협정인데 비해 이 협정은 WTO 설립협정의 부속협정이라는 점에서 협정으로서의 지위가 다르다고 할 수 있다. 이는 곧 GATT평가협정은 체약국에 한하여 이행의 책임을 지는데 반해 이 협정은 모든 WTO회원국이 자동적으로 이행의무를 진다는 뜻이 된다. 2008년 6월 현재 WTO 152개 회원국은 모두 관세평가 협정을 채택하고 있으며 협정은 수입물품의 거래가격 (transaction value of imported goods)에 의한 관세평가를 기본으로 하고 있다. 현재 세계 무역의 90% 이상이 거래가격 평가 방법으로 평가되고 있어 통일적이고 투명한 관세평가가 가능하게 되었다.[19]

17) WTO체제가 출범함에 따라 종전의 GATT규범 전체가 WTO체제에 편입되었다. 그 결과, 종래의 GATT협정은 'GATT 1947'로, WTO체제하에서 WTO설립협정의 부속협정으로 편입된 GATT 규범과 우루과이라운드를 통하여 새로이 성립되거나 수정된 GATT 규범은 'GATT 1994'가 된다.

18) WTO평가협정은 일반서설, 24개 조문으로 구성된 4개 부(part) 및 3개의 부속서로 구성되어 있다. 그 중 제1부 평가규칙(Rules on Customs Valuation)에는 제1조부터 제17조까지가 포함된다. 여기에는 각 방법별로 평가에 관한 구체적인 세부내용이 규정되어 있어 협정의 실체 규정에 해당한다.

19) WCO, How are Imported Goods Valued?

관세평가에 관련해서는 관세법령이외에 「수입물품 과세가격결정에 관한 고시」[20]에서 구체적으로 정하고 있다. 이 고시는 수입물품의 과세가격 결정에 관한 관세법, 관세법시행령, 관세법시행규칙 및 「관세와 무역에 관한 일반협정(1994) 제7조의 시행에 관한 협약」의 규정을 시행하는데 필요한 세부지침을 정함을 목적으로 한다. 관세평가 방법은 다음과 같이 6가지이다.

- "제1방법" : 해당 물품의 거래가격을 기초로 한 과세가격 결정방법
- "제2방법" : 동종 · 동질물품의 거래가격을 기초로 한 과세가격 결정방법
- "제3방법" : 유사물품의 거래가격을 기초로 한 과세가격 결정방법
- "제4방법" : 국내판매가격을 기초로 한 과세가격 결정방법
- "제5방법" : 산정가격을 기초로 한 과세가격 결정방법
- "제6방법" : 합리적 기준에 의한 과세가격 결정방법

2. 과세가격

외국으로부터 수입되는 물품은 일반적으로 관세를 납부하여야 국내로 들여올 수 있으며, 관세는 관세의 과세표준에 관세율을 곱하여 산정된다. 관세의 과세표준은 수입물품의 가격 또는 수량이 되며(법 제15조), 관세율은 관세법 별표 관세율표에 정하여진 물품별 세율에 의하게 된다(법 제49조). 관세의 과세표준을 가격으로 하는 경우를 종가세라 하며 수량을 과세표준으로 하는 경우를 종량세라고 하는데, 특히 종가세의 과세표준인 가격을 과세가격이라 한다. 흔히 과세가격을 '제2의 관세율'이라고 한다. 이는 일차적으로 관세액이 관세율에 따라 달라지는 것처럼 과세가격의 크기에도 좌우된다는 사실을 말하는 것이다. 오늘날 세계 각 국은 관세율을 운용가격에 있어 WTO 등 국제기구를 중심으로 한 다자관계나 양자관계로부터 자유롭지 못하다. 따라서 특정 품목의 국내산업을 보호할 필요가 있다고 하여 관세율을 임의로 인상하는 것은 사실상 어렵다. 그리고 관세율 자체도 그 수준이 국가 간 또는 품목간 격차를 줄이면서 전 세계적으로 하향평준화 해가고 있다. 위와 같은 상황에 따라 관세액의 크기를 결정하는 요소로서의 관세율의 영향은 점차 감소하고 있는 반면 상대적으로 과세가격의 비중은 커져 간다고 할 수 있으며 이는 곧 관세평가의 비중이 그 만큼 커진다는 의미가 된다.

〈http://www.wcoomd.org/home_wco_topics_ valoverviewboxes_valoverview.htm〉

20) 관세청고시 제 2007-62 호 2007. 12. 20 일부개정

1) 과세가격 결정시의 기초통화

과세가격은 송품장에 기재된 통화를 기초로 하여 결정한다. 다만, 송품장에 기재된 통화와 실제로 결제되는 통화가 상이한 것이 관계자료 등에 의하여 확인된 경우에는 실제로 결제되는 통화를 기초로 하여 결정한다.

2) 과세환율 및 수출환율

관세평가분류원장은 주요 외국환은행이 전주 월요일부터 금요일까지 매일 최초 고시하는 대고객 전신환매도율을 평균하여 과세환율을 결정한다. 이 경우 외국환은행에서 적용하는 환율 자릿수와 동일하게 산정하되 동 자릿수 미만에서 사사오입하여 산정한다. 수출신고가격을 산정하기 위한 외국통화의 환산율(수출환율)은 주요 외국환은행이 전주 월요일부터 금요일까지 매일 최초 고시하는 대고객 전신환매입율을 평균하여 관세평가분류원장이 정한다. 주요 외국환은행은 자기자본비율, 외국환 거래규모, 전산시스템 구축정도 등을 고려하여 정한다. 환율이 결정 시달되지 아니한 외국통화의 환율은 주요 외국환은행이 전주 월요일부터 금요일까지 매일 최초 고시하는 대고객 현찰매도율 및 현찰매입율의 평균에 의하여 정한다. 관세평가분류원장은 과세환율 및 수출 환율의 결정을 위하여 필요한 사항을 따로 정할 수 있다.

3. 제1방법: 거래가격에 의한 과세가격의 결정방법

1) 과세가격 결정의 원칙

과세가격의 제1차적인 기초는 거래가격(transaction value)이다. 이와 같이 거래가격으로 과세가격을 결정하는 관세평가 방법을 제1방법이라고 한다. 과세가격의 제1차적인 기초가 거래가격이라는 것은 상업상의 가격에 관한 당사자간의 의사결정을 가능한 한 수용한다는 것이다. 이것은 동일한 장소와 동일한 시점에서 이루어진 동일한 물품의 과세가격은 동일해야 한다는 종전의 개념을 탈피한다는 것을 의미한다.

제1방법은 해당 물품의 거래가격을 기초로 한 과세가격 결정방법은 가장 기본적이고 원칙적인 방법이고 우리나라에 수출하기 위하여 판매되는 물품을 거래가격 성립요건을 갖추고, 구매자가 판매자에 대하여 실제로 지급하였거나 지급하여야 할 가격에 간접지급액 등을 포함하고, 조정요소를 가감하여 과세가격을 결정하는 방법이다.

수입물품의 과세가격은 우리나라에 수출하기 위하여 판매되는 물품에 대하여 ①구매자가 실제로 지급하였거나 지급하여야 할 가격에 ②구매자가 부담하는 수수료와 중개료 등의 금액을 더하여 조정한 거래가격으로 한다.

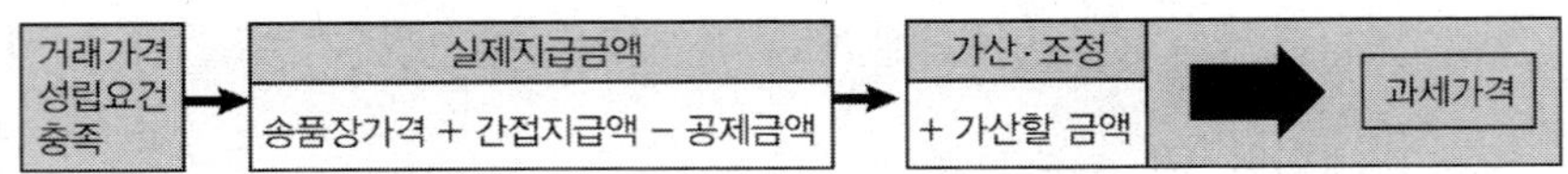

Article 1
1. The customs value of imported goods shall be the transaction value, that is the price actually paid or payable for the goods when sold for export to the country of importation adjusted in accordance with the provisions of Article 8, provided:
(a) that there are no restrictions as to the disposition or use of the goods by the buyer other than restrictions which:
(i) are imposed or required by law or by the public authorities in the country of importation;
(ii) limit the geographical area in which the goods may be resold; or
(iii) do not substantially affect the value of the goods;
(b) that the sale or price is not subject to some condition or consideration for which a value cannot be determined with respect to the goods being valued;
(c) that no part of the proceeds of any subsequent resale, disposal or use of the goods by the buyer will accrue directly or indirectly to the seller, unless an appropriate adjustment can be made in accordance with the provisions of Article 8; and
(d) that the buyer and seller are not related, or where the buyer and seller are related, that the transaction value is acceptable for customs purposes under the provisions of paragraph 2.

2. (a) In determining whether the transaction value is acceptable for the purposes of paragraph 1, the fact that the buyer and the seller are related within the meaning of Article 15 shall not in itself be grounds for regarding the transaction value as unacceptable. In such case the circumstances surrounding the sale shall be examined and the transaction value shall be accepted provided that the relationship did not influence the price. If, in the light of information provided by the importer or otherwise, the customs administration has grounds for considering that the relationship influenced the price, it shall communicate its grounds to the importer and the importer shall be given a reasonable opportunity to respond. If the importer so requests, the communication of the grounds shall be in writing.
(b) In a sale between related persons, the transaction value shall be accepted and the goods valued in accordance with the provisions of paragraph 1 whenever the importer demonstrates that such value closely approximates to one of the following occurring at or about the same time:
(i) the transaction value in sales to unrelated buyers of identical or similar goods for export to the same country of importation;
(ii) the customs value of identical or similar goods as determined under the provisions of Article 5;
(iii) the customs value of identical or similar goods as determined under the provisions of Article 6;
In applying the foregoing tests, due account shall be taken of demonstrated differences in commercial levels, quantity levels, the elements enumerated in Article 8 and costs incurred by the seller in sales in which the seller and the buyer are not related that are not incurred by the seller in sales in which the seller and the buyer are related.
(c) The tests set forth in paragraph 2(b) are to be used at the initiative of the importer and only for comparison purposes. Substitute values may not be established under the provisions of paragraph 2(b).

2) 구매자가 실제로 지급하였거나 지급하여야 할 가격

"구매자가 실제로 지급하였거나 지급하여야 할 가격"이란 해당 수입물품의 대가로서 구매자가 지급하였거나 지급하여야 할 총금액을 말하며, 구매자가 해당 수입물품의 대가와 판매자의 채무를 상계(相計)하는 금액, 구매자가 판매자의 채무를 변제하는 금액, 그 밖의 간접적인 지급액을 포함한다. 다만, 구매자가 지급하였거나 지급하여야 할 총금액에서 다음에 해당

하는 금액을 명백히 구분할 수 있을 때에는 그 금액을 뺀 금액을 말한다.

- 수입 후에 하는 해당 수입물품의 건설, 설치, 조립, 정비, 유지 또는 해당 수입물품에 관한 기술지원에 필요한 비용
- 수입항에 도착한 후 해당 수입물품을 운송하는 데에 필요한 운임 · 보험료와 그 밖에 운송과 관련되는 비용
- 우리나라에서 해당 수입물품에 부과된 관세 등의 세금과 그 밖의 공과금
- 연불조건(延拂條件)의 수입인 경우에는 해당 수입물품에 대한 연불이자

3) 실제 지급금액에 가산할 금액

수입물품의 과세가격을 산정할 때 구매자가 실제로 지급하였거나 지급하여야 할 가격에 다음 금액을 더한다. 금액을 더할 때에는 객관적이고 수량화할 수 있는 자료에 근거하여야 하며, 이러한 자료가 없는 경우에는 이 방법으로 과세가격을 결정하지 아니하고 제2에서 제5 방법으로 과세가격을 결정한다.

① 구매자가 부담하는 수수료와 중개료(구매수수료는 제외한다)[21]

② 해당 수입물품과 동일체로 취급되는 용기의 비용과 해당 수입물품의 포장에 드는 노무비와 자재비[22]로서 구매자가 부담하는 비용

③ 구매자가 해당 수입물품의 생산[23] 및 수출거래를 위하여 다음 물품

---

21) 통칙 30-0-1(수수료, 중개료, 구매수수료의 의의) 법 제30조제1항제1호에서 "수수료 및 중개료와 구매수수료"라 함은 다음 각호를 말한다.

1. 수수료라 함은 해당 수입물품의 거래를 위하여 구매자 또는 판매자 이외의 자가 구매자 또는 판매자를 대리하여 제공하는 용역의 대가로 지급하는 비용을 말한다.
   예)일반적으로 수출자가 부담하는 오퍼수수료(Offer Commission)를 구매자가 부담하는 경우, 해당 수수료를 과세가격에 가산하여야 한다.
2. 중개료라 함은 해당 수입물품의 거래를 위하여 구매자 또는 판매자를 위하여 거래알선 또는 중개의 대가로 지급하는 비용을 말한다.
   예)세계각국에 대한 시장조사, 판매자와의 상담, 무역업무에 대한 자문 및 협조등의 대가로서 장래에 수입하려는 물품가격의 일정비율에 해당하는 금액을 중개회사에 지불하는 경우, 중개회사가 행하는 용역이 외국에서 자신의 책임하에 하는 것이 아니고 구매자와 판매자간의 거래를 성립시키기 위한 중간역할과 자문에 불과한 때에는 이에 대한 대가로 지급하는 금액
3. 구매수수료라 함은 해당 수입물품을 구매하기 위하여 외국에서 구매자만을 위하여 구매자를 대리하여 행하는 용역(공급자를 물색하고, 구매자의 요구사항을 판매자에게 알려주며, 샘플을 수집하고, 물품을 검사하며, 때로는 보험, 운송, 보관 및 인도 등의 업무를 수행함)의 대가로 지급하는 비용을 말한다.

22) 수입물품이 적재된 Pallet는 포장의 일종이고 동Pallet가격은 수입물품가격에 포함되는 것이 일반적인 무역관행이므로 구매자가 Pallet가격을 별도로 지급하였다면 이는 법 제30조제1항제2호에서 정한 포장에 소요되는 자재비에 해당된다(통칙 30-0-2).

23) 법 제30조제1항제3호에서 "해당 물품의 생산"이라 함은 재배, 제조, 채광, 채취, 가공, 조립 등 해당 물품을 만들어 내거나 부가가치를 창출하는 모든 행위를 말한다(통칙 30-0-3).

및 용역을 무료 또는 인하된 가격으로 직접 또는 간접으로 공급한 경우에는 그 물품 및 용역의 가격 또는 인하차액을 고려하여 적절히 배분한 금액(물품 및 용역의 금액(실제 거래가격을 기준으로 산정한 금액을 말하며 국내에서 생산된 물품 및 용역을 공급하는 경우에는 부가가치세를 제외하고 산정한다)을 더하는 경우 ㉠ 해당 수입물품의 총생산량 대비 실제 수입된 물품의 비율, ㉡ 공급하는 물품 및 용역이 해당 수입물품 외의 물품 생산과 함께 관련되어 있는 경우 각 생산 물품별 거래가격(해당 수입물품 외의 물품이 국내에서 생산되는 경우에는 거래가격에서 부가가치세를 제외한다) 합계액 대비 해당 수입물품 거래가격의 비율을 고려하여 배분한다)

- 수입물품에 결합되는 재료 · 구성요소 · 부분품 그 밖의 이와 비슷한 물품
- 수입물품의 생산에 사용되는 공구 · 금형 · 다이스 및 이와 비슷한 물품으로서 해당 수입물품의 조립 · 가공 · 성형 등의 생산과정에 직접 사용되는 기계 · 기구 등
- 수입물품의 생산과정에 소비되는 물품
- 수입물품의 생산에 필요한 기술 · 설계 · 고안 · 공예 및 디자인(우리나라에서 개발된 것을 제외한다)

④ 특허권, 실용신안권, 디자인권, 상표권 및 이와 유사한 권리[24]를 사용하는 대가로 지급하는 것으로서 다음 기준에 따라 산출된 금액

> 해당 물품에 대하여 구매자가 실제로 지급하였거나 지급하여야 할 가격에 가산하여야 하는 특허권 · 실용신안권 · 디자인권 · 상표권 및 이와 유사한 권리를 사용하는 대가[25]는 ㉠해당 물품에 관련되고 ㉡해당 물품한 게래조건으로 구매자가 직접 또는 간접으로 지급하는 금액으로 한다.
>
> ㉠ 다음에 해당하는 경우에는 권리사용료가 해당 물품과 관련되는 것으로 본다.
>
> - 권리사용료가 특허권에 대하여 지급되는 때에는 수입물품이 다음에 해당하는 물품인 경우
>   • 특허발명품
>   • 방법에 관한 특허에 의하여 생산된 물품
>   • 국내에서 해당 특허에 의하여 생산될 물품의 부분품 · 원재료 또는 구성요소로서 그 자체에 해당 특허의 내용의 전부 또는 일부가 구현되어 있는 물품
>   • 방법에 관한 특허를 실시하기에 적합하게 고안된 설비 · 기계 및 장치[26]
> - 권리사용료가 디자인권에 대하여 지급되는 때에는 수입물품이 해당 디자인을 표현하는 물품이거나 국내에서 해당 디자인권에 의하여 생산되는 물품의 부분품 또는 구성요소로서 그 자체에 해당 디자인의 전부 또는 일부가 표현되어 있는 경우

24) 저작권 등의 법적 권리, 법적 권리에는 속하지 아니하지만 경제적 가치를 가지는 것으로서 상당한 노력에 의하여 비밀로 유지된 생산방법·판매방법 기타 사업활동에 유용한 기술상 또는 경영상의 정보 등(영업비밀)

- 권리사용료가 상표권에 대하여 지급되는 때에는 수입물품에 상표가 부착되거나 희석 · 혼합 · 분류 · 단순조립 · 재포장 등의 경미한 가공후에 상표가 부착되는 경우
- 권리사용료가 저작권에 대하여 지급되는 때에는 수입물품에 가사 · 선율 · 영상 · 컴퓨터 소프트웨어 등이 수록되어 있는 경우
- 권리사용료가 실용신안권 또는 영업비밀에 대하여 지급되는 때에는 해당 실용신안권 또는 영업비밀이 수입물품과 제1호의 규정에 준하는 관련이 있는 경우
- 권리사용료가 그 밖의 권리에 대하여 지급되는 때에는 해당 권리가 수입물품과 제1호 내지 제5호의 규정중 권리의 성격상 해당 권리와 가장 유사한 권리에 대한 규정에 준하는 관련이 있는 경우

컴퓨터소프트웨어에 대하여 지급되는 권리사용료는 컴퓨터소프트웨어가 수록된 마그네틱테이프 · 마그네틱디스크 · 시디롬 및 이와 유사한 물품[27]과 관련되지 아니하는 것으로 본다.

ⓛ 다음에 해당하는 경우에는 권리사용료가 해당 물품의 거래조건으로 지급되는 것으로 본다.

- 구매자가 수입물품을 구매하기 위하여 판매자에게 권리사용료를 지급하는 경우
- 수입물품의 구매자와 판매자간의 약정에 따라 구매자가 수입물품을 구매하기 위하여 해당 판매자가 아닌 자에게 권리사용료를 지급하는 경우
- 구매자가 수입물품을 구매하기 위하여 판매자가 아닌 자로부터 특허권 등의 사용에 대한 허락을 받아 판매자에게 그 특허권 등을 사용하게 하고 해당 판매자가 아닌 자에게 권리사용료를 지급하는 경우

⑤ 해당 수입물품을 수입한 후 전매·처분 또는 사용하여 생긴 수익금액 중 판매자에게 직접 또는 간접으로 귀속되는 금액[28]

⑥ 수입항(輸入港)까지[29]의 운임·보험료[30]와 그 밖에 운송과 관련되는 비용[31][32]으로서 다음에 의하여 결정된 금액[33]

---

25) 특정한 고안이나 창안이 구현되어 있는 수입물품을 이용하여 우리나라에서 그 고안이나 창안을 다른 물품에 재현하는 권리[1]를 사용하는 대가를 제외하며, 이하 “권리사용료”라 한다.

26) 주요특성 갖춘 부분품 등을 포함

27) 관세법 별표 관세율표의 관세율표번호 제8523호에 속하는 것에 한한다.

28) 통칙 30-0-5(수입후 전매·처분 또는 사용에 따른 수익) 법 제30조제3항제3호에서 “수입후의 전매·처분 또는 사용에 다른 수익”이라 함은 해당 수입물품의 판매, 사용 등에서 얻어지는 판매대금, 임대료, 가공임 등을 말하며, 해당 수입물품의 현물출자로 인하여 발생하는 주식배당금과 같이 수입물품과 직접 관련이 없는 것은 이에 해당되지 아니한다.

29) 법 제30조제1항제6호 및 제34조제3호의 “수입항까지” 및 법 제30조제2항제2호의 “수입항 도착”이라 함은 해당 수입물품이 수입항에 도착하여 본선하역준비가 완료된 시점과 장소를 말한다(통칙 30-0-4).

30) ①보험료는 수입물품에 대하여 실제로 보험에 부보한 경우에만 과세가격에 포함한다.
②선박의 노후를 이유로 지불한 선박할증보험료는 그 부담자가 누구인지와 관계없이 법제30조제1항제6호 규정의 보험료에 해당된다. 다만, 선박할증보험료를 선박회사가 대납한 경우에는 해당 수입물품의 실제지급가격에 가산하여야 할 운임은 실제로 대납된 선박할증보험료 상당액이 차감된 금액이 된다(통칙 30-20-8).

31) 통칙 30-20-10 : 기타 운송관련비용의 의의 영 제20조 제5항에 규정된 “기타 운송에 관련되는 비용”이라함은 해당 수입물품을 수입항까지 운송하기 위하여 구매자가 부담하는 비용

운임 및 보험료는 해당 사업자가 발급한 운임명세서 · 보험료명세서 또는 이에 갈음할 수 있는 서류에 의하여 산출한다. 운임 및 보험료를 산출할 수 없는 때에는 운송거리 · 운송방법 등을 참작하여 관세청장이 정하는 바에 따라 산출한다. 관세청장이 정하는 물품이 항공기로 운송되는 경우에는 해당 물품이 항공기외의 일반적인 운송방법에 의하여 운송된 것으로 보아 운임 및 보험료를 산출한다.

다음에 해당하는 물품의 운임이 통상의 운임과 현저하게 다른 때에는 운송거리 · 운송방법 등을 참작하여 관세청장이 정하는 통상의 운임을 해당 물품의 운임으로 할 수 있다.[34)]

- 수입자의 선박 또는 항공기로 운송되는 물품
- 운임과 적재수량을 특약한 항해용선계약에 따라 운송되는 물품[35)]
- 기타 특수조건에 의하여 운송되는 물품

수입항까지의 운임 · 보험료 기타 운송에 관련되는 금액은 해당 수입물품이 수입항에 도착하여 본선하역준비가 완료될 때까지 수입자가 부담하는 비용을 말한다.

4) 구매수수료의 범위

구매수수료는 해당 수입물품의 구매와 관련하여 외국에서 구매자를 대리하여 행하는 용역의 대가로서 구매자가 구매대리인에게 지급하는 비용으로 한다.

구매자를 대리하여 행하는 용역은 구매자의 계산과 위험부담으로 공급자 물색, 구매 관련 사항 전달, 샘플수집, 물품검사, 보험·운송·보관 및 인도 등을 알선하는 용역으로 한다. 다만, 다음에 해당하는 경우에는 그러하지 아니하다.

- 구매대리인이 자기의 계산으로 용역을 수행하는 경우
- 구매대리인이 해당 수입물품에 대하여 소유권 또는 그 밖의 이와 유사한 권리가 있는 경우
- 구매대리인이 해당 거래나 가격을 통제하여 실질적인 결정권을 행사하는 경우

중 운임과 보험료를 제외한 추가로 구매자가 부담하는 운송관련비용(운송수단 변경시의 양하·적하비용, 동물에 대한 사료공급비용 등)을 말한다.

32) 구매자가 용선한 선박에 의하여 수입물품을 운송하는 경우 선적항에서 발생한 체선료를 판매자가 부담한다면 해당 체선료는 이미 물품가격에 포함된 것으로 보아야 하므로 과세가격에 가산할 수 없으나, 이를 구매자가 부담한다면 법 제30조제1항제6호에서 정한 기타 운송에 관련되는 비용으로 보아 과세가격에 가산하여야 한다(통칙 30-19-6).

33) 기획재정부령이 정하는 물품의 경우에는 이의 전부 또는 일부를 제외할 수 있다고 되어 있으나 기획재정부령에서 정한 사항이 없다.

34) 통칙 30-20-9(통상운임) ①영 제20조제4항에 규정된 "관세청장이 정하는 통상운임"이라 함은 해당 물품의 종류, 수량 및 운송조건(운송수단의 종류와 운송경로등)을 감안하여 통상 필요하다고 인정되는 운임을 말하며, 이를 따로 정하지 않은 경우에는 관세청장이 구체적인 사안을 확인하여 개별적으로 정한다. ②운임과 적재수량을 특약한 항해용선계약에 따라 운송함에 있어 실제적재수량이 특약수량에 미치지 아니하는 경우에는 해당 항해용선계약에 따라 실제로 지급하는 운임을 통상운임으로 한다.

35) 실제 적재수량이 특약수량에 미치지 아니하는 경우를 포함한다.

구매자가 구매대리인에게 지급한 비용에 구매수수료 외의 비용이 포함된 경우에는 그 지급한 비용 중 구매수수료에 해당하는 금액이 따로 구분하여 산정될 수 있는 경우에만 해당 금액을 구매수수료로 한다. 세관장은 필요하다고 인정하는 경우 구매수수료에 관한 자료의 제출을 구매자에게 요청할 수 있다.

5) 다른 방법에 의한 과세가격 결정(거래가격 성립요건)

수출하기 위해 판매되는 물품이 아니거나 거래가격을 해당 물품의 과세가격으로 하지 아니하는 사유에 해당하면 거래가격이 성립되지 않아 거래가격을 해당 물품의 과세가격으로 하지 아니하고 제2방법부터 제6방법으로 과세가격을 결정한다. 이 경우 세관장은 다음 각 호의 어느 하나에 해당하는 것으로 판단하는 근거를 납세의무자에게 미리 서면으로 통보하여 의견을 제시할 기회를 주어야 한다.

(1) 수출하기 위하여 판매되는 물품에 포함되지 않는 경우

우리나라에 수출하기 위하여 판매되는 물품에는 다음 물품은 포함되지 아니한다.

- 무상으로 수입하는 물품
- 수입후 경매 등을 통하여 판매가격이 결정되는 위탁판매수입물품
- 수출자의 책임으로 국내에서 판매하기 위하여 수입하는 물품
- 별개의 독립된 법적 사업체가 아닌 지점 등에서 수입하는 물품
- 임대차계약에 따라 수입하는 물품
- 무상으로 임차하는 수입물품
- 산업쓰레기 등 수출자의 부담으로 국내에서 폐기하기 위하여 수입하는 물품

(2) 거래가격을 해당 물품의 과세가격으로 하지 아니하는 사유

- 해당 물품의 처분 또는 사용에 제한이 있는 경우

〈표 2-7〉 처분 또는 사용에 대한 제한

구 분	내 용
처분 또는 사용에 대한 제한이 있는 경우에 포함되는 경우(영 제21조)	- 전시용 · 자선용 · 교육용 등 해당 물품을 특정용도로 사용하도록 하는 제한 - 해당 물품을 특정인에게만 판매 또는 임대하도록 하는 제한 - 그 밖의 해당 물품의 가격에 실질적으로 영향을 미치는 제한
포함되지 않는 경우(거래가격에 영향을 미치지 아니한 제한)	- 우리나라의 법령이나 법령에 의한 처분에 따라 부과되거나 요구되는 제한 - 수입물품이 판매될 수 있는 지역의 제한 - 그 밖의 수입가격에 실질적으로 영향을 미치지 아니한다고 세관장이 인정하는 제한

- 해당 물품에 대한 거래의 성립 또는 가격의 결정이 금액으로 계산할 수 없는 조건 또는 사정에 따라 영향을 받은 경우
  - 구매자가 판매자로부터 특정수량의 다른 물품을 구매하는 조건으로 해당 물품의 가격이 결정되는 경우
  - 구매자가 판매자에게 판매하는 다른 물품의 가격에 따라 해당 물품의 가격이 결정되는 경우
  - 판매자가 반제품을 구매자에게 공급하고 그 대가로 일정수량을 받는 조건으로 해당 물품의 가격이 결정되는 경우
- 해당 물품을 수입한 후에 전매 · 처분 또는 사용하여 생긴 수익의 일부가 판매자에게 직접 또는 간접으로 귀속되는 경우(적절히 조정할 수 있는 경우에는 제외)
- 구매자와 판매자간에 다음과 같은 특수관계가 있어 그 관계가 해당 물품의 가격에 영향을 미친 경우

특수관계가 물품가격에 영향을 미친 경우	영향을 미치지 않는 것으로 보는 경우
• 구매자와 판매자가 상호 사업상의 임원 또는 관리자인 경우 • 구매자와 판매자가 상호 법률상의 동업자인 경우 • 구매자와 판매자가 고용관계에 있는 경우 • 특정인이 구매자 및 판매자의 의결권 있는 주식을 직접 또는 간접으로 5퍼센트 이상 소유하거나 관리하는 경우 • 구매자 및 판매자중 일방이 상대방에 대하여 법적으로 또는 사실상으로 지시나 통제를 할 수 있는 위치에 있는 등 일방이 상대방을 직접 또는 간접으로 지배하는 경우 • 구매자 및 판매자가 동일한 제3자에 의하여 직접 또는 간접으로 지배를 받는 경우 • 구매자 및 판매자가 동일한 제3자를 직접 또는 간접으로 공동지배하는 경우 • 구매자와 판매자가 「국세기본법 시행령」 제20조제1호 내지 제8호의 1에 해당하는 친족관계에 있는 경우	• 특수관계가 없는 구매자와 판매자간에 통상적으로 이루어지는 가격결정방법으로 결정된 경우 • 해당 산업부문의 정상적인 가격결정 관행에 부합하는 방법으로 결정된 경우 • 특수관계가 없는 우리나라의 구매자에게 수출되는 동종 · 동질물품 또는 유사물품의 거래가격이나 동종 · 동질물품 또는 유사물품의 과세가격에 근접하는 가격으로서 수입가격과 영 제23조제2항제3호 각 목의 가격(비교가격)과의 차이가 비교가격을 기준으로 하여 비교할 때 100분의 10 이하인 경우(세관장은 해당 물품의 특성 · 거래내용 · 거래관행 등으로 보아 그 수입가격이 합리적이라고 인정되는 때에는 비교가격의 100분의 110을 초과하더라도 비교가격에 근접한 것으로 볼 수 있으며, 수입가격이 불합리한 가격이라고 인정되는 때에는 비교가격의 100분의 110 이하인 경우라도 비교가격에 근접한 것으로 보지 아니할 수 있다)

6) 과세가격 불인정

(1) 거래가격 불인정

세관장은 납세의무자가 거래가격으로 가격신고를 한 경우 해당 신고

가격이 동종·동질물품 또는 유사물품의 거래가격과 현저한 차이가 있는 등 이를 과세가격으로 인정하기 곤란한 경우로서 다음 경우에는 납세의무자에게 신고가격이 사실과 같음을 증명할 수 있는 자료를 제출할 것을 요구할 수 있다. 이 경우 사유와 자료제출에 필요한 기간을 기재한 서면으로 하여야 한다.

- 납세의무자가 신고한 가격이 동종 · 동질물품 또는 유사물품의 가격과 현저한 차이가 있는 경우
- 납세의무자가 동일한 공급자로부터 계속하여 수입하고 있음에도 불구하고 신고한 가격에 현저한 변동이 있는 경우
- 신고한 물품이 원유 · 광석 · 곡물 등 국제거래시세가 공표되는 물품인 경우 신고한 가격이 그 국제거래시세와 현저한 차이가 있는 경우
- 신고한 물품이 원유 · 광석 · 곡물 등으로서 국제거래시세가 공표되지 않는 물품인 경우 관세청장 또는 관세청장이 지정하는 자가 조사한 수입물품의 산지 조사가격이 있는 때에는 신고한 가격이 그 조사가격과 현저한 차이가 있는 경우
- 납세의무자가 거래선을 변경한 경우로서 신고한 가격이 종전의 가격과 현저한 차이가 있는 경우
- 그 밖의 기획재정부령이 정하는 경우

(2) 신고가격의 불인정

세관장은 납세의무자가 다음 해당하면 제1방법으로 과세가격을 결정하지 아니하고 제2방법에서 제6의 방법으로 과세가격을 결정한다. 이 경우 세관장은 빠른 시일 내에 과세가격 결정을 하기 위하여 납세의무자와 정보교환 등 적절한 협조가 이루어지도록 노력하여야 하고, 신고가격을 과세가격으로 인정하기 곤란한 사유와 과세가격 결정 내용을 해당 납세의무자에게 통보하여야 한다.

- 요구받은 자료를 제출하지 아니한 경우
- 제출한 자료가 일반적으로 인정된 회계원칙에 부합하지 아니하게 작성된 경우
- 납세의무자가 제출한 자료가 수입물품의 거래관계를 구체적으로 나타내지 못하는 경우
- 그 밖에 납세의무자가 제출한 자료에 대한 사실관계를 확인할 수 없는 등 신고가격의 정확성이나 진실성을 의심할만한 합리적인 사유가 있는 경우

4. 제2방법 : 동종 · 동질물품의 거래가격을 기초로 한 과세가격 결정

"동종·동질물품"이라 함은 해당 수입물품의 생산국에서 생산된 것으로서 물리적 특성, 품질 및 소비자 등의 평판을 포함한 모든 면에서 동일한 물품[36]을 말한다. 제1방법 과세가격을 결정할 수 없는 경우에는 과세가격으로 인정된 사실이 있는 동종·동질물품의 거래가격으로서 다음 요건을 갖춘 가격을 기초로 하여 과세가격을 결정한다.

- 과세가격을 결정하려는 해당 물품의 생산국에서 생산된 것으로서 해당 물품의 선적일(船積日)[37]에 선적되거나 해당 물품의 선적일을 전후하여 가격에 영향을 미치는 시장조건이나 상관행(商慣行)에 변동이 없는 기간 중에 선적되어 우리나라에 수입된 것일 것
- 거래 단계, 거래 수량, 운송 거리, 운송 형태 등이 해당 물품과 같아야 하며, 두 물품 간에 차이가 있는 경우에는 그에 따른 가격차이를 조정한 가격일 것

과세가격으로 인정된 사실이 있는 동종·동질물품의 거래가격이라 하더라도 그 가격의 정확성과 진실성을 의심할만한 합리적인 사유가 있는 경우 그 가격은 과세가격 결정의 기초자료에서 제외한다.

동종·동질물품의 거래가격이 둘 이상 있는 경우에는 생산자, 거래 시기, 거래 단계, 거래 수량 등(거래내용 등)이 해당 물품과 가장 유사한 것에 해당하는 물품의 가격을 기초로 하고, 거래내용 등이 같은 물품이 둘 이상이 있고 그 가격도 둘 이상이 있는 경우에는 가장 낮은 가격을 기초로 하여 과세가격을 결정한다.

5. 제3방법 : 유사물품의 거래가격을 기초로 한 과세가격결정방법

"유사물품"이라 함은 해당 수입물품의 생산국에서 생산된 것으로서 모든 면에서 동일하지는 아니하지만 동일한 기능을 수행하고 대체사용이 가능할 수 있을 만큼 비슷한 특성과 비슷한 구성요소를 가지고 있는 물품을 말한다. 제1방법과 제2방법으로 과세가격을 결정할 수 없을 때에는 과세가격으로 인정된 사실이 있는 유사물품의 거래가격으로서 요건을 갖춘 가격을 기초로 하

36) 외양에 경미한 차이가 있을 뿐 그 밖의 모든 면에서 동일한 물품을 포함
37) 통칙 31-0-1 : "선적일"의 의의법 제31조제1항제1호에서 "선적일"이라 함은 수입물품을 우리나라로 운송하기 위하여 선적한 날을 말하며 선하증권 기타 이에 갈음할 수 있는 서류에 의하여 확인한다.

여 과세가격을 결정한다. 이 때 과세가격으로 인정된 사실이 있는 유사물품의 거래가격이라 하더라도 그 가격의 정확성과 진실성을 의심할만한 합리적인 사유가 있는 경우 그 가격은 과세가격 결정의 기초자료에서 제외한다. 유사물품의 거래가격이 둘 이상이 있는 경우에는 거래내용등이 해당 물품과 가장 유사한 것에 해당하는 물품의 가격을 기초로 하고, 거래내용등이 같은 물품이 둘 이상이 있고 그 가격도 둘 이상이 있는 경우에는 가장 낮은 가격을 기초로 하여 과세가격을 결정한다.

판례 신고가격을 과세가격으로 인정하기 곤란한 경우로서'납세의무자가 신고한 가격이 동종·동질물품 또는 유사물품의 가격과 현저한 차이가 있는 경우'를 규정하고 있는바, 구 관세법 에서 실제로 지급하였거나 지급하여야 할 가격을 원칙적인 과세가격으로 규정하고 있는 이상, 그 적용을 배제하고 구 관세법 제9조의3 제4항, 제5항 을 적용하여 구 관세법 제9조의4 내지 제9조의8이 정한 방법으로 과세가격을 결정하는 것은 가급적 그 요건을 엄격히 해석할 필요가 있는 점, 납세의무자의 신고가격을 부인할 수 있는 경우를 규정하고 있는 구 시행령이 물품의 특성, 거래형태를 구체적으로 특정하여 제한하고 있는 점 등을 고려해 보면, 구 시행령 소정의'유사물품의 가격'이라 함은 과세관청이 유사물품에 관한 관세범칙 사건의 조사나 사후 세액심사 등을 통하여 인정한 가격뿐만 아니라 수입신고인이 유사물품의 가격으로 신고한 것으로서 과세관청이 수리한 가격 등을 포함하는 거래사례에서의 가격을 의미한다고 할 것이다. 같은 취지에서 원심이 그 채택 증거에 의하여 판시와 같은 사실을 인정한 다음, 이 사건 물품의 수입시기와 비슷한 시기에 중국산 대두를 수입한 대부분의 국내 수입업체들은 원고가 이 사건 물품에 관하여 신고한 톤헹여몰화 150~180달러와 비슷한 가격으로 신고한 점, 원고가 거래가격을 허위신고하는 방법으로 관세를 포탈하였다는 이유로 고발됨으로써 진행된 형사사건에서 무죄판결이 선고되어 그 판결이 확정된 점 등에 비추어, 피고들이 이 사건 물품과 유사하다고 주장하는 중국산 대두에 관한 극소수의 관세범칙 사건의 조사 과정에서 밝혀낸 거래가격이 원고가 신고한 이 사건 물품의 거래가격과 차이가 난다는 이유만으로는 구 시행령에 해당된다고 단정할 수 없고, 따라서 피고들이 원고가 신고한 이 사건 물품의 거래가격이 구 시행령 소정의'유사물품의 가격과 현저한 차이가 나는 경우'에 해당됨을 전제로 구 관세법 제9조의5, 제9조의8이 정한 방법으로 과세가격을 결정한 후 행한 이 사건 부과처분은 위법하다고 판단한 것은 정당하고, 거기에 상고이유로 주장하는 바와 같은 구 관세법 제9조의3 제4항 및 구 시행령 제3조의8 제1항 제1호의 적용 여부에 관한 법리오해나 채증법칙 위배 등의 위법이 없다 【대법원 2007.12.27. 선고 2005두17188 선고 판결】

6. 제4방법 : 국내판매가격을 기초로 한 과세가격 결정

제1방법 내지 제3방법으로 과세가격을 결정할 수 없는 때에는 ① 금액에서 ② 내지 ④의 금액을 뺀 가격을 과세가격으로 한다. 다만, 납세의무자가 요청하면 산정가격을 기초로 하여 과세가격을 결정하되 산정가격(제34조)에 따라 결정할 수 없는 경우에는 국내판매가격, 합리적 기준에 의한 가격 결정(제35조)의 순서에 따라 과세가격을 결정한다(법 제33조).

① 해당 물품, 동종 · 동질물품 또는 유사물품이 수입된 것과 동일한 상태로 해당 물품의 수입신고일 또는 수입신고일과 거의 동시에 특수관계가 없는 자에게 가장 많은 수량으로 국내에서 판매되는 단위가격을 기초로 하여 산출한 금액

\-

② 국내판매와 관련하여 통상적으로 지급하였거나 지급하여야 할 것으로 합의된 수수료 또는 동종 · 동류의 수입물품이 국내에서 판매되는 때에 통상적으로 부가되는 이윤 및 일반경비에 해당하는 금액
③ 수입항에 도착한 후 국내에서 발생한 통상의 운임 · 보험료와 그 밖의 관련 비용
④ 해당 물품의 수입 및 국내판매와 관련하여 납부하였거나 납부하여야 하는 조세와 그 밖의 공과금

해당 물품, 동종·동질물품 또는 유사물품이 수입된 것과 동일한 상태로 국내에서 판매되는 사례가 없는 경우 납세의무자가 요청할 때에는 해당 물품이 국내에서 가공된 후 특수관계가 없는 자에게 가장 많은 수량으로 판매되는 단위가격을 기초로 하여 산출된 금액에서 ② 내지 ④의 금액과 국내가공에 따른 부가가치 금액을 뺀 가격을 과세가격으로 한다.

①에서 "국내판매되는 단위가격"이라 함은 수입 후 최초 종·동질에서 판매되는 단위가격을 말한다. 다만, 다음에 해당하는 가 동일한 은 이를 국내판매되는 단위가격으로 보지 아니한다.

- 최초거래의 구매자가 판매자 또는 수출자와 특수관계에 있는 경우
- 최초거래의 구매자가 판매자 또는 수출자에게 물품 및 용역을 수입물품의 생산 또는 거래에 관련하여 사용하도록 무료 또는 인하된 가격으로 공급하는 경우

수입신고일과 거의 동시에 판매되는 단위가격은 해당 물품의 종류와 특성에 따라 수입신고일의 가격과 가격변동이 거의 없다고 인정되는 기간중의 판매가격으로 한다. 다만, 수입신고일부터 90일이 경과된 후에 판매되는 가격을 제외한다.

이윤 및 일반경비는 일체로서 취급하며, 일반적으로 인정된 회계원칙에 따라 작성된 납세의무자가 제출하는 회계보고서를 근거로 하여 다음 구분에 따라 계산한다.

- 납세의무자가 제출한 회계보고서를 근거로 계산한 이윤 및 일반경비의 비율이 제5항 또는 제7항에 따라 산출한 이윤 및 일반경비의 비율(동종 · 동류비율)의 100분의 110 이하인 경우: 납세의무자가 제출한 이윤 및 일반경비
- 그 외의 경우: 동종 · 동류비율을 적용하여 산출한 이윤 및 일반경비

세관장은 관세청장이 정하는 바에 따라 해당 수입물품의 특성, 거래 규모

등을 고려하여 동종·동류의 수입물품을 선정하고 이 물품이 국내에서 판매되는 때에 부가되는 이윤 및 일반경비의 평균값을 기준으로 동종·동류비율을 산출하여야 한다. 세관장은 동종·동류비율 및 그 산출근거를 납세의무자에게 서면으로 통보하여야 한다. 납세의무자는 세관장이 산출한 동종·동류비율이 불합리하다고 판단될 때에는 해당 납세의무자의 수입물품을 통관하였거나 통관할 세관장을 거쳐 관세청장에게 이의를 제기할 수 있다. 이 경우 관세청장은 해당 납세의무자가 제출하는 자료와 관련 업계 또는 단체의 자료를 검토하여 동종·동류비율을 다시 산출할 수 있다

해당 물품, 동종·동질물품 또는 유사물품이 수입된 것과 동일한 상태로 국내 판매된 사례가 없는 경우, 납세의무자의 요청에 따라 해당 물품이 국내에서 가공된 후 특수 관계가 없는 자에게 가장 많은 수량으로 판매 되는 단위가격에서 공제요소와 국내가공에 따른 부가가치를 뺀 가격을 과세가격으로 한다.

7. 제5방법 : 산정가격을 기초로 한 과세가격 결정방법

제1방법 내지 제4방법으로 과세가격을 결정할 수 없을 때에는 다음 각 호의 금액을 합한 가격을 기초로 하여 과세가격을 결정한다(법 제34조).

- 해당 물품의 생산에 사용된 원자재 비용 및 조립이나 그 밖의 가공에 드는 비용 또는 그 가격[38)]
- 수출국 내에서 해당 물품과 동종 · 동류의 물품의 생산자가 우리나라에 수출하기 위하여 판매할 때 통상적으로 반영하는 이윤 및 일반 경비에 해당하는 금액
- 해당 물품의 수입항까지의 운임 · 보험료와 그 밖에 운송과 관련된 비용으로서 대통령령에 따라서 결정된 금액

납세의무자가 위의 금액을 확인하는데 필요한 자료를 제출하지 않은 경우에는 이 방법을 적용하지 않을 수 있다.

8. 제6방법 : 합리적 기준에 의한 과세가격 결정

제1방법에서 제5방법으로 과세가격을 결정할 수 없는 때에는 제1방법에서 제5방법 결정 원칙과 부합되는 합리적인 기준에 따라 과세가격을 결정한다

38) 해당 물품과 동일체로 취급되는 용기의 비용과 해당 물품의 포장에 소요되는 노무비 및 자재비로서 구매자가 부담하는 비용(법 제30조제1항 제2호)이 포함되는 것으로 하며, 우리나라에서 개발된 기술·설계·고안·디자인 또는 공예에 소요되는 비용을 생산자가 부담하는 경우에는 해당 비용이 포함되는 것으로 한다.

1) 기준 적용 방법

과세가격을 결정함에 있어서는 다음의 방법에 의한다.

① 제2와 제3방법 적용시의 생산국, 선적국, 선적시기 등에 관한 요건을 다음과 같이 신축적으로 해석·적용하는 방법

- 해당 물품의 생산국에서 생산된 것이라는 장소적 요건을 다른 생산국에서 생산된 것으로 확대하여 해석 · 적용하는 방법
- 해당 물품의 선적일 또는 선적일 전후라는 시간적 요건을 선적일 전후 90일로 확대하여 해석 · 적용하는 방법

② 제4방법 적용시 수입된 것과 동일한 상태로 판매하여야 한다는 요건을 신축적으로 해석·적용[39]

③ 제 4·5방법에 따라 과세가격으로 인정된 바 있는 동종·동질물품, 유사물품의 과세가격을 기초로 과세가격 결정

④ 제4방법에서 수입신고일부터 180일까지 판매되는 가격을 적용하는 방법

⑤ 그 밖에 거래의 실질 및 관행에 비추어 합리적이라고 인정되는 방법

2) 사용 불가능한 가격

합리적 기준에 의하여 과세가격을 결정함에 있어서는 다음에 해당하는 가격을 기준으로 하여서는 아니 된다(영 제29조 제2항).

① 우리나라에서 생산된 물품의 국내판매가격

② 선택 가능한 가격중 높은 가격

③ 수출국의 국내판매가격

④ 동종·동질, 유사물품에 대하여 산정가격방법에 따라 생산비용을 기초로 가격을 결정하는 방법외의 방법으로 생산비용을 기초로 하여 결정된 가격

⑤ 우리나라 외의 국가에 수출하는 물품의 가격

⑥ 특정 수입물품에 대하여 미리 설정하여 둔 최저과세기준가격

⑦ 자의적 또는 가공적인 가격

---

39) 납세의무자의 요청이 없는 경우에도 법 제33조제2항의 규정에 따라 과세가격을 결정하는 방법

3 특수물품의 과세가격 결정

관세청장은 다음에 해당하는 물품에 대한 과세가격결정에 필요한 기초자료, 금액의 계산방법 등 과세가격결정에 필요한 세부사항을 정할 수 있다.

- 수입신고전에 변질 · 손상된 물품
- 여행자나 승무원의 휴대품 · 우편물 · 탁송품 및 별송품
- 임차수입물품
- 중고물품
- 세관장의 승인을 받고 외국물품과 내국물품을 혼용하는 때에는 그로써 생긴 제품중 해당 외국물품의 수량 또는 가격에 상응하는 것은 외국으로부터 우리나라에 도착된 물품으로 외국물품으로 보는 물품
- 범칙물품
- 그 밖의 관세청장이 과세가격결정에 혼란이 발생할 우려가 있다고 인정하는 물품

이러한 특수 물품의 과세가격 결정은 제1방법부터 제6방법까지 순차적으로 적용함을 원칙으로 한다. 제6방법을 적용하는 경우에는 합리적 기준에 의한 과세가격의 결정 방법으로 적용하되, 이러한 방법을 적용할 수 없거나 곤란한 경우에는 다음 방법을 적용한다.

1) 변질 또는 손상물품의 과세가격

수입신고전에 변질 또는 손상된 물품에 대한 과세가격은 다음에서 정하는 방법을 순차적으로 적용하여 결정한다.

① 실제 지급하였거나 지급할 가격은 변질 또는 손상된 물품의 대가로 지급한 것이 아니므로 제1방법을 적용할 수 없다. 다만, 물품의 일부만 변질 또는 손상이 되고 나머지 물품은 정상물품인 경우에는 물품의 전체 물량 중에서 정상물품이 차지하는 비율에 대한 가격은 제1방법에 따라 과세가격을 결정한다.

② 변질 또는 손상된 물품과 동종·동질물품의 거래가격이 있는 경우에는 제2방법에 따라 과세가격을 결정한다. 이 경우 과세가격을 결정하려는 물품의 생산국에서 생산된 것이 아닌 경우에도 제2방법에 따라 과세가격을 결정할 수 있다.

③ 변질 또는 손상된 물품과 유사물품의 거래가격이 있는 경우에는 제3방법에 따라 과세가격을 결정한다. 이 경우 과세가격을 결정하려는 물품의 생

산국에서 생산된 것이 아닌 경우에도 제3방법에 따라 과세가격을 결정할 수 있다.

④ 변질 또는 손상물품이 국내에서 판매되고 또한 국내에서 판매되는 가격이 제4방법으로 과세가격을 결정할 수 있는 요건을 갖추고 있는 경우에는 제4방법에 따라 과세가격을 결정한다. 이 경우 수입된 것과 동일한 상태로 판매되어야 한다는 요건과 90일 이내에 판매되어야 한다는 요건은 신축성 있게 적용될 수 있다.

⑤ ①에서 ④의 방법에 따라 과세가격을 결정할 수 없는 경우에는 변질 또는 손상되지 아니한 물품의 거래가격을 기초로 하여 과세가격을 결정한다. 이 경우 변질 또는 손상되지 아니한 물품의 거래가격의 기초에는 구매자와 판매자간에 변질 또는 손상으로 인하여 다시 결정된 가격이 있는 경우의 그 가격, 구매자 또는 판매자와 관련이 없는 공인조사기관의 조사가격, 수리 또는 개체비용을 고려한 가격, 보험회사의 보상액 등이 있다.

2) 여행자휴대품 등의 과세가격

여행자 또는 승무원의 휴대품, 우편물, 탁송품 및 별송품(여행자휴대품 등)의 과세가격을 결정하는 때에는 다음의 가격을 기초로 하여 세관장이 결정한다.

- 신고인이 제시하는 가격(세관장이 타당하다고 인정하는 경우에 한한다)
- 관세청장이 조사한 가격표
- 외국에서 통상적으로 거래되는 가격으로서 객관적으로 조사된 가격(예 : BLUEBOOK 등)
- 해당 물품과 동종 · 동질물품 또는 유사물품의 국내도매가격에 시가역산율을 적용하여 과세가격으로 환산한 가격
- 국내 공인감정기관의 감정가격

국내도매가격을 산출하려는 경우에는 다음의 규정에 따른다.

- 여행자 휴대품 등의 국내도매가격을 산출하려는 때에는 해당 물품과 동종 · 동질물품 또는 유사물품을 취급하는 2곳 이상의 수입물품 거래처[40] 국내도매가격을 조사[41]

40) 인터넷을 통한 전자상거래처 포함
41) 다만, 국내도매가격이 200만 원 이하 물품으로 신속한 통관이 필요하거나 물품 특성상 2곳

- 조사된 가격이 둘 이상인 경우에는 다음과 같은 방법으로 국내도매가격을 결정
  - 조사된 가격의 차이가 10%를 초과하는 경우에는 조사된 가격의 평균가격[42]
  - 조사된 가격의 차이가 10% 이하인 경우에는 조사된 가격 중 최저가격

3) 임차수입물품의 과세가격

임차수입물품에 대하여 제6방법을 적용하는 경우에는 다음의 가격을 순차적으로 적용하여 과세가격을 결정한다.

- 임차료의 산출기초가 되는 해당 임차수입물품의 가격
- 해당 임차수입물품, 동종 · 동질 또는 유사물품을 우리나라에 수출할 때 공개된 가격자료에 기재된 가격
- 해당 임차수입물품의 경제적 내구연한 동안 지급될 총 예상임차료를 기초로 하여 계산한 가격

해당 임차수입물품의 경제적 내구연한 동안 지급될 총 예상임차료를 기초로 하여 계산한 가격으로 과세가격을 결정할 때에는 다음에서 규정한 방법에 의한다. 다만, 세관장이 일률적인 내구연한의 적용이 불합리하다고 판단하는 경우에는 이 규정을 적용하지 않는다.

- 해당 수입물품의 경제적 내구연한 동안에 지급될 총 예상임차료[43]를 현재가격으로 환산한 가격을 과세가격의 기초로 한다.
- 수입자가 임차료 이외의 명목으로 정기적 또는 비정기적으로 지급하는 특허권 등의 사용료 또는 해당 물품의 거래조건으로 별도로 지급하는 비용이 있는 경우에는 이를 임차료와 동일하게 취급한다.
- 현재가격을 계산하는 때에 적용할 이자율은 해당 임차계약서에 의하되 동 계약서에 이자율이 정해져 있지 아니하거나 규정된 이자율이 연 11% 이상인 때에는 연 11%의 이자율을 적용한다.
- 임차하여 수입하는 물품에 대하여 수입자가 구매선택권을 가지는 경우에는 임차계약상 구매선택권을 행사할 수 있을 때까지 지급할 총 예상임차료와 구매선택권을 행사하는 때에 지급하여야 할 금액의 현재가격의 합계액을 기초로 하여 과세가격을 결정한다.

이상의 거래처를 조사할 수 없는 경우 및 과세가격 결정에 지장이 없다고 세관장이 인정하는 경우에는 이를 신축적으로 운용할 수 있다.

42) 현저한 차이가 있는 경우 최고·최저 가격은 배제

43) 해당 물품을 수입한 후 이를 정상으로 유지 사용하기 위하여 소요되는 비용이 임차료에 포함되어 있을 때에는 그에 상당하는 실비를 공제한 총 예상임차료

4) 중고수입물품의 과세가격

중고수입물품에 대하여 제6방법을 적용하는 경우에는 다음의 가격을 적용하여 과세가격을 결정한다.

- 국내 공인감정기관의 감정가격을 기초로 하여 산출한 가격
- 국내도매가격에 시가역산율을 적용하여 산출한 가격
- 국내에서 거래되는 신품 또는 중고물품의 수입당시의 과세가격을 기초로 가치 감소분을 공제한 가격

가치감소 산정기준은 기초설비품 및 기계류의 경우 법인세법시행규칙상의 업종별 자산의 기준내용연수 및 내용연수범위표상에 기재된 기준내용연수와 감가상각자산의 상각률표 중 정률법에 의한 상각률에 의한다. 승용 및 화물자동차는 수입물품 과세가격 결정에 관한 고시 별표 2의 기준에 의하고, 자동이륜차는 별표 3의 기준에 의하며, 건설장비류는 별표 4의 기준에 의한다. 사용으로 인하여 가치가 감소된 물품의 과세가격을 산출할 때에 적용하는 체감잔존율은 1월단위로 적용하되, 1월을 계산할 때에는 15일 이하는 절사하고, 16일 이상은 1월로 본다. 수입 승용자동차 및 화물자동차의 사용으로 인한 가치감소분 공제시에는 해당 자동차의 최초등록일부터 수입신고일까지의 경과일수를 적용한다.

5) 수리선박 등의 과세가격

선박의 수리 또는 개체를 위하여 지급하는 비용은 다음 서류에 의하여 확인한다.

- 외국환은행의 지급확인서
- 주무부장관의 수리허가 및 외화사용 허가서
- 수리내역을 입증하는 재외공관장의 확인서
- 그 밖의 세관장이 합리적이라고 인정하는 서류

6) 보세전시장에서 수입하는 물품의 과세가격

보세전시장으로부터 반입하는 물품의 과세가격은 제1방법 내지 제6방법에서 정하는 방법에 의한다. 보세구역에서 보수작업 후에 수입하는 물품의 과세가격은 보수작업으로 증가된 가치분[44]을 포함한다.

44) 보수작업에 소요된 자재비, 인건비, 공구 사용비 등

7) 범칙물품의 과세가격

일반수입물품이 범칙물품으로 된 때에는 법 제1방법 내지 제6방법에 따라 과세가격을 결정하며, 이 경우 납세의무자가 신고하였어야 할 가격신고의 내용은 범칙조사의 결과에 따라 결정한다. 특수물품이 범칙물품이 된 때에는 특수 물품의 과세가격 결정방법에 의한다.

8) 산물통관시 수량의 과부족에 따른 과세가격

산물통관시 수량이 과부족한 경우의 과세가격은 계약서 등의 내용으로 보아 수입물품이 단가로 거래된 것인 때에는 가격조정약관에 따라서 실제 지급되는 금액을 과세가격으로 한다. 수입물품의 가격이 전체수량에 대한 총액으로 거래된 것인 때에는 실제 지급되는 총액을 과세가격으로 한다.

9) 보세공장에서 국내로 반입하는 물품의 과세가격

제품과세(법 제188조)의 경우 보세공장에서 국내로 반입하는 물품의 과세가격은 제1방법 내지 제6방법에 의한다. 내·외국물품 혼용승인을 받아 제조된 물품의 과세가격은 결정한 가격 × 외국물품가격 / (외국물품가격 + 내국물품가격)으로 한다. 제조에 사용된 외국물품의 가격은 제1방법 내지 제6방법에 의한다. 제조에 사용한 내국물품의 가격은 해당 보세공장에서 구매한 가격으로 한다. 다만, 구매자와 판매자가 특수관계가 있거나, 생산지원을 한 사실이 있는 경우에는 해당 물품과 동일하거나 유사한 물품의 국내판매가격[45]을 구매가격으로 한다. 이러한 가격은 사용신고를 하는 때에 이를 확인하여야 하며, 각각 그 때의 원화가격으로 결정한다. 원료과세(법 제189조)의 경우 과세가격은 제1방법 내지 제6방법에서 정하는 방법에 따라 결정한다.

10) 수리선박 등의 과세가격

선박의 수리 또는 개체를 위하여 지급하는 비용은 다음 서류에 의하여 확인한다.

- 외국환은행의 지급확인서
- 주무부장관의 수리허가 및 외화사용 허가서
- 수리내역을 입증하는 재외공관장의 확인서
- 그 밖의 세관장이 합리적이라고 인정하는 서류

---

45) 해당 보세공장이 속하는 거래단계의 국내판매가격

11) 보세전시장에서 수입하는 물품의 과세가격

보세전시장으로부터 반입하는 물품의 과세가격은 제1방법 내지 제6방법에 의한다. 보세구역에서 보수작업 후에 수입하는 물품의 과세가격은 보수작업으로 증가된 가치분[46]을 포함한다.

12) 자유무역지역에서 국내로 반입하는 물품의 과세가격

자유무역지역에서 국내로 반입하는 물품의 과세가격은 자유무역지역을 수출국으로 보고 제1방법 내지 제6방법에 의한다.

판례 수입물품의 과세가격 결정에 관하여, 구 관세법은 6가지의 방법을 규정하면서 앞의 방법이 적용될 수 없는 경우에 그 뒤에 규정한 방법을 순차적으로 적용하도록 하고 있고, 구 관세법시행령은 여행자 휴대품, 중고물품, 범칙물품 등 특수물품의 과세가격 결정에 필요한 세부사항을 관세청장이 정할 수 있도록 하였으며, 이에 따라 고시된 '수입물품 과세가격 결정에 관한 고시'는, 시행령에서 규정하고 있는 범칙물건의 과세가격에 관하여, 일반 수입물품이 범칙물품으로 된 때에는 법 제9조의3 내지 8에서 정하는 방법에 따라 결정하며, 이 경우 시행령 제2조의2 제1항에서 정하는 바에 따라 납세의무자가 신고하였어야 할 가격신고의 내용은 범칙조사의 결과에 따라 결정하고(제1호), 시행령 제3조의11 제3항 제1호 내지 제5호 및 제7호에 해당하는 물품이 범칙물품이 된 때에는 제5-2조 내지 제5-10조에 따라 결정하도록 규정하고 있으나(제2호), 이 사건 범칙물품 중 순록뿔 등은 시행령 제3조의11 제3항 제1호 내지 제5호 및 제7호에 해당하는 물품이 아니므로 법 제9조의3 내지 8에 따라 과세가격이 결정되어야 할 것인바, 원심이 인정한 바와 같이 순록뿔은 국내에서 정상적으로 거래되지 아니하는 물품이어서 법 제9조의3 내지 7에 따라 과세가격을 결정하기 어려운 사정이 있으므로, 법 제9조의8의 규정에 따라 과세가격을 결정할 수 있을 것이고, 이 경우 범행 당시의 시가(국내도매가격)에 시가역산율을 곱하여 도착가격을 산정하는 것은 물론 가능하지만, 그것이 실제거래가격을 충실히 반영하는 방법으로 결정된 국내도매가격을 기초로 하여 산정한 것으로 볼 수 있는 경우에만 이를 법 제9조의8에 정한 **합리적 기준에 의한 과세가격의 결정방법**이라고 할 수 있을 것이다(대법원 1994. 11. 8. 선고 94도479 판결 참조). 【대법원 2001. 4. 27. 선고 2001도371 선고 판결】

4 과세가격 통보 및 사전심사

1. 가산율 또는 공제율의 적용

관세청장이나 세관장은 장기간 반복하여 수입되는 물품에 대하여 제1방법

46) 보수작업에 소요된 자재비, 인건비, 공구 사용비 등

(법 제30조제1항)이나 국내판매가격을 기초로 한 과세가격의 결정(법 제33조제1항 또는 제2항) 방법을 적용함에 있어서 납세의무자의 편의와 신속한 통관 업무를 위하여 필요하다고 인정되는 때에는 해당 물품에 대하여 통상적으로 인정되는 가산율 또는 공제율을 정하여 이를 적용할 수 있다. 가산율 또는 공제율의 적용은 납세의무자의 요청이 있는 경우에 한한다.

2. 과세가격 결정방법 등의 통보

세관장은 납세의무자가 서면으로 요청하면 과세가격을 결정하는 데에 사용한 방법과 과세가격 및 그 산출근거를 그 납세의무자에게 서면으로 통보하여야 한다.

3. 과세가격 결정방법의 사전심사

1) 사전심사 사유

납세신고를 하여야 하는 자는 과세가격 결정과 관련하여 다음 사항에 관하여 의문이 있을 때에는 가격신고를 하기 전에 관세청장에게 미리 심사하여 줄 것을 신청할 수 있다.

- 해당 수입물품의 대가로서 구매자가 실제로 지급하였거나 지급하여야 할 가격을 산정함에 있어서 더하거나 빼야 할 금액
- 제1방법 적용배제 요건(제30조제3항 각호)을 갖추었는지의 여부
- 특수관계가 있는 자들 간에 거래되는 물품의 과세가격 결정 방법

2) 사전심사 신청 서류

과세가격 결정에 관한 사전심사를 신청하려는 자는 거래당사자·통관예정세관·신청내용 등을 적은 신청서에 다음 각 호의 서류를 첨부하여 관세청장에게 제출하여야 한다.

- 거래관계에 관한 기본계약서(투자계약서 · 대리점계약서 · 기술용역계약서 · 기술도입계약서 등)
- 수입물품과 관련된 사업계획서
- 수입물품공급계약서
- 수입물품가격결정의 근거자료
- 그 밖의 과세가격결정에 필요한 참고자료

관세청장은 제출된 신청서 및 서류가 과세가격의 심사에 충분하지 아니하다고 인정되는 때에는 일정기간을 정하여 보완을 요구할 수 있다.

3) 사전심사 결과 통보 기간

신청을 받은 관세청장은 수입물품의 대가로서 구매자가 실제로 지급하였거나 지급하여야 할 가격을 산정함에 있어서 더하거나 빼야 할 금액일 경우와 제1방법 적용배제 요건을 갖추었는지의 여부에 관한 것을 때에는 1개월, 특수관계가 있는 자들 간에 거래되는 물품의 과세가격 결정 방법일 경우에는 1년 이내에 과세가격의 결정방법을 심사한 후 그 결과를 신청인에게 통보하여야 한다. 이 경우 관세청장이 제출된 신청서 및 서류의 보완을 요구한 때에는 그 기간은 산입하지 아니한다.

4) 과세가격 결정

세관장은 관세의 납세의무자가 통보된 과세가격의 결정방법에 따라 납세신고를 한 경우 다음 요건을 갖추었을 때에는 그 결정방법에 따라 과세가격을 결정하여야 한다.

- 신청인과 납세의무자가 동일할 것
- 제출된 내용에 거짓이 없고 그 내용이 가격신고된 내용과 같을 것
- 사전심사의 기초가 되는 법령이나 거래관계 등이 달라지지 아니하였을 것
- 결과의 통보일로부터 3년 이내에 신고될 것

4. 관세의 부과 등을 위한 정보제공

관세청장 또는 세관장은 과세가격의 결정·조정 및 관세의 부과·징수를 위하여 필요한 경우에는 국세청장, 지방국세청장 또는 관할 세무서장에게 「국제조세조정에 관한 법률」에 따른 과세표준 및 세액의 결정·경정과 관련된 정보 또는 자료와 그 밖에 과세가격의 결정·조정에 필요한 자료를 요청할 수 있다. 이 경우 요청을 받은 기관은 정당한 사유가 없으면 요청에 따라야 한다.

5. 특수관계자 수입물품 과세자료 제출

세관장은 세액심사시 특수관계에 있는 자가 수입하는 물품의 과세가격의 적정성을 심사하기 위하여 해당 특수관계자에게 과세자료를 제출할 것을 요구할 수 있다.

1) 제출범위

세관장이 해당 특수관계자에게 요구할 수 있는 자료는 다음과 같다.

- 특수관계자 간 상호출자현황
- 특수관계자 간 관련 조직도 및 사무분장표
- 국제거래가격정책 및 내부 가격결정자료
- 수입물품 구매계약서 및 원가분담계약서
- 권리사용료, 기술도입료 및 수수료 등에 관한 계약서
- 광고 및 판매촉진 등 영업 · 경영지원에 관한 계약서
- 감사보고서, 결산보고서 및 세무조정계산서
- 해당 거래와 관련된 회계처리기준 및 방법
- 해외 특수관계자의 감사보고서, 영업보고서 및 연간보고서
- 해외 대금 지급 · 영수 내역 및 증빙자료
- 그 밖에 수입물품에 대한 과세가격 심사를 위하여 필요한 자료

2) 제출방법

자료는 한글로 작성하여 제출하여야 한다. 다만, 세관장이 허용하는 경우에는 영문으로 작성된 자료를 제출할 수 있다

3) 제출기간

자료제출을 요구받은 자는 자료제출을 요구받은 날부터 60일 이내에 해당 자료를 제출하여야 한다. 다만, 다음과 같은 부득이한 사유로 제출기한의 연장을 신청하는 경우에는 세관장은 한 차례만 60일까지 연장할 수 있다.

- 자료제출을 요구받은 자가 화재 · 도난 등의 사유로 자료를 제출할 수 없는 경우
- 자료제출을 요구받은 자가 사업이 중대한 위기에 처하여 자료를 제출하기 매우 곤란한 경우
- 관련 장부 · 서류가 권한 있는 기관에 압수되거나 영치된 경우
- 자료의 수집 · 작성에 상당한 기간이 걸려 기한까지 자료를 제출할 수 없는 경우
- 위에 준하는 사유가 있어 기한까지 자료를 제출할 수 없다고 판단되는 경우

4) 연장절차

제출기한의 연장을 신청하려는 자는 제출기한이 끝나기 15일 전까지 관세청장이 정하는 자료제출기한연장신청서를 세관장에게 제출하여야 한다. 세관장은 자료제출기한 연장신청이 접수된 날부터 7일 이내에 연장 여부를 신청인에게 통지하여야 한다. 이 경우 7일 이내에 연장 여부를 신청인에게 통지를 하지 아니한 경우에는 연장신청한 기한까지 자료제출기한이 연장된 것으로 본다

제3절 관세율의 적용과 조정

1 관세율의 의의

관세율은 수입물품에 대하여 적용되는 세율을 말하며 수입물품에 대한 관세는 『과세표준×관세율＝관세액』에 따라 계산된다. 종가세인 경우 과세표준은 물품의 과세가격, 관세율은 백분율(%)이 되고, 종량세인 경우 과세표준은 물품의 과세수량, 관세율은 1단위 수량당 금액으로 나타난다.

세율은 과세의 4대요건의 하나로서 관세액은 과세표준에 일정한 비율을 곱하여 산출되며, 이때 관세의 과세표준에 적용되는 비율이 관세율이다. 관세율은 조세법률주의에 의해 법률에 규정하는 것이 원칙이나, 국내외의 경제여건 등의 변동에 신속하고 탄력적으로 대응할 수 있도록 대통령령, 기획재정부령으로 조정할 수 있고, 또한 외국과의 조약·협약 등에 따라 협정세율을 정할 수 있다. 또한 여행자휴대품, 우편물, 탁송품, 별송품등에 대하여는 신속 간이한 통관을 위하여 별도의 간이세율을 정하여 운영하고 있다.

2 관세율표

기본세율과 잠정세율은 관세법의 별표인 관세율표에 의하도록 되어 있으며, 관세율표에는 상품에 대한 품목분류와 해당 품목의 관세율이 표시되어 있다.

판례 구 관세법(2000. 12. 29. 법률 제6305호로 전문 개정되기 전의 것) 제7조 제1항 은 관세의 세율은 별표 관세율표에 따라 정하도록 규정하고 있고, 이에 따라 관세율표 품목번호 제0902호는'차류(가향한 것인지의 여부를 불문한다)'에 관한 관세율을, 품목번호 제1211호는'주로 향료용·의료용·살충용·살균용 기타 이와 유사한 용도에 적합한 식물 및 그 부분'에 관한 관세율을 규정하고 있다. 원심은, 판시와 같은 사실을 인정한 다음, 원고가 수입한 이 사건'그린티 분말'의 제조공정, 사용용도, 형태, 함유 성분 등에 비추어 볼 때 의료용으로 제조된 것이 명백하고, 향미나 비타민 등의 보존에 유의하여 제조 공정이 진행된 것이 아니어서 음용에 적합하다고 보기 어려운 점 등에 비추어 보면, 이 사건'그린티 분말'은 관세율표 품목번호 제0902호의'차류'에 해당하는 것으로 볼 수 없다고 판단하였다. 관련 법규정 및 기록에 비추어 살펴보면, 원심의 위와 같은 인정과 판단은 정당하고, 거기에 상고이유에서 주장하는 바와 같은 심리미진 또는 관세율표의 품목분류에 관한 법리 등을 오해한 위법이 있다고 할 수 없다. 【대법원 2003. 12. 12. 선고 2002두3607 선고 판결】

판례 원심은 그 채용 증거들을 종합하여 판시와 같은 사실을 인정한 다음, 이 사건 물품은 보통의 반도체 검사에 사용하는 정도의 전류, 전압보다 높은 전류, 전압을 웨이퍼에 흘려주어 불량품을 조기 선별하는 기능 및 출력 당시의 전류의 상태와 소비된 전류의 상태를 파일로 웨이퍼 테스터에 전송하여 줌으로써 반도체의 불량 여부를 판별하는 기능을 가진 장치로서, 직접 측정용 기기인 웨이퍼 테스터에 피측정량 산출의 근거가 되는 전류의 상태를 제공하는 장치라 할 것이고, 이는 관세율표 제18부 제90류 품목번호 9030.82-0000호의'전기적 양의 측정 또는 검사용의 기타의 기기로서 반도체 또는 소자의 측정 또는 검사용의 것'에 해당한다고 판단하였는바, 관계 법령과 기록에 비추어 살펴보면 위와 같은 원심 판단은 정당하고, 거기에 채증법칙 위반으로 인한 사실오인이나 수출입 물품의 품목분류에 관한 법리오해 등의 위법은 없다. 【대법원 2006.11.9. 선고 2005두4137 선고 판결】

3 관세율의 종류 및 적용순위

관세율을 크게 나누면 기본관세율(잠정세율), 탄력관세율, 양허관세율이 있다. '국정관세율'은 우리나라가 독자적으로 정한 세율을 의미하며 보통 기본관세율, 잠정세율, 협정세율 이외의 탄력관세율을 말한다.

1. 관세율의 종류

수입물품에 부과되는 관세의 세율은 다음과 같다(법 제49조).

1) 기본세율

기본관세율은 우리나라 국회에서 법률의 형식으로 제정한 세율을 말하며, 관세법 별표 관세율표에 품목별 세율이 기재되어 있습니다.

2) 잠정세율

관세율표에 기본세율과 함께 표시되며, 국회의결로 확정되나 물품의 전부 또는 일부에 대하여 대통령령으로 잠정세율의 적용정지 또는 기본세율과의 세율차를 좁히도록 인상·인하 가능하다.

3) 탄력세율

탄력관세제도(Flexible Tariff System)는 법률에 따라 일정한 범위 안에서 관세율의 변경권을 행정부에 위임하여 관세율을 탄력적으로 변경할 수 있도록 함으로써 급격하게 변동하는 국내외적 경제여건 변화에 신축성 있게 대응하여 관세정책을 보다 효과적으로 수행하는 제도이다. 관세법 제

51조 내지 제77조에 따라 대통령령 또는 기획재정부령이 정하며 조세법률주의의 예외로 법률의 위임범위내에서 행정부가 경제·무역환경 변화에 따라 세율을 조정하거나 국제협약 등 국제협력관계를 도모하기 위하여 세율을 조정 가능하다.

〈표 2-8〉 탄력세율

종류	관세법 50조에 의한 적용우선순위
- 덤핑방지관세(법 제51조-제56조) - 상계관세(법 제57조-제62조) - 보복관세(법 제63조-제64조) - 긴급관세(법 제65조-제67조) - 특정국물품긴급관세(법 67조의2) - 농림축산물에 대한 특별긴급관세(법 제68조)	1. 제51조 · 제57조 · 제63조 · 제65조 · 제67조의2 및 제68조에 따른 세율
- 국제협력 관세(법 제73조) - 편익관세(법 제74조)	2. 제73조 및 제74조에 따른 세율
- 조정관세(법 제69조-제70조) - 할당관세 (법 제71조) - 계절관세(법 제72조)	3. 제69조 · 제71조 및 제72조에 따른 세율
- 일반특혜관세(법 제76조-제77조)	4. 제76조에 따른 세율

4) 양허세율

'양허세율'은 우리나라의 통상과 대외무역증진을 위하여 특정국가 또는 국제기구와 조약, 행정협정 등으로 정한 세율을 말한다. 일반적으로 낮은 세율이며 우선 적용되는 특성이 있다.

- 협정주체별
  - 양국간 협정에 의한 세율
  - 다국간 협정에 의한 세율
- 협정종류별
  - WTO협정 일반양허관세율
  - WTO협정 개발도상국간의 양허관세율
  - ESCAP 개발도상국간 양허관세율(방콕협정 양허관세율)
  - 개발도상국가 간 무역특혜(GSTP)의 양허관세율
  - 특정국가와 관세협상에 따른 양허관세율
  - 일반특혜관세

양허세율은 협정의 종류에 따라 해당협정에 가입한 국가에서 생산된 물품에 한하여 적용이 가능하므로 원산지 증명서에 의거 원산지를 확인하고 양허세율을 적용한다. 협정종류별 적용대상국은 다음과 같다.

- WTO협정 일반 양허세율 : 총 152개국
- 편익관세적용국 : 러시아 등 36개국
- 쌍무협정에 규정된 최혜국조항 적용국 : 네팔, 대만 등 10개국
- WTO협정 개도국간 양허관세, 방콕협정, GSTP : 해당협정 가입국
- 특정국가와의 관세협상에 따른 국제협력관세 : WTO양허세율적용국가

양허세율은 양허세율이 낮은 경우에만 기본세율·잠정세율·조정관세율·계절관세율·할당 관세율에 우선하여 적용된다. 다만, WTO양허관세 규정 '별표1의 나 및 3의 다' 세율(농림축산물 양허관세)은 기본세율 및 잠정세율에 우선하여 적용한다.

3. 그 밖의 관세 분류

국정협정관세는 원칙적인 국정세율을 정하고 특별한 조약에 의해 협정세율을 정하여 이 두 가지 세율을 병용하여 적용하는 것을 말한다. 특혜관세는 특정국가에서 특정수입물품이 수입될 경우에만 할인관세를 공여한다.

- 기존특혜(지역특혜)
  - 구식민지와 종주국간 거래물품에 대하여 타국보다 낮은 관세율(영연방) 적용
- 일반특혜관세(GSP)
  - UNCTAD에서 결의하여 1971년부터 실시하고 있는 것으로 선진국이 어떠한 대가도 받지 않고 개도국의 일정한 상품에 일방적으로 공여

차별관세는 모든 국가의 상품에 대하여 동등한 관세를 부과하는 것이 원칙이나 특정국가 또는 특정상품에 대해 다른 상품보다 세율을 달리 부과(할인세율, 할증세율)한다.

- 보복관세 : 자국의 수출품, 선박 등 불이익을 주는 상대국의 수입물품에 높은 관세 부과
- 국기할증관세 : 자국의 국기를 달지 않고 외국국기를 단 선박으로 수입되는 물품에 대하여는 높은 관세 부과
- 해운장려관세 : 육로에 의한 수입보다 해로에 의한 수입의 경우 낮은 관세 부과
- 간접할증관세 : 원산국 이외 나라로부터 간접적으로 수입되는 물품에 대하여 무거운 관세부과

차액관세는 수입품의 과세가격과 일정가격과의 차액을 세액으로 부과하는 관세이다. 활척관세는 수입품의 가격이 높아지는데 따라 과세되는 관세액이 감소해 가는 부분(슬라이드 관세)을 말한다. 수입가격이 낮으면 높은 세율을, 수입가격이 높으면 낮은 세율을 부과한다. 계절관세는 1년 중 수입되는 시기에 따라 세율을 달리 적용, 출하기에 경합되는 경우 수입품에 높은 관세율로 주로 농산물에 한정한다. 할당관세는 특정상품 수입시 일정수량까지는 낮은 관세율을, 그 이상 수량은 높은 관세율을 부과한다. 대항관세는 특정국의 양허품목의 수입이 급증하여 산업에 중대한 손해를 입힌 경우에 부과한다.

4. 적용 우선순위

1) 순위

기본세율과 잠정세율은 별표 관세율표에 따르되, 잠정세율을 기본세율에 우선하여 적용한다(법 제50조).

판례 관세법에 의하면, 관세의 세율은 관세율표에 의하되, 잠정세율은 기본세율에 우선하여 적용한다고 규정하고, 관세율표는 HS 품목분류방식에 따라 품목을 21부 97류로 분류하고 그 이하 절과 번호로 분류하면서, 기타 합금강의 평판압연제품(폭 600㎜ 이상의 것에 한한다)을 제72류 제4절 제7225호로 분류하고, 그 중 규소전기강을 제7225.1호로, 기타[냉간압연(냉간환원)보다 더 가공하지 아니한 것에 한한다.]의 것을 제7225.50호로 분류하고 있으며, 제72류 소호주 1. 다.에서, 규소전기강이라 함은'규소의 함유량이 전 중량의 100분의 0.6 이상 100분의 6 이하이고, 탄소의 함유량이 전 중량의 100분의 0.08 이하인 합금강을 말한다. 이들 합금강은 알루미늄이 중량비로 100분의 1 이하일 수 있으나 다른 합금강의 특성을 부여하는 비율로 기타 원소가 함유되어 있어서는 안 된다'고 정의하고 있는바, 소호주 1. 다. 후단의 규소전기강으로 분류될 수 없는 소극적 요건인'다른 합금강의 특성을 부여하는 비율로 기타 원소가 함유되어서는 안 된다'의 의미는 규소전기강에 기타 원소가 함유되고 이로 인하여 다른 합금강의 특성을 지니는 경우에만 이를 규소전기강에서 제외하는 것이라고 해석함이 타당하다. 같은 취지에서, 원심이 이 사건 강판에 기타 원소인 구리가 0.54057% 함유되었다고 하더라도, 이로 인하여 다른 합금강의 특성을 지니지 아니하고, 규소전기강의 특성을 그대로 가지고 있을 뿐이므로, 이를 규소전기강으로 분류하여야 한다고 판단한 것은 정당하고, 거기에 관세율표의 해석 적용에 관한 법리오해의 위법이 있다고 할 수 없다. 이 점을 다투는 상고이유는 받아들일 수 없다. 【대법원 2000. 10. 13. 선고 98두15955 선고 판결】

탄력세율은 다음의 순서에 따라 별표 관세율표의 세율에 우선하여 적용한다.

- 제1순위: 덤핑방지관세(제51조), 상계관세(제57조), 보복관세(제63조), 특정국 물품의 긴급관세(제65조), 특정국물품긴급관세(제67조의2), 농림축산물 특별긴급관세(제68조)

- 제2순위: 국제협력관세, 편익관세[47]
- 제3순위: 조정관세, 계절관세, 할당관세[48]
- 제4순위: 일반특혜관세
- 제5순위: 잠정세율
- 제6순위: 기본세율

2) 적용 순서의 예외

제2순위 세율은 기본세율, 잠정세율, 제3순위 및 제4순위의 세율보다 낮은 경우에만 우선하여 적용한다. 국제협력관세와 편익관세는 세율적용 제2순위에 해당하지만 다른 세율보다 낮은 경우에만 우선적용한다.

할당관세 세율은 제3순위 이지만 제4순위인 일반특혜관세의 세율보다 낮은 경우에만 우선하여 적용한다.

국제기구와의 관세에 관한 협상에서 국내외의 가격차에 상당하는 율로 양허(讓許)하거나 국내시장 개방과 함께 기본세율보다 높은 세율로 양허한 농림축산물 중 대통령령으로 정하는 물품에 대하여 양허한 세율(시장접근물량에 대한 양허세율을 포함한다)은 기본세율 및 잠정세율에 우선하여 적용한다.

3) 종량세 세율 적용

세율을 적용함에 있어서 별표 관세율표중 종량세인 경우에는 해당 세율에 상당하는 금액을 적용한다.

4) 범칙물품에 대한 세율 적용방법

범칙물품의 감정시 세율적용은 관세법 세율적용 순서(법 제50조)에 의하며, 시장접근물량 양허세율적용에 있어서, 시장접근물량 양허관세추천서를 정당하게 발급 받은 물품의 경우에는 시장접근물량 이내의 세율을 적용하고, 동 추천서가 없거나 부당한 방법으로 추천서를 발급 받은 경우에는 시장접근물량 초과시의 세율을 적용한다(통칙 50-0-1).

---

47) 제2순위 세율은 기본세율·잠정세율, 제3순위 및 제4순위의 세율보다 낮은 경우에만 우선하여 적용한다. 다만 국제협력관세중 국제기구와 관세에 관한 협상에서 국내외의 가격차에 상당하는 율로 양허하거나 국내시장개방과 함께 기본세율보다 높은 세율로 양허한 농림축산물중 대통령령이 정하는 물품에 대하여 양허한 세율(시장접근물량에 대한 양허세율을 포함한다)은 기본세율 및 잠정세율에 우선하여 적용

48) 제4순위의 세율보다 낮은 경우에만 우선하여 적용

5. 잠정세율의 적용정지

1) 잠정세율 적용정지와 조정

관세법 별표 관세율표중 잠정세율의 적용을 받는 물품은 그 물품의 전부 또는 일부에 대하여 잠정세율의 적용을 정지하거나 기본세율과의 세율차를 좁히도록 잠정세율을 올리거나 내릴 수 있다.

2) 절차

잠정세율의 적용을 받는 물품과 관련이 있는 관계부처의 장 또는 이해관계인은 잠정세율의 적용정지나 잠정세율의 인상 또는 인하의 필요가 있다고 인정되는 때에는 이를 기획재정부장관에게 요청할 수 있다.

관계부처의 장 또는 이해관계인은 요청을 하려는 때에는 해당 물품과 관련된 다음의 사항에 관한 자료를 기획재정부장관에게 제출하여야 한다.

- 해당 물품의 관세율표 번호 · 품명 · 규격 · 용도 및 대체물품
- 해당 물품의 제조용 투입원료 및 해당 물품을 원료로 하는 관련제품의 제조공정 설명서 및 용도
- 적용을 정지하여야 하는 이유 및 기간
- 변경하여야 하는 세율 · 이유 및 그 적용기간
- 최근 1년간의 월별 주요 수입국별 수입가격 및 수입실적
- 최근 1년간의 월별 주요 국내제조업체별 공장도가격 및 출고실적
- 그 밖의 참고사항

기획재정부장관은 잠정세율의 적용정지 등에 관한 사항을 조사하기 위하여 필요하다고 인정되는 때에는 관계기관·수출자·수입자 그 밖의 이해관계인에게 관련 자료의 제출 그 밖의 필요한 협조를 요청할 수 있다.

4 관세율의 조정

조세법률주의 예외로서 국회가 아닌 행정부에서 법률에서 정한 범위 내에서 탄력적으로 운영한다. 이는 급변하는 국내외의 경제환경 변화에 신속하게 대처하고, 관세율의 가격조절기능을 통하여 무역을 간접 통제함으로써 궁극적으로 관세정책을 효율적으로 수행하기 위함이다. 또한 특정국가 또는 국제기구와의 국제협력관계의 도모를 위하여 세율을 조정한다.

1. 기능

세율 조정은 다음과 같은 기능을 한다.

- 법률의 경직성 탈피
- 국내 산업보호(무역으로 인한 산업피해 구제)
- 물가안정
- 주요자원의 안정적 확보
- 관세율의 불균형시정
- 국제관세협력의 필요

2. 세율조정의 형태

1) 불공정 무역으로 인한 산업피해 구제

- 덤핑방지관세 : 저가수입 피해방지
- 상계관세 : 보조금 등 지원 받은 물품의 수입에 따른 피해방지
- 보복관세 : 부당·차별조치에 대한 보복

2) 공정 무역으로 인한 산업피해 구제

- 긴급관세 : 경쟁산업 보호
- 농림축산물 특별긴급관세 : 농림축산업 보호
- 조정관세 : 세율불균형 시정 및 건강·환경보호 등 정책목적달성
- 할당관세 : 물자수급 및 물가안정, 유사물품간 세율불균형 시정
- 계절관세 : 계절적인 가격 불균형 시정

3) 특혜 및 양허제공

- 국제협력관세 : 쌍무 또는 다자간 협정 등에 의한 관세양허
- 편익관세 : 조약에 의한 관세상 편익이 없는 특정국가에 편익제공
- 일반특혜관세 : 개도국가로부터의 수입품에 일방적으로 관세특혜 부여

Chapter 3
관세율의 조정

제1절 불공정무역으로 인한 산업피해 구제

1 덤핑방지관세

국내산업에 이해관계가 있는 자로서 대통령령이 정하는 자 또는 주무부장관이 부과요청을 한 경우로서 외국의 물품이 정상가격 이하로 수입(덤핑)되어 국내산업이 실질적인 피해를 받거나 받을 우려가 있는 경우나 국내산업의 발전이 실질적으로 지연된 것으로 조사를 통하여 확인되고 해당 국내산업을 보호할 필요가 있다고 인정되는 때에는 기획재정부령으로 그 물품과 공급자 또는 공급국을 지정하여 해당 물품에 대하여 정상가격과 덤핑가격과의 차액(덤핑차액)에 상당하는 금액 이하의 관세(덤핑방지관세)를 추가하여 부과할 수 있다.

1. 요건

① 정상가격 이하로 수입되어 ② 국내산업이 ③ 실질적인 피해를 받거나 받을 우려가 있는 경우나 국내산업의 발전이 실질적으로 지연된 것으로 조사를 통하여 확인되고 해당 국내산업을 보호할 필요가 있다고 인정되는 때에 부과[1]한다.

1) 정상가격

(1) 정상가격의 결정

해당 물품의 공급국에서 소비되는 동종물품의 통상거래가격을 말한다. 다만, 동종물품이 거래되지 아니하거나 특수한 시장상황 등으로 인하여 통상거래가격을 적용할 수 없는 때에는 해당 국가에서 제3국으로 수출되는 수출가격중 대표적인 가격으로서 비교 가능한 가격 또는 원산지국에서의 제조원가에 합리적인 수준의 관리비 및 판매비와 이윤을 합한 가격(구성가격)을 정상가격으로 본다.

① 판매가격 제외 사유

통상거래가격과 제3국으로 수출되는 수출가격을 결정함에 있어서 동종물품의 판매가 조사대상기간 동안 정상가격을 결정하기 위하여 고려되고 있는 거래중 해당 물품의 제조원가에 합리적인 수준의 판매비 및 일반관리비를 더한 가격(이하 이 조에서 "원가"라 한다) 이하로 판매한 양이 100분의 20 이상이거나 정상가격을 결정하기 위하여 고려되고 있는 거래의 가중평균 판매가격이 해당 거래의 가중평균 원가 이하이고, 해당 원가 이하의 판매에 의하여 적절한 기간 내에 그 물품의 원가수준에 상당하는 비용을 회수할 수 없는 경우[2]나 특수관계가 있는 당사자간의 판매가격으로서 해당 가격이 당사자간의 관계에 의하여 영향을 받은 경우에는 그 판매가격을 근거로 하지 아니할 수 있다.

② 특수한 시장상황

특수한 시장상황 등에는 공급국 안에서의 판매량이 그 공급국으로부터의 수입량의 100분의 5 미만으로서 정상가격결정의 기초로 사용하기에 부적당한 경우를 포함한다. 다만, 공급국 안에서의 판매량이 100분의 5 미만인 경우에도 덤핑가격과 비교할 수 있음이 입증되는 때에는 그러하지 아니하다.

③ 구성가격

구성가격을 산정함에 있어서 판매비·일반관리비 및 이윤의 금액은 조

---

1) 기획재정부령으로 발동
2) 판매시 원가 이하인 가격이 조사대상 기간동안의 가중평균 원가보다 높은 때에는 그 물품의 원가수준에 상당하는 비용을 회수할 수 있는 것으로 본다.

사대상 공급자에 의하여 동종물품의 통상적인 거래에서 발생한 생산 및 판매와 관련된 실제자료에 기초하여야 한다. 이 경우 현재 또는 미래의 생산에 기여할 수 있는 일회성 비용이나 조사대상 기간중의 생산개시비용 등으로 인하여 원가가 적절히 반영되지 아니한 경우에는 이를 조정하여야 한다. 구성가격을 산정함에 있어서 실제자료에 기초할 수 없는 때에는 다음의 자료에 기초할 수 있다.

- 조사대상 공급자에 의하여 원산지국가의 국내시장에서 동일부류의 물품의 생산 · 판매와 관련하여 발생되고 실현된 실제금액
- 원산지국가의 국내시장에서 동종물품의 생산 · 판매와 관련하여 조사대상이 아닌 다른 공급자에 의하여 발생되고 실현된 실제금액의 가중평균
- 그 밖의 합리적이라고 인정되는 방법[3)]

(2) 간접 수입시의 정상가격

해당 물품의 원산지국으로부터 직접 수입되지 아니하고 제3국을 거쳐 수입되는 경우에는 그 제3국의 통상거래가격을 정상가격으로 본다. 다만, 그 제3국 안에서 해당 물품을 단순히 옮겨 싣거나 동종물품의 생산실적이 없는 때 또는 그 제3국내에 통상거래가격으로 인정될 가격이 없는 때에는 원산지국의 통상거래가격을 정상가격으로 본다.

(3) 비시장경제 국가의 정상가격

해당 물품이 통제경제를 실시하는 시장경제체제가 확립되지 아니한 국가로부터 수입되는 때에는 우리나라를 제외한 시장경제국가에서 소비되는 동종물품의 통상거래가격이나 우리나라를 제외한 시장경제국가에서 우리나라를 포함한 제3국으로의 수출가격 또는 구성가격을 정상가격으로 본다. 이 경우 비교대상 시장경제국가는 원칙적으로 해당 물품을 공급한 국가와 경제발전정도, 해당 물품의 생산기술수준 등이 비슷한 국가로 한다. 다만, 시장경제체제가 확립되지 아니한 국가가 시장경제로의 전환체제에 있는 등 해당 국가안에서 해당 물품의 생산 또는 판매가 시장경제원리에 따르고 있는 경우에는 통상거래가격 등을 정상가격으로 볼 수 있다.

---

3) 이러한 방법으로 산정된 이윤은 원산지국가 안에서 동일부류의 물품을 다른 공급자가 판매하여 통상적으로 실현시킨 이윤을 초과하여서는 아니 된다.

〈표 3-1〉 정상가격

구 분	가 격 결 정 방 법
직접 수입시	ⅰ) 원칙 : 해당 물품의 공급국에서 소비되는 동종물품의 통상거래가격 ⅱ) 예외 · 공급국의 제3국에 대한 수출가격중 대표가격 · 원산지국에서 합리적 수준의 관리비 및 이윤을 합한 가격(구성가격)
간접수입시 (제3국 경유)	ⅰ) 제3국의 통상거래가격 ⅱ) 원산지국 통상거래가격
비시장경제국	ⅰ) 원칙 · 우리나라를 제외한 시장국가에서의 통상거래가격 · 시장경제국가에서 우리나라를 포함한 제3국 수출가격 또는 구성가격 ⅱ) 시장경제국가로 전환시 : 시장경제국가로 간주 시장경제국가의 규정적용

2) 덤핑가격

덤핑 조사가 시작된 조사대상물품에 대하여 실제로 지급하였거나 지급하여야 하는 가격을 말한다. 다만, 공급자와 수입자 또는 제3자 사이에 특수관계 또는 보상약정이 있어 실제로 지급하였거나 지급하여야 하는 가격에 의할 수 없는 때에는 수입물품이 그 특수관계 또는 보상약정이 없는 구매자에게 최초로 재판매된 경우에는 그 재판매 가격을 기초로 산정한 가격[4]이나 수입물품이 그 특수관계 또는 보상약정이 없는 구매자에게 재판매된 실적이 없거나 수입된 상태로 물품이 재판매되지 아니하는 때에는 합리적인 기준에 의한 가격[5]으로 할 수 있다.

〈표 3-2〉 덤핑가격

구 분	가 격 결 정
일반적인 경우	덤핑 조사시작 물품에 대하여 실제로 지급하였거나 지급하여야 할 가격
특수관계 또는 보상약정이 있는 경우	ⅰ) 특수관계 등이 없는 구매자에게 최초로 재판매된 가격 ⅱ) 재판매 가격이 없거나 수입된 상태로 물품이 재판매되지 아니한 경우에는 수입과 관련된 비용, 이윤 등을 참작하여 합리적으로 산출한 가격

판례 외국의 물품이 정상가격 이하로 수입되어 국내산업이 실질적인 피해를 받거나 받을 우려가 있거나 또는 국내산업의 확립이 실질적으로 지연되었음이 조사를 통하여 확인되고 해당 국내산업을 보호할 필요가 있다고 인정될 때 이른바 덤핑방지관세를 부과할 수 있도록 한 구 관세법에 따라 규정된 구 관세

4) 수입과 재판매 사이에 발생하는 제세를 포함한 비용과 그로 인한 이윤을 공제한 가격
5) 해당 물품의 수입가격에 해당 수입과 관련하여 발생하거나 해당 수입과 재판매 사이에서 발생하는 비용과 적정한 이윤 등을 참작하여 산출한 가격

법시행규칙에서, 정률세의 방법으로 부과하는 경우 일정한 산식에 따라 산정된 덤핑률의 범위 내에서 결정된 율을 과세가격에 곱하여 산출된 금액을 부과하도록 되어 있는바(다만, 구 관세법 제10조에 따라 이렇게 산출된 관세액은 정상가격과 덤핑가격의 차액 즉 덤핑차액을 초과할 수는 없다), 여기에서 과세가격은 구 관세법 관련 규정에 비추어 구매자가 실제로 지급하였거나 지급하여야 할 가격 즉 그 수입가격을 의미함이 분명하고, 이와 달리 과세가격을 정상가격과 덤핑가격의 차이인 덤핑차액으로 보아야 할 아무런 법령상의 근거가 없다. 위 구 관세법시행규칙의 과세가격을 덤핑차액이 아니라 수입물품의 가격으로 해석하는 경우 그 규정은 구 관세법 제10조에 위반하여 무효라는 상고이유의 주장은 독자적인 견해로서 받아들일 수 없고, 또 원심이 피고인의 위와 같은 주장에 대하여 명시적인 판단을 하지 아니하였다고 하더라도, 위 구 관세법시행규칙이 위법하지 아니함을 전제로 위 시행규칙에 따라 덤핑방지관세를 산정한 제1심의 조치가 정당하다고 판단한 이상, 거기에 상고이유의 주장과 같은 판단유탈의 위법이 있다고 할 수 없다. 【대법원 2002. 2. 22. 선고 2000도5550 선고 판결】

3) 비교

정상가격과 덤핑가격의 비교[6]는 가능한 한 동일한 시기 및 동일한 거래단계[7]에서 비교하여야 한다. 이 경우 해당 물품의 물리적 특성[8], 판매수량[9], 판매조건[10], 과세상의 차이, 거래단계의 차이, 환율변동[11] 등이 가격비교에 영향을 미치는 경우에는 기획재정부령이 정하는 바에 따라 정상가격 및 덤핑가격을 조정하여야 하며, 덤핑률 조사대상기간은 6월 이상의 기간으로 한다. 이해관계인은 물리적 특성, 판매수량 및 판매조건의 차이로 인하여 가격조정을 요구하는 때에는 그러한 차이가 시장가격 또는 제조원가에 직접적으로 영향을 미친다는 사실을 입증하여야 한다.

2. 덤핑방지관세의 부과절차

1) 부과요청

실질적 피해 등을 받은 국내산업에 이해관계가 있는 자 또는 해당 산업

6) 원칙적으로 거래량 및 가격을 가중산술평균한 것으로 비교
7) 통상적으로 공장도 거래단계를 말한다.
8) 물리적 특성의 차이로 가격조정을 하는 때에는 그 물리적 특성이 공급국의 시장가격에 미치는 영향을 기준으로 계산하여야 한다. 다만, 공급국의 시장가격에 관한 자료를 구할 수 없거나 그 자료가 가격비교에 사용하기에 부적합한 때에는 물리적 특성의 차이에 따른 제조원가의 차이를 기준으로 조정할 수 있다.
9) 대량생산에 따른 생산비의 절감에 의한 것이거나 통상적인 거래에서 모든 구매자에게 제공되는 대량판매에 의한 할인이 있는 경우
10) 그 판매조건이 해당 판매가격에 영향을 미칠 정도의 직접적인 관계가 있는 경우
11) 환율이 지속적으로 일정한 방향으로 변동하는 경우

을 관장하는 주무부장관은 기획재정부장관에게 덤핑방지관세의 부과를 요청할 수 있으며, 이 요청은 「불공정무역행위 조사 및 산업피해구제에 관한 법률」에 따른 무역위원회(무역위원회)에 대한 덤핑방지관세의 부과에 필요한 조사신청으로 갈음한다.

2) 국내산업

국내산업은 정상가격 이하로 수입되는 물품과 동종물품의 국내생산사업[12]의 전부 또는 국내총생산량의 상당부분을 점하는 국내생산사업으로 한다.

(1) 동종물품

해당 수입물품과 물리적 특성, 품질 및 소비자의 평가 등 모든 면에서 동일한 물품(겉모양에 경미한 차이가 있는 물품을 포함한다)을 말하며, 그러한 물품이 없는 때에는 해당 수입물품과 매우 유사한 기능·특성 및 구성요소를 가지고 있는 물품을 말한다.

(2) 국내 생산사업 제외 생산자

국내 산업의 범위에서 '해당 수입물품의 수입자인 생산자'는 수입물품을 수입한 생산자 중 신청서 접수일부터 6개월 이전에 덤핑물품을 수입한 생산자와 덤핑물품의 수입량이 근소한 생산자를 제외한 자를 말한다.

(3) 특수관계에 있는 생산자

특수관계에 있는 생산자의 범위를 판정함에 있어서 해당 수입물품과 동종물품의 생산자가 특수관계에 속하지 아니하는 자와 동일 또는 유사한 가격 및 조건 등으로 이를 판매하는 때에는 해당 생산자를 특수관계에 있는 생산자의 범위에서 제외할 수 있다.

3) 이해관계자의 범위

"국내산업에 이해관계가 있는 자"라 함은 실질적 피해 등을 받은 국내산업에 속하는 국내생산자와 이들을 구성원으로 하거나 이익을 대변하는 법인·단체 및 개인 등 국내생산자로 구성된 협회·조합 등을 말한다.

12) 해당 수입물품의 공급자 또는 수입자와 특수관계에 있는 생산자에 의한 생산사업과 해당 수입물품의 수입자인 생산자에 의한 생산사업을 제외할 수 있다.

4) 조사신청

(1) 신청절차

조사를 신청하려는 자는 다음의 자료를 무역위원회에 제출하여야 한다. 이 경우 무역위원회는 조사신청을 받은 사실을 기획재정부장관 및 관계행정기관의 장과 해당 물품의 공급국 정부에 통보하여야 한다.

- 다음의 사항을 기재한 신청서 3부
  - 해당 물품의 품명 · 규격 · 특성 · 용도 · 생산자 및 생산량
  - 해당 물품의 공급국 · 공급자 · 수출실적 및 수출가능성과 우리나라의 수입자 · 수입실적 및 수입가능성
  - 해당 물품의 공급국에서의 공장도가격 및 시장가격과 우리나라에의 수출가격 및 제3국에의 수출가격
  - 국내의 동종물품의 품명 · 규격 · 특성 · 용도 · 생산자 · 생산량 · 공장도가격 · 시장가격 및 원가계산
  - 해당 물품의 수입으로 인한 국내산업의 실질적 피해 등
  - 국내의 동종물품생산자들의 해당 조사신청에 대한 지지 정도
  - 신청서의 기재사항 및 첨부자료를 비밀로 취급할 필요가 있는 경우에는 그 사유
  - 그 밖의 기획재정부장관이 필요하다고 인정하는 사항
- 덤핑물품의 수입사실과 해당 물품의 수입으로 인한 실질적 피해 등의 사실에 관한 충분한 증빙자료 3부

(2) 조사신청의 철회

조사신청을 철회하려는 자는 철회사유를 기재한 철회서 및 관련자료를 무역위원회에 제출하여야 한다. 이 경우 무역위원회는 예비조사결과를 제출하기 전에 해당 철회서를 접수한 때에는 기획재정부장관 및 관계행정기관의 장과 협의하여 조사시작여부의 결정을 중지하거나 예비조사를 종결할 수 있으며, 예비조사결과를 제출한 후에 해당 철회서를 접수한 때에는 기획재정부장관에게 이를 통보하여야 한다. 기획재정부장관 또는 무역위원회는 예비조사 또는 본조사의 기간중에 철회서가 접수된 경우로서 해당 철회의 사유가 부당하다고 인정되는 경우에는 해당 예비조사 또는 본조사가 종료될 때까지 철회에 따른 조사종결여부에 대한 결정을 유보할 수 있다. 기획재정부장관은 통보를 받은 때에는 무역위원회

및 관계행정기관의 장과 협의하여 조사를 종결하도록 할 수 있으며, 잠정조치가 취하여진 경우에는 이를 철회할 수 있다. 기획재정부장관은 잠정조치를 철회하는 때에는 해당 잠정조치에 따라 납부된 잠정덤핑방지관세를 환급하거나 제공된 담보를 해제하여야 한다.

5) 덤핑 및 실질적 피해 등의 조사개시

(1) 조사시작 결정 및 통보

무역위원회는 조사신청을 받은 경우 덤핑사실과 실질적인 피해 등의 사실에 관한 조사의 시작여부를 결정하여 조사신청을 받은 날부터 2개월 이내에 그 결과와 다음의 사항을 기획재정부장관에게 통보하여야 한다.

- 조사대상물품
- 조사대상기간
- 조사대상 공급자

조사대상물품과 조사대상공급자가 많은 경우에는 조사대상물품 또는 공급자를 선정함에 있어서는 이용 가능한 자료를 기초로 통계적으로 유효한 표본추출방법[13]을 사용함을 원칙으로 한다.

(2) 조사신청 기각

무역위원회는 조사의 시작 여부를 결정할 때에 조사신청이 다음의 어느 하나에 해당하면 그 조사신청을 기각하여야 한다.

- 신청서를 제출한 자가 덤핑관세 부과요청을 할 수 있는 자가 아닌 경우
- 덤핑사실과 실질적인 피해 등의 사실에 관한 충분한 증빙자료를 제출하지 아니한 경우
- 덤핑차액 또는 덤핑물품의 수입량이 다음 기준에 모두 미달되거나 실질적 피해 등이 경미하다고 인정되는 경우
  - 덤핑차액 : 덤핑가격의 100분의 2 이상인 경우
  - 덤핑물품 수입량 : 동종물품의 국내수입량의 100분의 3 미만의 점유율을 보이는 공급국들로부터의 수입량의 합계가 국내수입량의 100분의 7을 초과하는 경우
- 해당 조사신청에 찬성의사를 표시한 국내생산자들의 생산량합계가 다음 기준

13) 공급자의 수 또는 물품의 수를 수입량의 비율이 큰 순서대로 선정하는 방법 등을 포함한다.

에 미달된다고 인정되는 경우

- 덤핑방지관세 부과요청에 대하여 찬성 또는 반대의사를 표시한 국내생산자들의 동종물품 국내생산량합계중 찬성의사를 표시한 국내생산자들의 생산량합계가 100분의 50 이하인 경우
- 덤핑방지관세 부과요청에 대하여 찬성의사를 표시한 국내생산자들의 생산량합계가 동종물품 국내총생산량의 100분의 25 미만인 경우

- 조사시작전에 국내산업에 미치는 나쁜 영향을 제거하기 위한 조치가 취하여지는 등 조사시작이 필요없게 된 경우

(3) 통지 및 관보 게재

무역위원회는 조사시작결정을 한 때에는 그 결정일부터 10일 이내에 조사시작의 결정에 관한 사항을 조사신청자, 해당 물품의 공급국 정부 및 공급자 그 밖의 이해관계인에게 통지하고, 관보에 게재하여야 한다.

(4) 협의

무역위원회는 조사대상물품의 품목분류 등에 대해서는 관세청장과 협의하여 선정할 수 있다

6) 조사

(1) 조사기관

덤핑사실 및 실질적 피해 등의 사실에 관한 조사는 무역위원회가 담당한다. 이 경우 무역위원회는 필요하다고 인정하는 때에는 관계행정기관의 공무원 또는 관계전문가로 하여금 조사활동에 참여하도록 할 수 있다.

(2) 예비조사

무역위원회는 조사시작의 결정에 관한 사항이 관보에 게재된 날부터 3월 이내에 덤핑사실 및 그로 인한 실질적 피해 등의 사실이 있다고 추정되는 충분한 증거가 있는지에 관한 예비조사를 하여 그 결과를 기획재정부장관에게 제출하여야 한다.

기획재정부장관은 예비조사결과가 제출된 날부터 1월 이내에 잠정덤핑방지관세 부과 조치의 필요여부 및 내용에 관한 사항을 결정하여야 한다. 다만, 필요하다고 인정되는 경우에는 20일의 범위내에서 그 결정기간을 연장할 수 있다.

무역위원회는 예비조사에 따른 덤핑차액 덤핑차액이 덤핑가격의 100분의 2 이상인 경우와 덤핑물품 수입량이 동종물품의 국내수입량의 100분의 3 미만의 점유율을 보이는 공급국들로부터의 수입량의 합계가 국내수입량의 100분의 7을 초과하는 경우 등 기준에 미달하거나 실질적 피해 등이 경미한 것으로 인정되는 때에는 본조사를 종결하여야 한다. 이 경우 기획재정부장관은 본조사 종결에 관한 사항을 관보에 게재하여야 한다(영 제61조 제4항).

(3) 본조사

무역위원회는 특별한 사유가 없는 한 예비조사결과를 제출한 날의 다음날부터 본조사를 시작하여야 하며, 본조사시작일부터 3월 이내에 본조사결과를 기획재정부장관에게 제출하여야 한다.

(4) 조사기간 연장

무역위원회는 예비 및 본 조사와 관련하여 조사기간을 연장할 필요가 있거나 이해관계인이 정당한 사유를 제시하여 조사기간의 연장을 요청하는 때에는 2월의 범위내에서 그 조사기간을 연장할 수 있다.

(5) 실질적 피해 등의 판정

무역위원회는 실질적 피해 등의 사실을 조사·판정하는 때에는 다음의 사항을 포함한 실질적 증거에 근거하여야 한다.

- 덤핑물품의 수입물량[14)]
- 덤핑물품의 가격 [15)]
- 덤핑차액의 정도[16)]
- 국내산업의 생산량 · 가동률 · 재고 · 판매량 · 시장점유율 · 가격[17)] · 이윤 · 생산성 · 투자수익 · 현금수지 · 고용 · 임금 · 성장 · 자본조달 · 투자능력 · 기술개발
- 덤핑물품의 수입물량 및 덤핑물품의 가격의 내용이 국내산업에 미치는 실재적 또는 잠재적 영향

실질적인 피해 등을 조사·판정하는 경우 실질적 피해 등을 받을 우려

14) 해당 물품의 수입이 절대적으로 또는 국내생산이나 국내소비에 대하여 상대적으로 뚜렷하게 증가되었는지 여부를 포함한다.
15) 국내 동종물품의 가격과 비교하여 뚜렷하게 하락되었는지 여부를 포함한다.
16) 덤핑물품의 수입가격이 수출국내 정상가격과 비교하여 뚜렷하게 하락되었는지 여부를 포함한다.
17) 가격하락 또는 인상억제의 효과를 포함한다.

가 있는지에 관한 판정은 위의 사항 외에 다음의 사항을 포함한 사실에 근거를 두어야 하며, 덤핑물품으로 인한 피해는 명백히 예견되고 급박한 것이어야 한다.

- 실질적인 수입증가의 가능성을 나타내는 덤핑물품의 현저한 증가율
- 우리나라에 덤핑수출을 증가시킬 수 있는 생산능력의 실질적 증가[18)]
- 덤핑물품의 가격이 동종물품의 가격을 하락 또는 억제시킬 수 있는지 여부 및 추가적인 수입수요의 증대 가능성
- 덤핑물품의 재고 및 동종물품의 재고상태

무역위원회는 실질적 피해 등의 사실을 조사·판정함에 있어 2 이상의 국가로부터 수입된 물품이 동시에 조사대상물품이 되고 덤핑차액 및 덤핑물품의 수입량이 기획재정부령이 정하는 기준에 해당하는 경우나 덤핑물품이 상호 경쟁적이고 국내 동종물품과 경쟁적인 경우에는 그 수입으로부터의 피해를 누적적으로 평가할 수 있다. 무역위원회는 덤핑외의 다른 요인으로서 국내산업에 피해를 미치는 요인들을 조사하여야 하며, 이러한 요인들에 의한 산업피해 등을 덤핑에 의한 것으로 간주하여서는 아니 된다.

(6) 이해관계인에 대한 자료협조요청

기획재정부장관 또는 무역위원회는 덤핑 사실 조사 및 덤핑방지관세의 부과여부 등을 결정하기 위하여 필요하다고 인정하는 때에는 관계행정기관·국내생산자·공급자·수입자 및 이해관계인에게 관계자료의 제출 등 필요한 협조를 요청할 수 있다. 다만, 공급자에게 덤핑사실여부를 조사하기 위한 질의를 하는 때에는 회신을 위하여 질의서 발송일부터 40일 이상의 회신기간을 주어야 하며 공급자가 사유를 제시하여 동 기한의 연장을 요청할 경우 이에 대하여 적절히 고려하여야 한다.

기획재정부장관 또는 무역위원회는 덤핑 조사 및 덤핑방지관세의 부과여부 등을 결정함에 있어서 이해관계인이 관계자료를 제출하지 아니하거나 무역위원회의 조사를 거부·방해하는 경우 등의 사유로 조사 또는 자료의 검증이 곤란한 경우에는 이용 가능한 자료 등을 사용하여 덤핑방지를 위한 조치를 할 것인지 여부를 결정할 수 있다. 기획재정부장관 및 무역위원회는 덤핑방지관세의 부과절차와 관련하여 이해관계인으

18) 다른 나라에의 수출가능성을 고려한 것이어야 한다.

로부터 취득한 정보·자료 및 인지한 사실을 다른 목적으로 사용할 수 없다. 기획재정부장관 및 무역위원회는 이해관계인이 제출한 관계증빙자료와 제출 또는 통보된 자료중 비밀로 취급되는 것 외의 자료의 열람을 요청하는 경우에는 특별한 사유가 없는 한 이에 응하여야 한다. 이 경우 이해관계인의 자료열람요청은 그 사유 및 자료목록을 기재한 서면으로 하여야 한다.

(7) 덤핑방지조치 관련 비밀취급자료

기획재정부장관 또는 무역위원회는 제출된 자료중 성질상 비밀로 취급하는 것이 타당하다고 인정되거나 조사신청자나 이해관계인이 정당한 사유를 제시하여 비밀로 취급하여 줄 것을 요청한 자료에 대하여는 해당 자료를 제출한 자의 명시적인 동의 없이 이를 공개하여서는 아니 된다.

비밀로 취급하는 자료는 다음의 사항에 관한 자료로서 이들이 공개되는 경우 그 제출자나 이해관계인의 이익이 침해될 우려가 있는 것으로 한다.

- 제조원가
- 공표되지 아니한 회계자료
- 거래선의 성명 · 주소 및 거래량
- 비밀정보의 제공자에 관한 사항
- 그 밖의 비밀로 취급하는 것이 타당하다고 인정되는 자료

기획재정부장관 또는 무역위원회는 비밀로 취급하여 줄 것을 요청한 자료를 제출한 자에게 해당 자료의 비밀이 아닌 요약서의 제출을 요구할 수 있다. 이 경우 해당 자료를 제출한 자가 그 요약서를 제출할 수 없는 때에는 그 사유를 기재한 서류를 제출하여야 한다. 기획재정부장관 또는 무역위원회는 비밀취급요청이 정당하지 아니하다고 인정됨에도 불구하고 자료의 제출자가 정당한 사유없이 자료의 공개를 거부하는 때 또는 비밀이 아닌 요약서의 제출을 거부한 때에는 해당 자료의 정확성이 충분히 입증되지 아니하는 한 해당 자료를 참고하지 아니할 수 있다.

(8) 덤핑방지관세부과를 위한 공청회

기획재정부장관 또는 무역위원회는 필요하다고 인정하거나 이해관계인의 요청이 있는 경우에는 이해관계인으로 하여금 공청회 등을 통하여

의견을 진술할 기회를 주거나 상반된 이해관계인과 협의할 수 있는 기회를 줄 수 있다. 무역위원회는 공청회를 개최하는 때에는 그 계획 및 결과를 기획재정부장관에게 통보하여야 한다. 기획재정부장관 및 무역위원회는 공청회를 개최하려는 때에는 신청인 및 이해관계인에게 공청회의 일시 및 장소를 개별통지하고, 관보 등 적절한 방법으로 공청회개최일 30일 이전에 공고하여야 한다. 다만, 사안이 시급하거나 조사일정상 불가피한 때에는 7일 이전에 알려줄 수 있다.

공청회에 참가하려는 자는 공청회개최예정일 7일전까지 신청인 또는 이해관계인이라는 소명자료와 진술할 발언의 요지, 관련근거자료, 자신을 위하여 진술할 자의 인적사항 등을 첨부하여 기획재정부장관 및 무역위원회에 신청하여야 한다. 신청인 또는 이해관계인은 공청회에 대리인과 공동으로 참가하여 진술하거나 필요한 때에는 대리인으로 하여금 진술하게 할 수 있다. 공청회에 참가하는 자는 공청회에서 진술한 내용과 관련되는 보완자료를 공청회 종료후 7일 이내에 기획재정부장관 및 무역위원회에 서면으로 제출할 수 있다. 신청인 또는 이해관계인은 공청회에서 진술하는 때에는 한국어를 사용하여야 한다. 외국인이 공청회에 직접 참가하는 때에는 통역사를 대동할 수 있다. 이 경우 통역사가 통역한 내용을 해당 외국인이 진술한 것으로 본다.

7) 조사결과 조치

무역위원회는 예비 및 본 조사결과를 제출하는 경우 필요하다고 인정되는 때에는 기획재정부장관에게 다음의 사항을 건의할 수 있다.

- 덤핑방지관세부과
- 잠정조치
- 약속의 제의

기획재정부장관은 본조사 결과가 접수된 날부터 1개월 20일 이내에 덤핑방지관세의 부과여부 및 내용을 결정하여 덤핑방지관세의 부과조치를 하여야 한다(영 제61조 제7항). 기획재정부장관은 조사시작을 결정한 관보게재일부터 1년 이내에 덤핑방지관세의 부과조치를 하여야 한다. 다만, 특별한 사유가 있다고 인정되는 때에는 관보게재일부터 18월 이내에 덤핑방지관세의 부과조치를 할 수 있다.

8) 세부 조사 절차 고시

관세법 시행령에서 규정한 사항 외에 조사의 절차에 관하여 필요한 사항은 무역위원회가 기획재정부장관과 협의하여 고시한다.

3. 덤핑방지관세를 부과하기 전의 잠정조치

1) 잠정조치

기획재정부장관은 덤핑방지관세의 부과여부를 결정하기 위하여 조사가 시작된 경우로서 해당 물품에 대한 덤핑사실 및 그로 인한 실질적 피해 등의 사실이 있다고 추정되는 충분한 증거가 있는 경우와 약속을 위반하거나 약속의 이행에 관한 자료제출 요구 및 제출 자료의 검증허용 요구에 불응한 경우로서 이용 가능한 최선의 정보가 있는 경우에는 조사기간중에 발생하는 피해를 방지하기 위하여 해당 조사가 종결되기 전이라도 대통령령이 정하는 바에 따라 그 물품과 공급자 또는 공급국 및 기간을 정하여 잠정적으로 추계된 덤핑차액에 상당하는 금액이하의 잠정덤핑방지관세를 추가하여 부과할 것을 명하거나 담보의 제공을 명하는 조치(잠정조치)를 할 수 있다.

2) 잠정조치의 적용

잠정조치는 예비조사결과 덤핑사실 및 그로 인한 실질적 피해 등의 사실이 있다고 추정되는 충분한 증거가 있다고 판정된 경우로서 해당 조사의 시작후 최소한 60일이 경과된 날 이후부터 적용할 수 있다. 잠정조치의 적용기간은 4월 이내로 하여야 한다. 다만, 해당 물품의 무역에 있어서 중요한 비중을 차지하는 공급자가 요청하는 경우에는 그 적용기간을 6월까지 연장할 수 있다. 잠정조치 적용기간의 연장을 요청하려는 자는 그 잠정조치의 유효기간종료일 10일전까지 이를 요청하여야 한다. 기획재정부장관이 필요하다고 인정하는 때에는 국제협약에 따라 잠정조치의 적용기간을 연장할 수 있다. 제공되는 담보는 잠정덤핑방지관세액에 상당하는 금액이어야 한다.

3) 잠정덤핑관세의 환급 및 담보해제

다음에 해당하는 경우에는 대통령령이 정하는 바에 따라 납부된 잠정덤핑방지관세를 환급하거나 제공된 담보를 해제하여야 한다.

- 잠정조치를 한 물품에 대한 덤핑방지관세의 부과요청이 철회되어 조사가 종결된 경우
- 잠정조치를 한 물품에 대한 덤핑방지관세의 부과여부가 결정된 경우
- 약속이 수락된 경우

4) 잠정덤핑방지관세액 등의 정산

다음에 해당하는 경우 덤핑방지관세액이 잠정덤핑방지관세액을 초과할 때에는 그 차액을 징수하지 아니하며, 덤핑방지관세액이 잠정덤핑방지관세액에 미달될 때에는 그 차액을 환급하여야 한다.

- 약속이 덤핑과 그로 인한 산업피해에 대한 조사결과 해당 물품에 대한 덤핑사실 및 그로 인한 실질적 피해 등의 사실이 있는 것으로 판정된 이후에 수락된 경우
- 덤핑방지관세를 소급하여 부과하는 경우

잠정조치가 적용된 기간중에 수입된 물품에 대하여 부과하는 덤핑방지관세액이 잠정덤핑방지관세액과 같거나 많은 때에는 그 잠정덤핑방지관세액을 덤핑방지관세액으로 하여 그 차액을 징수하지 아니하며, 적은 때에는 그 차액에 상당하는 잠정덤핑방지관세액을 환급하여야 한다. 담보액에젠공된 경우로서 덤핑방지관세의 소급부과 하는 경우에는 해당 잠정조치가 적용된 기간중에 소급부과될 덤핑방지관세액은 잠정덤핑방지관세액 상당액을 초과할 수 없다. 약속이 본조사의 결과에 따라 해당 물품에 대한 덤핑사실 및 그로 인한 실질적 피해 등의 사실이 있는 것으로 판정된 후에 수락된 경우로서 조사된 최종덤핑률이 잠정덤핑방지관세율과 같거나 큰 경우에는 그 차액을 징수하지 아니하며, 작은 경우에는 그 차액에 상당하는 잠정덤핑방지관세액을 환급하여야 한다.

4. 덤핑방지관세와 관련된 약속의 제의

덤핑방지관세의 부과여부를 결정하기 위한 예비조사결과 해당 물품에 대한 덤핑과 그로 인한 실질적 피해 등의 사실이 있는 것으로 판정된 경우 해당 물품의 수출자 또는 기획재정부장관은 덤핑으로 인한 피해가 제거될 정도의 가격수정이나 덤핑수출의 중지에 관한 약속을 제의할 수 있다. 약속이 수락된 경우 기획재정부장관은 잠정조치 또는 덤핑방지관세의 부과없이 조사가 중지 또는 종결되도록 하여야 한다. 다만, 기획재정부장관이 필요하다고 인정하거나 수출자가 조사를 계속하여 줄 것을 요청한 경우에는 그 조사를 계속할 수 있다.

1) 수출자의 약속제의

덤핑방지관세의 부과여부를 결정하기 위한 조사가 시작된 물품의 수출자가 약속을 제의하거나 피해조사를 계속하여 줄 것을 요청하려는 때에는 본조사의 결과에 따른 최종판정이 있기 전에 서면으로 그 뜻을 무역위원회에 제출하여야 한다. 이 경우 무역위원회는 제출된 서류의 원본을 지체없이 기획재정부장관에게 송부하여야 한다. 수출자가 기획재정부장관에게 약속을 제의하는 경우 그 약속에는 다음의 사항이 포함되어야 한다.

- 수출자가 수출가격을 실질적 피해 등이 제거될 수 있는 수준으로 인상한다는 내용 또는 기획재정부장관과 협의하여 정하는 기간 내에 덤핑수출을 중지한다는 내용
- 약속수락전까지 계약되거나 선적되는 물품에 관한 내용
- 형식 · 모양 · 명칭 등의 변경이나 저급품의 판매 등의 방법으로 약속의 이행을 회피하는 행위를 하지 아니하겠다는 내용
- 제3국이나 제3자를 통한 판매 등의 방법으로 사실상 약속을 위반하지 아니하겠다는 내용
- 수출국안에서의 판매물량 및 판매가격과 우리나라로의 수출물량 및 수출가격에 대하여 기획재정부장관에게 정기적으로 보고하겠다는 내용
- 관련자료에 대한 검증을 허용하겠다는 내용
- 그 밖의 상황변동의 경우에 기획재정부장관의 요구에 대하여 재협의할 수 있다는 내용

2) 약속 수락

기획재정부장관은 제의한 약속의 내용이 즉시로 가격을 수정하거나 약속일부터 6월 이내에 덤핑수출을 중지하는 것인 때에는 그 약속을 수락할 수 있다. 다만, 동 약속의 이행을 확보하는 것이 곤란하다고 인정되는 경우로서 다음에 해당하는 경우에는 약속을 수락하지 아니할 수 있다.

- 다수의 수출자를 대리하여 약속을 제의한 자가 그 다수의 수출자간에 완전한 합의가 이루어졌음을 입증하지 못하는 경우
- 약속의 이행여부에 대한 적절한 확인 또는 조사를 곤란하게 하는 조건이 있는 경우
- 과거에 약속을 위반하였던 사실이 있는 등 약속을 수락할 수 없다고 인정되는 합리적인 사유가 있는 경우

기획재정부장관은 약속을 수락하기 전에 무역위원회, 관계행정기관의 장 및 이해관계인의 의견을 물을 수 있다.

3) 장관의 약속제의

기획재정부장관은 필요하다고 인정되는 때에는 수출자를 지정하여 약속을 제의할 수 있다. 기획재정부장관으로부터 약속을 제의받은 수출자는 1월 이내에 수락여부를 통보하여야 한다.

4) 약속제의 제한

기획재정부장관은 예비조사결과 덤핑사실 및 그로 인한 실질적 피해 등의 사실이 있다고 추정되는 충분한 증거가 있다고 판정하기 전에는 약속의 수락이나 약속의 제의를 할 수 없다.

5) 약속 불이행시의 조치

수출자가 수락된 약속을 이행하지 아니한 경우 기획재정부장관은 이용 가능한 최선의 정보에 의하여 잠정조치를 실시하는 등 덤핑방지를 위한 신속한 조치를 취할 수 있다.

6) 약속의 효력

기획재정부장관이 조사를 계속한 결과 실질적 피해 등의 사실이 없거나 덤핑차액이 없는 것으로 확인한 때에는 해당 약속의 효력은 소멸된 것으로 본다. 다만, 실질적 피해 등의 사실이 없거나 덤핑차액이 없는 원인이 약속으로 인한 것으로 판단되는 때에는 기획재정부장관은 적정한 기간을 정하여 약속을 계속 이행하게 할 수 있으며, 수출자가 그 약속의 이행을 거부하는 때에는 이용 가능한 최선의 정보에 의하여 잠정조치를 실시하는 등 덤핑방지를 위한 신속한 조치를 취할 수 있다.

5. 덤핑방지관세 부과

1) 부과방법

덤핑방지관세는 실질적 피해 등을 구제하기 위하여 필요한 범위내에서 공급자 또는 공급국별로 덤핑방지관세율 또는 기준수입가격을 정하여 부과한다.

- 덤핑방지관세를 정률세의 방법으로 부과하는 경우 : 다음의 산식에 따라 산정된 덤핑률의 범위에서 결정한 율을 과세가격에 곱하여 산출한 금액

$$덤핑률 = \frac{조정된\ 정상가격 - 조정된\ 덤핑가격}{과세가격} \times 100$$

- 덤핑방지관세를 기준수입가격의 방법으로 부과하는 경우 : 기준수입가격에서 과세가격을 차감하여 산출한 금액

판례 기록에 의하면, 이러한 관계 법령에 따라 피고인이 수입한 물량에 실제로 수입한 t당 단가를 곱하고, 거기에 관세율 25.95%를 곱하여 납부하여야 할 관세총액을 산출한 다음 그 금액에서 피고인이 신고납부한 관세를 공제하여 포탈세액을 산출한 제1심을 정당하다고 본 원심의 조치는 정당한 것으로 수긍할 수 있고, 거기에 상고이유의 주장과 같은 덤핑방지관세와 그 포탈세액의 산정에 관한 법리오해 등의 위법이 있다고 할 수 없다. 한편, 이러한 덤핑방지관세는 구 관세법 제10조에 따라 정상가격과 덤핑가격의 차액인 덤핑차액을 초과할 수는 없다고 할 것이나, 여기서 '정상가격'이란 **일반적으로 해당 물품의 공급국에서 소비되는 동종물품의 통상거래가격을 의미**하는 것으로서{구 관세법시행령(2000. 12. 29. 대통령령 제17048호로 개정되기 전의 것) 제4조의6 제1항}, 1998. 8. 19.자 재정경제부고시 제1988-35호(공판기록 27면)에서 말하는 최저가격, 즉 이 사건 중국산 페로실리코망간의 수출자가 그보다 낮은 가격으로는 한국 내 수입업자에게 판매하지 않을 것을 한국정부에 약속한 가격을 의미하지는 않는다고 할 것이다. 이와 달리 위 최저가격을 기준으로 하여 그 가격과 덤핑가격과의 차액을 덤핑차액으로 보는 전제에 선 상고이유도 받아들일 수 없다. 【대법원 2002. 2. 22. 선고 2000도5550 선고 판결】

정당한 사유없이 자료를 제출하지 아니하거나 해당 자료의 공개를 거부하는 경우 및 그 밖의 사유로 조사 또는 자료의 검증이 곤란한 공급자에 대하여는 단일 덤핑방지관세율 또는 단일 기준수입가격을 정하여 부과할 수 있다.

2) 조사대상 비선정 공급자에 대한 부과방법

조사대상으로 선정되지 아니한 공급자에 대하여는 조사대상으로 선정된 공급자의 덤핑방지관세율 또는 기준수입가격을 가중평균한 덤핑방지관세율 또는 기준수입가격에 의하여 덤핑방지관세를 부과한다. 가중평균 덤핑방지관세율 또는 기준수입가격을 산정함에 있어서 공급자가 다수인 때에는 공급자별 수출량에 따라 가중치를 둘 수 있다. 이 경우 덤핑차액이 없거나 덤핑가격대비 덤핑차액이 100분의 2 미만인 공급자나 이용 가능한 자료 등을 사용하여 덤핑차액 등을 산정한 공급자는 산정대상에서 제외한다.

다만, 조사대상기간 중에 수출을 한 자로서 조사대상으로 선정되지 아니한 자중 자료를 제출한 자에 대하여는 단일 덤핑방지관세율 또는 단일 기

준수입가격을 정하여 부과할 수 있다.

3) 특수관계자에 대한 부과방법

공급국을 지정하여 덤핑방지관세를 부과하는 경우 조사대상기간 이후에 수출하는 해당 공급국의 신규공급자가 덤핑방지관세가 부과되는 공급자와 특수관계에 있는 경우에는 그 공급자에 대한 덤핑방지관세율 또는 기준수입가격을 적용하여 덤핑방지관세를 부과한다. 다만, 신규공급자가 특수관계에 있지 아니하다고 증명하는 경우에는 조사를 통하여 별도의 덤핑방지관세율 또는 기준수입가격을 정하여 부과할 수 있다. 이 경우 기존 조사대상자에 대한 조사방법 및 조사절차 등과 달리할 수 있다. 신규공급자에 대한 조사가 시작된 경우 세관장은 그 신규공급자가 공급하는 물품에 대하여 이를 수입하는 자로부터 담보를 제공받고 조사 완료일까지 덤핑방지관세의 부과를 유예할 수 있다(영 제65조 제4항). 덤핑방지관세율 또는 기준수입가격은 해당 조사의 시작일부터 적용한다(영 제65조 제5항). 조사가 시작된 신규공급자의 가격수정·수출중지 등의 약속에 관한 규정을 준용한다(영 제65조 제6항). 기준수입가격은 조정된 공급국의 정상가격에 수입관련비용을 더한 범위에서 결정한다(영 제65조 제7항). 기획재정부장관은 신규공급자에 대하여 조사를 조속히 행하여야 한다. 이 경우 실질적 피해 등의 조사는 공급국에 대한 실질적 피해 등의 조사로 갈음할 수 있다.

4) 기준수입가격 결정방법

기준수입가격은 조정된 공급국의 정상가격에 수입관련비용을 더한 범위에서 결정한다.

5) 덤핑방지관세의 부과시기

덤핑방지관세의 부과와 잠정조치는 각각의 조치일 이후 수입되는 물품에 대하여 적용된다.

6) 덤핑방지관세의 소급부과

잠정조치가 적용된 물품에 있어서 국제협약에서 달리 정하는 경우 그 밖의 다음의 경우에는 그 물품에 대하여도 덤핑방지관세를 부과할 수 있다.

- 실질적 피해 등이 있다고 최종판정이 내려진 경우 또는 실질적인 피해 등의 우려가 있다는 최종판정이 내려졌으나 잠정조치가 없었다면 실질적인 피해 등이 있다는 최종판

정이 내려졌을 것으로 인정되는 경우에는 잠정조치가 적용된 기간 동안 수입된 물품
- 비교적 단기간 내에 대량 수입되어 발생되는 실질적 피해 등의 재발을 방지하기 위하여 덤핑방지관세를 소급하여 부과할 필요가 있는 경우로서 해당 물품이 과거에 덤핑되어 실질적 피해 등을 입힌 사실이 있었던 경우 또는 수입자가 덤핑사실과 그로 인한 실질적 피해 등의 사실을 알았거나 알 수 있었을 경우에는 잠정조치를 적용한 날부터 90일전 이후에 수입된 물품
- 약속을 위반하여 잠정조치가 적용된 물품의 수입으로 인한 실질적 피해 등의 사실이 인정되는 경우에는 잠정조치를 적용한 날부터 90일전 이후에 수입된 물품. 이 경우 약속위반일 이전에 수입된 물품을 제외한다.
- 그 밖의 국제협약에서 정하는 바에 따라 기획재정부장관이 정하는 기간에 수입된 물품

국내산업에 이해관계가 있는 자는 본조사의 결과에 따라 최종판정의 통지를 받은 날부터 7일 이내에 해당 물품이 위에 해당된다는 증거를 제출하여 덤핑방지관세의 부과를 요청할 수 있다.

6. 덤핑방지관세와 약속에 대한 재심사

1) 적용시한

덤핑방지관세의 부과나 수락된 약속은 그 적용시한을 따로 정하는 경우를 제외하고는 해당 덤핑방지관세 또는 약속의 시행일부터 5년이 지나면 그 효력을 잃으며, 덤핑과 산업피해를 재심사하고 그 결과에 따라 내용을 변경하는 때에는 기획재정부령으로 그 적용시한을 따로 정하는 경우를 제외하고는 변경된 내용의 시행일부터 5년이 지나면 그 효력을 잃는다.

2) 재심사

기획재정부장관은 필요하다고 인정되는 때에는 덤핑방지관세의 부과와 약속에 대하여 재심사를 할 수 있으며, 재심사의 결과에 따라 덤핑방지관세의 부과, 약속 내용의 변경, 환급 등 필요한 조치를 할 수 있다.

(1) 신청에 의한 재심사

기획재정부장관은 필요하다고 인정되거나 이해관계인이나 해당 산업을 관장하는 주무부장관이 다음의 어느 하나에 해당하는 경우에 관한 증빙자료를 첨부하여 요청하는 때에는 덤핑방지관세가 부과되고 있거나 약속이 시행되고 있는 물품에 대하여 재심사여부를 결정하여야 한다.

- 덤핑방지관세 또는 약속의 시행이후 그 조치의 내용변경이 필요하다고 인정할 만한 충분한 상황변동이 발생한 경우
- 덤핑방지관세 또는 약속의 종료로 인하여 덤핑 및 국내산업피해가 지속되거나 재발될 우려가 있는 경우
- 실제 덤핑차액보다 덤핑방지관세액이 과다하게 납부된 경우

(2) 이해관계인의 범위

덤핑방지관세 및 약속의 재심사를 요청할 수 있는 이해관계인은 다음과 같다.

- 동종물품의 국내생산자 또는 그 단체
- 해당 덤핑방지조치대상 물품의 공급자 · 수입자 또는 그 단체
- 그 밖에 이해관계가 있다고 기획재정부장관이 인정하는 자

(3) 요청시기

재심사의 요청은 덤핑방지관세의 부과일 또는 약속의 시행일부터 1년이 경과된 날 이후에 할 수 있으며, 덤핑방지관세 또는 약속의 효력이 상실되는 날 6월 이전에 요청하여야 한다. 이 경우 기획재정부장관은 재심사를 요청받은 날부터 2월 이내에 재심사의 필요여부를 결정하여야 하며, 그 결정일부터 10일 이내에 재심사시작의 결정에 관한 사항을 재심사 요청자, 해당 물품의 공급국 정부 및 공급자, 그 밖의 이해관계인에게 통지하고, 관보에 게재하여야 한다(영 제70조 제2항).

(4) 직권재심사

기획재정부장관은 재심사를 하는 경우 외에 부과중인 덤핑방지관세율 및 시행중인 약속의 적정성 여부에 관한 재심사를 할 수 있으며, 이를 위하여 덤핑방지관세 또는 약속의 내용[19]에 관하여 매년 그 시행일이 속하는 달에 덤핑가격에 대한 재검토를 하여야 한다.

(5) 협의

기획재정부장관은 재심사의 필요 여부를 결정하는 때에는 관계행정기관의 장 및 무역위원회와 협의할 수 있으며, 재심사가 필요한 것으로 결정된 때에는 무역위원회는 이를 조사하여야 한다. 이 경우 무역위원회는

---

19) 재심사에 따라 변경된 내용을 포함한다.

재심사 사유가 되는 부분에 한정하여 조사할 수 있다.

(6) 재심사 기간 및 조치

무역위원회는 재심사 시작일부터 6월 이내에 조사를 종결하여 그 결과를 기획재정부장관에게 제출하여야 한다. 다만, 무역위원회는 조사기간을 연장할 필요가 있거나 이해관계인이 정당한 사유를 제시하여 조사기간의 연장을 요청하는 때에는 4월의 범위내에서 그 조사기간을 연장할 수 있다.

기획재정부장관은 조치가 필요한 때에는 조사결과를 제출받은 날부터 1개월 20일 이내에 해당 조치를 하여야 한다.

덤핑방지관세 또는 약속의 종료로 인하여 덤핑 및 국내산업피해가 지속되거나 재발될 우려가 있는 경우에 재심사를 하는 경우 재심사기간중에 해당 덤핑방지조치의 적용시한이 종료되는 때에도 그 재심사기간중 해당 조치의 효력은 계속된다. 재심사기간 중 덤핑방지관세가 계속 부과된 물품에 대하여 기획재정부장관이 새로운 덤핑방지관세의 부과 또는 가격수정·수출중지 등의 약속을 시행하는 때에는 잠정덤핑관세나 약속의 정산 절차에 따라 정산할 수 있다.

(7) 약속 수정요구

기획재정부장관은 재심사 결과 약속의 실효성이 상실되거나 상실될 우려가 있다고 판단되는 때에는 해당 약속을 이행하고 있는 수출자에게 약속의 수정을 요구할 수 있으며, 해당 수출자가 약속의 수정을 거부하는 때에는 이용 가능한 정보에 의하여 덤핑방지조치를 할 수 있다.

(8) 관세청장의 보고

기획재정부장관은 재심사를 위하여 관세청장으로 하여금 다음 사항을 조사하여 보고하게 할 수 있다.

- 덤핑방지조치물품의 수입 및 징수 실적
- 약속업체의 약속준수 여부
- 그 밖의 덤핑방지조치의 재심사에 필요한 사항

(9) 재심사 철회

재심사를 요청한 자가 해당 요청을 철회하려는 경우에는 서면으로 그

뜻을 기획재정부장관에게 제출하여야 한다. 이 경우 기획재정부장관은 무역위원회 및 관계 행정기관의 장과 협의하여 제2항에 따른 재심사 개시 여부의 결정을 중지하거나 조사를 종결하도록 할 수 있다.

(10) 이해관계인에 대한 통지 · 공고

기획재정부장관은 다음에 해당하는 때에는 그 내용을 관보에 게재하고, 이해관계인에게 서면으로 통지하여야 한다.

- 조치를 결정하거나 해당 조치를 하지 아니하기로 결정한 때
- 약속을 수락하여 조사를 중지 또는 종결하거나 조사를 계속하는 때
- 재심사결과 덤핑방지조치의 내용을 변경한 때
- 덤핑방지조치의 효력이 연장되는 때

기획재정부장관 또는 무역위원회는 다음에 해당되는 때에는 그 내용을 이해관계인에게 통지하여야 한다.

- 조사신청이 기각되거나 조사가 종결된 때
- 예비조사의 결과에 따라 예비판정을 한 때
- 본조사의 결과에 최종판정을 한 때
- 무역위원회는 조사기간을 연장할 필요가 있거나 이해관계인이 정당한 사유를 제시하여 조사기간의 연장을 요청하여 조사기간을 연장한 때
- 특별한 사유가 있다고 인정되어 조사 기간을 연장한 때
- 덤핑방지관세의 부과 요청 또는 재심사 요청이 철회되어 조사의 개시 여부 또는 재심사의 개시 여부에 관한 결정이 중지되거나 조사가 종결된 때
- 잠정조치의 적용기간을 연장한 때
- 기획재정부장관이 약속을 제의한 때

기획재정부장관 또는 무역위원회는 조사과정에서 조사와 관련된 이해관계인의 서면요청이 있는 경우에는 조사의 진행상황을 통지하여야 한다.

2 상계관세

1. 상계관세의 부과대상

국내산업에 이해관계가 있는 자로서 대통령령이 정하는 자 또는 주무부장관

이 부과요청을 한 경우로서 외국에서 제조·생산 또는 수출에 관하여 직접 또는 간접으로 보조금 또는 장려금(보조금 등)을 받은 물품의 수입으로 인하여 국내산업이 실질적인 피해를 받거나 받을 우려가 있는 경우나 국내산업의 발전이 실질적으로 지연된 경우에 해당하는 것(실질적 피해 등)으로 조사를 통하여 확인되고, 해당 국내산업을 보호할 필요가 있다고 인정되는 때에는 기획재정부령으로 그 물품과 수출자 또는 수출국을 지정하여 해당 물품에 대하여 해당 보조금 등의 금액 이하의 관세(상계관세)를 추가하여 부과할 수 있다.

2. 보조금 등의 범위

1) 보조금 또는 장려금

(1) 정의

보조금 또는 장려금은 정부·공공기관 등의 재정지원 등에 의한 혜택 중 특정성이 있는 것을 말한다.

(2) 보조금 또는 장려금의 제외대상

특정성은 있으나 연구·지역개발 및 환경관련 보조금 또는 장려금으로서 국제협약에서 인정하고 있는 보조금 또는 장려금은 보조금 등에서 제외한다.

2) 특정성

(1) 정의

보조금 등이 특정기업이나 산업 또는 특정기업군이나 산업군에 지급되는 경우를 말한다.

(2) 판별기준

다음에 해당되는 경우에는 특정성이 있는 것으로 본다.

- 보조금 등이 일부 기업 등에 대하여 제한적으로 지급되는 경우
- 보조금 등이 제한된 수의 기업 등에 의하여 사용되어지는 경우
- 보조금 등이 특정한 지역에 한정되어 지급되는 경우
- 그 밖의 국제협약에서 인정하고 있는 특정성의 기준에 부합되는 경우

(3) 보조금의 계산

보조금 등의 금액은 수혜자가 실제로 받는 혜택을 기준으로 하여 다음 기준에 계산한다.

- 지분참여의 경우 : 해당 지분참여와 통상적인 투자와의 차이에 의하여 발생하는 금액 상당액
- 대출의 경우 : 해당 대출금리에 의하여 지불하는 금액과 시장금리에 의하여 지불하는 금액과의 차액 상당액
- 대출보증의 경우 : 해당 대출에 대하여 지불하는 금액과 대출보증이 없을 경우 비교가능한 상업적 차입에 대하여 지불하여야 하는 금액과의 차액 상당액
- 재화 · 용역의 공급 또는 구매의 경우 : 해당 가격과 시장가격과의 차이에 의하여 발생하는 금액 상당액
- 그 밖의 국제협약에서 인정하고 있는 기준에 의한 금액

3. 상계관세의 부과요청

1) 요청권자

실질적 피해 등을 받은 국내산업에 실질적 피해 등을 받은 국내산업에 속하는 국내생산자와 이들을 구성원으로 하거나 이익을 대변하는 법인·단체 및 개인으로서 국내생산자로 구성된 협회·조합 등과 해당 산업을 관장하는 주무부장관은 기획재정부장관에게 상계관세의 부과를 요청할 수 있으며, 이 요청은 무역위원회에 대한 상계관세의 부과에 필요한 조사신청으로 갈음한다.

2) 조사 요청

(1) 요청

보조금 등을 받은 물품의 수입으로 실질적 피해 등을 받은 국내산업에 이해관계가 있는 자가 조사를 신청하려는 때에는 다음 사항을 기재한 신청서에 관계증빙자료를 첨부하여 무역위원회에 제출하여야 한다.

- 해당 물품의 품명 · 규격 · 특성 · 용도 · 생산자 및 생산량
- 해당 물품의 수출국 · 수출자 · 수출실적 및 수출가능성과 우리나라의 수입자 · 수입실적 및 수입가능성
- 해당 물품의 수출국에서의 공장도가격 및 시장가격과 우리나라로의 수출가격

및 제3국에의 수출가격

- 국내의 동종 · 동질물품 또는 유사물품의 품명 · 규격 · 특성 · 용도 · 생산자 · 생산량 · 공장도가격 · 시장가격 및 원가계산
- 보조금 등을 받은 물품의 수입으로 인한 관련국내산업의 실질적 피해 등에 관한 사항
- 수출국에서 해당 물품의 제조 · 생산 또는 수출에 관하여 지급한 보조금 등의 내용과 이로 인한 해당 물품의 수출가격 인하효과
- 국내의 동종 · 동질물품 또는 유사물품 생산자들의 해당 조사신청에 대한 지지 정도
- 첨부한 자료를 비밀로 취급할 필요가 있는 경우에는 그 사유
- 그 밖의 기획재정부장관이 필요하다고 인정하는 사항

(2) 철회

조사를 신청한 자가 해당 신청을 철회하려는 때에는 서면으로 그 뜻을 무역위원회에 제출하여야 한다. 조사신청을 철회하려는 자는 철회사유를 기재한 철회서 및 관련자료를 무역위원회에 제출하여야 한다.

이 경우 무역위원회는 예비조사결과를 제출하기 전에 해당 철회서를 접수한 때에는 기획재정부장관 및 관계행정기관의 장과 협 조사시작여부의 결정을 중지하거나 조사를 종결할 수 있으며, 예비조사결과를 제출한 후에 해당 철회서를 접수한 때에는 기획재정부장관에게 이를 통보하여야 한다. 기획재정부장관은 통보를 받은 때에는 무역위원회 및 관계행정기관의 장과 협의하여 조사를 종결하게 할 수 있으며, 잠정조치가 취하여진 경우에는 이를 철회할 수 있다.

기획재정부장관 또는 무역위원회는 예비조사 또는 본조사의 기간중에 철회서가 접수된 경우로서 해당 철회의 사유가 부당하다고 인정되는 경우에는 해당 예비조사 또는 본조사가 종료될 때까지 철회에 따른 조사종결여부에 대한 결정을 유보할 수 있다.

기획재정부장관은 잠정조치를 철회하는 때에는 해당 잠정조치에 따라 납부된 잠정상계관세를 환급하거나 제공된 담보를 해제하여야 한다.

3) 국내산업의 범위

국내산업은 보조금 등을 받은 물품과 동종물품의 국내생산사업[20]의 전

---

20) 해당 수입물품의 수출국정부 또는 수출자 또는 수입자와 특수관계에 있는 생산자에 의한 생산사업과 해당 수입물품을 수입한 생산자중 신청서 접수일부터 6월 이전에 보조금 등을 받은 물품

부 또는 국내총생산량의 상당부분을 점하는 국내생산사업으로 한다.

(1) 동종물품

해당 수입물품과 물리적 특성, 품질 및 소비자의 평가 등 모든 면에서 동일한 물품[21]을 말하며, 그러한 물품이 없는 경우 해당 수입물품과 매우 유사한 기능·특성 및 구성요소를 가지고 있는 물품을 말한다.

(2) 특수관계 범위 제외

특수관계에 있는 생산자를 판정함에 있어서 해당 수입물품과 동종물품의 생산자가 특수관계가 없는 자와 동일 또는 유사한 가격 및 조건 등으로 이를 판매하는 경우에는 해당 생산자를 특수관계가 있는 생산자의 범위에서 제외할 수 있다.

4. 보조금 등을 받은 물품의 수입 및 실질적 피해 등 조사

1) 조사기관

보조금 등을 받은 물품의 수입사실 및 실질적 피해 등의 사실에 관한 조사는 무역위원회가 담당한다. 이 경우 무역위원회는 필요하다고 인정하는 때에는 관계행정기관의 공무원 또는 관계전문가로 하여금 조사활동에 참여하도록 할 수 있다.

2) 조사시작

(1) 조사결과 통보

무역위원회는 조사신청을 받은 경우 보조금 등을 받은 물품의 수입사실과 실질적 피해 등의 사실에 관한 조사의 시작여부를 결정하여 조사신청을 받은 날부터 2월 이내에 그 결과와 다음의 사항을 기획재정부장관에게 통보하여야 한다.

- 조사대상물품
- 조사대상기간
- 조사대상 수출국정부 또는 수출자

조사대상물품과 조사대상 수출국정부 또는 수출자가 많은 경우에는

을 수입한 생산자나 보조금 등을 받은 물품의 수입량이 매우 적은 생산자를 제외한 자에 의한 생산사업을 제외할 수 있다.

21) 겉모양에 경미한 차이가 있는 물품을 포함한다.

조사대상 물품과 수출국정부 또는 수출자를 선정함에 있어서는 이용가능한 자료를 기초로 통계적으로 유효한 표본추출방법[22]을 사용함을 원칙으로 한다.

(2) 조사신청 기각

무역위원회는 조사의 시작여부를 결정함에 있어서 조사신청이 다음에 해당하는 경우에는 해당 조사신청을 기각할 수 있다.

- 신청서를 제출한 자가 부과요청을 할 수 있는 자가 아닌 경우
- 보조금 등을 받은 물품의 수입사실과 실질적 피해 등의 사실에 관한 충분한 증빙자료를 제출하지 아니한 경우
- 보조금 등의 금액 또는 보조금 등을 받은 물품의 수입량이 국제협약에서 달리 정하지 아니하는 한 보조금 등의 금액이 해당 물품가격대비 100분의 1 에 미달되거나 실질적 피해 등이 경미하다고 인정되는 경우
- 해당 조사신청에 찬성의사를 표시한 국내생산자들의 생산량합계가 부과요청에 대하여 찬성 또는 반대의사를 표시한 국내생산자들의 동종물품 국내생산량 합계 중 찬성의사를 표시한 국내생산자들의 생산량합계가 100분의 50 이하인 경우와 부과요청에 대하여 찬성의사를 표시한 국내생산자들의 생산량합계가 동종물품 국내총생산량의 100분의 25 미만인 경우
- 조사시작 전에 국내산업에 미치는 나쁜 영향을 제거하기 위한 조치가 취하여지는 등 조사시작이 필요 없게 된 경우

(3) 통지 및 관보게재

무역위원회는 조사시작결정을 한 때에는 그 결정일부터 10일 이내에 조사시작의 결정에 관한 사항을 조사신청자, 해당 물품의 수출국정부 및 수출자 그 밖의 이해관계인에게 통지하고, 관보에 게재하여야 한다.

3) 예비조사

무역위원회는 상계관세의 부과에 관한 사항과 조사시작의 결정에 관한 사항이 관보에 게재된 날부터 3월 이내에 보조금 등을 받은 물품의 수입사실 및 그로 인한 실질적 피해 등의 사실이 있다고 추정되는 충분한 증거가 있는지에 관한 예비조사를 하여 그 결과를 기획재정부장관에게 제출하여야 한다. 기획재정부장관은 예비조사결과가 제출된 날부터 1월 이내에 조

22) 수출국정부 또는 수출자의 수 또는 물품의 수를 수입량의 비율이 큰 순서대로 선정하는 방법 등을 포함한다.

치의 필요여부 및 내용에 관한 사항을 결정하여야 한다. 다만, 필요하다고 인정되는 경우에는 20일의 범위내에서 그 결정기간을 연장할 수 있다.

4) 본조사 시작

무역위원회는 특별한 사유가 없는 한 예비조사결과를 제출한 날의 다음 날부터 본조사를 시작하여야 하며, 본조사시작일부터 3월 이내에 본조사 결과를 기획재정부장관에게 제출하여야 한다.

5) 조사 기간 연장

무역위원회는 조사와 관련하여 조사기간을 연장할 필요가 있거나 이해관계인이 정당한 사유를 제시하여 조사기간의 연장을 요청하는 때에는 2월의 범위내에서 그 조사기간을 연장할 수 있다.

6) 실질적 피해 등의 판정

무역위원회는 실질적 피해 등의 사실을 조사·판정하는 때에는 다음의 사항을 포함한 실질적 증거에 근거하여야 한다.

- 보조금 등을 받은 물품의 수입물량[23)]
- 보조금 등을 받은 물품의 가격[24)]
- 보조금 등의 금액의 정도[25)]
- 국내산업의 생산량 · 가동률 · 재고 · 판매량 · 시장점유율 · 가격[26)] · 이윤 · 생산성 · 투자수익 · 현금수지 · 고용 · 임금 · 성장 · 자본조달 · 투자능력 · 기술개발
- 보조금 등을 받은 물품의 수입물량과 보조금 등의 금액의 정도의 내용이 국내산업에 미치는 실재적 또는 잠재적 영향

실질적 피해 등을 조사·판정하는 경우 실질적 피해 등을 받을 우려가 있는지의 판정은 위의 사항 외에 다음의 사항을 포함한 사실에 근거를 두어야 하며, 보조금 등을 받은 물품으로 인한 피해는 명백히 예견되고 급박한 것이어야 한다.

---

23) 해당 물품의 수입이 절대적으로 또는 국내생산이나 국내소비에 대하여 상대적으로 뚜렷하게 증가되었는지 여부를 포함한다.
24) 국내의 동종물품의 가격과 비교하여 뚜렷하게 하락되었는지 여부를 포함한다.
25) 보조금 등을 받은 물품의 수입가격이 수출국내 정상가격과 비교하여 뚜렷하게 하락되었는지 여부를 포함한다.
26) 가격하락 또는 인상억제의 효과를 포함한다.

- 해당 보조금 등의 성격 및 이로부터 발생할 수 있는 무역효과
- 실질적인 수입증가의 가능성을 나타내는 보조금 등을 받은 물품의 현저한 증가율
- 우리나라에 보조금 등을 받은 물품의 수출을 증가시킬 수 있는 생산능력의 실질적 증가[27]
- 보조금 등을 받은 물품의 가격이 동종물품의 가격을 하락 또는 억제시킬 수 있는지의 여부 및 추가적인 수입수요의 증대가능성
- 보조금 등을 받은 물품의 재고 및 동종물품의 재고상태

무역위원회는 실질적 피해 등의 사실을 조사·판정함에 있어 2 이상의 국가로부터 수입된 물품이 동시에 조사대상물품이 되고 다음에 해당하는 경우에는 그 수입에 따른 피해를 통산하여 평가할 수 있다.

- 보조금 등의 금액 및 보조금 등을 받은 물품의 수입량이 국제협약에서 달리 정하지 아니하는 한 보조금 등의 금액이 해당 물품 가격대비 100분의 1이상인 경우에 해당하는 경우
- 보조금 등을 받은 물품이 상호 경쟁적이고 국내 동종물품과 경쟁적인 경우

7) 이해관계인에 대한 자료협조요청

(1) 자료요청

기획재정부장관 또는 무역위원회는 조사 및 상계관세의 부과여부 등을 결정하기 위하여 필요하다고 인정하는 경우에는 관계행정기관·국내생산자·수출국정부 또는 수출자·수입자 및 이해관계인에게 관계자료의 제출 등 필요한 협조를 요청할 수 있다. 다만, 수출국정부 또는 수출자에게 보조금 등의 지급여부를 조사하기 위한 질의를 하는 경우에는 회신을 위하여 수출국정부 또는 수출자에게 40일 이상의 회신기간을 주어야 한다. 수출국정부 또는 수출자가 사유를 제시하여 동 기한의 연장을 요청할 경우 이에 대하여 적절히 고려하여야 한다.

(2) 상계조치 관련 비밀취급자료

기획재정부장관 또는 무역위원회는 제출된 자료중 성질상 비밀로 취급하는 것이 타당하다고 인정되거나 조사신청자나 이해관계인이 정당한 사유를 제시하여 비밀로 취급하여 줄 것을 요청한 자료에 대하여는 해당 자료를 제출한 자의 명시적인 동의없이 이를 공개하여서는 아니 된다.

---

27) 다른 나라에의 수출가능성을 고려한 것이어야 한다.

비밀로 취급하는 자료는 다음 사항에 관한 자료로서 이들이 공개되는 경우 그 제출자나 이해관계인의 이익이 침해될 우려가 있는 것으로 한다.

- 제조원가
- 공표되지 아니한 회계자료
- 거래선의 성명 · 주소 및 거래량
- 비밀정보의 제공자에 관한 사항
- 그 밖의 비밀로 취급하는 것이 타당하다고 인정되는 자료

(3) 요약자료 제출요구

기획재정부장관 또는 무역위원회는 비밀로 취급하여 줄 것을 요청한 자료를 제출한 자에게 해당 자료의 비밀이 아닌 요약서의 제출을 요구할 수 있다. 이 경우 해당 자료를 제출한 자가 그 요약서를 제출할 수 없는 때에는 그 사유를 기재한 서류를 제출하여야 한다.

(4) 공개 거부

기획재정부장관 또는 무역위원회는 비밀취급요청이 정당하지 아니하다고 인정됨에도 불구하고 자료의 제출자가 정당한 사유없이 자료의 공개를 거부하는 때 또는 비밀이 아닌 요약서의 제출을 거부한 때에는 해당 자료의 정확성이 충분히 입증되지 아니하는 한 해당 자료를 참고하지 아니할 수 있다.

(5) 이용가능한 자료 사용

기획재정부장관 또는 무역위원회는 조사 및 상계관세의 부과여부 등을 결정할 때 이해관계인이 관계자료를 제출하지 아니하거나 무역위원회의 조사를 거부·방해하는 경우 및 그 밖의 사유로 조사 또는 자료의 검증이 곤란한 경우에는 이용 가능한 자료 등을 사용하여 상계관세조치를 할 것인지 여부를 결정할 수 있다.

(6) 목적외 사용

기획재정부장관 및 무역위원회는 상계관세의 부과절차와 관련하여 이해관계인으로부터 취득한 정보·자료 및 인지한 사실을 다른 목적으로 사용할 수 없다.

(7) 자료열람

기획재정부장관 및 무역위원회는 이해관계인이 제출한 관계증빙자료와 제출 또는 통보된 자료중 비밀로 취급되는 것 외의 자료의 열람을 요청하는 경우에는 특별한 사유가 없는 한 이에 응하여야 한다. 이 경우 이해관계인의 자료열람요청은 그 사유 및 자료목록을 기재한 서면으로 하여야 한다.

(8) 공청회

기획재정부장관 또는 무역위원회는 필요하다고 인정하거나 이해관계인의 요청이 있는 경우에는 이해관계인으로 하여금 공청회 등을 통하여 의견을 진술할 기회를 주거나 상반된 이해관계인과 협의할 수 있는 기회를 줄 수 있다.

7) 무역위원회의 조치 건의

무역위원회는 조사결과 제출시 필요하다고 인정되는 때에는 기획재정부장관에게 ① 잠정조치, ② 상계관세부과, ③ 약속의 제의를 건의할 수 있다.

8) 상계관세 부과

(1) 부과조치 기한

기획재정부장관은 본조사 결과가 접수된 날부터 1월 이내에 상계관세의 부과여부 및 내용을 결정하여 상계관세의 부과조치를 하여야 한다. 다만, 필요하다고 인정되는 경우에는 20일의 범위내에서 그 기간을 연장할 수 있다. 기획재정부장관은 조사시작결정에 관한 관보게재일부터 1년 이내에 상계관세의 부과조치를 하여야 한다. 다만, 특별한 사유가 있다고 인정되는 때에는 관보게재일부터 18월 이내에 상계관세의 부과조치를 할 수 있다. 기획재정부장관은 상계관세를 부과할 때 관련 산업의 경쟁력 향상, 물가안정, 통상협력 등을 고려할 필요가 있는 경우에는 이를 조사하여 반영할 수 있다.

(2) 부과방법과 보조금율 산정

상계관세는 수출자 또는 수출국별로 상계관세율을 정하여 부과할 수 있다. 상계관세를 부과하는 경우 상계관세는 다음의 산식에 의하여 산정된 보조금률의 범위에서 결정한 율을 과세가격에 곱하여 산출한다.

$$보조금률 = \frac{보조금등의금액}{과세가격} \times 100$$

다만, 정당한 사유없이 자료를 제출하지 아니하거나 해당 자료의 공개를 거부하는 경우 및 그 밖의 사유로 조사 또는 자료의 검증이 곤란한 수출자에 대하여는 단일 상계관세율을 정하여 부과할 수 있다.

(3) 조사대상으로 선정되지 아니한 수출자

조사대상으로 선정되지 아니한 수출자에 대하여는 조사대상으로 선정된 수출자의 상계관세율을 가중평균한 상계관세율에 따라 상계관세를 부과한다. 다만, 조사대상기간중에 수출을 한 자로서 조사대상으로 선정되지 아니한 자중 자료를 제출한 자에 대하여는 단일 상계관세율을 정하여 부과할 수 있다.

가중평균 상계관세율을 산정함에 있어서 보조금 등을 받는 수출자가 다수인 때에는 수출자별 수출량에 따라 가중치를 둘 수 있다. 이 경우 보조금 등의 금액이 과세가격의 100분의 1 미만인 수출자를 상계관세율 산정대상에서 제외할 수 있다. 기획재정부장관은 신규수출자에 대하여 조사를 조속히 행하여야 한다. 이 경우 실질적 피해 등의 조사는 수출국에 대한 실질적 피해 등의 조사로 갈음할 수 있다.

(4) 특수관계자에 대한 상계관세 부과

수출국을 지정하여 상계관세를 부과하는 경우 조사대상기간이후에 수출하는 해당 수출국의 신규수출자가 상계관세가 부과되는 수출자와 특수관계가 있는 경우에는 그 수출자에 대한 상계관세율을 적용하여 상계관세를 부과한다. 다만, 신규수출자가 특수관계가 없다고 증명하는 때에는 조사를 통하여 별도의 상계관세율을 정하여 부과할 수 있다. 이 경우 기존 조사대상자에 대한 조사방법·조사절차 등을 달리할 수 있다. 기획재정부장관은 신규수출자에 대하여 조사를 조속히 행하여야 한다. 이 경우 실질적 피해 등의 조사는 수출국에 대한 실질적 피해 등의 조사로 갈음할 수 있다.

(5) 상계관세의 부과시기

상계관세의 부과와 잠정조치는 각각의 조치일 이후 수입되는 물품에 대하여 적용된다.

(6) 상계관세의 소급부과

잠정조치가 적용된 물품에 대하여 국제협약에서 달리 정하고 있는 경우 그 밖의 다음의 경우에는 그 물품에 대하여도 상계관세를 부과할 수 있다.

- 실질적 피해 등이 있다고 최종판정이 내려진 경우 또는 실질적 피해 등의 우려가 있다는 최종판정이 내려졌으나 잠정조치가 없었다면 실질적 피해 등이 있다는 최종판정이 내려졌을 것으로 인정되는 경우에는 잠정조치가 적용된 기간 동안 수입된 물품
- 비교적 단기간 내에 대량 수입되어 발생되는 실질적 피해 등의 재발을 방지하기 위하여 상계관세를 소급하여 부과할 필요가 있는 경우로서 해당 물품이 과거에 보조금 등을 받아 수입되어 실질적 피해 등을 입힌 사실이 있었던 경우 또는 수입자가 보조금 등을 받은 물품의 수입사실과 그로 인한 실질적 피해 등의 사실을 알았거나 알 수 있었을 경우에는 잠정조치를 적용한 날부터 90일전 이후에 수입된 물품
- 약속을 위반하여 잠정조치가 적용된 물품의 수입으로 인한 실질적 피해 등의 사실이 인정되는 때에는 잠정조치를 적용한 날부터 90일전 이후에 수입된 물품. 이 경우 약속위반일 이전에 수입된 물품을 제외한다.
- 그 밖의 국제협약에서 정하는 바에 따라 기획재정부장관이 정하는 기간에 수입된 물품

국내산업에 이해관계가 있는 자는 본조사의 결과에 따라 최종판정의 통지를 받은 날부터 7일 이내에 해당 물품이 위에 해당된다는 증거를 제출하여 상계관세의 부과를 요청할 수 있다.

(7) 잠정상계관세액 등의 정산

잠정조치가 적용된 기간중에 수입된 물품에 대하여 부과하는 상계관세액이 잠정상계관세액과 같거나 많은 때에는 그 잠정상계관세액을 상계관세액으로 하여 그 차액을 징수하지 아니하며, 적은 때에는 그 차액에 상당하는 잠정상계관세액을 환급하여야 한다.

약속이 본조사의 결과에 따라 보조금 등의 지급과 그로 인한 실질적 피해 등의 사실이 있는 것으로 판정이 내려진 후에 수락된 경우로서 조사된 최종상계관세율이 잠정상계관세율과 같거나 큰 경우에는 그 차액을 징수하지 아니하며, 작은 경우에는 그 차액에 상당하는 잠정상계관세액을 환급하여야 한다.

(8) 본조사 종결

무역위원회는 예비조사에 따른 보조금 등의 금액 또는 보조금 등을 받은 물품의 수입량이 국제협약에서 달리 정하지 아니하는 한 보조금 등의 금액이 해당 물품 가격대비 100분의 1 미달하거나 실질적 피해 등이 경미한 것으로 인정되는 때에는 본조사를 종결하여야 한다.

5. 상계관세를 부과하기 전의 잠정조치

1) 잠정조치 사유

기획재정부장관은 상계관세의 부과여부를 결정하기 위하여 조사가 시작된 물품이 보조금 등을 받아 수입되어 국내산업에 실질적 피해 등이 발생한 사실이 있다고 추정되는 충분한 증거가 있음이 확인되는 경우와 약속을 철회하거나 위반한 경우와 해당 약속의 이행에 관한 자료를 제출하지 아니한 경우로서 이용가능한 최선의 정보가 있는 경우에는 국내산업의 보호를 위하여 조사가 종결되기 전이라도 그 물품의 수출자 또는 수출국 및 기간을 정하여 보조금 등의 추정액에 상당하는 금액 이하의 잠정상계관세의 부과를 명하거나 담보의 제공을 명하는 조치(잠정조치)를 할 수 있다. 제공되는 담보는 금전, 국가 또는 지방자치단체가 발행한 채권 및 증권, 은행지급보증서, 한국증권거래소에 상장되어 있는 증권중 특별법의 규정에 따라 설립된 법인이 발행한 채권으로서 관세청장이 지정하는 채권과 한국증권거래소에 상장된 채권 및 주권[28)]에 해당하는 것으로서 잠정상계관세액에 상당하는 금액이어야 한다.

2) 적용시기

잠정조치는 예비조사결과 보조금 등의 지급과 그로 인한 실질적 피해 등의 사실이 있다고 추정되는 충분한 증거가 있다고 판정된 경우로서 해당 조사의 시작후 최소한 60일이 경과된 후부터 적용할 수 있다.

3) 관세환급 및 담보해제

잠정조치가 취하여진 물품에 대하여 상계관세의 부과요청이 철회되어 조사가 종결되거나 상계관세의 부과여부가 결정된 경우 또는 약속이 수락된 경우에는 납부된 잠정상계관세를 환급하거나 제공된 담보를 해제하여야 한다.

28) 다만, 관세청장이 정하는 채권 및 주권을 제외한다.

다만, 약속이 보조금 등의 지급과 그로 인한 산업피해에 대한 조사결과 해당 물품에 대한 보조금 등의 지급과 그로 인한 실질적 피해 등의 사실이 있다고 판정된 이후에 수락된 경우나 상계관세를 소급하여 부과하는 경우 상계관세액이 잠정상계관세액을 초과할 때에는 그 차액을 징수하지 아니하고, 상계관세액이 잠정상계관세액에 미달될 때에는 그 차액을 환급하여야 한다.

6. 상계관세와 관련된 약속의 제의

1) 보조금 등의 철폐 또는 삭감, 가격수정 등의 약속제의

상계관세의 부과여부를 결정하기 위한 예비조사결과 보조금 등의 지급과 그로 인한 실질적 피해 등의 사실이 있는 것으로 판정된 경우 해당 물품의 수출국정부 또는 기획재정부장관은 해당 물품에 대한 보조금 등을 철폐 또는 삭감하거나 보조금 등의 국내산업에 대한 피해효과를 제거하기 위한 적절한 조치에 관한 약속을 제의할 수 있으며, 해당 물품의 수출자는 수출국정부의 동의를 얻어 보조금 등의 국내산업에 대한 피해효과가 제거될 수 있을 정도로 가격을 수정하겠다는 약속을 제의할 수 있다.

(1) 수출자의 제의

수출자가 기획재정부장관에게 약속을 제의하는 경우 다음 사항이 포함되어야 한다.

- 수출자가 수출가격을 실질적 피해 등이 제거될 수 있는 수준으로 인상한다는 내용
- 약속 수락전까지 계약되거나 선적되는 물품에 관한 내용
- 형식 · 모양 · 명칭 등의 변경이나 저급품의 판매 등의 방법으로 약속의 이행을 회피하는 행위를 하지 아니하겠다는 내용
- 제3국이나 제3자를 통한 판매 등의 방법으로 사실상 약속을 위반하지 아니하겠다는 내용
- 수출국 안에서의 판매물량 및 판매가격과 우리나라로의 수출물량 및 수출가격에 대하여 기획재정부장관에게 정기적으로 보고하겠다는 내용
- 관련자료에 대한 검증을 허용하겠다는 내용
- 그 밖의 상황변동의 경우 기재부장관의 요구에 대하여 재협의할 수 있다는 내용

(2) 기획재정부장관의 제의

기획재정부장관은 필요하다고 인정되는 때에는 약속을 수출국정부 또

는 수출자를 지정하여 제의할 수 있다. 기획재정부장관으로부터 약속을 제의받은 수출자는 1월 이내에 수락여부를 통보하여야 한다.

2) 약속 절차

(1) 서류제출

상계관세의 부과여부를 결정하기 위한 조사가 시작된 물품의 수출국 정부 또는 수출자가 약속을 제의하거나 피해조사를 계속하여 줄 것을 요청하려는 때에는 본조사의 결과에 따른 최종판정이 있기 전에 서면으로 그 뜻을 무역위원회에 제출하여야 한다. 이 경우 무역위원회는 제출된 서류의 원본을 지체없이 기획재정부장관에게 송부하여야 한다.

(2) 약속 수락

기획재정부장관은 제의한 약속이 다음에 해당하는 것인 때에는 약속을 수락할 수 있다.

- 즉시로 가격을 수정하는 약속인 경우
- 약속일부터 6월 이내에 보조금 등을 철폐 또는 삭감하는 약속인 경우
- 약속일부터 6월 이내에 보조금 등의 국내산업에 대한 피해효과를 제거하기 위한 적절한 조치에 관한 약속인 경우

기획재정부장관은 약속을 수락하기 전에 무역위원회·관계행정기관의 장 및 이해관계인의 의견을 물을 수 있다. 기획재정부장관은 약속의 이행을 확보하는 것이 곤란하다고 인정되는 경우로서 다음에 해당하는 경우에는 약속을 수락하지 아니할 수 있다.

- 다수의 수출자를 대리하여 약속을 제의한 자가 그 다수의 수출자간에 완전한 합의가 이루어졌음을 입증하지 못하는 경우
- 약속 이행여부에 대한 적절한 확인 · 조사를 곤란하게 하는 조건이 있는 경우
- 과거에 약속을 위반하였던 사실이 있는 등 약속을 수락할 수 없다고 인정되는 합리적인 사유가 있는 경우

(3) 수락 조건

기획재정부장관은 예비조사결과 보조금 등의 지급과 그로 인한 실질적 피해 등의 사실이 있다고 추정되는 충분한 증거가 있다고 판정하기 전에는 약속의 수락이나 약속의 제의를 할 수 없다.

3) 약속제의의 효과

약속이 수락된 경우 기획재정부장관은 잠정조치 또는 상계관세의 부과 없이 조사가 중지 또는 종결되도록 하여야 한다.

4) 약속 불이행

수출국정부 또는 수출자가 수락된 약속을 이행하지 아니한 경우 기획재정부장관은 이용 가능한 최선의 정보에 따라 잠정조치를 실시하는 등 상계관세부과를 위한 신속한 조치를 취할 수 있다.

5) 약속의 실효

기획재정부장관이 필요하다고 인정하거나 수출국정부가 피해조사를 계속하여 줄 것을 요청한 경우에는 약속이 수락된 경우에도 조사를 계속할 수 있다. 기획재정부장관은 조사를 계속한 결과 실질적 피해 등의 사실이 없거나 보조금 등의 금액이 없는 것으로 확인된 경우에는 해당 약속의 효력은 실효된 것으로 본다. 다만, 실질적 피해 등의 사실이 없거나 보조금 등의 금액이 없는 원인이 약속으로 인한 것으로 판단되는 때에는 기획재정부장관은 적정한 기간을 정하여 약속을 계속 이행하게 할 수 있으며, 수출국정부 또는 수출자가 그 약속의 이행을 거부하는 때에는 이용가능한 최선의 정보에 따라 잠정조치를 실시하는 등 상계관세부과를 위한 신속한 조치를 취할 수 있다.

7. 상계관세에 대한 재심사

기획재정부장관은 필요하다고 인정되는 때에는 상계관세의 부과와 약속에 대하여 재심사를 할 수 있으며, 재심사의 결과에 따라 상계관세의 부과, 약속 내용의 변경, 환급 등 필요한 조치를 할 수 있다.

1) 재심사

(1) 이해관계인의 요청과 결정

기획재정부장관은 필요하다고 인정되거나 이해관계인이나 해당 산업을 관장하는 주무부장관이 다음에 해당한다는 증빙자료를 첨부하여 요청하는 때에는 상계관세가 부과되고 있거나 약속이 시행되고 있는 물품에 대하여 재심사여부를 결정하여야 한다.

- 상계관세 또는 약속의 시행이후 그 조치의 내용변경이 필요하다고 인정할 만한 충분한 상황변동이 발생한 경우
- 상계관세 또는 약속의 종료로 인하여 국내산업이 피해를 입을 우려가 있는 경우
- 실제 보조금 등의 금액보다 상계관세액이 과다하게 납부된 경우

재심사를 요청할 수 있는 이해관계인은 다음과 같다.

- 동종물품의 국내생산자 또는 그 단체
- 해당 상계조치대상 물품의 수출국정부 또는 수출자와 수입자 또는 그 단체
- 그 밖의 이해관계가 있다고 기획재정부장관이 인정하는 자

재심사의 요청은 상계관세 또는 약속의 시행일부터 1년이 경과된 날 이후에 할 수 있으며, 상계관세 또는 약속의 효력이 상실되는 날 6월 이전에 요청하여야 한다. 이 경우 기획재정부장관은 재심사를 요청받은 날부터 2월 이내에 재심사의 필요 여부를 결정하여야 한다.

(2) 직권 재심사

기획재정부장관은 필요하다고 인정되거나 이해관계인이나 해당 산업을 관장하는 주무부장관이 요청하여 재심사를 하는 경우 외에 부과중인 상계관세율 및 시행중인 약속의 적정성 여부에 관한 재심사를 할 수 있으며, 이를 위하여 상계관세 또는 약속의 내용[29]에 관하여 매년 그 시행일이 속하는 달에 보조금 등을 받은 물품의 수입가격에 대한 재검토를 하여야 한다.

(3) 협의

기획재정부장관은 재심사의 필요 여부를 결정하는 때에는 관계 행정기관의 장 및 무역위원회와 협의할 수 있으며, 재심사가 필요한 것으로 결정된 때에는 무역위원회는 이를 조사하여야 한다. 이 경우 무역위원회는 해당 재심사의 사유가 되는 부분에 한정하여 조사할 수 있다.

(4) 조사종결과 기간 연장

무역위원회는 재심사시작일부터 6월 이내에 조사를 종결하여 그 결과를 기획재정부장관에게 제출하여야 한다. 다만, 무역위원회는 조사기간을 연장할 필요가 있거나 이해관계인이 정당한 사유를 제시하여 조사기간의 연장을 요청하는 때에는 4월의 범위내에서 그 조사기간을 연장할 수 있다.

---

29) 재심사에 따라 변경된 내용을 포함한다.

상계관세 또는 약속의 종료로 인하여 국내산업이 피해를 입을 우려가 있어 재심사를 하는 경우 재심사기간중에 해당 상계관세조치의 적용시한이 종료되는 때에도 그 재심사기간중 해당 조치의 효력은 계속된다.

(5) 약속 수정요구 및 상계관세 조치

기획재정부장관은 재심사결과 약속의 실효성이 상실되거나 상실될 우려가 있다고 판단되는 때에는 해당 약속을 이행하고 있는 수출국정부 또는 수출자에게 약속의 수정을 요구할 수 있으며, 해당 수출국정부 또는 수출자가 약속의 수정을 거부하는 때에는 이용가능한 정보에 따라 상계관세조치를 할 수 있다.

(6) 보고

기획재정부장관은 재심사를 위하여 관세청장으로 하여금 다음 사항을 조사하여 보고하게 할 수 있다.

- 상계조치 물품의 수입 및 징수실적
- 약속업체의 약속 준수여부
- 그 밖의 상계조치의 재심사에 필요한 사항

8. 상계관세 및 약속수락의 적용시한

상계관세의 부과나 수락된 약속은 기획재정부령으로 그 적용시한을 따로 정하는 경우를 제외하고는 해당 상계관세 또는 약속의 시행일부터 5년이 지나면 그 효력을 잃으며, 제1항의 규정에 따라 보조금 등의 지급과 산업피해를 재심사하고 그 결과에 따라 내용을 변경하는 때에는 기획재정부령으로 그 적용시한을 따로 정하는 경우를 제외하고는 변경된 내용의 시행일부터 5년이 지나면 그 효력을 잃는다.

9. 이해관계인에 대한 통지 · 공고

기획재정부장관은 다음에 해당하는 때에는 그 내용을 관보에 게재하고, 이해관계인에게 서면으로 통지하여야 한다.

- 조치를 결정하거나 해당 조치를 하지 아니하기로 결정한 때
- 약속을 수락하여 조사를 중지 또는 종결하거나 조사를 계속하는 때
- 재심사를 시작하거나 재심사결과 상계관세조치의 내용을 변경한 때

- 상계관세조치의 효력이 연장되는 때

기획재정부장관 또는 무역위원회는 다음에 해당되는 때에는 그 내용을 이해관계인에게 통지하여야 한다.

- 조사신청이 기각되거나 조사가 종결된 때
- 예비조사의 결과에 따라 예비판정을 한 때
- 본조사의 결과에 따라 최종판정을 한 때
- 조사기간을 연장한 때
- 특별한 사유가 있어 부과조치 기간을 연장한 때
- 상계관세의 부과요청이 철회되어 조사의 시작여부에 관한 결정이 중지되거나 조사가 종결된 때
- 기획재정부장관이 약속을 제의한 때

기획재정부장관 또는 무역위원회는 조사과정에서 조사와 관련된 이해관계인의 서면요청이 있는 경우에는 조사의 진행상황을 통지하여야 한다.

3 보복관세

1. 보복관세의 부과대상

교역상대국이 우리나라의 수출물품 등에 대하여 관세 또는 무역에 관한 국제협정이나 양자간의 협정 등에 규정된 우리나라의 권익을 부인하거나 제한하는 경우와 그 밖의 우리나라에 대하여 부당 또는 차별적인 조치를 취하는 행위를 함으로써 우리나라의 무역이익이 침해되는 때에는 그 나라로부터 수입되는 물품에 대하여 피해상당액의 범위에서 관세(보복관세)를 부과할 수 있다.

2. 부과 요청

관계부처의 장 또는 이해관계인이 보복관세의 부과를 요청하려는 때에는 해당 물품에 대한 다음의 사항에 관한 자료를 기획재정부장관에게 제출하여야 한다.

- 행위를 한 나라 및 그 행위의 내용
- 우리나라에서 보복조치를 할 물품
- 피해상당액의 금액과 그 산출내역 및 관세부과의 내용

기획재정부장관은 보복관세의 적용에 관하여 필요한 사항을 조사하기 위하여 필요하다고 인정되는 때에는 관계기관·수출자·수입자 그 밖의 이해관계인에게 관계자료의 제출 그 밖의 필요한 협조를 요청할 수 있다

3. 보복관세의 부과에 관한 협의

기획재정부장관은 보복관세를 부과할 때 필요하다고 인정되는 때에는 관련국제기구 또는 당사국과 미리 협의할 수 있다.

제2절 공정무역으로 인한 산업피해 구제

1 긴급관세

1. 의의

WTO의 긴급수입제한조치협정에 따라 특정물품의 수입급증으로 인한 국내 경쟁산업의 피해 구제가 목적이다. 발동기준이 엄격하고 이해관계국과 사전에 보상을 협의할 수 있다.

2. 검토사항

특정물품의 수입증가로 인하여 동종 물품 또는 직접적인 경쟁관계에 있는 물품을 생산하는 국내산업(국내산업)이 심각한 피해를 받거나 받을 우려(심각한 피해 등)가 있음이 조사를 통하여 확인되고 해당 국내산업을 보호할 필요가 있다고 인정되는 때에는 해당 물품에 대하여 심각한 피해 등을 방지하거나 치유하고 조정을 촉진(피해의 구제 등)하기 위하여 필요한 범위에서 관세(긴급관세)를 추가하여 부과할 수 있다. 긴급관세의 부과여부 및 그 내용은 무역위원회의 부과건의가 접수된 날부터 1월 이내에 결정하여야 한다. 다만, 주요 이해당사국과 긴급관세의 부과에 관한 협의 등을 하기 위하여 소요된 기간은 이에 포함되지 아니한다.

3. 부과결정

긴급관세는 해당 국내산업의 보호 필요성·국제통상관계·긴급관세 부과에 따른 보상 수준 및 국민경제 전반에 미치는 영향 등을 검토하여 부과여부 및 그 내용을 결정한다.

4. 보상 협의

기획재정부장관은 긴급관세를 부과하는 때에는 이해당사국과 긴급관세부과의 부정적 효과에 대한 적절한 무역보상방법에 관한 협의를 할 수 있다.

5. 적용대상 물품

긴급관세의 부과와 잠정긴급관세의 부과는 각각의 부과조치결정 시행일

이후 수입되는 물품에 한하여 적용한다.

6. 잠정긴급관세의 부과 등

1) 부과

긴급관세의 부과여부를 결정하기 위한 조사가 시작된 물품 또는 「불공정무역행위 조사 및 산업피해구제에 관한 법률」에 따라 잠정조치가 건의된 물품에 대하여 조사기간중에 발생하는 심각한 피해 등을 방지하지 아니하는 경우 회복하기 어려운 피해가 초래되거나 초래될 우려가 있다고 판단되는 때에는 조사가 종결되기 전에 피해의 구제 등을 위하여 필요한 범위에서 잠정긴급관세를 추가하여 부과할 수 있다.

잠정긴급관세의 부과여부 및 그 내용은 무역위원회의 부과건의가 접수된 날부터 1월 이내에 검토사항을 고려하여 결정하여야 한다. 다만, 기획재정부장관은 필요하다고 인정하는 경우에는 20일의 범위내에서 그 결정기간을 연장할 수 있다.

2) 중단

긴급관세의 부과 또는 수입수량제한 등의 조치여부를 결정한 때에는 잠정긴급관세의 부과를 중단한다.

3) 환급

잠정긴급관세가 적용중인 특정수입물품에 긴급관세를 부과하기로 결정한 경우로서 긴급관세액이 잠정긴급관세액과 같거나 많은 경우에는 그 잠정긴급관세액을 긴급관세액으로 하여 그 차액을 징수하지 아니하고, 적은 경우에는 그 차액에 상당하는 잠정긴급관세액을 환급하는 조치를 하여야 한다.

긴급관세의 부과 또는 수입수량제한 등의 조치여부를 결정하기 위한 조사결과 수입증가가 국내산업에 심각한 피해를 초래하거나 초래할 우려가 있다고 판단되지 아니하는 때에는 납부한 잠정긴급관세를 환급하여야 한다. 무역위원회가 국내산업의 피해가 없다고 판정하고 이를 기획재정부장관에게 통보한 때에는 그 피해와 관련하여 납부된 잠정긴급관세액을 환급하는 조치를 하여야 한다.

7. 부과기간

긴급관세의 부과기간은 4년을 초과할 수 없으며, 잠정긴급관세는 200일을

초과하여 부과할 수 없다. 다만, 재심사의 결과에 따라 부과기간을 연장하는 때에는 잠정긴급관세의 부과기간, 긴급관세의 부과기간과 「대외무역법」에 따른 수입수량제한 등(수입수량제한 등)의 적용기간 및 그 연장기간을 포함한 총 적용기간은 8년을 초과할 수 없다.

8. 자료제출

기획재정부장관은 긴급관세 또는 잠정긴급관세의 부과여부를 결정하기 위하여 필요하다고 인정되는 때에는 관계행정기관의 장 및 이해관계인 등에게 관련자료의 제출 등 필요한 협조를 요청할 수 있다. 제출된 자료중 자료를 제출하는 자가 정당한 사유를 제시하여 비밀로 취급하여 줄 것을 요청한 자료에 대하여는 해당 자료를 제출한 자의 명시적인 동의없이는 이를 공개하여서는 아니 된다.

9. 긴급관세에 대한 재심사

기획재정부장관은 필요하다고 인정되는 때에는 긴급관세의 부과결정에 대하여 재심사를 할 수 있으며, 재심사결과에 따라 부과내용을 변경할 수 있다. 이 경우 변경된 내용은 최초의 조치내용보다 더 강화되어서는 아니 된다. 기획재정부장관은 부과중인 긴급관세에 대하여 무역위원회가 그 내용의 완화·해제 또는 연장 등을 건의하는 때에는 그 건의가 접수된 날부터 1월 이내에 재심사를 하여 긴급관세부과의 완화·해제 또는 연장 등의 조치여부를 결정하여야 한다. 다만, 기획재정부장관은 필요하다고 인정되는 때에는 20일의 범위내에서 그 결정기간을 연장할 수 있다.

2 특정국물품 긴급관세

1. 의의

중국이 WTO의 가입조건으로 자국에 대하여 한시적 긴급수입제한조치를 취하는 것을 허용함에 따라 특정국물품긴급관세가 적용되는 국가를 중국으로 정하고 현행 긴급관세의 부과절차를 준용하도록 하고 있다. 특정국물품긴급관세를 부과하는 때에는 이해당사국과 해결책을 모색하기 위하여 사전협의를 할 수 있다.

2. 요건

국제조약 또는 일반적인 국제법규에 따라 허용되는 한도 안에서 중화인민공화국(홍콩 및 마카오 제외) 국가를 원산지로 하는 물품(특정국물품)이 해당 물품의 수입증가가 국내시장의 교란 또는 교란우려의 중대한 원인이 되는 경우와 세계무역기구 회원국이 해당 물품의 수입증가에 대하여 자국의 피해를 구제하거나 방지하기 위하여 취한 조치로 인하여 중대한 무역전환이 발생하여 해당 물품이 우리나라로 수입되거나 수입될 우려가 있다고 조사를 통하여 확인된 때에는 피해를 구제하거나 방지하기 위하여 필요한 범위에서 관세(특정국물품긴급관세)를 추가하여 부과할 수 있다.

“국내시장의 교란 또는 교란우려”라 함은 특정국물품의 수입증가로 인하여 동종 물품 또는 직접적인 경쟁관계에 있는 물품을 생산하는 국내산업이 실질적 피해를 받거나 받을 우려가 있는 경우를 말한다.

3. 협의

기획재정부장관은 특정국물품긴급관세를 부과하는 때에는 이해당사국과 해결책을 모색하기 위하여 사전협의를 할 수 있다.

4. 특정국물품잠정긴급관세

특정국물품긴급관세의 부과여부를 결정하기 위한 조사가 시작된 물품에 대하여 조사기간중에 발생하는 국내시장의 교란을 방지하지 아니하는 경우 회복하기 어려운 피해가 초래되거나 초래될 우려가 있다고 판단되는 때에는 조사가 종결되기 전에 피해를 구제하거나 방지하기 위하여 필요한 범위에서 특정국물품에 대한 잠정긴급관세(특정국물품잠정긴급관세)를 200일의 범위에서 부과할 수 있다. 특정국물품긴급관세의 부과여부를 결정하기 위한 조사결과 국내시장의 교란 또는 교란우려가 있다고 판단되지 아니하는 때에는 납부된 특정국물품잠정긴급관세를 환급하여야 한다.

5. 부과 중지

특정국물품긴급관세 부과의 원인이 된 세계무역기구회원국의 조치가 종료된 때에는 그 종료일부터 30일 이내에 특정국물품긴급관세 부과를 중지하여야 한다.

6. 적용시한

중화인민공화국을 원산지로 하는 물품에 부과되는 특정국물품긴급관세는 2013년 12월 10일까지 수입신고되는 물품에 한하여 적용한다.

3 농림축산물에 대한 특별긴급관세

1. 의의

WTO협정 이행에 따라 관세화[30] 대상품목의 수입이 급증하거나 세계시장 가격이 기준가격이하로 하락할 경우 추가 관세를 부과할 수 있도록 한 특별긴급구제조치(SSG: Special Safeguards)가 있다. 특별긴급 구제조치는 긴급수입제한조치(Safeguard)와는 달리 일정한 기준을 충족할 경우 피해유무에 따른 보상방법을 협의할 필요가 없다. 농림축산물에 대한 특별긴급관세 적용물품은 우리나라가 관세화로 관세상당치로 양허한 111개 품목중 농림부에서 요청한 45개 품목(메밀, 대두, 고구마 등)으로 관세양허표상에 SSG로 표시된다.

2. 요건 및 부과

국내외의 가격차에 상당한 율로 양허한 농림축산물의 수입물량이 급증하거나 수입가격이 하락하는 때에는 양허한 세율을 초과하여 관세(특별긴급관세)를 부과할 수 있다.[31]

---

30) 농산물 수입개방과 관련하여 농산물에 대한 수량제한 등 모든 비관세조치를 없애고, 국내가격과 국제가격의 차액을 관세상당치(Tariff Equivalent : TE)로 전환하여 고율의 관세를 부과하면서 시장을 개방하는 것을 말한다.

31) 통칙 68-0-1(농림축산물에 대한 양허세율 적용)①국내외의 가격차에 상당한 율로 양허한 농림축산물 중 시장접근 물량 이내로서 관련기관의 추천을 받은 추천서를 수입신고가 수리되기 전까지 세관에 제출한 경우에는 시장접근물량 세율(W1)을 적용하고, 시장접근물량을 초과하거나 수입신고가 수리되기 전까지 관련기관의 추천서를 세관에 제출하지 않은 경우에는 시장접근 물량 초과세율(W2)을 적용한다.
② 물량기준 특별긴급관세 부과대상 물품 중 기준발동물량을 초과하는 물품이 발생하는 경우, 관세청장은 기준발동물량 초과 사실을 관보 또는 일간신문 등에 게재하고 각 세관장에게 통보하며, 이때부터 물량기준 특별긴급관세(T1)가 적용된다.
③ 가격기준 특별긴급관세 부과대상물품중 시장접근물량에 대한 추천서 없이 수입된물량의 수입가격이 기준가격보다 10% 이상 낮은 가격으로 수입신고되는 경우 가격기준 특별긴급관세(T2)가 적용된다.

1) 요건

특별긴급관세를 부과할 수 있는 경우는 ① 해당 연도 수입량이 기준발동물량을 초과할 경우와 ② 원화로 환산한 운임 및 보험료를 포함한 해당 물품의 수입가격(수입가격)이 1988년부터 1990년까지의 평균수입가격(기준가격)의 100분의 10을 초과하여 하락하는 경우이다. 다만, 모두에 해당하는 경우에는 기획재정부령이 정하는 바에 따라 그중 하나를 선택하여 적용할 수 있다.

2) 기준발동물량

기준발동물량은 자료입수가 가능한 최근 3년간의 평균수입량에 다음 각 호의 구분에 의한 계수(기준발동계수)를 곱한 것과 자료입수가 가능한 최근 연도의 해당 품목 국내소비량의 그 전년도대비 변화량을 합한 물량(기준발동물량)으로 한다. 다만, 기준발동물량이 최근 3년간 평균수입량의 100분의 105미만인 경우에는 기준발동물량을 최근 3년간 평균수입량의 100분의 105로 한다.

- 자료입수가 가능한 최근 3년 동안의 해당 물품 국내소비량에 대한 수입량 비율(이하 "시장점유율"이라 한다)이 100분의 10 이하인 때 : 100분의 125
- 시장점유율이 100분의 10초과 100분의 30이하인 때 : 100분의 110
- 시장점유율이 100분의 30을 초과할 때 : 100분의 105
- 시장점유율을 산정할 수 없는 때 : 100분의 125

부패하기 쉽거나 계절성이 있는 물품에 대하여는 기준발동물량을 산정함에 있어서는 3년보다 짧은 기간을 적용하거나 기준가격을 산정시 다른 기간 동안의 가격을 적용하는 등 해당 물품의 특성을 고려할 수 있다.

3) 기준발동물량을 초과할 경우의 세율

기준발동물량을 초과할 경우 부과하는 특별긴급관세는 국내외의 가격차에 상당한 율인 해당 양허세율에 그 양허세율의 3분의 1까지를 추가한 세율로 부과할 수 있으며 해당 연도 말까지 수입되는 분에 대하여서만 이를 적용한다.

4) 물품의 수입가격이 평균수입가격(기준가격)의 100분의 10을 초과하여 하락하는 경우의 세율

이 경우 부과하는 특별긴급관세는 국내외의 가격차에 상당한 율인 해당 양허세율에 의한 관세에 다음의 구분에 의한 금액을 추가하여 부과할 수 있다. 다만, 수입량이 감소하는 때에는 기획재정부령이 정하는 바에 따라 동호의 규정에 따른 특별긴급관세는 이를 부과하지 아니할 수 있다.

- 기준가격과 대비한 수입가격하락률이 100분의 10 초과 100분의 40 이하인 때 : 기준가격의 100분의 10을 초과한 금액의 100분의 30
- 기준가격과 대비한 수입가격하락률이 100분의 40 초과 100분의 60 이하인 때 : (기준가격의 100분의 10 초과 100분의 40까지의 금액의 100분의 30) + (기준가격의 100분의 40을 초과한 금액의 100분의 50)
- 기준가격과 대비한 수입가격하락률이 100분의 60 초과 100분의 75 이하인 때 : (기준가격의 100분의 10 초과 100분의 40까지 금액의 100분의 30) + (기준가격의 100분의 40 초과 100분의 60까지 금액의 100분의 50)+(기준가격의 100분의 60을 초과한 금액의 100분의 70)
- 기준가격과 대비한 수입가격하락률이 100분의 75를 초과한 때 : (기준가격의 100분의 10초과 100분의 40까지 금액의 100분의 30)+(기준가격의 100분의 40초과 100분의 60까지 금액의 100분의 50)+(기준가격의 100분의 60초과 100분의 75까지 금액의 100분의 70)+(기준가격의 100분의 75를 초과한 금액의 100분의 90)

5) 제외

국제기구와 관세에 관한 협상에서 양허된 시장접근물량으로 수입되는 물품은 특별긴급관세 부과대상에서 제외한다. 다만, 그 물품은 특별긴급관세의 부과를 위하여 수입량을 산정하는 때에는 이를 산입한다. 특별긴급관세가 부과되기 전에 계약이 체결되어 운송중에 있는 물품은 특별긴급관세 부과대상에서 제외한다. 다만, 해당 물품은 다음 해에 특별긴급관세를 부과하기 위하여 필요한 수입량에는 산입할 수 있다.

6) 조치 요청

관계부처의 장 또는 이해관계인이 조치를 요청하려는 때에는 해당 물품과 관련된 다음 각호의 사항에 관한 자료를 기획재정부장관에게 제출하여야 한다.

- 해당 물품의 관세율표 번호 · 품명 · 규격 · 용도 및 대체물품
- 해당 물품의 최근 3년간 연도별 국내소비량 · 수입량 및 1988년부터 1990년까

지의 평균수입가격
- 인상하여야 하는 세율, 인상이유, 적용기간 및 그 밖의 참고사항

기획재정부장관은 특별긴급관세의 적용에 관하여 필요한 사항을 조사하기 위하여 필요하다고 인정되는 때에는 관계기관·수출자·수입자 그 밖의 이해관계인에게 관계자료의 제출 그 밖의 필요한 협조를 요청할 수 있다.

4 조정관세

1. 의의

1984년 무역자유화 실시이후 수입 자동 승인품목으로 지정된 물품의 수입이 급격히 증가하거나 저가 수입되어 국내산업을 저해하거나 국민 소비생활을 문란하게 할 경우에 대처하기 위해 도입되었다. 조정관세는 해당 국내산업의 보호 필요성, 국제 통상관계, 국민경제 전반에 미치는 영향 등을 검토하여 부과여부 및 그 내용을 정한다.

2. 조정관세의 부과대상

다음에 해당하는 경우에는 100분의 100에서 해당 물품의 기본세율을 뺀 율을 기본세율에 더한 율의 범위에서 관세를 부과할 수 있다.

- 조정관세율 = $(\frac{100}{100} - \text{기본세율}) + \text{기본세율의 범위 내}$

(기본세율 보다 높게 부과하되 100%초과 불가)

다만, 농림축수산물 또는 이를 원재료로 하여 제조된 물품의 국내외의 가격차가 해당 물품의 과세가격을 초과할 때에는 국내외의 가격차에 상당하는 율의 범위에서 관세를 부과할 수 있다.

- 산업구조의 변동 등으로 물품 간의 세율 불균형이 심하여 이를 시정할 필요가 있는 경우
- 국민보건 · 환경보전 · 소비자보호 등을 위하여 필요한 경우
- 국내에서 개발된 물품을 일정 기간 보호할 필요가 있는 경우
- 농림축수산물 등 국제경쟁력이 취약한 물품의 수입증가로 인하여 국내시장이 교란되거나 산업기반이 붕괴될 우려가 있어 이를 시정 또는 방지할 필요가 있는 경우

3. 부과절차

관계부처의 장 또는 이해관계인이 조정관세 부과 조치를 요청하려는 때에는 해당 물품과 관련된 다음 사항에 관한 자료를 기획재정부장관에게 제출하여야 한다.

- 해당 물품의 세번 · 품명 · 규격 · 용도 및 대체물품
- 해당 물품의 제조용 투입원료 및 해당 물품을 원료로 하는 관련제품의 제조공정설명서 및 용도
- 해당 연도와 그 전후 1년간의 수급실적 및 계획
- 최근 1년간의 월별 주요 수입국별 수입가격 및 수입실적
- 최근 1년간의 월별 주요 국내제조업체별 공장도가격 및 출고실적
- 인상하여야 하는 세율 · 인상이유 및 그 적용기간

기획재정부장관은 조정관세의 적용에 관하여 필요한 사항을 조사하기 위하여 필요하다고 인정되는 때에는 관계기관·수출자·수입자 그 밖의 이해관계인에게 관계자료의 제출 그 밖의 필요한 협조를 요청할 수 있다.

5 할당관세

1. 의의

정부가 특정물품에 대하여 수량과 기간을 정해 놓고 일정수량까지 수입될 때에는 저세율의 관세를 부과하고, 일정수량을 초과하여 수입될 때에는 고세율의 관세를 부과하는 제도이다.

2. 할인할당관세

다음에 해당하는 때에는 100분의 40의 범위의 율을 기본세율에서 빼고 관세를 부과할 수 있다. 이 경우 필요하다고 인정되는 때에는 그 수량을 제한할 수 있다.

- 원활한 물자수급 또는 산업의 경쟁력 강화를 위하여 특정물품의 수입을 촉진할 필요가 있는 경우
- 수입 가격이 급등한 물품 또는 이를 원재료로 한 제품의 국내가격을 안정시키기 위하여 필요한 경우

- 유사물품 간의 세율 불균형이 심하여 이를 시정할 필요가 있는 경우

관계부처의 장 또는 이해관계인은 할당관세의 부과를 요청하려는 때에는 해당 물품에 관련된 다음의 사항에 관한 자료를 기획재정부장관에게 제출하여야 한다.

- 조정관세 부과요청(제91조제1항제1호 내지 제5호의 사항) 필요 자료
- 해당 할당관세를 적용하려는 세율 · 인하이유 및 그 적용기간
- 수량을 제한하여야 하는 때에는 그 수량 및 산출근거

3. 할증할당관세

특정물품의 수입을 억제할 필요가 있는 경우에는 일정한 수량을 초과하여 수입되는 분에 대하여 100분의 40의 범위의 율을 기본세율에 가산하여 관세를 부과할 수 있다. 다만, 농림축수산물의 경우에는 기본세율에 동종물품·유사물품 또는 대체물품의 국내외의 가격차에 상당하는 율을 더한 율의 범위에서 관세를 부과할 수 있다. 관계부처의 장 또는 이해관계인은 할당관세의 부과를 요청하려는 때에는 해당 물품에 관련된 다음 사항에 관한 자료를 기획재정부장관에게 제출하여야 한다.

- 조정관세 부과요청(제91조제1항제1호 내지 제5호의 사항) 필요 자료
- 해당 할당관세를 적용하여야 하는 세율 · 인상이유 및 그 적용기간
- 기본관세율을 적용하여야 하는 수량 및 그 산출근거
- 농림축수산물의 경우에는 최근 2년간의 월별 또는 분기별 동종물품 · 유사물품 또는 대체물품별 국내외의 가격동향

4. 절차

일정수량의 할당은 해당 수량의 범위에서 주무부장관 또는 그 위임을 받은 자의 추천으로 행한다. 다만, 기획재정부장관이 정하는 물품에 있어서는 수입신고 순위에 따르되, 일정수량에 달하는 날의 할당은 그날에 수입신고되는 분을 해당 수량에 비례하여 할당한다. 주무부장관 또는 그 위임을 받은 자의 추천을 받은 자는 해당 추천서를 수입신고수리전까지 세관장에게 제출하여야 한다. 일정수량까지의 수입통관실적의 확인은 관세청장이 이를 행한다. 기획재정부장관은 할당관세의 적용에 관하여 필요한 사항을 조사하기 위하여 필요하다고 인정되는 때에는 관계기관·수출자·수입자 그 밖의 이해관

계인에게 관계자료의 제출 그 밖의 필요한 협조를 요청할 수 있다.

판례 관세법은 할당관세에 관하여, 물자수급의 원활을 위하여 특정물품의 수입을 촉진시킬 필요가 있는 경우, 수입가격이 급등한 물품 또는 이를 원재료로 한 제품의 국내가격의 안정을 위하여 필요한 경우 및 유사물품 간의 세율이 현저히 불균형하여 이를 시정할 필요가 있는 경우에는 기본세율에서 100분의 40을 감한 율의 범위 안에서 관세를 부과할 수 있고, 이 경우 필요하다고 인정되는 때에는 그 수량을 제한할 수 있다고 규정하고, 제3항은 제1항 규정의 적용을 받을 물품·수량·세율과 적용기간 등은 대통령령으로 정한다고 규정하고 있으며, 구 관세법시행령은 법의 규정에 따른 일정수량의 할당은 해당 수량의 범위 안에서 주무부장관 또는 그 위임을 받은 자의 추천으로 행한다고 규정하고 있고, 할당관세의 적용에 관한 위 대통령령 제14510호에서는 1995. 6. 30.까지 수입되는 대두(품목번호 1201)에 대하여 한계수량을 '수입전량'으로 하여 2%의 할당관세율을 적용하도록 규정하고 있다. 관세법에 따라 할당관세율의 적용을 받을 물품의 수량을 제한한 경우에는, 그 물품을 수입한 자들에 대하여 제한된 일정수량의 범위 내에서 이를 분배하여야 하므로 주무부장관 등의 추천 절차에 따라 공정하게 할당수량을 정하여 할당관세율의 적용을 받게 할 필요가 있으나, 할당관세율의 적용을 받을 물품을 일정수량으로 제한하지 아니하고 그 수입전량에 대하여 할당관세율을 적용하도록 규정한 경우에 있어서는 추천 절차에 따라 할당관세율의 적용대상 수량을 분배할 필요가 없으므로 주무부장관 등의 추천 여부와 상관없이 할당관세율이 적용된다고 보아야 할 것이고, 또한 추천에 관하여 규정하고 있는 위 관세법시행령 규정도'일정수량의 할당'을 전제로 하고 있어 수입전량에 대하여 할당관세율을 적용하도록 한 경우에는 위 시행령 규정이 적용되지 아니한다고 보아야 할 것이므로, 한계수량을 수입전량으로 규정한 위 대통령령 제14510호의 적용을 받는 이 사건 식용대두의 수입은 그에 관하여 농림수산부장관의 할당관세 추천을 받지 아니하였다 하더라도 할당관세율이 적용된다 할 것이다. 【대법원 1999. 2. 9. 선고 97누17155 선고 판결】

5. 국회보고

기획재정부장관은 매 회계연도 종료 후 3개월 이내에 관세의 전년도 부과실적 및 그 결과를 국회 소관 상임위원회에 보고하여야 한다.

6 계절관세

1. 의의

농산물등과 같이 계절에 따라 가격변동이 심한 경우 동종물품, 유사물품 또는 대체물품이 수입될 때 이들 관세율을 계절구분에 따라 할증 또는 할인하여 부과한다.

2. 부과

계절에 따라 가격의 차이가 심한 물품으로서 동종물품·유사물품 또는 대체물품의 수입으로 인하여 국내시장이 교란되거나 생산 기반이 붕괴될 우려가 있을 때에는 계절에 따라 해당 물품의 국내외 가격차에 상당하는 율의 범위에서 기본세율보다 높게 관세를 부과하거나 100분의 40의 범위의 율을 기본세율에서 빼고 관세를 부과할 수 있다(법 제72조). 관계행정기관의 장 또는 이해관계인이 계절관세의 부과를 요청하려는 때에는 해당 물품에 관련한 다음의 사항에 관한 자료를 기획재정부장관에게 제출하여야 한다.

- 품명 · 규격 · 용도 및 대체물품
- 최근 1년간의 월별 수입가격 및 주요 국제상품시장의 가격동향
- 최근 1년간의 월별 주요국내제조업체별 공장도가격
- 해당 물품 및 주요관련제품의 생산자물가지수 · 소비자물가지수 및 수입물가지수
- 계절관세를 적용하려는 이유 및 그 적용기간
- 계절별 수급실적 및 전망
- 변경하려는 세율과 그 산출내역

기획재정부장관은 계절관세의 적용에 관하여 필요한 사항을 조사하기 위하여 필요하다고 인정하는 때에는 관계기관, 수출자, 수입자 그 밖의 이해관계인에게 관계자료의 제출 그 밖의 필요한 협조를 요청할 수 있다.

7 편익관세

1. 의의

조약에 의한 관세 상의 편익을 받지 아니하는 특정국가에서 생산된 특정물품이 수입될 때 기존 외국과의 조약에 따라 부과하고 있는 관세 상 혜택의 범위 한도 내에서 관세에 관한 편익을 부여하는 것을 말한다.

2. 편익관세의 적용기준

관세에 관한 조약에 의한 편익을 받지 아니하는 나라의 생산물로서 우리나라에 수입되는 물품에 대하여 이미 체결된 외국과의 조약에 따른 편익의 한도 관세에 관한 편익(편익관세)을 부여할 수 있다. 관세에 관한 편익을 받을

수 있는 국가는 다음과 같다.

〈표 3-3〉 편익관세 적용국가

지역	국가
1. 아시아	아프가니스탄 · 부탄 · 라오스
2. 중근동	이란 · 이라크 · 레바논 · 시리아 · 예멘
3. 대양주	나우루
4. 아프리카	코모로 · 에디오피아 · 리베리아 · 소말리아
5. 유럽	안도라 · 모나코 · 산마리노 · 바티칸

관세에 관한 편익을 받을 수 있는 물품은 위 국가의 생산물중 「세계무역기구협정 등에 의한 양허관세 규정」 별표 1(양허표)의 가 내지 다의 규정에 따른 물품으로 한다. 이 경우 해당 물품에 대한 관세율표상의 품목분류가 세분되거나 통합된 때에도 동일한 편익을 받는다. 물품에 대하여는 해당 양허표에 규정된 세율을 적용한다. 다만, 다음의 경우에는 해당 양허표에 규정된 세율보다 다음에 규정된 세율을 우선하여 적용한다.

- 법에 의한 세율이 해당 양허표에 규정된 세율보다 낮은 경우에는 법에 의한 세율[32)]
- 법 제51조 · 법 제57조 · 법 제63조 · 법 제65조 또는 법 제68조의 규정에 따라 대통령령 또는 기획재정부령으로 세율을 정하는 경우에는 그 세율

3. 편익관세의 적용정지

기획재정부장관은 편익관세의 적용으로 국민경제에 중대한 영향이 초래되거나 초래될 우려가 있는 경우와 그 밖의 편익관세의 적용을 정지시켜야 할 긴급한 사태가 있는 경우에는 국가·물품 및 기간을 지정하여 편익관세의 적용을 정지시킬 수 있다. 기획재정부장관은 편익관세의 적용에 관하여 필요한 사항을 조사하기 위하여 필요하다고 인정되는 때에는 관계행정기관·수출자·수입자 그 밖의 이해관계인에게 관계자료의 제출 그 밖의 필요한 협조를 요청할 수 있다.

32) 농림축산물의 경우에는 해당 양허표에 규정된 세율을 기본세율 및 잠정세율에 우선하여 적용한다.

제3절 양허관세

1 국제협력관세

1. 의의

대외무역증진을 위해 특정국가 또는 기구와 관세에 관한 협상에 따라 외국과의 조약 또는 국제기구 협정에 의거하여 결정된 관세율이다.

2. 종류

종류는 다음과 같다.

① WTO협정 일반양허관세율
② WTO협정 개발도상국간의 양허관세율
③ ESCAP 개발도상국간 양허관세율(방콕협정 양허관세율)
④ 개발도상국간 무역특혜(GSTP)의 양허관세율
⑤ 특정국가와 관세협상에 따른 양허관세율

3. 양허한계

정부는 우리나라의 대외무역 증진을 위하여 필요하다고 인정될 때에는 특정 국가 또는 국제기구와 관세에 관한 협상을 할 수 있다(법 제72조 제1항). 협상을 수행할 때 필요하다고 인정되면 관세를 양허할 수 있다. 다만, 특정국가와 협상할 때에는 기본 관세율의 100분의 50의 범위를 초과하여 관세를 양허할 수 없다(법 제72조 제2항).

4. 농림축산물에 대한 양허세율의 적용신청

국제기구와 관세에 관한 협상에서 국내외 가격차에 상당한 율로 양허하거나 시장접근개방과 함께 기본세율보다 높은 세율로 양허한 농림축산물중 시장접근물량 이내로서 관련기관의 추천을 받은 자는 해당 추천서를 수입신고 수리전까지 세관장에게 제출하여야 한다.

판례 구 관세법은 관세의 원칙적인 부과·징수를 신고납세방식에 의함을 밝히고 있는바, 이러한 신고납세방식 아래에서는, 물품을 수입하려는 자가 납세신고

를 함에 있어서 수입신고서에 구 관세법시행령에 따라 해당 물품의 품목분류·세율·세액 등을 기재하여 신고함과 아울러 관세를 납부할 의무가 있고, 세관장은 신고한 세액에 대하여는 수입신고를 수리한 후에 심사할 수 있는 것이므로, 수입업자가 시장접근물량을 초과하는지 여부에 따라 양허관세율이 차등 적용되는 물품을 수입하면서 시장접근물량에 적용되는 낮은 양허관세율을 적용받기 위해 필요한 시장접근물량 양허관세적용 추천서(이하'추천서'는 이를 가리킨다)를 납세신고시 제출하지 아니하는 경우, **세관장은 그 납세신고를 수리함에 있어서 그 물품이 양허관세율이 적용되는 물품인지 여부, 추천서를 갖추었는지 여부 등을 심사하거나 그 보완을 요구할 의무가 없다**(대법원 2000. 11. 24. 선고 99다65035 판결 참조). 또한, 구 축산법은 시장접근물량에 적용되는 양허세율로 축산물 등을 수입하려는 자는 농림부장관의 추천을 받도록 규정하고 있고, 축산물 등의 수입에 대한 추천업무를 시·도지사에게 위임하거나 농림부장관이 지정하는 비영리법인으로 하여금 대행하게 할 수 있으며, 이 경우 품목별 추천물량·추천기준 기타 필요한 사항은 농림부장관이 정하도록 규정하고 있는바, 이러한 규정의 해석상 위와 같은 추천을 받지 못한 자에게는 시장접근물량에 적용되는 양허세율이 적용될 수 없다 할 것이고, 그와 같은 추천의 요건을 갖추지 못한 경우에 위 양허세율이 적용되지 아니한다 하여 그 수입에 관계되는 구 축산법 제14조의2, 구 관세법시행령 제5조 제1항, 농축산물시장접근물량양허관세추천및수입관리요령(1997. 7. 10. 농림부고시 제97-52호로 개정된 것)의 규정 등이 조세법률주의나 조세형평의 원칙, 국민의 재산권 보장, 신의성실의 원칙 등에 어긋나 위헌 또는 위법하다고 볼 수는 없다. 【대법원 2003. 2. 14. 선고 2001두4832 선고 판결】

2 일반특혜관세

1. 일반특혜관세의 적용기준

개발도상국가(특혜대상국)를 원산지로 하는 물품중 특혜대상물품에 대하여는 기본세율보다 낮은 세율의 관세(일반특혜관세)를 부과할 수 있다.

2. 특혜관세의 차등부과

일반특혜관세를 부과할 때 해당 특혜대상물품의 수입이 국내산업에 미치는 영향 등을 고려하여 그 물품에 적용되는 세율에 차등을 두거나 특혜대상물품의 수입수량 등을 한정할 수 있다.

3. 최빈개도국 특혜우대

국제연합총회의 결의에 따른 최빈(最貧) 개발도상국를 원산지로 하는 물품에 대하여는 다른 특혜대상국보다 우대하여 일반특혜관세를 부과할 수 있다. 최빈 개발도상국에 대한 특혜관세 공여는 48개 국가(아시아 14, 아프리카 33,

아메리카 1)의 80개 품목(농림광산물)에 대하여 GSP 공여를 하고 있다.

4. 일반특혜관세의 적용정지 등

기획재정부장관은 특정한 특혜대상물품의 수입이 증가하여 이와 동종의 물품 또는 직접적인 경쟁관계에 있는 물품을 생산하는 국내산업에 중대한 피해를 주거나 줄 우려가 있는 등 일반특혜관세를 부과하는 것이 적당하지 아니하다고 판단되는 때에는 대통령령이 정하는 바에 따라 해당 물품과 그 물품의 원산지인 국가를 지정하여 일반특혜관세의 적용을 정지할 수 있다. 기획재정부장관은 특정한 특혜대상국의 소득수준, 우리나라의 총수입액중 특정한 특혜대상국으로부터의 수입액이 차지하는 비중, 특정한 특혜대상국의 특정한 특혜대상물품이 지니는 국제경쟁력의 정도 그 밖의 사정을 고려하여 일반특혜관세를 부과하는 것이 적당하지 아니하다고 판단되는 때에는 대통령령이 정하는 바에 따라 해당 국가를 지정하거나 해당 국가 및 물품을 지정하여 일반특혜관세의 적용을 배제할 수 있다.

제4절 관세양허에 대한 조치 등

1 양허의 철회 및 수정

정부는 외국에서의 가격 하락이나 그 밖의 예상하지 못하였던 사정의 변화 또는 조약상 의무의 이행으로 인하여 특정물품의 수입이 증가됨으로써 이와 동종의 물품 또는 직접 경쟁관계에 있는 물품을 생산하는 국내생산자에게 중대한 피해를 가져오거나 가져올 우려가 있다고 인정되는 때에는 다음의 조치를 할 수 있다.

① 조약에 따라 관세를 양허하고 있는 경우: 해당 조약에 따라 이루어진 특정물품에 대한 양허를 철회하거나 수정하여 이 법에 따른 세율이나 수정 후의 세율에 따라 관세를 부과하는 조치

② 특정물품에 대하여 ① 조치를 하려고 하거나 그 조치를 한 경우: 해당 조약에 따른 협의에 따라 그 물품 외에 이미 양허한 물품의 관세율을 수정하거나 양허품목을 추가하여 새로 관세의 양허를 하고 수정 또는 양허한 후의 세율을 적용하는 조치

②의 조치는 ①의 조치에 대한 보상으로서 필요한 범위에서만 할 수 있다.

2 대항조치

정부는 외국이 특정물품에 관한 양허의 철회·수정 또는 그 밖의 조치를 하려고 하거나 그 조치를 한 경우 해당 조약에 따라 대항조치를 할 수 있다고 인정될 때에는 다음 각 호의 조치를 할 수 있다(법 제79조).

- 특정물품에 대하여 관세법에 따른 관세 외에 그 물품의 과세가격 상당액의 범위에서 관세를 부과하는 조치
- 특정물품에 대하여 관세의 양허를 하고 있는 경우에는 그 양허의 적용을 정지하고 관세법에 따른 세율의 범위에서 관세를 부과하는 조치

조치는 외국의 조치에 대한 대항조치로서 필요한 범위에서만 할 수 있다.

3 양허 및 철회의 효력

조약에 따라 우리나라가 양허한 품목에 대하여 그 양허를 철회한 때에는 해당 조약에 따라 철회의 효력이 발생한 날부터 관세법에 따른 세율을 적용한다. 양허의 철회에 대한 보상으로 우리나라가 새로 양허한 품목에 대하여 그 양허의 효력이 발생한 날부터 관세법에 따른 세율을 적용하지 아니한다.

4 세율의 적용

관세법상 세율의 적용은 관세율표상 기본세율과 잠정세율, 그리고 행정부에서 조정한 탄력관세율 및 국제협력관세 등이 세율적용 순서에 의거하여 수입물품에 대하여 적용된다. 그러나 관세법은 통관법적인 성격을 가지고 있어 신속하고 효율적인 통관을 위하여 세율을 간이하게 적용하거나 여러 가지 수입물품에 대하여 합의에 의한 세율을 적용하기도 한다. 또한, 수입물품의 특정용도에 따라 특정한 세율을 적용하여 사후관리를 받도록 하는 용도세율 등 신속통관이나 과세의 편의 등을 도모하기 위한 다양한 제도가 운용되고 있다.

1. 간이세율

1) 의의

수입물품에 대하여 부과되는 관세, 부가가치세, 특별소비세, 주세, 교육세 등을 산출하는데 시간이 많이 소요되므로, 여행자 휴대품 등 일부 수입물품에 대하여는 이들 세율을 통합한 단일세율을 적용하여 과세하는 것으로 관세부과의 간소화를 도모한다.

2) 간이세율의 적용 대상

다음에 해당하는 물품에 대하여는 다른 법령의 규정에 불구하고 간이세율을 적용할 수 있다.

- 여행자 또는 외국을 오가는 운송수단의 승무원이 휴대하여 수입하는 물품
- 우편물(수입신고를 하여야 하는 것은 제외)
- 외국에서 선박 또는 항공기의 일부를 수리하거나 개체(改替)하기 위하여 사용된 물품
- 탁송품 또는 별송품

간이세율을 적용하는 물품과 그 세율은 다음과 같다

품명	세율(%)
1. 다음 어느 하나에 해당하는 물품 중 개별소비세가 과세되는 물품	
가. 투전기, 오락용 사행기구 그 밖의 오락용품, 수렵용 총포류	55
나. 보석 · 진주 · 별갑 · 산호 · 호박 및 상아와 이를 사용한 제품, 귀금속 제품, 고급 시계, 고급 사진기와 그 관련 제품, 고급 가방[33]	37만 400원 + 185만 2천원을 초과하는 금액의 50
다. 녹용	45
라. 방향용 화장품	35
마. 로얄제리	30
바. 전기냉장고, 전기냉방기, 전기세탁기, 텔레비전수상기	27
2. 수리선박(관세가 무세인 것을 제외한다)	2.5
3. 다음 어느 하나에 해당하는 물품 중 기본관세율이 10 퍼센트 이상인 것으로서 개별소비세가 과세되지 아니하는 물품	
가. 모피의류, 모피의류의 부속품 그 밖의 모피제품	30
나. 가죽제 또는 콤포지션레더제의 의류와 그 부속품, 방직용 섬유와 방직용 섬유의 제품, 신발류	25
4. 다음 어느 하나에 해당하는 물품. 다만, 고급모피와 그 제품, 고급융단, 고급가구, 승용자동차, 주류 및 담배를 제외한다.	20
가. 제1호 내지 제3호에 해당하지 아니하는 물품	
나. 제1호 및 제3호에 불구하고 여행자가 휴대수입하는 물품으로 1인당 과세대상 물품가격의 합산총액이 미화 1천불 이하인 물품(녹용 및 방향용 화장품을 제외한다)	

외국에서 선박 또는 항공기의 일부를 수리 또는 개체하기 위하여 사용된 물품의 과세가격은 수리 또는 개체를 위하여 지급하는 외화가격으로 한다.

3) 간이세율 산정

간이세율은 수입물품[34]에 대한 관세·임시수입부가세 및 내국세의 세율을 기초로 하여 정한다. 여행자 또는 외국에 왕래하는 운송수단의 승무원

33) 2014년 1월 1일부터 시행한다.

34) 외국에서 선박 또는 항공기의 일부를 수리 또는 개체하기 위하여 사용된 물품 경우에는 해당 선박 또는 해당 항공기를 말한다.

이 휴대하여 수입하는 물품으로서 그 총액이 1천불 이하인 물품에 대하여는 일반적으로 휴대하여 수입하는 물품의 관세, 임시수입부가세 및 내국세의 세율을 고려하여 세율을 단일한 세율로 할 수 있다. 간이세율에 관한 세부적인 내용은 간이통관 부분에서 설명한다.

4) 간이세율 적용 제외

다음 물품에 대하여는 간이세율을 적용하지 아니한다.

- 관세율이 무세인 물품과 관세가 감면되는 물품
- 수출용원재료
- 범칙행위에 관련된 물품
- 종량세가 적용되는 물품
- 다음에 해당하는 물품으로서 관세청장이 정하는 물품
    • 상업용으로 인정되는 수량의 물품
    • 고가품
    • 해당 물품의 수입이 국내산업을 저해할 우려가 있는 물품
    • 단일한 간이세율의 적용이 과세형평을 현저히 저해할 우려가 있는 물품
- 화주가 수입신고를 할 때에 과세대상물품의 전부에 대하여 간이세율의 적용을 받지 아니할 것을 요청한 경우의 해당 물품

5) 세액산출방법

세액산출방법은 다음과 같다.

- 휴대품, 우편물, 탁송품, 별송품 : 과세가격×간이세율표의 세율
- 외국에서 선박 · 항공기 수리 : 과세가격[35]×간이세율표의 세율

2. 합의에 의한 세율

1) 의의

세율이 각기 다른 여러 품목을 수입신고할 때 신고인의 신청이 있는 경우 품목별 세율 중 가장 높은 세율을 적용하여 과세편의와 신속통관을 도모할 수 있도록 한다.

35) 수리 또는 개체를 위하여 지급하는 외화가격

2) 요건

일괄하여 수입신고 된 물품으로서 물품별 세율이 다른 물품에 대하여는 신고인의 따라 그 세율 중 가장 높은 세율을 적용할 수 있다.

3) 행정쟁송의 배제

납세의무자가 사전에 세율적용을 합의한 것이므로 심사청구와 심판청구 같은 행정쟁송을 할 수 없다.

3. 용도세율

1) 의의

동일한 물품이라도 해당 물품의 용도에 따라 관세율이 상이한 경우가 있는데 이때 용도에 따라 세율을 달리하는 세율 중에서 낮은 세율(용도세율)을 적용받으려는 경우에는 세관장의 승인을 받아야 한다.

2) 적용대상

다음 세율을 대상으로 대통령령 또는 기획재정부령으로 용도에 따라 세율을 다르게 정하는 물품을 세율이 낮은 용도에 사용하려는 자는 세관장의 승인을 받아야 한다. 다만, 물품의 성질과 형태가 그 용도외의 다른 용도에 사용할 수 없는 경우에는 그러하지 아니하다.

① 기본세율, 잠정세율
② 긴급관세, 특정국물품긴급관세, 농림축산물에 대한 특별긴급관세
③ 조정관세, 할당관세, 계절관세
④ 국제협력관세, 일반특혜관세

덤핑방지관세, 상계관세, 보복관세, 편익관세는 용도세율 적용대상이 아니다.

용도세율이 적용된 물품은 그 수입신고의 수리일부터 3년의 범위에서 대통령령으로 정하는 기준에 따라 관세청장이 정하는 기간에는 해당 용도 외의 다른 용도에 사용하거나 양도할 수 없다. 다만, 미리 세관장의 승인을 받은 경우와 물품의 성질과 형태가 그 용도 외의 다른 용도에 사용할 수 없는 경우에는 그러하지 아니하다(법 제83조 제2항).

용도세율의 적용을 받으려는 자는 해당 물품의 수입신고를 하는 때부터

해당 수입신고가 수리되기 전까지 그 품명·규격·수량·가격·용도·사용방법 및 사용 장소를 기재한 신청서를 세관장에게 제출하여야 한다.

3) 사후관리

용도세율을 적용받은 물품을 정한 기간에 해당 용도 외의 다른 용도에 사용하거나 그 용도 외의 다른 용도에 사용하려는 자에게 양도한 경우에는 해당 물품을 특정용도 외에 사용한 자 또는 그 양도인으로부터 해당 물품을 특정용도에 사용할 것을 요건으로 하지 아니하는 세율에 따라 계산한 관세액과 해당 용도세율에 따라 계산한 관세액의 차액에 상당하는 관세를 즉시 징수하며, 양도인으로부터 해당 관세를 징수할 수 없을 때에는 그 양수인으로부터 즉시 징수한다. 다만, 나 그 밖의 부득이한 사유로 멸실되었거나 미리 세관장의 승인을 받아 폐기한 경우에는 그러하지 아니하다(법 제83조 제3항).

4) 용도세율 적용제외

물품의 성상이 그 용도 이외의 다른 용도에 사용할 수 없는 물품 또는 법 별표 관세율표상 "주로-에 사용되는 것"으로 표시된 물품은 용도세율 적용대상에서 제외한다 (통칙 83-0-1).

판례 원심은 구 관세법(2002. 12. 18. 법률 제6777호로 개정되기 전의 것) 제83조, 관세법 시행령 제97조 소정의 용도세율 적용승인 제도는 관세의 신고납부제도 원칙 아래에서 용도에 따라 적용세율이 달라지는 물품의 실제 용도가 그 신고한 내용대로인지를 확인할 뿐, 세관장이 그 승인에 앞서 그 품목분류 및 세액의 적정성을 심사하여야 하는 것은 아닐 뿐만 아니라, 실제로 이 사건에 있어서도 구체적인 세액심사를 거치지 아니한 채 처리되었으므로, 피고가 이 사건 물품에 대하여 관세율표상 품목번호 9031.80-9091호를 적용한 원고의 용도세율 적용신청을 승인하면서 수입신고를 수리하였다고 하더라도 그 승인으로써 이 사건 물품에 대하여 원고가 신고한 대로의 품목분류가 적정한 것이라는 내용의 공적인 견해를 표명하였다거나 그에 대한 원고의 신뢰가 형성되었다고는 할 수 없고, 따라서 피고의 이 사건 부과처분은 신의성실의 원칙에 위배되지 아니한다고 판단하였는바, 위와 같은 원심판단은 관계 법령과 기록에 비추어 정당하고, 거기에 관세법상 신의성실의 원칙에 관한 법리오해 등의 위법이 없다. 【대법원 2006.11.9. 선고 2005두4137 선고 판결】

Chapter 4
통관

제1절 통칙

1 용어의 정의

1. 수입

관세법에서 “수입”이란 외국물품을 우리나라[1]에 반입(보세구역을 경유하는 것은 보세구역으로부터 반입하는 것을 말한다)하거나 우리나라에서 소비 또는 사용하는 것(우리나라의 운송수단 안에서의 소비 또는 사용을 포함하며, 수입으로 보지 아니하는 소비 또는 사용은 제외한다)을 말한다.

> 제239조 (수입으로 보지 아니하는 소비 또는 사용)
>
> 외국물품의 소비나 사용이 다음 어느 하나에 해당하는 경우에는 이를 수입으로 보지 아니한다.
> 1. 선용품 · 기용품 또는 차량용품을 운송수단 안에서 그 용도에 따라 소비하거나 사용하는 경우
> 2. 선용품 · 기용품 또는 차량용품을 관세청장이 정하는 지정보세구역에서 「출입국관리법」에 따라 출국심사를 마치거나 우리나라에 입국하지 아니하고 우리나라를 경유하여 제3국으로 출발하려는 자에게 제공하여 그 용도에 따라 소비하거나 사용하는 경우
> 3. 여행자가 휴대품을 운송수단 또는 관세통로에서 소비하거나 사용하는 경우
> 4. 관세법에서 인정하는 바에 따라 소비하거나 사용하는 경우

1) 우리나라에는 영토적 개념 이외에 영해를 포함하며, 영해는 12해리까지 포함한다(영해 및 접속수역법 제1조).

대외무역법상 수입은 수입승인에서부터 대금지급까지 포함하여 일련의 수입절차로 파악하는 반면[2], 관세법상 수입은 국경(관세선)을 중심으로 우리나라에 반입하는 개념으로 파악된다.

판례는 관세부과 대상이 되는 수입에 해당하는지의 여부는 관세법에 의해 판단해야 하고 수입면허를 받지 않은 외국 선박이 국내에서 경락되어 내국인 소유가 되었다면 관세법상의 수입에 해당되어 관세를 납부하여야 한다고 판시하고 있다.

판례 관세법(1993. 12. 31. 법률 제4674호로 개정되기 전의 것, 이하 같다) 제2조 제1항 제1호는 외국으로부터 우리나라에 도착된 물품을 우리나라에 인취하는 것을 관세의 부과대상이 되는 수입의 한 가지 형태로 규정하고 있고 여기서 '우리나라에 인취'한다고 함은 물품이 사실상 관세법에 의한 구속에서 해제되어 내국물품이 되거나 자유유통상태에 들어가는 것을 의미한다고 할 것인데 선박의 경우는 그것이 우리나라와 다른 나라를 왕래하는 등의 특수성이 있으므로 선박이 우리나라의 영역에 들어온 것만으로 그 선박이 수입되었다고 볼 것은 아니고 수입면허를 받지 아니한 선박이라도 우리나라의 국적을 취득하고 사용에 제공된 때에는 관세법상 수입에 해당하는 것으로 보아야 할 것이다.[3] 민사소송법에 의한 경매절차에서 외국 선박을 경락 취득하는 경우 그것이 관세부과 대상이 되는 수입에 해당하는지의 여부는 관세법에 따라 판정되어야 하고, 이와 입법목적이나 취지를 달리하는 대외무역법에 따라 판정되는 것은 아니라 할 것이므로 대외무역법상 위와 같은 경락취득의 방법에 의한 수입에 관하여 아무런 절차규정을 두지 아니하고 있었다고 하여도 이러한 사유만으로 그것이 곧바로 관세부과 대상이 되는 수입에 해당하지 아니한다고 단정할 수는 없다. 원심판결 이유와 기록에 의하면, 원고와 소외 주식회사 샌드마린이 1991. 7. 29. 부산지방법원 울산지원으로부터 일본 국적 선박 Shoun Polestar호에 관한 경매절차에서 경락허가결정을 받은 다음 같은 해 9. 20.경 경락대금을 완납하고, 같은 해 12.경 이 사건 선박에 관하여 우리나라의 국적을 취득하고 1992. 1. 10.경 위 선박을 운항에 제공하였음을 알 수 있는바, 사정이 이와 같다면 이 사건 선박은 관세부과 대상이 되는 수입물품에 해당한다고 할 것이다(법원 1997. 10. 10. 선고 96누10522 판결 [공1997.11.15.(46),3501]).

판례 선박의 경우는 그것이 우리나라와 다른 나라를 왕래하는 등의 특수성이 있으므로 선박이 우리나라의 영역에 들어온 것만으로 그 선박이 수입되었다고 볼 것은 아니고 수입면허를 받지 아니한 선박이라도 우리나라의 국적을 취득하고 사용에 제공된 때에는 관세법상 수입에 해당하는 것으로 보아야 하며, 민사소송법에 의한 경매절차에서 외국 선박을 경락 취득하는 경우 그것이 관세부과 대상이 되는 수입에 해당하는지의 여부는 관세법에 따라 판정되어야 하고, 이와 입법목적이나 취지를 달리하는 대외무역법에 따라 판정되는 것은 아니라 할 것이므로 대외

2) ① 매매·교환·임대차·사용대차·증여 등을 원인으로 외국으로부터 국내로의 물품의 이동과 ② 유상으로 외국에서 외국으로 물품을 인수하는 것으로서 산업통상자원부장관이 정하여 고시하는 기준에 해당하는 것을 말하며(대외무역법시행령 제2조 제4호) 해외건설현장에서 사용하기 위한 기자재를 외국에서 구입하여 사업현장에 송부하고 대금은 국내에서 지급하는 외국도착수입과 중계무역에 의한 수출입 등이 이에 포함된다.

3) 대법원 1994. 4. 12. 선고 93도2324 판결 참조

무역법상 위와 같은 경락취득의 방법에 의한 수입에 관하여 아무런 절차규정을 두지 아니하고 있었다고 하여도 이러한 사유만으로 그것이 곧바로 관세부과 대상이 되는 수입에 해당하지 아니한다고 단정할 수는 없는바, 외국 국적 선박에 관한 경매절차에서 경락허가결정을 받은 다음 경락대금을 완납하고 위 선박에 관하여 우리나라의 국적을 취득하고 운항에 제공하였다면 위 선박은 관세부과 대상이 되는 수입물품에 해당한다. 【대법원 1997. 10. 10. 선고 96누10522 선고 판결】

판례 '수출신고가 수리된 물품'을 인취하는 것도 수입의 개념에 포함시키고 있고 '외국물품'은'외국으로부터 우리나라에 도착된 물품으로서 수입신고가 수리되기 전의 것과 수출신고가 수리된 물품'을 말하는 것으로 정의하고 있어 수입대상물품의 제조국 또는 가공국 여하를 불문하고 외국으로부터 우리나라에 도착된 물품을 인취하면 모두 수입으로 규정하고 있다. 한편 남북교류협력에 관한 법률(남북교류법)은"교역"을 남북 간의 물품의 반출·반입으로(남북교류법 제2조 제2호), "반출·반입"을 매매 등을 원인으로 하는 남북 간의 물품의 이동(단순히 제3국을 경유하는 물품의 이동을 포함한다)으로(남북교류법 제2조 제3호) 각 규정하고 있어 제3국을 단순히 경유하지 않은 물품, 즉 제3국에서 수입통관 후 국내 반입된 물품은 남북교역 대상 물품으로 취급되지 않고 일반수입 물품으로 취급된다. 종합하면 남북교류법은, 교역당사자의 남북 간 물품 이동(단순히 제3국을 경유하는 경우를 포함한다)의 경우에만 적용되는 것이고 단순경유지가 아닌, 북한 이외의 제3국으로부터 우리나라에 도착된 물품에는 관세법 등이 적용되므로 남북교류법이 관세법상의 수입의 개념에 영향을 미치지 아니한다. 따라서 이 사건 법률조항들은 법률조항 자체에 불명확성을 의심할 여지가 보이지 아니하므로 형벌법규의 명확성원칙에 위반되지 아니한다. 【헌법재판소 2006.7.27. 자 2004헌바68 자 전원재판부】

관세법상 외국물품은 다음과 같다.

- 외국으로부터 우리나라에 도착한 물품[외국의 선박 등이 공해(외국의 영해가 아닌 경제수역 포함)에서 채집하거나 포획한 수산물 등을 포함]으로서 수입신고가 수리(受理)되기 전의 것
- 수출의 신고가 수리된 물품

그동안 외국선박이 공해에서 채집하거나 포함한 수산물은 명확하게 외국물품이라는 정의가 있었으나 배타적 경제수역(EEZ)에서 포획한 수산물은 명확하게 규정하고 있지 않았다. 다만 통칙에서는 EEZ를 공해에 포함시켜 해석했다. 관세법이 2010년 12월 개정되어 EEZ를 명확하게 포함시킨 것은 법률의 통일적인 적용을 위해 바람직한 것으로 보인다.

우리나라에서 사용하기 위하여 반입하면 수입이 되고 우리나라 국민 또는 거주자가 소유권을 취득할 필요는 없다. 판례는 국내 거주자가 외국 선박에 대한 소유권 또는 처분권을 취득하고 우리나라에 들어와 사용에 제공된 때에는 우리나라의 선박법에 의해 국적을 아직 취득하지 않았더라도 실질적으로는 관세부과의 대상이 되는 수입에 해당한다고 판시하고 있다.

판례 우리나라에 거주하는 자가 외국에 있던 선박의 사실상 소유권 내지 처분권을 취득하고 나아가 그 선박이 우리나라에 들어와 사용에 제공된 때에는, 형식적으로는 그 선박이 우리나라의 국적을 아직 취득하지 않았더라도 실질적으로는 관세부과의 대상이 되는 수입에 해당한다고 보는 것이 실질과세의 원칙에 비추어 타당하고(대법원 1983. 10. 11. 선고 82누328 판결 참조), 외국의 선박을 국내거주자가 취득하면서 편의치적의 방법에 따라 외국에 서류상으로만 회사(이른바 paper company)를 만들어 놓고 그 회사의 소유로 선박을 등록하여 그 외국의 국적을 취득하게 한 다음 이를 국내에 반입하여 사용에 제공한 때에도 위에서 말하는 관세법상의 수입에 해당하며, 일반적으로 수입면허를 받지 아니하고 물품을 수입하는 것은 그 자체로 관세포탈죄의 구성요건인 사위의 방법에 해당하는 것이므로(대법원 1984. 6. 26. 선고 84도782 판결 참조), 정상적인 방법으로는 수입허가를 받을 수 없는 선박을 수입하기 위하여 위와 같이 편의치적의 방법에 따라 선박을 수입하고도 단순히 수리목적 또는 운항목적으로 입항한 것처럼 입항신고를 하였다면, 이는 관세포탈죄의 구성요건인 사위 기타 부정한 방법으로 관세를 포탈한 것에 해당한다고 보아야 할 것이다(대법원 1990. 3. 27. 선고 89도2587 판결, 1994. 4. 12. 선고 93도2324 판결 등 참조). (대법원 1998. 4. 10. 선고 97도58 판결[공1998.5.15.(58),1395])

2. 수출

관세법에서 "수출"이라 함은 내국물품을 외국으로 반출하는 것을 말하며, 관세법상 내국물품은 다음과 같다.

- 우리나라에 있는 물품으로서 외국물품이 아닌 것
- 우리나라의 선박 등[4)]이 공해에서 채집하거나 포획한 수산물 등
- 입항전수입신고가 수리된 물품
- 수입신고수리전 반출승인을 받아 반출된 물품
- 수입신고전 즉시반출신고를 하고 반출된 물품

판례 우리나라의 선박 등에 의하여 공해에서 채포된 수산물 등은 내국물품에 해당하도록 규정되어 있는바, 여기서 공해란 적어도 외국의 내수와 영해를 제외한 수면을 의미하는 것임이 분명하고, 소론과 같이 조업을 함에 있어서 해당 외국에 경제적 대가를 지불하지 아니하였다고 하여 외국의 내수 또는 영해까지도 위 조항의 공해로 보아야 한다는 논지는 받아들일 수 없다.(대법원 1996. 10. 25. 선고 96도1210 판결[공1996.12.1.(23),3496])

대외무역법에서의 수출은 물품의 국경 통과 여부를 기분으로 판단하며, 관세법에서의 수출은 상품이 관세선을 통관했는지의 여부를 중심으로 판단한다.

4) 통칙 2-0-2("우리나라의 선박 등"의 범위) ①법 제2조 제4호 나에서 "우리나라의 선박 등"이라 함은 선박법 제2조에 규정된 대한민국 선박뿐만 아니라, 우리나라 국민 또는 법인이 외국의 국민 또는 법인으로부터 임차한 선박을 포함한다. ②제1항의 규정에 따른 선박에는 추진기관을 장치하지 아니한 준설선 또는 해저자원굴착선 등을 포함한다.

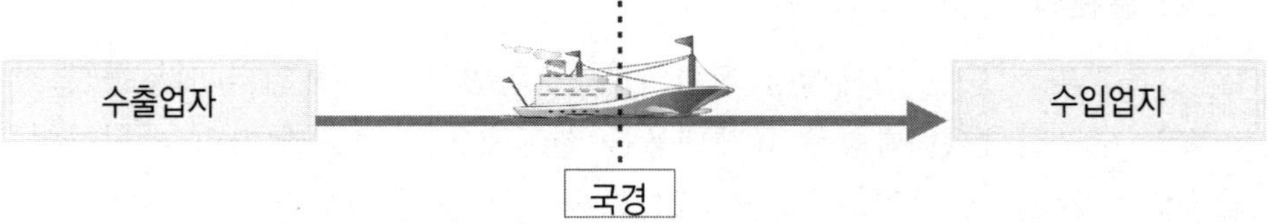

2 통관

1. 통관의 의의

1) 의의

광의의 통관이라 함은 물품을 수출·수입 또는 반송할 때 입항, 보세구역 반출입, 관세납부 등 관세법에서 정하는 모든 절차를 말하고, 협의의 통관이라 함은 수출·수입·반송신고에서 그 신고수리까지의 세관절차를 의미한다. 관세법 제2조에서는 "통관"(通關)이란 '관세법에 따른 절차를 이행하여 물품을 수출·수입 또는 반송하는 것을 말한다'고 규정하여 협의의 통관에 대하여 규정하고 있다. 통관절차를 세분하면 수출통관, 수입통관, 반송통관 절차가 있다.

통관절차 (custom procedure)란 관세 행정기관이 물품과 사람의 관세영역간 이동과 관련하여 각종 법령상의 규제사항을 확인·집행하는 절차이다. 통관절차는 수출입 상품, 사람의 이동, 이동 과정에 있는 상품의 통제와 원활화 관련 모든 세관 체계를 모두 포함한다. 통관절차는 법이나 규칙에 의해 규정된 특정 절차행위로서 수출입 물품에 필요한 허가를 얻기 위하여 일정한 절차를 따른다는 특성이 있으며, 이러한 절차는 관세 행정청에 따라 수행된다. 다시 말하면 통관절차는 법령에 명시되어 있는 절차에 따라 관세 행정 기관이 상품이나 사람의 이동에 관한 사항을 처리하는 것을 말한다. 그러나 일반적으로 통관은 물품의 이동에 쓰이고 사람의 이동은 출입국 절차라는 용어를 사용하므로 본서에서 통관절차는 사람의 국경선 이동에 필요절차를 제외한 물품의 이동에 필요한 절차로 한정한다.

2) 통관의 기능

통관의 기능은 관세법상 적법 여부를 확인하여 수출입의 여부를 결정하고, 수출입 관련 법령상 규제내용을 신고내용과 현품에 따라 확인하며 관세·내국세를 납부할 수 있게 함으로써 관세수입 확보하는 것이다.

판례도 통관절차의 기능이 수입물품에 대한 관세 확보를 주요 목적으로 하는 절차임을 명확히 하고 있다.

판례 통관절차는 외국물품을 내국물품화 함에 있어서 수입물품에 대한 관세 확보를 주목적으로 하는 절차이지 수출입 당사자 사이의 대금결제 여부에 관여하여 수출자의 대금확보를 담보하는 절차는 아니다(대법원 2002. 12. 10. 선고 2000다24894 판결 [공2003.2.1. (171), 313]).

그러나 통관절차를 관세수입의 확보를 위한 것으로 이해하는 것은 국가의 관점에서 통관절차를 보는 것이다. 이를 국가 경쟁력의 관점에서 볼 때 신속한 통관 절차는 국가 및 기업의 경쟁력과 밀접하게 연관되어 있다. 따라서 통관절차를 명확하게 하고 간편하게 하는 것이 매우 중요한 과제로 대두하고 있다.

3) 통관의 성격

통관은 무역거래내용, 수출입 승인사항 또는 관련 법규의 허가사항과 세관에 신고된 물품의 일치 여부를 확인하는 세관장의 확인행위이다. 세관장의 확인행위는 수출·수입·반송의 신고에 대한 수리의 형식으로 이루어진다. 통관이 인가나 허가가 아닌 신고로 국민에게 최소한도의 의무를 요구하고 있지만 무신고 통관 행위는 관세법 위반죄가 성립하여 행정형벌이 있다.

판례는 비록 무세물품일지라도 적법한 수입신고 절차 없이 통관하는 경우에는 관세법을 위반하는 행위라고 판시하고 있다.

판례 관세법 등 관계 법령에서 정하는 소정의 적법한 절차를 밟아 수입하는 경우에 관세가 부과되지 않는 물품에 해당한다고 하더라도 적법한 수입신고 절차 없이 통관하는 경우에는 무신고수입으로 인한 관세법위반죄에 해당한다 할 것이다(대법원 2002. 12. 6. 선고 2000도3581 판결 참조).(대법원 2004. 3. 26. 선고 2003도8014 판결[공2004.5.1.(201),764])

4) 통관의 종류

통관의 종류는 수입통관, 수출통관, 반송통관이 있다.

- 수입통관 : 외국물품을 우리나라로 반입

- 수출통관 : 내국물품을 외국으로 반출
- 반송통관 : 외국물품을 보세구역에서 다시 외국으로 반출

반송절차는 수출절차와 유사하므로 본서에서는 수입통관과 수출통관을 위주로 하여 통관절차를 설명한다.

2. 수출통관

수출통관이란 내국물품을 외국으로 반출하는 것과 관련하여 법령상의 규제사항을 확인·집행하는 것이다. 광의의 수출통관이라 함은 수출하려는 물품의 제조에서부터 수출신고, 검사, 심사, 신고수리를 거쳐 해당 물품을 우리나라와 외국 간을 왕래하는 운송수단에 적재하기까지의 절차를 말하며, 협의의 수출통관이라 함은 수출신고에서부터 수출신고수리까지의 세관절차를 의미하고 있으나 일반적으로 수출통관이라 함은 광의의 절차를 말한다.

3. 수입통관

협의의 수입통관은 세관에 수입물품을 신고하고 검사를 받는 절차를 말하고, 광의의 수입통관은 화물의 도착부터 시작하여 양하, 보세지역 반입, 통관, 화물의 인수까지의 과정을 말한다. 본서에서 수입통관은 광의로 해석하여 관련 절차를 살펴보고자 한다.

수입절차는 국내 수입회사와 해외의 수출회사 사이에서 체결되는 물품 매매계약(수입계약)을 체결하고 수입신용장을 개설하여 화물이 실제로 수입되면 이것을 국내 수요자에게 매각해 수입화물대금을 결제하는 것으로 종료되는 일련의 과정이다. 이것을 주요단계별로 나누어 나타내면 수입계약의 성립 → 수입승인(수입요건확인 필요 품목) → 신용장 개설 → 선적관계서류 도착 → 화물 도착 → 양하 및 보세지역 반입 → 수입통관 → 화물 인수 → 수요자에게 인도 → 화물대금 결제이다. 수입에는 해상운송계약, 보험계약 및 수입금융의 절차 또한 부수적으로 따른다.

통관절차에서 수입의 경우 각 단계에 따라서 은행, 해운, 보험 및 창고업, 세관 등과 관계가 되며 외환관리, 무역관리 및 그 밖의 수입제한법령과의 관계에서 산업통상자원부, 농림축산부, 해양수산부, 기획재정부 그 밖의 관계관청의 허가 또는 승인이 필요하게 된다. 또 통상적인 경우 수입은 수입품의 대가 지불을 수반하기 때문에 수입거래에 따라 발생하는 결제에 대해 외국환관리에 필요한 규제가 행해지게 되어 있다.

물품을 수입하려는 경우에는 우선 해당 물품이 관련법령에 의한 수입요건(검사·검역·허가·추천증 등)을 구비하여야 하는지 여부를 확인하고 수입계약을 체결하는 것이 좋다. 요건구비대상에 해당되는 물품은 요건확인 기관(검사·검역·추천기관 등)의 확인을 받고 해당 구비서류를 갖추어야 세관의 통관이 가능하기 때문이다. 모든 수입물품은 세관에 수입신고를 하여야 하며, 세관에서 수입신고를 수리하여야 물품을 국내로 반입할 수 있다. 수입신고는 우리나라에 물품이 도착되기 전에도 가능하다.

관세청은 신고인이 자기 사무실에서 전산으로 수입신고를 하고 수입신고수리 결과를 통보받을 수 있는 “서류 없는(Paperless) 수입통관제도”를 시행하고 있다. 이 제도는 수입신고의 정확도가 높고, 체납사실이나 관세법 또는 환급특례법 위반사실이 없는 성실업체로 지정을 받은 업체가 이용할 수 있다. 우리나라에 물품이 도착된 경우에는 이를 보세창고에 장치하여야 하는데 수입신고는 보세창고반입전이나 반입 후 어느 때라도 가능하다. 수입신고는 화주, 관세사, 관세사법인, 통관취급법인의 명의로 하여야 한다.

화주가 직접 신고하는 경우에는 수입신고 사항을 세관에 전송하기 위한 전산설비 등을 갖춘 후 세관에서 ID를 부여받아 신고하는 방법과 영세수출업체의 경우 무역협회 등에 설치된 공용단말기를 통하여 신고하는 방법이 있다. 수입신고시에는 신고자가 관세 등 세금의 부과기준이 되는 과세가격, 관세율 및 품목분류번호, 과세환율 등을 확인하여 신고하여야 하므로 이를 잘 모르는 경우에는 전문가인 관세사에게 통관 대행을 의뢰할 수 있다.

관세법은 조세법적 기능으로 관세·내국세 등의 징수를 대상으로 하지만, 통관법적 기능을 가지고 있어 관세법에서 규정한 절차를 이행하여 물품을 수출·수입 또는 반송하도록 하고 있다. 종전에는 물품 통관과 관세징수가 거의 동시에 이루어졌으나 오늘날 물류의 흐름을 신속하게 하기 위하여 통관과 징수절차를 분리하여 선통관 후납부제도로 운영되고 있다.

3 통관물류

수출입 및 반송과 관련된 세관절차를 통관이라고 하면 통관물류는 수출입·반송과 관련된 물류활동이라고 할 수 있다. 물류의 개념은 과거 단순한 ‘물자의 흐름’으로 이해되었으나 현재에는 ‘재화가 공급자로부터 조달·생산되어 수요

자에게 전달되거나 소비자로부터 회수되어 폐기될 때까지 이루어지는 운송·보관·하역(荷役) 등과 이에 부가되어 가치를 창출하는 가공·조립·분류·수리·포장·상표부착·판매·정보통신 등'으로 확대되었다.[5] 결국 「통관물류」라고 하는 것은 '수출입 과정에서 일어나는 운송·보관·하역(荷役) 등과 이에 부가되어 가치를 창출하는 가공·조립·분류·수리·포장·상표부착·판매·정보통신 등의 활동'이라고 할 수 있다.

수출입 통관은 국제운송, 항만하역, 보세창고 입고, 통관수속, 화주 인도 등 일련의 절차를 거치기 때문에 물류기능별로 엄격하게 구분하기가 어려운 경우가 많다. 법원에서도 통관절차의 특성상 관세범의 성립시기를 특정하기 어렵다고 판시하고 있다.

> 판례 관세범은 통상 일련의 절차를 거치는 수출입통관의 특성상 기수와 미수, 나아가 미수와 예비를 엄격하게 구분하기가 어렵고, 더욱이 이 사건에서는 기수 범행에 이른 물품과 미수나 예비범행에 그친 물품을 각각 특정하기가 사실상 매우 어려울 것으로 보이는데다가 원심이 인용한 제1심판결의 범죄사실 적시부분을 전체적으로 보면, 비록 물품별로 특정하지는 않았지만 밀수입할 물품들을 본선에 싣고 와 대한민국 항내에 정박하고 전마선(큰 배와 육지 또는 배와 배 사이의 연락을 맡아 하는 작은 배)에 분선하여 선적한 후 부산조선소 안벽에 접안하여 하역작업을 함으로써 위 물품들을 밀수입한 취지로 설시함으로써 그런대로 예비, 미수, 기수부분을 포괄적으로 설시한 것으로 수긍 못할 바 아니다(대법원 2000. 4. 25. 선고 99도5479 판결[공2000.6.15. (108), 1357])

오늘날 물류의 중요성이 강조되고 있는데 물류활동의 가장 중심에 있는 것이 통관물류라고 할 수 있다. 한국 경제에서 재화의 공급자가 국내에 있는 경우도 있지만 모든 생산활동의 기본이 되는 원자재는 대부분 수입에 의존하고 있다. 생산물류의 핵심은 원자재 수출국의 수출절차와 한국의 수입절차로 대표되는 통관물류이다. 외국의 원자재를 사용하여 생산한 완제품을 수출하는 것도 세관을 중심으로 한 통관물류가 매우 중요한 역할을 한다.

기업의 입장에서 상품의 통관 절차가 투명하고 예측 가능한 절차에 따라 국경선을 신속하게 통과할 수 있다는 것은 기업 경쟁력 강화에 커다란 영향을 미친다. 국가의 입장에서도 효율적인 통관을 통해 관세 징수를 통한 국가수입을 확보할 수 있고 해외투자를 유치를 통해 국가 경제발전에 기여할 수 있다.

통관절차는 WTO DDA 협상에서 무역원활화(trade facilitation)의 관점에서

5) 물류정책기본법 제2조 제1호, 법률 제8617호 2007.8. 3. 전부개정.

논의되고 있다. 무역원활화는 불필요한 제한을 회피하는 의미한다. 불필요한 제한 철폐는 통관과정에서 최신 현대기술이나 장비를 이용하거나 국제적으로 통일된 수준의 품질통제를 통해서도 달성될 수 있다.

세계관세기구(World Customs Organization)는 1973년에 통관절차 간소화와 통일에 관한 국제조약(International Convention on the Simplification and Harmonization of Customs Procedures)을 채택했으며 이를 1999년 6월 개정된 개정교토협약 (Revised Kyoto Convention)은 2006년 2월부터 시행되고 있다. 이 협약은 글로벌 무역시스템에서 관세행정기관에 의해 수행되는 무역원활화에 관한 중요한 국제적 제도장치로 여겨지고 있다. 교토협약 이외 무역원활화와 통관절차에 관계되는 국제협약은 ATA Convention, 이스탄불협약(Istanbul Convention), 컨테이너에 관한 관세협약(Customs Convention on Containers 1972), 수출통제에 관한 협약과 프로그램(Conventions and Programmes Concerning Export Controls) 등이 있다. ICC에서도 통관절체에 관한 가이드라인을 제정하였다.

통관절차의 효율적이고 효과적인 통관절차는 국가경제 경쟁력, 국제무역, 그리고 글로벌경제의 발전에도 큰 영향을 미친다.

4 통관물류관련법의 체계

통관물류법은 '수출·수입 또는 반송 과정에서 물품을 운송 또는 물류시설에 보관하거나 그 밖의 통관에 필요한 모든 서비스의 제공과 관련된 모든 법규'라고 할 수 있다.

통관물류법규에서 가장 중요한 것은 관세법과 하위법령이다. 관세법은 13장 329개 조문으로 이루어져 있다. 이 가운데 관세의 부과를 위한 부분이 제1장부터 제5장까지이며 통관과 관련되는 부분이 제6장 운송수단, 제7장 보세구역, 제8장 운송, 제9장 통관, 제10장 세관공무원의 자료제출요청 등이다. 제1장 총칙과 11장 벌칙, 제12장 조사와 처분, 제13장 보칙은 조세와 통관부분 모두 적용된다. 물류의 기능적 구분에 따라 통관부분을 정리하면 제6장 운송수단과 제8장 운송은 물류의 운송기능, 제7장 보세구역은 물류시설, 제9장 통관과 제10장 세관공무원의 자료제출 요청은 물류서비스와 관련이 있다. 관세법 하위법령은 관세법 시행령과 시행규칙이 있다.

【그림 4-1】 통관관련 법령의 체계

관세청에서는 관세법을 집행하기 위해 96개의 고시를 가지고 있다. 이들 고시 가운데 관세와 내국세 징수와 직접적으로 관련이 있는 고시를 제외하면 통관지원국의 57개 고시(폐지고시 2개 포함)와 조사감사국의 6개 고시가 통관과 직접적으로 관계가 있다. 통관과 직접 관계가 있는 고시는 폐지고시 2개를 제외하면 현재 61개이다. 심사정책국의 고시 30개는 관세의 과세와 관련이 있는 고시들이다.

관세청 통관지원국의 통관기획과, 수출입물류과, 특수통관과, 공정무역과는 통관물류에서 있어서 가장 중요한 역할을 하고 있다. 통관기획과는 가장 중요한 수출·수입통관절차 업무를 담당하고 있으며 수출입물류과는 물류시설인 보세구역관련 업무를 담당하고 있으며 공정무역과는 수출입 물품의 요건확인에 관한 역할을 하고 있다. 관세청에서 운용하고 있는 여러 고시는 관세청 홈페이지의 법령정보관련 사이트 〈http://law.customs.go.kr/〉에서 확인할 수 있다.

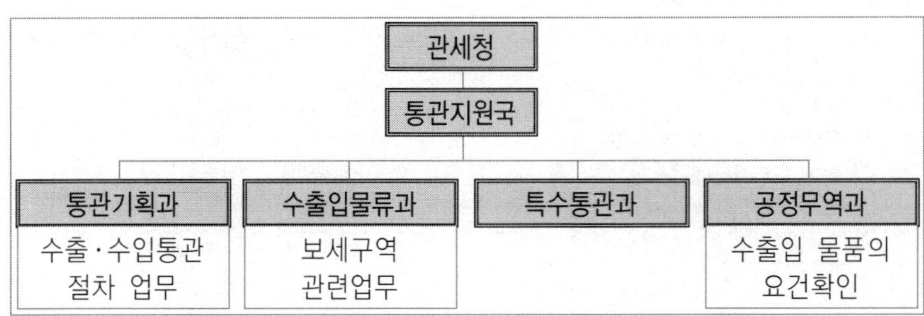

〈표 4-1〉 관세청 통관 관련 고시 목록

	통관지원국		
	통관기획과		수출입물류과
1	수입통관사무처리에 관한 고시	1	관리대상화물 관리에 관한 고시
2	수출통관사무처리에관한고시	2	국고귀속물품의국고귀속이전보관료지급에관한고시
3	반송절차에관한고시	3	보세건설장관리에관한고시
4	관세법제97조 및 동법시행규칙 제50조 시행에 관한 고시	4	보세공장운영에관한고시
5	관세사업무 및 통관업 운영에 관한 고시	5	보세사제도운영에관한고시
6	남북한교역대상물품및반출 · 반입승인절차에관한고시	6	보세운송에관한고시
7	무역통계작성및활용에관한고시	7	보세전시장운영에관한고시
8	관세감면물품수입신고전심사제운영에관한고시	8	보세판매장운영에관한고시
9	수출입신고오류방지에관한고시	9	보세화물관리에관한고시
10	전략물자수출입통관에관한고시	10	보세화물입출항하선하기및적재에관한고시
11	개성공업지구반출입물품및통행차량통관에관한고시	11	보세화물장치기간및체화관리에관한고시
12	남북간철도차량의출입절차에관한고시제정	12	자유무역지역반출입물품의관리에관한고시
13	관세법제89조의규정에 따른 제조(수리)공장의지정에관한고시	13	자율관리보세구역운영에관한고시
14	통관고유부호및해외공급자부호등록 · 관리에관한고시관세청고시	14	제주국제자유도시지정면세점운영에관한고시
		15	종합보세구역의지정및운영에관한고시
15	관세법제226조의규정에의한세관장확인물품및확인방법지정고시	16	특허보세구역운영에관한고시
		17	콘테이너관리에관한고시
16	세관감시소가분장할수있는통관업무의지정에관한고시	18	환적화물처리절차에관한특례고시
		19	선 · 기용품및선 · 기내판매용품의하역등에관한고시
	특수통관과		공정무역과
1	남북교역물품통관관리에관한고시	1	수출물품원산지증명발급규정에관한고시
2	남북한왕래자휴대품통관에관한고시	2	원산지제도운영에관한고시
3	선박편으로일시수출입하는차량통관에관한고시	3	남북교역물품의 원산지 확인에 관한 고시
4	여행자및승무원휴대품통관에관한고시	4	한 · 칠레자유무역협정이행을위한관세법특례사무처리에관한에 관한 고시
5	이사물품수입통관사무처리에관한고시	5	지적재산권보호를위한수출입통관사무처리에관한고시
6	일시수출입하는차량통관에관한고시	6	자유무역협정의이행을위한관세법의특례에관한법률사무처리에관한 고시
7	특송물품수입통관사무처리에관한고시		
8	ATA까르네에의한일시수출입통관에관한고시		조사감시국 감시과
9	COB화물통관사무처리에관한고시	1	선(기)용품및용역공급업등의등록에관한고시
10	SOFA면세차량양도승인에 관한 고시	2	외국무역기의입출항및전환절차등에관한고시
11	전자상거래물품등의 특별통관절차에 관한 고시	3	외국무역선의입출항전환 및 승선절차에관한고시
12	선박 및 항공기의 승객예약자료의 제공 및 이용에 관한 고시	4	환적화물처리절차에대한고시
13	관세법제256조제2항의규정에의한 통관우체국지정에관한고시	5	관세법시행령제155조의2제3호의규정에의한 개항지정기준에 관한 고시
14	국제우편물 수입통관 사무처리에 관한 고시	6	남북간 통행차량의 등록 및 출입절차에 관한 고시

제2절 통관요건확인

외국에서 수입된 화물은 경우에 따라 우리나라의 산업, 경제, 보건, 위생 및 안전 등에 영향을 끼치는 것이 있으며 이런 화물에 대해서는 관련 국내법령에 의해 수입규제를 하고 있다. 수입규제에 대해서는 대외무역법과 그 밖의 법령에 의해 수입에 대한 허가·승인이나 행정기관의 처분 또는 수입에 관한 검사나 조건의 구비를 필요로 한다고 규정하고 있으며, 그 규제는 관세법의 수입신고 수리 과정에서 요건 확인을 함으로써 그 실효성을 확보하게 되어있다. 따라서 물품의 수입에 대해 관세법 이외의 다른 법령에 의한 허가·승인 등을 필요로 하는 경우에는 화물의 통관절차를 행하기 전에 그 밖의 법령에서 규정하는 허가·승인 등을 사전에 취득하여 통관절차 때에 세관에 증명하고 확인을 받지 않으면 수입신고 수리가 되지 않게 되어있다. 수출입요건에 관한 기본적인 사항을 정하고 있는 법률은 대외무역법이다.

1 관세법상의 통관요건 확인

1. 허가 · 승인 등의 증명 및 확인

1) 구비조건의 증명

수출입을 할 때 법령에서 정하는 바에 따라 허가·승인·표시 또는 그 밖의 조건(구비조건)을 갖출 필요가 있는 물품은 세관장에게 그 허가·승인·표시 또는 그 밖의 조건을 갖춘 것임을 증명하여야 한다(법 제226조 제1항). 여기서 "조건의 갖출 필요가 있는 물품"이라 함은 수출입을 할 때 법령에서 정하는 바에 따라 요건확인이 가능한 수출입관련 기관에서 수출입물품에 대한 허가, 승인, 표시 및 그 밖의 조건의 확인·증명이 필요한 물품을 말한다.[6)]

2) 구비조건의 확인

구비조건에 대한 세관장의 확인이 필요한 수출입물품에 대하여는 다른 법령에도 불구하고 그 물품과 확인방법, 확인절차, 그 밖에 필요한 사항을 미리 공고하여야 한다(법 제226조 제1항). 구비조건의 구비를 요하는 물품에 대하여 관세청장은 주무부장관의 요청을 받아 세관공무원에 의하여 확인이 가능한 사항인지 여부, 물품의 특성 기타 수출입물품의 통관여건 등을 고려

6) 통칙 226-0...1

하여 세관장의 확인대상물품, 확인방법, 확인절차(관세청장이 지정·고시하는 정보통신망을 이용한 확인신청 등의 절차를 포함한다), 그 밖에 확인에 필요한 사항을 공고하여야 한다(영 제233조).

3) 확인물품 및 확인사항

『세관장확인대상물품』은 국민보건, 위생, 환경 등 행정목적에 따라 수출입관련 특별법령상 규제 또는 제한 사항을 통관할 때 확인하기 위한 것이다. 규제대상은 수출입공고상 수출입금지품목과 제한품목, 자연환경보전법상 멸종위기에 처한 동식물, 식품위생법상 식품첨가물 등이다. 관세청장은 주무부장관의 요청을 받아 세관장의 확인대상물품과 확인방법을 공고하여야 한다.

(1) 세관장확인대상 수출물품

① 대상법령 및 물품의 범위와 구비요건

대상법령 및 물품의 범위	구비요건
(1) 「마약류관리에 관한 법률」 해당물품	ㅇ 식품의약품안전청장의 수출승인(요건확인)서
(2) 양곡관리법 해당물품	ㅇ 농수산물유통공사의 수출추천서
(3) 「폐기물의 국가간 이동 및 그 처리에 관한 법률」 해당물품	ㅇ 유역(지방)환경청장의 폐기물 수출허가확인서
(4) 외국환거래법 해당물품	ㅇ 세관장의 지급수단등의 수출신고필증 ㅇ 한국은행총재 또는 외국환은행장의 지급등의 방법(변경)신고서 또는 외국환신고(확인)필증
(5) 총포·도검·화약류 등 단속법 해당물품 (가) 권총·소총·기관총·포, 화약·폭약 (나) 그외의 총, 도검, 화공품, 분사기, 전자충격기, 석궁	 ㅇ 경찰청장의 수출허가증 ㅇ 지방경찰청장의 수출허가증
(6) 야생동식물보호법 해당물품 (가) 야생동물 (나) 멸종위기에 처한 야생동·식물(국제적 멸종위기종 포함) (다) 국외반출승인대상 야생동·식물	 ㅇ 시장·군수·구청장의 야생동물 수출허가증 ㅇ 유역(지방)환경청장의 멸종위기 야생동·식물(국제적 멸종위기종) 수출허가서 ㅇ 유역(지방)환경청장의 생물자원 국외반출승인서
(7) 문화재보호법 해당물품	ㅇ 문화재청장의 문화재 국외반출 허가서 또는 비문화재확인서
(8) 「남북교류협력에 관한 법률」 해당물품	ㅇ 통일부장관의 반출승인서
(9) 원자력법 해당물품 (가) 핵물질 (나) 방사성동위원소	 ㅇ 미래창조과학부장관의 핵물질수출승인서 ㅇ 한국방사성동위원소협회장의 수출요건확인서
(10) 가축전염병예방법 해당물품	ㅇ 국립수의과학검역원장의 검역증명서
(11) 폐기물관리법 해당물품	ㅇ 유역(지방)환경청장의 폐기물 수출신고확인서

② 물품별 수출요건

- HSK 10단위로 연계되지 아니하는 물품의 수출요건
  - 「남북교류협력에 관한 법률」에 의한 남북교역물품 중 컴퓨터 및 「대북전략물자의 반출승인절차에 관한 고시」(통일부) 제2조에 해당하는 전략물자는 통일부장관의 반출승인서
  - 문화재 또는 문화재일 가능성이 있는 물품은 문화재보호법에 의한 문화재청장의 문화재국외반출허가서 또는 비문화재확인서

판례 대외무역법의'사위 기타 부정한 방법으로 승인(승인을 하고자 할 때에는 수출입공고 및 통합공고에 따라야 한다고 규정되어 있다) 또는 변경승인을 얻은 자'라 함은 정상적인 절차에 따라 수입승인 또는 그 변경승인을 얻을 수 없는 경우임에도 불구하고 위계 기타 사회통념상 부정이라고 인정되는 행위로써 수입승인을 얻은 자를 의미하고, 그와 같은 사위 기타 부정한 방법으로 수입승인을 얻고 나아가 이를 세관장에게 신고하여 세관장의 수입면허나 수입신고필증을 받은 경우에는 관세법상 부정수입죄가 성립한다(대법원 2001. 1. 19. 선고 99도2488 판결[공2001.3.15.(126),582]).

(2) 세관장확인대상 수입물품

관세법 제226조의 규정에 의한 세관장확인물품 및 확인방법 지정고시 별표 2에 규정되어 있다.

2. 의무이행 요구

1) 의무이행

세관장은 다른 법령에 따라 수입 후 특정한 용도로 사용하여야 하는 등의 의무가 부가되어 있는 물품에 대하여는 문서로써 해당 의무를 이행할 것을 요구할 수 있다(법 제227조 제1항).

2) 의무의 면제

의무의 이행을 요구받은 자는 다음과 같이 특별한 사유가 없으면 해당 물품에 대하여 부가된 의무를 이행하여야 한다(법 제227조 제2항).

- 법령이 정하는 허가 · 승인 · 추천 그 밖의 조건을 구비하여 의무이행이 필요치 아니하게 된 경우
- 법령의 개정 등으로 의무이행이 해제된 경우
- 관계행정기관의 장의 요청 등으로 부가된 의무를 이행할 수 없는 사유가 있다고 인정 된 때

의무를 면제받으려는 경우 의무이행을 요구한 세관장의 승인을 얻어야 한다.

3. 통관표지 첨부

세관장은 관세 보전을 위하여 필요하다고 인정할 때에는 따라 수입하는 물품에 통관표지를 첨부할 것을 명할 수 있다(법 제228조). 세관장은 다음에 해당하는 물품에 대하여는 관세 보전을 위하여 통관표지의 첨부를 명할 수 있다.

- 법에 따라 관세의 감면 또는 용도세율 적용을 받은 물품
- 관세의 분할분납승인을 얻은 물품(법 제107조 제2항)
- 부정수입물품과 구별하기 위하여 관세청장이 지정하는 물품

4. 처벌

수입신고를 한 자 중 법령에 따라 수입에 필요한 허가·승인·추천·증명 그 밖의 조건을 구비하지 아니하거나 부정한 방법으로 구비하여 수입한 자는 3년 이하의 징역 또는 3천만원 이하의 벌금에 처한다.

판례 품질경영촉진법 제17조 및 그 시행규칙 제29조 제1항에 의하면 공기주입식 물놀이 보트를 수입하려는 자는 공업진흥청장의 안전검사를 받도록 규정하고 있고, 구 관세법(1998. 12. 28. 법률 제5583호로 개정되기 전의 것) 제180조 제1항 제2호에 의하면 법령에 따라 수입에 필요한 허가·승인·추천·증명 기타 조건을 구비하지 아니하거나 사위 기타 부정한 방법으로 구비하여 수입한 자를 처벌하도록 규정하고 있으며, 한편 제1심이 내세운 증거들에 의하면 피고인은 원래 2인승인 물놀이 보트'SEAHAWK 200'을 수입하기 위하여 공업진흥청장이 지정한 안전전문기관인 한국생활용품시험연구원에 안전검사를 신청하였으나 검사결과 정원수가 1.8명으로 측정됨에 따라 기준에 미달되어 불합격 판정을 받게 되자 위 물품의 카탈로그상의 정원수 2명을 백색 수정액을 사용하여 1명으로 변조한 다음 이를 복사하여 다시 위 연구원에 1인승 보트인양 안전검사를 신청하여 합격판정을 받은 후, 이에 기하여 세관장으로부터 수입면허를 받아 위 물품을 수입한 사실을 인정할 수 있다. 기록에 의하면, 원심이'변조'하였다고 판시한 카탈로그는 소비자에게 홍보물로 배포하기 위하여 피고인이 작성한 것으로서 그 수정 권한도 피고인에게 있는 것으로 보이므로 피고인이 위 카탈로그상의 승차 정원을 수정한 것이지 변조하였다고 볼 것이 아니다. 또한 기록에 의하면, 위'SEAHAWK 200' 보트는 좌석의 구분도 없고 원래 2인승으로 고정되어 있는 것도 아니며 그 승선인의 중량의 합계(Capacity)가 120kg으로서 1명이든 2명이든 중량의 합계가 120kg 이내이면 승선할 수 있는 것으로 보이므로, 피고인이 위 보트를 1인승으로(또는 승선 중량 합계 120kg으로) 판매할 의사를 가지고 1인승 보트로 안전검사를 신청하여 합격판정을 받아 위 보트를 수입한 것을 가지고 사위 또는 부정한 방법으로 수입한 것이라고 볼 수 없다 할 것이다(대법원 2000. 2. 11. 선고 98도2761 판결[공2000. 4. 1. (103), 735]).

수출신고를 한 자 중 법령에 따라 수출에 필요한 허가·승인·추천·증명 그 밖의 조건을 구비하지 아니하거나 부정한 방법으로 구비하여 수출한 자는 1년 이하의 징역 또는 2천만 원 이하의 벌금에 처한다.

2 원산지의 확인 등

모든 국가에 대하여 세율이 동일하다면 원산지가 중요하지 않지만 FTA 등 특혜 관세가 증가함에 따라 원산지의 중요성이 증대하고 있다. 원산지는 원산지 표시, 쿼터 관리, 반덤핑 및 상계관세의 결정에도 중요한 역할을 한다. 근래에는 글로벌 소싱(global sourcing)과 다국적 생산이 일반화됨에 따라 원산지 결정이 복잡한 이슈로 등장한다. GATT에서는 제9조에서 원산지 표시에 대하여 규정하고 있지만 원산지 규정 자체에 대하여 규정하고 있지 않다. UR 결과 WTO 원산지 협정이 타결되었다. 협정자체는 비특혜 원산지 규정에 대하여 정하고 있고 부록에 특혜 원산지 규정에 대하여 규정하고 있다.

1. 원산지제도 개요

1) 배경

원산지규정(Rules of Origin)은 국제무역에서 특정상품이 어느 국가에서 생산되고 제조되었는지를 판단하는 기준이다. 우리나라는 1990년 교토협약의 원산지규정(D1), 원산지증명(D2)에 가입 하고 1991년부터 원산지제도를 시행하였다. 1995년 WTO 원산지규정에 관한 협정에 따라 WTO와 WCO에서 통일원산지규정 제정을 위한 협상이 진행 중이다.

2) 원산지 규정의 필요성

원산지 규정은 소비자 및 생산자보호, 저가 물품에 대한 덤핑방지 및 상계관세 부과 등 산업보호 및 무역정책 기능, 국제조약 또는 국가 간 협정에 따라 특정국가에 특혜제공 대상물품의 결정, 원산지제도를 국제규범과 일치시킴으로써 통상마찰 사전예방 등의 목적이 있다. 우리나라는 물품에 원산지를 표시하는 제도와 원산지증명에 따라 원산지를 확인하는 제도를 운영하고 있다.

2. 원산지 확인 기준

관세법, 조약, 협정 등에 따른 관세의 부과·징수, 수출입물품의 통관, 원산지증명서가 발급된 물품을 수입하는 국가의 권한 있는 기관으로부터 원산지증명서 및 원산지증명서 확인자료의 진위 여부, 정확성 등의 확인요청에 따른 조사 등을 위하여 원산지를 확인할 때에는 다음에 해당하는 나라를 원산지로 한다(법 제229조 제1항).[7)]

1) 해당 물품의 전부를 생산 · 가공 · 제조한 나라 : 완전생산기준

해당 물품의 전부를 생산·가공·제조한 나라에 원산지를 부여하며, 주로 농림수산물이 그 대상이며 완전생산기준에 따라 원산지를 인정하는 물품은 다음과 같다.

- 해당국의 영역에서 생산한 광산물과 식물성 생산물
- 해당국의 영역에서 번식 또는 사육한 산동물과 이들로부터 채취한 물품
- 해당국의 영역에서 수렵 · 어로로 채집 또는 포획한 물품
- 해당국가의 선박에 따라 채집 또는 포획한 어획물 그 밖의 물품
- 해당국에서 제조 · 가공의 공정 중 발생한 부스러기
- 해당국 또는 해당국 선박에서 이상의 물품을 원재료로 하여 제조 · 가공한 물품

2) 해당 물품이 2개국 이상에 걸쳐 생산 · 가공 또는 제조된 경우에는 그 물품의 본질적 특성을 부여하기에 충분한 정도의 실질적인 생산 · 가공 · 제조 과정이 최종적으로 수행된 나라(실질적 변형기준)

해당 물품이 2개국 이상에 걸쳐 생산·가공 또는 제조된 경우에는 물품의 본질적인 특성을 부여하기에 충분한 정도의 실질적인 생산·가공·제조과정이 최종적으로 수행된 국가를 원산지국으로 인정하며, 무엇이 실질적 변형인가에 관하여 세번 변경이 원칙이지만 주요공정기준 또는 부가가치기준을 보완적으로 하기도하고, 3가지 기준을 각기 조합하여 적용하기도 한다.

(1) 세번변경기준

제조·가공과정을 통하여 원재료 세번과 다른 세번의 제품을 비교하여 HS단위가 일정단위 이상으로 변하는 경우 실질적인 변형으로 인정하여 원산지를 결정 하는 것으로 현재 HS 6단위를 기준으로 최종적으로 세번 변경이 발생한 국가를 원산지로 인정한다. 예를 들면 HS 9613.90

---

7) 2011년 7월 1일 시행

의 라이터부품으로 HS 9610.10의 라이터를 생산한 경우 라이터 생산국가가 원산지가 된다.

(2) 주요공정기준

기술적으로 보다 중요한 공정이 많이 수행된 국가는 가장 객관적인 기준으로 제조공정중 특정 공정을 수행하거나 특정부품을 사용한 국가를 원산지로 한다는 원리에 따라 원산지를 결정하는 것을 말한다. 예를 들면 섬유류에서 양복 등 재단된 부품을 봉제시 재단국, 스웨터 등 편직된 부품을 봉제시 봉제국이 원산지가 된다.

(3) 부가가치기준

경제적으로 일정비율 이상의 부가가치 기여국과 2개국 이상에 걸쳐 생산되는 특정상품의 경우 부가가치기준에 따라 일정수준의 부가가치를 창출한 경우 원산지를 결정하는 것을 말한다. 이 기준은 논리적으로 타당한 기준이나 서류제출 등 추가적인 부담이 있다. 사진기의 부가가치기준에 의한 원산지 판정은 다음과 같다.

- 해당 물품에 사용된 원료 및 부품의 부가가치가 완제품 부가가치의 35%이상인 경우 해당 원료 및 부품을 생산 또는 최초로 공급한 국가
- 위의 국가가 없거나 2개국 이상인 경우는 주요부품(셔터, 렌즈, 줌경통, 파인더)이 차지하는 부가가치의 비율이 높은 국가

(4) 예외

다음과 같이 최소(단순)가공으로서 해당 물품에 본질적 특성을 주지 않는 단순 가공 공정국가는 원산지를 부여하지 않는다. 예를 들면 포도주를 용기에 담는 행위는 비록 포도주 HS가 2204.29이고 2L 이하 용기에 넣은 것 HS 2204.21로 6단위의 변경이 일어나지만 원산지를 부여하지 않는다.

- 운송 또는 보세구역 장치 중에 있는 물품의 보존을 위하여 필요한 작업
- 판매를 위한 물품의 포장개선 또는 상품표시등 상품성 향상을 위한 개수작업
- 단순한 선별 · 구분 · 절단 또는 세척작업
- 재포장 또는 단순한 조립작업
- 물품의 특성이 변하지 아니하는 범위 내에서 원산지가 다른 물품과 혼합작업
- 가축의 도축작업

3) 특수물품의 원산지 결정기준

촬영된 영화용 필름, 부속품·예비 부분품 및 공구와 포장용품은 다음의 구분에 따라 원산지를 인정한다.

- 촬영된 영화용 필름은 그 영화제작자가 속한 나라
- 기계 · 기구 · 장치 또는 차량에 사용되는 부속품 등은 함께 수입되어 동시에 판매되고 종류 및 수량으로 보아 통상 그 부속품이라고 인정되는 물품은 해당 기계 · 기구 · 장치 또는 차량의 원산지
- 포장용품은 그 내용물품의 원산지(관세 · 통계통합품목분류표상 포장용품과 내용품을 각각 별개의 품목번호로 하고 있는 경우에는 예외)

4) 조약 · 협정 등의 시행을 위한 원산지 기준

조약·협정 등의 시행을 위하여 원산지 확인 기준 등을 따로 정할 필요가 있을 때에는 기획재정부령으로 원산지 확인 기준 등을 따로 정한다(법 제229조 제3항).

5) 직접운송원칙

원산지를 결정할 때 해당 물품이 원산지가 아닌 국가를 경유하지 아니하고 직접 우리나라에 운송·반입된 물품인 경우에만 그 원산지로 인정한다. 다만, 다음 어느 하나에 해당하는 물품인 경우에는 우리나라에 직접 반입한 것으로 본다.

- 다음 요건을 모두 충족하는 물품일 것
  · 지리적 또는 운송상의 이유로 단순 경유한 것
  · 원산지가 아닌 국가에서 관세당국의 통제하에 보세구역에 장치된 것
  · 원산지가 아닌 국가에서 하역, 재선적 또는 그 밖에 정상 상태를 유지하기 위하여 요구되는 작업 외의 추가적인 작업을 하지 아니한 것
- 박람회 · 전시회 및 그 밖에 이에 준하는 행사에 전시하기 위하여 원산지가 아닌 국가로 수출되어 해당 국가 관세당국의 통제하에 전시목적에 사용된 후 우리나라로 수출된 물품일 것

3. 원산지 표시의 원칙

1) 원칙적인 원산지 표시 방법

원칙적 원산지 표시 방법이라 함은 현품에 주조(molding), 식각(etching), 낙인(branding), 박음질(stitching), 인쇄(printing), 등사(stenciling)방식 및 이

와 유사한 방법을 말한다. 세관장은 주조(molding), 식각(etching), 낙인(branding), 박음질(stitching)에 의하여 표시된 경우에는 다른 표시요건에 위반되지 않은 한 별도의 심사 없이 이를 인정한다. 세관장은 인쇄(printing), 등사(stenciling) 방식에 의한 표시로서 스탬프잉크 등과 같이 대상물품의 재질에 따라 쉽게 제거될 수 있는 경우에는 그 견고성을 심사하여야 한다.

2) 예외적인 원산지 표시 방법

예외적인 원산지 표시 방법이라 함은 현품에 날인(stamping), 라벨(labelling), 스티커(sticker), 꼬리표(tag)부착에 의한 원산지 표시방식을 말한다. 다음에 해당하는 물품은 예외적인 방법에 의한 원산지 표시를 할 수 있다.

- 해당 물품의 특성상 원칙적인 방법에 의한 원산지 표시가 부적합한 경우
- 원칙적인 방법에 의한 원산지 표시를 할 경우 물품의 훼손우려가 있는 경우
- 예외적인 방법으로도 견고하게 원산지 표시를 할 수 있는 경우
- 그 밖의 예외적인 방법에 의한 원산지 표시가 건전한 상거래 관행으로 정착되어 최종구매자의 피해우려가 없는 경우

다음 사례에 해당하는 물품은 예외적인 방법에 따라 원산지 표시를 할 수 있으며 이외에 예외적 표시방법을 적용함이 타당하다고 판단되는 물품에 대하여는 이를 추가로 지정하여 줄 것을 관세청장에게 요청할 수 있다.

〈표 4-2〉 예외적인 원산지 표시 방법이 허용될 수 있는 사례

1. 원칙적인 방식에 의한 표시가 부적합한 경우 - 가는 대나무 가지나 등나무 줄기 등을 가공하지 않고 그대로 역어서 만든 바구니 〈견고한 스티커, 꼬리표 표시 인정〉
2. 원칙적인 방식으로 표시하면 물품을 훼손할 우려가 있는 경우 - 표시공간이 없거나 가는 그물망 형태의 초소형 목걸이·귀걸이 등 정밀세공 장식품 〈양면접착식 스티커, 꼬리표 표시 인정〉 - 모든 면을 인쇄하여 사용하는 어린이용 목각완구로서 세트포장 판매되는 경우 〈박스표시와 동시 현품상 라미네이팅 스티커 인정〉 - 로봇 등의 조립완구로서 세트 포장으로만 판매하는 경우 〈박스상에 원산지 표시 인정〉
3. 예외적 방식으로도 원칙적인 방식과 같은 정도로 견고하게 표시할 수 있는 경우 - 표면처리가 되지 않은 목제품 〈잉크가 스며들도록 한 스탬프 날인 인정〉
4. 예외적인 표시방식이 이미 건전한 상거래관행으로 일반화되어 있는 경우 - 컴퓨터, 전화기, 계산기, TV 등 가전제품 : 윗면을 코팅 처리한 스티커표시 인정 - 의류 등 섬유제품·가방·신발 : 천으로 재봉된 라벨표시 인정 - 비누, 칫솔, 비디오테잎, 칼날면도기, 건전지 등 상거래관행상 밀봉 포장·봉인되어 판매되는 물품 : 포장상에 원산지 표시 인정

약사법·식품위생법·검역법·전기용품안전관리법 및 품질경영 및 공산품안전관리법 등에 따라 품명·성분·규격 및 수입자 등을 표시할 때 원산지를 함께 표시한 경우 이를 적정한 원산지 표시로 인정할 수 있다. 다만, 다음 어느 하나에 해당하는 경우는 제외한다.

- 주문자상표부착생산(OEM, Original Equipment Manufacturing)[8] 수입식품류와 같이 원산지오인을 초래할 우려가 있는 경우
- 원산지 표시가 견고하지 않거나 쉽게 제거가 가능한 경우
- 수입자 · 주소 · 연락처 등의 표시사항이 수입신고서류와 일치하지 않는 경우

별도로 수입되는 1회용 포장용기로서 수입 후 국내에서 제조되는 물품에 사용되는 것이 명백한 경우에는 해당 제조된 물품의 원산지를 포장용기에 표시할 수 있다.

3) 물품의 특성 등을 고려한 표시방법 지정

대외무역관리규정에 의거 물품의 특성 등을 고려하여 관세청장이 정하는 세부적인 원산지 표시 방법은 원산지제도 운영에 관한 고시 별표6(관세청고시 제2009-26호)과 같이 하며, 관세청장이 이를 추가로 지정한 경우에는 관세청 홈페이지 등을 통하여 공고한다.

지정한 방법으로 원산지를 표시하기 곤란한 합리적인 사유가 있음을 수입자가 입증하는 경우에는 세관장이 관세청장의 승인을 받아 표시방법을 따로 지정할 수 있다.

4) 원산지국명 표기

대외무역관리규정 제76조제1항 및 제6항의 규정에 따른 원산지국명 표기방법의 인정범위는 다음과 같다.

- 영문으로 국명을 표시하는 경우에는 약어(예: Great Britain을 “Gt Britain”으로 표기) 또는 변형된 표기(예: Italy를 “Italie”로 표기)를 표시할 수 있으나, 국명 또는 국명의 형용사적 표현이 다른 단어와 결합되어 특정상품의 상표로 최종구매자에게 오인될 우려가 있는 경우(예: Brazil Nuts)에는 원산지 표시로 인정하지 아니한다.
- 식민지 및 국가로부터 자치권을 행사하는 특별구역은 별도의 원산지국가로 표시하여야 한다.(예: Hong Kong, Macao, Guam, Samoa Islands, Virgin Islands)

8) 상표사용권한을 가진 수입자가 계약에 의해 해외공급자에게 물품의 제조를 의뢰하면서 자신의 상표를 붙이도록 요구하여 수입하는 것을 말한다.

- 각각의 개별 국가가 아닌 지역·경제적연합체는 이를 원산지로 표시할 수 없다.(예: EU, NAFTA, ASEAN, MERCOSUR, COMESA)
- 과거 별도의 국가였던 이유 등으로 국제적으로 지역명 표시를 용인하는 경우에는 이를 적정한 원산지 표시로 인정할 수 있다.(예: 영국내의 Scotland)
- 국제관행상 국명만 표시하는 것으로 인정되는 물품의 경우에는 국명만 표시 할 수 있다.(예: 시계, 볼펜, 사인펜, 연필, 색연필 등)

5) 원산지 표시의 면제

세관장은 대외무역관리규정 제82조에 규정한 원산지 표시면제대상 이외에 다음 어느 하나에 해당하는 물품에 대하여 원산지 표시를 면제할 수 있다.

- 판매목적이 아닌 자선목적의 기부물품
- 우리나라로 수입되기 20년 이전에 생산된 물품
- 보세구역에서 국내로 반입되지 않고 외국으로 반송(중계무역 및 환적 포함)되는 물품
- 개인이 자가소비용으로 수입하는 물품으로서 세관장이 타당하다고 원산지 표시 물품(영업용 또는 선물용으로 사용할 물품을 제외한다)
- 수입자의 상호·상표 등이 인쇄되어 전시용으로만 사용하는 물품
- 기계류 등의 본 제품과 같이 세트로 포장되어 수입되는 부분품·부속품 및 공구류

대외무역관리규정 제82조제1항제3호부터 제5호에 규정된 “실수요자를 위하여 수입을 대행하는 경우”에는 수입자 자신의 비용으로 해당 물품을 수입하여 실수요자에게 직접 납품하는 경우를 포함한다. 이 경우 수입자는 납품계약서 등 증빙서류를 제출하여야 하며 세관장은 사실여부를 확인한 후 수리하여야 한다.

6) 수입통관 후 원산지 표시의무 이행통지 및 자료제출

세관장은 다음 어느 하나에 해당하는 원산지 표시대상물품을 수입하는 자에게 수입신고수리 후 원산지 표시 의무를 준수할 것과 양도[9]시에는 양수인에게 원산지 표시 의무 및 관련자료 제출 등에 대한 의무를 준수하도록 서면으로 통지하여야 한다.

- 재포장되는 물품
- 분할포장되는 물품

9) 양수자가 재양도하는 경우를 포함한다.

- 단순가공을 거치거나 다른 물품과 결합되는 물품
- 현품에 원산지 표시를 할 수 없는 물품으로서 낱개 포장되어 판매되는 물품
- 산물
- 수입물품 유통이력관리 고시 별표1의 유통이력신고 대상물품

원산지 표시 등 의무의 통지는 다음 방법에 의한다.

- 유통이력신고 대상물품의 경우에는 「수입통관 후 원산지 표시 의무에 관한 통지서(별지 제6호 서식)」를 수입자(또는 신고인)에게 교부하고 의무이행 요구사항(별표7)의 내용을 관세행정정보시스템에 전산입력 및 수입신고필증에 표시(개정 2008.12.9, 2009.7.27)
- 그 외의 경우에는 관세행정정보시스템에서 의무이행 요구사항(별표7)의 내용을 선택하여 입력하고 수입신고필증의 세관기재란에 스탬프로 표시[10)]

물품의 수입자 및 수입자로부터 양수하여 재양도한 자[11)]는 해당 물품을 양수한 자에게 「수입통관 후 원산지 표시 의무에 관한 통지서(별지 제6호 서식)」 사본을 교부하여야 한다.

4. 원산지증명서의 발행

1) 발급

관세법, 조약, 협정 등에 따라 관세를 양허받을 수 있는 물품의 수출자가 원산지증명서의 발급을 요청하는 경우에는 세관장이나 그 밖에 원산지증명서를 발급할 권한이 있는 기관은 그 수출자에게 원산지증명서를 발급하여야 한다(법 제232조의2 제1항).[12)] 수출물품 중 세관장이 원산지증명서를 발행할 수 있는 경우는 우리나라가 원산지인 물품으로서 다음 어느 하나에 한한다.

- 남북교역물품[13)]
- GSP특혜를 받기 위하여 노르웨이, 캐나다, 뉴질랜드 등으로 수출되는 물품
- APTA 협정국으로 수출되는 물품
- GSTP 협정국으로 수출되는 물품

---

10) 다만, 서류 없는 수입신고(P/L신고)의 경우에는 관세행정정보시스템에서의 전산입력으로 갈음할 수 있다.
11) 중간 구매업자 등으로부터 재양수한 자 포함
12) 2011년 7월 1일 시행예정이며 하위법령이 마련되지 않았으므로 향후 시행령 및 시행규칙 개정사항에 주의를 해야 함
13) 북한으로 반출되는 것

- GATT 개발도상국간 양허관세(TNDC) 협정국으로 수출되는 물품
- FTA 협정 국가로 수출되는 물품
- 그 밖의 우리나라산 물품이 특혜관세를 공여받는 경우

세관에서 원산지증명서를 발급받으려는 수출자[14]는 관할세관장으로부터 전자민원 사용승인을 받고 전자공인인증서를 구입한 후 관세청홈페이지 통관포탈시스템에 접속하여 특혜원산지증명서(별지 제1-2호 서식부터 제1-6호 서식) 및 수출신고번호 등 원산지증명발행신청서(별지 제4호 서식)의 내역을 입력한 후 민원신청 하여야 한다. 세관장은 민원신청내역과 구비서류(필요시에 한함)가 해당 협정 또는 특혜공여국의 원산지결정기준에 일치하는 지 여부와 수수료 납부사항을 확인한 후 이상이 없는 경우 즉시 승인 등록하여야 한다.

세관장으로부터 원산지증명발급 승인을 받은 신청인은 통관포탈시스템에 접속하여 원산지증명서(수출자용, 수입자용)를 출력할 수 있다. 다만, 분실 등 사정이 있는 경우 1년 이내에 한하여 재발급이 가능하며, 이 경우 "재발급" 또는 "Reissue" 등의 표현으로 재발급된 원산지증명서임을 명기하여야 한다.

전산시스템 정지 등 불가피한 사유로 구비서류를 첨부 원산지증명발급을 신청하는 경우 세관장이 그 내역을 시스템에 등록하고 증명서를 직접 발급한다. 세관장은 원산지결정기준 충족여부 등을 확인하기 위하여 소속 공무원으로 하여금 수출자의 제조여부 등을 확인하게 하거나 자료제출을 요구할 수 있다. 인사이동 등으로 인하여 원산지증명서 발급담당 공무원이 변경된 경우에는 즉시 발급기관등록서(별지 제5호 서식)를 작성하여 관세청을 경유 특혜 공여국에 등록한 후 원산지증명서를 발급하여야 한다.

2) 확인자료 제출

세관장은 발급된 원산지증명서의 내용을 확인하기 위하여 필요하다고 인정되는 경우에는 원산지증명서를 발급받은 자, 원산지증명서를 발급한 사람, 그 밖에 해당 수출물품의 생산자 또는 수출자로 하여금 원산지증명서확인자료를 제출하게 할 수 있다. 원산지 증명서 확인자료는 다음 구분에 따른 자료로서 수출신고 수리일부터 3년 이내의 자료를 말한다.

---

14) 수출신고한 관세사가 대리 가능

① 수출물품의 생산자가 제출하는 다음 자료

- 수출자에게 해당 물품의 원산지를 증명하기 위하여 제공한 서류
- 수출자와의 물품공급계약서
- 해당 물품의 생산에 사용된 원재료의 수입신고필증(생산자 명의로 수입신고한 경우만 해당한다)
- 해당 물품 및 원재료의 생산 또는 구입 관련 증명 서류
- 원가계산서·원재료내역서 및 공정명세서
- 해당 물품 및 원재료의 출납·재고관리대장
- 해당 물품의 생산에 사용된 재료를 공급하거나 생산한 자가 그 재료의 원산지를 증명하기 위하여 작성하여 생산자에게 제공한 서류
- 원산지증명서 발급 신청서류(전자문서를 포함하며, 생산자가 원산지증명서를 발급받은 경우만 해당한다)

② 수출자가 제출하는 다음 자료

- 원산지증명서가 발급된 물품을 수입하는 국가의 수입자에게 제공한 원산지증명서(전자문서를 포함한다)
- 수출신고필증
- 수출거래 관련 계약서
- 원산지증명서 발급 신청서류(전자문서를 포함하며, 수출자가 원산지증명서를 발급받은 경우만 해당한다)
- 해당 물품 및 원재료의 생산 또는 구입 관련 증명 서류, 원가계산서·원재료내역서 및 공정명세서, 해당 물품 및 원재료의 출납·재고관리대장(수출자가 원산지증명서를 발급받은 경우만 해당한다)

③ 원산지증명서를 발급한 자가 제출하는 다음 자료

- 발급한 원산지증명서(전자문서를 포함한다)
- 원산지증명서 발급신청 서류(전자문서를 포함한다)
- 그 밖에 발급기관이 보관 중인 자료로서 원산지 확인에 필요하다고 판단하는 자료

이 경우 자료의 제출기간은 세관장으로부터 원산지증명서 확인자료의 제출을 요구받은 날부터 30일을 말한다. 다만, 제출을 요구받은 자가 부득

이한 사유로 그 기간에 원산지증명서 확인자료를 제출하기 곤란할 때에는 그 기간을 30일의 범위에서 한 차례만 연장할 수 있다.

3) 조사

세관장은 원산지증명서가 발급된 물품을 수입하는 국가의 권한 있는 기관으로부터 원산지증명서 및 원산지증명서확인 자료의 진위 여부, 정확성 등의 확인을 요청받은 경우 등 필요하다고 인정되는 경우에는 원산지증명서를 발급받은 자 등을 대상으로 서면조사 또는 현지조사를 할 수 있다(법 233조 제2항).

5. 원산지증명서 제출 및 확인

1) 원산지증명서 제출 대상

법·조약·협정 등에 따라 다른 국가의 생산(가공 포함)물품에 적용되는 세율보다 낮은 세율을 적용받으려는 자로서 원산지 확인이 필요하다고 관세청장이 정하는 자와 관세율의 적용 그 밖의 사유로 인하여 원산지 확인이 필요하다고 관세청장이 지정한 물품을 수입하는 자는 해당 물품의 수입신고 때에 해당 물품의 원산지를 증명하는 서류를 세관장에게 제출하여야 한다(법 제232조 제1항 및 영 제236조 제1항).

(1) 특혜용 원산지증명서

다음 어느 하나의 규정·협정에 해당하는 양허관세를 적용받으려는 경우에는 수입신고시에 특혜용 원산지증명서를 제출하여야 한다.

- 최빈개발도상국에 대한 특혜관세공여규정(법 제76조)
- 세계무역기구협정 등에 의한 양허관세 규정 제3조의 세계무역기구협정 개발도상국간 양허관세(TNDC)
- 세계무역기구협정 등에 의한 양허관세 규정 제4조의 아시아태평양무역협정양허관세(APTA)
- 세계무역기구협정 등에 의한 양허관세 규정 제5조의 유엔무역개발회의 개발도상국간 양허관세(GSTP)
- 그 밖의 협정 등에 의해 국제협력관세(법 제73조), 편익관세(법 제74조) 등 특혜관세율을 적용 신청한 경우로서 적용배제 가능성이 있어 세관장이 이를 심사할 필요가 있다고 원산지 표시 물품

특혜관세 적용 대상국

〈표 4-3〉 최빈개발도상국에 대한 일반특혜관세(법 제76조) 적용국가

지 역	국 가
아시아(14)	아프가니스탄, 미얀마, 방글라데시, 네팔, 부탄, 캄보디아, 라오스, 몰디브, 키리바티, 사모아, 투발루, 바누아투, 솔로몬군도, 동티모르
아프리카(34)	앙골라, 베닌, 부르키나파소, 부룬디, 카보베르데, 중앙아프리카공화국, 차드, 코모로, 지부티, 적도기니, 에리트리아, 이디오피아, 감비아, 기니, 기니비사우, 레소토, 리베리아, 마다가스카르, 말라위, 말리, 모리타니아, 모잠비크, 니제르, 르완다, 우간다, 상토메프린시페, 시에라리온, 소말리아, 수단, 탄자니아, 토고, 잠비아, 세네갈, 콩고민주공화국
아메리카(1)	아이티
중동(1)	예멘

〈표 4-4〉 WTO-GATT협정의 개발도상국간 특혜관세(TNDC) 적용국가

지 역	국 가
아시아(3)	방글라데시, 파키스탄, 터키
아메리카(5)	멕시코, 브라질, 칠레, 페루, 우루과이
중동(2)	이집트, 이스라엘
아프리카(1)	튀니지
유럽(1)	루마니아

〈표 4-5〉 아시아-태평양무역협정(APTA) 양허관세 적용국가(회원국)

지 역	국 가
아시아(6)	한국, 중국, 인도, 스리랑카, 방글라데시*, 라오스*

〈표 4-6〉 유엔무역개발회의(UNCTAD) 개발도상국간 양허관세(GSTP) 적용국가(회원국)

지 역	국 가
아시아(13)	한국, 파키스탄, 베트남, 싱가포르, 인도, 인도네시아, 말레이시아, 스리랑카, 북한, 태국, 필리핀, 미얀마*, 방글라데시*
아메리카(13)	페루, 쿠바, 니카라구아, 멕시코, 가이아나, 에콰도르, 볼리비아, 칠레, 트리니다드토바고, 아르헨티나, 브라질, 콜롬비아, 베네주엘라
아프리카(13)	짐바브웨, 가나, 알제리아, 리비아, 나이지리아, 카메룬, 모로코, 튀니지아, 수단*, 기네아*, 베닌*, 모잠비크*, 탄자니아*
중동(3)	이라크, 이집트, 이란

※ 표시는 최빈개발도상국가

원산지증명서는 특혜관세적용국산 물품이고 원산지결정기준을 충족하는 물품으로서 완전생산기준·부가가치기준·가공공정기준·세번변경기준 등 원산지결정기준이 기재된 것이어야 한다.

특혜관세별 원산지결정기준

〈표 4-7〉 우리나라 관세특혜 양허 (수입 적용)

관세율 (code)	특혜관세명	원산지기준(일반)	최빈국 특례	증명발급
R	최빈개발도상국에 대한특혜관세(법76조)	- 부가가치 50%이상	(좌측과 동일)	기관발급
D	세계무역기구협정 개발도상국간양허관세(TNDC)	- 부가가치 50%이상		기관발급
E	아시아태평양무역협정(APTA)양허관세	- 원산국 부가가치 45%이상 - 역내누적 부가가치 60%이상	- 원산국 부가가치 35%이상 - 역내누적 부가가치 50%이상	기관발급
G	유엔무역개발회의 개발도상국간양허관세(GSTP)	- 원산국 부가가치 50%이상 - 역내누적 부가가치 60%이상	- 원산국 부가가치 40%이상 - 역내누적 부가가치 50%이상	기관발급
U	남북교역	- HS 6단위변경 (단순공정 제외)		기관발급

※ 특별한 규정이 없는 한, 부가가치율 계산시 FOB가격을 기준으로 함

특혜원산지증명서의 원산지 결정기준 부호, 특혜협정별 원산지 결정기준표, 원산지증명서 발행기관은 다음과 같다. 다만, 협정이 변경되거나 발행기관이 변경 통보된 경우 관세청장이 이를 홈페이지에 공고한다.

〈표 4-8〉 우리나라 특혜관세 수혜(원산지증명 발급)

발행코드	특혜 공여국	특혜적용 원산지기준	증명발급
A	남북교역	- HS 6단위변경 (단순공정 제외)	세관, 상공회의소
B	노르웨이 GSP	- HS 4단위 변경	세관, 상공회의소
B	캐나다 GSP	- FOB기준 60%이상 부가가치	세관, 상공회의소
B	뉴질랜드 GSP	- FOB기준 50%이상 부가가치	세관, 상공회의소
B	러시아연방, 카자흐스탄, 우크라이나 GSP,	- FOB기준 50%이상 부가가치	세관, 상공회의소
C	유엔무역개발회의 개발도상국간양허관세(GSTP)	- 원산국 부가가치 50%이상 - 역내누적 부가가치 60%이상	세관, 상공회의소
D	세계무역기구협정개발도상국간양허관세(TNDC)	- HS 4단위변경 : Israel - EXW 50%이상(HS 4변경) : Tunisia, Egypt, Bangladesh - FAS 50%이상(HS 4변경) : Mexico, Chile - FOB 50%이상(HS 4변경) : Brazil, Pakistan, Turkey, 기타	세관, 상공회의소
E	아시아-태평양무역협정 양허관세(APTA)	- 원산국 부가가치 45%이상 - 역내누적 부가가치 60%이상	세관, 상공회의소

〈표 4-9〉 특혜원산지 결정기준 부호

코드	원산지결정기준 (증명서상 원산지기준 표시방법)
A	완전생산기준 (A, P, Perfect, WO, WOR, WO-AK)
B	부가가치기준, 수입원재료 공제 (B, Y, Yield, Build-down)
C	부가가치기준, 역내부가가치 누적 (C, F, Pk, VAC, RVC, Build-up)
D	부가가치기준, 최빈국특례 적용 (D, G)
E	부가가치기준, 역외가공비 제외 (OP, Outward-Processing, Rule 6)
G	부가가치기준, 개성공단 역외가공 (Gaesung)
S	가공공정기준 (Specific-Process)
H	HS변경기준, 미소량제외 (De-Minimis)
W	HS변경기준, 수입원재료HS명시 (W, X, CTC, CTH, CTSH)
2	HS 2단위 변경 (CC, W)
4	HS 4단위 변경 (CTH, W)
6	HS 6단위 변경 (CTSH, W)
8	HS 6단위이하 변경 (CTSHS, W)
M	세번변경 + 부가가치기준 충족 (CTC&VAC, CTH+RVC)
N	세번변경 + 가공공정기준 충족 (CTC&Specific, CTH+Specific)
K	부가가치 + 가공공정기준 충족 (VAC&Specific, RVC+Specific)

※ 2가지 이상의 기준이 복합(Mixing)적으로 적용되는 경우 코드를 중복하여 사용
예1) HS 4단위 변경 + 역내부가가치 40%이상인 경우 : M 40%이상
* 증명서 인쇄 (M 40%이상) : CTC+RVC 40%이상
예2) 역내부가가치 65%이상 + 재단·봉제한 의류 : K 65%이상 Sewing
* 증명서 인쇄 (K Sewing 40%이상) : RVC+Specific 40%이상 Sewing

(2) 일반원산지증명서

세관장은 다음 어느 하나에 해당하는 품목에 대해서는 일반원산지증명서를 제출하도록 할 수 있다.

- 덤핑방지관세(법 제51조), 상계관세(법 제57조), 보복관세(법 제63조), 긴급관세(법 제65조, 제67조의2) 등이 적용되는 국가의 인접국에서 수입되거나 적용대상국 생산물품 중 동 관세 비적용 신청물품 또는 낮은 세율 적용신청 물품으로서 우회수입 등의 가능성이 있어 세관장이 이를 확인할 필요가 있다고 원산지 표시 물품.
- 대외무역법 · 식품위생법 · 검역법 등의 규정에 따라 원산지를 확인하는 품목

(3) 원산지증명서 표기 방법

원산지증명서는 한국어 또는 영어로 표기한 것이어야 한다. 다만, 다른 언어로 기재된 경우에는 이를 번역하여 원본과 함께 제출할 수 있다. 원

산지증명서는 수입화주가 "원본과 다를 경우 관련법령에 의한 처벌이 가능함을 알고 있음"을 의사 표시한 사본을 제출할 수 있으며, 세관장이 필요로 하는 경우에는 신고 수리 전 또는 수리 후 원본의 제출을 요구할 수 있다. 원산지증명서는 동일B/L건에 한하여 사용할 수 있다. 다만, 선복부족 등 부득이한 사유로 분할 선적한 경우에는 분할하여 사용할 수 있다.

2) 원산지증명서 제출 면제

다음의 물품은 원산지증명서류를 제출하지 아니한다(법 제232조 제1항 단서 및 영 제236조 제2항).

- 세관장이 물품의 종류 · 성질 · 형상 또는 그 상표 · 생산국명 · 제조자 등에 의하여 원산지를 확인할 수 있는 물품
- 우편물[15]
- 과세가격[16]이 15만 원 이하인 물품
- 개인에게 무상으로 송부된 탁송품 · 별송품 또는 여행자의 휴대품
- 그 밖의 관세청장이 관계행정기관의 장과 협의하여 정하는 물품
  - 수입된 물품의 하자보수용[17] 물품
  - 개인이 자가소비용[18]으로 수입하는 물품
  - 국내 제조회사에서 반복적으로 수입하는 물품으로서 이미 원산지가 확인되어 원산지증명서 제출이 필요 없다고 세관장이 원산지 표시 물품
  - 원산지사전확인을 받은 날로부터 1년 이내에 반입하는 물품[19]
  - 국내 보세공장·경제자유구역 · 자유무역지역 등 보세구역에 반입하여 실질적 변형을 초래하는 제조 · 생산과정을 거쳐 국내로 수입되는 물품[20]

3) 원산지 제출의 효과

세관장은 원산지증명서를 제출하지 아니하는 때에는 관세법, 조약·협정 등에 의한 관세율을 적용함에 있어서 일반특혜관세·국제협력관세 또는 편익관세를 배제하는 등 관세의 편익을 적용하지 아니할 수 있다(법 제232조 제2항).[21]

---

15) 법 제258조제2항의 규정에 해당하는 것을 제외한다.
16) 종량세의 경우에는 이를 법 제15조의 규정에 준하여 산출한 가격을 말한다.
17) 유상수리를 제외한다.
18) 영업용물품을 제외한다.
19) 원산지사전확인 내용과 변동이 없는 경우에 한한다.
20) 다만, 협정상 국내생산물품에 대해 특혜관세를 적용하도록 규정된 경우로서 해당 제조업체에서 부가가치·세번변경 등 협정이나 법령에 의한 원산지기준을 충족함을 확인하는 경우

4) 원산지증명서

(1) 증명서

세관장에게 제출하는 원산지증명서는 다음에 해당하는 것이어야 한다(영 제236조 제3항).

- 원산지국가의 세관 그 밖의 발급권한이 있는 기관 또는 상공회의소가 해당 물품에 대하여 원산지국가(지역을 포함한다)를 확인 또는 발행한 것
- 원산지국가에서 바로 수입되지 아니하고 제3국을 경유하여 수입된 물품에 대하여 그 제3국의 세관 그 밖의 발급권한이 있는 기관 또는 상공회의소가 확인 또는 발행한 경우에는 원산지국가에서 해당 물품에 대하여 발행된 원산지증명서를 기초로 하여 원산지국가(지역을 포함한다)를 확인 또는 발행한 것
- 관세청장이 정한 물품의 경우에는 해당 물품의 상업송장 또는 관련서류에 생산자 · 공급자 · 수출자 또는 권한 있는 자가 원산지국가를 기재한 것

원산지증명서에는 해당 수입물품의 품명, 수량, 생산지, 수출자 등 관세청장이 정하는 사항이 적혀 있어야 하며, 수입신고일부터 소급하여 1년 이내에 발행된 것이어야 한다. 다만, 수입신고일부터 소급하여 1년을 계산할 때 다음 구분에 따른 기간은 제외한다.

- 원산지증명서 발행 후 1년 이내에 해당 물품이 수입항에 도착하였으나 수입신고는 1년을 경과하는 경우: 물품이 수입항에 도착한 날의 다음 날부터 해당 물품의 수입신고를 한 날까지의 기간
- 천재지변, 그 밖에 이에 준하는 사유로 원산지증명서 발행 후 1년이 경과한 이후에 수입항에 도착한 경우: 해당 사유가 발생한 날의 다음 날부터 소멸된 날까지의 기간

---

21) 수입신고 당시 쟁점물품에 대한 원산지 증명서를 제출하지 아니하였다 하더라도 수입신고 수리 후 미얀마 직물협회가 발행한 원산지 증명서를 제출하면 기납부한 관세 등을 환급받을 수 있는지 여부에 대해 살펴보면, 관세법 제232조 및 동법 시행령 제236조에는 이 법, 조약·협정 등에 따라 원산지 확인이 필요한 물품을 수입하는 자 중 다른 국가의 생산(가공을 포함한다)물품에 적용되는 세율보다 낮은 세율을 적용받으려는 자는 해당 물품의 수입신고시 해당 물품의 원산지를 증명하는 서류를 제출하여야 하고 이를 제출하지 아니하는 때에는 관세율을 적용함에 있어서 관세의 편익을 적용하지 않을 수 있다고 규정하고 있는 바, 이는 원산지 증명서의 제출시기에 대한 규정은 단순한 훈시규정이 아닌 강행규정이라 할 것이므로 수입통관이후에 원산지 증명서를 제출한다면 최빈국 특혜관세율을 적용받을 수 없다고 판단된다. 또한 미얀마산 수입물품에 대해 최빈국특혜세율을 적용받기 위해서는 미얀마정부가 우리나라에 통보한 원산지증명 발급권한이 있는 기관에서 발급된 적법한 원산지증명서를 제출하여야 하나, 청구인이 제출한 원산지증명서는 최빈국특혜관세율 대상물품에 대해서는 발급권한이 없는 미얀마직물협회(MIYANMA TEXTILE INDUSTRIES)에서 발급되었으므로 그 효력이 없다 할 것이다. 관심제2007-003호

(2) 협정 시행을 위한 증명서

조약·협정 등의 시행을 위하여 원산지증명서 제출 등에 관한 사항을 따로 정할 필요가 있을 때에는 기획재정부령으로 정한다.

5) 원산지증명서의 확인

(1) 원산지 확인의 정의

세관직원이 법령에서 정하는 기준 및 절차에 따라 물품의 원산지 국가를 확인하고 인정하는 것을 말한다.

(2) 자료제출 요청

세관장은 원산지 확인이 필요한 물품을 수입한 자로 하여금 제출받은 원산지증명서의 내용을 확인하기 위하여 필요한 자료(원산지증명서확인자료)를 제출하게 할 수 있다. 이 경우 원산지 확인이 필요한 물품을 수입한 자가 정당한 사유 없이 원산지증명서확인자료를 제출하지 아니할 때에는 세관장은 수입신고 시 제출받은 원산지증명서의 내용을 인정하지 아니할 수 있다(법 제232조 제3항). 세관장은 원산지증명서확인자료를 제출한 자가 정당한 사유를 제시하여 그 자료를 공개하지 아니할 것을 요청한 경우에는 그 제출인의 명시적 동의 없이는 해당 자료를 공개하여서는 아니 된다(법 제232조 제4항).

(3) 원산지 확인을 위한 필요서류

세관장은 원산지소명서와 다음에 해당하는 서류를 수입신고 수리 전까지 제출하도록 수입자에게 요청할 수 있다. 다만, 세액심사의 목적인 경우에는 수입신고 수리 후에 제출하도록 요구하여야 한다.

- 세번변경기준을 적용할 물품은 외국의 수출자 또는 제조자가 작성 · 날인한 세번변경 관련 입증서류[22]
- 부가가치기준을 적용하는 물품은 외국의 수출자 또는 제조자가 작성 · 날인한 원산지별 원재료사용 및 가격 관련 입증서류[23]
- 가공공정기준을 적용하는 물품은 외국의 수출자 또는 제조자가 작성 · 날인한 원산지별 공정명세 관련서류
- 그 밖의 세관장이 필요하다고 인정하는 참고서류(상품의 카탈로그 등)

22) 부품구입증명자료, 공정명세서 등
23) 노무비, 경비 및 이윤 등의 개략적인 신고서 포함

수입물품의 원산지를 확인한 후 1년 이내에 동일규격의 물품이 수입되는 경우 동 물품에 대한 서류제출을 면제한다. 다만, 모델·제조공정·사용원재료의 변경 등으로 인하여 해당 물품의 원산지별 부품사용 내용 등이 변경되는 경우에는 그러하지 아니하다.

(4) 환적 또는 일시장치물품 등의 원산지 확인 방법

경유지국에서 환적 또는 일시장치 후 수입되는 물품으로서 경유국 내에서 해당 물품에 대한 상거래 행위가 발생하지 않는 경우에는 그 물품의 원산지국가로부터 우리나라에 도착하기까지의 B/L사본 및 원산지증명서류에 따라 원산지를 확인하는 것을 원칙으로 한다. 다만, 환적통지서, 적하목록, 반출입허가서 등 운송서류에 의해 세관장이 환적 또는 일시장치 확인이 가능한 때에는 B/L사본에 갈음할 수 있다. 세관장은 환적 또는 일시장치 여부를 확인할 수 없는 경우 다음 어느 하나에 해당하는 서류를 수입신고 수리 전까지 제출하도록 수입자에게 요청할 수 있다.

- 우리나라로 수출하였으나 지리적·운송상의 이유로 비원산국의 항구·보세구역 등에서 환적 또는 일시장치하였고 세관 통제하에 있었음을 입증하는 서류
- 박람회 등에 전시하였음을 비원산국의 세관 또는 권한있는 관공서가 발급한 증명서
- 그 밖의 세관장이 원산지 및 직접운송여부 확인을 위해 필요하다고 인정하는 서류

증명서류는 해당 물품의 품명, 수량 및 포장의 개수, 기호, 번호와 비원산국에서 해당 물품을 적재한 선박(기)명, 선박(기)의 등록번호, 적재일자 등을 기재한 것이어야 한다. 세관장은 해당 수입물품이 원산지국가로부터 직접 수입되지 아니하고 비원산국을 통하여 수입되는 경우에는 원산국에서 발급한 원산지증명서를 기초로 하여 비원산국의 세관, 그 밖의 관공서 또는 상공회의소가 발급한 것임이 증명되는 원산지증명서를 제출하도록 요구할 수 있다. 이 경우 비원산국 발행 원산지증명서상에는 "원산국에서 발행한 원산지증명서의 번호·발행기관·발행일자와 함께 해당 증명서를 기초로 발행한 것"이라는 내용이 기재되어 있어야 한다.

6) 원산지증명서 등의 확인요청 및 조사

(1) 진위 여부 확인요청

세관장은 원산지증명서를 발급한 국가의 세관이나 그 밖에 발급권한이

있는 기관에 제출된 원산지증명서 및 원산지증명서확인자료의 진위 여부, 정확성 등의 확인을 요청할 수 있다. 이 경우 세관장의 확인요청은 해당 물품의 수입신고가 수리된 이후에 하여야 하며, 세관장은 확인을 요청한 사실 및 회신 내용과 그에 따른 결정 내용을 수입자에게 통보하여야 한다(법 233조 제1항).[24]

세관장은 원산지증명서 및 원산지증명서확인자료에 대한 진위 여부 등의 확인을 요청할 때에는 원산지증명서 및 원산지증명서확인자료의 진위 여부 등에 대하여 의심을 갖게 된 사유 및 확인 요청사항과 해당 물품에 적용된 원산지결정기준이 적힌 요청서와 수입자 또는 그 밖의 조사대상자 등으로부터 수집한 원산지증명서 사본 및 송품장 등 원산지 확인에 필요한 서류를 함께 송부하여야 한다.

세관장은 원산지증명서가 발급된 물품을 수입하는 국가의 권한 있는 기관으로부터 원산지증명서 및 원산지증명서확인자료의 진위 여부, 정확성 등의 확인을 요청받은 경우 등 필요하다고 인정되는 경우에는 서면조사 또는 현지조사를 할 수 있다.

현지조사는 서면조사만으로 원산지증명서 및 원산지증명서확인자료의 진위 여부, 정확성 등을 확인하기 곤란하거나 추가로 확인할 필요가 있는 경우에 할 수 있다. 세관장은 서면조사 또는 현지조사를 하는 경우에는 다음 사항을 조사대상자에게 조사 시작 7일 전까지 서면으로 통지하여야 한다.

① 서면조사의 경우	② 현지조사의 경우
• 조사대상자 및 조사기간 • 조사대상 수출입물품 • 조사이유 • 조사할 내용 • 조사의 법적 근거 • 제출서류 및 제출기간	• 조사대상자 및 조사예정기간 • 조사대상 수출입물품 • 조사방법 및 조사이유 • 조사할 내용 • 조사의 법적 근거 • 조사에 대한 동의 여부 및 조사동의서 제출기간(조사에 동의하지 아니하거나 조사동의서 제출기간에 그 동의 여부를 통보하지 아니하는 경우의 조치사항을 포함한다)
• 조사기관, 조사자의 직위 및 성명 • 그 밖에 세관장이 필요하다고 인정하는 사항	• 조사기관, 조사자의 직위 및 성명 • 그 밖에 세관장이 필요하다고 인정하는 사항

조사의 연기신청, 조사결과의 통지에 관하여는 관세조사의 연기신청

24) 2011년 7월 1일 시행예정

과 통지(법 제114조제2항 및 제115조)에 관한 규정을 준용한다. 조사결과에 대하여 이의가 있는 조사대상자는 조사결과를 통지받은 날부터 30일 이내에 다음 사항이 적힌 신청서에 이의제기 내용을 확인할 수 있는 자료를 첨부하여 세관장에게 제출할 수 있다.

- 이의를 제기하는 자의 성명과 주소 또는 거소
- 제3항에 따른 조사결과통지서를 받은 날짜 및 조사결정의 내용
- 해당 물품의 품명 · 규격 · 용도 · 수출자 · 생산자 및 수입자
- 이의제기의 요지와 내용

세관장은 이의제기를 받은 날부터 30일 이내에 심사를 완료하고 그 결정내용을 통지하여야 한다. 다음 보정기간은 결정기간에 산입하지 아니한다. 세관장은 이의제기의 내용이나 절차에 결함이 있는 경우에는 20일 이내의 기간을 정하여 다음 사항을 적은 문서로서 보정할 것을 요구할 수 있다.

- 보정할 사항
- 보정을 요구하는 이유
- 보정할 기간
- 그 밖의 필요한 사항

보정할 사항이 경미한 경우에는 직권으로 보정할 수 있다.

(2) 원산지증명서 심사

세관장은 제출된 원산지증명서류에 대하여 다음 사항을 심사하여야 한다.

- 협정 또는 법령에 따른 적용 양식과 일치여부
- 증명서 발행기관명, 스탬프, 발행담당자 및 서명이 관세행정정보시스템에 등록된 원산지증명인증내역과 일치하는지 여부
- 원산지증명서에 기재된 원산지기준(Origin Criterion)이 법령·협정 및 원산지결정기준에 부합하는 지 여부

세관장은 원산지증명서 번호가 중복되거나 스탬프·서명 등의 식별곤란 및 증명서의 진위가 의심되는 경우 원본을 징구하여 진위여부 및 분할사용여부 등을 확인하여야 하며, 필요시 분석의뢰를 할 수 있다. 세관장은 원산지소명서 등 구비자료가 협정 또는 법령에 의한 원산지결정기준과 일치하는지 여부를 확인하여야 한다.

(3) 신고수리

세관장은 다음 원산지증명서의 내역이 관세행정정보시스템에 정확히 등록되어 있는지 확인하고 신고수리하여야 한다.

- 발행번호(Reference No), 발행일자
- 발행국가, 발행기관, 지역명, 서명자
- 원산지, 원산지기준 및 추가 기재사항
- 수출자(공급자), 수입자, 그 밖의 필요사항

(4) 조약 · 협정 시행을 위한 확인요청

조약·협정 등의 시행을 위하여 원산지증명서 확인요청 및 조사 등에 관한 사항을 따로 정할 필요가 있을 때에는 기획재정부령으로 정한다.

6. 원산지 등에 대한 사전확인

1) 사전확인 신청

원산지 확인이 필요한 물품을 수입하는 자는 관세청장에게 다음에 해당하는 사항에 대하여 해당 물품의 수입신고를 하기 전에 미리 확인 또는 심사(사전확인)하여 줄 것을 신청할 수 있다(영 제236조의 2 제1항).

- 원산지 확인 기준의 충족여부
- 조약 또는 협정 등의 체결로 인하여 관련법령에서 특정물품에 대한 원산지 확인 기준을 달리 정하고 있는 경우에 해당 법령에 따른 원산지 확인 기준의 충족여부
- 원산지 확인 기준의 충족여부를 결정하기 위한 기초가 되는 사항으로서 관세청장이 정하는 사항
- 그 밖에 관세청장이 원산지에 따른 관세의 적용과 관련하여 필요하다고 정하는 사항

2) 확인

사전확인의 신청을 받은 경우 관세청장은 60일 이내에 이를 확인하여 그 결과를 기재한 서류(사전확인서)를 신청인에게 교부하여야 한다. 다만, 제출 자료의 미비 등으로 인하여 사전확인이 곤란한 경우에는 그 사유를 신청인에게 통지하여야 한다.

3) 관세 경감 조치

세관장은 수입신고된 물품 및 원산지증명서의 내용이 사전확인서상의

내용과 동일하다고 인정되는 때에는 특별한 사유가 없는 한 사전확인서의 내용에 따라 관세의 경감 등을 적용하여야 한다.

4) 이의 제기

사전확인의 결과를 통지받은 자(사전확인서의 내용변경 통지를 받은 자를 포함한다)는 그 통지내용에 이의를 제기하려는 경우 그 결과를 통지받은 날부터 30일 이내에 다음 사항이 기재된 신청서에 이의제기 내용을 확인할 수 있는 자료를 첨부하여 관세청장에게 제출하여야 한다(영 제236조의2 제4항).

- 이의를 제기하는 자의 성명과 주소 또는 거소
- 해당 물품의 품명 · 규격 · 용도 · 수출자 · 생산자 및 수입자
- 이의제기의 요지와 내용

관세청장은 이의제기를 받은 때에는 이를 심사하여 30일 이내에 그 결정 내용을 신청인에게 알려야 한다(영 제236조의 2 제5항).

관세청장은 이의제기의 내용이나 절차가 적합하지 아니하거나 보정할 수 있다고 인정되는 때에는 20일 이내의 기간을 정하여 다음 사항을 적은 문서로써 보정하여 줄 것을 요구할 수 있다(영 제236조의 2 제6항).

- 보정할 사항
- 보정을 요구하는 이유
- 보정할 기간
- 그 밖의 필요한 사항

이 경우 보정기간은 심사결정기간에 산입하지 아니한다.

5) 사전확인서 내용의 변경

관세청장은 사전확인서의 근거가 되는 사실관계 또는 상황이 변경된 경우에는 사전확인서의 내용을 변경할 수 있다. 이 경우 관세청장은 신청인에게 그 변경내용을 통지하여야 한다(영 제236조의3 제1항).

사전확인서의 내용을 변경한 경우에는 그 변경일후에 수입신고 되는 물품에 대하여 변경된 내용을 적용한다. 다만, 사전확인서의 내용변경이 자료제출누락 또는 허위자료제출 등 신청인의 귀책사유로 인한 때에는 해당 사전확인과 관련하여 그 변경일전에 수입신고된 물품에 대하여도 소급하여 변경된 내용을 적용한다(영 제236조의3 제2항).

7. 원산지확인위원회

사전확인, 사전확인 이의제기 및 변경 등에 관한 사항 중 관세청장이 부의하는 사안을 심의하기 위하여 관세청에 원산지확인위원회(위원회)를 둔다(영 제236조의4 제1항). 위원회는 위원장 1인을 포함하여 10인 이하의 위원으로 구성한다. 위원장은 관세청에서 원산지업무를 관장하는 고위공무원단에 속하는 공무원이 되고, 위원은 다음에 해당하는 자중에서 관세청장이 임명 또는 위촉한다.

- 관계중앙행정기관에서 원산지 관련 업무를 담당하는 공무원
- 관세청 · 관세평가분류원 · 중앙관세분석소 또는 세관에서 원산지 관련 업무를 담당하고 있는 공무원
- 그 밖에 원산지업무에 관하여 학식과 경험이 풍부한 사람

위원장이 부득이한 사유로 그 직무를 수행하지 못하는 경우에는 위원장이 지명하는 자가 그 직무를 대행한다. 위원중 공무원인 위원이 회의에 출석하지 못할 부득이한 사정이 있는 경우에는 그가 지명하는 공무원[25]으로 하여금 회의에 출석하여 그 직무를 대행하게 할 수 있다. 위원회의 회의는 위원장을 포함한 재적위원 과반수의 출석과 출석위원 과반수의 찬성으로 의결한다. 위원회의 서무를 처리하기 위하여 위원회에 간사 1인을 두며, 위원회의 간사는 관세청의 5급 이상 공무원 또는 고위공무원단에 속하는 일반직 공무원 중에서 위원장이 지명한다. 관세청장은 회의의 원활한 운영을 위하여 위원회에 상정된 물품의 원산지 확인업무와 관련된 의견을 듣기 위하여 관련 학계·연구기관 또는 협회 등에서 활동하는 자를 자문위원으로 위촉할 수 있다. 위원회에 출석한 공무원이 아닌 위원 및 자문위원에 대하여는 예산이 정하는 범위 내에서 여비 및 수당을 지급할 수 있다. 위원회의 운영에 관하여 이 영이 규정하지 아니한 사항은 관세청장이 정한다.

8. 원산지 허위표시 물품 등에 대한 조치

1) 통관제한 조치

세관장은 법령에 따라 원산지를 표시하여야 하는 물품이 다음에 해당하는 경우에는 해당 물품의 통관을 허용하여서는 아니 된다.

25) 해당 직위가 공석인 때에는 위원장이 지명하는 공무원을 말한다.

- 원산지 표시가 법령에서 정하는 기준과 방법에 부합되지 아니하게 표시된 경우
- 원산지 표시가 부정한 방법으로 사실과 다르게 표시된 경우
- 원산지 표시가 되어 있지 아니한 경우

다만, 그 위반사항이 경미한 경우에는 이를 보완·정정하도록 한 후 통관을 허용할 수 있다(법 제230조).

표시위반물품을 수입한 자에 대하여 관세행정정보시스템에서 원산지 표시 위반경력을 조회한 결과 동일공급자로부터 최근 1년 이내에 동일 또는 유사품목[26]에 대하여 최초로 위반한 경우에는 법령에서 정하는 원산지 표시방법에 따라 이를 보완·정정하도록 한 후 통관[27]을 허용할 수 있다. 다만, 허위표시 등 고의가 있다고 판단되는 경우는 제외한다. 부적정표시물품에 해당하는 때에는 원산지 표시를 적정하게 보완·정정하도록 한 후 통관을 허용한다.

2) 품질등 허위 · 오인 표시물품의 통관 제한

세관장은 물품의 품질, 내용, 제조 방법, 용도, 수량(품질등)을 사실과 다르게 표시한 물품 또는 품질등을 오인(誤認)할 수 있도록 표시하거나 오인할 수 있는 표지를 부착한 물품으로서 「부정경쟁방지 및 영업비밀보호에 관한 법률」, 「식품위생법」, 「산업표준화법」 등 품질등의 표시에 관한 법령을 위반한 물품에 대하여는 통관을 허용하여서는 아니 된다(제230조의2).

3) 시정조치 요구

원산지 표시 위반사항이 경미한 경우에는 이를 보완·정정하도록 한 후 통관을 허용할 수 있다. 세관장이 원산지 표시 시정요구를 할 수 있는 물품은 관련 규정에 적합하게 원산지 표시를 정정할 수 있는 경우에 한하며 규정에 부합하는 방법으로 원산지 표시를 보완·정정하는 것이 현실적으로 불가능한 경우, 원산지 표시의 보완·정정이 상품가치를 현저히 손상시키는 경우, 그 밖의 원산지 표시의 시정이 적합하지 아니한 경우에는 반송조치 하여야 한다. 다만, 반송이 곤란한 경우 또는 수입화주의 요청이 있는 경우에는 폐기 등의 조치를 취할 수 있다. 세관장이 원산지 표시 시정요구를 하려는 경우에는 관세행정정보시스템에 위반내역과 시정방법 및 시정

26) 종전에 적발·시정된 물품과 HS 6단위가 일치하는 물품
27) 관리대상화물 등 신고 전에 적발된 경우는 적용하지 아니하며(허위표시는 제외), 수입신고 후 원산지 표시 위반으로 적발된 경우에 한한다.

기간 등 필요한 사항을 입력하여 원산지 표시 시정요구서를 출력한 후 수입자 또는 신고인에게 교부하여야 한다.

원산지가 허위표시·오인표시된 것으로 의심되거나 OECD 국가[28)]나 그 밖의 국가(싱가포르, 홍콩 등)에서 선적된 물품 중 원산지가 미표시된 경우에는 원산지증명서·원산지소명서 등 관계자료를 징구하여 원산지를 확인하여야 한다.

세관장이 시정요구시 보완·정정의 시정방법 및 기간을 결정함에 있어서는 수입자 또는 신고인의 의견을 들은 후 결정하여야 하며, 해당 물품의 특성과 건전한 표시관행을 충분히 고려하여야 한다. 화물관리부서에 대한 통보 및 원산지 표시시정요구서 교부는 관세행정정보시스템에 화주의 이메일을 입력하거나 신고인에게 EDI방식에 의한 통보로 이를 대신할 수 있다. 화주 아닌 신고인이 시정요구를 받은 경우에는 즉시 화주에게 원산지 표시 시정요구서를 전달하여야 한다.

4) 환적물품 등에 대한 유치

세관장은 일시적으로 육지에 내려지거나 다른 운송수단으로 환적(換積, 동일한 세관의 관할구역에서 입국 또는 입항하는 운송수단에서 출국 또는 출항하는 운송수단으로 물품을 옮겨 싣는 것) 또는 복합환적(複合換積, 입국 또는 입항하는 운송수단의 물품을 다른 세관의 관할구역으로 운송하여 출국 또는 출항하는 운송수단으로 옮겨 싣는 것)되는 외국물품 중 원산지를 우리나라로 허위 표시한 물품은 유치(留置)할 수 있다(법 제231조 제1항). 유치하는 외국물품은 세관장이 관리하는 장소에 보관하여야 한다. 다만, 세관장이 필요하다고 인정할 때에는 그러하지 아니하다. 세관장은 외국물품을 유치하는 때에는 그 사실을 그 물품의 화주나 그 위임을 받은 자에게 통지하여야 한다. 세관장은 통지를 하는 때에는 이행 기간을 정하여 원산지 표시의 수정 등 필요한 조치를 명할 수 있다. 이 경우 지정한 이행기간 내에 명령을 이행하지 아니하면 매각한다는 뜻을 함께 통지하여야 한다. 세관장은 명령이 이행된 때에는 물품의 유치를 즉시 해제하여야 한다.

세관장은 명령이 이행되지 아니한 경우에는 이를 매각할 수 있다. 「상표법」에 따라 등록된 상표권 또는 「저작권법」이 정하는 저작권을 침해하는 물품도 유치할 수 있다. 이 경우 세관장은 해당 권리의 보유자에게 유치사

28) 일본, 미국, 캐나다, 영국, 독일, 프랑스, 이탈리아, 스위스, 노르웨이, 호주 등

실을 통보한 후 권리보유자가 통보를 받은 날부터 10일 이내에 법원에 손해배상을 청구하지 아니한 경우에는 물품의 유치를 해제하여야 한다.

9. 수출입물품의 원산지정보 수집 · 분석

관세청장은 이 법과 「자유무역협정의 이행을 위한 관세법의 특례에 관한 법률」 및 조약·협정 등에 따라 수출입물품의 원산지 확인·결정 또는 검증 등의 업무에 필요한 정보를 수집·분석할 수 있다(법 제233조의2 제1항).

관세청장은 정보를 효율적으로 수집·분석하기 위하여 필요한 경우 법인 또는 단체에 위탁할 수 있는 업무는 다음과 같다(영 제235조의5 제1항).

- 수출입물품의 원산지정보 관리를 위한 시스템의 구축 및 운영에 관한 사항
- 「자유무역협정의 이행을 위한 관세법의 특례에 관한 법률」에 따른 원산지조사 업무 중 물품의 생산 공정 분석, 거래형태 분석, 품목분류 및 부가가치 계산 등 전문성을 요하는 사항
- 「자유무역협정의 이행을 위한 관세법의 특례에 관한 법률」 및 조약 · 협정에 따른 원산지 사전심사를 위한 예비 조사에 관한 사항
- 사전확인 업무의 예비 조사에 관한 사항
- 원산지 확인 · 결정 또는 검증이 필요한 수출입물품 또는 그 수출입자 등의 자료분석에 관한 사항
- 그 밖에 관세청장이 정하여 고시하는 사항

업무를 위탁받을 수 있는 법인 또는 단체의 장은 관세청장이 정하는 품목분류·원산지 기준 등 원산지정보 수집·분석에 필요한 전문인력 및 전산설비를 갖춘 법인 또는 단체의 장 중에서 관세청장이 지정하여 고시한다. 업무의 위탁을 받은 법인 또는 단체의 장에 대한 지휘·감독의 관한 사항은 관세청장이 정한다.

3 통관의 제한

1. 수출입의 금지

다음에 해당하는 물품은 수출 또는 수입할 수 없다.

- 헌법질서를 문란하게 하거나 공공의 안녕질서 또는 풍속을 해치는 서적 · 간행물 ·

도화, 영화 · 음반 · 비디오물 · 조각물 또는 그 밖에 이에 준하는 물품
- 정부의 기밀을 누설하거나 첩보활동에 사용되는 물품
- 화폐 · 채권이나 그 밖의 유가증권의 위조품 · 변조품 또는 모조품

풍속을 해치는 조각물 그 밖의 이에 준하는 물품과 관련하여 관세청에서는 남성 성기를 구체적으로 본 뜬 것으로 여성의 성적 쾌감을 높이기 위해 실리콘 안에 바이브레타를 장착하여 작동되도록 설계된 물품은 사회의 평균인의 입장에서 현 시대의 건전한 사회통념으로 볼 때 미풍양속을 저해하는 물품 내지 이에 준하는 물품으로 판단하고 있다.

판례 쟁점물품은 남성 성기의 모양을 갖춘 것으로 크기가 19cm가 되고 실리콘으로 만들어 졌으며 그 안에 모터(바이브레타)를 장착하여 여성의 자위기구로 사용되는 물품임이 제출된 자료에 의해 확인된다. 쟁점물품이 그 형태나 작동방법 등을 고려해 볼 때 관세법 제234조에서 규정한"풍속을 해치는 기타 이에 준하는 물품"에 해당되는 지를 대법원 판례 취지를 통해 살펴보면, 대법원도 상기의 판단기준으로 남성용 자위기구인 모조 여성 성기는 음란한 물건에 해당(2003도988, 2003.5.16)된다고 하였고 반면, 남성 성기확대기구인 해면체비대기와 여성용 자위기구 및 돌출 콘돔은 음란한 물건이 아니라고 각각 판시(2000도3346, 2000.11.13)한 바 있다. 쟁점물품은 색상, 외형상, 크기상 남성 성기를 구체적으로 본 뜬 것으로 여성의 성적 쾌감을 높이기 위해 실리콘 안에 바이브레타를 장착하여 작동되도록 설계되었는바 이러한 특성을 감안해 볼 때, 사회의 평균인의 입장에서 현 시대의 건전한 사회통념으로 볼 때 미풍양속을 저해하는 물품 내지 이에 준하는 물품으로 판단되는 점과 이 외에도 수입 금지를 통한 선량한 풍속을 보호하려는 사회적 법적 이익이 개인적 취향 보장 등의 개인적 보호이익보다 큰 점,'음란성'보다는'미풍양속'이 넓은 의미로 해석되는 점을 고려하여 통관이 어렵다고 여겨진다. 관세청에서는 이러한 남성용 · 여성용 자위기구에 대해서는 미풍양속을 저해하는 물품이라고 판단하여 일관되게 통관을 보류하는 관행을 지켜오고 있고 있다. 관심 제2007-016호 (2007.11.9.)

2. 지식재산권 보호

1) 의의

지식재산권(Intellectual Property Rights : IPR)은 새로운 물질의 발견, 새로운 제법의 발명, 새로운 용도의 개발, 새로운 상품의 디자인, 상품의 새로운 기능의 개발 등과 같은 산업적 발명과 문학·미술·음악·연주·방송 등에서 예술적·상업적 시장가치를 지니는 창작물에 대한 배타적 지적소유권을 의미한다.

2) 세관의 지식재산권 보호

(1) 보호 배경

지적재산권 침해물품의 국제적 유통증가와 지적재산권 보호를 둘러싼 국가 간 통상마찰 심화되고 국내유통 단계에서 단속하고 사후 법원에 피해구제 신청하는 등 보호방식의 실효성이 한계가 있다. 따라서 지적재산권 침해물품에 대한 효율적이고 원천적인 단속을 위하여 1993년 12월 관세법 개정시 세관에서 보호할 수 있는 지적재산권에 대하여 통관단계에 보호조치 규정을 도입했다. 지적재산권 단속실적은 매년 증가하고 있으며 2006년 1,010건이었으며 2007년 7월까지 536건이었다. 적발된 국가는 중국이 압도적인 우위를 보이고 있으며 주요 위반 상품은 시계, 의류, 가방 등이다.

〈표 4-10〉 지재권사범 유형별 단속 실적

(백만 원)

구분		'03		'04		'05년		'06년		'07.7월	
		건수	금액	건수	금액	건수	금액	건수	금액	건수	금액
수입	여행자	157	19,475	158	23,636	135	19,269	265	44,524	126	12,318
	합법가장	114	418,340	167	121,748	195	108,487	575	708,771	350	148,615
	선·승무원	4	3,590	2	401	1	3	2	165	3	33
	기타	23	12,418	17	11,347	30	8,969	125	1,660,869	44	37,719
	계	298	453,823	344	157,132	361	136,728	967	2,414,329	523	198,685
밀수출		135	36,278	107	53,434	28	22,601	43	252,484	13	21,083
합계		433	490,101	451	210,566	389	159,329	1,010	2,666,813	536	219,768

(2) 보호대상

다음에 해당하는 지식재산권을 침해하는 물품은 수출하거나 수입할 수 없다(법 235조 제1항).[29]

- 「상표법」에 따라 설정등록된 상표권
- 「저작권법」에 따른 저작권과 저작인접권(이하 "저작권등"이라 한다)
- 「식물신품종 보호법」에 따라 설정등록된 품종보호권
- 「농산물품질관리법」 또는 「수산물품질관리법」에 따라 등록되거나 조약 · 협정 등에 따라 보호대상으로 지정된 지리적표시권 또는 지리적표시(지리적표시권등)
- 「특허법」에 따라 설정등록된 특허권
- 「디자인보호법」에 따라 설정등록된 디자인권

29) 「대한민국과 유럽연합 및 그 회원국 간의 자유무역협정」이 발효되는 날(특허권 및 디자인권은 발효되는 날 이후 2년이 되는 날)부터 시행한다.

3) 지식재산권에 관한 사항 신고

관세청장은 지식재산권을 침해하는 물품을 효율적으로 단속하기 위하여 필요한 경우에는 해당 지식재산권을 관계 법령에 따라 등록 또는 설정등록한 자 등으로 하여금 해당 지식재산권에 관한 사항을 신고하게 할 수 있다(법 235조 제2항).

지식재산권 신고하려는 자는 다음 각 호의 사항을 적은 신고서 및 해당 지식재산권을 관련 법령에 따라 등록 또는 설정등록한 증명서류를 세관장에게 제출하여야 한다.

- 지식재산권을 사용할 수 있는 권리자
- 지식재산권의 내용 및 범위
- 침해가능성이 있는 수출입자 또는 수출입국
- 침해사실을 확인하기 위하여 필요한 사항

4) 통보

세관장은 다음에 해당하는 물품이 신고된 지식재산권을 침해하였다고 인정될 때에는 그 지식재산권을 신고한 자에게 해당 물품의 수출입, 환적, 복합환적, 보세구역 반입, 보세운송 또는 일시양륙의 신고(수출입신고등) 사실을 통보하여야 한다. 이 경우 통보를 받은 자는 세관장에게 담보를 제공하고 해당 물품의 통관 보류나 유치를 요청할 수 있다.

- 수출입신고된 물품
- 환적 또는 복합환적 신고된 물품
- 보세구역에 반입신고된 물품
- 보세운송신고된 물품
- 일시양륙이 신고된 물품

5) 통관 보류 및 유치

지식재산권을 보호받으려는 자는 세관장에게 담보를 제공하고 해당 물품의 통관 보류나 유치를 요청할 수 있다. 통관의 보류나 유치(통관보류등)를 요청하려는 자는 다음 사항을 적은 신청서와 해당 법령에 따른 정당한 권리자임을 증명하는 서류를 세관장에게 제출하여야 한다.

- 품명 · 수출입자 및 수출입국
- 지식재산권의 내용 및 범위

- 요청사유
- 침해사실을 입증하기 위하여 필요한 사항

요청을 받은 세관장은 특별한 사유가 없으면 해당 물품의 통관을 보류하거나 유치하여야 한다. 다만, 수출입신고등을 한 자가 담보를 제공하고 통관 또는 유치 해제를 요청하는 경우에는 다음 물품을 제외하고는 해당 물품의 통관을 허용하거나 유치를 해제할 수 있다.

- 위조하거나 유사한 상표를 부착하여 상표권을 침해하는 물품
- 불법복제된 물품으로서 저작권등을 침해하는 물품
- 같거나 유사한 품종명칭을 사용하여 품종보호권을 침해하는 물품
- 위조하거나 유사한 지리적표시를 사용하여 지리적표시권등을 침해하는 물품
- 특허로 설정등록된 발명을 사용하여 특허권을 침해하는 물품
- 같거나 유사한 디자인을 사용하여 디자인권을 침해하는 물품

수출입신고등을 한 자가 통관 또는 유치 해제를 요청하려는 때에는 관세청장이 정하는 바에 따라 신청서와 해당 물품이 지식재산권을 침해하지 아니하였음을 소명하는 자료를 세관장에게 제출하여야 한다. 요청을 받은 세관장은 그 요청사실을 지체 없이 통관보류등을 요청한 자에게 통보하여야 하며, 그 통보를 받은 자는 침해와 관련된 증거자료를 세관장에게 제출할 수 있다. 세관장은 요청이 있는 경우 해당 물품의 통관 또는 유치 해제 허용 여부를 요청일부터 15일 이내에 결정한다. 이 경우 세관장은 관계기관과 협의하거나 전문가의 의견을 들어 결정할 수 있다.

3. 통관물품 및 통관절차의 제한

관세청장이나 세관장은 감시에 필요하다고 인정될 때에는 통관역·통관장 또는 특정한 세관에서 통관할 수 있는 물품을 제한할 수 있다(법 제236조).

4. 통관의 보류

세관장은 다음에 해당하는 경우에는 해당 물품의 통관을 보류할 수 있다(법 제237조).

- 수출 · 수입 또는 반송에 관한 신고서의 기재사항에 보완이 필요한 경우
- 제출서류 등이 갖추어지지 아니하여 보완이 필요한 경우
- 관세법에 따른 의무사항을 위반하거나 국민보건 등을 해칠 우려가 있는 경우
- 그 밖에 관세법에 따라 필요한 사항을 확인할 필요가 있다고 인정하여 관세청장이

정하는 경우

통관보류등이 요청된 물품이 지식재산권을 침해한 물품이라고 인정되면 해당 물품의 통관보류등을 하여야 한다. 다만, 지식재산권의 권리자가 해당 물품의 통관 또는 유치 해제에 동의하는 때에는 관세청장이 정하는 바에 따라 통관을 허용하거나 유치를 해제할 수 있다.

세관장은 통관보류등을 한 경우 그 사실을 해당 물품의 수출입, 환적 또는 복합환적, 보세구역 반입, 보세운송 또는 일시양륙의 신고(수출입신고등)를 한 자에게 통보하여야 하며, 지식재산권의 권리자에게는 통관보류등의 사실 및 다음 사항을 통보하여야 한다.

· 수출입신고등을 한 자, 송하인 및 수하인의 성명과 주소
· 통관보류등을 한 물품의 성질 · 상태 및 수량
· 원산지 등 그 밖의 필요한 사항

세관장은 통관보류등을 요청한 자가 해당 물품에 대한 통관보류등의 사실을 통보받은 후 10일(휴일 및 공휴일을 제외한다. 이하 이 항에서 같다) 이내에 법원에의 제소사실을 입증하였을 때에는 해당 통관보류등을 계속할 수 있다. 이 경우 통관보류등을 요청한 자가 부득이한 사유로 인하여 10일 이내에 법원에 제소하지 못하는 때에는 상기 입증기간은 10일간 연장될 수 있다.

해당 통관보류등이 법원의 가보호조치에 의하여 시행되는 상태이거나 계속되는 경우 통관보류등의 기간은 법원에서 가보호조치 기간을 명시한 경우 그 마지막 날, 법원에서 가보호조치 기간을 명시하지 아니한 경우 가보호조치 개시일부터 31일로 한다. 통관보류등은 위반사실 및 통관보류등을 한 해당 물품의 신고번호·품명·수량 등을 명시한 문서로써 하여야 한다. 통관보류등이 된 물품은 통관이 허용되거나 유치가 해제될 때까지 세관장이 지정한 장소에 보관하여야 한다.

5. 담보제공

통관 보류나 유치를 요청하려는 자와 관세법 제235조제5항 각 호 외의 부분 단서에 따라 통관 또는 유치 해제를 요청하려는 자는 세관장에게 해당 물품의 과세가격의 100분의 120에 상당하는 금액의 담보를 법 제24조제1항 제1호부터 제3호까지 및 제7호에 따른 금전 등으로 제공하여야 한다.

담보 금액은 담보를 제공하여야 하는 자가 「조세특례제한법」 제5조제1항에 따른 중소기업인 경우에는 해당 물품의 과세가격의 100분의 60에 상당하는 금액으로 한다.

담보를 제공하는 자는 제공된 담보를 법원의 판결에 따라 수출입신고등을 한 자 또는 통관보류등을 요청한 자가 입은 손해의 배상에 사용하여도 좋다는 뜻을 세관장에게 문서로 제출하여야 한다. 세관장은 통관보류등이 된 물품의 통관을 허용하거나 유치를 해제하였을 때 또는 통관 또는 유치 해제 요청에도 불구하고 통관보류등을 계속할 때에는 제공된 담보를 담보제공자에게 반환하여야 한다. 담보의 해제신청 및 포괄담보에 관하여는 시행령 제11조 및 제13조의 규정을 준용한다.

6. 지식재산권 침해 여부의 확인 등

세관장은 수출입신고등이 된 물품의 지식재산권 침해 여부를 판단하기 위하여 필요하다고 인정되는 경우에는 해당 지식재산권의 권리자로 하여금 지식재산권에 대한 전문인력 또는 검사시설을 제공하도록 할 수 있다. 세관장은 지식재산권의 권리자 또는 수출입신고등을 한 자가 지식재산권의 침해 여부를 판단하기 위하여 수출입신고등의 사실이 통보된 물품 또는 통관보류등이 된 물품에 대한 검사 및 견본품의 채취를 요청하면 해당 물품에 관한 영업상의 비밀보호 등 특별한 사유가 없는 한 이를 허용하여야 한다. 지식재산권 침해 여부의 확인, 통관보류등의 절차 등에 관하여 필요한 사항은 관세청장이 정한다.

7. 적용의 배제

여행자휴대품 또는 우편물 등 상업적 목적이 아닌 개인용도에 사용하기 위하여 소량으로 수출입되는 물품에 대하여는 지식재산권 보호에 관한 규정을 적용하지 아니한다.

8. 보세구역 반입명령

1) 의의

관세청장이나 세관장은 수출입신고 수리를 받은 물품이라 하더라도 신고수리 후에 불법 수출입물품으로 파악된 경우에는 해당 물품을 보세구역에 반입시켜 위법사실을 치유한 후 반출하게 하거나, 통관이 허용될 수 없는

경우에는 반송 또는 폐기토록 하는 바, 이를 보세구역 반입명령(Recall) 제도라 한다.

2) 대상물품

관세청장이나 세관장은 다음에 해당하는 물품으로서 이 법에 따른 의무사항을 위반하거나 국민보건 등을 해칠 우려가 있는 물품은 대통령령으로 정하는 바에 따라 이를 보세구역으로 반입할 것을 명할 수 있다(법238조).

- 수출신고가 수리되어 외국으로 반출되기 전에 있는 물품
- 수입신고가 수리되어 반출된 물품

반입명령을 받은 자는 해당 물품을 지정받은 보세구역으로 반입하여야 한다. "반입할 보세구역"은 반입명령인 또는 반입대상물품의 소재지 지정보세구역으로 한다. 다만, 해당 세관 관할 내에 지정보세구역이 없거나 기타 부득이한 사유가 있는 경우에는 특허보세구역으로 한다(통칙 238-245...2).

3) 사유

관세청장이나 세관장은 수출입신고가 수리된 물품이 다음에 해당하는 경우에는 해당 물품을 보세구역으로 반입할 것을 명할 수 있다. 다만, 해당 물품이 수출입신고가 수리된 후 3월이 경과하였거나 관련법령에 따라 관계행정기관의 장의 시정조치가 있는 경우에는 그러하지 아니하다(영 제245조 제1항).

- 원산지표시가 적법하게 표시되지 아니하였거나 수출입신고 수리 당시와 다르게 표시되어 있는 경우
- 다른 법령에 따라 수입 후 특정한 용도로 사용하여야 하는 등의 의무이행 요구에 따른 의무를 이행하지 아니한 경우
- 지적재산권보호를 침해한 경우

4) 반입명령 절차

관세청장 또는 세관장이 반입명령을 하는 경우에는 반입대상물품, 반입할 보세구역, 반입사유와 반입기한을 기재한 명령서를 화주 또는 수출입신고자에게 송달하여야 한다.[30] 관세청장이나 세관장은 명령서를 받을 자의 주소

30) 통칙 238-0...1(보세구역 반입명령인의 범위) 보세구역 반입명령은 관세청장, 수입신고를 수리한 세관장, 관세법의 규정에 따른 의무사항이행 위반여부를 조사한 세관장 및 반입명령대상물품

또는 거소가 불분명한 때에는 관세청 또는 세관의 게시판 및 그 밖의 적당한 장소에 반입명령사항을 공시할 수 있다. 이 경우 공시한 날부터 2주일이 경과한 때에는 명령서를 받을 자에게 반입명령서가 송달된 것으로 본다.

반입명령서를 받은 자는 관세청장 또는 세관장이 정한 기한 내에 명령서에 기재된 물품을 지정받은 보세구역에 반입하여야 한다. 다만, 반입기한내에 반입하기 곤란한 사유가 있는 경우에는 관세청장 또는 세관장의 승인을 얻어 반입기한을 연장할 수 있다. 세관장은 반입된 물품에 대하여 명령을 받은 자에게 그 물품을 반송 또는 폐기할 것을 명하거나 보완 또는 정정후 반출하게 할 수 있다. 이 경우 반송 또는 폐기에 소요되는 비용은 명령을 받은 자가 이를 부담한다. 반입된 물품이 반송 또는 폐기된 경우에는 당초의 수출입신고수리는 취소된 것으로 본다. 반송 또는 폐기된 물품에 대하여는 관세법 제46조 및 법 제48조의 규정을 준용한다. 관세청장은 보세구역 반입명령의 적정한 시행을 위하여 필요한 반입보세구역, 반입기한, 반입절차, 수출입신고필증의 관리방법 등에 관한 세부기준을 정할 수 있다.

4 통관의 예외적용

1. 수입이 아닌 소비

1) 의의

수입물품에 대하여는 관세가 부과되는 것인데, 물품이 사실상 국내에 반입된 것이라고 볼 수 없는 경우이거나, 물품의 국내에 반입이 이루어 졌지만 이를 관세법상의 수입으로 보아 관세를 부과·징수하는 것이 불합리한 경우가 있다. 형식적으로는 수입의 형태를 갖추고 있으나 실질적으로 수입의 효과가 나타나지 아니하여 수입으로 보지 아니하는 소비 또는 사용으로 보아 비과세 처리한다.

2) 대상

외국물품의 소비나 사용이 다음에 해당하는 경우에는 이를 수입으로 보지 아니한다.

의 소재지를 관할하는 세관장이 행할 수 있으며, 관세청장이 반입 명령하는 경우에는 반입대상물품 및 반입명령사유 등을 지정하여 세관장에게 보세구역반입명령을 발하도록 지시할 수 있다.

- 선용품 · 기용품 또는 차량용품을 운송수단 안에서 그 용도에 따라 소비하거나 사용하는 경우
- 선용품 · 기용품 또는 차량용품을 관세청장이 정하는 지정보세구역에서 「출입국관리법」에 따라 출국심사를 마치거나 우리나라에 입국하지 아니하고 우리나라를 경유하여 제3국으로 출발하려는 자에게 제공하여 그 용도에 따라 소비하거나 사용하는 경우
- 여행자가 휴대품을 운송수단 또는 관세통로에서 소비하거나 사용하는 경우
- 관세법에서 인정하는 바에 따라 소비하거나 사용하는 경우

2. 수출입의 의제

1) 의의

외국물품은 원칙적으로 수입통관절차를 밟아서 내국물품화하여 국내유통, 소비를 자유로이 할 수 있고, 내국물품은 수출통관절차를 밟아서 외국물품화하여 외국으로 반출할 수 있다. 형식적으로는 수출입의 통관을 받지 않았다 하더라도 소정의 절차를 거쳐 적법하게 인취하거나 외국으로 반출한 물품에 대하여는 수출입의 통관을 받은 것으로 의제한다.

2) 대상

다음에 해당하는 외국물품은 관세법의 규정에 따라 적법하게 수입된 것으로 보고 관세 등은 따로 징수하지 아니한다.

- 체신관서가 수취인에게 교부한 우편물
- 관세법에 따라 매각된 물품
- 관세법에 따라 몰수된 물품
- 관세법에 의한 통고처분으로 납부된 물품
- 법령에 따라 국고에 귀속된 물품
- 몰수에 갈음하여 추징된 물품[31)]

체신관서가 외국으로 발송한 우편물은 관세법의 규정에 따라 적법하게 수출되거나 반송된 것으로 본다.

---

31) 통칙 240-0...1(추징금 미납물품의 수입의제 가능여부) 몰수에 갈음하여 추징이 결정되었다 할지라도 추징금을 납부하지 아니하였다면 법 제240조 제1항 제6호의 규정에 따라 적법하게 수입된 것으로 보고 관세 등을 따로 징수하지 아니하는 "몰수에 갈음하여 추징된 물품"으로 볼 수 없으며, 외국물품으로 보아야 한다.

5 통관 후 유통이력 관리

1. 통관 후 유통이력 신고

1) 신고대상

외국물품을 수입하는 자와 수입물품을 국내에서 거래하는 자[32]는 사회안전 또는 국민보건을 해칠 우려가 현저한 물품 등으로서 관세청장이 지정하는 물품[33]에 대한 유통단계별 거래명세(유통이력)를 관세청장에게 신고하여야 한다(법 제240조의2 제1항).

2) 자료 보관

유통이력 신고의 의무가 있는 자(유통이력 신고의무자)는 유통이력을 장부에 기록[34]하고, 그 자료를 거래일부터 1년간 보관하여야 한다.

3) 절차

관세청장은 유통이력 신고물품을 지정할 때 미리 관계행정기관의 장과 협의하여야 한다(법 제240조의2 제3항). 관세청장은 유통이력 신고물품의 지정, 신고의무 존속기한 및 신고대상 범위설정 등을 할 때 수입물품을 내국물품에 비하여 부당하게 차별하여서는 아니 되며, 이를 이행하는 유통이력 신고의무자의 부담이 최소화 되도록 하여야 한다. 유통이력 신고물품별 신고의무 존속기한, 유통이력의 범위, 신고절차, 그 밖에 유통이력 신고에 필요한 사항은 관세청장이 정한다.

2. 유통이력조사

관세청장은 유통이력 신고제도를 시행하기 위하여 필요하다고 인정할 때에는 세관공무원으로 하여금 유통이력 신고의무자의 사업장에 출입하여 영업 관계의 장부나 서류를 열람하여 조사하게 할 수 있다(법 제240조의3 제1항). 유통이력 신고의무자는 정당한 사유 없이 조사를 거부·방해 또는 기피하여서는 아니 된다. 조사를 하는 세관공무원은 신분을 확인할 수 있는 증표를 지니고 이를 관계인에게 보여주어야 한다.

---

32) 소비자에 대한 판매를 주된 영업으로 하는 사업자는 제외한다.
33) 유통이력 신고물품
34) 전자적 기록방식을 포함한다.

제3절 통관일반

1 통관신고

1. 신고의 목적

신고는 신고의 자격을 가진 자가 법에서 정한 요건과 형식을 갖추어 세관장에게 신고할 내용을 알리는 의사표시이다. 세관에서 수출입 또는 반송의 신고를 받은 때에는 그 때부터 법에서 정한 기한 내에 이를 수리할 것인지 여부 등 처리할 의무를 진다.

판례는 수입물량의 일부만을 신고했을 때 신고하지 않은 물량에 대하여는 밀수입 죄가 성립한다고 판시하고 있다.

판례 【신고하지 않은 물량에 대한 밀수죄 성립 여부】

수입신고는 세관장에게 하는 수입의 의사표시이므로, 원심이 인정한 바와 같이 농어를 수입함에 있어 실제로 수입하는 물량 중 일부만을 수입하는 것으로 신고하고 나머지 물량에 대하여는 수입신고를 하지 않을 의사로 각종서류를 신고한 물량에 맞추어 허위로 작성, 통관절차를 밟는 방법으로 수입신고한 물량에 비하여 현저하게 많은 물량의 농어를 수입하였다면, 수입신고를 하지 않고 수입한 물량의 농어는 수입신고한 물량의 농어와 동일성을 인정할 수 없어 이에 대하여는 관세법 제179조 제2항 제1호 소정의 밀수입 죄가 성립한다(대법원 1984. 7. 24. 선고 84도565 판결 참조). (대법원 2000. 2. 8. 선고 99도4864 판결[공2000.3.15.(102),649])

판례는 수출입 신고의 목적을 '관세법과 그 밖의 수출입 관련 법령에 규정된 허가·승인·표시 그 밖의 조건의 구비 여부를 확인하고(법 제226조 제1, 2항), 수출입과 관련된 적정한 통계자료를 확보하려는 데 있다'고 판시하고 있다.

판례 【수출신고의 목적】

우리나라에서는 수출입에 관한 면허제도가 이미 폐지되었을 뿐 아니라 특히 수출에 대하여는 아니하고 있고, 관세도 부과되지 아니하므로, 법 제241조 제1항이 물품을 수출하고자 할 때 해당 물품의 품명·규격·수량 및 가격 등을 세관장에게 신고하도록 규정한 취지는, 관세법과 기타 수출입 관련 법령에 규정된 허가·승인·표시 기타 조건의 구비 여부를 확인하고(법 제226조 제1, 2항), 수출과 관련된 적정한 통계자료를 확보하려는 데 있다고 보아야 할 것인데, 수출 통계를 위한 품목 분류는 재정경제부 장관이 고시한 10단계 분류체계인 '관세·통계통합품목분류표(Harmonized System Korea)'에 따르고 있고, 법 제226조 제2항 및 관세법 시행령 제233조의 규정에 따라 통관시 세관장이 확인하여야 할 수출입 물품 및 그 확인방법을 정하기 위하여"관세청장이 고시한 관세법 제226조의 규정에 따른 세관장확인물품 및 확인방법 지정 고시"제3조 제1항 및 [별표 1, 2] 또한 위 관세·통계통합품목분류표의 10단위까지 세분한 항목에 따라 통관시 세관장이 확인하여야 할 수출입 물품 및 확인사항을 정하고 있다(대법원 2006.1.27. 선고 2004도1564 판결[공2006.3.1.(245),378]).

수출신고가 대외무역법 등 관계 법령에서 정하고 있는 요건확인 및 통계목적인데 비해 수입신고는 관세법상 다음과 같은 중요한 효과가 발생한다.

- 과세물건의 확정 : 관세는 원칙적으로 수입신고를 할 때의 물품의 성질과 수량에 따라 부과
- 적용법령 확정 : 관세는 원칙적으로 수입신고 당시의 법령에 따라 부과
- 과세환율 산정 : 과세가격결정에 필요한 환율을 과세환율이라고 하는 데 수입신고하는 날이 속하는 주의 전주의 외국환매도율을 평균하여 관세청장이 그 율을 정함.
- 납세의무자의 확정 : 수입신고할 때에 납세의무자를 정하여 신고

2. 수출입 또는 반송의 신고

1) 신고 사항

물품을 수출·수입 또는 반송하려는 때에는 다음 사항을 세관장에게 신고하여야 한다(법 제241조). 신고사항은 다음과 같다(영 246조).

- 해당 물품의 품명 · 규격 · 수량 및 가격
- 포장의 종류 · 번호 및 개수
- 목적지 · 원산지 및 선적지
- 원산지 표시 대상물품인 경우에는 표시유무 · 방법 및 형태
- 상표
- 사업자등록번호 · 통관고유부호 및 해외공급자부호 또는 해외구매자부호
- 물품의 장치장소
- 그 밖의 참고사항

2) 통관고유부호 등의 신청

통관고유부호, 해외공급자부호 또는 해외구매자부호를 발급받거나 변경하려는 자는 주소, 성명, 사업종류 등을 적은 신청서에 사업자등록증, 해외공급자 또는 해외구매자의 국가·상호·주소가 표기된 송품장, 그 밖에 관세청장이 정하여 고시하는 서류를 첨부하여 세관장에게 제출하여야 한다. 다만, 세관장이 필요 없다고 인정하는 경우에는 첨부서류의 제출을 생략할 수 있다.

통관고유부호, 해외공급자부호 또는 해외구매자부호의 발급절차 및 관리 등에 관하여 필요한 사항은 관세청장이 정한다.

3) 신고대상

수입·수출·반송되는 모든 물품을 신고해야 하며 관세가 부과되는 물품뿐만 아니라 관세가 부과되지 않는 물품도 신고를 해야 하며 관세가 부과되지 않는 물품을 신고를 하지 않으면 관세법 위반으로 처벌할 수 있고 해당 물품을 몰수·추징할 수 있다.

판례 【관세가 부과되지 않는 물품의 무신고 수입】

관세법 등 관계 법령에서 정하는 소정의 적법한 절차를 밟아 수입하는 경우에 관세가 부과되지 않는 물품에 해당한다 하더라도 적법한 수입신고 절차 없이 통관하는 경우에는 무신고수입으로 인한 관세법위반죄로 처벌할 수 있고, 그 해당 물품은 몰수·추징의 대상이 된다. (대법원 2002. 12. 6. 선고 2000도3581 판결[공2003.2.1.(171),406])

4) 대상 물품

신고 대상은 수출입 또는 반송 물품이다. 관세법에서는 물품의 정의에 대하여 규정하지 않고 있고 내국물품과 외국물품에 대해서 규정하고 있다. 따라서 수출 신고 대상물품은 내국물품이며, 수입과 반송신고 대상 물품은 외국물품이 된다.

판례 【신고된 물품과 다른 물품의 수입】

신고를 하지 아니하고 물품을 수출입한 자는 10년 이하의 징역 또는 그 물품원가의 3배 이하에 상당하는 벌금에 처하도록 하고 있는바, 이와 같은 무신고수출입죄는 처음부터 수출입신고를 하지 아니하고 수출입을 하는 경우는 물론이고 수출입신고는 하였으나 신고물품과 동일성이 인정되지 않는 다른 물품을 수출입하는 경우에도 마찬가지로 성립한다고 할 것이다.
피고인은 음향기기인 이 사건 콘솔시스템과 녹음시스템을 부분품으로 분할하여 수입하면서 수입신고서에는 음향기기와는 전혀 다른 품명과 관세법상의 품목분류번호로 신고를 하였는바, 전체적으로 보아 실제로 수입된 물품은 음향기기의 완제품으로 보아야 하는 것으로서 수입신고된 물품과의 사이에는 서로 동일성이 없어 이 사건 수입신고의 효력은 실제로 수입된 물품에 미치지 아니하므로 피고인의 위와 같은 행위는 관세법상 무신고수입죄를 구성하는 것이며, 이는 수입한 물품 중의 일부가 신고한 물품과 일치되거나 신고한 물품과 수입한 물품에 대한 관세율이 같다고 하더라도 마찬가지라고 판단한 것은 정당하다(대법원 2003. 11. 28. 선고 2003도3956 판결[공보불게재])

임차항공기의 수입신고 대상여부에 대하여 통칙에서는 '한국과 외국 간을 반복적으로 운항하기 위하여 소유권 취득이 아닌 일정기간 항공기를 임차하여 항공법에 의거 등록을 필하고 국적을 취득하였을 경우, 동 기간 중 임차 항공기는 항공법에 따라 건설교통부장관에게 등록하도록 되어 있고 동 등록을 필하면 자동적으로 국적을 취득하게 되어 국적취득조건부 임차 항공기에 해당되므로 수입신고대상이 된다'고 규정하고 있다(통칙 241-0...5).

판례 【선박 수입의 범위】

외국의 선박을 국내 거주자가 취득하면서 편의치적의 방법으로 외국에 서류상으로만 회사를 만들어 놓고 그 회사의 소유로 선박을 등록하여 그 외국의 국적을 취득하게 한 다음 이를 국내에 반입하여 사용에 제공하게 한 때에도 관세법상의 수입에 해당한다. 선박을 일본국 소재 회사로부터 매수한 후 편의치적의 방법으로 온두라스국에 서류상으로만 만들어 놓은 회사인 M.J. SHIPPING S. DE R.L. 소유로 등록하여 캄보디아나 볼리비아 국적을 취득하게 하고, 이를 국내에 반입하여 중국으로부터 수입하는 활낙지 등의 운송에 사용한 사실, 피고인 1은 그 길이가 30m가 안 되는 이 사건 선박을 세관장에게 수입신고하는 경우 선박안전법 소정의 항행구역에 관한 규정(30m 이상인 선박만이 근해구역을 항행할 수 있도록 규정하고 있다)으로 인하여 중국으로부터 수입하는 활낙지 등의 운송에 이 사건 선박을 사용할 수 없다고 판단하여 그 수입신고를 하지 아니한 사실을 알 수 있는바, 그렇다면 이러한 피고인의 행위는 무신고수입으로 인한 관세법위반죄에 해당함이 명백하고, 그 범의 또한 넉넉히 인정된다 할 것이다(대법원 2004. 3. 26. 선고 2003도8014 판결[공2004.5.1.(201),764]).

외국에 매각된 선박의 수출입신고에 관하여 통칙에서는 '매각하여 이를 외국으로 반출하고자 할 경우에는 법 제241조의 규정에 따라 수출신고를 하여야 하며, 동 선박이 국적취득조건부 나용선일 경우에는 수입신고를 하여야 한다. 다만, 동 선박이 수출된 물품으로서 그 수출신고수리일로부터 2년 이내에 다시 수입될 경우에는 법 제99조의 규정에 따라 재수입면세대상이 된다'고 규정하고 있다(통칙 241-0...6).

통칙에서는 여러 물품의 신고에 대하여 규정하고 있다.[35)]

5) 신고서 제출

수출·수입 또는 반송의 신고를 하려는 자는 신고 사항과 해당 물품의 품명·규격·수량 및 가격을 기재한 수출·수입 또는 반송의 신고서를 세관장에게 제출하여야 한다(영 246조 제2항).

수입신고서에 기재하는 물품의 수량과 관련하여 판례는 실제로 수입하

35) 통칙 241-0...7(기간용선한 LPG탱크선의 수입신고 대상여부) 기간용선의 조건으로 임차한 선박이 우리나라에 입항한 경우 해당 선박이 외국무역선에 해당하는 외국과의 무역에 관련된 용도에만 사용되는 때에는 운수기관으로 처리하여 외국물품의 수입에 관한 관세법상의 제 규정을 적용하지 아니하나, 국내에서 저장시설로 사용될 경우에는 수입신고대상이 된다.

는 물량 중 일부만을 수입신고하였다면, 수입신고를 하지 않고 수입한 물량의 물품은 수입신고한 물량의 물품과 동일성을 인정할 수 없어 밀수입죄가 성립한다고 판시하였다.

판례 【수입 물량중 일부만 수입신고 하는 경우 밀수입죄 성립여부】

무신고수입으로 인한 관세법 제269조 제2항 제1호 소정의 밀수입죄에 있어서 서로 다른 시기에 수회에 걸쳐 이루어진 무신고수입행위는 그 행위의 태양, 수법, 품목 등이 동일하다 하더라도 원칙적으로 별도로 각각 1개의 무신고수입으로 인한 관세법 위반죄를 구성한다(대법원 2001. 5. 15. 선고 99도1046 판결). 또한, 물품을 수입함에 있어 실제로 수입하는 물량 중 일부만을 수입하는 것으로 신고하고 나머지 물량에 대하여는 수입신고를 하지 않을 의사로 각종서류를 신고한 물량에 맞추어 허위로 작성, 통관절차를 밟는 방법으로 수입신고한 물량에 비하여 현저하게 많은 물량의 물품을 수입하였다면, 수입신고를 하지 않고 수입한 물량의 물품은 수입신고한 물량의 물품과 동일성을 인정할 수 없어 이에 대하여는 관세법 제269조 제2항 제1호 소정의 밀수입죄가 성립한다 할 것이다(대법원 2000. 2. 8. 선고 99도4864 판결, 2002. 5. 10. 선고 2001도451 판결). (대법원 2006.4.27. 선고 2005도6405 판결[공보불게재])

6) 수입신고 간주

수입물품중 관세가 면제되거나 무세인 물품에 있어서는 그 검사를 마친 때에 해당 물품에 대한 수입신고가 수리된 것으로 본다.

7) 수출신고 외국통화 환산

수출신고를 함에 있어 수출신고가격을 산정하기 위하여 외국통화로 표시된 가격을 내국통화로 환산하는 때에는 수출신고일이 속하는 주의 전주의 외국환매입률을 평균하여 관세청장이 정한 율로 하여야 한다.

8) 수출입신고 시기 및 효력발생 시점

신고 시기는 수출입과 반송을 하는 때이다.[36] 수출·반송신고의 효력발생 시점은 통관시스템에서 신고번호가 부여된 시점을 말하며, 수입신고의 효력발생시점은 전송된 신고 자료가 통관시스템에 접수된 시점을 말한다.

3. 신고 의무기간 경과에 대한 가산세

1) 수입 · 반송 신고 기한

수입 또는 반송을 하려는 물품을 지정장치장 또는 보세창고에 반입하거

36) 통칙 241-0...8(임대항공기의 수입신고시기) 임대 항공기의 수입신고 시기는 임대기간 종료 후 최초 입항한 시점이다.

나 보세구역이 아닌 장소에 장치한 자는 그 반입일 또는 장치일 부터 30일 이내(관세청장이 정하는 바에 따라 반송신고를 할 수 있는 날부터 30일 이내)에 신고를 하여야 한다.[37]

2) 대상 물품

가산세를 징수하여야 하는 물품은 물품의 신속한 유통이 긴요하다고 인정하여 보세구역의 종류와 물품의 특성을 고려하여 관세청장이 정하는 물품으로 한다.

3) 가산세 징수

세관장은 가산세 징수 대상 물품을 수입 또는 반송하는 자가 기간 내에 수입 또는 반송의 신고를 하지 아니하는 때에는 해당 물품의 과세가격의 100분의 2에 상당하는 금액의 범위 안에서 가산세로 징수한다.

4) 가산세 산출 방법

가산세액은 다음의 율에 따라 산출한다.

신고기한	가산세
신고기한이 경과한 날부터 20일내에 신고를 한 때	해당 물품의 과세가격의 1천분의 5
신고기한이 경과한 날부터 50일내에 신고를 한 때	해당 물품의 과세가격의 1천분의 10
신고기한이 경과한 날부터 80일내에 신고를 한 때	해당 물품의 과세가격의 1천분의 15
그 외의 경우	해당 물품의 과세가격의 1천분의 20

5) 한도 및 징수 시기

가산세액은 500만원을 초과할 수 없다. 신고기한이 경과한 후 보세 운송된 물품에 대하여는 보세운송신고를 한 때를 기준으로 가산세율을 적용하며 그 세액은 수입 또는 반송신고를 하는 때에 징수한다.

4. 전기 등의 수출입 신고

전기·유류·가스·용수(用水) 등을 그 물품의 특성으로 인하여 전선이나 배관 등 물품을 공급하기에 적합하도록 설계·제작된 일체의 시설 등을 이용

37) 통칙 241-0...9(수입신고 기간 내 수입신고 대상물품의 범위)법 제241조제3항의 규정에 따른 수입신고 기간 내 수입신고를 하여야 하는 물품에는, 보세구역인도조건(BWT)에 따라 수입된 물품으로서 추심 또는 결재의 미필 등으로 국내에 수입하지 못할 상태에 있는 물품은 포함되지 아니한다.

하여 수출·수입 또는 반송하는 자는 1개월을 단위로 하여 해당 물품에 사항을 다음 달 10일까지 신고하여야 한다. 이 경우 기간 내에 수출·수입 또는 반송의 신고를 하지 아니하는 때의 가산세를 징수한다.

5. 여행자 휴대품 및 이사물품 미신고 가산세

세관장은 여행자 또는 승무원이 휴대품[38]을 신고하지 아니하여 과세하는 경우에는 해당 물품에 대하여 납부할 세액(관세 및 내국세 포함)의 100분의 30에 상당하는 금액을 가산세로 징수하며, 우리나라로 거주를 이전하기 위하여 입국하는 자가 입국하는 때에 수입하는 이사물품[39]을 신고하지 아니하여 과세하는 경우에는 100분의 30에 상당하는 금액을 가산세로 징수한다.

6. 수출 · 수입 · 반송 등의 신고인

신고는 화주 또는 관세사[40]등의 명의로 하여야 한다. 다만, 수출신고의 경우에는 화주에게 해당 수출물품을 제조하여 공급한 자(완제품공급자)의 명의로 할 수 있다.

7. 신고의 요건

1) 신고 원칙

(1) 수입신고

수입신고는 해당 물품을 적재한 선박 또는 항공기가 입항한 후에 한하여 할 수 있다(법 제243조 제2항).

(2) 반송신고

반송신고는 해당 물품이 관세법에 규정한 장치장소에 있는 경우에만 할 수 있다(법 제243조 제3항).

(3) 수출신고

수출에 대하여는 관세법에서 신고의 요건을 정하고 있지 아니하고 수출물품을 선박 또는 항공기에 적재하기 전까지 수출신고하면 된다.

---

38) 제96조제1호 및 제3호에 해당하는 물품을 제외
39) 제96조제2호에 해당하는 물품을 제외
40) 관세사, 관세사법인 및 통관취급법인 포함

2) 입항전 수입신고

(1) 신고

수입하려는 물품의 신속한 통관이 필요할 때에는 해당 물품을 적재한 선박이나 항공기가 입항하기 전에 수입신고를 할 수 있다. 이 경우 입항전수입신고가 된 물품은 우리나라에 도착한 것으로 본다(법 제244조 제1항). 수입신고는 해당 물품을 적재한 선박 또는 항공기가 그 물품을 적재한 항구 또는 공항에서 출항하여 우리나라에 입항하기 5일전(항공기의 경우 1일전)부터 할 수 있다(영 249조 제1항). 출항부터 입항까지의 기간이 단기간인 경우 등 해당 선박 등이 출항한 후에 신고하는 것이 곤란하다고 인정되어 출항하기 전에 신고하게 할 필요가 있는 경우에는 관세청장이 정하는 바에 따라 그 신고 시기를 조정할 수 있다(영 249조 제2항). 그러나 다음에 해당하는 물품은 해당 물품을 적재한 선박 등이 우리나라에 도착된 후에 수입신고하여야 한다(영 249조 제3항).

- 법령의 개정에 따라 새로운 수입요건의 구비가 요구되거나 해당 물품이 우리나라에 도착하는 날부터 높은 세율이 적용되도록 입법 예고된 물품
- 수입신고하는 때와 우리나라에 도착하는 때의 물품의 성질과 수량이 달라지는 물품으로서 관세청장이 정하는 물품

(2) 검사

세관장은 입항전 수입신고를 한 물품에 대하여 물품검사의 실시를 결정한 때에는 수입신고를 한 자에게 이를 통보하여야 한다(법 제244조 제2항). 검사대상으로 결정된 물품은 수입신고를 한 세관의 관할 보세구역[41]에 반입되어야 한다. 다만, 세관장이 적재상태에서 검사가 가능하다고 인정하는 물품은 해당 물품을 적재한 선박 또는 항공기에서 검사할 수 있다(법 제233조 제3항).

(3) 신고의 수리

검사대상으로 결정되지 아니한 물품에 대하여는 입항전에 그 수입신고를 수리할 수 있다. 입항전수입신고가 수리되고 보세구역 등으로부터 반출되지 아니한 물품에 대하여는 해당 물품이 지정보세구역에 장치되

41) 보세구역이 아닌 장소에 장치하는 경우 그 장소를 포함한다.

었는지 여부에 관계없이 멸실된 경우 관세 환급에 관한 규정(제106조제4항)을 준용한다. 입항전 수입신고된 물품의 통관절차 등에 관하여 필요한 사항은 관세청장이 정한다.

8. 신고 시 제출서류

수출·수입 또는 반송신고를 하려는 자는 과세자료 외에 다음의 서류를 제출하여야 한다(법 제245조 제1항).

- 선하증권 사본 또는 항공화물운송장 사본
- 원산지 확인이 필요한 경우 원산지증명서
- 그 밖의 참고서류

수출입신고를 하는 물품이 증명을 필요로 하는 것인 때에는 관련증명서류를 첨부하여 수출입신고를 하여야 한다. 다만, 세관장은 필요 없다고 인정될 때에는 이를 생략하게 할 수 있다(법 제245조 제2항).

서류를 제출하여야 하는 자가 해당 서류를 관세사 등에게 제출하고, 관세사 등이 해당 서류를 확인한 후 수출·수입 또는 반송에 관한 신고를 하는 때에는 해당 서류의 제출을 생략하게 하거나 해당 서류를 수입신고 수리 후에 제출하게 할 수 있다(법 제245조 제3항). 이 조항은 EDI 수출입통관체제에서는 사전에 관세사 등이 신고서류를 확인한 후 신고내용을 전송하고, 세관에서는 서류심사 또는 물품검사대상이 아닌 한 서류 없이(Paperless) 컴퓨터로 심사가 진행되는 관계로 신고 서류의 생략 또는 사후제출이 가능하도록 근거를 마련한 것이다. 서류의 제출을 생략하게 하거나 수입신고 수리 후에 서류를 제출하게 하는 경우 세관장이 필요하다고 인정하여 신고인에게 관세청장이 정하는 장부 그 밖의 관계 자료의 제시 또는 제출을 요청하는 때에는 신고인은 이에 응하여야 한다.

2 물품의 검사

1. 의의

세관공무원은 수출·수입 또는 반송하려는 물품에 대하여 검사를 할 수 있다(법 제246조 제1항). 세관에서의 물품 검사는 수출입통관을 위하여 수출입

승인 등 법령에서 정한 규제사항을 현품과 대조하여 확인하는 것을 말한다. 오늘날 수출입물동량 증가와 세관인력의 한계 등으로 인하여 C/S (우범화물 선별)기법을 활용하여 수출입물품에 대하여 원칙적으로 검사를 생략하고 있다.

2. 검사대상 등

관세청장은 검사대상·검사범위·검사방법 등 필요한 기준을 정할 수 있다. 관세청장을 검사기준을 관세청 훈령으로 정하여 시행하고 있는데 이것이 「수입물품 선별검사에 관한 시행세칙」이다.

3. 화주의 물품확인 및 미신고 물품 직권검사

화주는 수입신고를 하려는 물품에 대하여 수입신고전에 관세청장이 정하는 바에 따라 확인을 할 수 있다.

세관장은 수입신고를 하지 아니한 물품에 대하여는 관세청장이 정하는 바에 따라 직권으로 이를 검사할 수 있다. 세관장은 신고인이 검사에 참여할 것을 신청하거나 신고인의 참여가 필요하다고 인정하는 때에는 그 일시·장소·방법 등을 정하여 검사에 참여할 것을 통지할 수 있다.

4. 검사장소 및 수수료

검사는 물품을 장치할 수 있는 장소에서 행한다. 다만, 수출하려는 물품에 대한 검사는 해당 물품이 장치되어 있는 장소에서 행한다. 세관장은 효율적인 검사를 위하여 부득이하다고 인정되는 때에는 관세청장이 정하는 바에 따라 해당 물품을 보세구역에 반입하게 한 후 검사할 수 있다. 검사장소가 지정장치장 또는 세관검사장이 아닌 경우 신고인은 기획재정부령이 정하는 바에 따라 수수료를 납부하여야 한다. 다만, 보세창고의 경우, 신고인이 운영인과 다른 경우에는 수수료를 납부하지 아니한다.

검사수수료는 다음 계산식에 따른다.

[기본수수료(시간당 기본수수료 2천원 × 해당 검사에 걸리는 시간)] + 실비상당액(세관과 검사장소와의 거리 등을 고려하여 관세청장이 정하는 금액)

수출물품에 대한 검사의 경우에는 기본수수료를 면제한다.

수입화주와 검사의 시기 및 장소가 동일한 물품에 대하여는 이를 1건으로 하여 기본수수료를 계산한다. 검사수수료를 납부하여야 하는 자가 관세청장

이 정하는 바에 따라 이를 따로 납부한 때에는 그 사실을 증명하는 증표를 수출입신고서에 첨부하여야 한다. 세관장은 전산처리설비를 이용하여 검사수수료를 고지하는 때에는 검사수수료를 일괄 고지하여 납부하게 할 수 있다.

3 신고의 처리

1. 신고의 수리

세관장은 신고가 관세법에 따라 적합하게 이루어졌을 때에는 이를 지체 없이 수리하고 신고인에게 신고필증을 발급하여야 한다. 다만, 국가관세종합정보망의 전산처리설비를 이용하여 신고를 수리하는 경우에는 관세청장이 정하는 바에 따라 신고인이 직접 전산처리설비를 이용하여 신고필증을 발급받을 수 있다(법 제248조 제1항)

2. 담보의 제공

세관장은 관세를 납부하여야 하는 물품에 대하여는 신고를 수리할 때에 다음에 해당하는 자에게 관세에 상당하는 담보의 제공을 요구할 수 있다.

- 관세법 또는 「수출용원재료에 대한 관세 등 환급에 관한 특례법」을 위반하여 징역형의 실형을 선고받고 그 집행이 끝나거나(집행이 끝난 것으로 보는 경우를 포함한다) 면제된 후 2년이 지나지 아니한 사람
- 관세법 또는 「수출용원재료에 대한 관세 등 환급에 관한 특례법」을 위반하여 징역형의 집행유예를 선고받고 그 유예기간 중에 있는 자
- 관세법 제269조부터 제271조까지, 제274조, 제275조의2, 제275조의3 또는 「수출용원재료에 대한 관세 등 환급에 관한 특례법」에 따라 벌금형 또는 통고처분을 받은 자로서 그 벌금형을 선고받거나 통고처분을 이행한 후 2년이 지나지 아니한 사람
- 수입신고일을 기준으로 최근 2년간 관세 등 조세를 체납한 사실이 있는 자
- 수입실적, 수입물품의 관세율 등을 고려하여 다음과 같이 관세채권의 확보가 곤란한 경우에 해당하는 자
  - 최근 2년간 계속해서 수입실적이 없는 자
  - 파산, 청산 또는 개인회생절차가 진행 중인 자
  - 수입실적, 자산, 영업이익, 수입물품의 관세율 등을 고려할 때 관세채권 확보가 곤란한 경우로서 관세청장이 정하는 요건에 해당하는 자

3. 신고수리전 반출 금지

신고수리 전에는 운송수단, 관세통로, 하역통로 또는 이 법에 따른 장치장소로부터 신고된 물품을 반출하여서는 아니 된다(법 제248조 제3항).

4. 신고사항의 보완

세관장은 수출·수입 또는 반송에 관한 신고서의 기재사항이 미비된 경우와 신고 제출서류(법 제245조)가 미비된 경우에는 신고가 수리되기 전까지 갖추어지지 아니한 사항을 보완하게 할 수 있다. 다만, 해당 사항이 경미하고 신고수리후 보완이 가능하다고 인정되는 경우에는 관세청장이 정하는 바에 따라 신고수리 후 이를 보완하게 할 수 있다.

5. 신고의 취하 및 각하

1) 신고취하

신고는 정당한 이유가 있는 경우에 한하여 세관장의 승인을 얻어 이를 취하할 수 있다. 승인을 얻고자 하는 자는 다음의 사항을 기재한 신청서를 세관장에게 제출하여야 한다.

- 관세법 제175조 각호의 사항
- 신고의 종류
- 신고연월일 및 신고번호
- 신청사유

수입 및 반송은 운송수단·관세통로·하역통로 또는 관세법에서 규정된 장치장소에서 물품을 반출한 후에는 이를 취하할 수 없다. 수출·수입 또는 반송의 신고를 수리한 후 신고의 취하를 승인한 때에는 신고수리의 효력은 상실된다.

2) 각하

세관장은 신고가 그 요건을 갖추지 못하였거나 부정한 방법으로 된 때에는 해당 수출·수입 또는 반송의 신고를 각하할 수 있다. 세관장은 신고를 각하한 때에는 즉시 그 신고인에게 신고의 종류, 신고연월일 및 신고번호, 각하사유를 기재한 통지서를 송부하여야 한다.

3) 신고각하의 대상

신고를 각하할 수 있는 경우는 다음과 같다(통칙 250-0...1).

- 수출 · 수입 · 반송의 신고가 형식적인 요건을 갖추지 못한 경우
- 신고된 물품에 대해 멸각, 폐기, 공매, 경매낙찰, 몰수확정 또는 국고귀속이 결정된 경우
- 입항전수입신고의 요건을 갖추지 못한 경우
- 사위 그 밖의 부정한 방법으로 신고한 경우

6. 수출신고수리의 적재 및 취소

1) 수출물품의 적재의무 기간

수출신고가 수리된 물품은 수출신고가 수리된 날부터 30일 이내에 운송수단에 적재하여야 한다. 다만, 1년의 범위 내에서 적재기간연장승인을 얻은 것은 그러하지 아니하다. 적재기간의 연장승인을 얻고자 하는 자는 다음의 사항을 기재한 신청서를 세관장에게 제출하여야 한다.

- 수출신고번호 · 품명 · 규격 및 수량
- 수출자 · 신고자 및 제조자
- 연장승인신청의 사유
- 그 밖의 참고사항

2) 수출신고수리의 취소

세관장은 적재기간을 초과하는 물품에 대하여는 수출신고의 수리를 취소할 수 있다. 세관장은 우리나라와 외국 간을 왕래하는 운송수단에 적재하는 기간을 초과하는 물품에 대하여 수출신고의 수리를 취소하여야 한다. 다만, 다음에 해당하는 경우에는 그러하지 아니하다.

- 신고취하의 승인신청이 정당한 사유가 있다고 인정되는 경우
- 적재기간연장승인의 신청이 정당한 사유가 있다고 인정되는 경우
- 세관장이 수출신고의 수리를 취소하기 전에 해당 물품의 적재를 확인한 경우
- 그 밖의 세관장이 적재 기간 내에 적재하기 곤란하다고 인정하는 경우

세관장은 수출신고의 수리를 취소하는 때에는 즉시 신고인에게 그 내용을 통지하여야 한다.

4 무신고 수출입에 대한 처벌

관세법에서는 신고를 하지 아니하고 물품을 수출입 한 자와 신고를 하였으나 해당 수출임 물품과 다른 물품으로 신고하여 수출입 한 자는 3년 이하의 징역 또는 물품원가 이하에 상당하는 벌금에 처한다(법제269조). 수출입 신고를 하지 않고 수출입하는 경우와 수출입신고를 하였으나 다른 물품을 수출하는 경우 모두 처벌 대상이다. 여기서 신고를 한 수출입물품과 다른 물품의 범위는 수출입 신고를 한 물품과 그와 동일성이 인정되지 않는 물품을 의미한다고 판시하고 있다. 따라서 수출입신고를 하였으나 다른 물품을 수출입한 경우에 처벌을 받는 경우는 동일성이 인정되지 않는 물품을 수출입한 경우이다. 동일성 판단의 기준은 관세·통계통합품목분류표상 10단위 분류코드가 같은지 다른지를 기준으로 판단하여야 한다고 판시하고 있다.

판례 【무신고 수출 관련 물품의 판단기준】

법 제241조 제1항은 물품을 수출하고자 할 때에는 해당 물품의 품명·규격·수량 및 가격 등을 세관장에게 신고하도록 정하고 있고, 법 제269조 제3항 제2호는 법 제241조 제1항의 규정에 따른 신고를 하였으나 해당 수출물품과 다른 물품으로 신고하여 수출한 자를 3년 이하의 징역 또는 물품원가 이하의 벌금에 처하도록 정하고 있는바, 여기서 해당 수출물품과'다른 물품'이라 함은 수출신고서에 따라 신고한 바로 그 물품 이외의 모든 물품을 의미하는 것이 아니고, 수출 신고한 물품 또는 그와 동일성이 인정되는 물품을 제외한 모든 물품을 의미하는 것으로 보아야 한다. 수출신고서에 따라 신고한 물품과 실제 통관하여 수출한 물품 간에 동일성이 인정되는지는 양자의 관세·통계통합품목분류표상 10단위 분류코드가 같은지 다른지를 기준으로 결정되어야 한다. (대법원 2006.1.27. 선고 2004도1564 판결 [공2006.3.1.(245),378])

그러나 무신고 수출입에 대한 처벌규정은 실제로 수출입 의사나 수출입 행위 없이 허위로 수출입 신고를 한 경우에는 이 규정을 적용할 수 없다.

판례 【허위신고의 처벌여부】

관세법이 관세의 부과·징수 및 수출입물품의 통관을 적정하게 하여 국민경제의 발전에 기여하고 관세수입의 확보를 기함을 목적으로 하고 있는 점(법 제1조)을 감안하면, 관세의 부과·징수 및 수출입물품의 통관을 적정하게 하기 위하여 물품을 수출·수입 또는 반송하려는 자들에 대하여 신고의무를 부과하고, 위 신고의무를 이행하지 아니하거나 신고의무에 반하여 허위신고를 하는 자들을 처벌하기 위하여 위 규정을 두고 있는 것으로 해석하여야 할 것이므로, 물품을 수출·수입 또는 반송하려는 의사 없이 허위신고를 하는 자들에게까지 위 처벌규정을 적용할 수는 없다 할 것이다. (대법원 2002. 11. 26. 선고 2002도3736 판결 [공2003.1.15. (170), 281])

서로 다른 시기에 수회에 걸쳐 이루어진 무신고수입행위 및 관세포탈행위는

그 행위의 태양, 수법, 품목 등이 동일하다 하더라도 원칙적으로 별도로 각각 1개의 무신고수입 및 관세포탈로 인한 관세법위반죄를 구성한다. 따라서 위반 회수에 따라 여러 번 처벌을 받을 수 있다.

> 판례 【수입신고를 여러 번 하지 않은 경우】
> 관세법상 무신고수입죄 및 관세포탈죄에 있어서 서로 다른 시기에 수회에 걸쳐 이루어진 무신고수입행위 및 관세포탈행위는 그 행위의 태양, 수법, 품목 등이 동일하다 하더라도 원칙적으로 별도로 각각 1개의 무신고수입 및 관세포탈로 인한 관세법위반죄를 구성한다(대법원 2000. 5. 26. 선고 2000도1338 판결, 2000. 11. 10. 선고 99도782 판결 등 참조) (대법원 2001. 5. 15. 선고 99도1046 판결[공2001.7.1.(133),1430])

5 통관절차의 특례

1. 수입신고수리전 반출

1) 담보제공 및 승인

수입신고를 한 물품을 세관장의 수리 전에 해당 물품이 장치된 장소로부터 반출하려는 자는 납부하여야 할 관세에 상당하는 담보를 제공하고 세관장의 승인을 얻어야 한다.

2) 담보제공 생략

다음의 경우에는 담보제공을 생략할 수 있다.

- 국가·지방자치단체 또는 정부투자기관이 수입하는 물품
- 학술연구감면세에서 규정한(법제90조 제1항 1호 및 2호) 기관이 수입하는 물품
- 최근 2년간 관세법 위반사실이 없는 수출입자 또는 신용평가기관으로부터 신용도가 높은 것으로 평가받는 자로 관세청장이 정하는 자가 수입하는 물품
- 수출용원재료등 수입물품의 성질, 반입사유 등을 고려할 때 관세채권확보에 지장이 없다고 관세청장이 인정하는 물품
- 이사하는 자의 직업, 납부할 세액 등을 고려할 때 관세채권확보에 지장이 없다고 관세청장이 정하여 고시하는 기준에 해당하는 자의 이사물품

다음에 해당하는 물품에 대해서는 담보의 제공을 생략할 수 있다. 다만, 학술연구 감면 기관 및 신용도가 높은 자 중 관세 등의 체납, 불성실신고 등의 사유로 담보 제공을 생략하는 것이 타당하지 아니하다고 관세청장이

인정하는 자가 수입하는 물품에 대해서는 담보를 제공하게 할 수 있다.

- 국가, 지방자치단체, 「공공기관의 운영에 관한 법률」에 따른 공공기관, 「지방공기업법」 제49조에 따라 설립된 지방공사 및 같은 법 제79조에 따라 설립된 지방공단이 수입하는 물품
- 학술연구감면세(법 제90조제1항제1호 및 제2호) 기관이 수입하는 물품
- 최근 2년간 법 위반(관세청장이 법 제270조 · 제276조 및 제277조에 따른 처벌을 받은 자로서 재범의 우려가 없다고 인정하는 경우를 제외한다) 사실이 없는 수출입자 또는 신용평가기관으로부터 신용도가 높은 것으로 평가를 받은 자로서 관세청장이 정하는 자가 수입하는 물품
- 수출용원재료 등 수입물품의 성질, 반입사유 등을 고려할 때 관세채권의 확보에 지장이 없다고 관세청장이 인정하는 물품
- 거주 이전(移轉)의 사유, 납부할 세액 등을 고려할 때 관세채권의 확보에 지장이 없다고 관세청장이 정하여 고시하는 기준에 해당하는 자의 이사물품

3) 절차

승인을 얻고자 하는 자는 다음 사항을 기재한 신청서를 세관장에게 제출하여야 한다.

- 제175조 각호의 사항
- 신고의 종류
- 신고연월일 및 신고번호
- 신청사유

세관장이 신청을 받아 승인을 하는 때에는 관세청장이 정하는 절차에 따라야 한다.

2. 수입신고전 반출

수입하려는 물품을 수입신고 전에 운송수단·관세통로·하역통로 또는 관세법의 규정에 따른 장치장소로부터 즉시 반출하려는 자는 세관장에게 즉시 반출신고를 하여야 한다. 이 경우 세관장은 납부하여야 하는 관세에 상당하는 담보를 제공하게 할 수 있다 수입하려는 물품을 수입신고전에 즉시 반출하려는 자는 해당 물품의 품명·규격·수량 및 가격을 기재한 신고서를 제출하여야 한다.

즉시반출을 할 수 있는 자 및 물품은 다음에 해당하는 것 중 구비조건에

대한 세관장의 확인이 필요한 수출입물품의 구비조건 확인에 지장이 없는 경우로서 세관장이 지정하는 것에 한한다(영 제257조 제2항).

- 관세 등의 체납이 없고 최근 3년 동안 수출입실적이 있는 제조업자 또는 외국인투자자가 수입하는 시설재 또는 원부자재
- 그 밖의 관세 등의 체납우려가 없는 경우로서 관세청장이 정하는 물품

즉시반출신고를 하고 반출을 하는 자는 즉시반출신고를 한 날부터 10일 이내에 수입신고를 하여야 한다. 세관장은 반출을 한 자가 기간 내에 수입신고를 하지 아니하는 때에는 관세를 부과·징수한다. 이 경우 해당 물품에 대한 관세의 100분의 20에 상당하는 금액을 가산세로 징수하고, 지정을 취소할 수 있다.

6 기타

1. 상호주의에 의한 간이통관

국제무역 및 교류를 증진하고 국가 간의 협력을 촉진하기 위하여 우리나라에 대하여 통관절차의 편익을 제공하는 국가에서 수입되는 물품에 대하여는 상호조건에 따라 간이한 통관절차를 적용할 수 있다. 통관절차의 특례를 적용받을 수 있는 국가는 우리나라와 통관절차의 편익에 관한 협정을 체결한 국가와 우리나라와 무역협정 등을 체결한 국가로 한다. 통관절차에 관한 특례부여절차, 특례부여의 중지 그 밖의 필요한 사항은 관세청장이 정하는 바에 의한다.

2. 수출입 안전관리 우수 공인업체

1) 공인

관세청장은 수출입물품의 제조·운송·보관 또는 통관 등 무역과 관련된 자가 시설·서류관리·직원교육 등에서 안전관리 기준을 충족하는 경우 수출입 안전관리 우수업체로 공인할 수 있다.

2) 수출입 안전관리 기준

안전관리 기준은 다음과 같다.

- 「관세법」, 「자유무역협정의 이행을 위한 관세법의 특례에 관한 법률」, 「대외무역법」 등 수출입에 관련된 법령을 성실하게 준수하였을 것
- 관세 등 영업활동과 관련한 세금을 체납하지 않는 등 재무 건전성을 갖출 것
- 수출입물품의 안전한 관리를 확보할 수 있는 운영시스템, 거래업체, 운송수단 및 직원교육체계 등을 갖출 것
- 그 밖에 세계관세기구에서 정한 수출입 안전관리에 관한 표준 등을 반영하여 관세청장이 정하는 기준을 갖출 것

3) 심사

관세청장은 수출입 안전관리 우수업체로 공인받으려고 심사를 요청한 자에 대하여 심사하여야 한다(법 제255조의2 제2항). 이 경우 관세청장은 기관이나 단체에 안전관리 기준 충족 여부를 심사하게 할 수 있다. 안전관리 우수업체로 공인받으려는 자는 신청서에 다음 서류를 첨부하여 관세청장에게 제출하여야 한다.

- 자체 안전관리 평가서
- 안전관리 현황 설명서
- 그 밖에 업체의 안전관리 현황과 관련하여 관세청장이 정하는 서류

관세청장은 신청을 받은 경우 안전관리 기준을 충족하는지 여부를 심사하고 이를 충족하는 업체에 대해 공인증서를 교부하여야 한다.

관세청장은 심사를 할 때 「국제항해선박 및 항만시설의 보안에 관한 법률」에 따른 국제선박보안증서를 교부받은 국제항해선박소유자 또는 항만시설적합확인서를 교부받은 항만시설소유자에 대하여는 안전관리 기준 중 일부에 대하여 심사를 생략할 수 있다.

수출입 안전관리 우수업체에 대한 공인의 등급, 안전관리 공인심사에 관한 세부절차, 그 밖에 필요한 사항은 관세청장이 정한다. 다만, 「국제항해선박 및 항만시설의 보안에 관한 법률」 등 안전관리에 관한 다른 법령과 관련된 사항에 대하여는 관계기관의 장과 미리 협의하여야 한다.

4) 심사업무 위탁

관세청장이 안전관리 기준 충족 여부에 대한 심사업무를 위탁할 수 있는 기관이나 단체는 다음 요건을 모두 갖춘 기관이나 단체 중에서 관세청장이 정하여 고시한다.

- 「민법」에 따라 설립된 비영리법인일 것
- 안전관리 기준의 심사에 필요한 전문인력 및 전산설비를 갖추고 있을 것

심사업무의 위탁절차 및 위탁받은 기관에 대한 지휘·감독에 관한 사항은 관세청장이 정한다.

5) 혜택

수출입 안전관리 우수업체로 공인된 업체에 대하여는 관세청장이 정하는 바에 따라 수출입 물품에 대한 검사의 완화 또는 수출입 신고 및 납부절차의 간소화 등 통관절차상의 혜택을 제공할 수 있으며 그 세부내용은 관세청장이 정한다.

관세청장은 다른 국가의 수출입 안전관리 우수 공인업체에 대하여 상호조건에 따라 통관절차상의 혜택을 제공할 수 있다.

6) 공인취소

관세청장은 수출입 안전관리 우수 공인업체가 안전관리 기준에 미달하게 되는 경우나 공인 심사요청을 거짓으로 한 경우에는 공인을 취소할 수 있다.

3. 국가 간 세관정보의 상호 교환

관세청장은 물품의 신속한 통관과 관세법을 위반한 물품의 반입을 방지하기 위하여 세계관세기구에서 정하는 수출입 신고항목 및 화물식별번호를 발급하거나 사용하게 할 수 있다. 관세청장은 세계관세기구에서 정하는 수출입 신고항목 및 화물식별번호 정보를 다른 국가와 상호 조건에 따라 교환할 수 있다.

제4절 수출통관

1 수출통관의 의의

관세법상의 수출과 대외무역법상 수출을 비교하여 보면, 대외무역법상 수출은 수출승인에서부터 대금영수까지 포함한 일련의 수출절차를 말하고 관세법상 수출은 국경(관세선)을 중심으로 수출신고수리시점을 기준으로 반출하는 절차를 말하며, 수출이 성립되는 반출시점은 정해진 기간에 운송수단에 적재하는 사실행위에 의해서 이루어진다. 세관에서는 관세법의 규정에 따른 통관절차를 통해서 관세법은 물론 대외무역법 등 각종의 수출규제에 관한 법규의 이행사항을 최종적으로 확인하여 외국으로 반출할 수 있도록 하고 있으며, 현재는 EDI 방식에 의해 수출물품을 신속하게 통관하고 있다.

수출 통관 절차는 관세청 고시인 「수출통관 사무처리에 관한고시」로 정하고 있다.[42] 이 고시는 수출물품의 통관을 원활하고 효율적으로 수행하기 위하여 수출물품의 통관에 관한 사무처리지침을 정함을 목적으로 한다.

2 방법 및 절차

1. 서설

제조업체가 해외시장에 진출하기 위하여 활용할 수 있는 가장 오래되고 기본적인 전략은 국내에서 생산된 제품을 해외에 판매하는 수출이 기본적인 전략이라고 할 수 있으며, 기업이 수출을 하려는 이유에는 여러 가지가 있다. 국내수요의 한계로 과잉생산품이나 유휴생산시설이 있는 경우 수출을 통하여 과잉생산품을 판매할 수 있을 뿐 아니라 유휴생산시설을 완전 가동하여 원가 절감도 가능하다. 또한 시장규모나 경쟁조건에서 국내보다 해외시장이 더 유리한 경우 수출을 함으로써 보다 높은 기업성장과 이익을 실현할 수 있으며, 수출을 통한 해외시장에 대한 경험이 축적될수록 해외시장위험은 낮아지므로 기업은 국제경영활동의 폭을 확장시킬 수 있다. 기업이 어떠한 이유

---

42) 관세청고시 제2005-40호('05. 12.27)

로 수출을 하든 기업이 수출을 할 수 있는 방법은 크게 직접수출방법과 간접수출방법으로 나눌 수 있다.

1) 직접수출

해외시장조사와 해외고객과의 접촉, 수출가격의 책정, 유통경로의 선정과 같은 국제마케팅기능 뿐만 아니라 수출에 필요한 서류의 작성에 이르기까지 수출과 관련된 업무를 타인에 의뢰하지 않고 제조업체 스스로 수행하는 것으로 간접수출의 한계성을 탈피할 수 있으며 일반적으로 수출액과 수출에 따른 이익을 증가시킬 수 있는 여지가 있다.

2) 간접수출

수출업자·수출조합 등을 통해 수출함으로써 수출과 직접 관련되는 주요 기능을 제조업체 스스로가 수행하지 않고 해외시장에 제품을 수출하는 간편하고 소극적인 방법이다. 이러한 방법은 수출활동을 직접 수행하는 데 소요되는 인적·물적 자원을 투입하지 않고서도 제품을 수출할 수 있다는 면에서는 좋으나 수출활동을 직접 통제할 수 없기 때문에 창의적이고 능동적인 수출활동을 하는데 제한이 있으며, 해외시장기반의 구축은 물론 경험축적효과 등은 미미해질 수 있다. 또한 기업이 간접수출에 안주하여 적극적인 해외시장 진출 노력을 등한시 할 경우, 미래의 국제경영활동에 필요한 인적자원을 양성하지 못하는 결과를 초래할 수 있다.

2. 수출통관 및 수출절차

1) 수출통관의 절차

수출하려는 물품을 세관에 수출신고를 하고, 신고수리를 받아 우리나라와 외국 간을 왕래하는 운송수단에 적재하기까지의 절차를 거쳐야 하는데 이 절차를 수출통관절차라 한다. 일반적인 통관절차는 수출계약을 체결하고 신용장을 접수하여 수출 물품을 자가 생산 하거나 완제품을 구매하여 수출할 물품을 확보하면, 수출신고 → 수출신고수리 → 선적항 운송 → 적하목록제출(적재신고로 갈음) → 적재신고수리 → 적재 → 출항절차를 거친다.

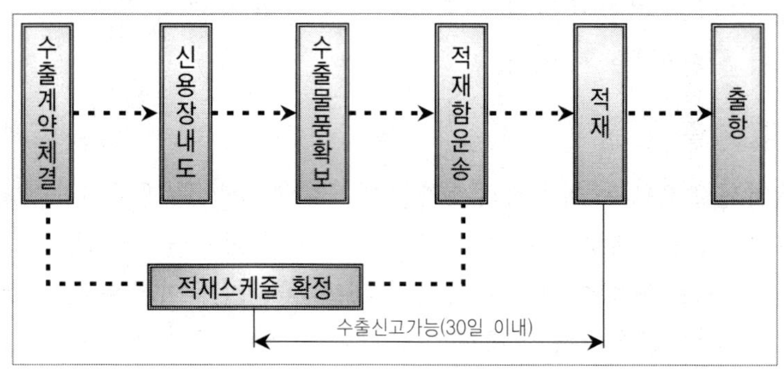

세관장은 적재신고를 받은 물품에 대하여 전산시스템으로 신고내역의 오류여부를 확인 후 자동으로 적재신고를 수리하되, 수출신고사항의 이상 유무에 대하여 세관공무원의 확인이 필요하다고 판단되는 물품은 선별 확인할 수 있다.

2) 수출절차

수출절차라 함은 수출계약을 체결하고 동계약서 등에 따라 수출신용장이 내도하게 되면 수출승인(수출이 제한되는 경우)을 받고 수출물품을 제조 또는 확보하여 수출화물을 통관하는 일련의 법적·행정적인 절차를 말한다.

3 정식통관절차

"정식통관절차"라 함은 간이통관절차[43] 적용대상 이외의 물품의 수출통관에 적용하는 절차를 말한다.

1. 수출신고

1) 수출신고의 시기 및 신고인

수출하려는 자는 해당 물품을 적재하기 전까지 해당 물품이 장치된 물품 소재지를 관할하는 세관장에게 수출신고를 하고 수리를 받아야 한다.

2) 신고인

수출신고는 관세사, 관세사법 제17조의 규정에 따른 관세사법인, 관세사

43) 개인용품, 무역통계에 계상되지 아니하는 물품 또는 관세환급대상이 아닌 물품으로서 정식통관절차를 필요로 하지 않는 물품의 수출통관에 적용하는 간이한 절차

법 제19조의 규정에 따른 통관취급법인(관세사) 또는 수출 화주의 명의로 하여야 한다.

3) 수출신고의 효력발생시점

수출신고의 효력발생시점은 통관시스템[44]에서 신고번호가 부여된 시점으로 한다.

2. 수출신고의 기준

1) 원칙

수출신고는 해당 물품을 외국으로 반출하려는 선박 또는 항공기의 적재단위(S/R 또는 S/O, B/L 또는 AWB)별로 하여야 한다.

2) 예외

동시 포장한 물품을 2건 이상으로 분할하여 수출신고하거나 2건 이상으로 수출신고수리된 물품을 1건으로 동시 재포장하여 적재하는 경우는 다음과 같다.

① 수출자가 적재 기간 내에 분할하여 적재하려는 경우
② 수입국 Buyer의 요구 등 부득이한 경우가 있는 경우

3. 수출신고 및 제출서류

수출신고를 하려는 자는 전자문서로 작성된 신고 자료를 통관시스템에 전송하여야 한다. 다만, 다음에 해당하는 물품에 대하여는 신고자료[45]를 통관시스템에 전송한 후 수출신고서(별지 제1호 서식) 및 해당 구비서류를 세관장에게 제출하여야 한다.

- 법 제226조(허가 · 승인 등의 증명 및 확인)의 규정에 따른 세관장확인물품 및 확인방법 지정고시 중 수출신고수리전에 요건구비의 증명이 필요한 물품[46]
- 계약내용과 상이한 물품의 재수출 또는 재수출조건부로 수입 통관된 물품의 수출
- 수출자가 재수입시 관세등의 감면, 환급 또는 사후관리 등을 위하여 서류제출로 신고하거나 세관검사를 요청하는 물품

44) 전자적으로 전송한 수출신고자료 등을 처리하는 시스템
45) 신고구분은 서류제출로 기재
46) 수출승인기관과 전산망이 연계된 물품은 제외

- 수출통관시스템에서 서류제출대상으로 통보된 물품

수출화주[47])가 직접 신고하는 경우로서 세관장으로부터 수출신고필증을 발급받으려는 때에는 수출신고서를 세관장에게 제출할 수 있다. 수출신고를 하려는 자는 사업장 관할 세관장에게 전자적인 방식에 의한 수출입신고업무처리를 위하여 신고자부호(ID)를 부여 받아야 한다. 다만, 관세청장이 별도로 지정하는 업체[48])는 대한상공회의소 또는 한국무역협회(본부, 지부 등 포함) 등에 설치된 '수출신고지원센터'의 전산설비를 이용하여 직접 신고할 수 있다.

전송한 신고 자료에 대하여 오류사항을 전산통보 받은 경우에는 오류를 수정하여 당초 제출번호로 다시 전송하여야 한다.

수출신고서 작성시 기재요령은 별표의 수출신고서작성요령에 의한다. 구비서류는 사본(FAX, COPY)을 제출 할 수 있으며 열감광지 등 보존이 어려운 FAX용지로 송부된 서류는 이를 복사하여 제출하여야 하고, 서류제출대상 중 선적일정 촉박 등 긴급한 경우에는 신고서 및 첨부서류를 FAX로 제출하여 우선 통관할 수 있으며, FAX에 의한 우선통관의 경우에는 익일 세관근무시간내에 정식신고서류를 제출하여야 한다. 다만, 선적일정 촉박의 사유로 인한 우선통관은 선박회사 등의 선적일정표 그 밖의 사실을 증빙할 수 있는 서류로 확인된 경우에 한한다.

4 신고서의 처리 및 심사

1. 신고서의 배부

수출통관업무 담당과장 또는 출장소장(수출업무담당과장)은 신고서처리방법에 따라 소속공무원의 업무처리능력, 미결사항, 물품의 장치장소, 검사생략 여부 등을 종합적으로 고려하여 신고서를 처리할 심사담당 세관공무원(심사자)과 검사담당 세관공무원(검사자)을 통관시스템에 기록한다. 수출업무담당과장은 접수·심사 및 검사자의 미결사항을 수시점검하고 신고서별로 미결사유를 규명하여 수출통관업무가 신속히 처리되도록 하여야 한다.

47) 수출물품의 화주와 완제품공급자
48) 전년도 수출실적 하위 50% 해당업체 또는 미화 80,000이하 수출업체

2. 신고서처리방법

수출 신고된 물품에 대한 신고서의 처리방법은 다음과 같이 구분한다.

- 자동수리[49]
- 즉시수리
- 검사후 수리(적재전검사로 선별된 물품은 제외)

자동수리대상은 서류제출대상이 아닌 경우로 한다. 즉시수리대상은 자동수리대상에서 제외되는 물품 중 검사가 생략되는 물품으로 한다.

3. 심사

자동수리대상물품은 원칙적으로 심사를 요하지 아니한다. 다만, 정확한 품명·규격의 확인이 필요하여 관세청장이 정하는 경우에는 화면으로 심사(화면심사)할 수 있다. 이 경우에도 일정시간 경과하면 자동수리 된다. 세관장은 즉시수리대상물품에 대한 수출신고를 접수한 때에는 다음에 해당하는 형식적인 요건을 심사하여야 한다.

- 신고내용이 수출신고서작성요령에 따라 정확하게 작성되었는지 여부
- 서류제출대상 물품인지의 여부
- 세번의 정확여부
- 그 밖의 수출물품 통관을 위하여 필요한 사항

심사결과 이상이 없는 때에는 즉시 이를 수리하여야 한다. 다만, 다음에 해당하는 경우에는 신고서 및 첨부서류의 제출을 요구하여 실질적인 내용을 심사한 후 이를 수리하여야 한다.

- 서류제출대상 및 동조 서류제출 신고물품인 경우
- 위조상품수출 등 지적재산권 침해우려가 있는 경우
- 관세 환급과 관련하여 위장수출의 우려가 있는 경우
- 분석을 요하는 물품의 경우
- 그 밖의 불법수출에 대한 우범성 정보가 있는 경우

4. 계약상이 수출신고의 처리

계약내용과 상이한 물품의 재수출신고를 수리하는 세관공무원은 수출입신

49) 수출신고를 하면 별도의 세관 심사 없이 수출통관시스템에서 자동으로 즉시 신고 수리하는 것

고필증의 세관기재란에 다음 각 호의 내용을 기재하여야 한다.

- 수입신고필증 : 수출신고번호 xxx-xx-xxxxxxxxx호 (xx.xx.xx 수리)로 전량 (또는 일부 xx개)을 계약상이로 수출
- 수출신고필증 : 수입신고번호 xxxxx-xx-xxxxxxx호 (xx.xx.xx 수리)의 전량 (또는 일부 xx개)을 계약상이로 수출

5 물품검사

1. 검사 원칙

1) 검사대상 선별

수출신고물품 중 검사대상은 수출통관시스템에 제출된 수출신고자료에 의해 선별하거나 신고서 처리방법 결정 시 수출업무담당과장이 선별한다. 수출신고물품에 대한 검사대상물품의 선별은 「수출물품 선별검사에 관한 시행세칙」에서 정하는 바에 따른다. 다음에 해당하는 업체가 수출하는 물품은 「수출물품 선별검사에 관한 시행세칙」에서 정하는 바에 의하여 검사대상으로 선별하지 아니할 수 있다.

① 최근 2년간 법 위반사실 및 「수출용원재료에 대한 관세 등 환급에 관한 특례법」(이하 "환특법"이라 한다.) 위반사실이 없는 「외국인 투자촉진법」에 따른 외국인투자기업

② 「월별납부제도 운영에 관한 고시」에 따른 월별납부업체 승인 요건에 해당하는 업체

③ 전분기 수출실적 상위 10% 해당업체로서 최근 1년간 수출검사에 따른 적발실적이 없고 법 및 환특법 위반사실이 없는 업체

④ 관세청장이 따로 정하는 기준에 의하여 법규준수도가 높다고 인정된 업체

⑤ 「종합인증우수업체 공인 및 관리업무에 관한 고시」에 따라 "종합인증우수업체"로 공인된 업체

2) 물품검사

수출신고물품에 대한 검사는 생략한다. 다만, 물품을 확인할 필요가 있

는 경우에는 물품검사를 할 수 있다. 수출물품의 검사는 신고수리 후 적재전에 검사하는 것을 원칙으로 한다. 세관장은 적재전 검사가 부적절하다고 판단되는 물품이나 반송물품, 계약상이물품 및 재수출물품 등은 신고지 세관에서 물품검사를 실시할 수 있다. 적재전 검사대상으로 지정된 경우 신고인은 수출물품이 적재되기 24시간 전까지 적재지 보세구역 또는 적재지 세관장이 별도로 정하는 장소에 당해물품을 반입하고 적재지 관할세관장에게 수출신고필증 및 첨부서류를 제시하여 물품검사를 요청하여야 한다. 다만, 세관장은 항공화물 기타 신고인의 요청에 의하여 부득이 한 이유가 있다고 인정되는 때에는 물품검사 소요시간을 고려하여 반입완료시점을 단축할 수 있다. 신고인은 적재전 검사대상물품을 수출신고한 이후 적재지가 변경되는 경우에는 물품검사 이전에 수출신고를 정정하여야 한다. 적재지 관할 세관장은 필요하다고 인정되는 경우 물품검사 생략대상으로 수출신고수리된 물품에 대하여도 컨테이너검색기검사 등의 검사를 실시할 수 있다. 세관장은 수출물품의 효율적인 검사를 위하여 필요한 경우 포장명세서 등 관계자료의 제출을 요구할 수 있다.

3) 검사 방법

세관장은 효율적인 물품검사를 위하여 컨테이너검색기 또는 차량이동형 검색기 등을 활용하여 검사할 수 있다. 세관장은 물품확인이 필요한 경우 전량검사, 발췌검사 또는 분석검사 등을 실시한다. 수출물품에 대한 검사를 실시하는 경우 신고서를 "수출신고서 작성요령"에 따라 정확하게 작성되었는지 여부 등 심사에 관한 규정을 준용하여 심사한다.

2. 검사장소

수출신고물품에 대한 검사는 해당 물품이 장치되어 있는 장소에서 행한다. 다만, 부정수출 또는 부정환급 등 우범성 정보가 있거나 물품의 성질, 업체의 성실도 등을 고려하여 물품의 효율적인 검사를 위하여 부득이하다고 인정하는 경우에는 물품을 보세구역에 반입하게 한 후 검사할 수 있다.

3. 검사 입회

세관장은 물품검사시 신고인의 입회가 필요하다고 인정하거나, 신고인으로부터 입회요청을 받은 때에는 신고인이 검사에 입회할 수 있도록 검사일시 및 장소, 입회가능시간 등을 통보하여야 한다. 세관장이 검사입회 통보를 하여도 검사일시에 신고인 또는 그 대리인이 입회하지 아니한 경우에는 장치장소의 관리인 또는 그 대리인의 입회하에 검사를 실시한다.

6 수출신고의 수리

1. 수출신고의 수리

수출신고의 수리는 다음 구분에 의한 신고서 처리방법에 따른다.

① 자동수리대상은 통관시스템에서 자동으로 신고수리
② 심사대상은 심사후 수리
③ 검사대상은 검사후 수리(적재전검사대상은 수출물품을 적재하기 전에 검사를 받는 조건으로 신고를 수리할 수 있다)

2. 수출신고필증의 교부

세관장은 수출신고를 수리한 때에는 적재전 수출신고필증과 수출이행 수출신고필증을 구분하여 교부할 수 있다. 세관장은 서류제출로 신고된 건에 대하여 수출신고를 수리한 때에는 수출신고수리인과 신고서처리담당자의 인장을 날인한 "수출신고필증(적재전)"을 교부하고, 출항이 완료된 이후에는 "수출신고필증(수출이행)"을 교부할 수 있다. 적재전검사건에 대하여 수출신고를 수리한 때에는 안내문을 기재하여 신고인에게 교부하고, 적재지 세관에 이를 통보하여야 한다.

신고인은 전자서류에 의한 수출신고건이 신고수리된 때에는 "수출신고필증(적재전)" 또는 "수출신고필증(수출이행)"을 교부받을 수 있으며, 관세사가 이를 화주에게 송부하고자 할 때에는 세관기재란에 "수출신고수리필 고무인"과 "관세사 인장"을 날인한 후 송부하여야 한다. 다만, 수출신고필증(수출이행)은 출항이 완료된 이후에 교부받을 수 있다. 교부된 신고필증이 통관시스템에 보관된 전자문서의 내용과 상이한 경우에는 통관시스템에 보관된 전자문서의 내용을 원본으로 한다.

영문수출통관증명서를 발급 받고자 하는 자는 영문수출통관증명서에 수출신고수리내역을 작성하여 세관장에게 신청하여야 한다. 이 경우 수출신고수

리내역 중 국문은 영문화하여 작성할 수 있다. 신청을 받은 세관장은 수출통관시스템상의 수출신고수리내역과 신청서의 내용을 비교확인한 후 신청인에게 영문수출통관증명서를 발급할 수 있다. 이 경우 신청인은 수수료를 납부하여야 한다.

3. 신고 자료의 보관

신고인은 신고필증을 교부받은 경우에는 관계서류를 보관 관리하여야 하며, 세관장은 업무상 필요에 의하여 신고서류의 제출을 요구할 수 있다. 신고인이 폐업신고를 한 경우에는 보관중인 서류목록을 작성하여 당해 서류와 함께 통관지세관장에게 해당사유가 발생한 날부터 15일 이내에 제출하여야 한다. 다만, 관세사가 재개업을 조건으로 폐업하는 경우에는 그러하지 아니한다. 신고인이 보관하고 있는 서류 중 관세법 제12조에 따른 보관기간이 경과한 서류는 폐기목록을 신고인 관할지세관장에게 제출하고 폐기하여야 한다. 신고인은 신고자료를 마이크로필름, 광디스크 등 전산매체에 보관할 수 있다.

4. 신고 자료의 보관실태 확인 등

세관장은 반기별(또는 연1회)로 신고 자료의 보관 실태를 확인할 수 있다. 신고인은 특별한 사유가 없는 한 이에 협조하여야 한다. 세관장은 보관실태 확인업무를 수행하면서 통관시스템의 형식적 확인만으로 P/L신고 수리된 신고서에 대하여 선별적으로 사후심사할 수 있다. 세관장은 실태확인과 사후심사 결과를 관세청장에게 보고하고 신고인에 대하여는 필요한 시정조치를 요구할 수 있다.

5. 신고필증의 재교부

신고인은 교부 받은 신고필증을 다시 교부받으려는 때에는 수출신고필증 재교부신청서(별지 제7호 서식)를 작성하여 세관장에게 제출하여야 한다. 다만, 관세사의 폐업 등으로 신고인이 신청할 수 없는 해당 수출물품의 수출자가 신청할 수 있으며, 서류제출 신고건으로 신고 서류의 확인 등이 필요한 경우 통관지세관장에게 재교부신청을 하여야 한다. 세관장은 사유가 타당하다고 인정하는 때에는 수출신고필증을 재교부할 수 있다.

7 수출신고의 정정 · 취하 · 각하

1. 정정 · 취하

1) 신고사항의 정정

수출신고를 정정하고자 하는 자는 정정신청내역을 기재한 수출신고정정신청서를 전자문서로 통관지 세관장 또는 신청인 소재지 관할 세관장에게 전송하고 그 표준증빙자료를 제출하여야 한다. 다만, 자율정정대상이거나 세관장이 수출신고정정신청서만으로 정정내역의 확인이 가능하다고 인정하는 경우에는 그 증빙자료의 제출을 생략할 수 있다. 심사대상이나 검사대상을 제외한 수출신고건은 출항전까지 자율정정을 허용할 수 있다. 다만, 자율정정제외대상은 그러하지 아니한다.

자율정정을 제외한 수출물품의 정정은 다음 경우에 승인한다.

① 현품확인으로 정정내용을 확인한 경우

② 품명·규격 및 세번부호 정정으로 환급액이 증가하는 경우는 계약서, 송품장, 당해 수출 물품에 대한 품명·규격을 입증할 수 있는 객관적 자료(분석결과회보서등)에 의하여 정정내용을 확인한 경우

③ 단가, 신고가격의 정정으로 환급액이 증가하는 경우는 계약서, L/C, 외화입금증명서, P/O(Purchase Order)등 거래관련서류에 의하여 정정 내용을 확인한 경우

④ 수량(중량)정정으로 수출금액이 증가하는 경우는 계약서, L/C, 선하증권, 상대국 해당물품 수입신고서 사본 등 거래관련서류에 의하여 정정 내용을 확인 한 경우

⑤ 거래구분 정정은 임가공계약서등 거래형태를 증빙하는 서류에 의하여 정정내용을 확인한 경우. 다만, 전산시스템상 선적이 완료된 후에는 원칙적으로 원상태수출 또는 계약상이수출로 변경불가

⑥ 계산착오, 소수점기재착오 등 작성(전송)오류가 수출신고인의 명백한 과실로 인정될 경우

⑦ 기타 환급액 증가가 없는 경우로 관련증빙서류에 의하여 정정사유가 타당하다고 인정될 경우.

2) 신고의 취하

수출신고를 취하하고자 하는 자는 "수출신고취하승인(신청)서"에 신고취하신청내역을 기재하여 통관지세관장에게 전송하여야 한다. 수출신고취하신청(승인)서를 접수한 세관장은 정당한 이유가 있는 경우에 한하여 수출신고취하를 승인하여야 한다. 수출신고취하승인으로 수출신고 또는 수출신고수리의 효력은 상실한다.

3) 승인의 통보

세관장은 신청자가 신청한 정정/취하신청을 승인한 때에는 승인내역을 신청인에게 전산통보 할 수 있다.

4) 승인서의 교부

신청자는 세관장으로부터 통보받은 내용과 일치하는 정정/취하승인서를 출력하여 화주에게 교부할 수 있다.

2. 신고의 각하

세관장은 거짓 또는 그 밖의 부정한 방법으로 신고한 경우나 그 밖에 수출신고의 형식적 요건을 갖추지 못한 경우에는 수출신고를 각하 할 수 있다. 이 경우 세관장은 즉시 통관시스템에 등록하고 그 사실을 신고인에게 통보하여야 한다. 세관장은 신고를 각하한 때에는 즉시 그 사실을 신고인에게 통보하고 통관시스템에 등록하여야 한다.

3. 직권 정정

세관장은 신고내역이 잘못된 경우나 분석결과 수출신고내역과 다른 경우에는 신고내역을 정정할 수 있다.

8 특수형태의 수출

1. 선상수출신고

수출하려는 물품이 다음에 해당하는 경우에는 해당 물품을 선적한 후 선상에서 수출신고를 할 수 있다.

- 선적한 후 공인검정기관의 검정서(SURVEY REPORT)에 따라 수출물품의 수량을 확인하는 물품(예 : 산물 및 광산물)
- 물품의 신선도 유지 등의 사유로 선상 수출신고가 불가피하다고 인정되는 물품[50)]
- 자동차운반전용선박에 적재하여 수출하는 신품자동차

선적한 후 공인검정기관의 검정서(SURVEY REPORT)에 따라 수출물품의 수량을 확인하는 물품이 다음을 모두 충족하는 경우에는 출항 후 최초세관근무시간까지 수출신고 할 수 있다.

- 법제140조 제4항 단서규정에 따른 적재허가를 받은 물품
- 법 제226조 (허가·승인 등의 증명 및 확인)의규정에의한세관장확인물품및확인방법지정고시 중 수출신고수리전에 요건구비의 증명이 필요한 물품[51)]과 계약내용과 상이한 물품의 재수출 또는 재수출조건부로 수입 통관된 물품의 수출(제2-1-3조 제1항 제1호 내지 2호)에 해당하지 않는 물품
- 세관근무시간외에 적재 또는 출항하는 경우

선상수출신고를 하려는 자는 사전에 법 제140조 제4항 단서의 규정에 따라 세관장의 허가를 받아야 한다. 이 경우 세관장은 수출 물품의 특성 등을 고려하여 1년 범위 내에서 일괄하여 허가할 수 있다.

2. 현지수출 어패류신고

어패류를 관세법 제136조의 규정에 따른 출항허가를 받은 운반선에 의하여 현지에서 수출하는 것이 부득이한 경우에는 수출 후 대금결제전까지 출항허가를 받은 세관장에게 신고 자료를 전송하고, 신고서류에 수출실적을 증명하는 서류(예 : Cargo Receipt)를 첨부하여 제출하여야 한다.

3. 원양수산물 신고

우리나라 선박이 공해에서 채포한 수산물을 현지 판매하는 경우에는 수출자가 수출후 대금결제전까지 수출사실을 증명하는 서류[예 : Cargo Receipt, B/L, Final (Fish) Settlement]가 첨부된 수출실적보고서[52)]를 한국원양어업협회를 경유하여 서울세관장에게 신고 자료를 전송하여야 한다.

50) 예 : 내항선에 적재된 수산물을 다른 선박으로 이적하지 아니한 상태로 외국무역선으로 자격변경하여 출항하려는 경우
51) 수출승인기관과 전산망이 연계된물품은 제외
52) 수출신고서 양식사용

4. 잠정수량신고 대상물품의 수출신고

배관 등 고정운반설비를 이용하여 적재하는 경우 또는 제조공정상의 이유로 수출신고시에 수량 확정이 곤란한 물품으로서 ① 가스, ② 액체, ③ 전기, ④ HS 제50류 내지 제60류중 직물 및 편물, ⑤ 그 밖의 이에 준하는 물품으로서 관세청장이 별도로 정하는 물품을 수출하려는 자는 수출신고시에 적재예정수량 및 금액을 신고[53]하고, 적재완료일로부터 5일이 경과하기 전까지 실제 공급한 수량 및 금액을 신고[54]할 수 있다.

9 간이수출 절차

1. 간이수출신고

다음에 해당하는 물품은 송품장, 간이통관목록 또는 우편물목록 제출로 수출신고를 갈음할 수 있다. 다만, 법 제226조의 규정에 해당하는 물품은 제외한다.

- 유해 및 유골
- 외교행낭으로 반출되는 물품
- 외교통상부에서 재외공관으로 발송되는 자료
- 외국원수 등이 반출하는 물품
- 신문, 뉴스취재 필름, 녹음테이프 등 언론기관 보도용품
- 카탈로그, 기록문서와 서류
- 외국인관광객등에대한부가가치세및특별소비세특례규정에 의거 외국인 관광객이 구입한 물품
- 환급대상이 아닌 물품가격 FOB 200만원 이하의 물품[55], 계약내용과 상이한 물품의 재수출 또는 재수출조건부로 수입 통관된 물품의 수출, 수출자가 재수입시 관세등의 감면, 환급 또는 사후관리 등을 위하여 서류제출로 신고하거나 세관검사를 요청하는 물품제외

환급대상이 아닌 물품가격 FOB 200만원 이하의 물품은 반출사유(코드) 및 가격을 기재하여 신고하여야 한다. 외국환거래법 제17조 및 동법시행규칙

53) 수출신고서 서식 사용
54) 수출신고 정정승인신청서 사용
55) 세관장확인물품및확인방법지정고시 중 수출신고수리전에 요건구비의 증명이 필요한 물품(수출승인기관과 전산망이 연계된 물품은 제외

제6-2조 제7호 라목에 의거 한국은행·외국환은행 또는 체신관서가 인정된 업무를 영위함에 있어 대외지급수단을 수출하는 경우에는 첨부서류 없이 신고서에 수출신고사항을 기재하여 신고한다.

2. 간이통관목록자료 전송

특송업체[56]는 간이수출신고대상물품에 대하여 전자문서에 의한 간이 수출통관 목록자료를 통관시스템에 전송할 수 있다. 간이통관목록자료는 운송수단의 출발시간 및 세관검사 소요시간을 고려하여 적재하기 전까지 통관시스템에 전송하여야 한다.

3. 처리담당자의 지정 및 검사대상 선별

세관장은 간이수출신고물품에 대한 통관 업무를 원활하게 하기 위하여 특송업체별, 주기별(예, 주·월별)로 처리담당자를 지정하여 운영할 수 있다. 세관장은 간이통관목록 등이 서류로 제출된 경우 신고서류를 확인하여 간이수출신고 요건 및 반출사유, 가격 등을 참고하여 검사대상물품을 선별할 수 있다. 간이통관목록자료로 신고하는 물품에 대한 검사대상선별은 통관시스템에서 무작위선별방식으로 선별한다. 세관장은 물품에 대하여 검사비율을 지정하여야 한다. 이 경우 검사결과 등 특송업체별 성실도를 고려하여 검사비율을 5% 이내에서 차등 적용할 수 있다.

4. 간이수출신고물품의 심사

심사자는 간이수출신고물품에 대하여 간이통관목록등 신고내용의 적정성을 심사하여야 하며, 간이통관목록자료에 의한 신고 물품은 검사대상으로 선별된 경우를 제외하고는 별도의 심사를 생략하고 자동 수리할 수 있다.

5. 간이수출신고물품의 검사

검사자는 검사대상물품으로 선별된 물품에 대하여는 간이통관목록등 서류에 따라 현품검사를 하여야 한다. 다만, 간이통관목록자료에 의한 신고물품은 검사대상 간이수출통관목록(별지 제6호 서식)을 전산 출력하여 현품검사를 하여야 한다.

56) 상업용의 속달서비스에 따라 물품을 운송하는 법인으로서 수입통관사무처리에관한고시의 규정에 따라 등록된 업체

6. 간이수출신고물품의 심사·검사결과 등록 등

세관장은 간이통관목록 등 또는 전자문서 신고물품에 대한 심사·검사 결과 간이수출신고대상물품에 해당하지 아니하거나 이상이 있는 경우 간이통관목록등 서류에 신고취하표시를 하거나 전산 등록하여 직권 신고취소 등 조치를 하여야 한다. 신고취하 또는 직권 신고취소 등의 조치를 한 세관장은 이를 즉시 특송업체 등에게 서면 또는 전산에 의한 방식으로 통지하여야 한다. 세관장은 간이통관목록등 또는 전자문서 신고물품을 심사·검사한 결과 이상이 없는 물품에 대하여는 간이통관목록등에 고무인(별표2, 별표5)을 날인하거나 전산 등록하여 신고수리 할 수 있다.

7. 우편물목록의 특례

세관장은 간이수출신고대상 우편물에 대하여 우편물목록의 제출, 심사 및 검사를 생략할 수 있다. 다만, 검사가 필요하다고 인정되는 경우에는 우편물목록을 제출받아 검사를 할 수 있다.

8. 휴대반출 견본품의 특례

해외 수출상담·전시 등을 위하여 여행자가 휴대 반출하는 견본품으로서 세관장이 타당하다고 인정하는 물품[57]에 대하여는 구두 신고를 수출신고에 갈음하여 즉시 이를 수리할 수 있다. 휴대반출물품을 해외 수출상담·전시후 재수입하고자 할 경우에는 송품장등 품명·규격, 수량이 기재된 서류 또는 휴대물품반출신고서에 출국심사 세관공무원의 반출확인을 받아 이를 재수입 면세통관시 증빙자료로 사용할 수 있다.

9. 적하목록에의 갈음 등

특송업체 등은 간이통관목록자료를 전송하여 신고수리 된 물품에 대하여 출항 적하목록의 제출을 생략할 수 있다. 다만, 간이통관목록 등 서류제출신고물품에 대하여는 그러하지 아니하다.

57) 환급대상물품, 귀금속류, 지급수단 및 법 제226조의 규정에 따른 세관장 확인대상물품은 제외

10 수출물품의 적재 이행관리

1. 수출물품의 적재

수출자는 수출신고가 수리된 물품을 법 제251조 제1항의 규정에 따라 수출신고가 수리된 날부터 30일이내에 우리나라와 외국 간을 왕래하는 운송수단에 적재하여야 한다. 수출자 및 외국무역선(기)의 선(기)장은 특수형태의 수출을 제외하고는 법 제140조 제4항의 규정에 따라 수출신고 수리 전에 수출하려는 물품을 외국무역선(기)에 적재하여서는 아니 된다.

출항 또는 적재 일정변경 등 부득이한 사유로 인하여 적재기간을 연장하려는 자는 변경전 적재 기간 내에 통관지 세관장에게 적재기간 연장 승인을 신청(별지 제5호 서식)하여야 한다. 다만 전자문서로 신청할 경우에는 별지 제2호 서식을 사용하여야 한다. 적재기간연장승인(신청)서를 접수한 때에는 연장승인신청사유 등을 심사하여 타당하다고 인정하는 경우에는 수출신고수리일로부터 1년의 범위 내에서 적재기간 연장을 승인할 수 있다. 세관장은 적재기간 연장을 승인한 때에는 즉시 통관시스템에 연장사유 및 연장기간을 기록하여야 한다. 적재전검사 대상물품의 경우에는 물품검사가 완료된 후 운송수단에 적재하여야 한다.

2. 휴대탁송물품의 적재 관리

수출신고를 하여 수리된 물품을 출국시 휴대하여 반출하려는 때에는 출국 심사 세관공무원[58]에게 수출신고필증 사본을 제출하고 적재 확인을 받아야 한다.

수출신고필증 사본을 제시받은 출국 심사 세관공무원은 반출물품과 대조확인하고 이상이 없는 때에는 적재 일자, 선(기)명, 반출 수량 및 중량을 적고 고무인을 날인한 후 수출통관시스템에 적재사실을 직접등록하거나 다음날까지 출항지세관 휴대탁송물품의 적재등록 담당부서에 인계하여야 한다. 적재 확인을 받은 수출신고필증 사본을 인계받은 휴대탁송물품의 적재등록 담당부서의 세관공무원은 통관시스템에 적재일자, 선(기)명, 반출 수량 및 중량 등을 기록하여야 한다. 통관지 세관장은 휴대탁송품의 미적재 확인 과정에서 수출자로부터 적재사실이 기재된 수출신고필증사본을 제출받은 경우

58) 외국선원(어선 포함), 관광객 등이 부두초소를 통하여 출국하는 경우에는 부두초소 근무 세관공무원

에는 선적지 세관장에게 동 자료를 송부하여 적재 사실 확인 및 적재 내용이 등록될 수 있도록 하여야 한다.

적재확인시 수출물품의 휴대 반출자가 반출확인용 수출신고필증사본을 국내 수출자에게 송부하여 줄 것을 요청하는 때에는 세관장은 반출자를 대신하여 발송업무를 취급할 수 있다. 이 경우 발송을 요청한자는 우표가 부착된 회신용 봉투를 제출하여야 한다.

3. 우편물품의 적재

수출신고 수리된 물품을 우편 발송하려는 자는 통관우체국의 세관공무원 또는 관세청장이 인정하는 바에 따라 수출우편물 발송확인업무를 취급하는 우체국장 (우체국장)에게 현품 및 수출신고필증을 제출하여 발송확인을 받아야 한다. 발송 확인한 세관공무원 또는 우체국장은 적재내용을 직접 등록하여야 한다. 다만, 적재등록이 누락된 경우 세관공무원은 우체국장 등으로부터 국제특급탁송(EMS) 번호를 송부 받아 우체국 인터넷홈페이지에서 발송완료 여부를 확인한 후 통관시스템에 수출이행 사실을 등록할 수 있다.

4. 적하목록을 제출하지 아니하는 수출물품의 적재 등

수출자가 항공기, 선박 등 자력으로 운항하는 운송수단을 국내에서 수리하고 수출하거나 외국에서 수리할 목적으로 수출하려는 때에는 출항적하목록의 제출을 생략하게 할 수 있다. 이 경우 세관장은 출항허가서를 확인하여 적재 등록하여야 한다. 다만, 국내에서 수리한 해당 항공기, 선박 등이 개항에 입항한 경우에는 입항보고서를 확인하여 적재 등록할 수 있다.

수출자가 바지(Barge)선 등 자력운항이 불가능한 운송수단을 수출하려는 때에는 통상적인 수출신고 수리물품에 대한 적재 이행절차를 따른다.

5. 현지수출 어패류 · 원양수산물 등의 적재

현지수출 어패류·원양수산물 및 국내보세공장에서 건조된 국적취득부 나용선 수출에 대하여는 수출신고수리와 동시에 통관시스템에서 자동으로 적재 등록한다.

6. 수출물품의 분할 적재

수출자가 수출신고 수리된 물품을 법 제251조 제1항의 규정에 따른 적재

기간 내에 분할하여 적재하려는 경우 선사등 적하목록 작성 책임자는 그 사실을 적하목록에 등재하고 이를 수출화물시스템에 전송하여야 한다.

7. 동시포장 물품의 적재

수출자는 수입국 구매자의 요청 등 부득이한 사유가 있는 경우에는 동시 포장한 물품을 2건 이상으로 분할하여 수출신고를 하거나, 2건 이상으로 수출신고수리된 물품을 1건으로 동시 재포장하여 적재 할 수 있다. 수출자는 수출물품을 동시포장 또는 동시재포장(동시포장 등)한 때에는 수출신고필증 및 선적요청서(Shipping Request) 등에 이를 기재하여야 한다. 선사등 적하목록 작성책임자는 수출신고필증 및 선적요청서 등을 통하여 동시포장등 여부를 확인하고 동시포장 여부 및 동시포장 개수를 적하목록에 등재하여야 한다.

8. 수출신고수리의 취소·관리

통관지 세관장은 매주 월요일[59]마다 통관시스템을 조회하여 수출신고수리 물품의 적재기간이 경과한 물품에 대하여 신고인 등에게 적재 기간 내에 적재 확인이 되지 아니하는 경우 수출신고수리를 취소한다는 예정통보(수출신고수리취소예정통보) (별지 제4호 서식)를 하여야 한다. 이 경우 수출신고지원센타를 통한 직접신고 물품에 대하여는 해당 수출신고지원센터로 예정통보서를 송부할 수 있다.

수출신고수리취소예정통보를 받은 관세사등 신고인은 취소예정통보일로부터 14일내에 적재된 화물이 있는지 여부에 대하여 원인규명을 하여야 하며 원인규명의 결과 기 적재된 물품이 있는 경우에는 정정 등의 조치를 취하여야 한다. 원인규명의 결과 적재되지 아니하였거나 원인을 규명할 수 없는 물품에 대하여 세관장은 적재관리시스템에서 미적재 여부를 확인한 후 수출신고의 수리를 취소하여야 한다. 다만, 영 제255조 제1항 단서의 규정에 해당하는 경우에는 그러하지 아니하다. 수출신고의 수리를 취소한 세관장은 즉시 신고인에게 그 사실을 서면 통지하여야 한다. 다만, 연락두절 등의 사유로 서면통지가 불가능한 경우에는 게시공고로서 이에 갈음할 수 있다. 적재전검사 대상물품이 적재지 보세구역에 반입된 때에는 운영인은 관할세관장에게 즉시 반입보고를 하여야 하고, 적재전검사 대상물품을 반출하기 전에 적재전검사가 완료되었는지 확인하여야 한다.

59) 월요일이 휴일인 경우에는 그 다음날

제5절 수입통관

수입신고는 관세청에서 정한 수입신고서에 기재사항을 기재한 후 수입신고서에 선하증권 부본 등 신고 시 제출서류를 첨부하여 세관에 제출하여야 한다. 수입신고서를 접수한 세관에서는 신고한 물품의 검사여부를 결정하게 된다. 대부분의 물품은 검사 없이 신고내용의 형식적. 법률적 요건만 심사하고 수리하지만, 검사대상으로 선정된 물품은 세관공무원이 수입물품에 대한 검사 및 심사를 한 후 신고수리를 하고 있다.

세관의 심사결과 수입신고가 법의 규정에 따라 정당하게 이루어진 것으로 확인된 경우에는 해당 물품에 대한 관세 등을 납부 하거나 해당 세액에 상당하는 담보를 제공하여야 신고수리가 되어 물품을 반출할 수 있다. 담보를 제공한 경우에는 신고수리 후 15일 이내에 관세를 납부하여야 한다.

원칙적으로 수입물품에 대하여는 정하여진 관세와 내국세 등을 납부하여야 하지만 한 경우에는 관세가 면제되거나 일부가 감면 되는 경우가 있으며, 관세를 납부하였다 하더라도 이를 원재료로 사용하여 수출한 경우에는 납부하였던 관세를 환급해 주기도 한다.

세관에서는 적정한 과세가격을 포착하여 관세 등 여러 세금만을 징수하는 것이 아니다. 법령에 따라 수출입이 금지되거나 제한되는 물품에 대하여는 해당 물품에 대한 수출입요건을 확인한 후 통관을 허용한다. 수출입요건 확인 이외에도 상표권 침해여부, CITES 대상 물품인지 여부, 원산지 표시도 확인한 후 통관을 허용한다. 한편, 여행자휴대품, 이사화물 및 우편물, 특급탁송화물에 대하여는 별도의 통관절차를 규정하고 있다.

관세청에서는 컨테이너 화물의 신속한 통관을 위하여 부두에서 바로 반출할 수 있도록 "부두직통관제도"를 시행하고 있으며, 이 제도를 이용하면 수입물품의 운송·보관에 따르는 기업의 물류비용을 절감할 수 있다.

수입통관에 대하여는 「수입통관사무처리에 관한 고시[60]」에 따른다. 이 고시는 수입물품의 통관을 적정하게 하기 위하여 수입물품의 통관에 관한 처리지침을 정함을 목적으로 한다.

수입화물의 관리는 [그림 4-2]와 같이 외국화물을 적재한 선박이나 항공기가

---

60) 관세청고시 제2007 - 7호(07.03.29)

국내에 입항하여 하선 또는 하기, 보세운송, 보관, 통관 등의 절차를 거치면서 최초의 수입화물이 중간과정에서 불법 유출됨이 없이 적법하게 통관되어 화주에게 인도될 수 있도록 감시·단속을 함으로써 국가재정을 확보하여 국민경제발전을 도모하는데 있다.

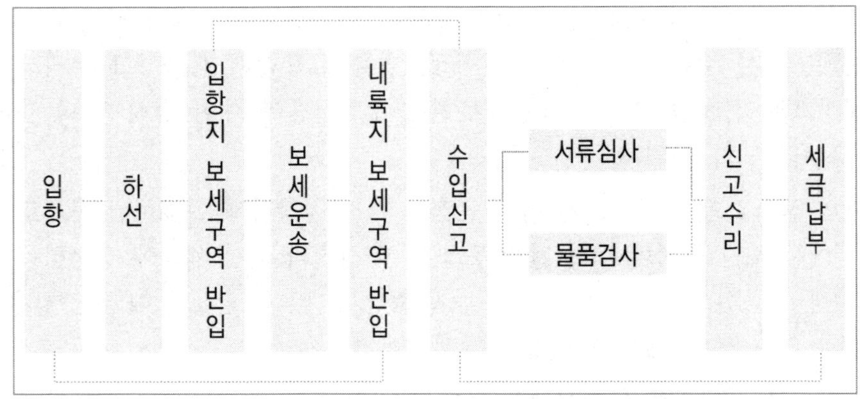

【그림 4-2】 수입화물흐름도

화물을 적재한 항공기나 선박이 국내에 입항하면 선사 또는 항공사는 먼저 세관에 적하목록을 제출하여야 한다. 적하목록은 싣고 온 화물의 목록으로, 여기에는 B/L(선하증권)번호, 품명, 수량, 송수하인 등의 자료가 기록되어 있다. 적하목록을 제출하면 적하목록번호와 B/L번호를 조합한 화물관리번호가 자동으로 부여된다.

선사와 항공사는 적하목록을 제출한 뒤 화물을 선박이나 항공기로부터 하선(하기)장소에 하역하여 입항지의 보세구역에 반입한다.[61] 해상화물의 경우는 화물이 어느 하선 장소에 반입될 것인지 하선 전에 미리 세관에 신고하여야 한다. 하선 장소에 화물이 반입되면 수입신고를 하거나 보세운송신고(승인신청)를 할 수 있다. 수입신고가 수리되면(즉 화물이 통관되면) 내국물품이 되며 세관의 통제로부터 자유로워진다. 그러나 화물을 통관하지 아니한 상태에서 다른 장소로 운송하려면 보세운송신고(승인신청)를 한 후 보세운송절차를 거쳐야 한다.

이러한 일련의 흐름은 화물관리번호를 기초로 하여 관세청의 화물추적정보시스템에 기록된다. 따라서 수입화물이 이미 국내에 도착하였음에도 불구하고 자기의 화물이 어느 위치에 있으며, 어느 단계에서 처리되고 있는지 모를 경우 화물관리번호(이를 모를 때는 B/L번호)만 알면 화물추적정보시스템을 이용하여 쉽게

61) 해상화물의 경우 하역 전에 하선신고서를 세관에 제출

화물의 현재 상태(보세운송중, 도착완료여부 등)를 알 수 있다.

수입화주가 가장 적은 비용으로 화물을 신속하고 간편하게 인수하려면, 업체 실정에 맞도록 입항전 수입신고, 입항전 보세운송신고, 부두직통관제도 등을 선택하여 이용하면 된다. 아울러 선사, 항공사, 포워더로부터 수입화물의 도착예정 통보를 받으면 입항전 수입신고나 입항전 보세운송신고를 할 수 있고 적하목록을 작성할 때에 사업자등록번호와 배정장소를 기재하면 화물도착시 자동으로 도착 통보가 되며 화주가 화물을 인도하기 편리한 장소로 하선장소가 결정된다.

1 수입신고

1. 신고의 시기

수입신고는 우리나라에 물품이 도착되기 전 뿐만 아니라 선박(항공기)이 도착한 후 보세구역에 도착하기 전, 보세구역에 장치한 후 어떠한 시점에서도 신고가 가능하다. 물품을 어디에 두고 신고하느냐에 따라 세관에서는 편의상 출항전 신고, 입항전 신고, 보세구역 도착전 신고, 보세구역 장치 후 신고로 구분하고 있으며, 출항전신고 및 입항전 신고는 해당 물품을 적재한 선박 등이 우리나라에 입항하기 5일전(항공기는 1일전)부터 신고할 수 있다.

1) 출항전신고

출항전신고는 수입하려는 물품을 적재한 항공기 또는 선박이 해당 물품을 적재한 공항 또는 항구를 출발하기 전에 수입신고를 하는 것을 말하는데 항공기로 수입되는 물품 또는 일본, 중국, 대만, 홍콩으로부터 선박으로 수입되는 물품은 출항전신고가 가능하며, 수입물품을 적재한 선박이 도착할 입항예정지 세관장에게 수입신고를 하여야 한다.

2) 입항전신고

입항전신고는 수입하려는 물품을 적재한 항공기 또는 선박이 선적지 공항 또는 항구에서 출항 한 후 우리나라 항구(공항)에 입항하기 전에 수입신고 하는 것을 말하는데 출항전신고와 같이 수입물품을 적재한 선박(항공기)이 도착할 입항예정지 세관장에게 수입신고를 하여야 한다.

3) 보세구역 도착전신고

보세구역도착전신고는 수입하려는 물품이 우리나라 항구 또는 공항에 도착한 후 보세창고에 입고하기 전에 수입신고 하는 것을 말하는데, 이때의 보세구역이란 보세창고는 물론 부두밖 컨테이너 보세창고 및 컨테이너 내륙통관기지, 선상도 포함하여 지칭한다.

4) 보세구역 장치후신고

수입물품을 보세구역에 장치한 후 수입신고하는 것을 말한다.

5) 출항전신고 또는 입항전신고의 요건

출항전신고 또는 입항전신고는 해당 물품을 적재한 선박 등이 우리나라에 입항하기 5일전(항공기에 의한 경우에는 1일전)부터 할 수 있다. 그러나 다음의 물품은 해당 선박 등이 우리나라에 입항한 후에 신고하여야 한다.

- 법령의 개정에 따라 새로운 수입요건의 구비가 요구되거나 해당 물품이 우리나라에 도착하는 날부터 높은 세율이 적용되도록 입법 예고된 물품
- 농 · 수 · 축산물 또는 그 가공품으로서 수입신고하는 때와 입항하는 때의 물품의 관세율표 번호 10단위가 변경되는 물품
- 농 · 수 · 축산물 또는 그 가공품으로서 수입신고하는 때와 입항하는 때의 과세단위(수량 또는 중량)가 변경되는 물품

다만, 법령의 개정에 따라 새로운 수입요건의 구비가 요구되거나 해당 물품이 우리나라에 도착하는 날부터 높은 세율이 적용되도록 입법 예고된 물품으로서 해당 선박 등이 우리나라에 입항하는 날이 해당 법령의 시행일보다 빠른 경우에는 그러하지 아니하다.

2. 신고세관

출항전신고 또는 입항전신고는 수입물품을 적재한 선박 등의 입항예정지를 관할하는 세관장에게 하여야 한다. 보세구역 도착전신고는 해당 물품이 도착할 보세구역을 관할하는 세관장에게 신고하여야 한다. 보세구역 장치후신고는 해당 물품이 장치된 보세구역을 관할하는 세관장에게 신고하여야 한다.

3. 신고인

수입신고 또는 반출신고는 관세사, 관세사법인, 통관취급법인(관세사) 또

는 수입화주의 명의로 하여야 한다.

수입화주는 수입신고한 물품에 대하여 그 물품을 수입한 자를 말하며, 수입한 자가 불분명한 경우에는 다음에 해당하는 자를 말한다.

- 물품의 수입을 위탁받아 수입업자가 대행 수입한 물품인 때에는 그 물품의 수입을 위탁한 사람
- 수입을 위탁받아 수입업체가 대행수입한 물품이 아닌 때에는 송품장[62]에 기재된 수하인
- 수입신고전에 양도한 때에는 그 양수인
- 조달물품은 실수요부처의 장 또는 실수요자. 다만, 실수요부처 또는 실수요자가 결정되지 아니한 경우에는 수입 신고한 조달청장 또는 현지 조달청 사무소장으로 하되 그 후 실수요부처 또는 실수요자가 결정되면 조달청장 또는 현지 조달청 사무소장은 즉시 납세의무자 변경통보를 통관지세관장에게 하고 통관지세관장은 이에 따라 납세의무자를 변경한다.
- 송품장상의 수하인이 부도 등으로 직접 통관하기 곤란한 경우에는 적법한 절차를 거쳐 수입물품의 양수인이 된 은행
- 법원 임의경매절차에 따라 경락받은 물품은 그 물품의 경락자

판례 【수입신고 의무자】

물품에 대한 관세법 소정의 화주나 수입신고인이 아니어서 관세의 납세의무자라고 할 수 없으므로 관세법위반죄의 주체가 되지 아니한다는 주장에 대하여, 이 사건 물품의 수입화주는 신고서상 공소외 국제자동차판매 주식회사나 주식회사 오토테크코리아로 되어 있으나, 위 회사들은 모두 사실상 피고인이 경영하고 있는 회사들이며, 이 사건 물품의 실제 수요자인 주식회사 지지탑도 그 실질적인 경영주가 피고인인 점, 또한 이 사건 수입행위는 피고인이 자신의 계산으로 한 것이어서 무신고 수입행위로 말미암아 실질적으로 이득을 보는 자도 피고인이라는 점 등에 비추어 이 사건 수입행위를 한 실질적인 수입자는 피고인이므로 그가 무신고수입죄의 주체가 된다(대법원 2003. 11. 28. 선고 2003도3956 판결[공보불게재]).

4. 신고자료의 전송 및 결과통보

1) 신고자료 전송

수입신고를 하려는 자는 전자문서로 작성된 신고 자료를 관세청 통관시스템에 전송하여야 하며, 서류제출대상으로 지정된 수입신고건에 대하여는 관련 서류를 제출하여야 한다.

62) 송품장이 없을 때에는 선하증권 또는 항공화물운송장

2) 신고 방법

수입신고를 하려는 자는 다음의 방법에 의한다.

- 전자자료교환방식으로 신고를 하려는 자는 "전자자료교환방식에 의한 수출(입)신고업무처리승인(신청)서"를 사업장 관할지세관장에게 제출하여 사용자 ID를 부여받아야 한다.
- 인터넷방식으로 신고를 하려는 자는 "인터넷통관포탈서비스이용에관한고시"의 규정에 따라 인터넷통관포탈서비스 이용신청을 하고 세관장의 승인을 받아야 한다.

3) 결과통보

신고인이 전송한 신고 자료에 대하여 오류발생 사실을 전산통보 받은 경우에는 오류내용을 정정하여 동일한 신고번호로 다시 전송하여야 하며, 그 밖의 사유로 신고 자료의 내용을 정정하려는 경우에는 접수결과를 통보받기 전까지 정정전과 동일한 신고번호를 다시 전송하여야 한다.

세관장은 이상 없이 전송된 신고 자료에 대하여는 신고일에 다음의 사항을 신고인에게 통보한다.

- 접수여부 및 서류제출대상 여부
- 통관시스템에 의한 검사대상여부(C/S결과)
- 신고납부대상물품의 경우 납부서번호
- 자동배부의 경우 신고서처리담당직원의 부호

4) 신고시 제출서류

신고인은 서류제출대상으로 지정된 수입신고건에 대하여는 수입신고서에 다음의 서류를 첨부하여 세관장에게 제출하여야 한다.

- 송품장(다만, 잠정가격으로 수입신고 할 때 송품장이 해외에서 도착하지 아니한 경우에는 계약서)[63]
- 가격신고서
- 선하증권(B/L)부본 또는 항공화물운송장(AWB)부본
- 포장명세서[64]
- 원산지증명서(해당 물품에 한함)
- 법 제226조(허가 · 승인 등의 증명 및 확인)의 규정에 따른 세관장확인물품 및 확

63) 이 경우 송품장은 확정가격신신고시 제출
64) 세관장이 필요 없다고 인정하는 경우에는 제외함

인방법지정고시 중 신고수리전 구비서류[65]
- 관세감면(분납) / 용도세율적용신청서(별지 제18호 서식) (해당 물품에 한함)
- 합의에의한세율적용승인(신청)서(별지 제42호 서식)
- 지방세법시행령 제183조의 규정에 따른 납세담보확인서
- 국제평화및안전유지등의무이행을위한무역에관한특별조치고시 제1-2조의 킴벌리 프로세스증명서[66]

서류는 수입화주가 원본대조필한 사본(FAX, COPY)을 제출할 수 있으며 세관장이 필요로 하는 경우 신고수리전 또는 신고수리후 원본의 제출을 요구할 수 있다. 세관장은 제출서류 중 신고수리전까지 제출할 수 없는 부득이한 사유가 있는 서류에 대하여는 기한을 정하여 신고수리후에 제출하게 할 수 있다. 킴벌리프로세스증명서는 신고수리전에 원본을 제출하여야 한다. 수입신고서는 별지 제1-2호의 작성요령에 의하여 기재한다.

5. 신고의 효력발생시점

수입신고의 효력발생시점은 전송된 신고 자료가 통관 시스템에 접수된 시점으로 한다. 다만, 수작업에 의하여 신고하는 때에는 신고서가 통관지세관에 접수된 시점으로 한다.

6. 전자서류에 의한 신고 및 서류제출대상 선별기준

1) 신고 원칙

수입신고는 전자서류에 의한 수입신고(P/L신고)를 원칙으로 한다.

2) 서류제출

다음에 해당하는 물품은 전산시스템에 의하여 서류제출대상으로 선별한다.

- 사전세액심사 대상물품. 다만, 다음에 해당하는 물품은 제외한다.
  - 부가가치세법 제12조제2항 제1호·제2호 및 제14호(동법시행령 제46조제18호 해당 물품에 한함) 해당 물품
  - 「관세법시행규칙」 제45조제2항 제1호에 의한 소액면세대상물품으로서 그 과세가격이 미화 100불을 초과하는 특급탁송물품
  - 법 제89조 규정에 따른 감면대상물품중 감면추천서를 전자문서로 제출받은 물품
  - 그 밖의 세관장이 통관 심사 시 서류제출이 필요하지 아니하다고 인정하는 물품

65) 수입요건내역을 전산으로 확인할 수 없는 경우에 한함
66) 다이아몬드 원석에 한함

- 부과고지 대상물품
- 합의세율 적용신청물품
- 할당 · 양허관세 신청물품중 세율추천기관으로부터 세율추천을 증명하는 서류를 통관시스템에서 전자문서로 전송받을 수 없는 물품
- 세관장확인물품중 요건확인기관으로부터 요건구비를 증명하는 서류를 통관시스템에서 전자문서로 전송받을 수 없는 물품
- 원산지증명서류 제출대상물품
- 검사대상으로 선별된 물품
- 신고취하 또는 신고 각하된 후 다시 수입신고하는 물품
- 보세건설장에서의 수입물품 · 신고수리전반출승인물품·보세판매장반입물품 및 선(기)용품 수입물품[67]
- 일시수입통관증서(A. T. A Carnet)에 따라 수입하는 물품
- 수입신고서 기재사항중 품명 · 규격의 일부만 기재한 물품
- 지방세법시행령 제183조의 규정에 따른 납세담보확인서 제출대상물품
- 다이아몬드 원석(HS 7102.10, 7102.21, 7102.31)
- 그 밖의 세관장이 서류제출이 필요하다고 인정하는 물품

3) 선별기준

관세청장은 다음의 기준에 따라 서류제출대상으로 차등선별 할 수 있다.

- 수입업체의 성실도
- 수입신고인의 성실도
- 최초 수입업체 및 물품

(1) 수입업체 성실도 평가

수입업체의 성실도는 다음의 사항을 기초로 매월말까지 수입업체를 평가하여 "수입업체평가등급구분기준"에 의한 수입업체 평가등급을 기준으로 한다.

- 최근 2년간 관세법, 수출용원재료에대한관세환급에관한특례법(환특법), 외국환거래법, 대외무역법, 상표법 등 위반 실적
- 최근 2년간 관세등 수입물품과 관련된 제세의 체납실적
- 최근 3년간 수입통관실적
- 평가 직전 3개월간의 수입통관실적 · 검사적발율 · 오류점수

---

67) 무역통계부호표상의 수입관리 종류별 부호가 G, J, L, M, T, H, W, S에 해당하는 물품

(2) 수입신고인 성실도 평가

수입신고인의 성실도는 「수출입신고 오류방지에 관한 고시」에 의거 산정된 평균오류점수에 의거 매분기 익월말까지 "관세사평가등급구분기준"에 의한 기준으로 한다.

(3) 최초수입업체

"최초수입업체"는 「통관고유부호 및 해외공급자부호 등록·관리에 관한 고시」에 의한 통관고유부호 등록일로부터 수입회수 10회 미만을 기준으로 하고, "최초수입물품(HS 6단위기준)"은 해당업체가 처음 수입하는 물품으로 수입신고회수가 10회 미만인 경우를 대상으로 한다.

4) 서류제출대상 선별

관세청장은 서류제출대상으로 선별되지 아니한 물품의 경우에도 무작위 방식에 따라 서류제출대상으로 선별할 수 있다. 세관장이 통관 심사과정에서 서류를 제출받아 심사하여야할 필요가 있다고 인정하는 경우에는 서류제출대상으로 변경할 수 있다. 심사는 신고된 세번·세율과 과세가격 등 신고사항의 적정여부 법령에 의한 수입요건의 충족여부 등을 확인하기 위하여 관련 서류나 분석결과를 검토하는 것을 말한다.

5) 서류의 처리 · 관리

할당·양허관세신청물품 중 세율추천기관으로부터 세율추천을 증명하는 서류나 세관장확인대상물품 중 요건확인기관으로부터 요건구비를 증명하는 서류 등은 전자문서가 통관시스템에 접수되지 아니하여 신고인이 서류로 제출하는 경우에는 이를 심사하여 통관시스템에 등록하여 처리하고, 제출받은 서류는 별도로 보관·관리한다.

7. B/L분할신고 및 수리

수입신고는 B/L 1건에 대하여 수입신고서 1건으로 한다. 다만, 다음에 해당하는 경우에는 B/L분할신고 및 수리를 할 수 있으며, 보세창고에 입고된 물품으로서 세관장이 화물관리에 지장이 없다고 인정하는 경우에는 여러 건의 B/L에 관련되는 물품을 1건으로 수입신고할 수 있다.

- B/L을 분할하여도 물품검사 및 과세가격 산출에 어려움이 없는 경우
- 신고물품중 일부만 통관이 허용되고 일부는 통관이 보류되는 경우

- 검사 · 검역결과 일부는 합격되고 일부는 불합격된 경우 또는 일부만 검사 · 검역 신청하여 통관하려는 경우
- 일괄사후납부 적용·비적용 물품을 구분하여 신고하려는 경우

B/L을 분할하여도 물품검사[68] 및 과세가격 산출에 어려움이 없는 물품으로서 분할된 물품의 납부세액이 징수금액 최저한인 1만 원 미만이 되는 경우에는 B/L을 분할하여 신고할 수 없다. 수입물품이 물품검사 대상인 경우 처음 수입신고할 때 분할 전 B/L물품 전량에 대하여 물품검사를 하여야 하며 이후 분할 신고되는 물품에 대하여는 물품검사를 생략할 수 있다.

8. 신고서의 배부

수입과장은 다음의 기준을 주기적으로 변경하여 신고서 접수 전에 통관시스템에 등록하여 신고서를 배부하여야 한다.

- 세관직원별 순차배부
- 세번부호별 배부
- 장치장소별 배부
- 특송업체별 배부

수입과장은 다음의 경우에는 직원별 배부 및 미결현황 등을 고려하여 신고서를 다시 배부(수작업배부)할 수 있다.

- 신고물품이 검사대상으로 선별된 경우
- 신고서를 배부 받은 자(심사자)의 퇴직 · 휴직 · 전보 · 출장 · 휴가 등으로 신고서를 처리할 수 없는 경우
- 장치장소 또는 물품의 특성 등을 고려하여 수작업 배부하는 것이 효율적이라고 판단되는 경우

9. 신고의 취하와 각하

수입신고를 취하하려는 자는 "수입신고취하승인(신청)서"에 신고취하신청내역을 기재하여 통관지세관장에게 전송하여야 한다. 수입신고취하신청(승인)서를 접수한 세관장은 정당한 이유가 있는 경우에만 수입신고취하를 승인하여야 한다. 수입신고취하승인으로 수입신고 또는 수입신고수리의 효력은

---

68) 수입신고된 물품이외에 은닉된 물품이 있는지 여부와 수입신고사항과 현품의 일치여부를 확인하는 것을 말한다.

상실한다.

세관장은 다음에 해당하는 경우 수입신고를 각하할 수 있다.

- 사위 그 밖의 부정한 방법으로 신고한 경우
- 멸각, 폐기, 공매·경매낙찰, 몰수확정, 국고귀속이 결정된 경우
- 출항전신고 또는 입항전신고의 요건을 갖추지 아니한 경우
- 그 밖의 수입신고의 형식적 요건을 갖추지 못한 경우

세관장은 신고를 각하한 때에는 즉시 그 사실을 신고인에게 통보하고 통관시스템에 등록하여야 한다.

10. 가격신고

가격신고서의 서식·기재요령 및 수입물품의 과세가격 신고 등에 관한 사항은 "수입물품과세가격결정에관한고시"에서 정하는 바에 따른다.

2 신고서의 처리방법 및 심사사항

1. 신고서 처리방법

심사자는 통관시스템의 검사정보 등 통관 심사 및 검사에 특별히 주의를 요하는 사항이 있는지를 확인하여 이를 과장에게 보고하여야 하며, 과장은 물품검사·심사와 심사방법을 결정한다. 수입과장 또는 심사과장은 결정된 처리방법을 수작업 변경할 수 있으며, 이 경우 변경된 사항을 시스템에 정정등록한다. 세관장은 P/L신고물품의 신고사항을 검토한 결과 신고서에 의한 심사 또는 물품검사가 필요하다고 판단되는 경우에는 서류의 제출을 요구할 수 있다. 이 경우 서류제출대상으로 변경된 사실을 신고인에게 통보한다.

2. 심사방법

1) 심사내용

수입과의 심사자는 다음의 사항을 심사한다.

- 제출 서류의 구비 및 신고서의 기재사항과 일치하는지 여부
- 신고서를 수입신고서작성요령에 따라 정확하게 작성하였는지 여부

- 분석의뢰 필요성 유무
- 사전세액심사 대상물품의 품목분류, 세율, 과세가격, 세액, 감면 · 분납신청의 적정여부
- 법 제49조제3호의 관세율을 적용받는 물품의 품목분류 및 관세율 적용의 적정여부
- 용도세율 적용신청물품의 품목분류 및 용도세율 적용신청의 적정 여부
- 세관장이 수입요건을 확인하는 물품의 품목분류의 적정여부, 용도의 신고여부 및 수입요건의 구비여부
- 원산지 표시 및 지적재산권 침해여부
- 법령의 규정에 따른 감면신청서 및 세율적용추천서의 구비여부
- 전산에서 제공하는 화물정보 및 C/S정보와 수입신고내역의 비교·확인
- 검사대상물품의 품목분류 및 세율의 적정 여부
- B/L분할 신고된 물품이 영 제37조의 규정에 따른 징수금액 최저한 미만인지 여부
- 그 밖의 수입신고수리여부를 결정하기 위하여 필요한 사항

2) 심사생략

수입과장은 신고인 또는 화주의 법규준수도를 고려하여 필요한 경우에는 심사를 생략할 수 있다.

3) 세액심사 의뢰

수입과장은 사후세액심사대상물품에 대한 심사결과 다음에 해당하는 경우에는 심사의견을 통관시스템에 등록한 후 심사과장에게 즉시사후세액심사를 의뢰하여야 한다.

- 과세가격, 품목분류, 세율 등의 적용에 착오가 있다고 판단되는 경우
- 신고서 심사결과 세액이 변동되는 신고사항의 정정을 안내하였으나 신고인이 신고수리전까지 세액정정을 신청하지 아니한 경우

3. 분석의뢰

수입과장은 신고물품이 물리적, 화학적 실험에 따라 그 내용을 확인하여야 하는 등 전문적인 지식과 기술을 요하는 경우에는, 세관분석실에 분석의뢰하거나 해당 물품에 관한 전문가의 의견을 받아 처리할 수 있다. 분석대상 시료는 담당직원이 직접 채취하고 봉인한 후 제출하도록 하여 시료의 임의교체 및 분실 등이 일어나지 않도록 하여야 한다. 분석의뢰시에는 분석의뢰 사실

을 통관시스템에 입력한다.

분석은 신고수리후 분석을 원칙으로 한다. 다만, 다음에 해당하는 경우에는 신고수리전에 분석한다.

- 관세채권의 확보가 곤란할 것으로 예상되는 경우
- 물품의 특성상 수입제한품목일 가능성이 있는 경우
- 사전세액심사대상물품으로서 세액심사를 위하여 분석이 필요한 경우

수입과장은 신고수리전에 분석한 물품의 분석결과 품목분류번호 등이 신고사항과 일치하지 아니하는 경우에는 이를 정정한다. 분석의뢰 등에 관한 사항은 관세청장이 별도로 정하는 바에 따른다.

4. 사전세액심사

사전세액심사대상 및 심사방법은「납세심사 사무처리에 관한 고시」에서 정하는 바에 의한다. 사전세액심사 대상물품은 납세신고사항에 대한 세액심사를 완료하고 수입신고서(세관보관분) 좌측 하단에 사전세액심사필의 고무인을 날인하여야 한다. 통관지세관장은 관세법시행규칙(규칙) 제8조제3호(관세를 체납하고 있는 자가 신고하는 물품)의 물품을 사전세액심사하는 경우에는 해당 체납자의 체납액을 관리하는 세관장(체납관리세관장)에게 즉시 수입신고사실을 통보(FAX 또는 유선)한다. 사실을 통보받은 체납관리세관장은 다음의 절차에 따라 업무를 처리한다.

- 체납자의 체납채권액이 해당 수입신고물품 이외의 물품으로 확보된 경우에는 즉시 통관지세관장에게 채권이 확보되었음을 통보한다.
- 확보된 채권이 부족한 경우에는 통관지세관장에게 서류로써 통관보류를 요청하고 체납방지및체납정리사무처리요령 제6조제1항 제4호의 규정에 따라 통관지세관장에게 체납액을 인계한다.
- 수입물품의 신고수리가 체납세액 조기정리에 유익하다고 인정되는 경우에는 통관지세관장에게 그 의견을 통보할 수 있다.

5. 보완요구

수입과장은 다음과 같이 신고인이 제출한 서류 및 자료에 따라 심사사항의 확인이 곤란한 경우에는, 보완 요구할 사항을 통관시스템에 입력하고 보완요구서(별지 제10호 서식)를 신고인에게 전자문서로 통보하여야 한다.

- 신고서 항목의 기재사항이 미비된 경우(정정보완 요구)
- 신고서 심사결과 첨부서류가 누락되었거나 증빙자료의 보완이 필요한 경우(서류보완 요구)
- P/L신고를 서류제출신고로 변경하려는 경우(서류제출 변경 요구)

보완요구를 하는 경우에는 보완요구서에 보완을 하여야 할 사항, 보완을 요구하는 이유 및 보완기간 등을 구체적으로 기재하여야 한다. 보완하여야 할 사항이 경미한 것으로서 사후에 이를 보완하더라도 신고수리를 할 수 있다고 세관장이 인정한 때에는 신고인 또는 수입화주의 신청을 받아 수리후에 이를 보완하게 할 수 있으며, 이 경우 신고인 또는 수입화주는 세관장이 지정한 기간 내에 관련서류를 제출하여야 한다.

세관장은 신고인 또는 수입화주가 지정 기간 내에 보완요구사항을 구비하지 아니한 경우에는 통관을 보류하거나 납세심사사무처리에관한고시 제3-3-2조의 규정에 따라 관세청장에게 사전세액심사대상 신고인으로 지정하여 줄 것을 요청할 수 있다. 세관장은 무상으로 반입되는 하자보수용 수리부품에 대하여는 최초 도입기계류의 수입 신고필증 제출을 요구하여서는 아니되며, 신고자가 수입신고서 세관기재란에 기재한 최초 수입신고번호를 전산시스템을 통하여 확인하여야 한다.

6. 통관보류

세관장은 심사결과 수입물품이 다음에 해당하는 경우에는 해당 물품의 통관을 보류할 수 있으며 통관을 보류한 경우 이를 통관시스템에 입력한다.

- 신고서 기재사항 또는 신고시 제출서류 등 중요한 사항이 미비되어 보완이 필요한 경우
- 법의 규정에 따른 의무사항을 위반하거나 국민보건등을 위해할 우려가 있는 경우
- 관세범칙혐의로 조사의뢰한 경우
- 그 밖의 통관 심사결과 신고수리의 요건을 구비하는데 장시일이 소요되는 경우

7. 신고사항의 정정

신고인은 세액의 결정에 영향을 미치지 아니하는 신고사항을 정정하려는 때에는 정정신청내역을 기재한 수입·납세신고정정신청서를 관세청 통관시스템에 전송하고 그 증빙자료를 세관장에게 제출하여야 한다. 다만, 세관장이 수입·납세신고정정신청서만으로 정정내역의 확인이 가능하다고 인정하

는 경우에는 증빙자료의 제출을 생략할 수 있다.

심사자는 심사결과 신고서의 기재사항[69] 중 신고사항과 신고물품이 일치되지 아니하는 경우 직권으로 정정할 수 있다. 정정하는 경우에는 신고서상의 정정하려는 부분을 "( )"로 표시하고 그 위에 정정한 내용을 적고 날인하여야 한다. 신고서를 정정하는 경우에는 보관용 신고서와 신고필증을 함께 정정하여야 하며, 심사자는 정정된 사항을 통관시스템에 수정 입력한다.

3 물품검사

1. 검사대상

세관장은 수입신고한 물품에 대하여 「수입물품선별검사에관한시행세칙」에서 정하는 바에 따라 검사대상을 선별한다. 다만, 수입신고전물품반출신고하는 물품은 반출신고시 검사대상을 선별한다. 다음에 해당하는 물품은 수입물품선별검사에 관한시행세칙에서 정하는 바에 따라 검사대상으로 선별하지 아니할 수 있다.

- 관세청장이 따로 정하는 기준에 따라 법규준수도가 높다고 인정된 업체가 수입하는 물품
- 수입업체 평가등급이 A 또는 B등급인 업체중 검사적발실적이 없는 업체가 수입하는 물품
- 최근 2년간 관세법 위반사실 및 체납사실이 없는 외국인투자촉진법의 규정에 따른 외국인투자기업이 수입하는 물품

2. 검사여부의 통보

검사대상여부가 통보된 수입신고건에 대하여 세관장이 검사대상여부를 변경한 때에는 즉시 이를 통관시스템에 입력하여 수입신고인에게 통보될 수 있도록 하여야 한다. 다만, 출항전신고물품은 출항하였음을 입증하는 서류를 제출하는 때에 이를 통보한다.

3. 선상검사

출항전신고·입항전신고 또는 보세구역도착전 신고물품으로서 정부에서 직

69) 과세표준, 세율, 납부세액을 제외

접 수입하는 군수품 및 물자수급계획상 긴급도입 물품과 선상에서의 검사가 가능하다고 세관장이 인정하는 물품은 선상에 적재한 상태로 검사할 수 있다.

4. 검사입회

세관장은 물품 검사 시 신고인의 입회가 필요하다고 인정하거나, 신고인으로부터 입회요청을 받은 때에는 신고인이 검사에 입회할 수 있도록 검사일시 및 장소, 입회가능시간 등을 통보하여야 한다. 세관장이 검사입회 통보를 하여도 검사일시에 신고인 또는 그 대리인이 입회하지 아니한 경우에는 장치장소의 관리인 또는 그 대리인의 입회하에 검사를 실시한다. 신고인은 물품 검사 시 특별한 주의를 기울이도록 세관장에게 요청할 수 있다.

5. 검사방법

검사대상물품은 다음에 해당하는 방법으로 검사를 실시한다.

- 단수검사와 복수검사
- 전량검사와 발췌검사 및 분석검사

복수검사는 우범성 정보가 있는 물품이나 전량검사대상물품 또는 그 밖의 수량과다 등으로 과장이 복수검사를 지시한 경우에 실시하고, 그 밖의 물품은 단수검사를 실시한다. 검사의 방법은 「수입물품 선별검사에 관한 시행세칙」에서 정하는 바에 따라 실시한다.

6. 검사절차

검사자는 검사대상으로 선별된 물품에 대하여 구체적인 검사계획을 수립하여 과장의 결재를 받아야 한다. 검사계획을 보고받은 수입과장은 검사시 유의사항을 지시하여야 하며, 「수입물품 선별검사에 관한 시행세칙」에서 별도로 검사 방법 등을 정하지 않은 경우에는 검사방법, 검사인원, 검사수량 등을 지정하여야 한다. 검사자는 수입화주, 관세사 또는 창고 운영인에게 검사계획서를 전달하고 검사에 필요한 장소와 장비의 확보, 개포장을 위한 작업인부의 배치를 요구하여야 한다. 이 경우 검사준비가 되지 않아 검사를 할 수 없는 경우, 검사순위를 조정하여 준비가 된 때에 검사를 실시한다. 검사자가 검사를 완료한 때에는 검사결과를 수입과장에게 보고하고 그 결과를 통관시스템에 등록한다. 세관검사장에 반입하여 검사하는 경우 채취·운반 등

에 관한 비용은 수입화주가 부담한다.

7. 서류의 분산처리

수입과장은 세관근무시간내에 접수된 신고서류중 심사대상은 당일처리(3근무시간 이내)함을 원칙으로 하되, 물품검사 대상은 다음에서 정하는 우선순위에 따라 물품검사를 실시한다.

- 전일미결 처리건과 당일 오전 10시 이전에 신고서류가 접수된 건
- 당일 오전 10시 이후에 신고서류가 접수된 건으로서 다음 각목의 1에 해당하는 물품
  - 당일 통관하지 않으면 부패 · 변질 · 손상의 우려가 있는 물품
  - 원자재 · 부분품 · 하자보수품 · 대체품으로서 생산 공정에 긴급히 투입하기 위하여 수입하는 물품
  - 특급탁송화물
  - 그 밖의 물품으로서 업체의 긴급통관 요청[70]이 있고 세관장이 당일처리 하더라도 물품검사 업무에 지장이 없다고 인정하는 물품

수입과장은 원활한 운영을 위하여 수입신고서가 특정시간(16 : 00)이후에 집중되는 경우에는 특정시간 이후에 접수된 신고서는 당일 처리하지 않을 수 있다.

8. 임시개청

공휴일 또는 세관의 개청시간외에 수입통관절차를 진행하려는 자는 부득이한 경우를 제외하고는 공무원복무규정에 따른 공무원의 근무 시간 내에 사무의 종류 및 시간과 사유 등을 기재한 임시개청신청서에 따라 세관장에게 전자문서로 미리 통보하여야 한다. 근무 시간 내에 접수된 수입신고서는 해당 신고서 담당자가 처리하여야 한다. 다만, 다음에 해당하는 경우에는 임시개청담당자가 처리한다.

- 근무시간이후에 접수된 경우
- 출항전신고 또는 입항전신고건으로서 근무 시간 내에 적하목록(하역신고 포함)이 전송되지 아니한 경우
- 보세구역도착전 신고건으로서 보세창고에 반입되지 아니하여 근무 시간 내에 처리할 수 없는 경우
- 수입요건확인서류를 근무 시간 내에 구비하지 못한 경우

수입과장은 근무시간종료 30분전에 임시개청담당자를 지정한다.

---

70) 수입신고서 관세사기재란에 “긴급통관요청” 및 그 사유를 기재하여야 한다.

4 수입신고 수리

1. 신고수리

세관장은 출항전 또는 입항전 신고물품에 대하여 적하목록이 제출된 때, 보세구역 도착전 신고물품에 대하여는 보세운송 도착 보고된 때[71] 신고 수리한다. 그러나 세관장이 검사대상으로 선별하거나 보세화물입출항하선하기및적재에관한고시의 규정에 따라 관리대상화물로 선별한 경우에는 해당 물품 검사가 종료된 후에 수리한다.

신고서 처리기간은 다음에서 정하는 시점부터 계산한다.

- 출항전신고 및 입항전신고 물품으로서 검사가 생략되는 물품은 적하목록제출일
- 출항전신고, 입항전신고, 보세구역 도착전신고물품으로서 검사대상으로 선별된 물품은 해당 물품의 검사장소 반입일
- 보세구역도착전신고물품으로서 검사생략물품은 반입하려는 보세구역 도착일
- 보세구역 장치후 신고물품은 수입신고일
- 선상에 적재한 상태로 검사할 물품은 수입신고일

신고수리의 효력발생시점은 통관시스템을 통하여 신고인에게 신고수리가 되었음을 통보한 시점으로 한다. 다만, 수작업에 의하여 신고 수리하는 때에는 신고인에게 신고필증을 교부한 시점으로 한다.

2. 신고수리시 담보의 제공

세관장은 관세 등 제세(관세 등)를 납부하여야 할 물품에 대하여는 관세등에 상당하는 담보가 제공된 경우에 수입신고를 수리한다. 다만, 다음에 해당하는 경우에는 그러하지 아니하다.

- 법 그 밖의 법률 또는 조약에 따라 관세 등의 감면 · 징수기간 연장 또는 분할납부 승인시 담보를 제공받지 아니하는 경우
- 납부할 관세 등을 이미 납부한 경우
- 관세등에대한담보제공과정산제도운영에관한고시에서 정하는 바에 따라 담보제공을 면제하는 경우

관세 등의 수납여부 확인은 수납기관에서 전자문서로 전송한 영수필통지

71) 하역절차에 따라 하역장소로 반입되는 경우에는 반입 보고된 때

에 의한다. 다만, 전자문서로 전송할 수 없는 수납기관에 관세 등을 납부한 경우에는 수납기관에서 우송한 영수필통지서에 따라 확인하며, 이때 담당세관공무원은 통관시스템에 수납사항을 등록하여야 한다.

3. 신고필증교부

세관장은 수입신고를 수리한 때에는 수입신고 수리인에 신고서처리담당자의 인장을 날인한 신고필증을 교부한다. 전자서류에 의한 수입신고건이 신고수리된 때에는 신고인이 신고수리여부를 전산조회한 후 신고필증을 교부받을 수 있으며, 관세사가 이를 화주에게 교부하고자 할 때에는 세관기재란에 수입 P/L 신고수리필 고무인과 관세사인장을 날인한 후 교부하여야 한다.

신고서를 정정하는 경우 제출된 신고서상에 정정하려는 사항을 기재할 여백이 없는 때에는 통관시스템으로부터 정정된 신고서를 다시 발행하여 제1항 및 제2항의 방법에 따라 신고필증을 교부할 수 있다. 이 경우 세관장은 신고인이 제출한 수입신고서를 삭제표시하고 다시 발행한 보관용 신고서와 함께 보관하여야 한다. 교부된 신고필증이 통관시스템에 보관된 전자문서의 내용과 상이한 경우에는 통관시스템에 보관된 전자문서의 내용을 원본으로 한다.

4. 신고수리전 반출

수입통관에 곤란한 사유가 없는 물품으로서 다음에 해당하는 경우에는 세관장이 신고수리전반출을 승인할 수 있다.

- 완성품의 세번으로 수입신고수리 받으려는 물품이 미조립 상태로 분할선적 수입된 경우[72]
- 조달사업에관한법률에 의한 비축물자로 신고된 물품으로서 실수요자가 결정되지 아니한 경우
- 사전세액심사 대상물품[73]으로서 세액결정에 장시간이 소요되는 경우
- 품목분류 또는 세율결정에 장시간이 소요되는 경우

신고수리전 반출을 승인 받으려는 자는 세관장에게 신고수리전 반출승인(신청)서에 신고수리전 반출신청내역을 기재하여 전송하여야 한다. 신고수리전 반출하려는 자는 납부하여야 할 관세 등에 상당하는 담보를 제공하여야 한다.

---

72) 2개 이상의 세관에 수입신고된 경우에는 신고세관별로 해당세관에 신고된 물품에 대해 품목분류 한다.

73) 부과고지물품을 포함한다.

5. 의무이행의 요구

세관장이 신고수리시 의무이행을 요구하는 경우에는 의무의 내용을 신고필증의 세관기재란에 기재하거나 별도의 문서를 작성하여 교부하고 의무이행요구내역을 통관시스템에 등록하여야 한다. 세관장은 의무이행의 요구를 받은 자가 관세법시행령에 따라 의무의 면제를 신청하는 경우에는 이를 심사하여 해당 의무의 면제를 승인할 수 있다. 이때 의무의 면제를 신청하는 자는 의무면제신청(승인)서에 다음의 서류를 첨부하여야 한다.

- 영 제234조제1호의 경우에는 그 허가, 승인, 추천 그 밖의 조건을 구비하였음을 증명하는 서류
- 영 제234조제2호의 경우에는 관련 개정내용 등을 기재한 사유서
- 영 제234조제3호의 경우에는 관계부처의 장의 요청서(사본 포함)

6. 수입신고서 등 이관

수입과장은 수입신고를 수리한 경우에는 신고수리일의 다음 날 신고서(보관용)와 수리내역 전산자료(이하 "신고서등"이라 한다)를 전산출력한 수입신고수리내역과 함께 심사과장에게 인계하여야 한다. 다만, 사전세액심사대상물품의 신고서등은 수입과장이 보관한다. 각 담당과장은 신고서등의 인계인수에 따른 책임한계를 명확하게 하기 위하여 인계인수 담당직원의 지정, 인계인수대장의 비치 등 신고서등의 인계인수절차를 정하여야 한다.

7. 신고인의 서류보관·관리

신고인은 신고필증을 교부받은 경우에는 서류를 신고인별, 신고번호 순으로 보관·관리하여야 하며 세관장이 업무상 필요에 따라 신고서류를 요구할 경우 이를 즉시 제출하여야 한다. 신고인이 폐업신고를 한 경우에는 보관중인 서류목록을 작성하여 해당 서류와 함께 통관지 세관장에게 제출하여야 한다. 다만, 관세사가 재개업을 조건으로 폐업하는 경우에는 그러하지 아니한다. 신고인이 보관하고 있는 서류 중 관세법에 의한 보관기간이 경과한 서류는 폐기목록을 통관지 세관장에게 제출하고 폐기하여야 한다. 신고인은 신고자료를 마이크로필름·광디스크 등 자료전달매체에 의하여 보관할 수 있다.

8. 신고필증의 재교부

신고인 또는 화주는 교부받은 신고필증을 다시 교부받으려는 때에는 수입

신고필증 재교부신청서를 작성하여 세관장에게 제출하여야 한다. 다만, 서류 제출대상 신고건으로 신고 서류의 확인 등이 필요한 경우에는 통관지세관장에게 신고필증의 재교부를 신청 하여야 한다. 세관장은 사유가 타당하다고 인정하는 때에는 수입신고필증을 재교부할 수 있다.

5 신고납부

1. 징수결정

신고납부대상물품에 대하여는 통관시스템에 심사결재를 등록하는 때에 징수 결정된 것으로 본다. 다만, 납세의무자가 신고수리전에 관세 등을 납부한 경우에는 수납은행에서 전송한 영수필통지가 통관시스템에 등록된 때 징수 결정된 것으로 본다.

2. 관세 등의 납부

수입신고한 물품의 수입화주는 그 물품에 대한 관세 등의 납세의무자가 된다. 납세신고를 한 자는 수입신고가 수리된 날로부터 15일 이내에 관세 등을 국고수납은행 또는 우체국에 납부하여야 한다. 이때 통관시스템에서 부여한 납부서번호와 세액을 기재한 납부서를 함께 제출하여야 한다. 납세의무자는 수입신고가 수리되기 전에도 절차에 따라 납부서를 출력하여 세액을 납부할 수 있다.

3. 징수형태

신고인은 수입신고시 다음의 징수형태 중에서 하나를 선택하여 수입신고를 하여야 한다.

- 신고납부(담보면제)
- 신고납부(신용 · 포괄담보)
- 신고납부(개별담보)
- 신고납부(신고수리전 납부)
- 부과고지(담보면제)
- 부과고지(신용 · 포괄담보)
- 부과고지(개별담보)

- 부과고지(신고수리전 납부)
- 과세보류
- 일괄납부(사후정산)
- 월별납부

4. 수정신고

신고납부한 날로부터 3개월(보정기간)이 경과한 후 신고 납부한 세액에 부족이 있어 수정신고를 하려는 자는 수정신고내역을 기재한 수입·납세신고정정신청서를 관세청 통관시스템에 전송하고 그 증빙자료를 세관장에게 제출하여야 한다. 다만, 세관장이 수입·납세신고정정신청서만으로 정정내역의 확인이 가능하다고 인정하는 경우에는 증빙자료의 제출을 생략할 수 있다. 납세의무자는 수정신고를 한 날의 다음 날까지 추가 납부할 세액(가산세 포함)을 납부하여야 한다. 세관장은 납부한 내역을 통관시스템에서 확인한 후 당초의 수입신고서 등에 수정신고내역 등을 기록 날인한다. 납세의무자가 추가납부세액을 납부기한내에 납부하지 않은 경우 세관공무원은 통관시스템에 수정신고 취소등록을 하여야 한다. 이 경우 당초 수정신고의 효력은 소멸하게 되며, 다시 수정신고를 하려는 자는 절차를 다시 이행하여야 한다.

5. 보정

1) 보정신청

납세의무자는 신고납부한 세액이 부족하다는 것을 알게 되거나 세액산출의 기초가 되는 과세가격 또는 품목분류 등에 오류가 있는 것을 알게 되었을 때에는 신고납부한 날부터 6개월 이내(보정기간)에 해당 세액을 보정(補正)하여 줄 것을 세관장에게 신청할 수 있다. 규정에 의하여 세액의 보정을 통지하는 경우에는 다음 사항을 기재한 보정통지서를 교부하여야 한다.

- 당해 물품의 수입신고번호와 품명 · 규격 및 수량
- 보정전 당해 물품의 품목분류 · 과세표준 · 세율 및 세액
- 보정후 당해 물품의 품목분류 · 과세표준 · 세율 및 세액
- 보정사유 및 보정기한
- 그 밖의 참고사항

세관장은 신고납부한 세액이 부족하다는 것을 알게 되거나 세액산출의 기초가 되는 과세가격 또는 품목분류 등에 오류가 있다는 것을 알게 되었

을 때에는 대통령령으로 정하는 바에 따라 납세의무자에게 해당 보정기간에 보정신청을 하도록 통지할 수 있다. 이 경우 세액보정을 신청하려는 납세의무자는 세관장에게 신청하여야 한다. 신고납부한 세액을 보정하고자 하는 자는 세관장에게 세액보정을 신청한 다음에 이미 제출한 수입신고서를 교부받아 수입신고서상의 품목분류·과세표준·세율 및 세액 그 밖의 관련사항을 보정하고, 그 보정한 부분에 서명 또는 날인하여 세관장에게 제출하여야 한다.

납세의무자가 부족한 세액에 대한 세액의 보정을 신청한 경우에는 해당 보정신청을 한 날의 다음 날까지 해당 관세를 납부하여야 한다.

세관장은 세액을 보정한 결과 부족한 세액이 있을 때에는 납부기한 다음 날부터 보정신청을 한 날까지의 기간과 금융회사의 정기예금에 대하여 적용하는 이자율을 고려하여 계산(관세법 시행령 제56조제2항의 규정을 준용한다)한 금액을 더하여 해당 부족세액을 징수하여야 한다. 다만, 관세법 제41조제4항에 따라 가산금 및 중가산금을 징수하지 아니하는 경우와 신고납부한 세액의 부족 등에 대하여 납세의무자에게 정당한 사유가 있는 경우에는 그러하지 아니하다.

신고납부한 세액의 부족 등에 대하여 납세의무자에게 정당한 사유가 있는 경우부족세액에 가산하여야 할 금액을 면제받으려는 자는 다음 사항을 적은 신청서를 세관장에게 제출하여야 한다.

- 납세의무자의 성명 또는 상호 및 주소
- 면제받으려는 금액
- 정당한 사유

이 경우 면제받으려는 금액 및 정당한 사유와 관련한 증명자료가 있으면 이를 첨부할 수 있다. 세관장은 면제관련 신청서를 제출받은 경우에는 신청일부터 20일 이내에 면제 여부를 서면으로 통지하여야 한다.

2) 세액정정 및 보정

심사자는 심사결과 납세 신고한 세액의 과부족이 있음을 안 때에는 신고인에게 세액정정에 대한 안내를 할 수 있다. 납세의무자는 세액을 납부하기 전에 납세 신고한 세액에 과부족이 있는 것을 안 때에는 세액정정신청 내역을 기재한 수입·납세신고정정신청서를 관세청 통관시스템에 전송하고 세관장에게 그 증빙자료를 제출하여야 한다. 다만, 세관장이 수입·납세신고정정신청서만으로 정정내역의 확인이 가능하다고 인정하는 경우에는 증빙자료의 제출을 생략할 수 있다.

세액정정 신청을 한 납세의무자는 해당 납세신고와 관련된 서류의 정정할 부분에 "( )"형으로 표시를 한 후 날인하고 그 위에 실제사항을 기재한다. 납세의무자는 정정한 내역대로 세액을 정정하여 납부서를 재 발행하되 납부서 번호와 납부기한은 변경하지 않는다. 세관장은 신고 납부한 세액에 과부족이 있거나 세액산출의 기초가 되는 과세가격 또는 품목분류 등에 오류가 있는 것을 안 때에는 납세의무자에게 해당 보정 기간 내에 보정을 신청할 수 있도록 통지할 수 있다. 납세의무자는 세액보정통지를 받거나 세액보정 사유를 안 때[74]에는 세액보정신청내역을 기재한 수입·납세신고정정신청서를 관세청 통관시스템에 전송하고 그 증빙자료를 세관장에게 제출하여야 한다.

납세의무자가 신청내용에 따라 부족세액을 납부한 경우에 세관장은 그 내역을 통관시스템에서 확인한 후 당초의 수입신고서 등에 세액보정내역 등을 기록 날인한다. 납세의무자가 세액의 보정을 신청한 경우에는 해당 세액보정을 한 날의 다음날까지 세액을 납부하여야 하며, 납부기한(수리전 납부는 납부일) 다음날부터 세액보정의 납부일 까지 기간과 관세법시행령 제56조제2항의 규정에 따른 이율을 적용하여 계산된 금액을 가산하여 납부하여야 한다. 세관장은 신청 내용 중 신고 납부한 세액이 과다한 경우에는 세액경정통지서를 납세의무자에게 교부하여야 한다.

6. 수정 및 경정

1) 수정신고

납세의무자는 신고납부한 세액이 부족한 경우에는 수정신고(보정기간이 지난 날부터 관세부과의 제척기간(관세법 제21조제1항)에 따른 기간이 끝나기 전까지로 한정한다)를 할 수 있다. 이 경우 납세의무자는 수정신고한 날의 다음 날까지 해당 관세를 납부하여야 한다.

수정신고를 하고자 하는 자는 다음 사항을 기재한 수정신고서를 세관장에게 제출하여야 한다.

- 당해 물품의 수입신고번호와 품명 · 규격 및 수량

74) 잠정가격신고에 따른 확정가격신고의 경우는 제외

- 수정신고전의 당해 물품의 품목분류 · 과세표준 · 세율 및 세액
- 수정신고후의 당해 물품의 품목분류 · 과세표준 · 세율 및 세액
- 가산세액
- 기타 참고사항

2) 경정신고

납세의무자는 신고납부한 세액이 과다한 것을 알게 되었을 때에는 최초로 납세신고를 한 날부터 2년 이내에 신고한 세액의 경정을 세관장에게 청구할 수 있다. 이 경우 경정의 청구를 받은 세관장은 그 청구를 받은 날부터 2개월 이내에 세액을 경정하거나 경정하여야 할 이유가 없다는 뜻을 청구한 자에게 통지하여야 한다.

경정의 청구를 하고자 하는 자는 다음 사항을 기재한 경정청구서를 세관장에게 제출하여야 한다.

- 당해 물품의 수입신고번호와 품명 · 규격 및 수량
- 경정전의 당해 물품의 품목분류 · 과세표준 · 세율 및 세액
- 경정후의 당해 물품의 품목분류 · 과세표준 · 세율 및 세액
- 경정사유
- 기타 참고사항

3) 세액 경정 청구

납세의무자는 최초의 신고 또는 경정에서 과세표준 및 세액의 계산근거가 된 거래 또는 행위 등이 그에 관한 소송에 대한 판결(판결과 같은 효력을 가지는 화해나 그 밖의 행위를 포함한다)에 의하여 다른 것으로 확정된 경우 또는 최초의 신고 또는 경정을 할 때 장부 및 증거서류의 압수, 그 밖의 부득이한 사유로 과세표준 및 세액을 계산할 수 없었으나 그 후 해당 사유가 소멸한 경우가 발생하여 납부한 세액이 과다한 것을 알게 되었을 때에는 그 사유가 발생한 것을 안 날부터 2개월 이내에 납부한 세액의 경정을 세관장에게 청구할 수 있다.

세액을 경정하려는 때에는 다음 사항을 적은 경정통지서를 납세의무자에게 교부하여야 한다.

- 당해 물품의 수입신고번호와 품명 · 규격 및 수량
- 경정전의 당해 물품의 품목분류 · 과세표준 · 세율 및 세액

- 경정후의 당해 물품의 품목분류 · 과세표준 · 세율 및 세액
- 가산세액
- 경정사유
- 기타 참고사항

경정을 하는 경우 이미 납부한 세액에 부족이 있거나 납부할 세액에 부족이 있는 경우에는 그 부족세액에 대하여 납세고지를 하여야 한다. 세관장은 경정을 한 후 그 세액에 과부족이 있는 것을 발견한 때에는 그 경정한 세액을 다시 경정한다.

4) 경정

세관장은 납세의무자가 신고납부한 세액, 납세신고한 세액 또는 경정청구한 세액을 심사한 결과 과부족하다는 것을 알게 되었을 때에는 그 세액을 경정하여야 한다.

5) 경정청구 및 경정 절차

납세의무자는 신고 납부한 세액이 과다한 것을 안 때에는 최초로 납세신고 한 날[75]부터 2년 이내에 신고한 세액의 경정을 세관장에게 청구할 수 있다. 경정청구시 경정청구자는 경정청구내역을 기재한 수입·납세신고정정신청서를 관세청 통관시스템에 전송하고 그 증빙자료를 세관장에게 제출하여야 한다. 경정의 청구를 받은 세관장은 그 청구를 받은 날부터 2월 이내에 세액을 경정하거나 경정하여야 할 이유가 없다는 뜻을 그 청구한자에게 통지하여야 한다.

수입과장은 사전세액심사대상물품의 심사결과 납부세액 또는 납세 신고한 세액에 과부족이 있는 경우와 신고수리전에 신고 납부한 물품이 다음에 해당하는 경우에는 과세전 통지 없이 직권으로 그 세액을 경정할 수 있다.

- 품목분류, 세율적용, 과세가격의 가산요소 등의 결정 선례[76]를 근거로 정정하는 경우
- 물품의 세율, 과세가격의 변경적용에 대하여 납세의무자가 동의 및 확인을 한 경우

세관장은 경정하는 때에는 세액경정통지서와 증액된 세액(가산세 포함)에 대한 납부고지서를 납세의무자에게 교부하여야 한다.

75) 보정기간이 경과한 후에 한한다.
76) 유권해석 등을 포함

7. 수입물품의 과세가격 조정에 따른 경정

1) 경정청구

납세의무자는 「국제조세조정에 관한 법률」에 따라 관할 지방국세청장 또는 세무서장이 해당 수입물품의 거래가격을 조정하여 과세표준 및 세액을 결정·경정 처분함에 따라 그 거래가격과 이 법에 따라 신고납부·경정한 세액의 산정기준이 된 과세가격 간 차이가 발생한 경우에는 그 결정·경정 처분이 있음을 안 날(처분의 통지를 받은 경우에는 그 받은 날)부터 2개월 또는 최초로 납세신고를 한 날부터 2년 내에 대통령령으로 정하는 바에 따라 세관장에게 세액의 경정을 청구할 수 있다.

2) 경정청구 절차

경정청구를 하려는 자는 다음 사항을 적은 경정청구서를 세관장에게 제출하여야 한다.

- 해당 물품의 수입신고번호와 품명 · 규격 및 수량
- 경정 전의 해당 물품의 품목분류 · 과세표준 · 세율 및 세액
- 경정 후의 해당 물품의 품목분류 · 과세표준 · 세율 및 세액
- 수입물품 가격의 조정내역, 가격결정방법 및 계산근거 자료
- 경정사유
- 그 밖의 필요한 사항

경정청구서를 제출받은 세관장은 경정청구의 대상이 되는 납세신고의 사실과 경정청구에 대한 의견을 첨부하여 관세청장에게 보고하여야 한다. 이 경우 관세청장은 세관장을 달리하는 동일한 내용의 경정청구가 있으면 경정처분의 기준을 정하거나, 경정청구를 통합 심사할 세관장을 지정할 수 있다.

세관장은 경정청구를 받은 날부터 2개월 내에 세액을 경정하거나 경정하여야 할 이유가 없다는 뜻을 청구인에게 통지하여야 한다.

세관장의 통지에 이의가 있는 청구인은 그 통지를 받은 날(2개월 내에 통지를 받지 못한 경우에는 2개월이 경과한 날)부터 30일 내에 기획재정부장관에게 국세의 정상가격과 관세의 과세가격 간의 조정을 신청할 수 있다. 이 경우 「국제조세조정에 관한 법률」을 준용한다. 세관장은 세액을 경정하기 위하여 필요한 경우에는 관할 지방국세청장 또는 세무서장과 협의할 수 있다.

3) 세관장의 세액경정

경정청구를 받은 세관장은 해당 수입물품의 거래가격 조정방법과 계산근거 등이 관세가격 평가 규정(관세법 제30조부터 제35조까지)에 적합하다고 인정하는 다음 경우에는 세액을 경정할 수 있다.

- 지방국세청장 또는 세무서장의 결정 · 경정 처분에 따라 조정된 사항이 수입물품의 지급가격, 권리사용료 등 관세법 제30조제1항의 과세가격으로 인정되는 경우
- 지방국세청장 또는 세무서장이 「국제조세조정에 관한 법률」에 따른 정상가격의 산출방법에 따라 조정하는 경우로서 그 비교대상거래, 통상이윤의 적용 등 조정방법과 계산근거가 관세가격 평가(관세법 제31조부터 제35조) 규정에 적합하다고 인정되는 경우

6 부과고지

1. 부과고지 대상물품 및 심사

세관장이 부과 고지하는 물품과 부과고지 대상물품의 심사에 관한 사항은 납세심사사무처리에관한고시에서 정하는 바에 의한다. 세관장은 부과고지 대상물품에 대하여 관세 및 내국세 등 납부하여야 할 세액을 확정하여 고지하여야 한다.

2. 부과고지 대상물품의 확인

세관장은 수입물품이 부과고지대상에 해당하는지 여부를 확인하여야 하며 부과고지 대상물품에 해당되지 아니할 때에는 신고납부를 하도록 조치하여야 한다.

3. 납부고지

세관장은 부과고지 대상물품에 대하여 관세등을 징수하고자 할 때에는 해당 물품의 세액을 확정하여 납부고지서를 납세의무자에게 교부하여야 한다. 고지를 받은 자는 그 고지를 받은 날로부터 15일 이내에 해당 세액을 국고수납기관 또는 우체국에 납부하여야 한다.

7 무신고 수입에 대한 처벌

신고를 하지 아니하고 물품을 수입한 자와 신고를 하였으나 해당 수입물품과 다른 물품으로 신고하여 수입한 자는 5년 이하의 징역 또는 관세액의 10배와 물품원가중 높은 금액 이하에 상당하는 벌금에 처한다.[77]

판례 관세법 제269조 제2항 제1호 소정의 무신고수입죄는 수입물품에 대한 정당한 관세의 확보를 그 보호법익으로 하는 것이므로, 물품을 신고하지 아니하고 수입하는 경우에는 그 수입시마다 해당 수입물품에 대한 정당한 관세의 확보라는 법익이 침해되어 별도로 구성요건이 충족되는 것이어서 각각의 수입시마다 1개의 죄가 성립하는 것이고(대법원 2000. 5. 26. 선고 2000도1338 판결, 2000. 11. 10. 선고 99도782 판결, 2001. 1. 30. 선고 2000도2903 판결 등 참조), 수개의 무신고수입행위를 경합범으로 기소하는 경우에는 각 행위마다 그 일시와 장소 및 방법을 명시하여 사실을 특정할 수 있도록 공소사실을 기재하여야 한다(대법원 2007.1.11. 선고 2004도3870 판결[공2007.2.15.(268),313]).

77) 화주가 물품을 수입하면서 수입신고를 하지 않고 여러 사람들을 고용하여 그들로 하여금 각자의 휴대품인 양 가장하여 세관 검색대를 통관하게 하는 방법으로 수입하는 것은 관세법 제269조 제2항 제1호 소정의 무신고수입죄에 해당된다고 보아야 한다(대법원 2007.1.11. 선고 2004도3870 판결[공2007.2.15.(268),313]).

제6절 간이수입통관

간이통관절차는 개인용품, 무역통계에 계상되지 아니하는 물품 또는 관세환급 대상이 아닌 물품으로서 정식통관절차를 필요로 하지 않는 물품의 수출입통관에 적용하는 간이한 절차를 말한다. 무역업자가 아닌 일반인이 개인용으로 사용하기 위하여 구입하여 휴대품등으로 반입하거나 외국의 친지 등으로 부터 송부 받는 물품은 정식수입신고절차와 달리 간이한 통관절차와 간이 세율을 적용받는다.

1 간이신고

1. 신고생략 또는 간이신고

다음 각 호의 어느 하나에 해당하는 물품은 신고를 생략하게 하거나 관세청장이 정하는 간소한 방법으로 신고하게 할 수 있다(법 제241조 제2항).

〈표 4-11〉 간이통관절차를 적용받는 물품

신고생략	여행자휴대품 또는 별송품	- 여행자가 개인용품이나 선물을 휴대하여 반입하는 경우 - 여행자 개인용품을 화물로 탁송하여 반입하는 경우
	우편물	- 외국의 친지나 친구로부터 우편을 통해 송부된 선물 - 국내거주자가 대금을 송부하고 자가 사용으로 구입하여 반입한 우편물(이 경우 일반수입에 제한사항이 있거나 600불을 초과하는 경우 정식수입신고절차에 따라야 함)
	탁송품 또는 특급탁송품	- 외국의 친지, 친구 및 관계회사에서 기증된 선물 또는 샘플이나 하자보수용 물품 등 - 국내거주자가 개인용으로 사용하기 위하여 인터넷 등 통신을 통하여 대금을 지불하고 구입하여 반입한 화물
	컨테이너	- 국제운송을 위한 컨테이너
간이신고	관세 면제 물품	- 법 제91조부터 제94조, 제96조 및 제97조제1항의 규정에 따라 관세가 면제되는 물품

2. 신고생략

신고를 생략하게 하는 물품은 다음과 같다.

- 여행자휴대품(법 제96조제1호)
- 승무원휴대품(법 제96조제3호)

- 우편물(법 제258조제2항에 해당하는 것을 제외)
- 국제운송을 위한 컨테이너[78]
- 그 밖의 서류 · 소액면세물품 등 신속한 통관을 위하여 필요하다고 인정하여 관세청장이 정하는 탁송품 또는 별송품
  - 외교행낭으로 반입되는 면세대상물품
  - 우리나라에 내방하는 외국의 원수와 그 가족 및 수행원에 속하는 면세대상물품
  - 유해 및 유골
  - 신문, 뉴스를 취재한 필름 · 녹음테이프로서 문화관광부에 등록된 언론기관의 보도용품
  - 재외공관 등에서 외무부로 발송되는 자료
  - 기록문서와 서류
  - 외국에 주둔하는 국군으로부터 반환되는 공용품[79]

위의 물품은 B/L[80]만 제시하면 물품보관장소에서 즉시 인도한다. 이때 B/L B/L 원본을 확인하고 물품인수에 관한 권한 있는 자의 신분을 확인하여 인수증을 제출받은 후 인계하여야 한다. 물품에 대한 검사는 무작위선별방식에 따라 선별된 물품만을 검사한다. 유해(유골)의 인도시에는 유족의 신분 등을 파악하여 안보위해물품이 위장 반입되지 아니하도록 주의하여야 한다.

그러나 수출입에 있어서 법령이 정하는 바에 따라 허가·승인·표시 그 밖의 조건의 구비를 요하는 물품(법 제226조)은 신고를 생략할 수 없다. 판례는 상용물품을 간이 통관한 경우 무신고 수입에 해당하므로 해당 물품을 취득한 경우 밀수품취득죄를 구성한다고 판시하고 있다.

판례 【상용물품의 간이신고】

상용물품을 반입하는 경우에는 여행자휴대품신고서를 제출하는 방법의 간이수입신고를 통하여 면세 통관할 수 없다 할 것이어서, 설령 상용물품이 여행자휴대품신고서를 제출하는 방법의 간이수입신고를 통하여 면세 통관되었다고 하더라도 이는 적법하게 통관된 것으로 볼 수 없어 그 수입행위는 관세법 제269조 제2항 제1호 소정의 무신고수입죄를 구성한다 할 것이고(대법원 2002. 8. 27. 선고 2001도2820 판결, 2002. 12. 6. 선고 2000도3581 판결 참조), 그러한 사정을 알면서 그 물품을 취득하는 행위는 관세법 제274조 제1항 제1호 소정의 밀수품취득죄를 구성한다 할 것이다. (대법원 2005. 3. 25. 선고 2004도8786 판결 [공2005.5.1.(225),710])

78) 법 별표 관세율표중 기본세율이 무세인 것에 한한다.
79) 군함·군용기(전세기를 포함한다)에 적재되어 우리나라에 도착된 경우에 한함.
80) 외국에 주둔하는 국군으로부터 반환되는 공용품의 경우에는 물품목록

3. 신고서에 의한 간이신고

특정 물품에 대하여는 첨부서류 없이 수입신고서에 신고사항을 기재하여 신고하면 된다. 이때, 반드시 관세사무소를 경유하여야 하는 것은 아니며 개인의 경우 세관 내에 설치된 관우회 단말기를 이용하여[81] 수입신고를 할 수 있다. 다음에 해당하는 물품은 첨부서류없이 신고서에 수입신고사항을 기재하여 신고(간이신고)한다.

- 국내거주자가 수취하는 해당 물품의 총 과세가격이 15만원 이하의 물품으로서 자가사용물품으로 인정되는 면세대상물품
- 해당 물품의 총 과세가격이 미화 250달러 이하의 면세되는 상용견품
- 설계도중 수입승인이 면제되는 것
- 외국환거래법의 규정에 따라 금융기관이 외환업무를 영위하기 위하여 수입하는 지급수단

품명과 규격이 각기 다른 소액물품으로서 물품의 관세 등이 면제되거나 합의세율을 적용하는 경우에는 주요물품명 ○○ 등이라고 표기할 수 있다.

4. 소액물품의 자가 사용 인정기준 및 합산과세 기준 등

1) 소액물품의 자가 사용 인정기준

소액물품의 자가 사용 인정기준은 "수입통관사무처리에 관한 고시 별표 17"에서 정하는 바에 의한다.

2) 합산과세 기준

관세면제 제외기준은 다음에 해당하여 합산한 결과 소액물품의 자가 사용 인정기준을 초과하는 경우로 한다.

- 과세대상물품을 면세범위내로 분할하여 수입하는 경우
- 동일날짜에 동일 해외공급자로부터 2건 이상의 물품을 수입하는 경우
- 동일날짜에 2이상의 해외공급자로부터 동일물품을 수입하는 경우

3) 합산과세시 수입신고서 등의 처리

세관장이 합산과세 할 때에는 합산금액에 따라 다음과 같이 처리한다.

- 특송물품으로 반입된 경우 미화 100달러 초과의 물품은 목록통관을 배제하고 일

81) 일정액의 실비는 납부

반 수입신고
- 우편물로 반입된 경우
  - 미화 600불 이하의 물품은 우편물목록에 의거 과세처리
  - 미화 600불 초과의 물품은 일반 수입신고

특송물품으로 반입된 경우 미화 100달러 초과의 물품은 목록통관을 배제하고 일반 수입신고 하는 물품은 수입신고서 "세관기재란"에 합산과세의 근거가 되는 B/L번호와 "합산과세"임을 표기하고, 합산과세 대상이 된 B/L을 수입신고서에 첨부하여야 한다. 우편물로 반입된 경우 미화 600달러 이하의 물품은 통관안내서에 합산과세 대상임을 기재하여 수취인에게 통지하고 우편물목록에 대상 우편물번호를 기재한 후 "합산과세"임을 표기하여야 하며, 미화 600달러 초과의 물품은 특송물품 처리 규정에 준하여 처리한다. 세관장은 전산자료 등을 사후 분석하여 상용물품으로 인정되거나 과세대상물품을 분할하여 부당하게 면세 통관한 것으로 확인된 경우에는 관세 등을 추징하거나 조사의뢰하여야 한다.

6. 면세신청서 제출생략

수입신고가 생략되거나 간이한 신고절차가 적용되는 물품으로서 다음에 해당하는 경우로서 면세부호를 기재한 신고서 및 물품의 확인만으로 면세대상물품임이 확인되는 경우에는 면세신청서를 제출하지 아니하여도 관세를 감면할 수 있다.

- 외교관 면세대상물품
- 국제평화봉사활동 등 용품
- 신체장애자용품
- 정부용품 등 면세대상물품
- 소액물품 등의 면세
- 여행자휴대품 · 이사물품 등의 면세
- 재수입면세대상물품

면세해당 사실 확인을 위하여 필요한 경우에는 관계증빙서류의 제출을 요구할 수 있다.

판례 【보따리상의 간이통관 물품의 적법통관 여부】

상용물품을 반입하는 경우에는 여행자휴대품신고서를 제출하는 방법의 간이수입신고를 통하여 면세 통관할 수 없다 할 것이어서, 설령 상용물품이 여행자휴대품신고서를 제출하는 방법의 간이수입신고를 통하여 면세 통관되었다고 하더라도 이는 적법하게 통관된 것으로 볼 수 없어 그 수입행위는 관세법 제269조 제2항 제1호 소정의 무신고수입죄를 구성한다 할 것이고(대법원 2002. 8. 27. 선고 2001도2820 판결, 2002. 12. 6. 선고 2000도3581 판결 참조), 그러한 사정을 알면서 그 물품을 취득하는 행위는 관세법 제274조 제1항 제1호 소정의 밀수품취득죄를 구성한다 할 것이다. (대법원 2005. 3. 25. 선고 2004도8786 판결[공2005.5.1.(225),710])

2 휴대품[82)]

1. 정의

"휴대품"이라 함은 일시적으로 출입국하는 여행자가 출입국시에 휴대하여 반출입하는 물품과 특수한 사정으로 사전 또는 사후에 도착된 물품(미검수하물)을 말한다. "별송품"이라 함은 여행자가 이용한 항공기 및 선박 등 이외의 운송수단을 이용하여 별도로 반입하는 물품을 말한다. "우범여행자"란 출입국하는 자중 밀수, 마약 등 범죄와 연관되었거나 그러한 우려가 있는 자 또는 세관통관절차를 적정히 이행하지 않아 법규준수도가 낮은 자 등을 말한다.

2. 여행자휴대품의 인정범위

휴대품 중 대외무역법 시행령 제27조제1호, 대외무역관리규정 제3-3-1조 별표3-2 제1호 가목의 기준에 따라 여행자의 여행(입국)목적, 여행(체류)기간, 직업, 연령과 반입물품의 성질, 수량, 가격, 용도, 반입사유 등을 고려하여 여행자가 통상적으로 휴대하는 것이 타당하다고 세관장이 인정하는 물품만을 여행자휴대품이라 하며, 간이 통관절차를 적용한다. 다만, 우범여행자가 아닌 한 반입수량이 과다하다는 것만을 이유로 간이한 통관절차의 적용을 배제하지 아니한다.

1) 휴대품의 범위

"여행자가 통상적으로 휴대하는 것이 타당하다고 세관장이 인정하는 물품"이라 함은 다음에 해당하는 물품을 말한다.

- 여행자 개인용의 자가 사용물품
- 선물용으로 타당하다고 인정되는 수량 또는 가격의 물품

82) 여행자및승무원휴대품통관에관한고시, 관세청고시 제 2007-48 호(2007. 12. 21 개정.)

- 여행자가 현재 사용 중이거나 명확하게 여행 중에 사용한 것으로 인정되는 의류, 화장품 등의 신변용품 및 신변장식용품
- 비거주자인 여행자 본인의 직업상 필요하다고 세관장이 인정하는 직업용구
- 그 밖의 여행자의 신분, 직업, 연령 등을 고려하여 관세청장이 지정한 기준에 적합한 물품

2) 간이 통관절차 준용 물품

여행자가 회사용으로 휴대 반입하는 미화 1만 불 이하의 수리용 물품·견본품 및 원·부자재 등은 신속·편리한 통관을 위하여 여행자휴대품의 간이한 현장통관절차를 준용한다.

3. 신고서 작성 및 제출

모든 입국자와 승무원은 관세법 제241조 제2항 제1호의 규정에 따라 인적사항과 신고대상물품의 소지유무 및 구입가격, 가축농장 방문사실 유무를 신고서에 적고 여행자 서명란에 반드시 서명한 후 세관장에게 제출하여야 한다. 동반가족이 있는 경우, 세관장이 인정한 수학여행 단체학생의 경우, 크루즈선을 이용하여 일시 입국하는 여행자, 그 밖의 세관장이 타당하다고 인정하는 경우에는 대표자 1인이 일괄신고 할 수 있다. 입국하는 여행자가 별송품 또는 미검수하물이 있는 경우에는 신고서 2매를 작성하여 1매는 입국지 세관장에게 제출하고 1매는 입국지세관장의 확인을 받아 별송품 또는 미검수하물 통관시 통관지세관장에게 제출하여야 한다.

4. 신고대상 물품

다음에 해당하는 물품을 소지한 여행자는 자진하여 세관에 신고하여야 한다.

- 해외에서 취득한 물품[83]으로서 전체 구입가격 합계액이 US$400을 초과하는 물품
- 1인당 면세기준을 초과하는 주류, 담배, 향수. 다만, 만 19세 미만인 자[84]가 반입하는 주류 및 담배는 모두 신고하여야 한다.
- 판매를 목적으로 반입하는 상용물품과 긴급수리용품 · 견본품 등 회사용품
- 총포 · 도검 · 화약류 · 분사기 · 전자충격기 · 석궁(모의 또는 장식용 포함) 및 유독성 또는 방사성물질류
- 앵속 · 아편 · 코카잎 등 마약류, 향정신성 의약품류, 대마류 및 이들의 제품, 오 · 남

83) 선물 등 무상물품 및 국내면세점에서 구입 후 재반입물품 포함
84) 날짜 계산을 하지 않고, 출생년도를 기준으로 한다.

용 우려 의약품류
- 국헌 · 공안 · 풍속을 저해하는 서적 · 사진 · 비디오테이프 · 필름 · LD · CD · CD-ROM 등의 물품
- 정부의 기밀을 누설하거나 첩보에 공하는 물품
- 위조 · 변조 · 모조의 화폐 · 지폐 · 은행권 · 채권 그 밖의 유가증권
- 동물(고기 · 가죽 · 털 포함) · 식물 · 과일채소류 · 기타식품류 · 농림축수산물
- 멸종위기에 처한 야생동 · 식물종의 국제거래에 관한 협약(CITES)에서 보호하는 살아있는 야생 동식물 및 이들을 사용하여 만든 제품 · 가공품[85]
- 외국환거래규정 제6-2조제2항에서 정한 세관신고대상. 즉, 미화 1만달러 상당액을 초과하는 지급수단[86]
- 외국환거래규정 제6-3조제1항에서 정한 한국은행총재 또는 세관장허가대상. 즉, 내국통화(원화) · 원화표시여행자수표 · 원화표시자기앞수표를 제외한 내국지급수단(예 : 당좌수표, 우편환 등)과 귀금속 및 증권
- 일시 출국하는 여행자가 출국시 휴대반출신고하여 반출했다가 재반입하는 물품
- 일시 입국하는 여행자가 체류기간동안 사용하다가 출국시 재 반출할 신변용품, 신변장식용품 및 직업용품
- 우리나라에 반입할 의사가 없어 세관에 보관했다가 출국시 반출할 물품

모든 입국여행자 및 승무원이 위에 해당하는 물품을 신고하지 아니한 경우 관세법 제241조제5항 제1호에 의거 해당 물품에 대하여 납부할 세액[87]의 100분의30에 상당하는 금액을 가산세로 징수한다. 다만, 신고서를 작성하여 세관공무원에게 자진 신고한 여행자 및 승무원의 경우 신고사항 이외에 추가로 신고대상물품이 발견되더라도 고의적인 은닉혐의가 없는 한, 가산세 부과를 하지 아니할 수 있다.

5. 신고내역과 현품확인

휴대품검사담당 세관공무원은 여행자로부터 제출받은 휴대품신고서의 여행자인적사항, 반입물품신고내역, 구입가격 등과 실제반입한 물품의 양, 세관표지부착여부, 세관직원의 질문에 대한 답변 등을 고려하여 현품을 확인하고 신고서상의 세관확인란에 기재한 후 검사자란에 확인하여야 한다. 휴대품

85) 예시 : ㉠ 호랑이·표범·코끼리·타조·매·올빼미·코브라·거북·악어·철갑상어·산호·난·선인장·알로에 등과 이들의 박제·모피·상아·핸드백·지갑·악세사리 등 ㉡ 웅담·사향 등의 동물한약 등 ㉢ 목향·구척·천마 등과 이들을 사용하여 제조한 식물한약 또는 의약품 등
86) 대외지급수단과 내국통화, 원화표시여행자수표 및 원화표시자기앞수표
87) 관세 및 내국세를 포함한다.

검사담당 세관공무원은 세관신고서에 신고대상물품이 있다고 기재한 여행자 또는 승무원의 경우 신고내용이 허위일 개연성이 높거나 물품의 양이 과다하다고 인정되는 경우를 제외하고는 현품확인을 생략할 수 있다. 세관신고서에 신고대상물품이 없다고 기재한 여행자 또는 승무원을 검사대상자로 지정한 경우 휴대품검사담당 세관공무원은 검사결과 신고사항과 다른 사항을 발견할 경우에는 가산세 부과, 조사의뢰 등 필요한 조치를 하여야 한다.

6. 면세통관

1) 여행자 1인당 관세 면제금액

여행자휴대품의 전체과세가격에서 여행자1인당 US$400을 면제한다. 이 경우 농림축수산물 및 한약의 면세범위는 1인당면제금액에 포함한다. 두 개 이상의 휴대품금액합계가 US$400을 초과하는 경우에 1인당면제금액은 고세율품목부터 적용한다. 1인당 면세기준을 초과하는 주류·담배·향수와 판매를 목적으로 반입하는 상용물품과 긴급수리용품·견본품 등 회사용품은 1인당 면제금액을 적용하지 아니한다. COB 화물 통관 사무처리에 관한 고시에 의한 쿠리어는 1인당 면제금액을 US$100 이하로 한다.

2) 면세범위

입국여행자가 반입하는 휴대품 중 다음의 어느 하나에 해당하는 물품은 1인당 면제금액과 관계없이 면세 통관한다.

- 여행자가 현재 사용 중이거나 명확하게 여행 중에 사용한 것으로 인정되는 의류, 화장품 등의 신변용품 및 신변장식용품으로서 1인당 면제 금액 이내의 물품
- 다음의 물품. 다만, 만 19세 미만인 자가 반입하는 주류 및 담배는 제외하며, 단위당 용량 또는 금액이 면세기준을 초과하는 경우에는 전체금액에 대하여 과세한다.[88]
  - 주류 : 1ℓ 이하로서 US$400이하의 것 1병[89]
  - 담배 : 지방세법시행령 제176조 에서 정한 면세범위(한 종류에 한함)

담배종류	수량
궐련	200개비
엽궐련	0개비
기타 담배	250그램

88) 예 : 주류 2L용량의 1병 휴대반입시에는 1L를 공제하지 않고 전체 구입가격에 대하여 과세하고, 주류 1L이하라도 US$400을 초과하는 경우에도 전체에 대하여 과세한다.
89) 우범여행자 및 쿠리어는 1L이하로서 US$60 이하의 것 1병

• 향수 : 60㎖

- 세관장이 반출 확인한 물품으로서 본인이 재반입하는 물품
- 일시 입국하는 자가 본인이 사용하고 재수출할 목적으로 직접 휴대하여 수입하거나 별도 수입하는 신변용품, 신변장식용품 및 직업용품으로서 세관장이 재반출조건부로 일시반입을 허용하는 경우
- 정부, 지방자치단체, 국제기구 간에 기증되었거나 기증될 통상적인선물용품으로 세관장이 타당하다고 인정하는 물품
- 비거주자(우범여행자 제외)가 현재 사용 중인 물품으로서 직접 휴대하여 수입하는 스틸 및 활동사진 카메라, 슬라이드 또는 필름 프로젝터와 그 부속품, 망원경, 휴대용 테이프녹음기 및 CD재생기, 휴대용 라디오수신기, 휴대폰, 휴대용 TV세트, 휴대용 타자기, 휴대용 개인용 컴퓨터와 그 부분품, 휴대용 전자계산기, 유모차, 장애자용 휠체어

3) 농림축수산물 및 한약재 등의 면세통관범위

농림축수산물 및 한약재 등의 면세 통관범위는 다음 기준에 따르되 총량 50kg 이내, 전체 해외취득 가격 10만원 이내로 한다. 단, 면세 통관범위 내라 하더라도 식물방역법 및 가축전염병예방법에 의한 검역대상물품은 검역에 합격된 경우에만 면세 통관한다. 단위당 용량 또는 중량이 면세기준을 초과하는 경우에는 면세통관범위를 인정치 아니한다. 예를 들면 6kg 들이 참기름 1병 휴대반입시에는 모두 과세한다.

〈표 4-13〉 농림축수산물의 면세통관범위

품목	면세통관범위	품목	면세통관범위
참기름	5㎏	잣	1㎏
참깨	5㎏	쇠고기	10㎏
꿀	5㎏	기타	품목당 5㎏
고사리 더덕	5㎏		

〈표 4-14〉 한약재의 면세통관범위

품목	면세통관범위
인삼(수삼, 백삼, 홍삼 등 포함), 상황버섯	300g
녹 용	150g
기타 한약재	품목당 3kg

4) 한약의 면세통관범위

한약의 면세통관범위는 다음의 기준에 따르되, 전체해외취득가격 10만

원이내로 한다.

- 한약의 면세통관범위(10품목 이내)
- 그 밖의 한약은 CITES 등 관련법령에서 반입을 제한하지 아니한 것으로 세관장이 타당하다고 인정하는 범위 내에서 면세통관을 허용한다.

7. 과세통관

1) 면세범위초과물품의 통관

여행자휴대품으로서 1인당 면제금액 또는 면세범위를 초과한 물품은 심사를 거친 후 과세통관 한다. 다만, 녹용의 과세통관범위는 면세통관분을 포함하여 500g까지로 한다. 여행자휴대품 중 모시와 삼베는 면세통관을 불허하고 각 3필(규격 : 50cm × 6m)까지 과세통관을 허용할 수 있다. 2인 이상의 동반가족이 US$400을 초과하는 물품 1개 또는 1Set를 휴대 반입할 경우 1인이 반입하는 것으로 간주하여 과세 통관한다.

2) 신고금액 인정

자진 신고한 여행자·승무원이 제시한 영수증 가격은 특별한 사유가 없는 한 구입가격으로 인정하며, 영수증이 없는 경우에도 신고한 가격이 세관장이 특별히 낮은 가격이 아니라고 판단한 경우에는 이를 인정한다.

3) 과세가격의 결정

여행자휴대품의 과세가격은 영수증에 의한 신고가격이나 세관장이 인정한 가격에 따라 결정한다. 다만, 과세가격을 정할 수 없는 경우에는 "수입물품과세가격결정에관한고시"에서 정하는 바에 따른다.

4) 세액의 계산

여행자휴대품의 세액은 신고한 금액을 US$로 환산한 금액에서 US$400을 공제한 후, 잔여금액을 원화로 환산하고 해당 물품의 세율을 적용하여 계산한다.

5) 단일간이세율 적용

여행자 또는 외국에 왕래하는 운송수단의 승무원이 휴대하여 수입하는 물품으로서 그 총액이 금액 미화 1,000불 이하인 물품에 대하여는 일반적으로 휴대하여 수입하는 물품의 관세·임시수입부가세 및 내국세의 세율을 고려하여 단일한 세율로 할 수 있다. 자진신고하거나 유치된 과세대상 물품의 합산총액이 미화 1,000불 이하인 경우 단일간이세율 20%를 적용하는 물품은 여행자가 통상적으로 휴대하는 것이 타당하다고 세관장이 인정하는 물품으로 한다.

과세대상으로 자진신고하거나 유치된 물품의 합산총액이 미화 1,000불을 초과할 경우에는 초과분에 해당하는 해당 물품의 전체가격에 대하여 물품별 간이세율을 적용하되, 여행자에게 유리한 품목부터 적용하며, 물품 1개 또는 1세트가 미화 1,000불을 초과할 경우에는 전체가격에 대하여 물품별 간이세율을 적용한다. 과세형평 및 과다반입 방지를 위해 필요한 다음에 해당되는 물품에 대하여는 단일간이세율을 적용하지 아니한다.

- 녹용
- 방향용화장품
- 관세법시행령 제96조제2항에서 규정한 간이세율적용 배제물품

8. 유치 및 예치

유치란 여행자 및 승무원 휴대품의 수출입통관을 일시 보류하고 세관에서 관리하는 장소에 그 물품을 보관하는 것을 말하며, 예치란 여행자 및 승무원 휴대품을 수입 통관할 의사가 없이 그의 휴대품을 입국지 세관에 일시 보관해 두는 것을 말한다.

1) 대상

여행자의 휴대품, 우리나라와 외국 간을 왕래하는 운송수단에 종사하는 승무원의 휴대품으로서 수출입 허가·승인·표시 그 밖의 조건이 구비되지 아니한 것은 세관장이 이를 유치할 수 있다.

2) 유치 · 예치증 교부

물품을 유치 또는 예치한 때에는 해당 물품의 포장의 종류·개수·품명·규격 및 수량, 유치사유 또는 예치사유, 보관 장소를 기재한 유치증 또는 예치증을 교부하여야 한다.

3) 해제

유치한 물품은 그 사유가 해소되었거나 반송하는 경우에만 그 유치를 해제한다. 유치한 물품으로서 수입할 의사가 없는 물품은 세관장에게 신고하

여 일시 예치시킬 수 있다. 유치를 해제하거나 예치물품을 반환받으려는 자는 교부받은 유치증 또는 예치증을 세관장에게 제출하여야 한다.

4) 유치 및 예치물품의 보관

유치 또는 예치한 물품은 세관장이 관리하는 장소에 보관한다. 다만, 세관장이 필요하다고 인정하는 때에는 그러하지 아니하다. 세관장은 유치 또는 예치된 물품의 원활한 통관을 위하여 필요하다고 인정되는 때에는 관세청장이 정하는 바에 따라 해당 물품을 유치 또는 예치될 때에 유치 또는 예치기간 내에 수출·수입 또는 반송하지 아니하면 매각한다는 뜻을 통고할 수 있다.

3 우편물

현대는 전 세계가 하나의 생활공동체로 되어 있어 가족 또는 친지가 외국에 거주하는 경우도 있고, 무역거래상 알게 된 바이어나 거래회사도 온 세계에 산 있을 수 있다. 또한, 인터넷 등 통신의 발달에 따라 국내에 거주하는 내국인이 미국이나 일본 등 해외에 물품을 주문하여 우편물로 반입하는 경우도 있다. 해외의 친지 등이 우리나라의 거주자에게 기증하는 물품은 우편물을 받는 사람이 미리 세금을 준비하지 않은 경우가 많고, 우편제도가 서로간의 통신을 원활히 하기 위한 것이므로 일정금액[90] 이하의 물품은 관세를 면세해 주는 제도를 두고 있다.

그러나 일부에서는 이러한 우편물품의 면세통관제도를 악용하여 통관이 불가능한 물품(음란물 등)이나 선물이 아닌 물품 또는 시중에 판매할 목적으로 고가의 물품을 우편으로 반입하는 사례가 있기 때문에 세관에서는 통관우체국을 지정하여 국제우편물을 집중통관하고 있으며, X-RAY 투시기 등을 이용한 검사 또는 현품검사를 실시하여 면세대상물품, 정식신고대상우편물 및 통관이 제한되는 물품 등으로 구분·처리하고 있다. 이때, 세관직원이 현장 면세한 우편물은 수취인주소지의 배달우체국으로 이관되어 수취인이 자택에서 배달받게 되며, 과세대상 우편물은 수취인이 세금을 내야 통관이 가능하며 일부물품은 수입제한요건을 충족(검역증 등)해야 통관이 가능하다.

외국에서 반입되는 우편물에 대한 서류제출요구 등은 수취인에게 시간적인 낭비를 초래할 수 있으므로, 세관에서는 우편물품의 통관에 따른 불편을 가급

90) 과세가격 15만원 – 물품가격, 운송비 포함

적 줄일 수 있도록 FAX에 의한 서류제출, 필요한 사항을 전화로 확인하여 통관하는 제도 등을 채택하고 있으며 제도의 악용을 방지하고 과세의 형평을 유지하기 위하여 꼭 필요한 최소한의 통관절차를 적용하고 있다.

관세청에서는 우편물의 통관 절차를 원활하게 하기 위하여 「국제우편물 수입통관 사무처리에 관한 고시[91]」를 제정하여 운영하고 있다.

1. 우편물 통관

1) 특징

우편물은 소액·소량의 물품으로서 무상으로 기증되거나 상품의 견품 등이 대부분이고, 수입우편물의 경우는 대부분 관세가 면제되며 수취인의 편의를 위하여 대부분 간이한 절차에 따라 통관되고 있다. 우편물 통관 편의 규정은 다음과 같다.

- 보세구역장치 필요 없음
- 우편물로서 수입승인 면제물품은 수입신고 없이 우편물목록에 의해 통관[92]
- 간이세율 적용대상
- 체신관서가 수취인에게 교부한 우편물은 신고수리 절차를 거치지 않아도 수입된 것으로 봄
- 체신관서가 외국으로 발송한 우편물은 적법하게 수출 또는 반송의 수리가 된 것으로 봄

2) 우편물의 종류

(1) 통상우편물

보통 2Kg 이내의 물품[93]으로 배달증명을 요하지 않는 편지, 우편엽서(LC), 서적, 카탈로그, 신문(AO) 등의 물품

(2) 특급(EMS)우편물

30Kg이내의 물품[94]으로 당일 또는 익일 오전중 긴급배달을 요하는 샘플, 카탈로그, 서류 및 수출용원재료 등

91) 관세청고시 제 2007-30 호(2007. 9. 4 개정)
92) 간이통관
93) 다만, 서적, 소책자 등은 5Kg 이내
94) 통상특급, 소포특급 우편물의 2종류

(3) 소포우편물 검사

30Kg 이내의 물품[95]으로 선박 또는 항공편을 통해 운송되는 우편물이며 화장품, 전자 제품 등의 선물과 각종 샘플이 주종

3) 통관우체국 경유

수출·수입 또는 반송하려는 우편물(서신 제외)은 통관우체국을 경유하여야 한다(법 제256조 제1항).

4) 통관우체국 지정

통관우체국은 체신관서 중에서 관세청장이 지정한다(법 제256조 제1항). 통관우체국이란 국제우편물[96]이 집중되어 세관의 통관절차를 이행하는 우체국을 말하며, 국제우편물류센터와 부산국제우체국에서 항공편과 선편으로 반입되는 우편물을 각각 전담하고 있다.

우체국	주소	전화번호
국제우편물류센터	인천광역시 중구 운서동 화물터미널 A지역	(032)720-7400-6
부산국제우체국	경남 양산시 동면 석산리 1422-1	(055)367-7013-5 (055)371-0192

5) 국제우편물 검사 및 심사

통관우체국의 장이 우편물을 접수한 때에는 세관장에게 우편물목록을 제출하고 해당 우편물에 대한 검사를 받아야 한다. 다만, 관세청장이 정하는 우편물에 대하여는 이를 생략할 수 있다.

(1) 우편물목록 제출

통관우체국장은 서신을 제외한 우편물을 접수한 때에는 "우편물목록"을 전자문서로 작성하여 세관장에게 제출하여야 한다. 다만, 부득이한 경우 현장면세 처리된 우편물에 대한 "우편물목록"은 해당 우편물을 배송완료한 후에 제출할 수 있다.

(2) 우편물 검사

통관우체국장은 검사를 받는 때에는 소속공무원을 참여시켜야 한다. 통관우체국은 세관공무원이 해당 우편물의 포장을 풀고 검사할 필요가

95) 보통 20kg 이내
96) 편지를 제외한 통상, 특급, 소포우편물 등

있다고 인정되는 때에는 그 우편물의 포장을 풀었다가 다시 포장하여야 한다. 세관검사는 X-ray투시기를 통해 검사를 실시하여야 한다. 다만, 수출우편물에 대하여 마약, 총기류 및 지적재산권 침해물품 등의 밀반출 방지를 위하여 필요하다고 판단되는 경우 세관직원은 통관우체국 또는 통관우체국의 위탁을 받은 업체의 X-Ray 판독직원과 함께 검색을 실시할 수 있다. X-ray투시기 검사는 판독능력을 갖춘 2명이 복수 판독하여야 한다.

X-Ray검사만으로 세관검사가 곤란한 물품이나 사회 안전 저해물품 및 지적재산권 침해물품 등으로 의심되는 우편물에 대해서는 검사대상으로 선별하여 현품검사를 실시할 수 있다. 세관장은 서신에 대하여도 필요시 X-ray검사를 실시할 수 있으며, 그 결과 현품확인이 필요하다고 인정되는 경우에는 현품검사를 실시할 수 있다.

(3) 우편물 심사

세관장은 검사한 우편물에 대하여 통관허용 여부와 과세·면세여부를 심사하여야 한다. 심사는 X-ray검사 및 현품검사와 통관우체국장이 제출한 우편물 목록 및 우편물신고서에 기재된 내용을 참조하여 할 수 있다. 세관장은 심사 시 우편물신고서 및 우편물포장이나 내용물을 확인하여 과세대상 물품이 면세처리 되거나, 수입금지 또는 세관장의 확인이 필요한 물품 및 「지적재산권 보호를 위한 수출입통관 사무처리에 관한 고시」 제1-3조제13호 규정에 따른 지적재산권 침해물품이 불법 통관되지 않도록 하여야 한다.

5) 국제우편물 통관처리

(1) 현장면세

세관장은 X-ray검사 결과 우범성이 없다고 인정하는 다음의 물품에 대하여는 현품검사를 하지 아니하고 현장에서 면세처리 한다.

- 우편물신고서상 품명 · 가격 등이 명확하게 기재된 것으로 다음의 어느 하나에 해당하는 물품
    - 관세가 면제되는 물품(「법 시행규칙」 제45조제1항)
    - 소액면세[97] 물품(「법 시행규칙」 제45조제2항 제1호)
- 상업서신, 카탈로그, 서적 등 관세 등 제세가 부과되지 아니하는 물품

- 「수입통관 사무처리에 관한 고시」 제3-1-2조의 규정에서 정하는 합산과세기준에 해당되지 아니하는 물품
- 그 밖의 X-ray검사 내용과 우편물신고서상의 품명 · 중량 · 가격 등을 비교하여 면세통관이 명백하게 인정되는 물품

세관장은 X-ray검사 및 우편물신고서만으로 세관심사가 곤란한 물품에 대하여는 현품검사 후 그 결과에 따라 처리하되, 현장면세 처리 대상물품은 검사자인을 날인하여 현장에서 면세처리 한다.

(2) 현장과세

세관장은 검사결과 다음의 요건을 모두 갖춘 물품에 대하여는 우편물신고서 또는 송품장 등을 기초로 국제우편물통관시스템에 세액을 입력하여 통관우체국장에게 전산으로 통보하고, 우체국장이 해당 세액을 수납한 후 우편물을 교부하게 하며, 수납한 관세등은 세관장 세입금 계좌로 납입하도록 조치하여야 한다.

- 간이통관대상으로 인정되는 물품으로서 수입금지 또는 세관장확인대상 물품으로 지정되지 아니한 물품
- 수취인의 주소, 성명이 명확한 물품(예 : 사서함이 아닌 것)
- 세액산출에 곤란이 없는 물품가격 미화 600불 이하인 물품

현장과세 물품에 대하여는 수취인에게 유선으로 통보하거나 "국제우편물 현장과세 안내서"를 작성하여 우체국에서 수취인에게 통지되도록 한다. 현장 과세한 물품에 대하여 수취인이 간이세율의 적용을 받지 아니할 것을 요청하는 때에는 과세처분을 취소하고 기본세율 등에 의한 세액을 재산정하여 과세한다. 우체국장은 과세처분을 취소한 물품에 대하여는 수취인에게 우편물을 교부할 수 없으며, 통관우체국으로 우편물이 반입되도록 조치하여야 한다.

(3) 재감정 회부

세관장은 현장면세 및 현장 과세에서 제외된 물품에 대하여는 재감정 회부하며 수취인이 보완할 자료[98]와 제출방법, 수입신고대상 여부, 통관불허 물품인 경우 그 사유 등을 통관시스템에 입력하여 우체국장에게

97) 총 과세가격 15만원 상당액 이하
98) 세액결정을 위한 가격자료, 수입허가서나 추천서 등 통관시 구비서류

전산으로 통보한다. 통보를 받은 우체국장은 세관장이 전산으로 작성·통보한 세관장 명의의 "국제우편물 통관안내서"를 출력하여 수취인에게 통지한다. 통관우체국장은 우편물에 대한 검사결과 재감으로 분류된 물품에 대하여는 즉시 "재감우편물 목록"을 작성하여 전자문서로 세관장에게 제출하여야 한다.

(4) 재감물품의 통관

통관안내서를 통지받은 수취인은 관세법 제241조의 규정에 따른 신고를 하여야 한다. 세관장은 재감물품 중 간이통관 대상 물품은 "국제우편물 간이통관 신청서"에 의거 신청을 받아 처리하고, 수입신고 대상 물품은 관세법 제258조제2항의 규정에 따라 전자문서에 의한 수입신고를 받아 처리한다.

간이통관대상 물품으로서 송품장 등 가격자료가 있는 물품에 대하여는 수취인이 간이통관을 신청하기 전이라도 미리 처리할 수 있다. 수취인이 간이통관신청을 위해 통관우체국을 방문하기 어려운 경우에는 세관장이 정하는 바에 따라 우편, Fax, E-mail, 인터넷 등으로 통관에 필요한 자료를 세관장에게 제출할 수 있다. 재감물품 통관절차는 통관시스템상 전자문서에 의해 처리하는 것을 원칙으로 하고, 전산장애 등 부득이한 경우에는 수작업 처리 후 그 처리결과를 입력하여야 한다. 간이통관으로 처리하는 관세감면 물품의 경우에는 통관시스템에 그 적용조항 또는 근거를 입력한다.

(5) 관리대상물품 관리

X-ray검사 또는 현품검사 결과 사회 안전, 국민보건 등과 관련하여 통관관리가 필요한 물품은 외포장에 적색 스티커로 "관리대상물품" 표시를 하고, 별도 대장에 기재하여 물품처리가 종결될 때까지 관리하여야 한다. 세관장은 관리대상물품에 대하여 통관우체국장에게 일정기간 보관할 것을 요청할 수 있다.

2. 우편물의 수입통관

1) 간이수입신고

일반 수입신고 대상 이외의 물품은 간이수입신고대상으로서 수취인이

세관에 수입신고를 하지 않더라도 우편물에 부착된 세관신고서의 물품 명세에 따라 과세 및 면세여부를 결정한다. 면세 및 과세대상은 물품의 가격, 수량, 반입사유 등을 고려하여 결정하며, 면세 또는 세금이 결정된 우편물은 우체국에서 수취인의 주소지까지 배달하고, 수취인은 세금을 납부한 후 우편물을 수령할 수 있다. 세금은 물품의 가격에 우편요금과 보험료를 합산한 금액에 품목별 간이세율을 적용하여 산출하며, 과세가격의 결정에 있어 물품가격이 적정하지 않다고 판단되는 경우에는 수취인으로부터 가격자료를 제출받거나 세관장이 조사한 가격을 기준으로 세금을 결정하게 된다. 부과된 세금이 부당하다고 생각하는 경우에는 해당 물품 통관세관에 이의신청하시면 적법한 절차에 따라 확인 및 정정할 수 있다.

2) 일반 수입신고

(1) 신고대상

우편물이 「대외무역법」에 따른 수출입의 승인을 얻은 것이거나 다음의 기준에 해당하는 것인 때에는 해당 우편물의 수취인 또는 발송인은 관세사나 공용단말기를 통하여 EDI형 수입신고를 하여야 하며, 수입제한품목인 경우 품목별 관련법령에서 정하는 추천. 허가. 승인 등의 증명서류를 첨부하여야 한다.

- 법령에 따라 수출입이 제한되거나 금지되는 물품
- 법 제226조의 규정에 따라 세관장의 확인이 필요한 물품
- 가공무역을 위하여 우리나라와 외국 간에 무상으로 수출입하는 물품 및 그 물품의 원 · 부자재
- 판매를 목적으로 반입하는 물품
- 대가를 지급하였거나 지급하여야 할 물품 중 물품가격 미화 600불을 초과하는 물품
- 판매 목적이 아닌 물품이거나 대가를 지급하지 않는 물품으로서 과세가격 5백만 원 상당액을 초과하는 물품
- 수취인이 일반 수입신고를 신청하는 물품

(2) 신고시기 및 세관

우편물의 수입신고는 도착전 신고, 도착후 신고 중에서 필요에 따라 신고방법을 선택하여 수입신고할 수 있다. 도착전 신고는 인천공항국제

우편 세관장, 선편우편물의 경우 부산국제우편세관장에게 하여야 한다.

(3) 도착전신고의 요건

도착전 신고는 우편물 외포장에 바코드가 부착되어 통관우체국에서 바코드 스캔으로 우편물번호를 인식할 수 있는 우편물에 한하여 할 수 있다. 도착전 신고는 신고대상물품이 신고세관 관할 통관우체국에 도착하기 5일전부터 할 수 있다. 그러나 다음의 물품은 도착 후 신고를 하여야 한다.

- 법령의 개정에 따라 새로운 수입요건의 구비가 요구되거나 해당 물품이 우리나라에 도착하는 날부터 높은 세율이 적용되도록 입법 예고된 물품
- 농 · 수 · 축산물 또는 그 가공품으로서 수입신고하는 때와 입항하는 때의 물품의 관세율표 번호 10단위가 변경되는 물품
- 농 · 수 · 축산물 또는 그 가공품으로서 수입신고하는 때와 입항하는 때의 과세단위(수량 또는 중량)가 변경되는 물품

(4) 수입신고 및 신고서 처리

신고인은 우편물 수입신고시 신고구분[99], 신고대상물품의 우편물번호 및 신고수리후 배송방법[100]을 기재하여 신고하여야 한다. 세관장은 도착전 신고물품에 대하여 우편물번호를 통관우체국장에게 전산으로 통보하고, 통관우체국장은 도착전 신고물품에 대한 반입이 확인되면 동 물품을 세관장에게 인계하여 재감정 회부할 수 있도록 하여야 하며, 재감우편물목록을 작성하여 전산으로 세관장에게 제출하여야 한다. 세관장은 도착전 신고물품에 대하여 통관우체국장이제출한 재감우편물목록과 수입신고내역의 일치여부 등을 심사하여 수리하며, 검사대상으로 선별한 물품에 대하여는 검사를 종료한 후에 수리한다. 세관장은 신고수리를 한 경우 우편물번호 등 신고수리 내역을 통관우체국장에게 전산으로 통보하여 우체국장이 수취인에게 물품배달 등 필요한 조치를 할 수 있도록 한다. 세관장은 도착전 신고물품에 대하여 신고일로부터 7일[101]이 경과하였음에도 통관우체국장으로부터 재감우편물목록이 제출되지 않는 경우 반입여부 등 사유를 파악하여 신고각하 등 필요한 조치를 취하여야 한다.

99) 도착전 신고 또는 도착후 신고
100) 우체국배송 또는 수취인 방문인수
101) 공휴일 제외

(5) 수입신고대상 우편물 외포장 표시

수입신고대상 우편물 우편물을 수입하려는 수취인은 발송인에게 요청하여 우편물 외포장에 [수입신고대상물품]의 표지를 부착할 수 있다. 세관장은 통관우체국에 반입되는 우편물 중 표지가 부착된 물품을 확인하여 재감물품으로 분류하고 수취인에게 유선 등으로 우편물 도착사실을 통보하거나 통관안내서를 발송하여야 한다.

3) 우편물 교부 금지

통관우체국의 장은 세관장이 우편물에 대하여 수출·수입 또는 반송을 할 수 없다고 결정한 때에는 그 우편물을 발송하거나 수취인에게 교부할 수 없다(법 제258조 제1항). 다음 물품들은 관세법 제234조의 규정에 따라 수입이 금지되는 물품으로 허가 없이 수입 하는 경우에는 관련 법령에 따라 처벌받을 수 있다.

- 국헌을 문란하게 하거나 공안 또는 풍속을 해할 서적, 간행물, 도서, 영화, 음반, 비디오물, 조각물 그 밖의 이에 준하는 물품
- 정부의 비밀을 누설하거나 첩보에 공하는 물품
- 화폐, 지폐, 은행권, 채권 그 밖의 유가증권의 위조품, 변조품 또는 모조품

4) 세관장의 통관에 대한 결정통지

세관장은 수출·수입 또는 반송을 할 수 없다고 결정을 한 때에는 그 결정사항을, 관세를 징수하려는 때에는 그 세액을 통관우체국의 장에게 통지하여야 한다(법 제259조 제1항). 통지를 받은 통관우체국의 장은 우편물의 수취인 또는 발송인에게 그 결정사항을 통지하여야 한다. 세관장의 결정통지는 신고인이 신고수리 또는 신고수리전 반출승인 서류를 통관우체국에 제출하는 것으로 통지에 갈음하고, 통관우체국장의 통지는 세관이 발행하는 납세고지서로써 갈음한다.

5) 우편물의 납세절차

납세통지를 받은 자는 해당 관세를 수입인지 또는 금전으로 납부하여야 한다(법 제260조 제1항). 체신관서는 관세를 징수할 우편물을 관세를 징수하기 전에 수취인에게 교부할 수 없다. 관세를 납부하려는 자는 납세고지를 한 경우에는 세관장에게, 그 밖의 경우에는 체신관서에 각각 금전으로 이를 납부하여야 한다.

3. 우편물의 반송

우편물에 대한 관세의 납세의무는 해당 우편물이 반송됨으로써 소멸한다(법 제261조). 통관우체국장이 보관기일 경과, 수취인 소재불명 등의 사유로 반송하려는 재감물품에 대하여는 반송우편물목록을 작성, 세관장에게 반송신청하여 승인을 받아야 한다. 세관장은 통관우체국장이 반송을 신청하는 우편물에 대하여 필요시 우체국직원의 입회하에 해당 물품에 대한 현품검사를 실시할 수 있으며, 검사결과 관세범칙 혐의 등 타당한 사유가 있는 경우에는 반송승인을 보류하고 조사의뢰 등 필요한 조치를 취할 수 있다. 세관장이 반송승인을 한 경우에는 반송우편물목록 1부를 제출받아 보관하고 반송승인 내역을 통관시스템에 입력하여야 한다.

4. 우체국에 의한 보세운송

보세공장 등의 운영업체가 과세보류 상태로 반입하여 사용하려는 우편물로서 우편물의 수취인 주소가 보세구역으로 기재된 경우 수취인은 세관장에게 보세운송 신고 또는 승인을 신청할 수 있다. 세관장은 우편물의 보세운송을 신고수리 또는 승인한 경우 우편물 외포장에 고무인을 날인하고 "보세운송 우편물목록"을 작성하여 보세구역을 관할하는 세관장에게 통보하여야 한다. 보세운송 우편물목록을 통보받은 세관장은 해당 우편물에 대한 반입 또는 사용신고 이행여부를 확인, 관리하여야 한다. 보세운송 신고수리 또는 승인된 우편물은 우체국에 의해 수취인의 주소까지 보세운송하게 할 수 있다. 다만, 우체국이 아닌 우편물 수취인 등이 직접 보세운송 하려는 경우에는 「보세운송에 관한 고시」에서 정하는 바에 따른다. 세관장이 보세운송 신고수리 또는 승인을 한 경우에는 통관시스템에 동 내역을 등록하고 통관우체국장에게 전산 통보하여 통관우체국장이 보세운송 등 필요한 조치를 할 수 있도록 한다.

5. 압수처분시의 우체국과의 연락 및 협조

우편물의 압수, 소유권포기물의 취득, 그 밖의 필요한 처분을 하였을 때에는 그 요지를 우체국장에게 통보하는 등 필요한 조치를 취한다. 이 경우 우체국장으로 하여금 수취인에게 그 요지를 통보하게 한다.

4 탁송품 및 특급탁송품

1. 서설

외국으로부터 상업서류 등의 특급탁송물품 배달을 업으로 하는 특급탁송업체가 운송하는 물품은 특송업체가 자체적으로 X-Ray검사 등을 통해 검사대상을 선정하며, 세관에서는 특급탁송업체가 선정한 물품과 세관직원이 무작위로 선정한 물품을 대상으로 검사하여 수입신고의 적정성여부를 판별하고 음란물이나 과세대상물품의 무단 면세통관을 방지한다. 미화 100불이하이고 면세인 물품은 특급탁송업체가 제출한 통관목록에 의거 발췌검사를 실시하며 이상이 없으면 통관된다. 미화 2000불이하의 물품은 특급탁송업체가 선정한 관세사가 작성하여 제출한 간이신고서에 의거 세관에서 발췌검사를 실시하며 과세가 적정하다고 판단되면 통관이 허용된다. 다만, 수입이 제한되는 것은 간이신고 할 수 없으며 일반수입절차에 따라 수입신고하여야 한다. 미화 2000불을 초과하는 물품은 일반 수입신고를 하여야 한다. 관세청에서는 특송화물 통관을 위해 「특송물품수입통관사무처리에관한고시」를 제정하여 시행중이다.102)

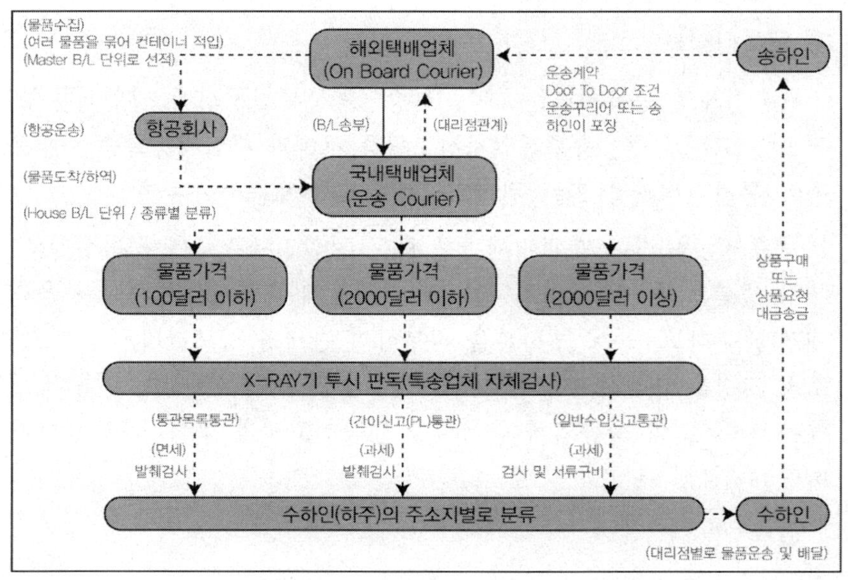

【그림 4-3】 특급탁송물품 통관절차도

102) 관세청고시 제2006-50호(2006. 12. 18 일부개정)

특송화물은 대부분 서류, 카탈로그, 수출입물품의 샘플 등으로 신속통관을 요구하는 물품이 대부분이나, 최근에는 해외여행자가 구입하여 의뢰한 탁송품, 해외의 친척(거래회사)이 기증한 물품, 인터넷을 통하여 구매한 물품이 송부되어 반입되고 있다.

2. 등록

1) 등록요건

특송업체가 특송물품의 통관절차를 시작하고자 할 때에는 미리 통관지세관장 또는 관할지세관장에게 등록하여야 한다. 특송업체의 등록요건은 항공법 제139조제1항의 규정에 따른 상업서류송달업의 신고를 필한 자[103]와 보세화물운송주선업(법 제225조) 신고를 필한 자[104]이다.

2) 결격사유

다음에 해당하는 자는 특송업체로 등록할 수 없다.

- 운영인의 결격사유(법 제175조)에 해당하는 경우
- 관세 및 내국세를 체납한 경우
- 특송업체의 등록이 취소된 후 2년이 경과되지 아니한 경우

3) 등록신청

특송업체로 등록하려는 자는 특송업체등록신청서에 상업서류송달업신고필증 또는 화물운송주선업자신고필증 사본과 사업자등록증 사본을 첨부하여 통관지세관장 또는 관할지세관장에게 제출하여야 한다.

등록신청을 받은 통관지세관장 또는 관할지세관장은 등록신청을 한 업체가 등록요건에 해당하지 아니하는 경우에는 특송업체 등록증을 신청인에게 교부하고, 등록증 사본을 첨부하여 관세청 정보관리과에 특송업체부호의 지정을 요청하여야 한다. 등록을 한 자는 등록사항에 변동이 생긴 때에는 지체 없이 특송업체 등록사항 변동신고서를 등록지세관장에게 제출하여야 한다.

103) 외국무역기를 이용하는 업체에 한한다.
104) 외국무역선을 이용하는 업체에 한한다.

4) 갱신 신청

등록의 유효기간은 3년으로 하되 갱신할 수 있다. 등록을 갱신하려는 자는 특송업체등록갱신신청서에 필요 서류를 첨부하여 기간만료 30일전에 등록지세관장에게 제출하여야 한다. 특송업체등록갱신신청서를 접수한 세관장은 제2-2조제3항의 규정을 준용하여 처리한다. 다만, 특송업체 부호는 종전의 부호를 사용하는 것으로 한다.

5) 등록취소

세관장은 특송업체가 다음에 해당하는 경우에 그 등록을 취소할 수 있다.

- 운영인의 결격사유(법 제175조)에 해당하는 경우
- 항공법에 따라 상업서류송달업의 등록이 취소되거나 사업정지 처분을 받은 경우[105)]
- 관세법에 따라 화물운송주선업자의 등록이 취소되거나 사업정지처분을 받은 경우[106)]
- 등록일로부터 1개월 이내에 특송물품을 세관지정 장치장에 반입하여 통관하지 아니하고, 승인신청도 하지 아니한 경우

6) 등록의 효력 상실

특송업체는 다음에 해당하는 사유가 발생한 경우에는 그 등록의 효력이 상실된다.

- 특송업체가 폐업신고를 한 때
- 특송업체 등록의 유효기간이 만료된 때
- 특송업체 등록이 취소된 때
- 세관과 특송업체간 협정체결

(1) 상호협력

세관장과 등록된 특송업체는 특송물품의 신속한 통관 및 마약 밀반입 등 불법·부정행위의 방지를 위하여 상호 협력하여야 한다. 세관장은 특송물품을 통해 마약, 총기류 등 불법물품이 반입되지 않도록 특송업체에 적발사례, 밀수동향 등을 전파하고 필요한 교육자료 등을 제공하여야 한다. 특송업체는 물품취급과정에서 인지한 모든 정보를 토대로 성실하게

105) 외국무역기를 이용하는 업체에 한한다.
106) 외국무역선을 이용하는 업체에 한한다.

신고하여야 하며, 불법행위에 관한 취득정보를 세관에 제공하여야 한다. 특송업체는 특송물품 배송정보 등 세관장이 우범성 분석에 유용하다고 인정하여 제공을 요구하는 정보에 대하여 이를 세관장에게 제공하여야 한다. 특송업체는 마약, 총기류 등 불법물품의 반입방지 및 효과적 선별을 위해 거래 및 물품취급과정상의 정보를 토대로 우범정보 수집, 분석 및 세관제공에 적극 협력하여야 한다. 특송업체는 물품수집단계에서 송하인에게 마약, 총기류 등 불법물품이 반입되지 않도록 사전안내를 하여야 한다.

(2) 협정 내용

특송업체[107]는 다음의 사항에 대하여 통관지세관장과 협정을 체결한 후 통관절차를 수행하여야 한다.

- 세관에 대한 성실신고, 우범정보 제공 등 특송업체의 책임에 관한 사항
- 통관물품의 통관 및 운송시설에 대한 설치 · 운영 및 폐지에 관한 사항
- 총기, 마약밀수 등 불법 · 부정무역 방지 및 감시단속을 위한 협력
- 법규에서 정한 범위 내에서 특송물품의 신속통관을 위한 절차 개선
- 운송거래 및 물품취급과정에서의 우범정보의 수집, 분석 및 세관제공을 위한 조직 및 인력 운영에 관한 사항
- 화물운송주선업자의 관리에 관한 사항
- 그 밖의 세관장이 필요하다고 인정하거나 특송업체가 협의할 것을 요청한 사항

3. 물품의 반입

1) 특송물품의 집중 장치

특송물품은 세관장이 특송물품 통관을 위해 별도로 지정한 세관지정장치장에 반입하여 통관하여야 한다. 세관장은 특송물품 통관을 위한 세관지정장치장을 지정하는 경우 특송물품을 칼라로 정확히 판독할 수 있는 양방향 X-Ray 투시기 설치, X-Ray 검색 업무를 전담하는 복수의 판독직원 배치 등으로 특송물품을 반입하여 통관하기에 적합하다고 인정되는 경우에만 지정하여야 한다. 특송업체가 세관지정장치장에 반입된 물품을 자체적으로 검색하려는 경우에는 세관장의 승인을 받아 X-Ray 투시기를 설치하거나 자체 판독직원을 배치할 수 있다. 이 경우 세관직원 또는 장치장

107) 세관 지정장치장 이용업체 포함

화물관리인이 고용한 판독직원과 특송업체가 고용한 판독직원이 복수로 판독하여야 한다.

2) 특송업체의 자체시설 이용

다음의 요건을 갖춘 경우에는 특송업체의 자체시설에 특송물품을 반입하여 통관절차를 수행할 수 있다.

- 창고 : 특송업체가 해당 창고의 운영인이거나 운영인과 출자 또는 임대차관계 등으로 해당 창고를 배타적 · 실질적으로 운영하면서 독자적 시설과 인력을 갖추고 자사가 운송하거나 운송 주선한 특송물품만 취급하는 경우
- 검색 및 검사시설 : 칼라 판독이 가능한 양방향 X-Ray투시기 및 물품검사대
- 인력 : X-Ray검색 전담 판독직원 2명
- 특송업체가 세관과의 협정 체결

세관장은 특송물품 장치 장소에 특송물품만을 처리하는 전담반을 지정하여 파출근무를 시킬 수 있다. 이 경우 특송업체는 세관에 시설 및 장비를 무료로 제공하고, 그 사용에 따른 비용을 부담하여야 한다.

3) 특송물품 통관절차의 시작

자체시설을 이용하는 특송업체가 통관절차를 수행하고자 할 때에는 미리 세관장의 승인을 받아야 한다. 승인을 받으려는 자는 장치장소(보세구역)의 명칭, 소재지, 검사시설 등을 기재한 자체시설이용통관절차수행승인(변경)신청서에 다음의 서류를 구비하여 세관장에게 제출하여야 한다.

- 특송물품 장치장소의 도면 및 위치도
- X-Ray 투시기 등 필요한 검사시설을 구비하고 X-Ray 판독직원을 확보했음을 증명하는 서류
- 사업계획서[108)]
- 그 밖의 세관장이 심사에 필요하다고 인정하여 요구하는 서류

승인신청을 받은 세관장은 특송업체가 적정검사시설을 확보하는 등 요건을 충족하고 세관감시단속상 문제가 없다고 인정되는 경우에는 이를 승인하고 신청인에게 통보한다. 특송업체가 승인사항을 변경하려는 경우에는 미리 세관장에게 자체시설이용통관절차수행승인(변경)신청서를 제출하

108) 반입예상물량, 인력운용, 불법물품의 반입방지 및 정확한 세관신고를 위한 우범화물선별, 물품수집단계 확인 등 화물관리체계 등

여야 한다. 세관장은 특송업체가 등록의 효력을 상실한 때와 특송업체가 시설미비 등으로 제3항의 승인요건을 갖추지 못하게 된 때에는 승인을 취소할 수 있다.

특송업체가 본·지사 또는 대리점 관계 등을 통하여 직접 송하인으로부터 물품을 수집하지 않고 다른 화물운송주선업자가 수집한 물품을 반입하여 이 고시에 의한 통관절차를 수행하고자 할 때에는 미리 해당 화물운송주선업자의 상호, 주소, 대표자 및 화물운송주선업자 부호를 통관지세관장에게 제출하여야 한다. 물품을 취급하는 특송업체는 법규를 위반하거나, 송·수하인, 품명, 가격 등 물품정보를 불성실하게 제공하는 화물운송주선업자에 대하여 제재, 거래중지 등 적절한 관리 및 통제절차를 마련하여 정확한 적하목록 작성 및 세관신고가 이루어질 수 있도록 하여야 한다.

4. 수입신고

1) 신고구분

특송물품에 대한 통관절차는 다음과 같이 구분하여 운영한다.

(1) 목록통관특송물품

- 국내거주자가 수취하는 자가사용물품 또는 면세되는 상용견품 중 물품가격이 미화 100불 이하로서 법 제226조제2항의 규정에 따른 세관장 확인대상이 아닌 물품

(2) 간이신고특송물품

- 물품가격이 미화 100불을 초과하고 2,000불 이하인 물품으로서 다음에 해당하지 아니하는 물품
  - 수입통관사무처리에관한고시 제2-1-8조 제2항 제2호, 제4호, 제7호, 제16호에 해당하는 물품
  - 할당 · 양허관세율의 적용을 신청한 물품
  - 법 제83조의 규정에 따른 용도세율의 적용을 신청한 물품 중 사후관리 대상물품
  - 법 제226조의 규정에 따른 세관장 확인대상물품
  - 법 제250조의 규정에 따라 신고취하 또는 신고 각하된 후 다시 수입신고하는 물품. 다만, 제5-5조제1항의 규정에 의해 통관 보류된 물품은 제외한다.
  - 해체 · 절단 또는 손상 · 변질 등에 의해 물품의 성상이 변한 물품

- 이사물품 수입통관사무 처리에 관한 고시 적용대상 물품
- 수입신고서 기재사항 중 품명 · 규격 · 수량 · 가격 등이 부정확하여 세관장이 간이신고가 부적당하다고 인정하는 물품

(3) 일반신고특송물품

- 물품가격이 미화 2,000불을 초과하는 물품과 제2호 각목에 해당하는 물품

2) 수입신고시 제출서류

목록통관특송물품의 통관은 특송업체가 전자서류에 의해 작성·제출하는 통관목록에 의한다. 간이신고특송물품은 첨부서류없이 전자서류로 수입신고(특송 P/L신고)한다. 다만, 간이신고C/S시스템과 수작업에 의해 검사대상으로 선별된 물품인 경우에는 수입신고서에 송품장, B/L(AWB) 등을 첨부하여 세관장에게 제출하여야 한다.

일반신고특송물품은 전자서류에 의한 수입신고(P/L신고)에 의한다. 다만, 수입통관시스템에서 서류제출 대상으로 지정된 물품인 경우에는 수입신고서에 송품장, B/L(AWB), 가격신고서 등 수입통관사무처리에관한고시에서 정하는 서류를 첨부하여 세관장에게 제출하여야 한다.

3) 신고사항의 심사

세관장은 신고물품에 대하여 다음의 사항을 심사하여야 한다.

- 목록통관 및 간이신고 특송물품이 제4-1조에서 규정하는 신고기준에 적합한지 여부
- 해당 물품이 관세법시행규칙 제45조제2항 제1호의 소액면세기준[109]에 해당되는지 여부
- 수입통관사무 처리에 관한고시 제3-1-2조에서 규정하는 합산과세 해당여부와 납세의무자의 적정여부
- 전자상거래물품등의특별통관절차에관한고시 제3-3조에서 정하는 사항 등

5. 검사 및 수입신고 수리

1) X-Ray검사

다음에 해당하는 자는 물품이 반입되는 즉시 X-Ray투시기에 따라 총포, 도검류, 마약류, 위조지폐 등 사회안전 위해물품의 은닉 또는 혼적여

109) 총 과세가격 15만 원 이하

부를 검색하여야 한다.

- 세관지정장치장 화물관리인
- 자체적으로 X-ray검색을 실시하는 특송업체
- 자체시설 이용 특송업체

세관장은 마약·총기류 등의 밀반입 방지 등을 위하여 필요하다고 인정하는 경우에는 세관직원을 파견하여 특송업체 또는 화물관리인의 판독직원과 함께 검색을 실시할 수 있다. X-Ray판독직원은 화물의 중량·크기 등으로 인하여 X-Ray투시기에의 투입이 불가능한 경우에는 세관직원에게 X-Ray검사 생략을 요청하여야 하며, 세관직원은 그 사유가 타당하다고 인정되는 경우에는 X-Ray검사를 생략하되 필요시 현품검사를 할 수 있다. X-Ray검사는 목록통관특송물품과 간이신고특송물품·일반신고특송물품을 구분하여 복수 판독하여야 한다. X-Ray검사를 수행한 판독직원은 X-Ray판독일지(별지 제6호 서식)에 판독결과를 기록하여야 한다. 세관의 화물순찰 담당직원은 특송업체 또는 화물관리인의 X-Ray검사 과정을 수시로 순찰하고 그 결과를 X-Ray판독일지에 기록하여야 하며, 특이사항이 있는 경우에는 소속과장에게 즉시 보고하여야 한다.

2) 검사대상선별

세관장은 목록통관특송물품에 대하여 목록통관C/S시스템에 의해 전산으로 선별하거나 통관목록화면상의 신고사항을 심사하여 수작업으로 선별한다. 다만, 수작업선별은 특송업체에서 우선 선별하고 세관에서 최종 선별하며, 검사대상으로 선별된 물품은 통관목록 세관기재란에 목록통관C/S선별, 업체선별 및 세관선별로 구분하여 표시하여야 한다. 세관장은 간이신고특송물품에 대하여 간이신고C/S시스템에 따라 전산으로 선별하거나 간이신고 목록화면상의 신고사항을 심사하여 수작업으로 선별한다. 세관장은 일반신고특송물품에 대하여 수입물품선별검사에 관한 시행세칙에서 정하는 바에 따라 검사대상을 선별한다. 세관장은 검사대상으로 선별된 특송물품에 대하여는 즉시 해당 특송업체에게 통보하여야 하며, 효율적인 수작업선별을 위하여 자체 특성에 맞는 선별기준을 마련하여 운영할 수 있다.

3) 검사요청

특송업체는 X-Ray판독과정 또는 물품취급이나 통관서류 작성 과정에

서 다음에 해당하는 물품이 있을 경우에는 반드시 세관검사를 요청하여야 한다.

- 송하인이나 수하인의 주소가 호텔, 사서함과 같이 통상적인 주소로 보기 어려운 장소로 기재되는 등 불분명한 경우
- 동일 수하인이 수회에 걸쳐 여러 건으로 물품을 분할하여 수취하는 경우
- 동일 송하인이 수회에 걸쳐 여러 건으로 물품을 분할하여 송부하는 경우
- X-Ray판독결과 은닉포장 등 이상 징후가 있는 경우
- 총기류, 폭발물, 마약 등 사회안전 저해물품 등의 밀수에 관한 정보를 취득한 경우

동일 수하인이 수회에 걸쳐 여러 건으로 물품을 분할하여 수취하는 경우나 동일 송하인이 수회에 걸쳐 여러 건으로 물품을 분할하여 송부하는 경우 물품이 제조업체에서 수입하는 견본품, 원·부자재 등에 해당되는 물품일 경우에는 세관 검사요청을 생략할 수 있다. X-Ray판독결과 이상이 있는 물품에 대하여 검사요청을 받은 세관직원은 개장검사를 실시한 후 X-Ray판독일지에 이상 유무를 기록하여야 한다.

4) 검사절차

세관직원은 간이신고특송물품 및 일반신고특송물품이 검사대상으로 선별된 경우에는 수입통관사무처리에관한고시에 따라 구체적인 검사계획을 수립하여 과장 또는 주무의 결재를 받아야 한다. 검사대상으로 선별된 특송물품에 대하여는 전량검사를 원칙으로 한다. 다만, 물품의 성질 및 수량 등을 고려하여 전량검사가 필요하지 아니한 경우에는 발췌검사를 할 수 있다.

세관직원이 검사를 완료한 때에는 목록통관특송물품의 경우에는 통관목록 세관기재란에 목록통관특송물품 검사결과 부호를 기재하여 주무에게 보고하고, 그 결과를 수입통관시스템에 등록하여야 한다. 간이신고특송물품 및 일반신고특송물품의 경우에는 검사결과를 주무 또는 과장 에게 보고하고, 그 결과를 수입통관시스템에 등록하여야 한다.

5) 통관보류 등

세관장은 목록통관특송물품에 대한 심사 또는 검사결과 다음에 해당하는 경우에는 통관을 보류하여야 하며, 세관장 확인대상 물품, 가격을 심사한 결과 물품가격이 미화 100불을 초과하는 경우, 적하목록 정정에 의해 선하증권 또는 항공화물운송장 내역이 추가로 제출된 특송물품에 대하여

는 신고하도록 하여야 한다.

- 관세법 위반혐의로 조사의뢰한 경우
- 법 제226조의 규정에 따른 세관장 확인대상 물품
- 가격을 심사한 결과 물품가격이 미화 100불을 초과하는 경우
- 적하목록 정정에 의해 선하증권 또는 항공화물운송장 내역이 추가로 제출된 특송물품
- 그 밖의 목록통관특송물품에 해당하지 아니한 경우

세관장은 간이신고특송물품에 대한 심사 또는 검사결과 다음에 해당하는 경우에는 신고를 각하하거나 신고취하 하도록 조치하여야 하며, 신고하도록 하여야 한다.

- 법 제226조의 규정에 따른 세관장 확인대상 물품
- 가격을 심사한 결과 물품가격이 미화 2,000불을 초과하는 경우
- 그 밖의 간이신고특송물품에 해당하지 아니한 경우

6) 신고수리

목록통관특송물품에 대하여는 수입통관시스템의 목록통관특송물품 심사화면에서 일괄하여 수리하여야 하며, 특송업체별 1일 처리현황을 익일 오전 중에 소속과장에게 보고하여야 한다.

간이신고특송물품은 다음에서 정하는 바에 따라 수리한다.

- 간이신고C/S시스템 및 수작업에서 검사대상으로 선별되지 않은 물품은 결재/심사등록 없이 자동 수리한다.
- 간이신고C/S시스템 및 수작업에서 검사대상으로 선별된 물품은 해당 물품검사 및 심사가 종료된 후에 수리한다.

일반신고특송물품은 수입통관사무 처리에 관한 고시에 따라 수리한다.

5 전자상거래 물품의 통관

1. 서설

기존의 전통적 시장이 갖고 있는 시간적·공간적 제한을 초월하여 국경 없

이 전 세계를 하나로 묶는 cyber market, 또는 global market을 통하여 새로운 거래형태의 경제활동이 부각되고 있다. 「전자상거래」란 '인터넷이나 PC통신 등의 전자매체를 이용하여 신용카드 또는 전자결재수단 등으로 유무형의 재화와 용역을 거래하는 것'으로 이해될 수 있다. 이러한 전자상거래는 일반적으로 서적, 의류, 전자제품 등과 같이 형체가 있는 제품을 전자적 방법으로 주문하고 물리적인 운송과정을 거쳐 수요자에게 배달되는 off-line 거래와 소프트웨어, 영화, 음악 등과 같이 형체가 없는 제품을 전자적 방법으로 주문하고 전자적 전송(Download)으로 수요자에게 전달되는 on-line거래로 구분할 수 있다. 먼저 on-line 전자상거래를 통한 무형의 제품 수입은 국제기구에서 무관세화 하기로 잠정 결정하고 있어 관세부과 대상이 아니다.

반면, 전자상거래를 통한 유형의 제품 및 CD, DVD 등 기록매체에 저장된 영화, 음악, S/W 등 Digital 제품의 수입은 우편이나 항공, 선편의 운송수단을 이용한 특급탁송으로 반입되는 것으로 일반수입물품과 같이 관세법상 과세대상으로서 세관의 통관절차를 거쳐야 하며, 현행 관세법 등 무역관계법규에서 정한 수입요건을 갖추고 관세 및 내국세를 납부하여야 한다. 따라서 전자상거래에 의해 주문되고 물리적인 운송과정을 거쳐 배달되는 수입물품의 통관절차는 전자상거래 이외의 방법으로 주문되는 물품의 수입통관 절차와 같으므로 국제우편물, 특급탁송물품통관절차를 참조하면 된다.

공정한 전자상거래를 확립하기 위하여 관세청장은 전자문서로 거래되는 수입물품에 수출입신고·물품검사 등 그 밖의 통관에 필요한 사항을 다음과 같은 사항을 따로 정할 수 있다.

- 특별통관 대상 거래물품 또는 업체
- 수출입신고 방법 및 절차
- 관세 등에 대한 납부방법
- 물품검사방법
- 그 밖의 관세청장이 필요하다고 인정하는 사항

관세청장은 이러한 사항을 정하기 위해 「전자상거래물품등의특별통관절차에관한고시」를 제정하였다.[110] 이 고시에 의하며 "전자상거래"라 함은 '물품의 주문, 대금결제 등 거래의 전부 또는 일부가 전자문서에 따라 처리되는 상거래'를 말한다.

110) 관세청고시 제 2004-51 호 2004. 12. 13제정

2. 전자상거래의 유형구분

전자상거래에 의한 거래 유형은 다음과 같이 구분한다.

① 국내구매자가 해외 판매자의 사이버몰로부터 직접 물품을 구매하여 수입하는 거래

② 국내구매자가 해외 판매자의 사이버몰로부터 직접 구매한 물품을 국제배송 또는 결제 등 제공하는 서비스가 특정된 전자상거래업체의 서비스를 이용하여 수입하는 거래(배송 / 결제대행형 거래)

③ 전자상거래업체가 사이버몰에 공시한 수입대행내용에 근거하여 국내구매자와 수입대행계약(약관계약)을 체결하고 해외 판매자의 사이버몰로부터 물품을 수입하면서 수입대행에 따른 수수료나 책임 외에 수입거래로 인한 다른 형태의 손익이나 거래책임은 부담하지 않은 거래로서 다음의 요건을 충족하는 거래(수입대행형 거래)

- 전자상거래업체가 거래상대방 정보, 품명 · 규격 · 가격 등 상품정보, 수입대행 수수료 등 총지급액 구성내역, 거래책임 관계 등 수입대행에 관한 구체적 거래 정보를 국내구매자와 계약 전에 공시하며 공시항목별 세부기준을 충족할 것
- 전자상거래업체의 수익은 수입대행수수료 및 수입대행에 수반되는 서비스 (예: 운송주선, 반품대행)의 대가로 구성될 것
- 전자상거래업체의 귀책사유가 없는 한 수입거래상 손익의 위험과 거래책임을 수입위탁자로서 국내구매자가 부담할 것
- 국내구매자가 수입대행계약시 지불한 금액과 전자상거래업체가 계약이행시 발생한 지급액과의 차액을 확인할 수 있는 방법을 공시하고 국내구매자가 요청한 경우 정산비용이 차액을 초과하는 등 차액정산을 생략할 합리적 사유가 있는 경우를 제외하고 차액을 국내구매자와 정산할 것
- 국내구매자의 수입위탁이 있기 전에 물품을 구매하여 재고를 보유하지 않으며, 수입위탁물품을 해외물류센터 반입 및 운송단계에서 위탁자별로 구분하여 관리할 것

④ 전자상거래업체가 자기의 책임과 계산에 의거 상품정보와 가격 등을 사이버몰에 공시하고 국내구매자의 구매요청을 받아 해외 판매자로부터 물품을 수입하면서 수입거래로 인한 손익의 위험을 부담하는 등 해당 물품의 수입화주에 해당하는 거래(수입쇼핑몰형 거래)

3. 특별통관 대상 거래물품 및 업체

1) 적용대상

특별통관절차를 적용받은 거래물품과 업체는 다음과 같다.

(1) 거래물품

- 수입대행형 거래 및 수입쇼핑몰형 거래유형에 해당하는 물품으로서 미화 2,000달러 이하의 특송물품과 미화 600불이하의 우편물. 다만, 전자상거래를 통하여 수입하는 물품 중 전자상거래업체가 아닌 법인(개인사업자를 포함한다. 이하 같다)이 수입하거나 법인의 구매요청을 받아 전자상거래업체가 수입하는 물품은 제외한다.

(2) 업체

- 수입대행형 거래 및 수입쇼핑몰형 거래유형에 해당하는 영업을 행하는 전자상거래업체
  수입대행형 거래 및 수입쇼핑몰형 거래의 유형에 해당하는 전자상거래업체의 사이버몰 호스트서버가 국외에 소재하고 있다 하더라도, 국내사업장에서 영업기획, 상품발굴, 이미지업로드 등 해당 사이버몰을 실질적으로 운영하거나, 국외사업장은 단순히 서버만 유지 · 관리하는 등 국내사업장에서 실질적인 전자상거래업무를 수행하는 경우에도 적용한다.

2) 수입화주

다음에 해당하는 자는 전자상거래물품의 수입화주가 된다.

- 국내구매자가 해외 판매자의 사이버몰로부터 직접 물품을 구매하여 수입하는 거래, 배송 / 결제대행형 거래, 수입대행형 거래의 거래유형에 해당하는 물품인 경우에는 국내구매자
- 수입쇼핑몰형 거래의 거래유형에 해당하는 물품인 경우에는 전자상거래업체

3) 특별통관 대상 업체의 지정

수입대행형 거래 및 수입쇼핑몰형 거래유형에 해당하는 영업을 행하는 전자상거래업체는 영업유형 등을 기재한 특별통관대상업체 지정신청서에 다음의 서류를 첨부하여 미리 관세청장에게 신청하여야 한다.

- 전자상거래 등에서의 소비자보호에 관한 법률 제12조제1항의 규정에 따른 통신

판매업신고증 사본(해당업체에 한함)
- 사업자등록증 사본
- 법인등기부등본(법인에 한함)
- 약관, 전자상거래 거래 · 영업형태 설명자료, 해외물류센터 운영계획 또는 현황, 거래정보 공시체계 등 업체의 영업유형 심사에 필요한 자료

전자상거래업체의 영업유형이 수입대행형 거래 및 수입쇼핑몰형 거래유형에 해당하는 경우에는 국내사업장을 운영하는 자가 특별통관 대상업체의 지정을 신청하여야 한다. 지정신청서 및 첨부서류는 원칙적으로 우편으로 제출하며, 관세청장은 자료 미비 등의 사유로 필요한 경우에는 자료보완을 요구할 수 있다. 신청을 받은 관세청장은 업체의 영업유형을 심사한 후, 지정번호를 부여하여 특별통관 대상업체 지정서를 교부하여야 한다. 특별통관 대상업체로 지정된 자가 영업유형의 전환 또는 확대 등으로 인해 지정사항에 변동이 생긴 때에는 지체 없이 특별통관 대상업체 지정변경신청서에 관련서류를 첨부하여 관세청장에게 변경을 신청하여야 한다.

4. 수입신고, 검사 및 심사

1) 전자상거래물품의 수입신고

수입대행형 거래물품의 수입신고는 다음과 같이 한다.

- 수입신고서상 납세의무자는 국내구매자로 신고하고, 수입을 대행한 전자상거래업체의 상호와 지정번호를 수입자란에 함께 기재한다.
- 특급탁송으로 물품을 수입하는 때에는 화물운송장, 송품장 등에 수입을 대행한 전자상거래업체의 상호 · 도메인주소 · 연락처 또는 지정번호와 해당 물품 거래유형을 기재하여야 한다. 다만, 화물운송장에는 전자상거래업체의 상호와 지정번호만을 기재할 수 있다.
- 우편으로 물품을 수입하는 때에는 해당 물품이 전자상거래물품임을 알 수 있도록 우편물 외포장에 스티커를 부착하고, 소포신고서 또는 스티커에 전자상거래업체의 상호, 도메인주소, 연락처 또는 지정번호와 해당 물품의 품명 · 수량 · 가격 및 거래유형을 표기한다.

수입쇼핑몰형 거래물품의 수입신고는 다음과 같이 한다.

- 수입쇼핑몰형 거래물품을 수입하는 전자상거래업체는 자기명의로 수입신고 및 납세신고를 하여야 한다.

- 화물운송장, 송품장 및 소포신고서 등의 기재방법은 수입대행형 거래물품의 수입신고의 규정을 각각 준용한다.
- 전자상거래업체는 자신의 물품을 운송하는 특송업체에게 거래유형을 사전에 통보하여야 하며, 이를 통보받은 특송업체는 해당업체의 수입물품을 목록통관 대상에서 제외하고 간이 또는 일반 수입신고 대상으로 분류하여야 한다.

2) 물품검사

세관장은 특별통관 대상업체로 지정된 전자상거래업체가 수입하는 특송물품은 원칙적으로 전산 선별된 건만을 검사한다. 다만, 마약, 총기류 등의 밀수방지 등을 위하여 세관장이 필요하다고 인정되는 경우에는 X-ray 판독 또는 수작업으로도 선별하여 검사할 수 있다.

세관장은 특별통관 대상업체로 지정된 전자상거래업체가 국제우편으로 수입하는 물품에 대하여는 다음과 같이 선별하여 검사한다.

- X-ray판독에 따라 과세 및 재감정 회부대상 물품을 선별하되, 우편물 외포장에 스티커가 부착된 물품에 대하여는 원칙적으로 개장검사를 실시하지 아니한다.
- 과세가격의 결정, 통관적법성 심사 및 밀수단속 등을 위하여 필요한 때에는 개장검사를 실시할 수 있다.

3) 통관 심사 등

세관장은 특송물품 또는 국제우편물에 대한 X-Ray판독, 서류심사 또는 물품검사 과정에서 필요하다고 인정하는 경우 국내구매자 또는 관련 전자상거래업체로부터 주문내역서, 물품대금지급처, 반입경위서 등을 제출받아 수입신고 내용이 적정한지 여부를 심사할 수 있다.

세관장은 통관 심사 결과 수입쇼핑몰형 거래물품임에도 불구하고 국내구매자 명의로 수입신고한 것으로 확인된 경우에는 통관을 보류하고 전자상거래업체의 명의로 수입신고하도록 통보하여야 한다.

특별통관 대상업체로 지정되지 아니한 전자상거래업체가 수입하는 물품에 대하여는 다음과 같이 처리한다.

- 전자상거래업체의 영업유형 심사 및 영업유형에 따른 적정 신고여부 심사
- 목록통관, 간이신고 등을 배제하고 일반 수입신고 및 통관절차 적용
- 특송업체의 납세보증에 의한 선통관 후세금납부제 배제

세관장은 전자상거래업체에 대한 영업유형을 심사하는 때에는 약관, 거

래·영업형태 설명자료, 거래정보 공시체계 등 관련 자료를 제출받아 심사하여 유형을 구분·통관 처리한다. 이 경우 해당업체가 수입대행형 거래 및 수입쇼핑몰형 거래유형에 해당하는 영업을 행하는 전자상거래업체에 해당하는 경우에는 동 업체가 특별통관 대상업체로 지정될 수 있도록 안내하여야 한다. 국제우편물로 반입되는 수입쇼핑몰형 거래물품에 대해서는 수입통관사무처리에관한고시 상의 간이통관 규정의 적용을 배제한다. 세관장은 수입쇼핑몰형 거래물품에 대하여는 법 제226조제226에 따라 법령에서 정한 허가·승인·추천 등 수입요건을 확인하여야 한다. 세관장은 전자상거래물품에 대한 납세의무자 신고 및 가격신고의 적정여부 심사 등과 관련하여 필요한 때에는 관세심사부서에 기업 심사를 요청할 수 있다.

4) 소액물품면세의 적용 등

국내구매자가 해외 판매자의 사이버몰로부터 직접 물품을 구매하여 수입하는 거래, 배송/결제대행형 거래, 수입대행형 거래의 거래유형에 해당하는 국내구매자가 수입하는 전자상거래물품에 대하여는 법 시행규칙 제45조제2항의 규정에 의거 총 과세가격이 15만 원 이하로서 「수입통관사무처리에관한고시」의 자가 사용 인정기준에 해당하는 경우 관세를 면제한다. 다만, 분할 또는 반복하여 수입되는 물품에 대하여는 수입통관사무 처리에 관한 고시의 규정에 따라 합산하여 과세한다.

수입쇼핑몰형 거래의 거래유형에 해당하는 전자상거래업체가 수입하는 물품에 대하여는 소액물품면세의 적용을 배제한다.

5) 법규준수도에 따른 차등관리

세관장은 특별통관 대상업체의 과세가격, 거래유형 등 신고의 정확도, 정보제공의 성실도, 불법통관사례 등을 종합적으로 고려하여 법규준수도를 평가하고, 그 결과에 따라 검사생략 등 통관절차를 차등 적용할 수 있다.

6) 전자상거래업체의 의무

전자상거래업체는 다음의 행위를 할 수 없다.

- 법 제234조에 해당하는 물품의 수입 또는 수입대행
- 소액면세를 적용받을 수 없는 물품을 반복 또는 분할하여 수입하거나 수입을 대행함으로써 소액면세를 적용받거나 이를 유도하는 행위

전자상거래업체는 관세법과 전자상거래등에서의 소비자보호에 관한 법률 에 의한 거래 자료를 보관하여야 한다. 전자상거래업체는 세관공무원이 수입물품의 통관이 적정한지 여부를 확인하기 위하여 요구하는 경우 거래에 관한 장부 또는 서류를 제출하여야 한다.

7) 조사의뢰

세관장은 전자상거래업체 또는 국내구매자가 다음에 해당하는 경우에는 관세법 위반혐의로 조사의뢰하여야 한다.

- 전자상거래업체가 수입화주임에도 정당한 사유 없이 국내구매자를 수입화주로 수입신고하는 경우
- 수입신고에 있어 품명 및 규격, 수량, 가격 등 주요사항을 허위로 신고한 경우
- 그 밖의 세관장이 범칙혐의가 있다고 인정하는 경우

6 탁송품의 특별통관

탁송품으로서 자가사용물품 또는 면세되는 상용견품 중 물품가격이 미화 100달러 이하인 물품은 운송업자(관세청장이나 세관장에게 등록한 자를 말한다. 이하 "탁송품 운송업자"라 한다)가 다음에 해당하는 사항이 기재된 목록(통관목록)을 세관장에게 제출함으로써 수입신고를 생략할 수 있다.

- 물품의 송하인 및 수하인의 성명, 주소, 국가
- 물품의 품명, 수량, 중량 및 가격
- 탁송품의 통관목록에 관한 것으로 운송업자명, 선박편명 또는 항공편명, 선하증권 번호, 그 밖에 관세청장이 정하는 사항

탁송품 운송업자는 통관목록을 사실과 다르게 제출하여서는 아니 된다. 세관장은 운송업자가 통관목록을 사실과 다르게 제출하거나 관세법에 따라 통관이 제한되는 물품을 국내에 반입하는 경우 통관절차의 적용을 배제할 수 있다.

관세청장 또는 세관장은 탁송품에 대하여 세관공무원으로 하여금 검사하게 하여야 하며, 탁송품의 통관목록의 제출시한, 물품의 검사 등 그 밖에 필요한 사항은 관세청장이 정하여 고시한다.

세관장은 관세청장이 정하는 절차에 따라 별도로 정한 지정장치장에서 탁송품을 통관하여야 한다. 다만, 세관장은 탁송품에 대한 감시·단속에 지장이 없

다고 인정하는 경우 탁송품을 해당 탁송품 운송업자가 운영하는 보세창고 또는 시설(「자유무역지역의 지정 및 운영에 관한 법률」에 따라 입주허가를 받아 입주한 업체가 해당 자유무역지역에서 운영하는 시설에 한정한다)에서 통관할 수 있다.

탁송품 운송업자가 운영하는 보세창고 또는 시설에서 통관하는 경우 그에 필요한 탁송품 검사설비 기준, 설비이용 절차, 설비이용 유효기간 등에 관하여 필요한 사항은 대통령령으로 정한다.

1) 탁송품의 검사설비

세관장이 탁송품 운송업자가 운영하는 보세창고 또는 시설(자체시설)에서 탁송품을 통관하는 경우 탁송품 운송업자가 갖추어야 할 검사설비는 다음과 같다.

- X-Ray 검색기
- 자동분류기
- 세관직원전용 검사장소

검사설비의 세부기준은 관세청장이 고시로 정한다.

2) 자체시설 이용 절차 등

탁송품을 자체시설에서 통관하려는 탁송품 운송업자는 다음 자료를 세관장에게 제출하여야 한다.

- 탁송품을 장치할 보세창고 또는 시설의 도면(제258조의2제1항 각 호에 따른 검사설비의 배치도를 포함한다) 및 위치도
- 장치 · 통관하려는 탁송품이 해당 탁송품 운송업자가 직접 운송하거나 운송을 주선하는 물품임을 증명하는 서류
- 다음 사항이 기재된 사업계획서
  · 보세창고 또는 시설, X-Ray 검색기 및 자동분류기의 수용능력
  · 탁송품 검사설비의 운용인력 계획과 검사대상화물선별 및 관리를 위한 전산설비
  · 탁송품 반출입 및 재고관리를 위한 전산설비
  · 탁송품의 수집, 통관, 배송 전과정에 대한 관리방안
- 자체시설 통관 시 지켜야할 유의사항, 절차 등을 담은 합의각서
- 그 밖에 관세청장이 고시로 정하는 자료

세관장은 탁송품 운송업자가 제출한 자료를 검토한 결과 자체시설에서의 통관이 감시·단속에 지장이 없다고 인정되는 경우 제출한 날부터 30일 이내에 검토결과를 탁송품 운송업자에게 서면으로 통보하고 자체시설에서의 통관을 개시할 수 있다.

3) 자체시설의 운영에 관한 관리 등

세관장은 탁송품 운송업자의 시설 및 설비 기준, 자체시설 운영상황 등을 확인한 결과 자체시설에서의 통관이 감시·단속에 지장이 있다고 인정될 경우 탁송품 운송업자에게 해당 시설 및 설비의 보완 등을 요구할 수 있다.

세관장은 탁송품 운송업자가 요구사항을 이행하지 않을 경우 그 사유를 서면으로 통보하고 자체시설에서의 통관을 30일 이내에서 일시 정지하거나 종료할 수 있다.

그 밖에 자체시설에서의 통관 개시 및 종료, 자체시설의 운영에 관한 관리 등에 관하여 필요한 사항은 관세청장이 고시로 정한다.

제7절 반송통관

1 반송신고

1. 정의

「반송」이란 국내에 도착한 외국물품이 수입통관절차를 거치지 아니하고 다시 외국으로 반출되는 것을 말한다(법 제2조 제3호).

미양륙 수입물품의 반송신고 대상여부에 대하여 통칙에서는 수입하기 위하여 외국으로부터 도착된 물품이 하자발생 등의 사유로 인하여 보세장치장에 반입하지 못하고 선박 또는 항공기에서 양륙하지 않은 상태에서 외국으로 재운송 된 경우에는 반송신고의 대상이 아니며, 우리나라에 수입할 목적으로 입항시 적하목록이 제출된 물품으로서 보세구역에 반입된 물품에 한하여 반송신고 대상이 된다 (통칙 241-0...3).

판례 【신고물품의 동일성 판단】

관세법상 반송신고는 해당 물품이 관세법에 규정된 장치장소, 즉 보세구역에 있는 경우에만 할 수 있고(관세법 제243조 제2항), 반송신고를 받은 세관공무원은 신고된 물품과 현품이 일치하는지 여부를 확인하기 위하여 관세법이 정하고 있는 장치장소인 보세구역에서 반송신고물품을 검사할 수 있으며(관세법 제246조 제1항), 반송신고를 한 자는 반송신고가 관세법의 규정에 따라 적법하고 정당하게 이루어져 신고를 수리한다는 신고필증을 교부받은 후에 비로소 관세법에 규정된 장치장소인 보세구역으로부터 신고된 물품을 반출할 수 있는 점(관세법 제248조 제1, 3항)과 앞서 본 바와 같이 관세법의 해석상 반송이란 외국으로부터 우리나라 보세구역에 들어온 물품을 수입하지 아니하고 외국으로 보내는 것을 의미하는 점 등을 종합하여 보면, 물품을 반송하려면 반송신고 당시 보세구역에 장치되어 있는 해당 물품의 품명·규격·수량 및 가격 등을 현상 그대로 신고하여야 하는 것으로 해석하여야 할 것이다.
따라서 보세구역에 장치된 해당 물품 또는 그와 동일성이 인정되는 물품이 아닌 물품을 반송신고 한 다음 해당 물품을 반송하는 행위는 의당 관세법 제269조 제3항 제2호에 해당한다 할 것인바, 원심이 인정한 사실관계에 의하면 보세구역에 장치되어 있던 물품은 MTBE이었으므로, 비록 그 MTBE가 보세구역에서 반출된 후 선박에서 다른 물품과 혼합되어 오민(MOTOR GASOLINE)으로 제조된다 하더라도, 피고인들이 반송신고한"MOTOR GASOLINE"과 MTBE가 상호 동일성이 인정되지 않는 이상 그 MTBE를"MOTOR GASOLINE"으로 반송신고한 다음 이를 반송한 행위는 위 법조 소정의'해당 반송물품과 다른 물품으로 신고하여 반송'한 행위에 해당한다 할 것이다. (출처 : 대법원 2006.5.25. 선고 2004도1133

판결 [공2006.7.1.(253),1199])

수입신고후의 반송 가능여부와 관련하여 통칙은 '수입신고된 물품을 법령에 의한 수입요건을 구비할 수 없는 등의 사유로 반송하려는 경우 그 사유가 타당한 것이면 신고취하 후 반송이 가능하다'고 규정하고 있다(통칙 241-0...4).

2. 반송인

반송은 적하목록, B/L, AWB상의 수하인 또는 해당 물품의 화주[111]가 할 수 있다.

3. 반송신고

반송물품을 반송신고 하려는 자는 신고 자료를 전송하고 다음의 서류를 첨부한 반송신고서[112]를 세관장 또는 출장소장(세관장)에게 제출하여야 한다.

- 해당 물품의 선하증권[113] 사본
- 수출송품장 및 포장명세서(필요한 경우에 한함)
- 수입신고취하승인서 사본(통관보류물품에 한함)
- 대외무역법령에 의한 승인 · 추천 · 인증 등이 필요한 경우 관련서류

반송신고를 하려는 경우에는 신고자료 전송 시 신고 자료상에 종이서류제출대상 (수출신고구분 M)으로 표시하여 반송신고를 하여야 한다.

2 반송심사 및 신고수리

1. 반송심사

세관장은 반송신고물품에 대하여 다음에 해당하는 사항을 심사한다.

- 반송요건에 적합한지 여부
- 법 제234조 또는 법 제235조의 규정에 따라 수출입이 금지되는지 여부
- 대외무역법령 및 그 밖의 법령에 의한 조건의 구비여부
- 그 밖의 반송물품의 통관을 위하여 필요한 사항

111) 해당 물품의 처분 권리를 취득한 자를 포함한다.
112) 수출신고서식을 사용하되 서식명은 반송신고서로 변경 사용한다.
113) 항공화물인 경우에는 항공화물상환증

세관장은 반송신고물품이 외국으로부터 도착되어 수입되지 아니하고 관세 등이 유보된 상태로 외국으로 반출되어야 하는 물품인 것에 특히 유의하여 반송인, 품명 및 규격, 수량, 신고가격 등을 심사하여야 한다. 세관장은 심사를 위하여 필요한 경우에는 신고인등 이해관계자의 의견을 청취할 수 있다.

2. 검사대상 선별 및 검사

반송신고물품에 대한 검사는 수출통관사무처리에관한고시에서 검사대상으로 선별되었거나 사회관심품목 등 소비재와 정상 수출입을 가장한 부정무역의 우려가 있는 물품 등 세관장이 필요하다고 인정하는 경우에는 검사할 수 있다. 검사담당세관공무원은 물품검사를 함에 있어 반송신고물품이 당초 반입된 물품의 품명, 규격 등과 일치하는지 여부를 확인하여야 하며 마약류 등 불법부정 물품의 혼재 또는 은닉 여부에 특히 유의하여 검사를 하여야 한다.

3. 반송신고수리

세관장은 반송신고 물품에 대하여 신고사항 및 신고서류에 이상이 없는 때와 물품검사를 하는 경우 신고사항과 현품이 일치하는 등 이상이 없는 때에 검사결과 이상 유무를 수출통관시스템에 등록하고 신고를 수리여야 한다.

세관장은 반송신고를 수리하는 때에는 반송신고필증의 세관기재란에 "반송물품"이란 적색고무인을 날인하여 교부하여야 한다. 이 경우 보세운송을 요하지 아니하는 물품중 검역 등 수입검사 불합격 물품과 부정유출우려가 많은 사회관심품목 등 세관장이 필요하다고 인정하는 경우에는 반송신고서 사본을 적재 확인업무 담당과에 즉시 송부하여야 한다.

4. 반송신고의 취하

반송신고를 취하할 수 있는 경우와 신고취하 신청 시 제출하여야 할 서류 및 요건은 다음과 같다.

- 해외공급자가 반송을 거부한 때 : 해당 물품에 대한 반송거부를 증명할 수 있는 서류제출 및 처리계획
- 그 밖의 부득이한 사유로 반송대상 물품이 멸실되었거나 세관장의 승인을 얻어 멸각하려는 경우 : 멸실 확인서 또는 멸각승인서 사본
- 그 밖의 세관장이 타당하다고 인정하는 경우

반송신고수리 세관장은 관할지 이외의 보세구역에 장치되어 있는 물품을 제1항의 의해 신고취하 승인을 하려는 경우에는 신고취하 대상물품이 장치된 보세구역을 관할하는 세관장에게 물품의 소재여부를 확인한 후 승인하여야 한다.

5. 보세운송신고

반송물품에 대한 보세운송 신고는 보세운송업자의 명의로 하여야 한다. 반송물품의 보세운송은 이 고시에서 정하는 것을 제외하고는 보세운송절차에 관한고시 제3장의 수입보세운송 규정을 준용한다. 반송물품의 보세운송기간은 7일로 지정한다. 다만, 세관장은 부득이한 사유가 있어 보세운송 신고인으로부터 보세운송기간 연장승인 신청이 있는 경우에는 물품의 성질, 중량, 운송수단, 운송거리 등을 고려하여 보세운송 기간 연장을 승인할 수 있다.

6. 적재 확인

반송신고수리 세관장은 반송신고수리물품이 수리일로부터 30일을 경과하였을 때에는 적재 여부를 확인하여 적재되지 아니한 경우에는 국외반출 또는 취하하도록 기간을 정하여 법 제263조의 따른 명령을 하여야 한다.

7. 조사의뢰 등

반송물품에 대하여 검사, 심사 및 적재 확인 결과 다음에 해당될 때에는 관세법등 위반 혐의로 조사의뢰하여야 한다.

- 수입금지물품이나 수입이 제한되는 물품을 수입하려다 수입이 불가능하여 반송되는 경우로서 수입하려고 하는 의사에 고의성이 있는 경우
- 품명, 규격, 수량, 가격 등 주요사항을 정당한 사유 없이 허위로 신고한 경우
- 신고물품 이외의 물품을 반송하려고 하는 경우
- 선박(항공기) 사정 등 정당한 사유 없이 적재 되지 아니한 사실이 있는 경우
- 그 밖의 세관장이 범칙혐의가 있다고 인정하는 경우

세관장은 물품의 수출입 및 반송과 관련하여 관세법등 위반 혐의로 조사의뢰한 경우 및 무혐의 등으로 조사가 해제된 경우에는 즉시 그 사실[114)]을 해당 물품의 장치장소를 관할하는 세관장[115)]에게 통보하여야 한다.

114) 수출입자, B/L번호, 품명, 수량, 규격, 가격 등을 기재함.
115) 반송신고수리 업무 담당과장

제8절 A.T.A.까르네에 의한 일시수출입 통관

1 A.T.A. 까르네 협정

『물품의 일시수입을 위한 일시수입통관증서에 관한 관세협약(Convention on Admission Temporaire-Temporary Admission Carnet)』은 일시적으로 국경을 통과하는 물품에 대해 관세 및 세금의 유예를 허용하여 원활한 무역을 도모하는 것으로 A.T.A.까르네에 의해 보장된다. "A.T.A.까르네"라 함은 협약 제1조 라호에 규정된 일시수입통관증서를 말한다. A.T.A.는 영어와 불어의 임시수입(Admission Temporaire(불어)-Temporary Admission(영어))의 합성어이며 Carnet는 불어로 증서라는 뜻이다.

2 A.T.A.까르네에 의한 통관

재수출면세(법 제97조)를 위한 재수출의 경우에 A.T.A.까르네에 의하여 일시수입할 수 있다. 재수입면세(법 제99조)를 받기위한 재수입의 경우에 A.T.A.까르네에 의하여 일시수출할 수 있다. 보세운송(법 제213조 및 영 제226조)의 규정에 의한 보세운송은 A.T.A.까르네에 의하여 할 수 있다.

3 물품의 일시수입

일시수입 또는 보세운송은 보증단체가 관세 등을 보증하는 경우에 한하여 할 수 있다. "보증단체"라 함은 A.T.A.까르네를 이용하여 수출 또는 수입된 물품에 대하여 동 물품이 일시수출입 또는 보세운송의 조건을 준수하지 않는 경우에 협약 제6조의 규정에 의하여 관세등 수입에 관련된 부과금을 세관에 납부할 책임이 있는 단체를 말한다. 일시수입 또는 보세운송을 하고자 하는 자는 A.T.A.까르네가 훼손 등으로 기재내용이 불명확하거나 표지에 보증단체명이 기재되어 있지 않는 경우 미리 우리나라의 보증단체에 이를 제시하여 보증확인을 받아야 하며, 이 경우 세관장은 A.T.A.까르네의 보증을 위한 국제조직(IBCC)의 구성원인 외국의 보증단체의 보증하에 발급된 것임을 동 A.T.A.까르네에 기재하여야 한다.

1. A.T.A.협약 적용국가

A.T.A.까르네에 의하여 일시수출입을 허용하는 국가와 보증단체는 협약에 가입한 A.T.A.까르네에 의한 일시수출입 통관에 관한 고시(고시)[116] "별표 1"의 국가와 보증단체이다. 해당 국가나 보증단체가 협약의 미이행으로 인하여 우리나라에서 부과한 관세 등을 납부하지 않은 경우에는 관세청장의 공고에 의하여 일시적으로 해당 국가에서 반입되는 물품에 대하여 A.T.A.까르네 이용을 정지시킬 수 있다.

2. 보증단체

우리나라에서 A.T.A.까르네를 발급하고 A.T.A.까르네에 의한 물품의 일시수입 또는 보세운송되는 물품에 대한 관세등을 보증할 수 있는 자(보증단체)는 관세청장의 인가를 받아야 하는데 대한상공회의소가 1978년 10월 6일 인가를 받았다. 새로운 인가를 받고자 하는 자는 신청서, 정관, 사업계획서, 발급규정과 기타 참고 서류를 관세청장에게 제출하여야 하며, 관세청장은 인가신청자가 협약에 의해 A.T.A.까르네 보증을 위한 국제조직(IBCC)에 가입할 수 있는 성실한 법인이고 관세등의 납부 기타 보증단체의 임무를 적정하게 수행할 수 있는 능력을 갖춘 법인인 경우에 한하여 인가할 수 있다. 보증단체는 협약에 의하여 A.T.A.까르네의 발급 및 보증을 담당하는 국제조직(IBCC)에 가입한 후에는 그 내용을 관세청장에게 신고하여야 하며 당해 신고를 필한 후가 아니면 통관증서를 발급할 수 없다.

3. 발급단체

보증단체가 아닌 자가 A.T.A.까르네를 발급하려면 보증단체의 보증을 받아 관세청장에게 발급단체인가를 신청하여야 한다. 발급단체인가를 받고자 하는 자는 보증단체 인가에 필요한 서류를 관세청장에게 제출하며, 관세청장은 보증단체 인가 요건에 적합한 경우 발급단체로 인가한다.

4. 보증단체등의 담보제공

관세청장은 관세 등의 확보를 위하여 필요하다고 인정될 때에는 보증단체에 기간을 정하여 전년도 재수출기간 경과건의 관세등 제세(가산세 포함)의 합계액에 상당하는 담보의 제공 또는 기제공된 담보의 변경을 요구할 수 있으며, 보

116) 관세청고시 제2010-77호 ('10. 6. 10)

증단체가 납부하여야 할 관세등을 납기내 완납하지 아니할 경우 담보로 제공된 재산을 처분하여 관세 등을 충당할 수 있다. 관세청장은 보증단체가 관세법 또는 고시의 규정을 위반하였거나 보증단체에서 폐지사유를 제출하였을 때에는 인가를 취소할 수 있다. 보증단체의 인가가 취소되었을 경우 당해 인가취소전에 국내에 반입되었거나 국내에서 발급한 A.T.A.까르네에 대하여는 동 인가가 취소된 자를 보증단체로 간주하여 고시를 적용한다. 다만, 새로운 보증단체가 업무를 인수하였을 경우에는 인수한 보증단체에 대하여 고시를 적용한다.

5. 일시수입의 대상물품

재수출면세(법 제97조 제1항 및 시행규칙 제50조)에 해당하는 물품중 다음에 해당하는 물품은 A.T.A.까르네에 의하여 일시수입할 수 있다.

① 직업용구의 일시수입에 관한 관세협약(조약 제642호)
② 전시회, 박람회, 회의 등 행사에서 전시 또는 사용될 물품의 편의에 관한 관세협약(조약 제560호)
③ 상품견본 및 광고용 물품의 수입편의를 위한 국제협약(조약 제643호)
④ 포장용기의 일시수입에 관한 관세협약(조약 제559호)
⑤ 선원의 후생용품에 관한 관세협약(조약 제561호)
⑥ 과학장비의 일시수입에 관한 협약(조약 제790호)
⑦ 교육용구의 일시수입에 관한 협약(조약 제791호)

A.T.A.까르네에 의한 일시수입의 허용은 위에 해당하는 물품중 보증단체에서 보증한 물품으로서 발행국 세관장의 확인을 받은 것에 한한다.

생산, 가공, 수리, 임대, 판매 또는 소비를 목적으로 하는 물품은 A.T.A.까르네에 의하여 수입할 수 없다. A.T.A까르네에 의하여 일시수입하는 물품에 대한 수입 금지(제226조) 또는 제한(제234조)은 관세법과 「관세법 제226조의 규정에 의한 세관장확인 물품 및 확인방법 지정 고시」에 의한다.

4 물품의 일시수출

1. 일시수출의 대상물품

A.T.A.까르네에 의하여 일시수출을 허용하는 물품은 보증단체 또는 발급

단체에서 발급한 증서에 의하여 재수입할 예정으로 일시수출하는 물품으로 한다.

2. A.T.A.까르네에 의한 일시수출신고

A.T.A.까르네에 의하여 수출신고를 하고자 하는 자는 이면의 총괄목록상의 기재내용에 대하여 포장명세 등 관련자료를 첨부하고 물품의 용도, 항공(선)편, 반출수량, 국내연락처 등을 기재한 후 서명하여 세관에 제시하여야 한다. 다만, 휴대하여 반출하는 경우에는 포장명세 등 관련자료의 첨부를 생략할 수 있다. 세관장은 A.T.A.까르네에 의하여 수출신고가 되었을 때는 A.T.A.까르네의 양식, 발급단체 등이 유효한지를 확인하여야 하며, 현품확인이 필요하다고 인정하는 경우에는 검사를 할 수 있다. 수출신고자가 명의인이 아닌 경우 명의인으로부터 정당하게 그 권한을 부여받았는지의 여부를 확인하여야 한다. 수출금지물품 및 허가·승인 등의 증명 및 확인 등 통관요건확인(법 제226조)에 대하여는 관세법 관련 규정 및 「관세법 제226조의 규정에 의한 세관장확인 물품 및 확인방법 지정 고시」에 의한다. 세관장은 A.T.A.까르네가 유효하고 물품에 이상이 없으면 일시수출내역을 A.T.A.까르네시스템에 등록하여야 하며, A.T.A.까르네 원본의 세관에 의한 증명란과 수출증서부본(확인용, 세관용)에 각각 물품의 반출수량, 확인세관, 확인일시, 확인자(서명) 등과 A.T.A.까르네 일시수출신고번호를 기재하고 수출입신고수리인을 날인하여 세관용 수출신고서부본을 절취한 후 증서를 수출신고자에게 교부한다. 신고수리하여 교부된 A.T.A.까르네는 관세법에서 규정한 수출신고필증으로 본다.

3. 일시수출 물품의 재수입신고

A.T.A.까르네에 의하여 수출된 물품이 재수입 될 때에는 재수입 면세(법 제99조)의 규정에 의하여 당해 증서로 재수입할 수 있다. 이때 재수입면세기간은 관세법에 따른다. A.T.A.까르네에 의하여 재수입신고를 하고자 하는 자는 물품의 용도, 항공(선)편, 반입수량, 국내연락처 등과 추가반입수량에 대하여 신고하여야 한다. 세관장은 A.T.A.까르네에 의하여 재수입신고가 되었을 때는 A.T.A.까르네의 양식, 보증단체 및 발급단체 등과 이면의 총괄목록에 임의로 추가한 사항이 없는지를 확인한다. 세관장은 A.T.A.까르네에 의한 재수입신고시 현품과의 일치여부를 확인하기 위하여 검사할 수 있으며,

검사절차 등에 대하여는 『수입통관사무처리에관한고시』를 준용한다. 세관장은 A.T.A.까르네가 유효하고 물품에 이상이 없으면 A.T.A.까르네시스템에 재수입신고수리 등록을 하고, 재수입증서부본(확인용, 세관용)에 각각 물품의 반입수량, 확인세관, 확인일시, 확인자, 일시수출신고세관 및 번호 등을 기재하고 수출입신고수리인을 날인하여 세관용 재수입신고서 부본을 절취한 후 증서를 수입신고자에게 교부한다.

Chapter 5 과세 및 부과·징수

제1절 통칙

1 과세요건의 의의

과세요건이란 조세를 부과함에 있어 갖추어야할 요건으로서, 과세요건이 갖추어져야 조세채권이 성립하고 국가는 조세를 징수할 수 있고 그 상대방은 조세를 납부할 의무를 지게 된다. 일반적으로 갖추어야 할 요건으로서 ① 과세물건(과세대상, 과세객체), ② 과세표준, ③ 관세율, ④ 납세의무자 등 네 가지를 관세의 4대 과세요건이라 한다.

2 과세물건

1. 과세대상

"수입물품에는 관세를 부과한다"라고 하여 '수입물품'이 관세의 과세대상임을 밝히고 있다. 따라서 수출물품과 통과화물은 과세대상이 아니다.[1)] 과세대상인 수입 '물품'은 일반적으로 유체물을 뜻하나, 유체물 중 무가치물(無價

植物) (예 : 시체)은 제외되고, 무체물 중에도 '전기에너지'와 같이 과세대상인 경우도 있다. 실무적으로는 관세법 별표인 관세율표상의 품목으로 분류되는 것을 의미한다.

2. 관세 의무주의

관세법은 수입물품에 대하여는 구분 없이 모두 과세대상으로 하고 있어 우리나라는 관세의무주의(관세포괄주의)를 채택하고 있다. 이에 따라 관세율표에는 유세·무세를 가리지 않고 모든 품목을 포함하고 있다. 관세 면제주의는 관세의무주의(관세포괄주의)와 상대되는 개념으로서 관세율표상 유세품만 적고 무세품을 기재하지 아니하는 제도를 말한다.

3. 관세부과

모든 수입물품이 과세대상이기는 하나 관세정책상 등의 사유로 실제적인 관세의 납부는 전부 또는 부분적으로 이루어지지 않는 경우가 있다. 실제적으로 관세납부가 전부 또는 부분적으로 이루어지지 않는 경우는 관세율표상 무세품과 관세법상 각종 감면세물품에 해당하는 경우, 조세제한특례법 등 관세법 이외의 법령에서 관세를 감면하는 경우, 특정국가 또는 국제기구와 협상을 통하여 관세를 양허하는 경우 등이다.

판례 행정처분이 당연무효라고 하기 위하여는 처분에 위법사유가 있다는 것만으로는 부족하고 하자가 법규의 중요한 부분을 위반한 중대한 것으로서 객관적으로 명백한 것이어야 하며, 하자의 중대·명백 여부를 판별함에 있어서는 법규의 목적, 의미, 기능 등을 목적론적으로 고찰함과 동시에 구체적 사안 자체의 특수성에 관하여도 합리적으로 고찰함을 요한다 할 것인바(대법원 1995. 7. 11. 선고 94누4615 전원합의체 판결, 대법원 1997. 6. 19. 선고 95누8669 전원합의체 판결 등 참조), 세관출장소장에게 관세부과처분에 관한 권한이 위임되었다고 볼만한 법령상의 근거가 없는데도 피고가 이 사건 처분을 한 것은 결국, 적법한 위임 없이 권한 없는 자가 행한 처분으로서 그 하자가 중대하다고 할 것이나, 앞서 본 바와 같이 구 예산회계법과 그 시행령 등에 의하면, 세관출장소장은 세입징수관으로서 관세를 징수할 권한이 위임되어 있고 따라서 그 징수처분으로 세입과목, 세액 등을 기재한 문서로써 납입고지를 할 수 있도록 규정되어 있는 점, 정부조직법에 근거하여 관세청과 그 소속기관의 조직 및 직무범위 등에 관하여 규정하고 있는 대통령령인 관세청과 그 소속기관직제 및 그 시행규칙에 의하면, 피고에게는 '수입물품에 대한 관세 등 조세의 세액 대 및 징수'에 관한 권한이 위임되어 있는데, 위 '조세의 세액 대 및 징수' 업무에는 관세부과처분에 관한 업무까지 포함되는 것으로 오인할 여지

1) 통칙 14-0-1 (경락된 외국선박의 처리) 외국국적 선박이 관세법령 이외의 법령에 경매절차에서 경락허가 결정을 받은 다음, 경락대금을 완납하고 그 선박에 대하여 우리나라 국적을 취득한 후 운항에 제공하였다면 그 선박은 관세부과대상이 되는 수입물품에 해당한다.

가 없지 아니한 점, 관세청고시인 '수입통관사무처리에관한고시' 소정의 납부고지서의 서식이나 '관세불복청구및처리에관한고시' 소정의 심사청구서나 그 결정서 서식에 의하면, 세관출장소장도 세관장과 마찬가지로 관세부과처분권한이 있는 것처럼 취급되고 있는 점, 세관출장소는 1949. 6. 27. 대통령령 제137호 '세관관서직제'에 의거하여 설립되어 현재까지 13개 세관출장소장 명의로 관세부과처분 및 증액경정처분이 이루어져 왔는데, 그동안 세관출장소장에게 관세부과처분에 관한 권한이 있는지 여부에 관하여 아무런 이의제기가 없었던 점 등에 비추어 보면, 세관출장소장에게 관세부과처분을 할 권한이 있다고 객관적으로 오인할 여지가 다분하다고 인정되므로 결국 적법한 권한 위임 없이 행해진 이 사건 처분은 그 하자가 중대하기는 하지만 객관적으로 명백하다고 할 수는 없어 당연무효는 아니라고 보아야 할 것이다. 【대법원 2004. 11. 26. 선고 2003두2403 선고 판결】

3 과세표준

관세의 과세표준은 수입물품의 가격 또는 수량으로 한다(법 제15조). 관세는 무엇을 과세표준으로 하는가에 따라, 가격을 과세표준으로 하는 경우를 종가세, 수량을 과세표준으로 하는 경우를 종량세로 구분할 수 있다.[2)3)]

4 과세물건의 확정시기

1. 의의

과세물건인 수입물품이 외국에서 선적되어 수입신고수리될 때까지 오랜 시일이 걸릴 수 있어, 그 동안 물품의 성질과 수량은 물론, 납세의무자, 세율 등에 변화가 일어날 수 있다. 따라서 어느 시점에서의 물품의 성질과 수량에 의하여 과세할 것인지 과세물건의 확정시기가 문제가 된다.

---

2) 통칙 15-0-1 (휘발유 등의 과세표준) 선하증권(B/L)의 수량과 실제로 반입된 수량이 서로 다른 휘발유 등의 과세표준은 다음 각호의 방법에 의하여 결정한다.
1. 관세는 종가세 대상물품이므로 다음과 같이 과세가격을 결정한다.
가. 계약서 등의 내용으로 보아 단가로 거래된 경우에는 가격조정약관에 따라 실제반입수량에 단가를 곱한 금액
나. 계약서 등의 내용으로 보아 전체 수량에 대하여 총액으로 거래된 경우에는 실제로 지급되는 금액
2. 특별소비세(등유, 석유가스, 천연가스) 및 교통세(휘발유, 경유)는 종량세 대상물품이므로 법 제4조의 규정에 따라 수입신고를 할 때의 실제 반입수량을 과세표준으로 한다.

3) 통칙 15-0-2(북한에서 임가공한 물품의 부가가치세 과세표준)우리나라에서 원·부자재의 전부를 공급하여 북한에서 임가공한 후 반입하는 경우, 이는 내국거래로서 부가가치세법시행령 제18조 제2항의 규정에 따른 용역의 공급에 해당하므로, 원·부자재 및 완제품의 운임과 운송관련비용을 제외한 순수한 임가공비만을 부가가치세의 과세표준으로 한다.

2. 과세물건의 확정시기

1) 원칙적 확정시기

관세는 수입신고[4]를 하는 때의 물품의 성질과 그 수량에 따라 부과한다.

판례 관세법은 수입신고를 할 때의 물품의 성질과 그 수량에 의하여 관세를 부과하도록 규정하고 있고, 물품을 수입하려는 자는 수입신고를 할 때에 세관장에게 납세신고를 하여야 하고, 세관장은 납세신고를 받은 때에는 수입신고서상의 기재사항 등을 심사하도록 규정하고 있으므로, 관세는 신고납부방식의 조세로서 납부의무자가 수입물품의 수입신고를 할 때마다 1개의 납세의무가 확정된다 할 것이다. 한편 법 제180조 제1항 제1호 소정의 관세포탈죄는 수입물품에 대한 정당한 관세의 확보를 그 보호법익으로 하는 것이므로, 수입물품의 수입신고를 하면서 과세가격 또는 관세율 등을 허위로 신고하여 수입하는 경우에는 그 수입신고시마다 해당 수입물품에 대한 정당한 관세의 확보라는 법익이 침해되어 별도로 구성요건이 충족되는 것이므로 각각의 허위 수입신고시마다 1개의 죄가 성립한다 할 것이다. 【대법원 2000. 11. 10. 선고 99도782 선고 판결】

2) 예외적 확정시기

수입신고에 의하지 아니하거나 본질적으로 수입신고를 할 수 없는 수입 등 다음에 해당하는 물품에 대하여는 다음에 규정된 때의 물품의 성질과 그 수량에 따라 부과한다.

구분	과세물건 확정시기
ⅰ) 외국물품인 선(기)용품과 외국무역선(기)에서 판매할 물품이 허가받은 대로 적재되지 아니하여 관세를 징수하는 물품(법 제143조제4항)[5]	하역을 허가받은 때
ⅱ) 보세구역 밖에서 보수작업을 하는 물품이 기간 내 미반입하여 관세를 징수하는 물품(법 제158조제5항)	보세구역 밖에서 하는 보수작업을 승인받은 때
ⅲ) 보세구역에 장치된 외국물품이 멸실 또는 폐기되어 관세를 징수하는 물품(법 160조제2항)	해당 물품이 멸실되거나 폐기된 때
ⅳ) 보세공장외 작업, 보세건설장외 작업, 종합보세구역외 작업물품이 기간 내 미반입되어 관세를 징수하는 물품(법 제187조제6항, 제195조제2항, 제202조제3항)	보세공장 외 작업, 보세건설장 외 작업 또는 종합보세구역 외 작업을 허가받거나 신고한 때
ⅴ) 보세운송기간 경과하여 관세를 징수하는 물품(법 제217조)	보세운송을 신고하거나 승인받은 때
ⅵ) 수입신고가 수리되기 전에 소비하거나 사용하는 물품(법 제239조의 소비·사용물품을 제외)	해당 물품을 소비하거나 사용한 때
ⅶ) 수입신고전 즉시반출신고를 하고 반출한 물품(법 제253조제1항)	수입신고전 즉시반출신고를 한 때
ⅷ) 우편으로 수입되는 물품	통관우체국에 도착한 때
ⅸ) 도난물품 또는 분실물품	해당 물품이 도난되거나 분실된 때
ⅹ) 관세법에 따라 매각되는 물품	해당 물품이 매각된 때
ⅹⅰ) 수입신고를 하지 아니하고 수입된 물품	수입된 때

4) 입항전수입신고를 포함한다.

5 적용법령

1. 의의

수입의 경우 수입계약에서부터 수입신고 및 수리 또는 물품 반출까지 여러 과정의 절차를 거치는 동안에 관세율을 비롯한 관련 법령이 변경될 수 있다. 이러한 변경이 있을 경우, 어느 시점을 기준으로 법령을 적용하는지가 문제된다.

2. 적용법령

1) 원칙

관세는 수입신고 당시의 법령에 따라 부과한다.

2) 예외

과세물건 확정시기의 예외(법제16조 각 호의 1)에 해당하는 경우에는 그 사실이 발생한 날의 법령을 적용한다.

3) 보세건설장에 반입된 외국물품

사용 전 수입신고가 수리된 날의 법령을 적용한다.

3. 과세환율

과세가격을 결정하는 경우 외국통화로 표시된 가격을 내국통화로 환산할 때에는 수입신고를 한 날[6](보세건설장에 반입된 물품의 경우에는 수입신고를 한 날을 말한다)이 속하는 주의 전주(前週)의 외국환매도율을 평균하여 관세청장이 그 율을 정한다.[7]

---

5) 통칙 16-0-1(외국수리선박의 과세물건확정시기)외국수리선박의 과세물건 확정시기는 법 제16조제11호의 규정에 의거 외국에서 선박을 수리하였거나 수리에 필요한 물품을 구입한 때를 수입된 때로 보아야 하나, 과세기술상 해당선박이 외국에 있어 신고납부 또는 부과고지가 곤란하므로 과세물건 확정시기 및 환율적용 시점을 다음과 같이 한다.
1. 해당 선박이 우리나라에 최초로 입항하여 수입신고를 하는 경우에는 수입신고를 할 때
2. 해당 선박이 우리나라에 최초로 입항하였으나 수입신고를 하지 않은 경우에는 입항한 때

6) 과세물건 확정시기의 예외에 해당하는 경우에는 그 사실이 발생한 날

7) 통칙 18-0-1(권리사용료 가산시 환율 적용시점) 관세법 제30조제1항 각호에서 규정하는 가산요소에 해당하는 금액이 수입물품에 대하여 실제로 지불하였거나 지불하여야 할 금액과 별도로 외화에 의해 지불된다 하더라도 관세법 제18조에 의한 과세환율은 해당 수입물품에 대하여

6 납세의무자

1. 의의

납세의무자란 관세를 납부할 법률상의 의무를 부담하는 자를 말한다. 일반적으로 관세는 전가되므로 법률상의 관세 부담자(수입업자)와 사실상의 관세 부담자 (소비자)가 다르다.

2. 납세의무의 확장체계

1) 원칙적 납세의무자

수입신고를 한 물품인 경우에는 그 물품을 수입한 화주가 관세의 납세의무자가 된다. 다만, 수입신고가 수리된 물품 또는 수입신고수리전 반출승인을 받아 반출된 물품에 대하여 납부하였거나 납부하여야 할 관세액에 미치지 못하는 경우 해당 물품을 수입한 화주의 주소 및 거소가 분명하지 아니하거나 수입신고인이 화주를 명백히 하지 못하는 경우에는 그 신고인이 해당 물품을 수입한 화주와 연대하여 해당 관세를 납부하여야 한다.

화주가 불분명할 때에는 다음에 해당하는 자가 관세의 납세의무자가 된다.

① 수입을 위탁받아 수입업체가 대행수입한 물품인 경우: 그 물품의 수입을 위탁한 사람

② 수입을 위탁받아 수입업체가 대행수입한 물품이 아닌 경우: 송품장, 선하증권 또는 항공화물운송장 적힌 수하인(受荷人)

③ 수입물품을 수입신고 전에 양도한 경우: 그 양수인

판례 관세납부의무자인'그 물품을 수입한 화주'라 함은 그 물품을 수입한 실제 소유자를 의미한다고 할 것이고, 다만 그 물품을 수입한 실제 소유자인지 여부는 구체적으로 수출자와의 교섭, 신용장의 개설, 대금의 결제 등 수입절차의 관여 방법, 수입화물의 국내에서의 처분·판매의 방법의 실태, 해당 수입으로 인한 이익의 귀속관계 등의 사정을 종합하여 판단하여야 하며, 이와 같이 해석하는 것이 관세법에도 적용되는 실질과세 원칙에 부합하는 것이라고 할 것이다. 원고는 제수(弟嫂)인 소외 1의 부탁으로 자기 명의로 무역업체인'장훈트레이딩상사'의 사업자등록을 하는 것을 승낙한 사실, 원고 명의로 사업자등록을 마친 소외 1은 미국에서 오렌지를 수입하면서 수입시 제출하는 각종 서류(수입신고서, 수입신고수리 후 원산지 표시에 관한 서약서, 식품 등의 수입신고필증

수입신고하는 시점의 과세환율을 적용하여야 한다.

등)의 수입자, 서약인 또는 납세의무자란에 '장훈트레이딩상사'의 대표자인 원고의 이름을 기재하는 등 원고 명의로 모든 수입통관절차를 마친 사실, 그런데 **실질적으로 원고는 이 사건 오렌지의 수입과정에 관여한 바가 없었고,** 소외 1이 주도적으로 수입계약의 체결에서부터 대금의 지급 및 국내에서의 판매·처분에 이르기까지 수입에 필요한 모든 업무를 처리하여 온 사실, 그 후 소외 1은 오렌지의 수입신고가격을 실제 가격보다 낮은 가격으로 신고하는 방법으로 관세를 포탈한 사실이 세관에 적발되어 관세포탈죄 등으로 유죄판결을 받았던 반면 원고는 형사입건조차 되지 않았던 사실을 인정한 다음, **수입신고서상 형식상 신고명의인에 불과한 원고는 수입신고를 한 물품에 대한 관세의 납부의무자를 규정한 구 관세법의 '물품을 수입한 화주'에 해당하지 않는다고 판단**하였다. 【대법원 2003. 4. 11. 선고 2002두8442 선고 판결】

2) 연대납세의무자

납부하였거나 납부하여야 할 관세액에 부족이 있을 경우에 화주의 주소 및 거소가 불명하거나, 신고인이 화주를 명백히 하지 못한 때에는 그 신고인이 화주와 연대하여 그 부족 관세액을 납부하여야 한다.

3) 특별 납세의무자

특별 납세의무자란 수입신고에 의하지 않고 수입되는 물품에 대한 관세의 납세의무자를 말하는 것으로, 다음 각 경우의 납세의무자가 이에 해당한다.

구분	납세의무자
i) 외국물품인 선(기)용품과 외국무역선(기)에서 판매할 물품이 허가받은 대로 적재되지 아니하여 관세를 징수하는 물품	하역허가를 받은 자
ii) 보세구역 밖에서 보수작업을 하는 물품이 기간 내 미반입하여 관세를 징수하는 물품	보세구역 밖에서 하는 보수작업을 승인받은 자
iii) 보세구역에 장치된 외국물품이 멸실 또는 폐기되어 관세를 징수하는 물품	운영인 또는 보관인
iv) 보세공장외 작업, 보세건설장외 작업, 종합보세구역외 작업물품이 기간 내 미반입되어 관세를 징수하는 물품	보세공장 외 작업, 보세건설장 외 작업 또는 종합보세구역 외 작업을 허가받거나 신고한 사람
v) 보세운송기간 경과하여 관세를 징수하는 물품	보세운송을 신고하였거나 승인을 받은 자
vi) 수입신고가 수리되기 전에 소비하거나 사용하는 물품(관세법 제239조에 따라 소비 또는 사용을 수입으로 보지 아니하는 물품은 제외한다)인 경우에는 그 소비자 또는 사용자	소비자 또는 사용자
vii) 수입신고전 즉시반출신고를 하고 반출한 물품	해당 물품을 즉시 반출한 사람
viii) 우편으로 수입되는 물품	수취인

ⅸ) 도난물품 또는 분실물품	· 보세구역의 장치물품(藏置物品): 그 운영인 또는 화물관리인 · 보세운송물품: 보세운송을 신고하거나 승인을 받은 자 · 그 밖의 물품: 그 보관인 또는 취급인
ⅹ) 그 외의 물품	소유자 또는 점유자
ⅹⅰ) 관세법 또는 다른 법률에 따라 따로 납세의무자로 규정된 자	㉮ 외교관등 면세규정 양수제한품목 : 자동차, 선박, 피아노, 전자오르간 및 파이프오르간, 엽총에 대하여는 3년간 양수할 수 없으며, 무단양수 시 그 양수인로 부터 징수 ㉯ 감면물품의 용도외 사용 등 : 용도외 사용자 또는 양도인-양수인 ㉰ 분할납부승인물품의 용도외 사용 등 : 용도외 사용자 또는 양도인-양수인, 합병 후 신설법인, 파산관재인, 청산인 등 ㉱ 용도세율 적용물품의 용도 외 사용 : 용도외 사용자 또는 양도인-양수인 ㉲ 보세구역 장치 멸각 : 운영인 또는 보관인, 지정보세구역-화주 (관리인), 특허보세구역 (운영인) ㉳ 보세건설장외 보세작업 : 작업허가를 받은 자 ㉴ 여신전문금융업법에 의한 대여시설 이용자가 수입신고 : 대여시설이용자

판례 관세법에 의하면, 도난물품이나 분실물품이 보세구역의 장치물품인 경우에는 그 운영인 또는 화물관리인을, 보세운송물품인 경우에는 보세운송의 신고를 하거나 승인을 얻은 자를, 기타 물품인 경우에는 그 보관인 또는 취급인을 그 물품에 대한 관세의 납세의무자로 규정하고 있는바, 물품을 수입한 화주가 물품을 세관장의 허가를 받아 보세구역이 아닌 장소에 장치하였다가 도난당한 경우에는 도난물품이 관세법에 규정된 **기타 물품에 해당하여 그 보관인 또는 취급인이 그 물품에 대한 관세의 납세의무자**가 된다고 할 것인데, 위와 같은 경우 도난물품의 보관책임에 관하여 관세법에 의하면 물품을 수입한 화주 또는 반입자가 그 보관의 책임을 지되 세관장이 필요하다고 인정하여 화주에 갈음하는 화물관리인을 지정한 경우에는 그 화물관리인이 보관책임을 지도록 규정하고 있으므로, **화물관리인이 지정된 경우에는 화물관리인이, 화물관리인이 지정되지 않은 경우에는 물품을 수입한 화주 또는 반입자**가 관세법에 규정된 보관인으로서 도난물품에 대한 관세의 납세의무자가 된다고 할 것이다. 원고가 이 사건 참깨를 수입한 다음 세관장의 허가를 받아 보세구역이 아닌 장소에 장치하였다가 도난당하였으나 화물관리인이 지정되지 않았던 이상, 이 사건 참깨를 수입한 화주인 원고가 관세법에 규정된 보관인으로서 이 사건 참깨에 대한 관세의 납세의무자가 된다. 【대법원 2004. 10. 15. 선고 2003두8951 선고 판결】

4) 납세의무자의 경합

원칙적인 납세의무자와 특별납세의무자의 경합시에는 특별납세의무자

가 납세의무자가 된다(법 제19조 제2항).

5) 납세보증자

이 법 또는 다른 법령, 조약, 협약 등에 따라 관세의 납부를 보증한 자는 보증액의 범위에서 납세의무를 진다(법 제19조 제3항).

6) 제2차 납세의무자

제2차 납세의무자(「국세기본법」 제38조 내지 제41조의 규정)는 관세의 담보로 제공된 것이 없고 납세의무자와 관세의 납부를 보증한 자가 납세의무를 이행하지 아니하는 경우에 납세의무를 진다(법 제19조 제5항). 국세기본법에 의한 제2차 납세의무자의 종류는 다음과 같다.

- 청산인 등의 제2차 납세의무(국세기본법 제38조)
- 출자자의 제2차 납세의무(국세기본법 제39조)
- 법인의 제2차 납세의무(국세기본법 제40조)
- 사업양수인의 제2차 납세의무(국세기본법 제41조)

7) 양도담보재산으로써 체납관세 징수

납세의무자(관세의 납부를 보증한 자와 제2차 납세의무자를 포함한다. 이하 이 조에서 같다)가 관세·가산금·가산세 및 체납처분비를 체납한 경우 그 납세의무자에게 「국세기본법」에 따른 양도담보재산이 있을 때에는 그 납세의무자의 다른 재산에 대하여 체납처분을 집행하여도 징수하여야 하는 금액에 미치지 못한 경우에만 「국세징수법」을 준용하여 그 양도담보재산으로써 납세의무자의 관세·가산금·가산세 및 체납처분비를 징수할 수 있다. 다만, 그 관세의 납세신고일(부과고지하는 경우에는 그 납세고지서의 발송일을 말한다) 전에 담보의 목적이 된 양도담보재산에 대하여는 그러하지 아니하다.

제2절 납세의무의 소멸

1 의의

관세 납세의무는 영원히 지속되는 것이 아니고 특정 사유가 있을 때 소멸된다. 납세의무를 소멸시키는 것을 납세 법률 관계의 안정과 납세 행정의 편의를 위해서 필요하다.

2 소멸사유

관세, 가산금 또는 체납처분비를 납부하여야 하는 의무는 다음에 해당되는 때에는 소멸한다(법 제20조).

- 관세를 납부하거나 관세에 충당[8]
- 관세부과가 취소된 때
- 관세를 부과할 수 있는 기간에 관세가 부과되지 아니하고 그 기간이 만료된 때
- 관세징수권의 소멸시효가 완성된 때

3 관세부과권의 제척기간

1. 의의

관세부과권이란 이미 성립된 관세채권의 구체적 내용을 확정하는 공법상 형성권 즉 관세의 부과, 결정 등의 행정처분을 할 수 있는 권리를 말하게 된다. 제척기간이란 특정한 권리에 관하여 법률이 미리 정하여 놓은 존속기간으로서 그 동안에 권리가 행사되지 않으면 그 권리가 소멸하게 된다.

2. 제척기간

관세는 해당 관세를 부과할 수 있는 날부터 2년이 지나면 부과할 수 없다.

---

8) 담보물 충당, 체납처분금 충당, 환급금 충당, 장치기간 경과물품 매각금 충당한 때

다만, 부정한 방법으로 관세를 포탈하였거나 환급 또는 감면받은 경우나 관세법 제27조제1항을 위반하여 가격신고를 하지 아니하였거나 과세가격의 일부를 신고하지 아니하여 납부하여야 할 세액에 미치지 못한 경우에는 관세를 부과할 수 있는 날부터 5년이 지나면 부과할 수 없다.

다음에 해당하는 경우에는 ①부터 ⑤까지의 결정·판결이 확정되거나 회신을 받은 날부터 1년, 경정청구일 및 결정통지일로부터 2개월이 지나기 전까지는 해당 결정·판결·회신 또는 경정청구에 따라 경정이나 그 밖에 필요한 처분을 할 수 있다.

① 관세법 제5장제2절(제119조부터 제132조까지)에 따른 이의신청, 심사청구 또는 심판청구에 대한 결정이 있은 경우
② 「감사원법」에 따른 심사청구에 대한 결정이 있은 경우
③ 「행정소송법」에 따른 소송에 대한 판결이 있은 경우
④ 관세법 제313조에 따른 압수물품의 반환결정이 있은 경우
⑤ 관세법과 「자유무역협정의 이행을 위한 관세법의 특례에 관한 법률」 및 조약·협정 등이 정하는 바에 따라 양허세율의 적용여부 및 세액 등을 확정하기 위하여 원산지증명서를 발급한 국가의 세관이나 그 밖에 발급권한이 있는 기관에게 원산지증명서 및 원산지증명서확인자료의 진위여부, 정확성 등의 확인을 요청하여 회신을 받은 경우
⑥ 관세법 제38조의3제2항·제3항 또는 제38조의4제1항에 따른 경정청구가 있는 경우
⑦ 관세법 제38조의4제4항에 따른 조정 신청에 대한 결정통지가 있는 경우

3. 제척기간의 기산일

관세부과의 제척기간을 산정할 때 수입신고한 날의 다음날을 관세를 부과할 수 있는 날로 한다. 다만, 다음의 경우에는 다음에 규정된 날을 관세를 부과할 수 있는 날로 한다.

① 관세법 제16조제1호 내지 제11호에 해당되는 경우에는 그 사실이 발생한 날의 다음날
② 의무불이행 등의 사유로 감면된 관세를 징수하는 경우에는 그 사유가 발생한 날의 다음날
③ 보세건설장에 반입된 외국물품의 경우에는 다음 날중 먼저 도래한 날의 다음날

· 관세법 제211조의 규정에 의하여 건설공사완료보고를 한 날
· 관세법 제176조의 규정에 의한 특허기간(특허기간을 연장한 경우에는 연장기간을 말한다)이 만료되는 날

④ 과다환급 또는 부정환급 등의 사유로 관세를 징수하는 경우에는 환급한 날의 다음날

⑤ 관세법 제28조에 따라 잠정가격을 신고한 후 확정된 가격을 신고한 경우에는 확정된 가격을 신고한 날의 다음 날(다만, 관세법 제28조제2항에 따른 기간 내에 확정된 가격을 신고하지 아니하는 경우에는 해당 기간의 만료일의 다음날)

4. 제척기간의 예외

다음에 해당하는 때에는 제척기간에도 불구하고 결정 또는 판결이 확정된 날부터 1년이 경과하기 전까지는 해당 결정 또는 판결에 따라 결정 그 밖의 필요한 처분을 할 수 있다.

- 이의신청, 심사청구 또는 심판청구에 대한 결정이 있는 경우
- 감사원법에 의한 심사청구에 대한 결정이 있는 경우
- 행정소송법에 의한 소송에 대한 판결이 있은 경우
- 압수물품의 환부결정이 있은 경우

4 관세징수권 등의 소멸시효

1. 의의

관세징수권이란 부과권의 행사에 의하여 확정된 구체적인 납세의무에 대하여 그 이행을 청구하고 강제할 수 있는 권리로서의 청구권의 일종으로 소멸시효의 적용을 받는다. 소멸시효란 권리자가 일정기간 권리를 행사하지 아니하여 권리의 불이행 상태가 계속되는 경우 그 권리를 소멸시키는 제도이다.

2. 관세징수권의 소멸시효

관세의 징수권은 이를 행사할 수 있는 날부터 5년간 행사하지 아니하면 소멸시효가 완성된다(법 제22조 제1항). “소멸시효가 완성된다”라 함은 관세징수권이 소멸하는 것을 말한다.[9]

판례 관세법에 의하면, 사위 기타 부정한 방법으로 관세를 포탈하였거나 환급을 받은 물품 또는 정당한 사유 없이 관세를 납부하지 아니한 물품에 대한 관세의 징수권은 이를 행사할 수 있는 날로부터 5년간 행사하지 아니하면 소멸시효가 완성한다고 규정하고 있는바, 이는 관세 등 확정세액의 납부이행에 관한 징수권의 행사기간뿐 아니라 **부과권의 행사기간**도 아울러 정한 것으로 볼 것이나, 사위 기타 부정한 방법으로 관세를 포탈하는 경우에는 탈루신고임을 발견하기가 쉽지 아니하여 부과권의 조기행사를 기대하기가 어렵고, 또 신고세액이나 부과된 세액을 납부하지 아니한 경우에는 특별한 사정이 없는 한 그 확정된 세액의 징수까지를 단기에 포기하거나 종결할 필요가 없다고 보아 예외를 둔 취지라고 할 것이다. 외국 국적 선박을 경락취득하여 운항에 사용하면서 그 수입신고를 하지 아니하여 과세관청이 관세를 부과하게 되었다면, 그 부과징수권에 대하여 관세법 제25조 제2항 의 장기소멸시효기간을 적용하기 위하여는 경락취득자가 신고하지도 아니한 세액을 납부하지 아니한 데에 정당한 사유가 있는지의 여부는 문제될 여지가 없고, 그 신고하지 아니함으로써 관세를 포탈한 태양이 사위 기타 부정한 방법에 해당하는 경우임이 인정되어야 한다. 【대법원 1997. 10. 10. 선고 96누10522 선고 판결】

관세징수권을 행사할 수 있는 날은 다음의 날로 한다(영 제7조 제1항).

- 신고납부(법 제38조)하는 관세에 있어서는 수입신고가 수리된 날부터 15일이 경과한 날의 다음날. 다만, 제1조의2의 규정에 따른 월별납부의 경우에는 그 납부기한이 경과한 날의 다음 날로 한다.
- 부족세액에 대한 보정신청(법 제38조의2제4항)하는 관세에 있어서는 부족세액에 대한 보정신청일의 다음날의 다음날
- 수정신고와 함께 납부한 관세(법 제38조의3제1항) 관세에 있어서는 수정신고일의 다음날의 다음날
- 부과고지하는 관세에 있어서는 납세고지를 받은 날부터 15일이 경과한 날의 다음날
- 즉시반출신고(법 제253조제3항)를 하고 납부하는 관세에 있어서는 수입신고한 날부터 15일이 경과한 날의 다음날
- 그 밖의 법령에 의하여 납세고지하여 부과하는 관세에 있어서는 납부기한을 정한 때에는 그 납부기한이 만료된 날의 다음날

3. 관세환급 청구권의 소멸시효

납세자의 과오납금 또는 그 밖의 관세의 환급청구권은 그 권리를 행사할 수 있는 날부터 5년간 행사하지 아니하면 소멸시효가 완성된다(법 제22조 제2항). 2008년 12월 관세법 개정으로 과거 3년이던 과오납금 그 밖의 관세의 환급청구권이 5년으로 연장되었다.

9) 통칙 22-0-2(종속된 권리의 소멸시효) 관세징수권의 소멸시효가 완성된 때에는 해당 물품에 대한 내국세, 가산세, 가산금 및 체납처분비 등에 대하여도 그 효력이 미친다.

판례 소멸시효는 객관적으로 권리가 발생하여 그 권리를 행사할 수 있는 때로부터 진행하고 그 권리를 행사할 수 없는 동안만은 진행하지 않는바, '권리를 행사할 수 없는' 경우라 함은 그 권리행사에 법률상의 장애사유, 예컨대 기간의 미도래나 조건불성취 등이 있는 경우를 말하는 것이고, 사실상 권리의 존재나 권리행사 가능성을 알지 못하였고 알지 못함에 과실이 없다고 하여도 이러한 사유는 법률상 장애사유에 해당하지 않는다고 할 것이다(대법원 1992. 3. 31. 선고 91다32053 판결 등 참조). 관세에 대한 과오납금 환급청구권은 원고가 1995. 5. 9.자 관세부과처분의 취소를 구하는 소송을 제기하여 승소판결을 받은 때인 1999. 7. 15. 이후에 비로소 행사할 수 있었으므로 소멸시효가 완성되지 않았다는 원고의 주장에 대하여, 이 사건 관세에 대한 과오납금 환급청구권은 처음부터 법률상 원인없이 납부한 관세 과오납금의 반환을 구하는 것으로 그 납부시에 발생하여 이를 행사할 수 있으므로 그 소멸시효는 이를 행사할 수 있는 납부일로부터 진행한다고 봄이 상당하고, 원고가 1995. 5. 9.자 관세부과처분의 취소를 구하는 소송을 제기하여 이 사건 관세와 같은 관세율을 적용한 위 부과처분이 위법하다는 내용의 승소판결을 받은 때인 1999. 7. 15. 이후에 비로소 이 사건 관세 과오납금 환급청구권을 행사할 수 있게 된다고는 할 수 없으며, 또한 원고로서는 위 1995. 5. 9.자 관세부과처분에도 불구하고 계속하여 위 부과처분에서 적용한 관세율을 적용하지 아니하고 수입신고할 것을 기대하기 어려웠다거나, 1995. 6. 30. 이후에 식용 대두를 수입하면서 위 부과처분에서 적용한 관세율로 납부한 관세에 관한 과오납금을 피고로부터 환급받은 1999. 6. 4.경 또는 원고가 제기한 위 관세부과처분 취소소송에서 승소판결을 받은 1999. 7. 15. 이전에 이 사건 관세에 대한 과오납금 환급청구권을 행사할 것을 기대하기 어려웠다는 원고의 주장사유는 위 권리를 행사할 수 없는 법률상의 장애사유가 아니라 사실상의 장애사유에 불과하므로, 원고의 위 과오납금 환급청구권에 관한 소멸시효 진행에는 아무런 영향을 미치지 못한다고 판단. 【대법원 2004. 4. 27. 선고 2003두10763 선고 판결】

관세환급청구권을 행사할 수 있는 날은 다음과 같다(영 제7조 제2항).

- 경정으로 인한 환급의 경우에는 경정결정일
- 착오납부 또는 이중납부로 인한 환급의 경우에는 그 납부일
- 계약과 상이한 물품 등에 대한 환급의 경우에는 해당 물품의 수출신고수리일 또는 보세공장반입신고일
- 폐기, 멸실, 변질, 또는 손상된 물품에 대한 환급의 경우에는 해당 물품이 폐기, 멸실, 변질 또는 손상된 날(영 제7조 제2항 제3의2호)
- 종합보세구역에서 물품을 판매하는 자가 환급받으려는 경우에는 환급에 필요한 서류의 제출일(영 제7조 제2항 제3의3호)
- 수입신고 또는 입항전 수입신고를 하고 관세를 납부한 후신고가 취하 또는 각하된 경우에는 신고의 취하일 또는 각하일
- 적법하게 납부한 후 법률의 개정으로 인하여 환급하는 경우에는 그 법률의 시행일

5 관세징수권의 시효중단 및 정지

1. 시효중단의 의의

시효중단이라 함은 시효가 진행되다가 어떤 사유에 의하여 그 사유가 종료된 후 시효가 새로이 진행되는 것을 말한다.

2. 관세징수권의 소멸시효 중단

관세징수권의 소멸시효는 다음에 해당하는 사유로 중단된다.10)

- 납세고지
- 경정처분
- 납세독촉(납부최고를 포함한다)
- 통고처분
- 고발
- 「특정범죄가중처벌 등에 관한 법률」에 따른 공소제기
- 교부청구
- 압류

3. 환급청구권의 소멸시효 중단

환급청구권의 소멸시효는 환급청구권의 행사로 중단된다.

4. 관세징수권의 시효정지

시효정지라 함은 시효가 진행되다가 어떤 사유에 의하여 시효가 진행되지 않고 일시 정지 되었다가, 그 사유가 종료되면 잔여부분의 시효기간이 진행되는 것을 말한다.

관세징수권의 소멸시효는 관세의 분할납부기간, 징수유예기간, 체납처분유예기간 또는 사해행위(詐害行爲) 취소소송기간 중에는 진행하지 아니한다

10) 통칙 23-0-1(시효의 중단)①법 제23조에서 "시효의 중단"이라 함은 법 제23조제1항에서 정한 납세고지 등 중단사유로 인하여 이미 경과한 시효기간의 효력이 상실되는 것을 말하며, 관세징수권의 소멸시효는 중단사유가 종료된 때로부터 새로이 진행된다.
②주 납세의무자에 대하여 관세징수권의 소멸시효가 완성된 때에는 해당 건과 관련된 제2차 납세의무자, 납세보증인 및 물적납세의무자 등에 대하여도 그 효력이 미친다.
③세관장이 제2차납세의무자, 납세보증인 및 물적납세의무자 등에 대하여 관세징수권을 행사함으로써 해당 징수권의 소멸시효가 중단된 경우 그 효력은 주 납세의무자에게도 미친다.

(법 제23조 제3항). 사해행위 취소소송으로 인한 시효정지의 효력은 소송이 각하, 기각 또는 취하된 경우에는 효력이 없다. 관세징수권과 환급청구권의 소멸시효에 관하여 이 법에서 규정한 것을 제외하고는 「민법」을 준용한다.

제3절 납세담보

1 의의

관세 담보제도란 국가가 관세채권의 확보를 위하여 담보물 위에 담보물권을 취득하고 납세의무자가 관세를 납부하지 아니하는 경우에는 그 담보물에 의거 관세채무를 변제하는 제도이다. 관세를 납부할 수입물품이 신고수리되지 아니하고 보세구역에 장치되어 있는 경우에는 일반적인 담보기능 있어 납부의무 불이행시 매각처분 등에 의하여 채권 확보(일반담보). 수입물품이 관세미납상태에서 보세구역에서 반출 또는 다른 장소로 이동하거나 법령상 조건이행을 위하여 특별히 요구하는 경우에는 그 담보물을 제공하여야 한다(특별담보). 다음과 같은 경우에는 관세담보를 제공하게 할 수 있다.

- 덤핑방지관세의 잠정조치를 할 때(법 제53조 제1항)
- 상계관세의 잠정조치를 할 때(법 제59조 제1항)
- 조건부 감면세 또는 분할납부의 경우(법 제108조 제1항)
- 수입물품 보세구역외 장치허가시(법 제156조 제2항)
- 특허보세구역내 운영인의 물품 장치시(법 제181조)
- 보세공장외 작업의 경우(법 제187조 제2항)
- 보세건설장외 작업의 경우(법 제195조 제2항)
- 보세운송의 경우(법 제218조)
- 수입신고수리전 반출의 경우(법 제252조)
- 수입신고전 즉시반출의 경우(법 제253조 제1항)
- 수입신고 수리시(법 제248조 제2항)
- 지적재산권 보호를 위한 수입신고의 보류요청시(법 제235조 제3항, 제4항)

2 담보제공 등

1. 담보종류

관세법의 규정에 따라 제공하는 담보의 종류는 금전, 국채 또는 지방채,

세관장이 인정하는 유가증권, 납세보증보험증권, 토지, 보험에 가입된 등기 또는 등록된 건물·공장재단·광업재단·선박·항공기 또는 건설기계, 세관장이 인정하는 보증인의 납세보증서 등이다.[11)12)]

종류	담보물의 평가
금전	
국채 또는 지방채	– 「자본시장과 금융투자업에 관한 법률」에 따른 유가증권시장 또는 코스닥시장에 상장된 유가증권 중 매매사실이 있는 것: 담보로 제공하는 날의 전날에 공표된 최종시세가액 – 기타 유가증권: 담보로 제공하는 날의 전날에 「상속세 및 증여세법 시행령」 제58조제1항제2호를 준용하여 계산한 가액
세관장이 인정하는 유가증권	
납세보증보험증권	
토지	– 토지 또는 건물의 평가: 「상속세 및 증여세법」 제61조를 준용하여 평가한 가액 – 공장재단 · 광업재단 · 선박 · 항공기 또는 건설기계: 「부동산 가격공시 및 감정평가에 관한 법률」에 따른 감정평가업자의 평가액 또는 「지방세법」에 따른 시가표준액
보험에 가입된 등기 또는 등록된 건물 · 공장재단 · 광업재단 · 선박 · 항공기 또는 건설기계	
세관장이 인정하는 보증인의 납세보증서	

납세보증보험증권 및 납세보증서는 세관장이 요청하면 특정인이 납부하여야 하는 금액을 일정 기일 이후에는 언제든지 세관장에게 지급한다는 내용의 것이어야 한다.

2. 담보제공 절차

1) 담보제공서

관세의 담보를 제공하려는 자는 담보의 종류·수량·금액 및 담보사유를 기재한 담보제공서를 세관장에게 제출하여야 한다.

2) 담보 종류별 첨부서류

관세의 담보를 제공하려는 자는 담보의 종류·수량·금액 및 담보사유

11) 통칙 24-0-1(징발보상증권의 담보제공) 징발재산정리에관한특별조치법에 의하여 발행된 징발보상증권은 법 제24조제1항제2호의 채권 및 증권에 해당하므로 관세 등의 담보로 제공할 수 있다.

12) 통칙 24-0-2(납세보증서의 담보제공) 신용보증기금법에 의한 납세보증서는 은행지급보증에 준하여 관세등의 담보로 제공할 수 있다.

를 기재한 담보제공서를 세관장에게 제출하여야 한다.

〈표 5-1〉 담보대상별 첨부서류

담보대상	첨부 서류
국채 또는 지방채	담보로 제공하려는 자는 해당 채권에 관하여 모든 권리를 행사할 수 있는 자의 위임장을 담보제공서에 첨부
유가증권	증권발행자의 증권확인서와 해당 증권에 관한 모든 권리를 행사할 수 있는 자의 위임장을 담보제공서에 첨부
납세보증보험증권, 세관장이 인정하는 보증인의 납세보증서	납세보증보험증권 또는 납세보증서를 담보제공서에 첨부[13)]
토지, 건물·공장재단·광업재단·선박·항공기나 건설기계	저당권을 설정하는 데에 필요한 서류를 담보제공서에 첨부[14)]
보험에 든 건물·공장재단·광업재단·선박·항공기나 건설기계	보험증권 제출[15)]

3) 담보금액

제공하려는 담보의 금액은 납부하여야 하는 관세에 상당하는 금액이어야 한다. 다만, 그 관세가 확정되지 아니한 경우에는 관세청장이 정하는 금액으로 한다.

4) 포괄담보

납세의무자(관세의 납부를 보증한 자를 포함한다)는 이 법에 따라 계속하여 담보를 제공하여야 하는 사유가 있는 경우에는 관세청장이 정하는 바에 따라 일정 기간에 제공하여야 하는 담보를 포괄하여 미리 세관장에게 제공할 수 있다(법 제24조 제4항). 담보를 포괄하여 제공하려는 자는 그 기간 및 담보의 최고액과 담보제공자의 전년도 수출입실적 및 예상수출입물량을 기재한 신청서를 세관장에게 제출하여야 한다. 담보를 포괄하여 제공할 수 있는 요건, 그 담보의 종류 그 밖의 필요한 사항은 관세청장이 정한다.

5) 납세고지

세관장은 관세의 담보를 제공하려는 자가 담보액의 확정일부터 10일 이내에 담보를 제공하지 아니하는 경우나 납세의무자가 수입신고후 10일 이

13) 담보가 되는 보증 또는 보험의 기간은 해당 담보를 필요로 하는 기간으로 하되, 납부기한이 확정되지 아니한 경우에는 관세청장이 정하는 기간으로 한다.
14) 세관장은 저당권의 설정을 위한 등기 또는 등록의 절차를 밟아야 한다.
15) 보험기간은 담보를 필요로 하는 기간에 30일 이상을 더한 것이어야 한다.

내에 법 제248조제2항의 규정에 따른 담보를 제공하지 아니하는 경우에는 납세고지를 할 수 있다.

4. 담보의 변경

관세의 담보를 제공한 자는 해당 담보물의 가격감소에 따라 세관장이 담보물의 증가 또는 변경을 통지한 때에는 지체없이 이를 이행하여야 한다. 관세의 담보를 제공한 자는 담보물, 보증은행, 보증보험회사, 은행지급보증에 의한 지급기일 또는 납세보증보험기간을 변경하려는 때에는 세관장의 승인을 얻어야 한다.

5. 담보의 해제신청

세관장은 납세담보의 제공을 받은 관세·가산금과 체납처분비가 납부된 때에는 지체 없이 담보해제의 절차를 밟아야 한다. 제공된 담보를 해제 받으려는 자는 담보의 종류·수량 및 금액, 담보제공연월일과 해제사유를 기재한 신청서에 해제사유를 증명하는 서류를 첨부하여 세관장에게 제출하여야 한다. 다만, 국가관세종합정보망의 전산처리설비를 이용하여 세관장이 관세의 사후납부사실 등 담보의 해제사유를 확인할 수 있는 경우에는 해당 사유를 증명하는 서류로서 관세청장이 정하여 고시하는 서류 등을 제출하지 아니할 수 있다.

6. 담보물의 매각

세관장은 제공된 담보물을 매각하려는 때에는 담보제공자의 주소·성명·담보물의 종류·수량, 매각사유, 매각장소, 매각일시 그 밖의 필요한 사항을 공고하여야 한다. 세관장은 납세의무자가 매각예정일 1일전까지 관세와 비용을 납부하는 때에는 담보물의 매각을 중지하여야 한다.

3 담보의 관세충당과 해제

1. 충당 방법

세관장은 담보를 제공한 납세의무자가 그 납부기한까지 해당 관세를 납부하지 아니하면 다음 방법에 따라 그 담보를 해당 관세에 충당할 수 있다.

종류	관세충당 방법
금전	
국채 또는 지방채	매각하는 방법
세관장이 인정하는 유가증권	매각하는 방법
납세보증보험증권	보증인에게 담보한 관세에 상당하는 금액을 납부할 것을 즉시 통보하는 방법
토지	매각하는 방법
보험에 든 등기 또는 등록된 건물 · 공장재단 · 광업재단 · 선박 · 항공기나 건설기계	매각하는 방법
세관장이 인정하는 보증인의 납세보증서	보증인에게 담보한 관세에 상당하는 금액을 납부할 것을 즉시 통보하는 방법

2. 가산금과 잔액교부

담보로 제공된 금전을 해당 관세에 충당할 때에는 납부기한이 지난 후에 충당하더라도 가산금(법 제41조) 관련 규정을 적용하지 아니한다. 세관장은 담보를 관세에 충당하고 남은 금액이 있을 때에는 담보를 제공한 자에게 이를 돌려주어야 하며, 돌려줄 수 없는 경우에는 이를 공탁할 수 있다. 세관장은 관세의 납세의무자가 아닌 자가 관세의 납부를 보증한 경우 그 담보로 관세에 충당하고 남은 금액이 있을 때에는 그 보증인에게 이를 직접 돌려주어야 한다.

3. 담보의 해제

세관장은 납세담보의 제공을 받은 관세·가산금 및 체납처분비가 납부되었을 때에는 지체 없이 담보해제의 절차를 밟아야 한다.

4 담보 등이 없는 경우의 관세징수

1. 근거 법률

담보 제공이 없거나 징수한 금액이 부족한 관세의 징수에 관하여는 이 법에 규정된 것을 제외하고는 「국세기본법」과 「국세징수법」의 예에 따른다. 세관장은 관세의 체납처분을 할 때에는 재산의 압류, 보관, 운반 및 공매에 드는 비용에 상당하는 체납처분비를 징수할 수 있다.

2. 체납처분(강제징수) 절차

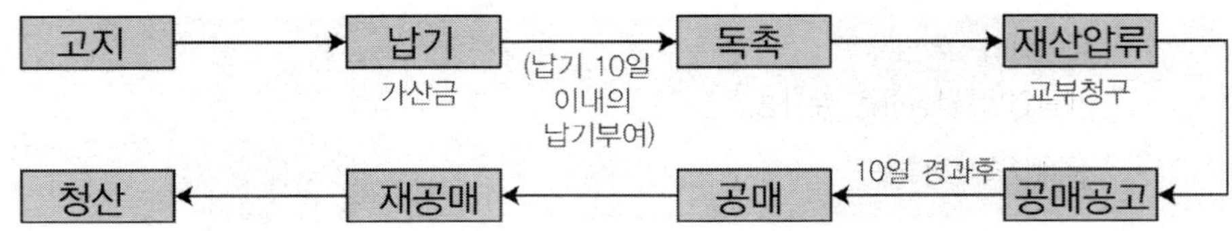

제4절 기간과 기한

1 기간의 계산 등

1. 기간의 계산

관세법에 따른 기간의 계산은 이 법에 특별한 규정이 있는 것을 제외하고는 「민법」에 따른다.

〈표 5-2〉 민법의 기간 계산방법

제156조 (기간의 기산점) 기간을 시, 분, 초로 정한 때에는 즉시로부터 기산한다.
제157조 (기간의 기산점) 기간을 일, 주, 월 또는 연으로 정한 때에는 기간의 초일은 산입하지 아니한다. 그러나 그 기간이 오전영시로부터 시작하는 때에는 그러하지 아니하다.
제158조 (연령의 기산점) 연령계산에는 출생일을 산입한다.
제159조 (기간의 만료점) 기간을 일, 주, 월 또는 연으로 정한 때에는 기간말일의 종료로 기간이 만료한다.
제160조 (력에 의한 계산) ①기간을 주, 월 또는 연으로 정한 때에는 력에 의하여 계산한다.
②주, 월 또는 연의 처음으로부터 기간을 기산하지 아니하는 때에는 최후의 주, 월 또는 연에서 그 기산일에 해당한 날의 전일로 기간이 만료한다.
③월 또는 연으로 정한 경우에 최종의 월에 해당일이 없는 때에는 그 월의 말일로 기간이 만료한다.
제161조 (공휴일과 기간의 만료점) 기간의 말일이 공휴일에 해당한 때에는 기간은 그 익일로 만료한다.

2. 기한의 연장

1) 공휴일과 기한

관세법에 따른 기한이 공휴일(「근로자의 날 제정에 관한 법률」에 따른 근로자의 날과 토요일을 포함한다) 또는 금융기관[16] 또는 체신관서의 휴무, 그 밖에 부득이한 사유로 인하여 정상적인 관세의 납부가 곤란하다고 관세청장이 정하는 날에 해당하는 때에는 그 다음날을 기한으로 한다.

2) 전산설비의 고장

국가관세종합정보망 또는 전산처리설비가 정전, 프로그램의 오류, 한국은행(대리점을 포함한다) 또는 체신관서의 정보처리장치의 비정상적인 가

16) 한국은행 국고대리점 및 국고수납대리점인 금융기관에 한한다.

동 그 밖의 관세청장이 정하는 사유로 인하여 가동이 정지되어 관세법에 따른 기한까지 이 법에 따른 신고, 신청, 승인, 허가, 수리, 교부, 통지, 통고, 납부 등을 할 수 없게 되는 경우에는 그 장애가 복구된 날의 다음 날을 기한으로 한다.

3. 수입신고수리전 반출승인일과의 관계

관세법에 따른 기간을 계산할 때 수입신고수리전 반출승인을 받은 경우에는 그 승인일을 수입신고의 수리일로 본다.

2 기한의 계산 등

1. 관세의 납부기한

관세의 납부기한은 관세법에서 달리 규정하는 경우를 제외하고는 다음 구분에 따른다.

- 납세신고를 한 경우: 납세신고 수리일부터 15일 이내
- 납세고지를 한 경우: 납세고지를 받은 날부터 15일 이내
- 수입신고전 즉시반출신고를 한 경우: 수입신고일부터 15일 이내

납세의무자는 수입신고가 수리되기 전에 해당 세액을 납부할 수 있다.

2. 월별납부

세관장은 납세실적 등을 고려하여 관세청장이 정하는 요건을 갖춘 성실납세자가 신청을 할 때에는 납부기한이 동일한 달에 속하는 세액에 대하여는 그 기한이 속하는 달의 말일까지 한꺼번에 납부하게 할 수 있다(법 제9조 제3항).

1) 신청

납부기한이 동일한 달에 속하는 세액을 월별로 일괄하여 납부(월별납부)하려는 자는 납세실적 및 수출입실적에 관한 서류 등 관세청장이 정하는 서류를 갖추어 세관장에게 월별납부의 승인을 신청하여야 한다. 세관장은 월별납부의 승인을 신청한 자가 관세청장이 정하는 요건을 갖춘 경우에는 세액의 월별납부를 승인하여야 한다. 세관장은 월별납부의 승인을 신청한

자가 관세청장이 정하는 요건을 갖춘 경우에는 세액의 월별납부를 승인하여야 한다. 이 경우 승인의 유효기간은 승인일부터 그 후 2년이 되는 날이 속하는 달의 마지막 날까지로 한다(영 제1조의2 제2항). 세관장은 월별납부의 대상으로 납세신고된 세액에 대하여 필요하다고 인정하는 때에는 담보를 제공하게 할 수 있다(영 제1조의2 제3항).

2) 승인취소

세관장은 납세의무자가 관세를 납부기한이 경과한 날부터 15일 이내에 납부하지 아니하는 경우, 월별납부를 승인받은 납세의무자가 법에서 정한 관세청장이 정한 요건을 갖추지 못하게 되는 경우, 사업의 폐업, 경영상의 중대한 위기, 파산선고 및 법인의 해산 등의 사유로 월별납부를 유지하기 어렵다고 세관장이 인정하는 경우에는 월별납부의 승인을 취소할 수 있다. 이 경우 세관장은 월별납부의 대상으로 납세신고된 세액에 대하여는 15일 이내의 납부기한을 정하여 납세고지하여야 한다.

3) 월별납부 승인 갱신

월별납부 승인을 갱신하려는 자는 서류를 갖추어 그 유효기간 만료일 1개월 전까지 승인갱신 신청을 하여야 한다. 세관장은 승인을 받은 자에게 승인을 갱신하려면 승인의 유효기간이 끝나는 날의 1개월 전까지 승인갱신을 신청하여야 한다는 사실과 갱신절차를 승인의 유효기간이 끝나는 날의 2개월 전까지 휴대폰에 의한 문자전송, 전자메일, 팩스, 전화, 문서 등으로 미리 알려야 한다.

3. 천재·지변 등으로 인한 기한의 연장

세관장은 천재지변이나 다음 사유로 관세법에 따른 신고, 신청, 청구, 그 밖의 서류의 제출, 통지, 납부 또는 징수를 정하여진 기한까지 할 수 없다고 인정되는 경우에는 1년을 넘지 아니하는 기간을 정하여 그 기한을 연장할 수 있다.

- 전쟁 · 화재 등 나 도난으로 인하여 재산에 심한 손실을 입은 경우
- 사업에 현저한 손실을 입은 경우
- 사업이 중대한 위기에 처한 경우
- 그 밖의 세관장이 위에 준하는 사유가 있다고 인정하는 경우

납부기한을 연장받으려는 자는 납세의무자의 성명·주소 및 상호, 납부기한을 연장받으려는 세액 및 해당 물품의 신고일자·신고번호·품명·규격·수량 및 가격, 납부기한을 연장받으려는 사유 및 기간을 기재한 신청서를 해당 납부기한이 종료되기 전에 세관장에게 제출하여야 한다.

세관장은 납부기한을 연장한 때에는 납세고지를 하여야 한다. 세관장은 납부기한을 연장함에 있어서 채권확보를 위하여 필요하다고 인정하는 때에는 담보를 제공하게 할 수 있다. 세관장은 납부기한연장을 받은 납세의무자가 다음에 해당하게 된 때에는 납부기한연장을 취소할 수 있다.

- 관세를 지정한 납부기한내에 납부하지 아니하는 때
- 재산상황의 호전 그 밖의 상황의 변화로 인하여 납부기한연장을 할 필요가 없게 되었다고 인정되는 때
- 파산선고, 법인의 해산 그 밖의 사유로 해당 관세의 전액을 징수하기 곤란하다고 인정되는 때

세관장은 납부기한연장을 취소한 때에는 15일 이내의 납부기한을 정하여 납세고지를 하여야 한다.

3 관세징수의 우선 등

1. 징수순위

1) 관세 납부 대상 물품

관세를 납부하여야 하는 물품에 대하여는 다른 조세, 그 밖의 공과금 및 채권에 우선하여 그 관세를 징수한다(법 제3조 제1항).

판례 관세법 규정의 우선 적용에 관한 관세법 제4조 제1항 은 수입물품에 대하여 세관장이 부과·징수하는 내국세의 부과·징수·환급·결손처분 등의 절차적인 사항에 관해서는 관세법 규정을 우선 적용하는 것이 납세편의 및 그 절차의 간소화를 도모할 수 있다는 취지에서 규정된 것일 뿐, 실체적인 사항에 관해서까지 관세법 규정을 우선 적용하라는 취지로 규정된 것은 아니고(대법원 2006. 3. 9. 선고 2005두10125 판결 참조), 관세법 제3조 제1항이 관세를 납부하여야 하는 물품에 대하여는 다른 조세 기타 공과금과 채권에 우선하여 그 관세를 징수한다고 규정하고 있는 것은 관세의 특수성에서 유래된 것이므로 (대법원 1979. 2. 27. 선고 78다1689 판결 참조), 비록 부가가치세법 제23조 제3항 에서 재화의 수입에 대한 부가가치세는 세관장이 관세징수의 예에 의하여 징수하도록 규정하고 있다고 하더라도, 내국세

인 부가가치세의 징수에 관하여는 관세법 제3조 제1항 이 적용되지 않는다고 할 것이다. 관세법 제4조 제1항 은 내국세나 그 가산세 등의 부과·징수·환급·결손처분 등을 함에 있어서 절차적인 사항에 관해서는 관세법의 규정을 우선 적용하는 것이 관세에 관한 부과·징수·환급·결손처분 등의 절차와 통일을 기할 수 있음은 물론이고 그 절차의 간소화를 가져올 수 있으므로 조세행정의 능률과 납세자의 편의를 도모하기 위한 취지에서 관세법의 규정을 우선 적용하도록 한 것으로 보이고, 더 나아가 그 과세물건, 납세의무자, 과세표준, 세율 등 실체적 과세요건까지 관세법의 규정을 우선 적용하라는 취지를 규정한 것은 아니라고 풀이함이 상당하다. 즉, 수입물품에 대하여 세관장이 부가가치세 등 내국세 본세를 부과·징수할 때 그 부과대상이나 세액 산정을 위한 실체적 과세요건에 관해 부가가치세법 등 개별 내국세법의 관련 규정이 적용되어야 하고 이와 관세법의 관련 규정이 상충된다고 하여 관세법의 규정이 우선 적용되지 않듯이, 그 가산세에 대하여도 그 부과대상이나 세액 산정을 위한 실체적 과세요건에 관해서 부가가치세법 등 개별 세법에 정한 가산세 관련 규정이 적용되어야 한다. 【대법원 2007.2.22. 선고 2005다10845 선고 판결】

2) 관세를 납부하여야 하는 물품이 아닌 재산

국세징수의 예에 따라 관세를 징수하는 경우 체납처분의 대상이 해당 관세를 납부하여야 하는 물품이 아닌 재산인 경우에는 관세의 우선순위는 「국세기본법」에 따른 국세와 동일하게 한다(법 제3조 제2항).

판례 관세법 제20조 제1항에서"관세를 납부하여야 할 물품에 대하여는 다른 조세 기타의 공과 및 채권에 우선하여 그 관세를 징수한다"라고만 규정함으로써, 관세에 관하여는 일반국세징수의 경우와 같이, 국세라 할지라도 그 납부기한으로부터 1년 전에 설정된 전세권, 질권 또는 저당권에 의하여 담보되는 채권에 대하여는 우선되지 않는다는 취지의 국세기본법 제35조 제3호와 같은 예외규정을 두지 않고 있음은 관세로서의 특수성에서 유래된 까닭이라고 할 것이다. 그러므로 원심판시 물품세법과 석유류세법 및 각 그 시행령의 규정에 따라 본건 물품세와 석유류세에 관하여는 비록 세관장에게 그 징수권이 있고, 또 관세법 제17조 제8항에서 세관장이 징수하는 내국세의 부과·징수 등에 관하여는 관세의 부과·징수 등에 관한 규정을 준용한다고 규정되어 있다해도 그것이 관세가 아닌 일반 내국세인 이상, 여기에 관세우선에 관한 위 관세법 제20조 제1항이 적용되어 당연히 국세기본법 제35조 제3호는 배제되는 것이라고 해석할 수는 없다고 할 것이다. 【대법원 1979.2.27. 선고 78다1689 선고 판결】

2. 내국세 등 부과·징수

수입물품에 대하여 세관장이 부과·징수하는 부가가치세, 지방소비세, 개별소비세, 주세, 교육세, 교통·에너지·환경세 및 농어촌특별세("내국세등"이라 하고, 내국세등의 가산금·가산세 및 체납처분비 포함한)의 부과·징수·환급 등에 관하여 「국세기본법」, 「국세징수법」, 「부가가치세법」, 「지방세법」, 「개별소비세법」, 「주세법」, 「교육세법」, 「교통·에너지·환경세법」

및 「농어촌특별세법」의 규정과 관세법의 규정이 상충되는 경우에는 관세법의 규정을 우선하여 적용한다.

수입물품에 대하여 세관장이 부과·징수하는 내국세등의 체납이 발생하였을 때에는 징수의 효율성 등을 고려하여 필요하다고 인정되는 경우 납세의무자의 주소지(법인의 경우 그 법인의 등기부에 따른 본점이나 주사무소의 소재지)를 관할하는 세무서장이 체납세액을 징수할 수 있다.

납세의무자의 주소지(법인의 경우 그 법인의 등기부에 따른 본점이나 주사무소의 소재지)를 관할하는 세무서장이 체납된 내국세등을 징수하기 위하여는 체납자가 다음 모든 요건에 해당하여야 한다.

- 체납자의 체납액 중 관세의 체납은 없고 내국세등만이 체납되었을 것
- 체납된 내국세등의 부과 제척기간이 만료되었을 것
- 체납된 내국세등의 합계가 1천만원을 초과했을 것

다만, 법에 따른 이의신청·심사청구·심판청구 또는 행정소송이 계류 중인 경우, 「채무자 회생 및 파산에 관한 법률」에 따라 회생계획인가 결정을 받은 경우 및 압류 등 체납처분이 진행 중이거나 체납처분을 유예받은 경우에는 세무서장이 징수하게 할 수 없다.

세관장은 요건에 해당되는 체납자의 내국세등을 세무서장이 징수하게 하는 경우에는 관세체납정리위원회의 의결을 거쳐 관세청장이 정하는 바에 따라 체납자의 내국세등의 징수에 관한 사항을 기재하여 해당 세무서장에게 서면으로 요청하여야 하며, 그 사실을 해당 체납자에게도 통지하여야 한다.

징수를 요청받은 세무서장이 체납된 내국세등을 징수한 경우에는 징수를 요청한 세관장에게 징수 내역을 통보하여야 하며, 체납된 내국세등에 대한 불복절차 또는 회생절차의 개시, 체납자의 행방불명 등의 사유로 더 이상의 체납처분절차의 진행이 불가능하게 된 경우에는 그 사실을 징수를 요청한 세관장 및 체납자에게 통보 및 통지하여야 한다.

3. 가산세, 가산금 등 징수

관세법에 따른 가산금·가산세 및 체납처분비의 부과·징수·환급 등에 관하여는 관세법 중 관세의 부과·징수·환급 등에 관한 규정을 적용한다.

판례 관세법 제4조 제2항 이"관세법의 규정에 따른 가산세 등의 부과·징수·환급 등에 관하여는 관세법 중 관세의 부과·징수·환급 등에 관한 규정을 적용한다."

고 규정하고 있는 것은, 관세에 관한 가산세 등의 부과·징수·환급 등에 관하여 본세인 관세의 부과·징수·환급 등에 관한 규정을 적용한다는 취지이지, 관세 이외에 세관장이 부과·징수하는 내국세에 관하여 개별 세법이 규정하는 내국세의 가산세에 관하여까지 관세에 관한 규정을 적용한다는 취지로는 보이지 아니한다. 【대법원 2006.3.9. 선고 2005두10125 선고 판결】

수입물품에 대하여 세관장이 부과·징수하는 내국세등에 대한 담보제공요구, 국세충당, 담보해제, 담보금액 등에 관하여는 관세법 중 관세에 대한 담보 관련 규정을 적용한다.

제5절 서류의 송달·보관 등

1 납세고지서의 송달

1. 납세고지서를 교부방법

관세의 납세고지서는 납세의무자에게 직접 발급하는 경우를 제외하고는 인편(人便)이나 우편으로 송달한다.

2. 공시송달

세관장은 관세의 납세의무자의 주소, 거소(居所), 영업소 또는 사무소가 모두 분명하지 아니하여 관세의 납세고지서를 송달할 수 없을 때에는 해당 세관의 게시판이나 그 밖의 적당한 장소에 납세고지사항을 공시(公示)할 수 있다. 납세고지사항을 공시하였을 때에는 공시일부터 14일이 지나면 관세의 납세의무자에게 납세고지서가 송달된 것으로 본다. 판례는 법인인 납세 의무자에 대한 공시송달을 하려면 법인본점에 대한 송달불능과 법인등기부에 나타난 대표자의 주소지에 송달을 하여 모두 송달불능으로 된 경우에 공시송달을 할 수 있다고 판시하고 있다.

판례 관세법에 의하면 관세의 납세고지서는 원칙으로 납세의무자에게 직접 교부되거나 인편 또는 우편으로 송달되어야 하는 것이지만 납세의무자의 주소, 거소, 영업소, 또는 사무소가 모두 불명한 때에는 공시송달도 허용되고 있는 바, 여기서 주소, 거소, 영업소 또는 사무소가 모두 불명한 때라 함은 납세의무자의 주민등록표나 법인등기부 등에 의하여서도 이를 확인할 수 없는 경우를 뜻한다고 볼 것이므로, 납세의무자가 법인인 경우에는 본점 소재지로 한 송달이 불능으로 되었다고 하여 이로써 곧바로 공시송달을 할 수 있는 것은 아니고 법인등기부에 나타난 대표자의 주소지에도 송달을 하여 보아 그마저 송달불능으로 된 경우라야만 비로소 공시송달을 할 수 있다고 할 것이다. 원심이 위와 같은 취지에서 피고의 원고법인에 대한 1986.7.22.자 납부서 원부는 공시송달의 방법으로 원고에게 송달되기는 하였으나, 이는 피고가 법인등기부에 등재된 원고법인 대표자의 주소지에는 송달해 보지도 아니한 채 원고법인의 본점소재지에 단 한번 송달해 본 뒤 그것이 불능으로 되자 곧바로 공시송달한 것이어서 송달로서의 효력이 없다고 판단하였음은 옳고, 여기에 아무런 잘못이 없다. 【대법원 1989.4.11. 선고 87누1153 선고 판결】

3. 송달의 효력발생시기

송달의 효력발생 시기는 교부 또는 우편송달의 경우에는 송달을 받아야 할

자에게 도달 한 때(국세기본법 제12조 제1항)이다. 공시송달의 경우에는 공시일부터 14일이 경과한 때이다.

4. 신고서류의 보관기간

관세법에 따라 가격신고, 납세신고, 수출입신고, 반송신고, 보세화물반출입신고, 보세운송신고를 하거나 적하목록을 제출한 자는 신고 또는 제출한 자료(신고필증을 포함한다)를 신고 또는 제출한 날부터 5년의 범위에서 대통령령으로 정하는 기간 동안 보관하여야 한다.

1) 신고서류 보관 의무자

관세법의 규정에 따라 가격신고·납세신고·수출입신고 또는 보세운송신고를 한 자이다.

2) 보관기간

① 신고수리일부터 5년간

ⅰ. 수입신고필증
ⅱ. 수입거래 관련 계약서 또는 이에 갈음하는 서류
ⅲ. 지적재산권 거래 관련 계약서 또는 이에 갈음하는 서류
ⅳ. 수입물품 가격결정에 관한 자료

② 신고수리일부터 3년간

ⅰ. 수출신고필증
ⅱ. 반송신고필증
ⅲ. 수출물품 · 반송물품 가격결정에 관한 자료
ⅳ. 수출거래 · 반송거래 관련 계약서 또는 이에 갈음하는 서류

③ 신고수리일부터 2년간

ⅰ. 보세화물반출입에 관한 자료
ⅱ. 적하목록에 관한 자료
ⅲ. 보세운송에 관한 자료

3) 보관방법

자료는 관세청장이 정하는 바에 따라 마이크로필름·광디스크 등 자료전달매체에 의하여 보관할 수 있다.

Chapter 6
납부 및 환급·감면

제1절 부과와 징수

수입물품에 대한 관세는 신고납부가 원칙이므로 납세의무자가 관세와 수입물품에 부과되는 내국세를 계산하여 세관에 신고하게 된다. 실무적으로는 관세사에게 수입통관을 의뢰하면 관세사가 세액을 계산하여 세관에 EDI방식으로 전송한다. 관세는 국내도착가격(CIF US$)에 수입신고일의 과세환율을 적용한 금액에 해당 물품의 관세율을 곱하여 산출한다. 이때 수입물품에 대하여 부과되는 부가가치세 등 내국세에 대하여도 관세와 함께 신고 납부한다. 수입물품 CIF 가격이 US $1,000, 과세환율 1,200원/$, 관세율 8%인 경우에 납부 할 세금은 225,600원이다.

- 관 세 : 96,000원(CIF$1,000×1,200원/$ ×8%)
- 부가가치세 : 129,600원(CIF$1,000×1,200원/$ ×1.08 ×10%)
- 합 계 : 225,600원

납세신고를 받은 세관에서 수입신고서상의 기재사항과 관계법령의 규정에 따른 확인사항을 심사하여 제반 요건을 갖춘 경우에는 수입신고를 수리하고 신고한 세액에 대하여는 수입 신고를 수리한 후에 심사를 한다. 납세의무자는 관세사 사무실에서 납부서를 출력하여 수입자가 편리한 국고 국고수납 대리점인 금융기관에 세액을 납부할 수 있다. 납세의무자는 수입신고시 신고서에 신고납부, 부과고지 여부와 담보의 제공 여부, 수출용원재료에 대한 사후정산 해당 부호를 선택하여 신고하여야 한다. 즉, 납세의무자가 어떠한 형태로 세액을 납부하겠다는 의사표시로 그 형태별 내용은 다음과 같다.

부호	징수형태	대 상
00	과세보류	수리전반출대상물품, 보세건설장 분할사용승인물품, 보세공장 등
11	신고납부 수리전납부	수리전납부업체
12	신고납부 사후납부(개별담보)	개별담보 업체
13	신고납부 사후납부(신용담보)	신용담보 업체
14	신고납부 사후납부(무담보)	국가 및 지방자치단체, 정부투자기관 등
21	부과고지 수리전납부	수리전납부업체
22	부과고지 사후납부(개별담보)	개별담보업체
23	부과고지 사후납부(신용담보)	신용담보업체
24	부과고지 사후납부(무담보)	국가 및 지방자치단체, 정부투자기관 등
33	신고납부 사후정산	일괄납부사후정산업체
43	신고납부 월별납부	월별납부업체

1 세액의 확정

1. 신고납부

1) 의의

신고납부란 납세의무자가 수입신고를 하는 때에 과세표준 및 납부세액 등을 스스로 결정하여 신고하고 신고한 내용대로 관세를 납부하는 제도를 말한다. 우리나라는 종래 세관장이 납세액을 결정 부과하는 부과고지 방식을 운영해오다가 1978년 12월 관세법 개정시 신고납부제로 전환하였다. 다만, 이때는 수입물품의 통관전에 세관으로부터 납부고지서를 발급받아야만 관세를 납부할 수 있었던 점에서 실질적인 신고납부제도라고 보기 어려운 점이 있었고, 세금납부 후에야 물품통관이 이루어짐으로써 형식적 신고납부제로 통관지연 문제가 있었다. 1993년 12월 관세법 개정시 통관절차와 징수절차를 분리하여 납세신고 후 물품을 통관하고 관세 등은 사후에 납부할 수 있는 관세 사후납부제를 실시함으로써 실질적인 신고납부제도가 시행되었다.

2) 대상

물품(세관장이 부과고지하는 물품은 제외)을 수입하려는 자는 수입신고를 할 때에 세관장에게 관세의 납부에 관한 신고(납세신고)를 하여야 한다(법 제38조)

3) 납세신고 관련 수입신고서 기재사항

납세신고를 하려는 자는 수입신고서에 다음의 사항을 기재하여 세관장에게 제출하여야 한다.

- 해당 물품의 관세율표상의 품목분류 · 세율과 품목분류마다 납부하여야 할 세액 및 그 합계액
- 법 그 밖의 관세에 관한 법률 또는 조약에 의하여 관세의 감면을 받는 경우에는 그 감면액과 법적 근거
- 특수관계에 해당하는지 여부와 그 내용
- 그 밖의 과세가격결정에 참고가 되는 사항

4) 신용카드 등에 의한 관세납부

관세의 납부에 관하여는 「국세기본법」의 신용카드 등에 의한 국세납부 규정을 준용한다.

> 국세기본법 제46조의2 (신용카드등에 의한 국세납부) ① 납세의무자가 세법에 따라 신고하거나 과세관청이 결정 또는 경정하여 고지한 세액이 대통령령으로 정하는 금액 이하인 경우에는 대통령령으로 정하는 국세납부대행기관을 통하여 신용카드, 직불카드 등(이하 이 조에서 "신용카드등"이라 한다)으로 납부할 수 있다.
> ② 제1항에 따라 신용카드등으로 국세를 납부하는 경우에는 국세납부대행기관의 승인일을 납부일로 본다.
> ③ 제1항에 따라 신용카드등으로 납부할 수 있는 국세의 종류, 국세납부대행기관의 지정 및 운영, 납부대행수수료 등에 관한 사항은 대통령령으로 정한다.

납세의무자가 신고하거나 세관장이 부과 또는 경정하여 고지한 세액[1])이 1,000만원 이하인 경우에는 신용카드, 직불카드 등(신용카드등)으로 납부할 수 있다(영 제32조의5).

「국세기본법」에 따른 국세납부대행기관이란 정보통신망을 이용하여 신용카드등에 의한 결제를 수행하는 기관으로서 관세납부를 대행하는 기관(관세납부대행기관)으로 다음에 해당하는 자를 말한다.

---

1) 관세와 같이 세관장이 함께 징수하는 내국세등의 세액을 합산한 것을 말한다.

- 「민법」 제32조 및 「금융위원회의 소관에 속하는 비영리법인의 설립 및 감독에 관한 규칙」에 따라 설립된 금융결제원
- 시설, 업무수행능력, 자본금 규모 등을 고려하여 관세청장이 관세납부대행기관으로 지정하는 자

관세납부대행기관은 납세자로부터 신용카드 등에 의한 관세납부대행용역의 대가로 납부대행수수료를 받을 수 있다. 납부대행수수료는 관세청장이 관세납부대행기관의 운영경비 등을 종합적으로 고려하여 승인하되, 해당 납부세액의 1천분의 15를 초과할 수 없다. 관세청장은 납부에 사용되는 신용카드 등의 종류, 그 밖에 관세납부에 필요한 사항을 정할 수 있다.

2. 세액심사

1) 필요성

1996년 7월부터 종전의 『先 관세납부, 後 물품통관』에서 『先 물품통관, 後 관세납부』 제도로 전환하면서 수출입물류의 신속화를 위해 수입신고시 통관에 필요한 형식요건만 확인하고, 신속 통관시켜준다. 납부세액 및 환급액의 정확성, 통관적법성, 수출입업체의 관세관련 내부업무처리체계의 적정성 등에 대해 통관후 심사를 통해 확인한다. 심사결과 추징시 부족 납부세액의 10% + (부족 납부세액×당초 납부기한의 다음날부터 부족 납부세액의 고지일까지 기간(일수)×13/100,000)에 상당하는 가산세를 병과[2)]한다.

2) 심사 종류

(1) 세액심사

납세의무자가 법에서 정하는 바에 따라 과세물건과 과세표준·세율을 정하여 스스로 납세 신고 또는 신고납부한 세액에 대하여 정확성 여부를 세관이 심사하는 것을 말하며, 심사 시기에 따라 "사전 세액심사"와 "사후 세액심사"가 있다. 사전세액심사는 수입통관 담당부서가 수입신고 수리전에 세액의 정확성을 확인하는 것을 말하고 사후세액심사는 심사부서가 수입신고 수리후에 세액의 정확성을 확인하는 것으로 심사방법에 따라 건별·기획·종합심사로 구분한다. 수출입업체를 대상으로 실시하는 『기획심사』와 『종합심사』를 기업심사라고 한다.

2) 업체 스스로 자율심사 하여 수정신고하는 경우 가산세 10%이내

(2) 환급심사

환급신청(수출환급·위약환급) 건에 대하여 환급대상 및 환급금액의 적정성을 심사하는 것을 말하며, "환급전 심사"와 "환급후 심사"가 있다. 환급전 심사는 환급금을 지급하기 전에 환급금의 정확성을 제출된 서류에 의해 심사하는 것을 말하며 환급후 심사는 환급금을 지급한 후에 환급금 지급의 정확성을 심사하는 것이다.

(3) 통관적법성 심사

수출입업체가 관세법, 대외무역법 등 관세관련 법령이 정한 보세구역·원산지 표시·지적재산권보호관련 규정 등의 준수요건을 심사하는 것을 말한다.

3) 세액심사 종류

(1) 수입신고 수리후 심사 원칙

세관장은 납세신고를 받으면 수입신고서에 기재된 사항과 관세법에 따른 확인사항 등을 심사하되, 신고한 세액에 대하여는 수입신고를 수리한 후에 심사한다(법 제38조 제2항).

(2) 예외 : 신고수리전 사전세액 심사대상

신고한 세액에 대하여 관세채권을 확보하기가 곤란하거나, 수입신고를 수리한 후 세액심사를 하는 것이 적당하지 아니하다고 인정하는 물품의 경우에는 수입신고를 수리하기 전에 이를 심사한다.

- 법률 또는 조약에 의하여 관세 및 내국세의 감면을 받으려는 물품
- 관세를 분할납부하려는 물품
- 관세를 체납중인자가 신고하는 물품[3)]
- 납세자의 성실성 등을 참작하여 관세청장이 정하는 기준에 해당하는 불성실신고인이 신고하는 물품
- 물품의 가격변동이 큰 물품 그 밖의 수입신고수리후에 세액을 심사하는 것이 적합하지 아니하다고 인정하여 관세청장이 정하는 물품

수입신고수리전에 세액심사를 하는 물품중 법률 또는 조약에 의하여 관세 및 내국세의 감면을 받으려는 물품과 관세를 분할납부하려는 물품

3) 체납액이 10만원 미만이거나 체납기간 7일 이내에 수입신고하는 경우를 제외한다.

의 감면 또는 분할납부의 적정 여부에 대한 심사는 수입신고수리전에 하고, 과세가격 및 세율 등에 대한 심사는 수입신고 수리 후에 한다.

(3) 자율심사

개정 교토협약은 관세탈루 및 과다환급 등의 사전안내 및 법규준수제고를 위한 컨설팅 위주의 업체 자율심사(Trader's Self Assessment)방식을 권고하였다. 미국도 세관의 법규준수프로그램 가입여부(C-TPAT, ACE 등), 업체의 내부통제수준 등에 대하여 심사위원회에서 정밀검토한 후 ISA(Importer's Self Assessment)를 지정하고 업체의 자율점검을 실시하여 매년 심사결과를 세관에 보고하고 있다. 관세청에서는 이러한 추세를 반영하여 2004년 3월 31일부터 성실신고업체를 지정하여 납세신고오류, 통관적법성 등을 스스로 심사하게 하는 자율심사제도를 도입하였다.

① 신청과 승인

세관장은 납세실적과 수입규모 등을 고려하여 관세청장이 정하는 요건을 갖춘 자가 신청할 때에는 납세신고한 세액을 자체적으로 심사(자율심사)하게 할 수 있다. 이 경우 해당 납세의무자는 자율심사한 결과를 세관장에게 제출하여야 한다(법 제38조 제3항).

세관장은 납세의무자가 납세신고세액을 자체적으로 심사하고자 신청하는 경우에는 관세청장이 정하는 절차에 의하여 자율심사를 하는 납세의무자(자율심사업체)로 승인할 수 있다. 이 경우 세관장은 자율심사의 방법 및 일정 등에 대하여 자율심사업체와 사전협의할 수 있다. 세관장은 자율심사업체에게 수출입업무의 처리방법 및 체계 등에 관한 관세청장이 정한 자료를 제공하여야 한다.

② 심사결과 제출

자율심사업체는 세관장이 제공한 자료에 따라 세관장이 제공한 자료에 따라 작성한 심사결과와 자율심사를 통하여 업무처리방법·체계 및 세액 등에 대한 보완이 필요한 것으로 확인된 사항에 대하여 조치한 내용을 기재한 자율심사결과 및 조치내용을 세관장에게 제출하여야 한다. 이 경우 자율심사업체는 해당 결과를 제출하기 전에 납부세액의 과부족분에 대하여는 보정신청하거나 수정신고 또는 경정 청구하여야 하며, 과다환급금이 있는 경우에는 세관장에게 통지하여야 한다.

③ 평가 및 통지

세관장은 제출된 결과를 평가하여 자율심사업체에 통지하여야 한다. 다만, 자율심사가 부적절하게 이루어진 것으로 판단되는 경우에는 추가적으로 필요한 자료의 제출을 요청하거나 방문하여 심사한 후에 통지할 수 있다. 세관장은 자료의 요청 또는 방문심사한 결과에 따라 해당 자율심사업체로 하여금 자율심사를 적정하게 할 수 있도록 보완사항을 고지하고, 개선방법 및 일정 등에 대한 의견을 제출하게 하는 등 자율심사의 유지에 필요한 조치를 할 수 있다.

④ 자율심사 승인 취소

세관장은 자율심사업체가 다음에 해당하는 때에는 자율심사의 승인을 취소할 수 있다.

- 관세청장이 정한 요건을 갖추지 못하게 되는 경우
- 자율심사를 하지 아니할 의사를 표시하는 경우
- 자율심사 결과의 제출 등 자율심사의 유지를 위하여 필요한 의무 등을 이행하지 아니하는 경우

3. 납부세액의 정정

1) 세액정정

납세의무자는 납세신고한 세액을 납부하기 전에 그 세액이 과부족하다는 것을 알게 되었을 때에는 납세신고한 세액을 정정할 수 있다. 이 경우 납부기한은 당초의 납부기한으로 한다(법 제38조 제4항).

세액을 정정하려는 자는 해당 납세신고와 관련된 서류를 세관장으로부터 교부받아 과세표준 및 세액 등을 정정하고, 그 정정한 부분에 서명 또는 날인하여 세관장에게 제출하여야 한다.[4]

2) 보정신청

(1) 납세의무자의 보정신청

납세의무자는 신고납부한 세액이 과부족하다는 것을 알게 되거나 세

4) 신고납부의 성격수입물품에 대하여 납세의무자가 관세 등을 신고 납부(보정하는 방법에 의하여 세액을 정정하거나 수정신고를 통하여 납부한 경우를 포함한다)하고 세관장이 이를 수령하는 것은 사실행위에 불과하므로 법 제119조에서 정하는 불복대상이 되는 처분이 아니다(통칙 38-0-1).

액산출의 기초가 되는 과세가격 또는 품목분류 등에 오류가 있는 것을 알게 되었을 때에는 신고납부한 날부터 6개월 이내(보정기간)에 해당 세액을 보정(補正)하여 줄 것을 세관장에게 신청할 수 있다(법 제38조의2 제1항). 신고납부한 세액을 보정하려는 자는 세관장에게 세액보정을 신청한 다음에 이미 제출한 수입신고서를 교부받아 수입신고서상의 품목분류·과세표준·세율 및 세액 그 밖의 관련사항을 보정하고, 그 보정한 부분에 서명 또는 날인하여 세관장에게 제출하여야 한다.

(2) 보정통지

세관장은 신고납부한 세액이 과부족하다는 것을 알게 되거나 세액산출의 기초가 되는 과세가격 또는 품목분류 등에 오류가 있다는 것을 알게 되었을 때에는 납세의무자에게 해당 보정기간에 보정신청을 하도록 통지할 수 있다(법 제38조의2 제2항). 세액의 보정을 통지하는 경우에는 다음 사항을 기재한 보정통지서를 교부하여야 한다.

- 해당 물품의 수입신고번호와 품명 · 규격 및 수량
- 보정전 해당 물품의 품목분류 · 과세표준 · 세율 및 세액
- 보정후 해당 물품의 품목분류 · 과세표준 · 세율 및 세액
- 보정사유 및 보정기한
- 그 밖의 참고사항

이 경우 세액보정을 신청하려는 납세의무자는 세관장에게 세액보정을 신청한 다음에 이미 제출한 수입신고서를 교부받아 수입신고서상의 품목분류·과세표준·세율 및 세액 그 밖의 관련사항을 보정하고, 그 보정한 부분에 서명 또는 날인하여 세관장에게 제출하여야 한다.

(3) 납부

납세의무자가 부족한 세액에 대한 세액의 보정을 신청한 경우에는 해당 보정신청을 한 날의 다음 날까지 해당 관세를 납부하여야 한다.

(4) 부족세액의 징수

세관장은 세액을 보정한 결과 부족한 세액이 있을 때에는 납부기한 다음 날부터 부족한 세액을 납부한 날까지의 기간과 「은행법」에 의한 은행업의 인가를 받은 은행으로서 서울특별시에 본점을 둔 은행의 1년 만기

정기예금 이자율의 평균을 고려하여 관세청장이 정하여 고시하는 이자율에 따라 계산한 금액을 더하여 해당 부족세액을 징수하여야 한다(법 제38조의2 제5항).

(5) 가산금액의 면제

다음에 해당하는 경우에는 부족세액에 가산하여야 할 금액을 징수하지 아니한다(법 제38조의2 제5항 단서).

- 국가 또는 지방자치단체(지방자치단체조합을 포함한다)가 직접 수입하는 물품과 국가 또는 지방자치단체에 기증되는 물품과 우편물(법 제241조의 규정에 따라 수입신고를 하여야 하는 것은 제외) 등 가산금 및 중가산금을 징수하지 아니하는 경우
- 신고납부한 세액의 부족 등에 대하여 납세의무자에게 정당한 사유가 있는 경우

부족세액에 가산하여야 할 금액을 면제받으려는 자는 다음 사항을 적은 신청서를 세관장에게 제출하여야 한다. 이 경우 면제받으려는 금액 및 정당한 사유와 관련한 증명자료가 있으면 이를 첨부할 수 있다(영 제32조의4 제5항).

- 납세의무자의 성명 또는 상호 및 주소
- 면제받으려는 금액
- 정당한 사유

세관장은 면제신청서를 제출받은 경우에는 신청일부터 20일 이내에 면제 여부를 서면으로 통지하여야 한다(영 제32조의4 제6항).

3) 수정신고

납세의무자는 신고납부한 세액이 부족한 경우에는 수정신고(보정기간이 지난 후로 한정한다)를 할 수 있다. 이 경우 납세의무자는 수정신고한 날의 다음 날까지 해당 관세를 납부하여야 한다(법 제38조의3 제1항).

수정신고를 하려는 자는 다음 사항을 기재한 수정신고서를 세관장에게 제출하여야 한다.

- 해당 물품의 수입신고번호와 품명 · 규격 및 수량
- 수정신고전의 해당 물품의 품목분류 · 과세표준 · 세율 및 세액
- 수정신고후의 해당 물품의 품목분류 · 과세표준 · 세율 및 세액

- 가산세액
- 그 밖의 참고사항

수정신고가산세는 보정기간이 경과한 후 3월 이내에 수정신고를 하는 경우에는 추가납부세액의 5%, 신고납부일로부터 6월을 경과하여 수정신고하는 경우에는 추가납부세액의 10%가 부과되므로 부족세액을 안 경우에는 신속히 수정신고를 하는 것이 유리하다. 수정신고는 부족세액이 준비된 후에 신고하여야 하고 수정신고만 하고 부족세액을 다음날까지 은행에 납부하지 아니하면 수정신고 사실은 취소되므로 이점에 유의하여야 하며, 수정신고시 추가 납부세액에 대한 납부서는 관세사 사무실에서 발행이 가능하다.

4) 경정청구와 경정

납세의무자는 신고납부한 세액이 과다한 것을 알게 되었을 때(보정기간이 지난 후로 한정한다)에는 최초로 납세신고를 한 날부터 2년 이내에 신고한 세액의 경정을 세관장에게 청구할 수 있다. 이 경우 경정의 청구를 받은 세관장은 그 청구를 받은 날부터 2개월 이내에 세액을 경정하거나 경정하여야 할 이유가 없다는 뜻을 청구한 자에게 통지하여야 한다(법 제38조의 3 제2항).

경정의 청구를 하려는 자는 다음 사항을 기재한 경정청구서를 세관장에게 제출하여야 한다.

- 해당 물품의 수입신고번호와 품명 · 규격 및 수량
- 경정전의 해당 물품의 품목분류 · 과세표준 · 세율 및 세액
- 경정후의 해당 물품의 품목분류 · 과세표준 · 세율 및 세액
- 경정사유
- 그 밖의 참고사항

납세의무자는 ㉠ 최초의 신고 또는 경정에서 과세표준 및 세액의 계산근거가 된 거래 또는 행위 등이 그에 관한 소송에 대한 판결(판결과 같은 효력을 가지는 화해나 그 밖의 행위를 포함한다)에 의하여 다른 것으로 확정된 경우, ㉡ 최초의 신고 또는 경정을 할 때 장부 및 증거서류의 압수, 그 밖의 부득이한 사유로 과세표준 및 세액을 계산할 수 없었으나 그 후 해당 사유가 소멸한 경우 등 납부한 세액이 과다한 것을 알게 되었을 때, ㉢ 원산지증명서 등의 진위 여부 등을 회신받은 세관장으로부터 그 회신 내용을

통보받은 경우에는 그 사유가 발생한 것을 안 날부터 2개월 이내에 납부한 세액의 경정을 세관장에게 청구할 수 있다

세관장은 납세의무자가 신고납부한 세액, 납세신고한 세액 또는 경정청구한 세액을 심사한 결과 과부족하다는 것을 알게 되었을 때에는 그 세액을 경정하여야 한다(법 제38조의 3 제3항). 세액을 경정하려는 때에는 다음 사항을 기재한 경정통지서를 납세의무자에게 교부하여야 한다.

- 해당 물품의 수입신고번호와 품명 · 규격 및 수량
- 경정전의 해당 물품의 품목분류 · 과세표준 · 세율 및 세액
- 경정후의 해당 물품의 품목분류 · 과세표준 · 세율 및 세액
- 가산세액
- 경정사유
- 그 밖의 참고사항

경정을 하는 경우 이미 납부한 세액에 부족이 있거나 납부할 세액에 부족이 있는 경우에는 그 부족세액에 대하여 납세고지를 하여야 한다. 세관장은 경정을 한 후 그 세액에 과부족이 있는 것을 발견한 때에는 그 경정한 세액을 다시 경정한다.

4. 부과고지

1) 의의

부과고지란 세액을 처음부터 세관장이 결정하여 이를 고지하면 납세의무자가 고지를 받은 날로부터 고지된 세액을 소정의 기일 내에 납부하는 제도를 말한다.

2) 대상

다음에 해당하는 경우에는 신고납부를 하지 않고 세관장이 관세를 부과·징수한다(법 제39조제1항).

- 과세물건 확정시기의 예외적인 경우로서 일정한 사실이 발생했을 때 관세를 징수하는 경우
- 보세건설장에서 건설된 시설로서 수입신고수리전에 가동된 경우
- 보세구역에 반입된 물품이 수입신고가 수리되기 전에 반출된 경우
- 과세가격 · 관세율 등의 결정곤란으로 납세의무자가 요청하는 경우

- 수입신고전 즉시반출물품을 기간 내에 수입신고하지 않은 경우
- 여행자 또는 승무원의 휴대품 및 별송품
- 우편물[5]
- 법령의 규정에 따라 세관장이 관세를 부과 · 징수하는 물품[6]
- 납세신고가 부적당하다고 인정하여 관세청장이 지정하는 물품

세관장은 과세표준, 세율, 관세의 감면 등에 관한 규정의 적용 착오 또는 그 밖의 사유로 이미 징수한 금액이 부족한 것을 알게 되었을 때에는 그 부족액을 징수한다(법 제38조 제2항). 세관장이 관세를 징수하려는 때에는 세목·세액·납부장소 등을 기재한 납세고지서를 납세의무자에게 교부하여야 한다. 다만, 물품을 검사한 공무원이 관세를 수납하는 경우에는 그 공무원으로 하여금 말로써 고지하게 할 수 있다.

5. 납세고지

1) 서면고지

부과고지대상에 대하여 관세를 징수하려는 경우에는 납세의무자에게 납세고지서를 교부하여야 한다.

2) 구두고지

관세를 현장수납 하는 경우에는 물품을 검사한 공무원이 말로써 고지할 수 있다(영 36조).

6. 징수금액의 최저한도

세관장은 납세의무자가 납부하여야 하는 세액이 1만원 미만인 경우에는 이를 징수하지 아니한다(법 제40조). 이 경우 관세를 징수하지 아니하게 된 경우에는 해당 물품의 수입신고 수리일을 그 납부일로 본다(영 제37조 제2항).

7. 가산금

1) 가산세와의 구별

가산세가 법규에서 정한 의무불이행에 대한 제재로서 과태료적 성격을 가지는데 비하여, 가산금은 납부의무 이행 지연에 따른 연체이자적 성격을 가진다.

5) 대외무역법 규정에 따른 수입신고해야 하는 우편물은 제외
6) 징수세액 부족, 조건부감면세 물품의 용도외 사용, 분할납부고지 대상물품 등에 대한 징수

2) 가산금 적용

관세를 납부기한까지 완납(完納)하지 아니하면 그 납부기한이 지난 날부터 체납된 관세에 대하여 100분의 3에 상당하는 가산금을 징수한다(법 제41조 제1항). 체납된 관세를 납부하지 아니하면 그 납부기한이 지난 날부터 1개월이 지날 때마다 체납된 관세의 1천분의 12에 상당하는 가산금(중가산금)을 가산금에 다시 더하여 징수한다. 이 경우 중가산금을 더하여 징수하는 기간은 60개월을 넘지 못한다(법 제41조 제2항). 체납된 관세(세관장이 징수하는 내국세가 있을 때에는 그 금액을 포함한다)가 100만원 미만인 경우에는 중가산금을 징수하지 아니한다(법 제41조 제3항).

① 1차 가산금

납부기한이 경과한 날부터 체납된 관세의 $\frac{3}{100}$

② 중가산금

매1월 경과마다 체납된 관세의 $\frac{12}{1000}$ 에 상당하는 가산금을 1차 가산금에 다시 가산하며 중가산금을 가산하여 징수하는 기간은 60월을 넘지 못한다(최대 체납된 관세의 72%).

3) 가산금 적용제외

다음에 대해서는 가산금 규정을 적용하지 아니한다.

- 국가 또는 지방자치단체(지방자치단체조합 포함)가 직접 수입하는 물품
- 국가 또는 지방자치단체에 기증되는 물품
- 우편물(수입신고대상 제외)

8. 가산세

1) 가산세의 부과

세관장은 납세의무자가 신고납부한 세액이 부족한 경우 또는 세관장이 신고납부한 세액이 부족하다는 것을 알고 부족한 관세액을 징수할 때에는 다음 금액을 합한 금액을 가산세로 징수한다.

① 해당 부족세액의 100분의 10

② 다음의 계산식을 적용하여 계산한 금액 : 해당 부족세액×당초 납부기한의 다음 날부터 수정신고일 또는 납세고지일까지의 기간×금융회사의 정기예금에 대하여 적용하는 이자율을 고려하여 정한 1일 10만분의 13의 율

2) 중가산세

납세자가 부당한 방법(납세자가 관세의 과세표준 또는 세액계산의 기초가 되는 사실의 전부 또는 일부를 은폐하거나 가장하는 것에 기초하여 관세의 과세표준 또는 세액의 신고의무를 위반하는 것으로서 다음 방법을 말한다)으로 과소신고한 경우에는 세관장은 해당 부족세액의 100분의 40에 상당하는 금액과 위의 ②에 따라 계산한 금액을 합한 금액을 가산세로 징수한다(법 제42조 제2항).

- 이중송품장 · 이중계약서 등 허위증명 또는 허위문서의 작성이나 수취
- 세액심사에 필요한 자료의 파기
- 관세부과의 근거가 되는 행위나 거래의 조작 · 은폐
- 그 밖에 관세를 포탈하거나 환급 또는 감면을 받기 위한 부정한 행위

3) 가산세 적용제외

다음 경우에는 그 전부 또는 일부를 징수하지 아니한다.(법 제42조 제1항 단서 및 영 제39조 제2항).

① 수입신고가 수리되기 전에 관세를 납부한 결과 부족세액이 발생한 경우로서 수입신고가 수리되기 전에 납세의무자가 해당 세액에 대하여 수정신고를 하거나 세관장이 경정하는 경우

② 잠정가격신고를 기초로 납세신고를 하고 이에 해당하는 세액을 납부한 경우[7]

③ 신고납부한 세액의 부족 등에 대하여 납세의무자에게 정당한 사유가 있는 경우

④ 국가 또는 지방자치단체(지방자치단체조합 포함)가 직접 수입하거나 국가 또는 지방자치단체에 기증되는 물품

⑤ 물품중 감면대상 및 감면율을 잘못 적용하여 부족세액이 발생한 경우

---

7) 납세의무자가 제출한 자료가 사실과 다름이 판명되어 추징의 사유가 발생한 경우에는 그러하지 아니하다.

⑥ 과세가격 결정방법 사전심사의 결과를 통보받은 경우(관세법 제37조제1항제3호) 그 통보일부터 2개월 이내에 통보된 과세가격 결정방법에 따라 해당 사전심사 신청 이전에 신고납부한 세액을 수정신고하는 경우

이 경우 ①에서 ④의 경우에는 해당 부족세액의 100분의 10과 계산식을 적용하여 계산한 금액의 가산세를 부과하지 아니하고, ⑤와 ⑥의 경우에는 해당 부족세액의 100분의 10을 부과하지 아니한다.

〈표 6-1〉 가산금과 가산세의 비교

구분	가산세	가산금
목적	성실한 의무이행	체납방지
성격	과태료	연체이자
종류	① 불성실신고가산세(법 제42조) 부족세액의 10%(3월내 수정신고시 50%) ② 재수출 불이행 가산세(법 제97조 제4항, 제98조 제2항) 제세액의 20%(500만원 초과못함) ③ 수입, 반송신고기한 경과 가산세(법 제241조 제4항) 과세가격의 0.5%-2%(500만원 초과못함) ④ 과세대상 휴대품, 이사물품 미신고 가산세(법 제241조 제5항) 납부세액의 20%(단, 여행자 휴대품은 30%) ⑤ 즉시 반출신고후 수입신고기간 경과 가산세(법 제253조 제4항) 해당 관세의 20%	① 1차 가산금(법 제41조 제1항) - 관세를 납부기한까지 납부하지 아니한 경우 체납관세의 3% ② 중가산금(법 제41조 제2항) - 체납된 관세를 납부하지 아니한 경우 납부기한이 경과한 날부터 매 1월이 경과할 때마다 체납된 관세의 1.2%(징수기간 최대 60개월까지) - 체납된 관세(내국세 포함)가 100만원 미만인 경우 중가산금은 부과하지 않음.

판례 농림·축·수산 품목의 수출입을 목적으로 하는 주식회사인 원고가 2000. 8. 19.부터 같은 해 9. 19.까지 4회에 걸쳐 정부로부터 푸른 들 가꾸기 사업에 필요한 호밀종자(winter rye seed danko, 이하'이 사건 수입물품'이라 한다) 1,628.2톤의 수입의뢰를 받아 이를 수입하면서 그 통관에 관한 업무(최소한 구 관세사법 제2조 제1, 2호에 규정된 업무)를 수출입 화물 통관업 등을 목적으로 하는 관세사 법인인 피고 법인에 위임하였고, 피고 법인은 당시 그의 사원이었던 피고 신영만(이하'피고'라고만 하면 피고 신영만을 가리킨다)으로 하여금 위 통관 업무를 담당하게 한 사실, 피고는 위 통관 업무를 수행하면서, 2000. 8. 19.부터 같은 해 9. 19.까지 4회에 걸쳐 이 사건 수입물품은 관세율표 품목분류번호(이하 '세번'이라 한다) 중 무관세품목인 제1209.29-9000호(파종용의 종자·과실 및 포자)에 해당하여 납부할 관세가 없다고 부산세관장에 수입신고하여 이 사건 수입물품을 관세 없이 통관한 사실, 당시 피고는 수입신고 과정에서 원고의 대리인 염선태에게 관련 자료를 1회 요청하였을 뿐, 구 관세법(2000. 12. 19. 법률 제6305호로 전문 개정되기 전의 것, 이하'구 관세법'이라 한다) 제7조의2 에 따라 관세청장에게 사전회시를 신청하는 등으로 이 사건 수입물품의 세번을 확정하는 데 필요한 조치를 취하지 아니한 채, 이 사건 수입물품은 녹비용 종자이므로 무관세로 통관하게 하여 달라는 염선태의 요구를 그대로 받아들여 위와 같이 수입신고를 하게 된 사실, 그런데 부산세관장은 2001. 6. 1. 뒤늦게 **이 사건 수입물품이 양허관세율 113.5%인 세번 제1002.00-1000호(호밀-종자용)에 해당함에도** 위 각 수입신고를 그대로

수리하여 관세 없이 통관하였음을 발견하고, 이 사건 수입물품의 통관 금액 합계 958,023,494원에 대하여 양허관세율 113.5%를 적용한 관세 1,087,356,640원 및 가산세 217,471,310원을 부과한다는 과세 전 통지를 원고 회사에 발송한 사실, 이에 원고 회사는 2001. 6. 20. 이 사건 수입물품이 실질적으로 국가가 수입하는 것이어서 관세와 가산세를 부과하는 것은 부당하므로 무관세로 처리하여 달라는 취지의 과세 전 적부심사청구를 하였으나, 부산세관장은 같은 해 11. 30. 원고 회사의 청구를 기각하고, 같은 해 12. 3. 위 과세 전 통지대로 원고 회사에게 관세와 가산세의 부과처분을 한 사실, 그 후 원고 회사는 이 사건 수입물품을 수입하는 경우 구 관세법 제28조의6 제1항 제7호, 같은 법 시행령(2000. 12. 29. 대통령령 제17048호로 전문 개정되기 전의 것) 제16조 제1항, 같은 법 시행규칙(2000. 12. 30. 재정경제부령 제175호로 전문 개정되기 전의 것) 제19조 제1항, 제20조 제7항 , 제21조의 각 규정에 따라 수입업자가 주무부처 장의 확인서를 첨부하여 관세의 감면을 신청할 수 있음을 뒤늦게 알고, 이에 따라 2001. 12. 7. 위 확인서를 첨부한 관세감면신청서를 부산세관장에게 제출하였는바, 부산세관장은 2001. 12. 26. 원고 회사의 위 신청을 받아들여 이 사건 수입물품에 대한 관세는 면제하되, 다만 불성실 신고가 있었던 것을 이유로 가산세의 부과처분은 그대로 유지하는 내용의 세액 경정처분을 하였고, 원고 회사는 위 경정처분에 따라 2001. 12. 31. 가산세 217,471,310원을 납부한 사실, 원고 회사는 2002. 3. 7. 위 가산세의 부과처분이 위법함을 이유로 그 취소를 구하는 행정심판을 제기하였으나 2003. 4. 30. 기각되었고, 다시 부산지방법원에 가산세부과처분취소 청구의 소를 제기하였으나, 위 법원은 2004. 1. 29. 원고 회사의 청구를 기각하는 판결(2003구합2831호)을 선고하였으며, 위 판결은 항소기간 도과로 인하여 확정된 사실 등 판시 사실들을 인정한 다음, 그에 의하면 피고는 이 사건 수입물품의 통관 업무를 처리함에 있어 관세사로서의 선량한 관리자의 주의의무와 설명조언의무 등에 위반하여 잘못된 세번과 세율로 수입신고를 함으로써 원고 회사로 하여금 가산세를 무는 손해를 입게 한 것이므로, 피고들은 각자 원고 회사에 위 손해를 배상할 의무가 있다고 판단하고, 이에 반하는 피고들의 주장, 즉 녹비용 종자의 수입과 통관에 남다른 경험과 전문성을 가지고 있는 원고 회사측의 판단을 신뢰하여 그 대리인인 염선태가 요구한 세번과 세율로 수입신고를 한 이상 무슨 의무위반이 있다고 볼 수 없다거나, 구 관세법이 수입관세에 관하여 신고납부방식을 취하고는 있으나 부산세관장이 이 사건 수입물품의 최초 수입신고를 수리함으로써 위 물품이 무관세품목이라는 점에 대한 공적 판단을 한 셈이므로 원고가 가산세를 물 이유가 없음에도, 원고가 위 행정소송사건에서 피고들에게 소송고지도 하지 아니한 채 항소하지 아니함으로써 패소판결이 확정되게 한 이상, 그로 인하여 원고가 입은 가산세액 상당의 손해와 피고의 주의의무 사이에는 인과관계가 없다는 등의 주장을 각 그 판시와 같은 이유를 들어 배척하였다. 위와 같은 원심의 조치는 앞서 본 법리나 이 사건 기록에 비추어 정당한 것으로 수긍되고, 거기에 피고들이 상고이유로 주장한 바와 같이 채증법칙 위배로 사실을 오인하거나, 관세사의 구체적 직무 범위, 선량한 관리자에게 요구되는 주의의무의 정도 및 과실과 손해 간의 상당인과관계에 관하여 법리를 오해하는 등으로 판결 결과에 영향을 미친 위법이 없다. 또한, 과실상계사유에 관한 사실인정이나 그 비율의 결정은 그것이 형평의 원칙에 비추어 현저히 불합리하다고 인정되지 않는 한 사실심의 전권에 속하는 사항인바, 원심 판시의 사정들이나 기타 기록에 드러난 정황들을 종합하면, 원심이 피고들의 과실비율을 40%로 제한한 조치가 위와 같은 예외적인 경우에 해당한다고 보기 어려우므로, 원심판결에 과실상계에 관한 법리오해의 위법이 있다는 원고와 피고들의 상고이유 주장 역시 받아들이기 어렵다. 【대법원 2005. 10. 7. 선고 2005다38294 선고 판결】

8. 관세의 현장수납

여행자의 휴대품이나 조난 선박에 적재된 물품으로서 보세구역이 아닌 장소에 장치된 물품에 대한 관세는 그 물품을 검사한 공무원이 검사 장소에서 수납할 수 있다(법 제43조 제1항). 물품을 검사한 공무원이 관세를 수납할 때에는 부득이한 사유가 있는 경우를 제외하고는 다른 공무원을 참여시켜야 한다. 출납공무원이 아닌 공무원이 관세를 수납하였을 때에는 지체 없이 출납공무원에게 인계하여야 한다. 출납공무원이 아닌 공무원이 선량한 관리자로서의 주의를 게을리하여 수납한 현금을 잃어버린 경우에는 변상하여야 한다.

2 관세 분할납부

특정한 물품에 대하여 부과된 관세를 일정기간 분할하여 납부할 수 있는 분할납부 제도가 있다. 관세는 수입신고 수리전 또는 수리후 15일 이내에 관세의 전액을 납부 하여야 하나, 중요산업에 소요되는 시설기계류 등의 관세납부에 따른 수입자의 자금부담을 완화시켜 설비투자를 촉진하기위하여 이 제도가 마련된 것이다.

1. 천재 · 지변 등으로 인한 분할납부

세관장은 천재·지변 그 밖의 관세법의 규정에 따른 신고, 신청, 청구 그 밖의 서류의 제출, 통지, 납부 또는 징수를 정하여진 기한까지 할 수 없다고 인정되는 때에는 1년을 넘지 아니하는 기간을 정하여 관세를 분할하여 납부하게 할 수 있다.

관세를 분할납부하려는 자는 납세의무자의 성명·주소 및 상호, 분할납부를 하려는 세액 및 해당 물품의 신고일자·신고번호·품명·규격·수량·가격, 분할납부하려는 사유 및 기간, 분할납부금액 및 횟수를 기재한 신청서를 납부기한내에 세관장에게 제출하여야 한다. 세관장은 분할납부를 하게 하는 경우에는 천재·지변 등으로 인한 기한의 연장(영 제2조)의 규정을 준용한다.

2. 공익사업 등에 사용하거나 중소기업 지원 위한 분할납부

1) 의의

공익사업 등에 사용하거나 중소기업을 지원하기 위하여 5년을 넘지 아니하는 기간을 정하여 관세를 분할납부하게 할 수 있다.

2) 분할납부대상 물품 및 기관

다음에 해당하는 물품이 수입되는 때에는 세관장은 5년을 넘지 아니하는 기간을 정하여 관세의 분할납부를 승인할 수 있다.

- 시설기계류 · 기초설비품 · 건설용 재료 및 그 구조물과 공사용장비로서 기획재정부장관이 고시하는 물품(기획재정부령이 정하는 업종에 소요되는 물품을 제외한다)
- 정부 또는 지방자치단체가 수입하는 물품
- 학교 또는 직업훈련원에서 수입하는 물품 및 비영리법인이 공익사업을 위하여 수입하는 물품
- 의료기관 등 기획재정부령이 정하는 사회복지기관 및 시설에서 수입하는 물품중 기획재정부장관이 고시하는 물품
- 기업부설연구소 · 산업기술연구조합 및 비영리법인인 연구기관 그 밖의 이와 유사한 연구기관에서 수입하는 기술개발연구용품 및 실험실습용품 중 기획재정부장관이 고시하는 물품
- 기업부설 직업훈련원에서 직업훈련에 직접 사용하기 위하여 수입하는 교육용품 및 실험실습용품 중 국내제작이 곤란한 물품으로서 기획재정부장관이 고시하는 물품
- 「중소기업기본법」에 의한 중소기업자로서 한국표준산업분류표상 제조업으로 분류되는 업체가 직접 사용하기 위하여 수입하는 관세법 별표 관세율표 제84류 · 제85류 및 제90류에 해당하는 물품으로서 다음의 요건을 갖추어야 한다.
  - 관세법 그 밖의 관세에 관한 법률 또는 조약에 의하여 관세의 감면을 받지 아니할 것
  - 해당 관세액이 100만 원 이상일 것
  - 관세법상의 보복관세, 긴급관세, 농림축산물에 대한 특별긴급관세, 조종관세, 할당관세, 계절관세 (법 제51조 내지 제72조) 물품이 아닐 것
  - 국내에서 제작이 곤란한 물품으로서 해당 물품의 생산에 관한 사무를 관장하는 주무부처의 장 또는 그 위임을 받은 기관의 장이 확인한 것일 것

그러나 관세를 분할납부할 수 있는 물품은 관세법 그 밖의 관세에 관한 법률 또는 조약에 의하여 관세를 감면받지 아니한 것이어야 한다.

구체적으로 관세를 분할납부하는 물품 및 기관은 다음과 같다.

관세의 분할납부대상 물품 및 기관
1. 정부 또는 지방자치단체가 수입하는 물품으로 관세를 분할납부할 물품 • 정부 또는 지방자치단체에서 수입하는 소방차 • 교육부에서 국제개발협회 및 국제부흥개발은행의 차관 및 기타 교육차관의 자금으로 수입하는 교육용 기자재 • 정부 또는 지방자치단체에서 수입하는 상수도확장시설용 물품과 종합하수처리장 및 동 구역안에 병설되는 위생처리시설건설용 물품 • 서울특별시에서 수입하는 종합운동경기장 건설용품 • 정부에서 수입하는 경찰용장비와 그 장비의 제조용 부분품 및 부속품
2. 학교 또는 직업훈련원에서 수입하는 물품 및 비영리법인이 공익사업을 위하여 수입하는 물품으로서 관세를 분할납부할 물품 • 한국방송공사 또는 한국교육방송공사가 수입하는 방송용의 송수신기기 · 중계기기 · 조정기기 및 이동방송차
3. 관세를 분할납부할 의료기관 • 국립 또는 공립의료기관(특수법인병원 및 공사형태의 의료기관을 포함한다) • 의료법인(비영리의료재단법인을 포함한다)으로서 보건복지부장관이 확인하여 추천하는 기관 • 의료취약지구에 설립된 의료기관으로서 보건복지부장관이 확인하여 추천하는 기관 • 「사회복지사업법」, 「노인복지법」, 「장애인복지법」 또는 「아동복지법」의 규정에 따라 복지사업을 목적으로 설립된 것으로서 보건복지부장관이 확인하여 추천하는 시설 및 단체
4. 기업부설연구소 · 산업기술연구조합 및 비영리법인인 연구기관 그 밖의 이와 유사한 연구기관으로 관세를 분할납부할 기관 • 「기술개발촉진법」 제8조의3제1항제2호 및 동법시행령 제14조의 규정에 따른 기업부설연구소임을 미래창조과학부장관이 인정한 기업부설연구소 • 「산업기술연구조합 육성법」에 의한 산업기술연구조합임을 미래창조과학부장관이 인정하는 산업기술연구조합 • 「산업기술혁신 촉진법」 제38조에 따른 한국산업기술평가원 • 「산업기술혁신 촉진법」 제42조에 따른 전문생산기술연구소임을 산업자원부장관이 인정한 전문생산기술연구소

3) 관세분할납부의 요건

관세를 분할납부할 수 있는 물품은 다음의 요건을 갖추어야 한다.

- 관세법 별표 관세율표에서 부분품으로 분류되지 아니할 것
- 관세법 그 밖의 관세에 관한 법률 또는 조약에 의하여 관세를 감면받지 아니할 것
- 해당 관세액이 500만 원 이상일 것(「중소기업기본법」에 의한 중소기업이 수입하는 경우에는 100만 원 이상일 것)
- 관세법상의 보복관세, 긴급관세, 농림축산물에 대한 특별긴급관세, 조종관세, 할당관세, 계절관세(법 제51조 내지 제72조) 물품이 아닐 것.

4) 관세의 분할납부 승인

(1) 승인신청

관세의 분할납부를 승인받으려는 자는 해당 물품의 수입신고시부터 수입신고수리전까지 그 물품의 품명·규격·수량·가격·용도·사용장소와 사업의 종류를 기재한 신청서를 세관장에게 제출하여야 한다.

(2) 분할납부의 기간 및 방법

관세의 분할납부승인을 하는 경우의 납부기간과 납부방법은 다음과 같다. 다만, 수입신고 건당 관세액이 30만원 미만인 물품을 제외한다.

〈표 6-2〉 관세분할납부 기간 및 방법

<table>
<tr><th>물품</th><th>기간</th><th>방법</th></tr>
<tr><td>1. 시설기계류 · 기초설비품 · 건설용재료 및 그 구조물과 공사용장비(중소제조업체가 직접사용하기 위하여 수입하는 물품을 제외)</td><td></td><td rowspan="2">분할납부승인액을 수입신고수리일부터 6월마다 균등하게 분할하여 납부하여야 한다. 다만, 제1차분은 수입신고수리일부터 15일 이내에 납부하여야 한다.</td></tr>
<tr><td>가. 분할납부승인액이 1억원미만인 물품
나. 분할납부승인액이 1억원 이상 5억원 미만인 물품
다. 분할납부승인액이 5억원이상인 물품
라. 임차선박</td><td>분할납부승인일부터2년6월
분할납부승인일부터3년6월
분할납부승인일부터4년6월
가목 내지 다목의 기간 내에서 임차기간 내</td></tr>
<tr><td>2. 정부 또는 지방자치단체가 수입하는 물품 및 학교 또는 직업훈련원에서 수입하는 물품 및 비영리법인이 공익사업을 위하여 수입하는 물품</td><td>분할납부승인일부터2년</td><td>분할납부승인액을 2등분하여 제1차분은 승인일부터 1년 이내에, 제2차분은 2년이내에 납부하여야 한다.</td></tr>
<tr><td>3. 의료기관 등 사회복지기관 및 시설에서 수입하는 물품(의료취약지구에 설립한 의료기관이 수입하는 물품을 제외한다)</td><td>분할납부승인일부터1년6월</td><td>분할납부승인액을 수입신고수리일부터 6월마다 균등하게 분할하여 납부하여야 한다. 다만, 제1차분은 수입신고수리일부터 15일 이내에 납부하여야 한다.</td></tr>
<tr><td>4. 의료취약지구에 설립한 의료기관이 수입하는 물품</td><td>분할납부승인일부터4년6월</td><td>분할납부승인액을 수입신고수리일부터 6월마다 균등하게 분할하여 납부하여야 한다. 다만, 제1차분은 수입신고수리일부터 15일 이내에 납부하여야 한다.</td></tr>
<tr><td>5. 중소제조업체가 직접 사용하기 위하여 수입하는 물품 및 시설기계류 · 기초설비품 · 건설용재료 및 그 구조물과 공사용장비 중 중소제조업체가 직접 사용하기 위하여 수입하는 물품
가. 분할납부승인액이 2천만원 미만인 물품
나. 분할납부승인액이 2천만원 이상 5천만원 미만인 물품
다. 분할납부승인액이 5천만원 이상인 물품</td><td>
분할납부승인일부터2년6월
분할납부승인일부터3년6월
분할납부승인일부터4년6월</td><td>분할납부승인액을 수입신고수리일부터 6월마다 균등하게 분할하여 납부하여야 한다. 다만, 제1차분은 수입신고수리일부터 15일 이내에 납부하여야 한다.</td></tr>
</table>

5) 용도 변경 및 양도

(1) 승인

관세의 분할납부 승인을 얻은 자가 해당 물품의 용도를 변경하거나 그 물품을 양도하려는 때에는 미리 세관장의 승인을 얻어야 한다. 세관장의 승인을 얻고자 하는 자는 다음의 사항을 기재한 신청서에 해당 물품의 양도·양수에 관한 계약서의 사본을 첨부하여 그 물품의 관할지 세관장에게 제출하여야 한다.

- 해당 물품의 품명 · 규격 · 수량 · 가격 · 통관지세관명 · 수입신고수리 연월일 · 수입신고번호
- 분할납부하려는 관세액과 이미 납부한 관세액
- 양수인
- 승인을 받으려는 사유

(2) 양도시 관세납부

관세의 분할납부 승인을 얻은 물품을 동일한 용도에 사용하려는 자에게 양도한 때에는 그 양수인이 관세를 납부하여야 하며, 해당 용도외의 다른 용도에 사용하려는 자에게 양도한 때에는 그 양도인이 관세를 납부하여야 한다. 이 경우 양도인으로부터 해당 관세를 징수할 수 없는 때에는 그 양수인으로부터 이를 징수한다.

6) 법인의 합병 등과 파산선고

(1) 신고

관세의 분할납부를 승인받은 법인이 합병·분할·분할합병 또는 해산하거나 파산선고를 받은 때 또는 관세의 분할납부를 승인받은 자가 파산선고를 받은 때에는 제6항 내지 제8항의 규정에 따라 그 관세를 납부하여야 하는 자는 지체없이 그 사유를 세관장에게 신고하여야 한다.

(2) 합병 · 분할 또는 분할합병

관세의 분할납부 승인을 얻은 법인이 합병·분할 또는 분할합병된 때에는 합병·분할·분할합병후 존속하거나 합병·분할·분할합병으로 인하여 설립된 법인이 연대하여 관세를 납부하여야 한다.

(3) 파산선고

관세의 분할납부 승인을 얻은 자가 파산선고를 받은 때에는 그 파산관재인이 관세를 납부하여야 한다.

(4) 해산

관세 분할납부 승인을 얻은 법인이 해산한 때에는 그 청산인이 관세를 납부하여야 한다.

7) 관세의 분할납부고지 및 관세징수

(1) 고지

세관장은 관세의 분할납부를 승인한 때에는 납부기한 별로 납세고지를 하여야 한다. 다음 사항에 해당하여 관세 전액을 즉시 징수하기로 결정한 경우 이미 고지한 관세 납부기한이 즉시 징수하는 납부기한 이후인 것의 납세고지는 이를 취소하여야 한다.

(2) 관세 징수

다음에 해당하는 경우에는 납부하지 아니한 관세의 전액을 즉시 징수한다.

- 관세의 분할납부 승인을 얻은 물품을 기간 내에 해당 용도외의 다른 용도에 사용하거나 해당 용도외의 다른 용도에 사용하려는 자에게 양도한 때
- 관세를 지정된 기한까지 납부하지 아니한 경우[8)]
- 파산선고를 받은경우
- 법인이 해산한 때

세관장은 위의 사유에 해당하여 관세 전액을 징수하는 때에는 15일 이내의 납부기한을 정하여 납세고지를 하여야 한다.

3. 관세감면 및 분할납부 승인물품의 반입 및 변경신고

용도세율의 적용, 관세의 감면 또는 분할납부의 승인을 얻은 자는 설치 또는 사용할 장소에 해당 물품을 수입신고수리일부터 1월내에 반입하여야 한다. 설치 또는 사용할 장소에 물품을 반입한 자는 해당 장소에 다음의 사항을 기재한 장부를 비치하여야 한다.

---

8) 관세청장이 부득이한 사유가 있다고 인정하는 경우를 제외한다.

- 해당 물품의 품명 · 규격 및 수량
- 해당 물품의 가격과 용도세율의 적용, 관세의 감면 또는 분할납부에 관한 사항
- 해당 물품의 수입신고번호 · 수입신고수리 연월일과 통관지세관명
- 설치 또는 사용장소에 반입한 연월일과 사용시작 연월일
- 설치 또는 사용장소와 사용상황

용도세율의 적용을 승인받은 물품이나 관세의 감면을 받은 물품을 해당 조항에 규정하는 기간 내에, 관세의 분할납부의 승인을 얻은 물품을 그 분할납부기간 만료 전에 그 설치 또는 사용장소를 변경하려는 때에는 변경전의 관할지 세관장에게 다음 사항을 기재한 설치 또는 사용장소변경신고서를 제출하고, 제출일부터 1월내에 변경된 설치 또는 사용장소에 이를 반입하여야 한다. 다만, 노사분규 등의 긴급한 사유로 자기소유의 국내의 다른 장소로 해당 물품의 설치 또는 사용장소를 변경하려는 경우에는 관할지 세관장에게 신고하고, 변경된 설치 또는 사용장소에 반입한 후 1월 이내에 설치 또는 사용장소변경신고서를 제출하여야 한다.

- 해당 물품의 품명 · 규격 및 수량
- 해당 물품의 가격 및 적용된 용도세율, 면세액 또는 분할납부승인액과 그 법적 근거
- 해당 물품의 수입신고번호 및 통관지 세관명
- 설치 또는 사용장소에 반입한 연월일과 사용시작 연월일
- 설치 또는 사용장소와 신고자의 성명 · 주소

4. 사후관리 대상물품의 이관 및 관세의 징수

용도세율의 적용, 관세의 감면 또는 분할납부의 승인을 받은 물품의 통관세관과 관할지세관이 서로 다른 때에는 통관세관장은 관세청장이 정하는 바에 따라 관할지세관장에게 해당 물품에 대한 관계서류를 인계하여야 한다. 통관세관장이 관할지세관장에게 관계서류를 인계한 물품에 대하여 징수하는 관세는 관할지세관장이 이를 징수한다.

5. 담보제공 및 사후관리

1) 담보제공

세관장은 필요하다고 인정되는 때에는 관세청장이 정하는 바에 의하여 관세법 그 밖의 법령·조약·협정 등에 의하여 관세를 감면받거나 분할납

부를 승인받은 물품에 대하여 그 물품을 수입하는 때에 감면 또는 분할납부하는 관세액에 상당하는 담보를 제공하게 할 수 있다. 담보의 제공여부는 물품의 성질 및 종류, 관세채권의 확보가능성 등을 기준으로 하여 정하되, 재수출면세 또는 재수출감면세 등 관세를 감면받은 경우와 분할납부승인을 받은 경우에 한한다. 세관장은 수입신고를 수리하는 때까지 담보를 제공하게 할 수 있다. 다만, 긴급한 사유로 공휴일[9] 등 금융기관이 업무를 수행할 수 없는 날에 수입하는 물품으로서 긴급성의 정도 등을 고려하여 관세청장이 정하여 고시하는 물품에 대하여는 수입신고를 수리하는 때 이후 최초로 금융기관이 업무를 수행하는 날까지 담보를 제공하게 할 수 있다.

2) 서류제출

관세법 그 밖의 법률·조약·협정 등에 의하여 용도세율의 적용, 관세의 감면 또는 분할납부의 승인을 받은 자는 해당 조건의 이행을 확인하는 데에 필요한 서류를 세관장에게 제출하여야 한다. 서류는 관세청장이 정하는 바에 따라 통관세관장 또는 관할지세관장에게 제출하여야 한다.

3) 사후관리의 위탁

관세청장은 조건의 이행을 확인하기 위하여 필요한 때에는 해당 물품의 사후관리에 관한 사항을 주무부장관에게 위탁할 수 있다. 관세청장은 용도세율의 적용, 관세의 감면 또는 분할납부의 승인을 받은 물품에 대한 해당 조건의 이행을 확인하기 위하여 필요한 때에는 다음의 구분에 따라 그 사후관리에 관한 사항을 위탁한다.

- 다른 법령 등에 의한 감면물품의 경우 : 해당 법률 · 조약 등의 집행을 주관하는 부처의 장
- 용도세율의 적용, 관세의 감면 또는 분할납부의 경우 : 해당 업무를 주관하는 부처의 장

사후관리를 위탁받은 부처의 장은 용도세율의 적용, 관세의 감면 또는 분할납부의 승인을 받은 물품에 대한 관세의 징수사유가 발생한 것을 확인한 때에는 지체없이 해당 물품의 관할지세관장에게 수입신고번호, 품명 및 수량, 감면 또는 분할납부의 승인을 받은 관세의 징수사유, 화주의 주소·성명을 기재한 통보서를 송부하여야 한다. 위탁된 물품에 대한 사후관리에

9) 「근로자의 날 제정에 관한 법률」에 따른 근로자의 날 및 토요일을 포함한다.

관한 사항은 위탁받은 부처의 장이 관세청장과 협의하여 정한다.

4) 사후관리 종결

용도세율의 적용 또는 관세의 감면을 받은 물품을 세관장의 승인을 얻어 수출한 때에는 관세법의 적용에 있어서 용도외 사용으로 보지 아니하고 사후관리를 종결한다. 다만, 용도세율의 적용 또는 관세의 감면을 받은 물품을 가공 또는 수리를 목적으로 수출한 후 다시 수입하거나 해외시험 및 연구목적으로 수출한 후 다시 수입하여 감면을 받은경우에는 사후관리를 계속한다.

6. 감면 등의 조건이행의 확인

세관장은 용도세율의 적용, 관세의 감면 또는 분할납부의 승인을 받은 물품에 대하여 관세청장이 정하는 바에 따라 해당 조건의 이행을 확인하기 위하여 필요한 조치를 할 수 있다.

3 결손처분 등

1. 결손처분(2013년 12월 31일까지 적용)

1) 의의

납세의무자에게 일정한 사유가 발생하여 부과된 조세를 징수할 수가 없다고 인정하여 그 납세의무를 소멸시키는 과세권자의 행정처분이다.

2) 결손처분 사유

세관장은 납세의무자에게 다음에 해당하는 사유가 있으면 해당 관세에 대하여 결손처분을 할 수 있다(법 제44조 제1항).

- 관세징수권의 소멸시효가 완성된 경우
- 체납처분이 종결되고 체납액에 충당된 배분금액이 그 체납액에 미치지 못한 경우
- 체납처분의 목적물인 총재산의 추산가액이 체납처분비에 충당하고 나면 남을 여지가 없는 경우
- 체납자의 행방이 분명하지 아니하거나 재산이 없다는 것이 판명되어 체납세액을 징수할 가망이 없는 경우

3) 결손처분의 취소

세관장은 결손처분을 한 후 압류할 수 있는 다른 재산을 발견하였을 때에는 지체 없이 그 처분을 취소하고 체납처분을 하여야 한다(법 제44조 제2항).

세관장은 관세징수 또는 공익목적을 위하여 필요한 경우로서 「신용정보의 이용 및 보호에 관한 법률」에 따른 신용정보회사 또는 신용정보집중기관 등이 체납자료나 결손처분자료의 제공을 요구한 경우에는 「국세징수법」을 준용하여 이를 제공할 수 있다.

4) 결손처분 절차

(1) 재산의 유무조사

세관장은 체납자의 행방이 분명하지 아니하거나 재산이 없다는 것이 판명되어 체납세액을 징수할 가망이 없는 경우 결손처분을 하려는 때에는 지방행정기관 또는 금융기관에 대하여 그 행방 또는 재산의 유무를 조사·확인하여야 한다. 다만, 체납된 관세(세관장이 징수하는 내국세를 포함한다)가 50만원미만인 경우에는 그러하지 아니하다.

(2) 관세체납정리위원회 심의

세관장은 결손처분시에는 관세체납정리위원회의 심의를 거쳐야한다.

2. 관세체납정리위원회

관세(세관장이 징수하는 내국세등을 포함)의 체납정리에 관한 사항을 심의하기 위하여 세관에 관세체납정리위원회를 둘 수 있다(법 제45조 제1항).

1) 구성

관세체납정리위원회는 위원장 1인을 포함한 5인 이상 7인 이내의 위원으로 구성한다. 관세체납정리위원회의 위원장은 세관장이 되며, 위원은 다음의 자중에서 세관장이 임명 또는 위촉한다.

- 세관공무원
- 변호사 · 관세사 · 공인회계사 · 세무사
- 상공계의 대표
- 기획재정에 관한 학식과 경험이 풍부한 사람

세관장은 관세체납정리위원회의 위원중 세관장이 위촉한 위원이 다음에 해당하는 때에는 해당 위원을 해임할 수 있다.

- 관할 구역 내에 거주하지 아니하게 된 때
- 그 신분을 상실한 때
- 관세 및 국세를 체납한 때
- 그 밖의 위원의 품위를 손상하는 행위를 한 때

2) 회의소집

관세체납정리위원회의 위원장은 「국세징수법」의 예에 의한 관세(세관장이 징수하는 내국세를 포함)의 체납처분을 중지하려는 경우, 체납된 내국세등에 대해 세무서장이 징수하게 하는 경우 회의를 소집하고 그 의장이 된다.

3) 회의 운영

관세체납정리위원회의 회의의 의사는 위원장을 포함한 재적위원 과반수의 출석으로 개의하고 출석위원 과반수의 찬성으로 의결한다. 관세체납정리위원회의 위원은 자기 또는 친족이 관련되어 있는 관세의 체납정리에 관한 의사에 참여하지 못한다. 관세체납정리위원회는 의안에 관하여 필요하다고 인정되는 때에는 체납자 또는 이해관계인 등의 의견을 들을 수 있다. 관세체납정리위원회의 위원장은 회의를 개최한 때에는 회의록을 작성하여 이를 비치하여야 한다. 관세체납정리위원회의 위원장은 해당 위원회에서 의결된 사항을 관세청장에게 통보하여야 한다. 관세체납정리위원회의 회의에 출석한 공무원이 아닌 위원에 대하여는 예산의 범위 안에서 수당을 지급할 수 있다.

3. 체납자료의 제공(2014년 1월 1일 시행)

1) 자료제공

세관장은 관세징수 또는 공익목적을 위하여 필요한 경우로서 「신용정보의 이용 및 보호에 관한 법률」에 따른 신용정보회사 또는 신용정보집중기관, 그 밖에 대통령령으로 정하는 자가 ㉠ 체납 발생일부터 1년이 지나고 체납액이 500만원 이상인 자 ㉡ 1년에 3회 이상 체납하고 체납액이 500만원 이상인 자의 인적사항 및 체납액에 관한 자료(체납자료)를 요구한 경우에는 이를 제공할 수 있다.

2) 비공개 사유

체납된 관세 및 내국세등과 관련하여 관세법에 따른 이의신청·심사청구 또는 심판청구 및 행정소송이 계류 중인 경우나 다음 경우에는 체납자료를 제공하지 아니한다.

- 전쟁 · 화재 등 재해나 도난으로 인하여 재산에 심한 손실을 입은 경우
- 사업에 현저한 손실을 입은 경우
- 사업이 중대한 위기에 처한 경우
- 체납처분이 유예된 경우

3) 공개금지

체납자료를 제공받은 자는 이를 업무 목적 외의 목적으로 누설하거나 이용하여서는 아니 된다

4) 파일 작성

세관장은 체납자료를 전산정보처리조직에 의하여 처리하는 경우에는 체납자료 파일(자기테이프, 자기디스크, 그 밖에 이와 유사한 매체에 체납자료가 기록·보관된 것을 말한다)을 작성할 수 있다.

5) 자료요구

체납자료를 요구하려는 자(요구자)는 요구자의 이름 및 주소, 요구하는 자료의 내용 및 이용을 적은 문서를 세관장에게 제출하여야 한다.

6) 체납자료 제공 및 통지

체납자료를 요구받은 세관장은 제3항에 따른 체납자료 파일이나 문서로 제공할 수 있다.

제공한 체납자료가 체납액의 납부 등으로 체납자료에 해당되지 아니하게 되는 경우에는 그 사실을 사유 발생일부터 15일 이내에 요구자에게 통지하여야 한다.

7) 관세청장의 권한

체납자료 파일의 정리, 관리, 보관 등에 필요한 사항 또는 기타 체납자료의 요구 및 제공 등에 필요한 사항은 관세청장이 정한다.

제2절 감면

1 총설

1. 관세감면의 의의

관세법에 의하여 수입물품에는 관세를 부과하는 것이 원칙이지만 특별한 정책목적을 수행하기 위하여 수입물품이 일정한 요건을 갖춘 경우에 무조건 또는 일정 조건하에 관세의 일부 또는 전부를 면제하는 것을 관세의 감면이라 한다. 한편, 면세는 무세와 다른 개념으로서 무세는 관세율표상 관세율이 영으로서 어떤 경우에나 관세가 부과되지 않은 것이나 면세는 특정한 요건을 갖추어야 하고 납세의무자의 신청이 있어야 세액을 감면할 수 있다.

동일수입물품이라도 물품의 용도 및 상태, 수입신고시기, 적용법령에 따라 관세 감면 여부가 결정되므로 수입자는 해당 물품에 대하여 정확하게 수입신고를 하고 신고 수리전까지 반드시 감면신청을 하여야 한다. 관세감면은 감면승인시 일정한 용도에 사용할 것을 조건으로 관세를 감면하는 조건부 감면과 지정된 용도없이 감면하는 무조건 감면으로 구분된다. 조건부 감면물품은 일정기간 동안 세관장의 승인없이 용도외 사용, 양도, 임대할 수 없으며 이를 방지하기 위하여 사후관리를 실시하고 있다.

2. 관세감면제도의 목적

관세는 일반적으로 재정수입확보와 산업보호 목적을 가지며 관세율 조작에 의하여 그 목적을 실현할 수 있다. 국가가 경제산업정책, 사회정책, 문화정책, 교육 및 과학정책 등 다양한 정책을 수행하기 위하여서는 품목별로 일률적으로 책정되어 있는 관세율을 그대로 적용하는 것 보다 특정한 경우에 관세납부의무의 전부 또는 일부를 면제는 것이 더 효과적일 수 있다.

3. 관세감면의 종류

1) 목적별 종류

외교관례(외교관용 물품 등의 면세), 세율불균형시정(항공기제조용원료품, 반도체제조용장비 감면세), 사회복지향상(종교용품, 자선용품, 장애인용품등의 면세), 학술연구진흥(학술연구용품 감면세), 사회정책수행(특정물품 면세), 환경오염방지(환경오염방지물품등에대한 감면세), 가공무역증대(해외임가공물품 감세), 교역증진(재수출 면세) 등

2) 감면승인시 조건유무에 따른 종류

(1) 무조건 감면세

① 의의

감면요건을 갖춘 수입이 이루어지면 조건 없이 감면세가 이루어지고 수입 후 감면물품의 양수도, 감면용도 이외의 사용 등에 대하여 원칙적으로 추징이나 세관의 관리감독을 받지 아니한다.

② 종류

외교관용 물품 등의 면세(양수제한품목 제외), 정부용품 등의 면세, 소액물품 등의 면세, 여행자 휴대품·이사물품 등의 면세, 재수입면세, 손상감세, 해외임가공품등의 감세가 있다.

③ 관리

무조건 감면세의 경우 사후관리 대상이 아니다.

(2) 조건부 감면세

① 의의

감면요건을 갖춘 수입에 대하여 일정한 조건을 붙여 관세를 감면하고 조건이 지켜지지 아니할 경우 감면한 관세를 징수하고, 조건 이행여부에 대하여 원칙적으로 일정기간 동안 세관의 관리감독(사후관리)을 받는다.

② 종류

세율불균형물품의 감면세, 학술연구용품의 감면세, 종교용품·자선용품·장애인용품등의 면세, 특정물품의 면세, 환경오염방지물품 등에 대한 감면세, 수출용원자재 등의 감면세, 방위산업 감면세

③ 관리

조건부 감면은 사후관리대상이다.

2 관세감면의 적용

1. 감면신청시기

관세법 그 밖의 관세에 관한 법률 또는 조약에 의하여 관세의 감면을 받으려는 자는 해당 물품의 수입신고수리전(관세를 징수하는 때에는 해당 납부고지를 받은 날부터 5일 이내)에 다음의 사항을 기재한 신청서를 세관장에게 제출하여야 한다.[10)]

- 감면을 받으려는 자의 주소 · 성명 및 상호
- 사업의 종류[11)]
- 품명 · 규격 · 수량 · 가격 · 용도와 설치 및 사용장소
- 감면의 법적 근거
- 그 밖의 참고사항

다만, 관세청장이 정하는 경우에는 감면신청을 간소한 방법으로 하게 할 수 있다.

2. 담보제공

1) 사유

세관장은 필요하다고 인정되는 때에는 관세청장이 정하는 바에 의하여 관세법 그 밖의 법령·조약·협정 등에 의하여 관세를 감면받거나 분할납부 승인을 얻은 물품에 대하여 그 물품을 수입하는 때에 감면 또는 분할납부하는 관세액에 상당하는 담보를 제공하게 할 수 있다.

2) 담보제공 필요 감면세

담보의 제공여부는 물품의 성질 및 종류, 관세채권의 확보가능성 등을 기준으로 하여 정하되, 재수출면세 또는 재수출감면세 관련 관세를 감면받은 경우와 관세의 분할납부승인을 받은 경우에만 한다.

10) 통칙 88-112-1(관세감면신청시기의 성격)영 제112조 소정의 관세감면신청서 제출시기에 관한 규정은 강행규정이므로 비록 관세감면을 받을 수 있는 물품이라고 하더라도 해당 물품의 수입신고수리전까지 세관장에게 관세감면신청서를 제출하지 않았다면 관세를 감면받을 수 없다.
11) 업종에 따라 감면하는 경우에는 구체적으로 기재하여야 한다.

3) 담보제공 시기

세관장은 수입신고를 수리하는 때까지 담보를 제공하게 할 수 있다. 다만, 긴급한 사유로 공휴일[12] 등 금융기관이 업무를 수행할 수 없는 날에 수입하는 물품으로서 긴급성의 정도 등을 고려하여 관세청장이 정하여 고시하는 물품에 대하여는 수입신고를 수리하는 때 이후 최초로 금융기관이 업무를 수행하는 날까지 담보를 제공하게 할 수 있다.

3. 조건이행 확인

관세법 그 밖의 법률·조약·협정 등에 의하여 용도세율의 적용, 관세의 감면 또는 분할납부의 승인을 받은 자는 해당 조건의 이행을 확인하는 데에 필요한 서류를 세관장에게 제출하여야 한다. 관세청장은 조건의 이행을 확인하기 위하여 필요한 때에는 물품의 사후관리에 관한 사항을 주무부장관에게 위탁할 수 있다. 용도세율의 적용 또는 관세의 감면을 받은 물품을 세관장의 승인을 얻어 수출한 때에는 관세법의 적용에 있어서 용도외 사용으로 보지 아니하고 사후관리를 종결한다. 다만, 용도세율의 적용 또는 관세의 감면을 받은 물품을 가공 또는 수리를 목적으로 수출한 후 다시 수입하거나 해외시험 및 연구목적으로 수출한 후 다시 수입하여 해외시험 및 연구목적으로 수출된 후 다시 수입되는 물품 또는 가공 또는 수리할 목적으로 수출한 물품에 대한 감면을 받은 때에는 사후관리를 계속한다.

4. 관세경감률의 산정기준

관세의 경감에 있어서 경감률의 산정은 실제로 적용되는 관세율[13]을 기준으로 한다. 관세법 그 밖의 법률 또는 조약에 의하여 관세를 면제하는 경우 면제되는 관세의 범위에 대하여 특별한 규정이 없는 때에는 덤핑방지관세, 상계관세, 보복관세, 긴급관세, 농림축산물에 대한 특별긴급관세의 세율은 면제되는 관세의 범위에 포함되지 아니한다.

5. 관세감면 신청

법 기타 관세에 관한 법률 또는 조약에 따라 관세를 감면받으려는 자는 해당 물품의 수입신고 수리 전에 다음 사항을 적은 신청서를 세관장에게 제출

12) 「근로자의 날 제정에 관한 법률」에 따른 근로자의 날 및 토요일을 포함한다.
13) 덤핑방지관세, 상계관세, 보복관세, 긴급관세, 농림축산물에 대한 특별긴급관세 세율을 제외한다.

하여야 한다. 다만, 관세청장이 정하는 경우에는 감면신청을 간이한 방법으로 하게 할 수 있다.

- 감면을 받으려는 자의 주소 · 성명 및 상호
- 사업의 종류(업종에 따라 감면하는 경우에는 구체적으로 기재하여야 한다)
- 품명 · 규격 · 수량 · 가격 · 용도와 설치 및 사용장소
- 감면의 법적 근거
- 그 밖의 참고사항

다음 사유가 있는 경우에는 다음 구분에 따른 기한까지 감면신청서를 제출할 수 있다.

- 세관장은 과세표준, 세율, 관세의 감면 등에 관한 규정의 적용 착오 또는 그 밖의 사유로 이미 징수한 금액이 부족한 것을 알게 되었을 때에는 그 부족액을 징수 경우(법 제39조제2항): 해당 납부고지를 받은 날부터 5일 이내
- 그 밖에 수입신고수리전까지 감면신청서를 제출하지 못한 경우: 해당 수입신고수리일부터 15일 이내(해당 물품이 보세구역에서 반출되지 아니한 경우로 한정한다)

6. 감면물품의 관리

1) 양수제한

(1) 제한 물품

관세를 면제받은 다음 물품은 수입신고 수리일부터 3년의 범위에서 관세청장이 정하는 기간에 용도 외의 다른 용도로 사용하기 위하여 양수할 수 없다(법 제88조 제2항).

- 자동차(삼륜자동차와 이륜자동차 포함)
- 선박
- 피아노
- 전자오르간 및 파이프오르간
- 엽총

(2) 감면물품의 용도외 사용 등의 금지기간

관세청장은 관세감면물품의 용도외 사용의 금지기간 및 양수·양도의 금지기간(사후관리기간)을 정하려는 때에는 다음 기준에 의하되, 기준을 적용한 결과 동일물품에 대한 사후관리기간이 다르게 되는 때에는 그 중

짧은 기간으로 할 수 있다.

① 물품의 내용연수(「법인세법 시행령」에 따른 기준내용연수를 말한다)를 기준으로 하는 사후관리기간 : 다음 구분에 의한 기간

- 내용연수가 5년 이상인 물품 : 3년(학술연구용품의 경우는 2년)
- 내용연수가 4년인 물품 : 2년
- 내용연수가 3년 이하인 물품 : 1년 이내

② 관세감면물품이 다른 용도로 사용될 가능성이 적은 경우의 사후관리기간 : 1년 이내. 다만, 장애인 등 특정인만이 사용하거나 금형과 같이 성격상 다른 용도로 사용될 수 없는 물품의 경우에는 수입신고수리일까지로 하며, 박람회·전시회 등 특정행사에 사용되는 물품의 경우에는 해당 용도 또는 행사가 소멸 또는 종료되는 때까지로 한다.

③ 관세감면물품이 원재료·부분품 또는 견품인 경우의 사후관리기간 : 1년 이내. 다만, 원재료·부분품 또는 견품 등이 특정용도에 사용된 후 사실상 소모되는 물품인 경우에는 감면용도에 사용하기 위하여 사용장소에 반입된 사실이 확인된 날까지로 하며, 감면받은 용도에 사용되지 아니하고 1년 이상 보관하는 경우에는 해당 물품이 최초로 사용되는 날까지로 한다.

④ 관세감면물품에 대한 법 제50조의 규정에 따른 세율에 감면율을 곱한 율을 기준으로 하는 사후관리기간 : 3퍼센트 이하인 경우에는 1년 이내, 3퍼센트 초과 7퍼센트 이하인 경우에는 2년 이내

2) 감면물품의 용도외사용 등에 대한 승인신청

관세를 면제받은 물품 중 미리 세관장의 승인을 받았을 때에는 다른 용도로 사용하기 위해 양수할 수 있다. 세관장의 승인을 얻고자 하는 자는 다음 사항을 기재한 신청서를 해당 물품의 소재지를 관할하는 세관장(관할지세관장)에게 제출하여야 한다. 다만, 미리 세관장의 승인을 받은 경우 해당 물품을 최초에 수입신고한 세관에서도 할 수 있다.

- 해당 물품의 품명 · 규격 · 수량 · 관세감면액 또는 적용된 용도세율 · 수입신고수리 연월일 및 수입신고번호
- 해당 물품의 통관세관명

- 승인신청이유
- 해당 물품의 양수인의 사업의 종류, 주소 · 상호 및 성명(법인인 경우에는 대표자의 성명)

3) 관세의 징수

물품을 양수 제한 기간에 다른 용도로 사용하기 위하여 양수한 경우에는 그 양수자로부터 면제된 관세를 즉시 징수한다(법 제88조 제3항).

3 관세감면 종류별 요건 및 내용

1. 외교관용물품 등의 면세

1) 의의

외교관에 대한 국제관례상 면세특권을 관세법에서 규정하여 외교관의 공용품과 공관원 및 그 가족이 수입하는 자용품 등에 대하여 무조건 면세를 한다. 또한 정부와 사업계약을 하는 업무용품 및 국제기구 등이 파견한 고문관 등의 사용물품은 외교관 면제에 준하여 관세를 면제한다. 한편, 외교적 특권이 남용되어 면세물품의 무분별한 유통을 억제하기 위하여 특정품목에 대하여 양수를 제한한다.

2) 면세대상

다음에 해당하는 물품이 수입될 때에는 그 관세를 면제한다(법 제88조 제1항).

- 우리나라에 있는 외국의 대사관 · 공사관 및 그 밖에 이에 준하는 기관의 업무용품
- 우리나라에 주재하는 외국의 대사 · 공사 및 그 밖에 이에 준하는 사절과 그 가족이 사용하는 물품
- 우리나라에 있는 외국의 영사관 및 그 밖에 이에 준하는 기관의 업무용품
- 우리나라에 있는 외국의 대사관 · 공사관 · 영사관 및 그 밖에 이에 준하는 기관의 직원 중 다음에 해당하는 직위 또는 이와 동등 이상이라고 인정되는 직위에 있는 직원과 그 가족이 사용하는 물품
  - 대사관 또는 공사관의 참사관 · 1등서기관 · 2등서기관 · 3등서기관 및 외교관보
  - 총영사관 또는 영사관의 총영사 · 영사 · 부영사 및 영사관보[14)]

- 대사관 · 공사관 · 총영사관 또는 영사관의 외무공무원으로서 위에 해당하지 아니하는 자

- 정부와 체결한 사업계약을 수행하기 위하여 외국계약자가 계약조건에 따라 수입하는 업무용품[15)]
- 국제기구 또는 외국 정부로부터 우리나라 정부에 파견된 고문관 · 기술단원 및 그 밖에 면세업무와 관련된 조약 등에 의하여 외교관에 준하는 대우를 받는 자로서 해당 업무를 관장하는 중앙행정기관의 장이 확인한 자가 사용하는 물품

2. 세율불균형물품의 면세

1) 의의

세율불균형을 시정하기 위하여 세관장이 지정하는 공장에서 항공기 및 반도체 제조용 장비(부분품, 부속기기 포함)를 제조 또는 수리하기 위하여 사용되는 부분품 및 원재료에 대하여 관세를 면제한다. 이는 완제품을 수입하는 것보다 부분품이나 원재료를 수입하여 제조·수리함으로써 외화절약, 고용증대, 기술발전을 도모하려는 정책적 배려이다.

2) 면제대상

(1) 대상물품

세율불균형을 시정하기 위하여 「조세특례제한법」에 따른 중소기업이 세관장이 지정하는 공장에서 항공기(부분품을 포함한다)나 반도체 제조용 장비(부속기기를 포함한다)를 제조 또는 수리하기 위하여 사용하는 부분품과 원재료(수출한 후 외국에서 수리·가공되어 수입되는 부분품과 원재료의 가공수리분을 포함한다) 중 ㉠항공기 제조업자 또는 수리업자가 항공기와 그 부분품의 제조 또는 수리에 사용하기 위하여 수입하는 부분품 및 원재료, ㉡ 장비 제조업자 또는 수리업자가 반도체 제조용 장비의 제조 또는 수리에 사용하기 위하여 수입하는 부분품 및 원재료 중 산업통상자원부장관 또는 그가 지정하는 자가 추천하는 물품에 대하여는 그 관세를 면제할 수 있다(법 제89조 제1항).

---

14) 명예총영사 및 명예영사를 제외한다.

15) 관세를 면제받으려는 자는 영 제112조제1항 각호의 사항 외에 계약의 종류, 사업장소재지와 사용목적 및 사용방법을 기재하여 해당 업무를 관장하는 중앙행정기관의 장의 확인을 받은 신청서에 계약서 사본을 첨부하여야 한다.

(2) 면제신청

항공기(부분품 포함)와 반도체 제조용 장비(부속기기 포함) 외의 부분에 따라 관세를 감면받으려는 자는 관세감면신청서류 기재하는 사항(영 제112조제1항 각 호) 외에 제조할 물품의 품명·규격·수량 및 가격, 제조시작 및 완료예정연월일과 지정제조공장의 명칭 및 소재지를 신청서에 적고, 원자재소요량증명서 또는 이에 갈음할 서류를 부분에 세관장에게 제출에 따라 관. 다만, 세관장이 필요없다고 인정하는 때에는 원자재소요량증명서 등의 첨부를 생략할 수 있다.

(3) 면제율

세율불균형물품에 대한 관세의 면제율은 100분의 100으로 한다.

3) 지정공장제도

지정공장제도는 원재료의 감면세를 받고 수입통관한 물품을 지정된 용도에 사용하도록 제조·수리공장을 지정하여 그 공장에만 반입하여 제조·수리하도록 하는 제도이다.

항공기의 수리가 일시적으로 행하여지는 공항내의 특정지역과 반도체 장비제조공장이 감시·단속에 지장이 없고, 세율불균형물품의 감면세관리 업무의 효율화을 위하여 필요하다고 인정되는 경우에는 해당특정지역을 제조·수리공장으로 지정할 수 있다. 세관장이 항공기와 반도체 제조용 장비를 제조 또는 수리할 공장을 지정하는 경우 지정기간은 3년 이내로 하되, 지정을 받은 자의 신청에 의하여 연장할 수 있다.

세관장은 지정된 공장에 대하여 그 설치·운영에 관한 보고를 명하거나 세관공무원으로 하여금 공장의 운영상황을 검사시킬 수 있다. 그리고 지정의 효력이 상실되는 경우 조치와 지정 공장외 작업에 대하여는 특허보세구역과 보세공장 관련 규정을 준용하도록 하고 있다.

제조·수리공장의 지정을 받으려는 자는 해당 제조·수리공장의 명칭·소재지·구조·동수 및 평수, 제조하는 제품의 품명과 그 원재료 및 부분품의 품명, 작업설비와 그 능력, 지정을 받으려는 기간을 기재한 신청서에 사업계획서와 그 구역 및 부근의 도면을 첨부하여 세관장에게 제출하여야 한다.

지정기간은 3년 이내로 하되, 지정받은 자의 신청에 의하여 연장할 수 있다(법 제89조 제3항). 세관장은 항공기의 수리가 일시적으로 행하여지는 공항내의 특정지역이 감시·단속에 지장이 없고, 세율불균형물품의 감면세 관리 업무의 효율화를 위하여 필요하다고 인정되는 경우에는 해당 특정지역을 제조·수리공장으로 지정할 수 있다. 특허보세구역 설영인의 결격사유에 해당하는 자는 지정을 받을 수 없다.

4) 세율불균형물품의 감면세 개정에 관한 경과조치

중소기업 이외의 기업에 대한 세율불균형물품의 관세감면에 관하여는 다음 표의 기간 동안 수입신고하는 분에 대하여는 각각의 적용기간에 해당하는 감면율을 적용한다.

적용기간 및 감면율				
2013년 1월일부터 2014년 12월 31일까지	2015년 1월일부터 12월 31일까지	2016년 1월일부터 12월 31일까지	2017년 1월일부터 12월 31일까지	2018년 1월일부터 12월 31일까지
100분의 100	100분의 80	100분의 60	100분의 40	100분의 20

3. 학술연구용품 감면세

1) 의의

교육, 학술의 진흥 및 연구개발의 촉진과 문화과학기술의 진흥을 위하여 학술연구용품, 교육용품, 실험실습용품 등에 대하여 감면한다.

2) 대상

다음에 해당하는 물품이 수입되는 때에는 그 관세를 감면할 수 있다.

- 국가기관 · 지방자치단체 및 아래 기관에서 사용할 다음의 학술연구용품 · 교육용품 및 실험실습용 물품
  - 표본, 참고품, 도서, 음반, 녹음된 테이프, 녹화된 슬라이드, 촬영된 필름, 시약류 그 밖의 이와 유사한 물품 및 자료
  - 개당 또는 셋트당 과세가격이 100만원 이상인 기기와 기기의 부분품[16] 및 부속품에 해당하는 것으로서 국내에서 제작하기 곤란한 것 중 해당 물품의 생산에 관한 업무를 담당하는 중앙행정기관의 장 또는 그가 지정하는 자가 추천하는 물품
  - 시약 · 시험지 · 부분품[17] · 원재료 및 견품

---

16) 통칙 90-0-1(연구개발용 부분품) 규칙 제37조제1항제5호에서 “부분품”라 함은 관세율표상 부분품으로 분류되는지 여부에 관계없이 해당 연구기관의 연구사업계획서 등에 의하여 연구개발용 부분품임이 확인되는 부분품을 말한다.

17) 위의 규정에 따른 기기의 부분품을 제외하며, 학술연구용 등에 직접 사용되는 것에 한한다.

- 학교 · 공공의료기관 · 공공직업훈련원 · 박물관 그 밖의 다음 기관에서 사용할 표본, 참고품, 도서, 음반, 녹음된 테이프, 녹화된 슬라이드, 촬영된 필름, 시약류 그 밖의 이와 유사한 물품 및 자료
  - 「정부조직법」 또는 지방자치단체의 조례에 의하여 설치된 시험소 · 연구소 · 공공도서관 · 동물원 · 식물원 및 전시관[18]
  - 대한무역투자진흥공사 전시관
  - 「산업집적활성화 및 공장설립에 관한 법률」에 따라 설립된 산업단지관리공단의 전시관
  - 「정부출연연구기관 등의 설립 · 운영 및 육성에 관한 법률」 및 「과학기술분야 정부출연연구기관 등의 설립 · 운영 및 육성에 관한 법률」에 의하여 설립된 연구기관
  - 수출조합전시관[19]
  - 중소기업진흥공단[20]
  - 「산업디자인진흥법」에 의하여 설립된 한국디자인진흥원[21]
  - 수입물품을 실험 · 분석하는 국가기관
  - 도로교통안전관리공단[22]
  - 「독립기념관법」에 의한 독립기념관
  - 한국소비자원[23]
  - 「한국산업안전보건공단법」에 따라 설립된 한국산업안전보건공단[24]
  - 「산업발전법」에 의하여 설립된 한국생산성본부
  - 「전쟁기념사업회법」에 의하여 설립된 전쟁기념사업회
  - 「교통안전공단법」에 의하여 설립된 교통안전공단
  - 교육부장관이 인정하는 사내기술대학 및 사내기술대학원
  - 노동부장관의 인가를 받은 중소기업협동조합부설 직업훈련원
  - 「시설물의 안전관리에 관한 특별법」에 의하여 설립된 한국시설안전공단
  - 「과학관육성법」에 의한 과학관
  - 「한국교육방송공사법」에 의하여 설립된 한국교육방송공사
  - 「지방자치단체의 행정기구와 정원기준 등에 관한 규정」에 의하여 설치된 농업기술원
  - 「특정연구기관 육성법」 제2조의 규정에 따른 연구기관

---

18) 이들 기관에서 사용하기 위하여 중앙행정기관의 장이 수입하는 경우를 포함한다.
19) 산업통상자원부장관이 면세추천을 한 분에 한한다.
20) 농가공산품개발사업을 위하여 개설한 전시관과 「중소기업진흥 및 제품구매촉진에 관한 법률」의 사업을 수행하기 위하여 수입하는 물품에 한한다.
21) 「산업디자인진흥법」 제11조제4항제1호·제2호 및 제5호의 사업을 수행하기 위하여 수입하는 물품에 한한다.
22) 「도로교통법」 제123조제1호·제2호·제4호 및 제5호의 사업을 수행하기 위하여 수입하는 물품에 한한다.
23) 「소비자기본법」 제35조제1항제2호·제3호 및 제6호의 업무를 수행하기 위하여 수입하는 물품에 한한다.
24) 같은 법 제6조의 사업을 수행하기 위하여 수입하는 물품으로 한정한다.

- 산업기술연구를 목적으로 「민법」제32조 또는 「협동조합 기본법」의 규정에 따라 설립된 비영리법인으로서 독립된 연구시설을 갖추고 있는 법인임을 산업통상자원부장관, 미래창조과학부장관 또는 기획재정부장관이 확인 · 추천하는 기관
- 「산업기술혁신 촉진법」에 따라 산업통상자원부장관의 허가를 받아 설립된 연구소
- 「국립암센터법」에 따라 설립된 국립암센터 및 「국립중앙의료원의 설립 및 운영에 관한 법률」에 따라 설립된 국립중앙의료원
- 「방송통신발전 기본법」 의 규정에 따라 설립된 한국정보통신기술협회(한국정보통신기술협회에 설치된 시험연구소에서 사용하기 위하여 수입하는 물품으로 한정한다)
- 「산업교육진흥 및 산학협력촉진에 관한 법률」에 의하여 설립된 산학협력단
- 「경제자유구역 및 제주국제자유도시의 외국교육기관 설립 · 운영에 관한 특별법」에 따라 설립된 외국교육기관
- 「국가표준기본법」에 따라 설립된 한국화학융합시험연구원, 한국기계전기전자시험연구원 및 한국건설생활환경시험연구원
- 「산업기술혁신 촉진법」에 따라 산업통상자원부장관이 지정한 연구장비관리 전문기관(산업기술혁신사업을 수행하는 데에 필요한 물품을 감면대상기관에서 사용하도록 하기 위하여 수입하는 경우를 포함한다)

- 위의 기관에서 학술연구용 · 교육용 · 훈련용 · 실험실습용 및 과학기술연구용으로 사용할 물품
- 위의 기관에서 사용할 학술연구용품 · 교육용품 · 훈련용품 · 실험실습용품 및 과학기술연구용품으로서 외국으로부터 기증되는 물품[25]
- 기업부설 연구소 또는 연구개발 전담부서를 설치하고 있거나 설치를 위한 신고를 한 기업[26]과 산업기술연구조합[27]이 산업기술의 연구 · 개발에 사용하기 위하여 수입하는 산업기술의 연구 · 개발에 사용하기 위하여 수입하는

  ㉠ 산업기술의 연구 · 개발에 사용하기 위하여 수입하는 관세법 시행규칙 별표 1의 물품

  ㉡ 시약 및 견품

  ㉢ 연구 · 개발 대상물품을 제조 또는 수리하기 위하여 사용하는 부분품 및 원재료

  ㉣ 물품을 수리하기 위한 목적으로 수입하는 부분품

---

25) 기획재정부령이 정하는 물품을 제외한다고 되어 있으는 정한 것이 없다.

26) 「기술개발촉진법」 제7조제1항제2호 또는 동법시행규칙 제8조의 규정에 따른 것임을 미래창조과학부장관이 확인한 것에 한한다.

27) 「산업기술연구조합 육성법」에 의한 산업기술연구조합으로서 기술개발을 위한 공동연구시설을 갖추고 자연계분야의 학사 이상의 학위를 가진 연구전담요원 3인 이상을 상시 확보하고 있음을 미래창조과학부장관이 확인한 산업기술연구조합에 한한다.

3) 감면율

관세의 감면율은 100분의 80으로 한다. 다만, 공공의료기관(국립암센터 및 국립중앙의료원은 제외한다) 및 학교부설의료기관에서 사용할 물품에 대한 관세의 감면율은 100분의 50으로 한다(규칙 제37조 제5항).

4) 학술연구용품에 대한 관세의 감면신청

학술연구용품·교육용품·훈련용품·실험실습용품 및 과학기술연구용품으로서 외국으로부터 기증되는 물품에 대한 관세를 감면받으려는 자는 해당 기증사실을 증명하는 서류를 신청서에 첨부하여야 한다.

기업부설 연구소 또는 연구개발 전담부서를 설치하고 있는 기업[28]과 산업기술연구조합[29]이 산업기술의 연구·개발에 사용하기 위하여 수입하는 산업기술의 연구·개발에 사용하기 위하여 수입하는 물품으로서 따로 기획재정부령이 정하는 것과 시약·부분품[30]·원재료 및 견품 물품을 관세 감면대상물품으로 지정받으려는 자는 신청인의 주소·성명 및 상호, 사업의 종류, 법 별표 관세율표 번호·품명·규격·수량·가격·용도 및 구조에 관한 사항을 적은 신청서에 해당 물품의 상품목록 등 참고자료를 첨부하여 주무부처를 경유하여 기획재정부장관에게 제출하여야 한다. 신청서는 매년 2월 말일까지 제출하여야 한다.

4. 종교용품 · 자선용품 · 장애인용품 등의 면세

1) 의의

사회복지향상을 위한 해당사업을 지원하기 위하여 관세 면제이다.

2) 대상

다음에 해당하는 물품이 수입될 때에는 그 관세를 면제한다.

- 교회, 사원 등 종교단체의 예배용품과 식전용품(式典用品)으로서 외국으로부터 기증되는 물품(다음 물품 제외)

---

28) 「기술개발촉진법」 제7조제1항제2호 또는 동법시행규칙 제8조의 규정에 따른 것임을 미래창조과학부장관이 확인한 것에 한한다.

29) 「산업기술연구조합 육성법」에 의한 산업기술연구조합으로서 기술개발을 위한 공동연구시설을 갖추고 자연계분야의 학사 이상의 학위를 가진 연구전담요원 3인 이상을 상시 확보하고 있음을 미래창조과학부장관이 확인한 산업기술연구조합에 한한다.

30) 기획재정부령이 정한 물품의 부분품을 제외하며, 연구·개발에 직접 사용되는 것에 한한다.

• 관세율표 번호 제8518호에 해당하는 물품
• 관세율표 번호 제8531호에 해당하는 물품
• 관세율표 번호 제8519호 · 제8521호 · 제8522호 · 제8523호 및 제92류에 해당하는 물품(파이프오르간은 제외한다)

- 자선 또는 구호의 목적으로 기증되는 물품 및 「외국 민간원조단체에 관한 법률」에 의하여 보건복지부장관에게 등록된 단체[31], 「국민기초생활 보장법」에 의한 시설, 「아동복지법」에 의한 아동복지시설 등 자선 · 구호시설 또는 사회복지시설에 기증되는 물품으로서 해당 용도에 직접 사용하는 물품[32][33]
- 국제적십자사 · 외국적십자사 및 기획재정부령[34]으로 정하는 국제기구가 국제평화봉사활동 또는 국제친선활동을 위하여 기증하는 물품
- 시시각장애인, 청각장애인, 언어장애인, 지체장애인, 만성신부전증환자, 희귀난치성질환자 등을 위한 용도로 특수하게 제작되거나 제조된 다음 물품

1. 시각장애인이 사용할 물품과 그 수리용 부분품
 가. 점자표시물품
  (1) 점자의료기구[35], (2) 맹인용 점자교환대[36], (3) 활자연습판, (4) 각종 계산자(점자), (5) 점자시계, (6) 점자타자기, (7) 점자제판기, (8) 점자인쇄기, (9) 점자모니터, (10) 점자키보드, (11) 점자프린터, (12) 점자복사기 및 복사용지, (13) 점자라벨기, (14) 맹인용 바둑판, (15) 오델로, (16) 맹인용 큐빅
 나. 음성인식물품
  (1) 음성시계, (2) 음성혈압기, (3) 음성전자계산기, (4) 음성저울, (5) 음성체중계, (6) 컴퓨터 음성보조기기
 다. 기타 시각장애인용 물품
  (1) 활자탐독기, (2) 맹인용 보행기구, (3) 맹인용 방위자석, (4) 맹인용 타이머, (5) 맹인용 초음파안경, (6) 4트랙 녹음기, (7) 소프트웨어, (8) 문자인식 카메라, (9) 약시자용 독서기와 확대경, (10) 맹인 안내견, (11) 입체복사기
2. 청각 및 언어장애인이 사용할 물품과 그 수리용 부분품
 가. 청력향상훈련관련물품
  (1) 청력훈련용 전화기, (2) 청력훈련기, (3) 청력적응력훈련기, (4) 청력검사기, (5) 발음직시장치, (6) 언어습득기, (7) 후두적출자용 의치형발성장치, (8) 옥타브소음계,
 나. 청력 및 음성보조기
  (1) 보청기특성검사기, (2) 파라드그라프, (3) 전자말보조기, (4) 텔레비전용 보청보조기, (5) 전화용 보청보조기, (6) 집단보청용 루프, (7) 보청기용 전지, (8) 음광변환기, (9) 인조인체부분[37], (10) 말더듬환자용 유창성 보조기, (11) 뇌성마비 또는 뇌졸중환자

---

31) 생활보호·구호 및 아동복리 사업을 행하는 단체에 한한다.
32) 법 별표 관세율표 번호 제8702호 및 제8703호에 해당하는 자동차와 번호 제8711호에 해당하는 이륜자동차 제외
33) 통칙 91-0-1(우리나라에 도착된 후에 자선 또는 구호의 목적으로 기증되는 물품의 관세면제) 법 제91조제2호에는 우리나라에 도착한 후 수입신고가 수리되기 전에 자선 또는 구호의 목적으로 기증 되어 수증자가 수입신고하는 물품을 포함한다.
34) 현재 기획재정부령에서 정하고 있는 것은 없다.

의 발화기기, (12) 음성장애환자용 음성증폭기, (13) 인조성대기

다. 기타 보조기

(1) 진동시계, (2) 청각장애인용 실내신호등

3. 지체장애인이 사용할 물품과 그 수리용 부분품

가. 신체보조기

(1) 다리보조기, (2) 골반대 양측보조기, (3) 척추보조기, (4) 전신보조기, (5) 의족기, (6) 의수기, (7) 인조인체부분(심장병수술환자용의 것을 포함한다),

나. 재활보조기 및 훈련용품

(1) 보행기, (2) 뇌성마비환자용 훈련기구, (3) 휠체어리프트, (4) 특수보조기, (5) 지지의자(이동형을 포함한다), (6) 몸통지지 견사대, (7) 수동차, (8) 기립훈련대, (9) 자세조절 보행기, (10) 균형감각훈련용 공, (11) 재활치료용 원통, (12) 에어매트, (13) 덤플폼캐리어

다. 기타 지체장애인용품

(1) 지체장애인용 차량[38]

(2) 지체장애인용 목욕용품[39]

(3) 소변처리용구세트

4. 질병치료와 관련한 물품 등

가. 만성신부전증환자가 사용할 물품

(1) 인공신장기

(2) 인공신장기용 투석여과기 및 혈액운송관

(3) 인공신장기용 투석액을 제조하기 위한 원 · 부자재

(4) 인공신장기용 투석여과기를 재사용하기 위한 의료용 화학소독기 및 멸균액

(5) 복막투석액을 제조하기 위한 원 · 부자재

나. 희귀병치료제

(1) 세레자임 등 고셔병환자가 사용할 치료제 및 로렌조오일 등 부신이영양증환자가 사용할 치료제

(2) 근육이양증환자의 치료에 사용할 근육모세포

(3) 윌슨병환자의 치료에 사용할 치료제

(4) 후천성면역결핍증으로 인한 심신장애자가 사용할 치료제

(5) 혈우병으로 인한 심신장애자가 사용할 열처리된 혈액응고인자 농축제

(6) 장애인의 음식물섭취에 사용할 삼킴장애제거제

(7) 장기이식 후 면역억제제의 합병증으로 생긴 림파구증식증 환자의 치료에 사용할 치료제

(8) 니티시논 등 타이로신혈증환자가 사용할 치료제

다. 기타 장애인용 물품

(1) 선천성대사장애인용 특수조제식품

(2) 장애인용 기저귀(실금환자용을 포함한다)

(3) 근육위축증환자가 사용할 호흡보조기(산소통없이 사용하는 것에 한한다)

5. 장애인용 운동용구 또는 경기용품과 그 수리용 부분품

(1) 장애인용으로 특별히 제작되었거나 통상 장애인용으로 사용되는 운동용구, (2) 2002년 부산아시아 · 태평양장애인경기대회의 경기용품으로서 동 대회조직 위원회가 수입하는 물품

6. 장애인 교육용 물품[40]

(1) 핸드밸 및 차입벨, (2) 프로벨, (3) 몬테소리교구, (4) 디 · 엠 · 엘교구

35) 체온계 및 혈압계에 한한다.

- 「장애인복지법」에 따른 장애인복지시설 및 장애인의 재활의료를 목적으로 국가 · 지방자치단체 또는 사회복지법인이 운영하는 재활 병원 · 의원에서 장애인을 진단하고 치료하기 위하여 사용하는 의료용구

3) 종교 · 자선 · 장애인용품에 대한 관세면제신청

관세를 면제받으려는 자는 해당 기증사실을 증명하는 서류를 신청서에 첨부하여야 한다. 교회·사원 등 종교단체의 예배용품 및 식전용품으로서 외국으로부터 기증되는 물품의 관세를 면제받으려는 자는 해당 기증목적에 관하여 문화관광부장관의 확인을 받아야 한다. 자선 또는 구호의 목적으로 기증되는 물품 등의 관세를 면제받으려는 자가 국가 또는 지방자치단체외의 자인 때에는 해당 시설 및 사업에 관하여 보건복지부장관이나 시장 또는 군수가 발급한 증명서 또는 그 사본을 신청서에 첨부하여야 한다.

국제적십자사·외국적십자사 등이 관세를 면제받으려는 자가 국가·지방자치단체 또는 대한적십자사외의 자인 때에는 해당 기증목적에 관하여 외교통상부장관의 확인을 받아야 한다. 세관장은 해당 물품의 수량 또는 가격을 참작하는 경우 확인 및 증명이 필요없다고 인정되는 때에는 이를 생략하게 할 수 있다.

5. 정부용품 등의 면세

1) 의의

주로 정부·지방자치단체가 기증 받거나 공용으로 사용하는 물품 등 공공기관이 수입하는 물품에 대하여 관세를 면제한다.

2) 대상

다음의 어느 하나에 해당하는 물품이 수입될 때에는 그 관세를 면제할 수 있다.

- 국가기관이나 지방자치단체에 기증된 물품으로서 공용으로 사용하는 물품(법 별표 관세율표 번호 제8703호에 해당하는 승용자동차 제외)[41]

---

36) 10회선 내지 200회선의 것
37) 연결사용하는 외부보조장치를 포함한다.
38) 법 별표 관세율표 세번 제8713호의 물품과 장애인의 수송을 위하여 특수하게 설계·제작된 수송용의 자동차에 한한다.
39) 목욕욕조, 이동형 목욕의자에 한한다.
40) 사회복지법인이 수입하는 경우에 한한다.

- 정부가 외국으로부터 수입하는 군수품(정부의 위탁을 받아 정부 외 자가 수입하는 경우를 포함한다) 및 국가원수의 경호용으로 사용하는 물품(「군수품관리법」에 의한 통상품 제외)
- 외국에 주둔하는 국군이나 재외공관으로부터 반환된 공용품
- 방송통신위원회가 국가의 안전보장을 위하여 긴요하다고 인정하여 수입하는 비상통신용 물품 및 전파관리용 물품
- 정부가 직접 수입하는 간행물, 음반, 녹음된 테이프, 녹화된 슬라이드, 촬영된 필름 그 밖에 이와 유사한 물품 및 자료
- 국가나 지방자치단체(이들이 설립하였거나 출연 또는 출자한 법인을 포함한다)가 환경오염(소음 및 진동 포함)의 측정하거나 분석하기 위하여 수입하는 기계 · 기구와 상수도 수질을 측정하거나 이를 보전 · 향상하기 위하여 국가나 지방자치단체(이들이 설립하였거나 출연 또는 출자한 법인을 포함한다)가 수입하는 다음의 물품중 개당 또는 셋트당 과세가격이 100만원 이상인 기기와 그 기기의 부분품 및 부속품(사후에 보수용으로 따로 수입하는 물품을 포함한다) 중 국내에서 제작하기 곤란한 것으로서 해당 물품의 생산에 관한 사무를 관장하는 주무부처의 장 또는 그가 지정하는 자가 추천하는 물품
  - 대기질의 채취 및 측정용 기계 · 기구
  - 소음 · 진동의 측정 및 분석용 기계 · 기구
  - 환경오염의 측정 및 분석용 기계 · 기구
  - 수질의 채취 및 측정용 기계 · 기구
- 국가정보원장 또는 그 위임을 받은 자가 국가의 안전보장 목적의 수행상 긴요하다고 인정하여 수입하는 물품

판례 관세법 제2조 제1항은 이 법에서“수입”이라 함은 외국으로부터 우리나라에 도착된 물품이나 수출신고가 수리된 물품을 우리나라에 인취하는 것(보세구역을 경유하는 것은 보세구역으로부터 인취하는 것)을 말한다고 규정하며, 같은 법 제30조 제1호는 국가기관 또는 지방자치단체에 기증된 물품으로서 공용으로 사용할 물품이 수입될 때에는 그 관세를 면제할 수 있다고 규정하고 있을 따름이므로, 외국으로부터 우리나라에 도착된 물품으로서 공용으로 사용할 물품이 수입 전에 국가기관 또는 지방자치단체에 기증되어 수증자인 국가기관 또는 지방자치단체가 이를 수입할 때에는 그 물품이 외국으로부터 기증되는 것인지의 여부에 관계없이 같은 법 제30조 제1호 소정의 관세 면제대상에 해당할 이치이다. 【대법원 2001. 1. 19. 선고 98두10158 선고 판결】

41) 통칙 92-0-1(국가 또는 지방자치단체에 재기증한 물품) 법 제92조제1호에서 “국가기관 또는 지방자치단체에 기증된 물품”이라 함은 외국으로부터 우리나라의 수증자에게 기증된 물품을 수입신고수리 전에 국가기관 또는 지방자치단체에 다시 기증함에 따라 이를 수증한 정부기관 또는 지방자치단체가 수입신고하는 물품을 포함한다.

3) 정부용품 등에 대한 관세의 면제신청

관세를 면제받으려는 자는 해당 기증사실을 증명하는 서류를 신청서에 첨부하여야 한다. 정부의 위탁을 받아 수입하는 자가 관세를 면제받으려는 때에는 정부의 위탁을 받아 수입한다는 것을 해당 수요기관이 확인한 서류를 신청서에 첨부하여야 한다.[42]

6. 특정물품의 면세

1) 의의

사회정책목적상 공익사업, 공공이익추구, 국민체육향상 등 특정용도의 사업을 지원하기 위하여 관세를 면제한다.

2) 대상

다음의 어느 하나에 해당하는 물품이 수입될 때에는 관세를 면제할 수 있다.

- 동식물의 번식 · 양식 및 종자개량을 위한 물품중 사료작물 재배용 종자[43]
- 박람회, 국제경기대회 그 밖에 이에 준하는 행사 중
  - 「포뮬러원 국제자동차경주대회 지원법」에 따른 포뮬러원 국제자동차경주대회에 참가하는 자가 해당 대회와 관련하여 사용할 목적으로 수입하는 물품으로서 같은 법 제4조에 따른 포뮬러원국제자동차경주대회조직위원회가 확인하는 물품
  - 「2011대구세계육상선수권대회, 2013충주세계조정선수권대회, 2014인천아시아경기대회, 2014인천장애인아시아경기대회 및 2015광주하계유니버시아드대회 지원법」에 따른 2011대구세계육상선수권대회에 참가하는 국제육상경기연맹 또는 각국 육상경기연맹이 그 소속 직원 · 선수 등 구성원, 다른 참가단체 소속 직원 · 선수 등 구성원 또는 같은 법 제3조에 따른 2011대구세계육상선수권대회조직위원회(대회조직위원회)에 제공하는 등 해당 대회와 관련하여 사용할 목적으로 수입하는 물품으로서 대회조직위원회가 확인하는 물품
  - 「2012여수세계박람회 지원특별법」에 따른 2012여수세계박람회에 참가하는

---

42) 통칙 92-0-2(관세감면 또는 분할납부대상) 법 제90조제1항제1호, 제92조제2호, 제107조제1항제2호 및 조세특례제한법 제118조제5호 등과 같이 법령에서 관세감면 또는 관세분할납부의 수입주체를 정부, 지방자치단체, 학교, 공공의료기관 등으로 규정되어 있는 경우에는 법령이 정한 수입주체 이외의 자는 관세감면 또는 분할납부의 주체가 될 수 없다.

43) 호밀 · 귀리 및 수수에 한한다.

자가 해당 박람회와 관련하여 사용할 목적으로 수입하는 물품으로서 같은 법 제4조에 따른 2012여수세계박람회조직위원회(이하 이 조에서 "박람회조직위원회"라 한다)가 확인하는 물품

• 「2011대구세계육상선수권대회, 2013충주세계조정선수권대회, 2014인천아시아경기대회, 2014인천장애인아시아경기대회 및 2015광주하계유니버시아드대회 지원법」에 따른 2013인천실내 · 무도아시아경기대회 및 2014인천아시아경기대회에 참가하는 아시아올림픽평의회 · 국제경기연맹 · 각국 경기연맹이 그 소속 직원 · 선수 등 구성원, 다른 참가단체 소속 직원 · 선수 등 구성원 또는 같은 법 제3조에 따른 2014인천아시아경기대회조직위원회에 제공하는 등 해당 대회와 관련하여 사용할 목적으로 수입하는 물품으로서 2014인천아시아경기대회조직위원회가 확인하는 물품

- 핵사고 또는 방사능긴급사태시 그 복구지원 및 구호의 목적으로 외국으로부터 기증되는 다음 물품
  • 방사선측정기
  • 시료채취 및 처리기
  • 시료분석장비
  • 방사능 방호장비
  • 제염용장비
- 우리나라 선박이 외국 정부의 허가를 받아 외국의 영해에서 채집하거나 포획한 수산물(이를 원료로 하여 우리나라 선박에서 제조하거나 가공한 것을 포함한다)
- 우리나라 선박이 외국의 선박과 협력하여 「원양산업발전법」 제6조에 따라 해양수산부장관으로부터 원양모선식 어업허가를 받고 외국과의 협상 등에 의하여 해외수역에서 해당 외국의 국적을 가진 자선과 공동으로 수산물을 채집 또는 포획하는 원양어업방법으로 채집하거나 포획한 수산물로서 해양수산부장관이 추천하는 것
- 해양수산부장관의 허가를 받은 자가 「원양산업발전법」에 따라 해양수산부장관에게 외국인과 합작하여 설립한 해외현지법인으로 원양어업을 하기 위하여 신고를 한 자가 「원양산업발전법」에 따른 해외수역에서 해양수산부장관이 기획재정부장관과 협의하여 고시한 선박 · 어구 등의 생산수단을 투입하여 수산동식물을 채집 또는 포획하는 어업을 경영하고 총지분의 49퍼센트 이상을 확보하고 외국인과 합작하여 채집하거나 포획한 수산물 중 해양수산부장관이 기획재정부장관과 협의하여 추천하는 것
- 우리나라 선박 등이 채집하거나 포획한 수산물과 위의 수산물의 포장에 사용된 물품으로서 재사용이 불가능한 것 중 우리나라 선박 등에 의하여 채집 또는 포획된 수산물과 위의 방법 또는 요건에 따라 채집 또는 포획된 수산물을 포장한 관

세법 별표 관세율표 번호 제4819호의 골판지 어상자

- 「중소기업기본법」에 따른 중소기업이 해외구매자의 주문에 따라 제작한 기계 · 기구가 해당 구매자가 요구한 규격 및 성능에 일치하는지를 확인하기 위하여 하는 시험생산에 필요한 원재료로서 중소기업에 외국인이 무상으로 공급하는 물품
- 우리나라를 방문하는 외국의 원수와 그 가족 및 수행원의 물품
- 우리나라의 선박이나 그 밖의 운송수단이 조난으로 인하여 해체된 경우 그 해체재(解體材) 및 장비
- 우리나라와 외국 간에 건설될 교량, 통신시설, 해저통로, 그 밖에 이에 준하는 시설의 건설 또는 수리에 필요한 물품
- 우리나라 수출물품의 품질, 규격, 안전도 등이 수입국의 권한 있는 기관이 정하는 조건에 적합한 것임을 표시하는 수출물품에 부착하는 다음의 증표
  - 캐나다 공인검사기관에서 발행하는 시 · 에스 · 에이(C.S.A)증표
  - 호주 공인검사기관에서 발행하는 에스 · 에이 · 에이(S.A.A)증표
  - 독일 공인검사기관에서 발행하는 브이 · 디 · 이(V.D.E)증표
  - 영국 공인검사기관에서 발행하는 비 · 에스 · 아이(B.S.I)증표
  - 프랑스 공인검사기관에서 발행하는 엘 · 시 · 아이 · 이(L.C.I.E)증표
  - 미국 공인검사기관에서 발행하는 유 · 엘(U.L)증표
  - 유럽경제위원회 공인검사기관에서 발행하는 이 · 시 · 이(E.C.E)증표
  - 유럽공동시장 공인검사기관에서 발행하는 이 · 이 · 시(E.E.C)증표
  - 유럽공동체 공인검사기관에서 발행하는 이 · 시(E.C)증표
- 우리나라의 선박이나 항공기가 해외에서 사고로 발생한 피해를 복구하기 위하여 외국의 보험회사 또는 외국의 가해자의 부담으로 하는 수리 부분에 해당하는 물품
- 우리나라의 선박이나 항공기가 매매계약상의 하자보수 보증기간 중에 외국에서 발생한 고장에 대하여 외국의 매도인의 부담으로 하는 수리 부분에 해당하는 물품
- 국제올림픽 · 장애인올림픽 · 농아인올림픽 및 아시아운동경기 · 장애인아시아운동경기 종목에 해당하는 운동용구(부분품을 포함한다)로서 「국민체육진흥법」에 의하여 설립된 대한체육회 또는 대한장애인체육회가 수입하는 물품
- 국립묘지의 건설 · 유지 또는 장식을 위한 자재와 국립묘지에 안장되는 자의 관 · 유골함 및 장례용 물품
- 피상속인이 사망하여 국내에 주소를 둔 자에게 상속되는 피상속인의 신변용품

3) 특정물품에 대한 관세의 면제신청

동식물의 번식·양식 및 종자개량을 위한 물품 등에 대한 관세를 면제받으려는 자는 신청서에 주무부처의 장 또는 그 위임을 받은 기관의 장의 확

인을 받아야 한다. 다만, 다른 법령의 규정에 따라 반입승인·수입승인 등을 받은 물품의 경우 그 승인서에 의하여 해당 물품이 관세의 면제를 받은 용도에 사용될 것임을 확인할 수 있거나 관할지 세관장이 이를 확인한 때에는 그러하지 아니하다.

핵사고 또는 방사능긴급사태시 그 복구지원 및 구호의 목적으로 외국으로부터 기증되는 물품에 대한 관세를 면제받으려는 자는 해당 기증사실을 증명하는 서류를 신청서에 첨부하여야 하며, 해당 기증목적에 관하여 미래창조과학부장관의 확인을 받아야 한다.

우리나라의 선박 그 밖의 운송수단이 조난으로 인하여 해체된 경우 그 해체재 및 장비에 대한 관세를 면제받으려는 자는 관세감면신청 사항 외에 운수기관명·조난장소 및 조난연월일을 신청서에 적고 주무부장관이 확인한 서류를 첨부하여야 한다.

우리나라와 외국간에 건설될 교량·통신시설·해저통로 그 밖의 이에 준하는 시설의 건설 또는 수리에 소요되는 물품에 대한 관세를 면제받으려는 자는 관세감면신청 사항외에 사용계획·사용기간과 공사장의 명칭 및 소재지를 신청서에 기재하여야 한다.

우리나라 수출물품의 품질·규격·안전도 등이 수입국의 권한있는 기관이 정하는 조건에 적합한 것임을 표시하는 수출물품첩부용증표 등에 대한 관세를 면제받으려는 자는 해당 증표 공급국의 권한있는 기관과의 공급 및 관리에 관한 계약서 또는 이에 갈음할 서류를 신청서에 첨부하여야 한다. 다만, 세관장이 필요없다고 인정하는 때에는 해당 계약서 등의 첨부를 생략할 수 있다.

우리나라의 선박 또는 항공기가 해외에서 사고로 인하여 발생한 피해를 복구하기 위하여 외국의 보험회사 또는 외국의 가해자의 부담으로 행하는 수리부분에 해당하는 물품에 대한 관세를 면제받으려는 자는 관세감면 신청사항 외에 수리선박명 또는 수리항공기명을 신청서에 기재하고, 해당 수리가 외국의 보험회사·가해자 또는 매도인의 부담으로 행하는 것임을 증명하는 서류와 수리인이 발급한 수리사실을 증명하는 서류를 첨부하여야 한다.

확인 및 증명은 세관장이 해당 물품의 수량 또는 가격을 참작하여 필요없다고 인정하는 때에는 이를 생략할 수 있다.

7. 소액물품 등의 면세

다음에 해당되는 물품이 수입될 때에는 그 관세를 면제할 수 있다.

- 우리나라의 거주자에게 수여된 훈장 · 기장(紀章) 또는 이에 준하는 표창장 및 상패
- 기록문서 그 밖의 서류
- 상용견품(商用見品) 또는 광고용품으로서 다음에 해당하는 물품
  - 물품이 천공 또는 절단되었거나 통상적인 조건으로 판매할 수 없는 상태로 처리되어 견품으로 사용될 것으로 인정되는 물품
  - 판매 또는 임대를 위한 물품의 상품목록 · 가격표 및 교역안내서 등
  - 과세가격이 미화 250달러 이하인 물품으로서 견품으로 사용될 것으로 인정되는 물품
  - 물품의 형상 · 성질 및 성능으로 보아 견품으로 사용될 것으로 인정되는 물품
- 우리나라 거주자가 수취하는 소액물품으로서 다음에 해당하는 물품
  - 해당 물품의 총과세가격이 15만원 상당액 이하의 물품으로서 자가사용 물품으로 인정되는 것(반복 또는 분할하여 수입되는 물품으로서 관세청장이 정하는 기준에 해당하는 것을 제외)
  - 박람회 그 밖의 이에 준하는 행사에 참가하는 자가 행사장 안에서 관람자에게 무상으로 제공하기 위하여 수입하는 물품[44]

8. 환경오염방지 물품 등의 감면세

1) 의의

환경문제의 중요성에 따라 환경오염방지 및 산업예방과 산업의 생산성 향상을 위하여 오염물질의 배출방지, 폐기물처리 및 산업 또는 직업병의 예방에 직접 사용되는 기계, 기구 등과 공장자동화 기계 등으로서 국내제작이 곤란한 물품에 대하여 관세를 감면한다.

2) 대상

다음 어느 하나에 해당하는 물품으로서 국내에서 제작하기 곤란한 물품이 수입될 때에는 그 관세를 감면할 수 있다.

- 오염물질 배출방지 또는 처리용 물품
  - 폐수 또는 폐유처리용 시설 · 기계 · 기구
  - 대기오염방지용 시설 · 기계 · 기구

44) 전시할 기계의 성능을 보여주기 위한 원료를 포함하고 관람자 1인당 제공량의 정상도착가격이 미화 5달러 상당액 이하의 것으로서 세관장이 타당하다고 인정하는 것에 한한다.

- 소음 또는 진동방지용 시설 · 기계 · 기구
- 탈황시설용 시설 · 기계 · 기구
- 해상의 기름제거 또는 누출방지용 기계 · 기구
- 공해측정 또는 분석용 기계 · 기구
- 가목 내지 바목의 물품 제작용 물품[45)]

- 폐기물 처리(재활용 포함)를 위하여 사용하는 기계 · 기구
  - 폐기물 처리용 시설 · 기계 · 기구
  - 폐기물을 재생하거나 이용하는 시설 · 기계 · 기구
  - 가목 및 나목의 시설 · 기계 · 기구를 제작하기 위한 물품[46)]
- 산업 및 직업병 예방용 물품
  - 산업 예방을 위한 안전용 시설 · 기계 · 기구
  - 직업병 예방을 위한 보건용 시설 · 기계 · 기구
  - 안전 또는 보건을 위한 개인용 보호장구
- 기계 · 전자기술 또는 정보처리기술을 응용한 공장 자동화 기계 · 기구 · 설비(그 구성기기를 포함한다) 및 그 핵심부분품
  - 정보처리기술을 응용한 공장자동화기계 · 기구 및 설비 : 자동설계 · 생산 및 자료관리를 위한 컴퓨터와 그 주변기기와 제조공정을 자동으로 제어하기 위한 기기 또는 시스템
  - 기계 · 전자기술을 응용한 공장자동화기계 · 기구 및 설비 : 전자적인 제어방식에 의하여 주된 공정이 자동화된 기기와 물류자동화시스템
- 방위산업에 소요되는 물품으로서 다음에 해당하는 것
  - 방위산업에 소요되는 시설기계류 및 기초설비품
  - 방위산업제품(경찰경비함정 및 이에 장착되는 물품 포함)을 제조 · 가공 · 수리 또는 정비하기 위한 부분품 및 원재료
  - 방위산업제품(경찰경비함정 및 이에 장착되는 물품 포함)의 연구 · 개발을 위한 시험분석용품 및 견품

3) 감면율

감면율은 다음과 같다.

- 오염물질 배출방지 또는 처리용 물품 및 폐기물 처리(재활용을 포함한다)를 위하여 사용하는 기계 · 기구 : 2011년 12월 31일까지 수입신고되는 분에 한하여 100분의 30

45) 원자재 및 소재상태의 것을 제외한다.
46) 원자재 및 소재상태의 것을 제외한다.

- 기계 · 전자기술 또는 정보처리기술을 응용한 공장자동화기계 · 기구 · 설비(구성기기 포함) 및 그 핵심부분품 : 2011년 12월 31일까지 수입신고되는 분에 한하여 100분의 10. 중소제조업체가 수입하는 물품은 100분의 30

4) 환경오염방지물품 등에 대한 관세의 감면신청

관세감면대상물품으로 지정받으려는 자는 다음 사항을 기재한 신청서에 해당 물품의 상품목록 등 참고자료를 첨부하여 주무부장관을 거쳐 기획재정부장관에게 제출하여야 한다.

- 신청인의 주소 · 성명 및 상호
- 사업의 종류
- 관세율표번호 · 품명 · 규격 · 수량 · 가격 · 용도 및 구조

신청서의 제출기한은 다음과 같다.

- 오염물질 배출방지 또는 처리용 물품 등에 대한 것인 경우 : 매년 4월말까지
- 기계 · 전자기술 또는 정보처리기술을 응용한 공장자동화기계 · 기구 · 설비[47] 및 그 핵심부분품에 대한 것인 경우 : 매년 7월말까지

9. 여행자 휴대품 · 이사물품 등의 면세

1) 의의

국민생활과 관련하여 여행자의 입국사유 및 체재기간 등을 고려한 여행자휴대품과 거주이전 사유, 거주기간 등을 고려한 이사물품에 대하여 관세를 면제한다.

2) 관세가 면제되는 휴대품 등

(1) 여행자 휴대품과 별송품

다음에 해당하는 물품이 수입될 때에는 그 관세를 면제할 수 있다.

- 여행자의 휴대품[48] 또는 별송품[49]으로서 여행자의 입국사유, 체재기간, 직업 그 밖의 사정을 고려하여 세관장이 타당하다고 인정하는 다음의 물품
  - 여행자가 휴대하는 것이 통상적으로 필요하다고 인정하는 신변용품 및 신변장

47) 구성기기 포함
48) "휴대품"이라 함은 일시적으로 출입국하는 여행자가 휴대반입하는 물품과 특수한 사정으로 인하여 사전 또는 사후에 도착된 물품을 말한다(통칙 96-0-1).
49) 여행자가 이용한 항공기 및 선박 등 이외의 운송수단을 통하여 별도로 반입되는 물품을 말한다.

식품[50]일 것

- 비거주자인 여행자가 반입하는 물품으로서 본인의 직업상 필요하다고 인정되는 직업용구일 것
- 세관장이 반출 확인한 물품으로서 재반입되는 물품일 것
- 물품의 성질 · 수량 · 가격 · 용도 등으로 보아 통상적으로 여행자의 휴대품 또는 별송품인 것으로 인정되는 물품일 것

관세의 면제 한도는 여행자 1명의 휴대품으로서 각 물품의 과세가격 합계 기준으로 미화 400달러 이하(기본면세 범위)로 한다. 다만, 농림축산물 등 관세청장이 정하는 물품이 휴대품에 포함되어 있는 경우에는 기본면세 범위에서 해당 농림축산물 등에 대하여 관세청장이 따로 정한 면세한도를 적용할 수 있다.

술·담배·향수에 대해서는 기본면세 범위와 관계없이 다음 표에 따라 관세를 면제하되, 19세 미만인 사람이 반입하는 술·담배는 관세를 면제하지 아니한다. 이 경우 해당 물품이 다음 표의 면세한도를 초과하여 관세를 부과하는 경우에는 해당 물품의 가격을 과세가격으로 한다.

구분	면세한도	비고
술	1병	1리터 이하이고 미화 400달러 이하인 것으로 한정한다.
담배	궐련 200개비, 엽궐련 50개비, 전자담배 니코틴 용액 20밀리리터(㎖), 그 밖의 담배는 250그램	2 이상의 담배 종류를 반입하는 경우에는 한 종류로 한정한다.
향수	60밀리리터(㎖)	

(2) 이사물품

관세가 면제되는 물품은 우리나라 국민(재외영주권자를 제외한다)으로서 외국에 주거를 설정하여 1년(가족을 동반한 경우에는 6개월) 이상 거주하였거나 외국인 또는 재외영주권자로서 우리나라에 주거를 설정하여 1년(가족을 동반한 경우에는 6개월) 이상 거주하려는 사람이 반입하는 다음 어느 하나에 해당하는 것으로 한다.

- 해당 물품의 성질 · 수량 · 용도 등으로 보아 통상적으로 가정용으로 인정되는 것으로서 우리나라에 입국하기 전에 3개월 이상 사용하였고 입국한 후에도 계

50) "신변용품"이라 함은 여행자 및 승무원이 여행 중에 통상적으로 신변에 착용하거나 휴대할 필요성이 있다고 세관장이 인정하는 물품을 말하며, "신변장식용품"이라함은 여행자 및 승무원이 여행 중에 통상적으로 신체의 일부분에 착용하여 장식하는 것으로서 세관장이 인정하는 물품을 말한다(통칙 96-0-4).

속하여 사용할 것으로 인정되는 것
- 우리나라에 상주하여 취재하기 위하여 입국하는 외국국적의 기자가 최초로 입국할 때에 반입하는 취재용품으로서 문화체육관광부장관이 취재용임을 확인하는 물품일 것
- 우리나라에서 수출된 물품(조립되지 아니한 물품으로서 관세법 별표 관세율표상의 완성품에 해당하는 번호로 분류되어 수출된 것을 포함한다)이 반입된 경우로서 관세청장이 정하는 사용기준에 적합한 물품일 것
- 외국에 거주하던 우리나라 국민이 다른 외국으로 주거를 이전하면서 우리나라로 반입(송부를 포함한다)하는 것으로서 통상 가정용으로 3개월 이상 사용하던 것으로 인정되는 물품일 것

사망이나 질병 등 관세청장이 정하는 사유가 발생하여 반입하는 이사물품에 대해서는 거주기간과 관계없이 관세를 면제할 수 있다

(3) 승무원 휴대물픔

외국무역선 또는 외국무역기의 승무원이 휴대하여 수입하는 물품으로서 항행일수, 체재기간, 그 밖의 사정을 고려하여 세관장이 타당하다고 인정하는 물품. 다만, 자동차(우리나라에서 수출된 것은 제외한다), 선박, 항공기와 개당 과세가격이 200만 원 이상인 보석·진주·별갑·산호·호박·상아 및 이를 사용한 제품은 제외한다.

3) 도착시기

별송품과 이사물품중 별도로 수입하는 물품은 천재지변 등 부득이한 사유가 있는 때를 제외하고는 여행자 또는 입국자가 입국한 날부터 6월 이내에 도착한 것이어야 한다.

4) 휴대품 등에 대한 관세의 면제신청

별송품 및 이사물품중 별도로 수입하는 물품에 대하여 관세를 면제받으려는 자는 휴대반입한 주요물품의 통관내역서를 입국지 관할세관장으로부터 발급받아 세관장에게 제출하여야 한다. 다만, 세관장은 관세를 면제받으려는 자가 통관내역서를 제출하지 아니한 경우로서 그 주요물품의 통관내역을 입국지 관할세관장으로부터 확인할 수 있는 경우에는 통관내역서를 제출하지 아니하게 할 수 있다.

10. 재수출면세 및 재수출감면세

1) 의의

재수출면세는 교역의 증진, 외화의 절약, 기술의 도입, 관광객의 유치 등을 목적으로 하는 제도로서 수입후 단기간 내에 재수출될 물품인 용기, 휴대품, 운송기기 등에 대하여 관세를 면제한다.

재수출감면세는 공사용 기계, 기구나 수리·가공용 기계 기구를 외국에서 빌려와 국내에서 사용하다가 다시 반송하거나 외국으로부터 선박을 나용해 와서 사용하다가 다시 반송하는 때의 그 물품의 수입에 따른 관세를 경감한다.

2) 재수출면세

(1) 기간

수입신고수리일부터 다음 기간 내에 다시 수출하는 물품에 대하여는 그 관세를 면제할 수 있다.

- 1년의 범위내에서 세관장이 정하는 기간[51)52)]내에 다시 수출[53)]하는 경우 관세 면제 물품
  - 수입물품의 포장용품[54)](관세청장이 지정하는 물품 제외)
  - 수출물품의 포장용품(관세청장이 지정하는 물품 제외)
  - 우리나라에 일시 입국하는 자가 본인이 사용하고 재수출할 목적으로 직접 휴대하여 반입하거나 별도로 반입하는 신변용품(관세청장이 지정하는 물품을 제외)[55)]

---

51) 다만, 세관장은 부득이한 사유가 있다고 인정되는 때에는 1년의 범위내에서 그 기간을 연장할 수 있다.
52) 재수출면세기간을 연장하는 경우 그 연장횟수에는 제한이 없으나 전체 연장기간은 1년을 초과할 수 없다.
  1. 수입신고수리시 재수출면세기간을 3월로 정하고, 부득이한 사유로 1년간 연장한 경우에는 더 이상 연장할 수 없다.
  2. 수입신고수리시 재수출면세기간을 1년으로 정하고, 부득이한 사유로 6개월간 연장하였으나 또다시 부득이한 사유가 있는 경우에는 다시 6개월까지만 연장할 수 있다.
53) 재수출기간은 재수출신고일까지의 기간을 말한다.
54) 규칙 제50조제1항제1호 및 제2호에서 "포장용품"이라 함은 재수출 확인이 가능한 물품으로 수입신고 당시 포장용으로 사용되었거나 사용될 모든 물품을 말하며, 산물(bulk)상태로 수입되는 짚, 종이, 유리섬유, 대팻밥(straw, paper, glass-wool, shavings) 등을 제외한다.
55) 외국에 거주하는 여행자가 우리나라에 일시 입국하면서 면세 받은 물품의 경우, 해당 여행자가 면세 받은 물품을 세관에 예치하거나 담보를 제공하고 일시 출국하였다가 다시 입국하였더라도 그 기간을 재수출면세기간에서 제외하는 것은 아니다(통칙 97-115-3).

- 우리나라에 일시 입국하는 자가 본인이 사용하고 재수출할 목적으로 직접 휴대하여 반입하거나 별도로 반입하는 직업용품 및 「신문 등의 자유와 기능보장에 관한 법률」에 따라 지국 또는 지사의 설치허가를 받은 자가 취재용으로 반입하는 방송용의 녹화되지 아니한 비디오테이프
- 관세청장이 정하는 시설에서 국제해운에 종사하는 외국선박의 승무원의 후생을 위하여 반입하는 물품과 그 승무원이 숙박기간중 해당 시설에서 사용하기 위하여 선박에서 하역된 물품
- 박람회, 전시회, 공진회, 품평회 그 밖의 이에 준하는 행사에 출품 또는 사용하기 위하여 그 주최자 또는 행사에 참가하는 자가 수입하는 물품중 해당 행사의 성격 · 규모 등을 고려하여 세관장이 타당하다고 인정하는 물품
- 국제적인 회의 · 회합 등에서 사용하기 위한 물품
- 학교, 공공의료기관, 공공직업훈련원, 박물관, 그 밖에 이에 준하는 기관(시행규칙 제37조제2항 각 호) 및 「국방과학연구소법」에 따른 국방과학연구소에서 학술연구 및 교육훈련을 목적으로 사용하기 위한 학술연구용품
- 학교, 공공의료기관, 공공직업훈련원, 박물관, 그 밖에 이에 준하는 기관(시행규칙 제37조제2항 각 호) 및 「국방과학연구소법」 에 따른 국방과학연구소에서 과학기술연구 및 교육훈련을 위한 과학장비용품
- 주문 수집을 위한 물품, 시험용 물품 및 제작용 견품[56)]
- 수리를 위한 물품(수리를 위하여 수입되는 물품과 수리후 수출하는 물품이 관세 · 통계통합품목분류표상 10단위의 품목번호가 일치할 것으로 인정되는 물품에 한한다)
- 수출물품 및 수입물품의 검사 또는 시험을 위한 기계 · 기구
- 일시입국자가 입국할 때에 수송하여 온 본인이 사용할 승용자동차 · 이륜자동차 · 캠핑카 · 캬라반 · 트레일러 · 선박 및 항공기와 관세청장이 정하는 그 부분품 및 예비품
- 관세청장이 정하는 수출입물품 · 반송물품 및 환적물품을 운송하기 위한 차량
- 이미 수입된 국제운송을 위한 컨테이너의 수리를 위한 부분품

56) "주문수집을 위한 물품, 시험용 물품 및 제작용 견품"이라 함은 다음과 같다.
1. "주문수집을 위한 물품"이라 함은 이미 생산되고 있는 특정한 종류의 상품을 대표하는 표준품으로서 주문을 위한 상담, 시장상황 및 수요조사 등을 위하여 사용되는 물품을 말한다.
2. "시험용 물품"이라 함은 수입하려는 물품의 성능을 시험(성능시험을 위하여 견품을 제작하는 경우를 포함하나, 상품을 제조·가공하는 경우를 제외한다. 이 경우 시험의 범위는 해당 물품의 수입신고당시의 성질 또는 형상이 변경되지 아니하는 정도의 성능시험에 한한다)하기 위하여 일시 수입되는 물품과 해당 시험에 소요되는 보조기기 및 소모성 재료 등을 말한다.
3. "제작용 견품"이라 함은 우리나라에서 어떠한 물품을 제작하기 위하여 견품으로 사용되는 것을 말하며 수입물품 자체가 제작의 수단이 되는 주형, 목형, 공작기계, 각인 등을 제외한다.

• 수출인쇄물 제작원고용 필름(빛에 노출되어 현상된 것에 한한다)
• 광메모리매체 제조용으로 정보가 수록된 마스터테이프 및 니켈판(생산제품을 수출할 목적으로 수입되는 것임을 해당 업무를 관장하는 중앙행정기관의 장이 확인한 것에 한한다)
• 항공기 및 그 부분품의 수리 · 검사 또는 시험을 위한 기계 · 기구
• 항공 및 해상화물운송용 파렛트
• 수출물품 사양확인용 물품
• 항공기의 수리를 위하여 일시 사용되는 엔진 및 부분품
• 산업기계의 수리용 또는 정비용의 것으로서 무상으로 수입되는 기계 또는 장비
• 외국인투자기업이 자체상표제품을 생산하기 위하여 일시적으로 수입하는 금형 및 그 부분품

- 1년을 초과하여 수출해야 할 부득이한 사유가 있는 다음 물품 : 세관장이 정하는 기간
  • 수송기기의 하자를 보수하거나 이를 유지하기 위한 부분품
  • 외국인 여행자가 연 1회 이상 항해조건으로 반입한 후 지방자치단체에서 보관 · 관리하는 요트(모터보트를 포함한다)

판례 구 관세법은 총리령이 정하는 물품으로서 수입신고 수리일부터 1년의 범위 안에서 대통령령으로 정하는 기준에 따라 세관장이 정하는 기간 내에 다시 수출하는 물품에 대하여는 그 관세를 면제할 수 있다고 규정하고, 구 관세법시행규칙은 법에 의하여 관세를 면제할 물품 …은 다음 각 호와 같다고 규정하면서 제4호 전단에서 우리나라에 일시 입국하는 자가 본인이 사용하고 재수출할 목적으로 직접 휴대하여 수입하거나 별도 수입한 직업용품을 들고 있고, 구 관세법은 다음에 해당하는 자는 관세납부의무자가 된다고 규정하면서 수입신고를 한 물품에 대하여는 그 물품을 수입한 화주를 들고 있으며, 구 관세법시행령은 법 기타 관세에 관한 법률 또는 조약에 의하여 관세의 감면을 받으려는 자는 해당 물품의 수입신고 수리 전에 다음의 사항을 기재한 신청서를 세관장에게 제출하여야 한다고 규정하고 있으므로, 구 관세법, 구 관세법시행규칙의 규정에 따라 **일시 입국자의 직업용품으로 관세를 면제받기 위하여는 납세의무자인 일시 입국자가 직접 휴대하여 수입하거나, 별도로 수입하여 그가 구 관세법시행령 소정의 관세면제신청을 하여야 할 것이다.** CE사는 그 무상보수를 위하여 그 소속 기술자를 파견하였는데, 그 보수장비인 '오메가 씰 용접기 및 오메가 씰 절단기(이하 '이 사건 물품'이라 한다)'의 총중량이 617kg에 이르러 휴대가 불가능하여 원고와 CE사 사이에 이 사건 물품의 통관절차를 원고가 대신 수행하여 주기로 합의하였던 관계로 1998. 5. 4. 편의상 원고를 수하인으로 하여 이 사건 물품을 탁송한 사실, CE사의 이 사건 물품에 대한 송품장에 "이 장비는 한국에 임시 수입품이고 미국 CE사의 소유이다. 이 장비는 영광 3, 4호기의 작업이 끝나면 미국에 반환될 예정이다. 이 장비는 비매품이며 한국전력공사에 상품성이 없다"라고 명시되어 있는 사실, 이에 따라 이 사건 물품은 1998. 5. 4. 수입되었다가 같은 해 8월 4일 재수출되었고, 위 물품의 수입운임은 CE사가 선불로, 재수출운임은 역시 CE사가 후불로 각 지급한 사실, 원고는 CE사와의 위 통관대행약정 및 위 송품장의 수하인으로 원고가 기재되어 있는 관계상 그 수입

신고시 수입자 및 납세의무자를 원고로 하여 신고한 사실을 인정한 다음, 이 사건 물품은 CE사 소유의 것으로서 다만, 그 소속기술자들이 원고와의 원자로설비공급계약에 따라 하자가 발생한 CEDM의 보수를 위하여 사용하고 재수출할 목적으로 별도 수입한 구 관세법시행규칙의 일시 입국자의 직업용품에 해당한다 할 것이고, 원고는 CE사의 편의를 위하여 통관절차만을 대행하여 준 것으로서, 이를 들어 원고가 이 사건 물품을 수입한 화주라고 볼 수 없으므로 이를 간과하고 이 사건 물품에 대하여 관세 등을 부과한 피고의 이 사건 처분은 위법하다고 판단하였다. 원심이 확정한 사실에 의하더라도, 일시 입국자가 아닌 원고가 이 사건 물품을 수입한 화주로서 그 수입신고시에 그를 이 사건 물품의 수입자 및 납세의무자로 하여 이 사건 관세면제신청을 하였다는 것이므로, 이 사건 물품은 구 관세법 , 구 관세법시행규칙의 일시 입국자의 직업용품에 해당하지 아니한다 할 것이다. 【대법원 2001. 10. 9. 선고 2000두6039 선고 판결】

(2) 재수출기간의 연장신청

수출기간을 연장 받으려는 자는 해당 물품의 수입신고수리 연월일·신고번호·품명·규격 및 수량, 연장기간과 연장사유를 기재한 신청서를 해당 물품의 수입지세관장에게 제출하여야 한다. 다만, 관세청장이 정한 물품에 대하여는 수입지세관외의 세관에서도 재수출기간의 연장승인을 할 수 있다.

(3) 용도외 사용과 양도

관세의 면제를 받은 물품은 기간 내에 정한 용도외의 다른 용도에 사용하거나 양도할 수 없다. 다만, 미리 세관장의 승인을 얻은 때에는 그러하지 아니하다.

관세를 면제받은 물품을 동항에 규정된 기간 내에 수출하지 아니한 경우와 용도외의 다른 용도에 사용하거나 해당 용도외의 다른 용도에 사용하려는 자에게 양도한 경우에는 수출을 하지 아니한 사람, 용도외에 사용한 사람 또는 그 양도를 한 자로부터 면제된 관세를 즉시 징수하며, 양도인으로부터 해당 관세를 징수할 수 없는 때에는 그 양수인으로부터 면제된 관세를 즉시 징수한다.[57] 다만, 나 그 밖의 부득이한 사유로 멸실[58]되었거나 미리 세관장의 승인을 얻어 폐기한 때에는 그러하지 아니

57) 통칙 97-0-4(ATA까르네 물품을 용도외에 사용하는 경우 관세납부 여부) 물품의 일시수입을 위한일시수입통관증서에관한관세협약(A.T.A.협약)에 의한 일시수입통관증서(Carnet)에 의하여 관세를 면제받은 수입물품을 협약이 정하는 용도 외에 사용하려는 경우에는 세관장으로부터 용도외 사용의 승인을 받고 법 제97조제3항의 규정에 따라 수입신고 수리 당시 면제받은 관세를 납부하여야 한다.

58) "멸실"이라 함은 천재지변이나 화재 등의 으로 인하여 파괴·훼손되어 소멸된 상태를 말하며, 도난·분실 등의 경우에는 해당 물품이 우리나라의 어느 곳에라도 존재하고 있는 것으로

하다. 세관장은 관세의 면세를 받은 물품을 규정된 기간 내에 수출하지 아니한 경우에는 500만원을 넘지 아니하는 범위에서 해당 물품에 부과될 관세의 100분의 20에 상당하는 금액을 가산세로서 징수한다.

(4) 재수출면세기간

세관장은 재수출면세기간을 정하려는 때에는 다음 기간을 재수출면세기간으로 한다.

- 일시 입국하는 자가 본인이 사용하고 재수출할 목적으로 직접 휴대하여 수입하거나 별도로 수입하는 신변용품 · 취재용품 및 이와 유사한 물품의 경우에는 입국후 처음 출국하는 날까지의 기간
- 박람회, 전시회, 품평회 그 밖의 이에 준하는 행사에 출품 또는 사용하기 위하여 수입하는 물품은 박람회 등의 행사기간 종료일에 해당 물품을 재수출하는데 필요한 기일을 더한 기간
- 가공 또는 수리를 위한 물품 및 그 재료는 가공 또는 수리에 소요되는 것으로 인정되는 기간
- 그 밖의 물품은 해당 물품의 반입계약에 관한 증빙서류에 의하여 확인되는 기간으로 하되, 반입계약에 관한 증빙서류에 의하여 확인할 수 없는 때에는 해당 물품의 성질 · 용도 · 수입자 · 내용연수 등을 고려하여 세관장이 정하는 기간

이 경우 재수출면세물품이 행정당국에 의하여 압류된 경우에는 해당 압류기간은 재수출면세 기간에 산입하지 아니한다.

3) 재수출감면세

장기간에 걸쳐 사용할 수 있는 물품으로서 그 수입이 임대차계약에 의하거나 도급계약의 이행과 관련하여 국내에서 일시적으로 사용하기 위하여 수입하는 물품이 그 수입신고수리일부터 2년(장기간의 사용이 부득이한 물품으로서 수입전에 세관장의 승인을 얻은 것은 4년의 범위내에서 세관장이 정하는 기간을 말한다) 이내에 재수출되는 것에 대하여는 다음에 따라 그 관세를 경감할 수 있다. 다만, 외국과의 조약·협정 등에 의하여 수입되는 때에는 상호조건에 따라 그 관세를 면제한다.

- 재수출기간이 6월 이내인 경우 해당 물품에 대한 관세액의 100분의 85
- 재수출기간이 6월 초과 1년 이내인 경우 해당 물품에 대한 관세액의 100분의 70
- 재수출기간이 1년 초과 2년 이내인 경우 해당 물품에 대한 관세액의 100분의 55

간주되므로 멸실로 보지 아니한다(통칙 97-0-5).

- 재수출기간이 2년 초과 3년 이내인 경우 해당 물품에 대한 관세액의 100분의 40
- 재수출기간이 3년 초과 4년 이내인 경우 해당 물품에 대한 관세액의 100분의 30

관세가 감면되거나 가산세가 징수되는 물품은 「법인세법 시행규칙」에 의한 내용연수가 5년(금형의 경우에는 2년) 이상인 물품과 개당 또는 셋트당 관세액이 500만 원 이상인 물품으로서 국내제작이 곤란함을 해당 물품의 생산에 관한 업무를 관장하는 중앙행정기관의 장 또는 그 위임을 받은 자가 확인하고 추천하는 기관 또는 기업이 수입하는 물품에 한한다.

세관장은 4년의 범위내에서 재수출 기간을 정하려는 때에는 해당 물품의 반입계약에 관한 증빙서류에 의하여 확인되는 기간을 기준으로 하여야 한다. 다만, 그 증빙서류에 의하여 확인되는 기간을 기준으로 하기가 적당하지 아니하거나 증빙서류에 의하여 확인할 수 없는 때에는 해당 감면물품의 성질·용도·임대차기간 또는 도급기간 등을 고려하여 타당하다고 인정되는 기간을 기준으로 할 수 있다.

4) 재수출조건 감면물품의 수출 및 가산세징수

관세의 감면을 받은 물품을 해당 기간 내에 수출하려는 자는 수출신고시에 해당 물품의 수입신고필증 또는 이에 대신할 세관의 증명서와 그 밖의 참고서류를 제출하여야 한다. 세관장은 물품이 수출된 때에는 세관에 제출된 수입신고필증 또는 이에 대신할 세관의 증명서에 수출된 사실을 기재하여 수출신고인에게 교부하여야 한다.

11. 재수입면세

1) 의의

우리나라에서 수출한 물품 또는 수출물품의 용기 등이 수출되었다가 일정 기간 내 재수입되는 경우에 관세를 면제한다.

2) 대상

다음 물품이 수입되는 때에는 그 관세를 면제할 수 있다(법 제99조).

- 우리나라에서 수출(보세가공수출 포함)된 물품으로서 해외에서 제조 · 가공 · 수리 또는 사용(장기간에 걸쳐 사용할 수 있는 물품으로서 임대차계약 또는 도급계약 등에 따라 해외에서 일시적으로 사용하기 위하여 수출된 물품 중 「법인세법 시행규칙」에 따른 내용연수가 3년(금형의 경우에는 2년) 이상인 물품이 사용된

경우와 박람회, 전시회, 품평회, 그 밖에 이에 준하는 행사에 출품 또는 사용된 경우는 제외한다)되지 아니하고 수출신고 수리일부터 2년 내에 다시 수입되는 물품. 다만, 다음에 해당하는 경우에는 관세를 면제하지 아니한다.

- 해당 물품 또는 원자재에 대하여 관세의 감면을 받은 경우
- 관세법 또는 「수출용원재료에 대한 관세 등 환급에 관한 특례법」에 의한 환급을 받은 경우
- 보세가공 또는 장치기간경과물품을 재수출조건으로 매각함에 따라 관세가 부과되지 아니한 경우

- 수출물품의 용기로서 다시 수입하는 물품
- 해외시험 및 연구목적으로 수출된 후 다시 수입되는 물품

3) 절차

관세를 감면받으려는 자는 그 물품의 수출신고필증·반송신고필증 또는 이에 갈음할 서류를 세관장에게 제출하여야 한다. 다만, 세관장이 그 밖의 자료에 의하여 그 물품이 해당 규정에 해당하는 사실을 인정할 수 있는 경우에는 그러하지 아니하다.[59)]

12. 손상감세

1) 의의

수입신고한 물품이 수입신고수리전에 변질 또는 손상된 때 조건부 감면세를 받은 물품이 징수사유가 발생하여 징수할 경우 그 물품이 변질 또는 손상되거나 사용으로 인하여 가치가 감소된 때에는 그 관세를 경감할 수 있다.

2) 대상

수입신고한 물품이 수입신고가 수리되기 전에 변질 또는 손상된 때에는 대통령령으로 정하는 바에 따라 그 관세를 경감할 수 있다. 관세법 그 밖의 법률 또는 조약·협정 등에 의하여 관세의 감면을 받은 물품에 대하여 관세를 추징하는 경우 그 물품이 변질 또는 손상되거나 사용으로 인하여 해당 물품의 가치가 감소된 때에는 그 관세를 경감할 수 있다.

관세를 경감받으려는 자는 감면신청 사항 외에 해당 물품의 수입신고번호와 멸실 또는 손상의 원인 및 그 정도, 해당 물품에 대하여 관세를 경감

59) 법 제99조에서는 절차를 대통령에서 정하도록 하고 있으나 대통령에서는 아무런 내용도 정하지 않고 기획재정부령에서 정하고 있다.

받으려는 금액과 그 산출기초를 신청서에 기재하여야 한다.

3) 변질 · 손상 등의 관세경감액

경감하는 관세액은 수입물품의 변질·손상 또는 사용으로 인한 가치의 감소에 따르는 가격의 저하분에 상응하는 관세액 또는 수입물품의 관세액에서 그 변질·손상 또는 사용으로 인한 가치의 감소후의 성질 및 수량에 의하여 산출한 관세액을 공제한 차액중 많은 금액으로 한다. 변질·손상 또는 사용으로 인한 가치감소의 산정기준은 관세청장이 정할 수 있다.

13. 해외임가공물품 등의 감세

1) 의의

원재료 또는 부분품을 수출하여 제조·가공한 후 다시 수입하거나, 가공 또는 수리할 목적으로 수출한 후 다시 수입하는 물품에 대하여 관세를 경감한다.

2) 대상

다음에 해당하는 물품이 수입되는 때에는 그 관세를 경감할 수 있다.

- 원재료 또는 부분품을 수출하여 관세법 별표 관세율표 제85류 및 제90류중 제9006호에 해당하는 것으로 제조 · 가공한 물품
- 가공 또는 수리하기 위하여 수출된 물품과 가공 또는 수리후 수입된 물품의 관세 · 통계통합품목분류표상 10단위의 품목번호가 일치하는 물품[60)]

해당 물품 또는 원자재에 대하여 관세의 감면을 받았거나 관세법 또는 「수출용원재료에 대한 관세 등 환급에 관한 특례법」에 의한 환급을 받았거나 보세가공 또는 장치기간경과물품을 재수출조건으로 매각함에 따라 관세가 부과되지 아니한 경우에는 그 관세를 경감하지 아니한다.

3) 해외임가공물품에 대한 관세의 감면신청

관세를 감면받으려는 자는 관세감면 신청사항 외에 수출국 및 적출지와 감면받으려는 관세액을 기재한 신청서에 제조인·가공인 또는 수리인이 발급한 제조·가공 또는 수리사실을 증명하는 서류와 해당 물품의 수출신고필

60) 수율·성능 등이 저하되어 폐기된 물품을 수출하여 용융과정 등을 거쳐 재생한 후 다시 수입하는 경우와 제품의 제작일련번호 또는 제품의 특성으로 보아 수입물품이 우리나라에서 수출된 물품임을 후 다시 확인입물품이 우리물품인 나라에서 관세·통계통합품목분류표상 10단위의 품목번호가 일치하는 물품이더라도 법 제101조제1항제2호에 따라 관세를 경감할 수 있다.

증 또는 이에 갈음할 서류를 첨부하여 세관장에게 제출하여야 한다. 제조·가공 또는 수리사실을 증명하는 서류에는 다음 사항을 기재하여야 한다.

- 원물품의 품명 · 규격 · 수량 및 가격
- 제조 · 가공 또는 수리에 의하여 부가 또는 환치된 물품의 품명 · 규격 · 수량 및 가격
- 제조 · 가공 또는 수리에 의하여 소요된 비용
- 제조 · 가공 또는 수리의 명세
- 감면받으려는 금액과 그 산출기초
- 그 밖의 수입물품이 국내에서 수출한 물품으로 제조 · 가공 또는 수리된 것임을 확인할 수 있는 자료

관세를 감면받으려는 자는 그 물품의 수출신고필증·반송신고필증 또는 이에 갈음할 서류를 세관장에게 제출하여야 한다. 다만, 세관장이 그 밖의 자료에 의하여 그 물품이 해당 규정에 해당하는 사실을 인정할 수 있는 경우에는 그러하지 아니하다.

4) 해외임가공물품에 대한 관세경감액

경감하는 관세액은 다음과 같다.

- 원재료 또는 부분품을 수출하여 관세법 별표 관세율표 제85류 및 제90류중 제9006호에 해당하는 것으로 제조 · 가공한 물품 : 수입물품의 제조 · 가공에 사용된 원재료 또는 부분품의 수출신고가격에 해당 수입물품에 적용되는 관세율을 곱한 금액
- 가공 또는 수리할 목적으로 수출한 물품 : 가공 · 수리물품의 수출신고가격에 해당 수입물품에 적용되는 관세율을 곱한 금액[61]

14. 시설대여업자에 대한 관세감면 적용

「여신전문금융업법」의 규정에 따른 시설대여업자가 관세법의 규정에 따라 관세가 감면되거나 분할납부되는 물품을 수입하는 때에는 대여시설이용자를 납세의무자로 하여 수입신고를 할 수 있다. 이 경우 납세의무자는 대여시설이용자가 된다. 관세를 감면받거나 분할납부를 승인받은 물품에 대하여 관세를 징수하는 경우 납세의무자인 대여시설이용자로부터 관세를 징수할 수 없는 때에는 시설대여업자로부터 이를 징수한다.

61) 다만, 수입물품이 매매계약상의 하자보수보증 기간(수입신고수리후 1년에 한한다)중에 하자가 발견되거나 고장이 발생하여 외국의 매도인 부담으로 가공 또는 수리하기 위하여 수출된 물품에 대하여는 수출신고가격, 수출물품의 양륙항까지의 운임·보험료와 가공 또는 수리후 물품의 선적항에서 국내 수입항까지의 운임·보험료를 합한 금액에 해당 수입물품에 적용되는 관세율을 곱한 금액으로 한다.

4 사후 관리

1. 의의

관세의 감면승인을 받고 수입신고가 수리된 물품에 대하여 해당 조건대로의 사용여부와 세관장의 승인 없이 무단 양도행위 등의 여부를 세관에서 확인 또는 관리하는 것이다. 용도외 사용 또는 양도시에는 허위신고죄 등으로 처벌하고, 즉시 감면된 관세를 징수한다.

2. 관세감면물품의 사후관리

관세를 감면받은 물품은 수입신고수리일부터 3년의 범위내에서 관세청장이 정하는 기간 내에는 그 감면받은 용도외의 다른 용도로 사용하거나 양도(임대 포함)할 수 없다. 다만, 항공기(부분품 포함), 방위산업제품[62]을 제조·가공·수리 또는 정비하기 위한 부분품 및 원재료, 방위산업제품의 연구·개발을 위한 시험분석용품 및 견품과 미리 세관장의 승인을 얻은 물품의 경우에는 그러하지 아니하다.

관세를 감면받은 물품을 기간 내에 감면받은 용도외의 다른 용도로 사용한 때와 관세를 감면받은 물품을 기간 내에 감면받은 용도외의 다른 용도로 사용하려는 자에게 양도한 때에는 그 용도외의 다른 용도로 사용한 사람 또는 그 양도인(임대인 포함)으로부터 감면된 관세를 즉시 징수하며, 양도인으로부터 해당 관세를 징수할 수 없는 때에는 양수인(임차인 포함)으로부터 감면된 관세를 징수한다. 다만, 나 그 밖의 부득이한 사유로 멸실되었거나 미리 세관장의 승인을 얻어 폐기한 때에는 그러하지 아니하다.

3. 감면물품의 용도외사용 등에 대한 승인신청

세관장의 승인을 얻고자 하는 자는 다음 사항을 기재한 신청서를 해당 물품의 소재지를 관할하는 세관장(관할지세관장)에게 제출하여야 한다. 다만, 미리 세관장의 승인을 얻은 때 경우에는 해당 물품을 최초에 수입신고한 세관에서도 할 수 있다.

- 해당 물품의 품명 · 규격 · 수량 · 관세감면액 또는 적용된 용도세율 · 수입신고수리연월일 및 수입신고번호

62) 경찰경비함정 및 이에 장착되는 물품 포함

- 해당 물품의 통관세관명
- 승인신청이유
- 해당 물품의 양수인의 사업의 종류, 주소 · 상호 및 성명[63)]

나 그 밖의 부득이한 사유로 인하여 멸실된 물품에 대하여 미리 세관장의 승인을 받으려는 자는 멸실 후 지체없이 다음 사항을 기재한 신청서에 그 사실을 증빙할 수 있는 서류를 첨부하여 세관장에게 제출하여야 한다.

- 멸실된 물품의 품명 · 규격 · 수량 · 수입신고수리 연월일 및 수입신고번호
- 멸실연월일 및 멸실장소
- 멸실된 물품의 통관세관명

물품폐기에 대한 세관장의 승인을 얻고자 하는 자는 다음의 사항을 기재한 신청서를 세관장에게 제출하여야 한다.

- 해당 물품의 품명 · 규격 · 수량 · 수입신고수리 연월일 및 수입신고번호
- 해당 물품의 통관세관명
- 폐기의 사유 · 방법 및 장소와 폐기예정연월일

4. 감면물품의 용도외 사용 등의 금지기간

관세청장은 관세감면물품의 용도외 사용의 금지기간 및 양수·양도의 금지기간(사후관리기간)을 정하려는 때에는 다음의 기준에 의하되, 기준을 적용한 결과 동일물품에 대한 사후관리기간이 다르게 되는 때에는 그 중 짧은 기간으로 할 수 있다.

- 물품의 내용연수[64)]를 기준으로 하는 사후관리기간 : 다음의 구분에 의한 기간
  - 내용연수가 5년 이상인 물품 : 3년. 다만, 법 제90조에도 따라 관세의 감면을 받는 물품의 경우는 2년으로 한다.
  - 내용연수가 4년인 물품 : 2년
  - 내용연수가 3년 이하인 물품 : 1년 이내
- 관세감면물품이 다른 용도로 사용될 가능성이 적은 경우의 사후관리기간 : 1년 이내. 다만, 장애인 등 특정인만이 사용하거나 금형과 같이 성격상 다른 용도로 사용될 수 없는 물품의 경우에는 수입신고수리일까지로 하며, 박람회 · 전시회 등 특정행사에 사용되는 물품의 경우에는 해당 용도 또는 행사가 소멸 또는 종료되는 때까지로 한다.

---

63) 법인인 경우에는 대표자의 성명
64) 「법인세법 시행령」에 따른 기준내용연수를 말한다.

- 관세감면물품이 원재료 · 부분품 또는 견품인 경우의 사후관리기간 : 1년 이내. 다만, 원재료 · 부분품 또는 견품 등이 특정용도에 사용된 후 사실상 소모되는 물품인 경우에는 감면용도에 사용하기 위하여 사용장소에 반입된 사실이 확인된 날까지로 하며, 감면받은 용도에 사용되지 아니하고 1년 이상 보관하는 경우에는 해당 물품이 최초로 사용되는 날까지로 한다.
- 관세감면물품에 대한 법 제50조에도 따른 세율에 감면율을 곱한 율을 기준으로 하는 사후관리기간 : 3퍼센트 이하인 경우에는 1년 이내, 3퍼센트 초과 7퍼센트 이하인 경우에는 2년 이내

5. 관세감면물품의 용도외 사용

1) 관세 감면

법령·조약·협정 등에 의하여 관세를 감면받은 물품을 감면받은 용도외의 다른 용도에 사용하거나 감면받은 용도외의 다른 용도에 사용하려는 자에게 양도하는 때[65]에는 징수하여야 하는 관세를 감면할 수 있다. 다만, 관세법 외의 법령·조약·협정 등에 의하여 그 감면된 관세를 징수하는 때에는 그러하지 아니하다.

2) 용도외 사용물품의 감면세신청

관세의 감면을 받으려는 자는 승인 또는 확인신청시에 다음 사항을 기재한 신청서에 그 새로운 용도에 사용하기 위하여 수입하는 때에 관세의 감면을 받기 위하여 필요한 서류를 첨부하여 세관장에게 제출하여야 한다.

- 해당 물품의 품명 · 규격 · 수량 및 가격
- 해당 물품의 수입신고번호 · 수입신고수리 연월일 및 통관세관명
- 해당 물품의 당초의 용도, 사업의 종류, 설치 또는 사용장소 및 관세감면의 법적 근거
- 해당 물품의 새로운 용도, 사업의 종류, 설치 또는 사용장소 및 관세감면의 법적 근거

관세를 감면하는 경우에 새로운 용도에 따라 감면되는 관세의 금액이 당초에 감면된 관세의 금액보다 적은 경우에는 그 차액에 해당하는 관세를 징수한다.

3) 양도

관세를 감면받은 물품은 「대·중소기업 상생협력 촉진에 관한 법률」에

65) 해당 물품을 다른 용도에 사용하는 자나 해당 물품을 다른 용도에 사용하기 위하여 양수하는 자가 그 물품을 다른 용도에 사용하기 위하여 수입하는 경우 그 물품에 대하여 법령·조약·협정 등에 의하여 관세를 감면받을 수 있는 경우에 한한다.

따른 수·위탁거래의 관계에 있는 기업에 양도할 수 있으며, 이 경우 징수할 관세를 감면할 수 있다. 다만, 이 법외의 법령·조약·협정 등에 의하여 그 감면된 관세를 징수하는 때에는 그러하지 아니하다. 이 경우 관세의 감면을 받은 경우 그 사후관리기간은 당초의 수입신고수리일부터 계산한다.

5 다른 법령 등에 의한 감면세

1. 의의

외국인의 투자유치, 특정사업의 지원, 특별한 개발을 지원 등 국가의 다양한 정책목적을 수행하기 위하여 관세법 이외의 법령이나·조약·협정 등에 의하여 관세를 감면하는 경우가 있다.

2. 종류

1) 외국인투자촉진법

외국인에 대한 투자지원과 편의제공을 위해 다음 사업에 소요되는 것으로서 외국인 투자기업이 외국인투자가로부터 출자받은 대외지급수단 또는 내국지급수단으로 도입하는 자본재 및 외국인이 출자목적으로 도입하는 자본재 등을 기획재정부장관에게 신고하고 도입하는 경우에 관세·특별소비세·부가가치세를 면제한다.

- 국내사업의 국제경쟁력 강화에 긴요한 산업지원 서비스업 및 고도의 기술을 수반하는 사업
- 외국인투자지역에 입주하는 외국인투자기업이 영위하는 사업
- 그 밖의 외국인 투자유치를 위하여 조세 감면이 불가피한 사업으로 대통령령이 정하는 사업

2) 조세특례제한법

조세특례와 이의 제한에 관한 사항을 규제하기 위하여 제정된 법으로 특정한 사업을 지원하기 위하여 수입하는 물품에 대하여 관세를 경감한다.

특히 조세제한특례법에는 이법, 국세기본법 및 조약과 관세법·임시수입부가세법·외국인투자 및 외자도입에 관한 법률·해저광물자원개발법·남

북교류협력에 관한 법률 등에 의하지 아니하고는 조세특례 및 감면은 할 수 없다고 규정하여 조세제한특례법이 관세감면의 법원임을 밝히고 있다.

- 도시철도 건설용품, 농업기계용 부분품, 태양 에너지 이용기기 제조용품, 국공립 의료기관의 첨단의료기기, 아시아 경기대회 시설 등
- 외자를 효율적으로 유치하기 위하여 도입되는 자본재에 대한 면제
- 외국인 투자자가 수입하는 자본재 등

3) 해저광물자원개발법

우리나라가 권리를 행사할 수 있는 해저에 부존하는 천연자원중 석유·천연가스 등을 합리적으로 개발하기 위하여 해저광물의 탐사 및 채취사업에 사용하기 위하여 수입하는 기계·장비 및 자재에 대한 관세·부가가치세·특별소비세 및 교통세를 면제한다.

4) 국제협정에 의한 관세면세

한미행정협정(SOFA)에 의한 관세면세와 물품의 일시수입을 위한 통관증서에 관한 관세협약(ATA)에 의한 관세 면세 등이 있다.

3. 다른 법령 등에 의한 감면물품의 관세징수

관세법외의 법령이나 조약·협정 등에 의하여 관세가 감면된 물품을 그 수입신고 수리일부터 3년 내에 해당 법령이나 조약·협정 등에 규정된 용도외의 다른 용도에 사용하거나 양도하려는 때에는 세관장의 확인을 받아야 한다. 다만, 해당 법령이나 조약·협정 등에 다른 용도에 사용하거나 양도한 때에 해당 관세의 징수를 면제하는 규정이 있는 경우에는 그러하지 아니하다. 확인을 받으려는 자는 관세법 제120조제1항에 정하는 사항과 해당 물품의 관세감면의 근거가 되는 법령·조약 또는 협정 및 그 조항을 기재한 확인신청서에 동 법령·조약 또는 협정의 규정에 따라 해당 물품의 용도외 사용 또는 양도에 필요한 요건을 갖춘 것임을 증빙하는 서류를 첨부하여 관할지 세관장에게 제출하여야 한다.

세관장의 확인을 받아야 하는 물품에 대하여는 해당 용도외의 다른 용도에 사용한 사람 또는 그 양도를 한 자로부터 감면된 관세를 즉시 징수하여야 하며, 양도인으로부터 해당 관세를 징수할 수 없는 때에는 그 양수인으로부터 감면된 관세를 즉시 징수한다. 다만, 그 물품이 나 그 밖의 부득이한 사유로 멸실되었거나 미리 세관장의 승인을 얻어 폐기한 때에는 예외로 한다.

제3절 관세환급

1 관세환급금의 환급

1. 관세환급금의 환급

1) 의의

관세환급금의 환급은 착오로 납부하여야 할 세액보다 과다한 세액을 납부한 경우에 이를 납세자에게 되돌려 주는 제도이다. 이 제도는 공법상 부당이득반환이라는 취지에서 발전하여 납세자는 환급금의 반환청구권을 가지며 국가가 이를 발견한 경우에는 납세자의 청구가 없는 경우에도 반환토록 하고 있다. 미국에도 환급(drawback) 규정이 있다.66)

2) 환급범위

세관장은 납세의무자가 관세·가산금·가산세 또는 체납처분비의 관세환급금 또는 관세법에 따라 환급하여야 할 환급세액의 환급을 청구할 때에는 지체 없이 이를 관세환급금으로 결정하고 30일 이내에 환급하여야 하며, 세관장이 확인한 관세환급금은 납세의무자가 환급을 청구하지 아니하더라도 환급하여야 한다(법 제46조 제1항).

(1) 환급신청

관세환급금의 환급을 받고자 하는 자는 당해 물품의 품명·규격·수량·수입신고수리연월일·신고번호 및 환급사유와 환급받으려는 금액을 기재한 신청서를 세관장에게 제출하여야 한다.

(2) 과오납의 통지

세관장은 관세환급 사유를 확인 때에는 권리자에게 그 금액과 이유 등을 통지하여야 한다. 세관장은 관세환급금결정부와 그 보조부를 비치하고, 이에 필요한 사항을 기록하여야 한다. 세관장은 매월 관세환급금결정액보고서를 작성하여 기획재정부장관에게 제출하여야 한다. 세관장은

66) 19 U.S.CA. secs.1313-81u; 19 CFR secs. 191.0-191.195(2007)

관세환급금결정액계산서와 그 증빙서류를 감사원장이 정하는 바에 따라 감사원에 제출하여야 한다.

(3) 관세환급금의 충당

세관장은 제1항에 따라 관세환급금을 환급하는 경우에 환급받을 자가 세관에 납부하여야 하는 관세와 그 밖의 세금, 가산금, 가산세 또는 체납처분비가 있을 때에는 환급하여야 하는 금액에서 이를 충당할 수 있다(법 제46조 제2항). 세관장은 관세환급금을 충당한 때에는 그 사실을 권리자에게 통보하여야 한다. 다만, 권리자의 신청에 의하여 충당한 경우에는 그 통지를 생략한다.

(4) 관세환급금의 양도

납세의무자의 관세환급금에 관한 권리는 제3자에게 양도할 수 있다(법 제46조 제3항). 과오납금에 관한 권리를 제3자에게 양도하려는 자는 ① 양도인의 주소와 성명, ② 양수인의 주소와 성명, ③ 관세환급사유, ④ 관세환급금액을 기재한 문서에 인감증명을 첨부하여 세관장에게 제출하여야 한다.

3) 환급 절차

관세환급금의 환급은 「국가재정법」에도 불구하고 「한국은행법」에 따른 한국은행의 해당 세관장의 소관 세입금에서 지급한다(법 제46조 제4항). 세관장은 과오납금을 결정한 때에는 즉시 환급금 해당액을 환급받을 자에게 지급할 것을 내용으로 하는 지급지시서를 한국은행(국고대리점을 포함한다)에 송부하고, 그 환급받을 자에게 환급내용 및 방법 등을 기재한 환급통지서를 송부하여야 한다. 한국은행은 세관장으로부터 지급지시서를 송부받은 때에는 즉시 세관장의 해당 연도 소관세입금중에서 환급에 필요한 금액을 세관장의 환급금지급계정에 이체하고 그 내용을 세관장에게 통지하여야 한다. 한국은행은 환급통지서를 제시받은 때에는 이를 세관장으로부터 송부받은 지급지시서와 대조·확인한 후 환급금을 지급하고 지급내용을 세관장에게 통지하여야 한다. 한국은행은 환급금을 지급하는 때에는 환급받을 자로 하여금 주민등록증 그 밖의 신분증을 제시하도록 하여 그가 정당한 권리자인지를 확인하여야 한다.

관세환급금의 환급을 받으려는 자는 신청을 하는 때에 다른 지역의 한국은

행으로 지급받을 환급금을 송금할 것을 신청하거나, 금융기관에 계좌를 개설하고 세관장에게 계좌개설신고를 한 후 그 계좌에 이체입금하여 줄 것을 신청할 수 있다. 신청을 받은 세관장은 그 내용을 기재한 지급지시서를 한국은행에 송부하여야 한다. 이 경우 국고금송금요구서 또는 국고금 입금의뢰서를 첨부하여야 한다. 한국은행은 세관장으로부터 지급지시서를 송부받은 때에는 즉시 그 금액을 해당 은행에 송금하거나 지정 금융기관의 계좌에 이체입금하고 그 내용을 세관장에게 통지하여야 한다. 환급금을 송금받은 다른 지역의 한국은행은 해당 환급금을 지급한다.

4) 미지급자금의 정리

한국은행은 세관장이 환급금지급계정에 이체된 금액으로부터 해당 회계연도의 환급통지서 발행금액중 다음 회계연도 1월 15일까지 지급하지 못한 환급금을 세관환급금지급미필이월계정에 이월하여 정리하여야 한다. 세관환급금지급미필이월계정에 이월한 금액중 환급통지서발행일부터 1년내에 지급하지 못한 금액은 그 기간이 만료한 날이 속하는 회계연도의 세입에 편입하여야 한다. 관세환급금을 환급받을 자가 환급통지서발행일부터 1년내에 환급금을 지급받지 못한 때에는 세관장에게 다시 환급절차를 밟을 것을 요구할 수 있으며, 세관장은 이를 조사·확인하여 그 지급에 필요한 조치를 하여야 한다.

2. 과다환급관세의 징수

세관장은 관세환급금의 환급에 있어서 그 환급액이 과다한 것을 알게 되었을 때에는 해당 관세환급금을 지급받은 자로부터 과다지급된 금액을 징수하여야 한다(법 제47조 제1항). 세관장은 관세환급금의 과다환급액을 징수할 때에는 과다환급을 한 날의 다음 날부터 징수결정을 하는 날까지의 기간에 대하여 「은행법」에 의한 은행업의 인가를 받은 금융기관으로서 서울특별시에 본점을 둔 금융기관의 1년 만기 정기예금 이자율의 평균을 고려하여 관세청장이 정하여 고시하는 이자율에 따라 계산한 금액을 과다환급액에 더하여야 한다(법 제47조 제2항).

3. 관세환급 가산금

세관장은 관세환급금을 환급하거나 충당할 때에는 다음 관세환급가산금 기산일부터 환급결정 또는 충당결정을 하는 날까지의 기간과 이율에 따라 계산한 금액을 관세환급금에 더하여야 한다. 다만, 국가나 지방자치단체가 직접 수입하는 물품 등 가산금 관련 규정의 적용받지 아니하는 물품에 대하여는 그러하지 아니하다(법 제48조).

1) 관세환급가산금 기산일

- 착오납부, 이중납부 또는 납부 후 그 납부의 기초가 된 신고 또는 부과를 경정하거나 취소함에 따라 발생한 관세환급금: 납부일. 다만, 2회 이상 분할납부된 것인 경우에는 그 최종 납부일로 하되, 관세환급금액이 최종 납부된 금액을 초과하는 경우에는 관세환급금액이 될 때까지 납부일의 순서로 소급하여 계산한 관세환급금의 각 납부일로 한다.
- 적법하게 납부된 관세의 감면으로 발생한 관세환급금: 감면 결정일
- 적법하게 납부된 후 법률이 개정되어 발생한 관세환급금: 개정된 법률의 시행일
- 관세법에 따라 신청한 환급세액(잘못 신청한 경우 이를 경정한 금액을 말한다)을 환급하는 경우: 신청을 한 날부터 30일이 지난 날(다만, 환급세액을 신청하지 아니하였으나 세관장이 직권으로 결정한 환급세액을 환급하는 경우에는 해당 결정일로부터 30일이 지난 날로 한다)

2) 이율

가산금의 이율은 「은행법」에 의한 은행업의 인가를 받은 은행으로서 서울특별시에 본점을 둔 은행의 1년 만기 정기예금 이자율의 평균을 고려하여 정한 연 1천분의 34로 계산한 금액을 관세환급금에 더하여야 한다.

2 계약내용과 다른 물품 등에 대한 관세환급

1. 계약내용과 다른 물품과 폐기 물품에 대한 관세환급

1) 의의

수입된 물품이 계약 내용과 달라 다시 수출하거나 부득이한 사유로 폐기하는 경우에 기 납부한 관세를 환급하는 것으로 우리나라의 제조업과 수출을 활성화시키기 위한 제도이다.

2) 계약내용과 다른 물품

(1) 수출

수입신고가 수리된 물품이 계약 내용과 다르고 수입신고 당시의 성질이나 형태가 변경되지 아니한 경우 해당 물품이 수입신고 수리일부터 1년 이내에 외국으로부터 수입된 물품이 보세구역(세관장의 보세구역외 장치 허가를 받은 때에는 그 허가받은 장소를 포함한다)에 반입하여 다시 수출한 때(이 경우 수출은 수입신고 수리일부터 1년이 지난 후에도 할 수 있다)[67] 또는 보세공장에서 생산된 경우에 보세공장에 다시 반입한 때에 그 관세를 환급한다.

(2) 일부수출에 대한 일부 환급

수입물품으로서 세관장이 환급세액의 산출에 지장이 없다고 인정하여 승인을 한 경우 그 수입물품의 일부를 수출한 때에도 그 관세를 환급할 수 있다.

(3) 절차

수입신고가 수리된 물품이 계약 내용과 다르고 수입신고 당시의 성질 또는 형태가 변경되지 아니한 경우 해당 물품을 수출하거나 보세공장에 반입하려는 자는 수출신고서 또는 보세공장물품반입신고서에 해당 물품의 품명·규격·수량·가격과 수출 또는 반입 사유를 적은 사유서, 해당 물품 수입에 관한 계약내용의 증빙서류와 수입신고필증 또는 이에 대신하는 세관의 증빙서류를 첨부하여 세관장에게 제출하여야 한다.

물품을 수출하거나 보세공장에 반입하고 관세의 환급을 받으려는 자는 해당 물품의 품명·규격·수량·수입신고수리 연월일·수입신고번호와 환급받으려는 관세액을 기재한 신청서에 수출신고필증·보세공장반입승인서 또는 이에 대신하는 세관의 증명서를 첨부하여 세관장에게 제출하여야 한다. 환급하는 관세액은 그 물품에 대하여 이미 납부한 관세의 전액으로 하며, 그 물품의 일부를 수출하거나 보세공장에 반입한 경우에는 그 일부물품에 해당하는 관세액으로 한다.

---

67) 통칙 106-0-1(계약내용과 상이한 물품의 수출시기) 법 제106조 제1항에서 "수입신고 수리일 1년 내에 보세구역에 반입하여 수출한 때"라 함은 1년 내에 해당 물품을 보세구역에 반입하면 되는 것을 의미하는 것이므로 수출은 수입신고수리일로부터 1년이 경과한 후에도 가능하다.

3) 폐기물품에 대한 관세 환급

수입물품의 수출에 갈음하여 이를 폐기하는 것이 부득이하다고 인정하여 그 물품을 수입신고수리일부터 1년 내에 보세구역에 반입하여 미리 세관장의 승인을 얻어 폐기한 때에는 그 관세를 환급한다.

물품의 폐기의 승인을 얻고자 하는 자는 ① 해당 물품의 품명·규격·수량·수입신고수리 연월일·수입신고번호 및 장치장소, ② 폐기방법·폐기예정 연월일 및 폐기예정장소, ③ 폐기사유를 기재한 신청서에 해당 물품의 수입신고필증 또는 이에 갈음하는 세관의 증명서와 해당 물품의 폐기가 부득이한 것을 증빙하는 서류를 첨부하여 세관장에게 제출하여야 한다.

승인을 얻어 폐기한 물품에 대하여 관세를 환급받으려는 자는 해당 물품의 품명·규격·수량·수입신고수리 연월일·수입신고번호 및 장치장소, 폐기연월일, 그 폐기에 의하여 생긴 잔존물의 품명·규격 및 수량을 기재한 신청서에 폐기승인서를 첨부하여 세관장에게 제출하여야 한다. 환급하는 관세액은 그 물품에 대하여 이미 납부한 그 관세액으로 한다. 다만, 폐기에 의하여 생긴 잔존물에 대하여는 그 폐기한 때의 해당 잔존물의 성질·수량 및 가격에 의하여 부과될 관세액을 공제한 금액으로 한다.

4) 지정보세구역 장치중 멸실 · 변질 · 손상물품에 대한 환급

수입신고가 수리된 물품이 수입신고 수리 후에도 지정보세구역에 계속 장치되어 있는 중에 재해로 멸실되거나 변질 또는 손상되어 그 가치가 떨어졌을 때에는 그 관세의 전부 또는 일부를 환급할 수 있다.

관세를 환급받으려는 자는 해당 물품의 품명·규격·수량·수입신고수리 연월일·수입신고번호 및 장치장소, 피해상황 및 그 밖의 참고사항, 환급받으려는 관세액과 그 산출기초를 기재한 신청서에 해당 물품의 수입신고필증 또는 이에 갈음할 세관의 증명서를 첨부하여 세관장에게 제출하여야 한다.

환급하는 관세액은 멸실된 물품은 이미 납부한 관세의 전액이며 변질 또는 손상된 물품은 변질·손상 등의 관세경감액(영 제118조) 산출방법으로 산출한 금액으로 한다.

5) 관세가 미납된 경우 관세 부과취소신청

계약 내용 등이 달라 관세환급 대상이 되는 수입물품에 대한 관세의 납부기한이 종료되기 전이거나 징수유예 중 또는 분할납부기간이 끝나지 아

니하여 해당 물품에 대한 관세가 징수되지 아니한 경우에는 세관장은 해당 관세의 부과를 취소할 수 있다. 관세의 부과를 취소받고자 하는 자는 해당 수입물품에 대한 관세의 납부기한(징수유예 또는 분할납부의 경우에는 징수유예기간 또는 분할납부기간의 종료일을 말한다) 전에 신청서를 세관장에게 제출하여야 한다.

6) 환급절차

관세환급과 과다환급관세 징수에 관한 규정은 계약내용과 다른 물품에 대한 관세의 환급등에 관하여 이를 준용한다.

Chapter 7
보세구역

제1절 통칙

1 보세제도

1. 의의

「보세제도」는 외국물품의 수입신고를 하지 않고 세금을 납부하지 않은 상태에서 외국물품을 장치, 제조·가공, 건설, 판매, 전시할 수 있도록 허용한 관세법상의 제도를 말한다. 이 제도를 통하여 중계무역과 가공무역 등 수출진흥에 기여하고 수입물품에 대해서는 보다 안전하고 효율적으로 화물을 관리할 수 있을 뿐 아니라 화주가 본인의 화물을 손쉽고 원활하게 통관해 갈수 있다. 보세 장치장 등이 설치되어 있으면 보세창고 인도 수입 등이 가능하여 국제거래 활성화에도 기여하게 된다. 보세제도에는 정적인 보세제도인 보세구역과 동적인 보세제도인 보세운송제도가 있다.

판례 매도인 회사는 우피 등을 국내에 판매함에 있어 이른바 B. W. T. (bonded warehouse transaction) 거래방식, 즉 수출업자가 수입업자와 매매계약을 체결함이 없이 먼저 물품을 운송하여 수입지의 일정한 보세장치장에 장치하여 두었다가 수입업자를 선정하여 매매계약을 체결한 후 그로부터 신용장을 받은 다음 선하증권과 환어음 등을 거래은행에 매도하여 그 대금을 결제 받는 형식의 무역거래방식을 취하여 왔는데, 소외 회사에 대한 이 사건 화물의 매매방식도 이러한 거래방식에 따랐다. (대법원 1996. 3. 12. 선고 94다55057 판결[집44(1)민,253;공1996.5.1.(9),1225])

보세구역은 효율적인 화물관리와 관세행정의 필요성에 의하여 세관장이 지정하거나 특허한 장소로서 수출입 및 반송 등 통관을 하려는 외국물품을 장치하거나, 외국물품 또는 외국물품과 내국물품을 원재료로 한 제조·가공 그 밖의 유사한 작업, 외국물품의 전시, 외국물품을 사용하는 건설, 외국물품의 판매, 수출입 물품의 검사 등을 하는 곳이다.

보세화물의 유통을 원활히 하고 화주가 신속히 통관을 해 가도록 보세구역에는 장치기간을 설정하여 운영하고 있다. 관세채권의 확보 또는 보세 구역 내 질서유지 등을 위해 지정보세구역은 화물관리인이 특허보세구역은 운영인이 각각 화물에 대한 보관 책임을 지며, 화물관리인과 운영인이 보세구역에 물품을 반출입시 반출입신고를 하거나 보세작업을 하고자 할 때 세관장의 허가를 받는 등 소정의 세관절차를 거치도록 하고 있다. 또한 화물관리를 운영인이나 관리인에게 위임하여 자율적으로 운영할 수 있도록 자율관리 보세구역 제도를 두어 관세청장이 정하는 절차를 생략하도록 하는 등 여러 가지 형태의 보세구역제도가 운영되고 있다.

보세구역과 유사한 제도로서 자유무역지역(Free Trade Zone), 자유항(Free Port), 그리고 수출자유지역(Export Free Zone)등과 같은 자유지역제도가 있다. 보세구역과 자유지역은 외국물품이 보세상태로 그 역내에 반입될 수 있다는 점에서는 같으나 보세구역 내에서는 장치되는 화물이 세관의 엄격한 통제하에 있으며, 수출용 보세공장과 같이 보세화물의 가공수출인 경우 이외에 수출입통관을 할 물품의 장치, 외국물품의 건설, 전시, 판매 등 그 목적이 다양함에 반하여, 자유지역은 비관세지역으로서 관세법의 적용이 원칙적으로 배제되고 세관의 통제는 외곽관리와 물품의 역외로의 반출만을 감시하는데 그치며 역내에는 원재료뿐만 아니라 시설재도 외국물품상태로 반입되며, 그 설치목적은 주로 수출물품의 가공이나 중계무역상품의 장치 등에 있다는 점에서 서로 상이하다고 볼 수 있다.

보세제도는 물류산업의 발전에도 기여를 하게 된다. 미국 DHL 본사가 있는 오하이주 DHL Commerce Park는 대외무역지역(Foreign Trade Zone)으로 지정되어 미국 관세 영역으로 취급하지 않고 관세를 유예하고 있어 DHL이 세계적인 물류기업으로 발전할 수 있는 기반을 제공하고 있다.

2. 보세제도의 기능

1) 관세징수권의 확보

보세구역이나 보세운송은 세관의 엄격한 통제하에 있고 수입통관 전에 담보 기능이 있어 관세채권 확보에 도움이 된다.

2) 통관업무의 효율화

세관의 감시와 단속이 용이하고 화물을 집중 반입하게 함으로써 일괄적인 통관절차를 수행하기 용이하다.

3) 수출 및 산업지원

외국물품을 관세를 납부하지 않고 보세가공하여 외국에 반출함으로써 가공무역의 진흥 등 수출지원을 할 수 있고 외국산업 물품을 그대로 사용하여 산업시설을 건설할 수 있어 국내 산업 및 건설지원을 할 수 있다.

2 보세구역

1. 보세구역 종류

보세구역은 지정보세구역·특허보세구역 및 종합보세구역으로 구분하고, 지정보세구역은 지정장치장 및 세관검사장으로 구분하며, 특허보세구역은 보세창고·보세공장·보세전시장·보세건설장 및 보세판매장으로 구분한다. 보세구역에는 인화질 또는 폭발성의 물품을 장치하지 못한다. 보세창고에는 부패할 염려가 있는 물품 또는 살아있는 동물이나 식물을 장치하지 못한다.

1) 지정보세구역

세관 또는 국가·지방자치단체 또는 공공단체시설 중에서 세관장이 지정한 구역으로 지정장치장과 세관검사장으로 구분한다. 전국적으로 지정장치장 61개와 세관검사장 41개가 있다. 지정보세구역이 가장 많은 지역은 부산으로 지정장치장 11개소, 세관검사장 6개소 등 총 17개소가 있다. 인천에는 지장장치장 6개소, 세관검사장 6개소가 있으며, 인천공항에는 지정장치장 4개소, 세관검사장 2개소가 있다. 마산에는 8개의 지정장치장이 있다.

〈표 7-1〉 전국 세관별 보세구역 종류별 현황

세관	지정보세구역			특허보세구역						합계
	지정장치장	세관검사장	소계	보세창고	보세공장	보세전시장	보세건설장	보세판매장	소계	
총계	61	41	102	1,242	188	7	26	30	1,493	1,595
거제(고성)		(3)	(3)	4	3				7	7(3)
광양		1	1	10			2		12	13
광주	4		4	10	3	2			15	19
구로	1		1	17	5				22	23
구미				38	15		2		55	55
군산	3	2	5	30	2		1	1	34	39
김포	2	1	3	18				1	19	22
김해	1	2	3	1				1	2	5
대구	1	1	2	16	2	1	1	1	21	23
대산		1	1	9					9	10
대전				24	2				26	26
동해	1		1	19					19	20
마산	8		8	11	2				13	21
목포	2	1	3	5	9			1	15	18
부산	11	6	17	97	3			2	102	119
부평	1	1	2	22	8				30	32
사상				11	2				13	13
서울	2	4	6	10	1			7	18	24
성남				49	10				59	59
속초	1	2	3	9				1	10	13
수원				90	13		2		105	105
안산				50	4				54	54
안양				23	2				25	25
양산				92					92	92
여수	2		2	27			1		28	30
용당	1		1	30		1	1	1	33	34
울산	1	3	4	51	4		2		57	61
원주				7					7	7
의정부				2					2	2
익산	1		1	6	17				23	24
인천	6	6	12	154	3		2	2	161	173
인천공항	4	2	6	8	3		1	4	16	22
전주	2		2	18			1		19	21
제주	2	1	3	1				6	7	10
진주				9	5				14	14
창원				35	12				47	47
천안		1	1	44	14		5		63	64
청주	2	1	3	46	10		2	1	59	62
충주				15	3				18	18
통영				9	7		1		17	17
파주				3	5	3			11	11
평택	2	2	4	90	19		1	11	111	115
포항				22			1		23	23

자료: 관세청 홈페이지. 2007. 8. 현재

2) 특허보세구역

민간인이 영리를 목적으로 하는 시설 중에서 신청에 의하여 세관장이 특허한 구역으로 보세창고, 보세공장, 보세전시장, 보세건설장 및 보세판매장으로 구분한다. 전국적으로 보세창고 1,242개, 보세공장 188개, 보세전시장 7개, 보세건설장 26개, 보세판매장 30개 등 총 1,493개의 특허보세구역이 있다.

3) 종합보세구역

관세청장이 일정한 지역전체를 보세구역으로 지정한 곳으로서 외국물품을 통관하지 않은 상태에서 장치·보관·제조·전시·판매 등을 할 수 있는 구역이다.

2. 설치목적에 따른 구분

1) 소극적 보세구역

수출입 절차의 편의를 위하여 물품을 일시 세관의 감독 하에 두어야 할 필요에 의하여 설치한 보세구역으로 지정보세구역[1]이 이에 해당한다.

2) 적극적 보세구역

물품의 제조·가공·판매·산업시설건설 등 무역진흥을 위한 적극적인 활동을 할 수 있는 보세구역으로 특허보세구역[2] 및 종합보세구역이 적극적 보세구역이다.

3. 미국 보세구역

미국 세관 창고는 10개 부류로 구분하여 지정(designate)한다.[3] 1군(Class 1)은 정부가 소유하거나 임차한 장소로 위급한 상황에 필요한 서비스를 제공한다. 세관 검사를 위해 상품을 저장하거나 압류, 최종 방출을 보류할 때 쓰인다. 1군에는 세관의 지시나 명령이 있는 경우에만 상품을 장치할 수 있다.

2군은 수입업자의 개인화물을 보관하는 개인 보세창고(private bonded

1) 지정장치장, 세관검사장
2) 보세창고, 보세공장, 보세전시장, 보세건설장, 보세판매장
3) 19 CFR secs. 19.1-1949. 일본은 bonded warehouse를 보세장치장이라는 용어를 사용하며 세관장의 허가를 받아 관세를 납부하지 않고 외국물건을 장치할 수 있는 장소를 말한다.

warehouses)이다. 3군은 공공 보세창고로서 수입 화물을 보관하는데 사용한다. 4군 창고는 중량이 무겁거나 부피가 큰 물건을 장치하는 야적장 또는 창고를 말한다. 5군은 곡식을 저장하는 창고를 말한다. 6군은 보세 공장이다. 7군은 금속을 제련하거나 정제하는 지역이다. 8군은 제품을 세척, 분류, 포장하는 곳으로 제조는 하지 않는다. 9군은 면세점(duty-free stores)으로 불리는 장소이다. 11군은 일반 명령에 따른 물품을 보관하는 창고이다.

3 보세화물관리

1. 물품의 장치

외국물품과 내국운송의 신고를 하려는 내국물품은 보세구역이 아닌 장소에 장치할 수 없다. 보세구역에 장치하도록 한 이유는 일정 장소에 화물이 장치되어야 안전한 화물관리와 화주가 신속하고 손쉽게 물품을 통관해 갈 수 있을 뿐 아니라 세관의 감시·단속을 용이하게 할 수 있기 때문이다. 그러나 다음에 해당하는 물품은 그러하지 아니하다.

- 수출신고가 수리된 물품
- 크기 또는 무게의 과다나 그 밖의 사유로 보세구역에 장치하기 곤란하거나 부적당한 물품
- 재해나 그 밖의 부득이한 사유로 임시로 장치한 물품
- 검역물품
- 압수물품
- 우편물품

2. 보세구역외 장치허가

크기 또는 무게의 과다나 그 밖의 사유로 보세구역에 장치하기 곤란하거나 부적당한 물품을 보세구역이 아닌 장소에 자는 세관장의 허가를 받아야 한다. 수입 화물을 보세구역이 아닌 장소에 두는 것을 실무에서 타소장치라고 하며 장소를 타소 장치장이라고 한다.

판례 【타소장치의 성격】

타소장치란 수입화물 중 거대·중량 등의 사유로 보세구역 내에 장치하기가 곤란한 물품을 세관장으로부터 허가를 얻어 장치하는 장소로서 보세구역은 아니나 외국물품이 있는 동안은 보세구역의 성격을 띠게 되어 보세구역에 관한 일정한 규

정이 준용되는 곳이다. 타소장치허가는 수입화물 중 거대·중량 등의 사유로 보세구역 반입이 곤란하다고 인정되는 화물에 대하여 보세구역이 아닌 장소에 한시적 보세구역지정을 받아 장치가 가능하게 하는 통관절차 중 일부에 불과하고, 타소장치허가를 받아 장치된 화물도 통관서류 등을 갖추어 적법한 통관절차를 거쳐서 수입통관을 하여야만 반출이 가능하다 (대법원 2002. 12. 10. 선고 2000다24894 판결 [공2003.2.1. (171), 313]).

세관장은 외국물품에 대하여 허가를 하려는 때에는 그 물품의 관세에 상당하는 담보의 제공, 필요한 시설의 설치 등을 명할 수 있다. 허가를 받으려는 자는 수수료를 납부하여야 한다.

판례 【타소장치의 허가 신청권자】
타소장치허가를 신청할 수 있는 자의 자격에 관하여 별다른 제한을 두지 않고 있고, 구 보세화물관리에관한고시(1997. 8. 23. 관세청 고시 제97-30호로 개정되기 전의 것) 제4조 제1항에 의하면, 입항 전 또는 하선 전에 수입신고나 보세운송신고를 하지 않은 보세화물의 장치 장소는 화주나 그 위임을 받은 자가 우선적으로 결정하게 되어 있는데, 여기에서'화주'란 위 고시가 성립하게 된 연혁 등에 비추어 볼 때 그가 물품에 대한 정당한 권리를 취득하였는지의 여부와 관계없이 관세등을 납부할 의무가 있는 수입자를 지칭하고 있다고 할 것이므로, 외국물품 장치장소 중의 하나에 해당하는 타소장치의 허가신청에 관하여도 그 물건의 실제 소유자 혹은 정당한 권리자가 누구인지 여부에 상관없이 수입자가 이를 행사할 권한을 가진다고 할 것이다. 그리고 위 구 보세화물관리에관한고시 제7조 제2항에서 타소장치를 하려는 자로 하여금 그 허가신청서에 송품장, 선하증권 사본등의 서류를 첨부하도록 하고 있으나, 위 첨부서류는 외국물품의 과세가격 결정에 필요한 가격, 수량, 중량 등을 확인하기 위한 것에 불과하지 그 물품에 대한 정당한 권리자를 확인하려는 목적에서 첨부시키고 있는 것은 아니라고 할 것이므로, 위 규정을 이유로 물품에 대한 정당한 권리자만이 타소장치허가를 신청할 수 있는 것이라고 볼 수도 없다.

판례 납부하여야 하는 보세구역외 장치허가수수료는 1만8천원으로 한다. 이 경우 동일한 선박 또는 항공기로 수입된 동일한 화주의 화물을 동일한 장소에 반입하는 때에는 1건의 보세구역외 장치허가신청으로 보아 허가수수료를 징수한다. 국가 또는 지방자치단체가 수입하거나 협정에 의하여 관세가 면제되는 물품을 수입하는 때에는 보세구역외 장치허가수수료를 면제한다. 보세구역외 장치허가수수료를 납부하여야 하는 자가 관세청장이 정하는 바에 의하여 이를 따로 납부한 때에는 그 사실을 증명하는 증표를 허가신청서에 첨부하여야 한다. 세관장은 전산처리설비를 이용하여 보세구역외 장치허가를 신청하는 때에는 보세구역외 장치허가수수료를 일괄 고지하여 납부하게 할 수 있다.

1) 허가대상

보세구역외장치 허가대상은 다음과 같다.

- 물품이 크기 또는 무게의 과다로 보세구역의 고내에 장치하기 곤란한 물품

- 다량의 산물로서 보세구역에 장치후 다시 운송하는 것이 불합리하다고 인정하는 물품
- 부패, 변질의 우려가 있거나, 부패, 변질하여 다른 물품을 오손할 우려가 있는 물품과 방진, 방습등 특수보관이 필요한 물품
- 귀중품, 의약품, 살아있는 동·식물등으로서 보세구역에 장치하는 것이 곤란하다고 인정하는 물품
- 보세구역이 아닌 검역시행장에 반입할 검역물품
- 보세구역과의 교통이 불편한 지역에 양륙된 물품으로서 보세구역으로 운반하는 것이 불합리하다고 인정하는 물품
- 「대외무역관리규정」에 의한 중계무역물품으로서 보수작업이 필요한 경우 시설미비, 장소협소 등의 사유로 인하여 보세구역내에서 보수 작업이 곤란하고 감시단속상 문제가 없다고 세관장이 인정하는 물품
- 자가공장 및 시설(용광로 또는 전기로, 압연시설을 말한다.)을 갖춘 실수요자가 수입하는 고철등의 물품
- 기타 세관장이 보세구역외장치를 허가할 필요가 있다고 인정하는 물품

2) 허가절차

보세구역외장치를 하고자 하는 자는 보세구역외장치허가신청서를 전자문서로 송품장 또는 물품매도확약서(Offer sheet), B/L사본 또는 B/L사본에 갈음하는 서류, 물품을 장치하고자 하는 장소의 도면 및 약도(동일화주가 동일 장소에 반복적으로 신청하는 경우에는 생략할 수 있다)와 함께 세관장에게 제출하여 허가를 받아야 한다. 다만, 전자문서로 제출할 수 없는 자는 보세구역외장치허가(신청)서를 직접 세관장에게 제출하여야 한다. 보세구역외장치신청서를 접수한 화물관리 세관공무원은 담당과장의 결재를 받은 후 세관화물정보시스템에 허가사항을 등록하고 허가번호를 기재하여 허가서를 교부하여야 한다.

세관장이 보세구역외장치를 허가하는 때에는 그 장소가 화재, 도난, 침수등의 피해로부터 안전하게 보관할 수 있고, 세관의 감시업무 수행상 곤란이 없는 장소인지를 제출된 도면 등에 의하여 확인하고, 보세화물관리 및 감시업무수행상 필요한 경우 현장 확인을 하거나 필요한 시설의 설치 등을 명할 수 있다.

3) 담보제공

보세구역외장치 허가신청(보세구역외장치허가기간 연장의 경우를 포함한다)

을 받은 세관장은 보세구역외장치허가를 받고자 하는 물품 또는 업체가 담보를 제공하는 경우의 담보기간은 보세구역외장치 허가기간에 1월을 연장한 기간으로 하여야 한다. 다음에 해당하는 경우에는 담보제공을 생략할 수 있다.

〈표 7-2〉 보세구역외장치 담보생략 기준

구 분	내 용
물품별	- 제조업체가 수입하는 수출용원자재(다만, 농·축·수산물은 제외) - 무세물품(부가가치세 등 부과대상은 제외) - 방위산업용물품 - 정부용품 - 재수입물품 중 관세가 면제될 것이 확실하다고 세관장이 인정하는 물품
업체별	- 정부, 정부기관, 지방자치단체, 정부(지방자치단체)투자기관 - 관세등에대한담보제공과정산제도운영에관한고시에 의하여 지정된 신용담보업체 및 담보제공 특례자 - 기타 관할구역내의 외국인투자업체, 제조업체로서 세관장이 관세채권 확보에 지장이 없다고 판단하는 업체

보세구역외장치 허가시 담보를 생략받은 업체가 경영부실등 채권확보가 곤란하다고 세관장이 인정한 때에는 보세구역외장치 허가중인 물품에 대하여 담보를 제공하게 할 수 있다. 수입고철의 보세구역외장치허가를 받고자 하는 경우에는 반드시 담보를 제공하여야 한다. 보세구역외장치 담보액은 수입통관시 실제 납부하여야 할 관세 등 제세 상당액으로 한다. 다만, 관세 등 제세의 면제 또는 감면이 보세구역외장치 허가시점에 객관적인 자료에 의하여 확인되지 않은 경우에는 면제 또는 감면되지 않은 경우의 관세 등 제세 상당액의 담보를 제공하여야 한다.

3) 허가기간

보세구역외장치의 허가기간은 6월의 범위내에서 세관장이 필요하다고 인정하는 기간으로 정하며, 허가기간이 종료한 때에는 보세구역에 반입하여야 한다.

4) 연장허가

다음에 해당하는 사유가 있는 때에는 세관장은 허가기간을 연장할 수 있으나, 그 기간은 최초의 허가일로부터 1년(세관장이 필요하다고 인정하는 경우에는 1년의 범위에서 그 기간을 연장할 수 있다)을 초과할 수 없다.

- 동일세관 관할구역내에 당해 화물을 반입할 보세구역이 없는 경우

- 품목분류 사전심사의 지연으로 수입신고할 수 없는 경우
- 인지부서의 자체조사, 고발의뢰, 폐기, 공매·경매낙찰, 몰수확정, 국고귀속 등의 결정에 따른 조치를 위하여 필요한 경우
- 수입요건 · 선적서류 등 수입신고 또는 신고수리 요건을 구비하지 못한 경우
- 재해 기타 부득이한 사유로 인한 생산지연 · 반송대기 등 세관장이 인정하는 사유가 있는 경우

보세구역외장치허가기간을 연장하고자 하는 자는 보세구역외장치기간연장(신청)서를 제출하여 세관장으로부터 승인을 받아야 한다.

5) 허가 종료 등

세관장은 보세구역외장치 허가기간이 종료한 때에는 담보기간동안 보세구역외장치허가를 의제할 수 있으며, 이 기간동안에 체화처리 절차를 신속히 진행하여야 한다. 보세구역외장치 허가수수료는 허가건수 단위로 징수한다. 이 경우, 동일모선으로 수입된 동일화주의 화물을 동일장소에 반입하는 때에는 1건의 보세구역외장치로 허가할 수 있다. 위험물의 보세구역외장치는 당해구역이 「위험물안전관리법」 등 관계법령 규정에 의하여 허가 등을 받은 장소로서 인근주민에게 피해를 주지 아니하고 또한 주위환경을 오염시키지 아니하는 장소이어야 한다.

6) 보세구역외장치등의 반출입

보세구역외장치허가를 받은 자가 그 허가받은 장소에 물품을 반입한 때에는 물품도착 즉시 다음 하나를 선택하여 세관장에게 반입신고를 하여야 한다.

- 자체 전산설비를 갖추고 있는 화주는 자체시스템에 의하여 반입신고
- 관세사에게 보세운송신고필증(도착보고용)을 제출한 경우에는 관세사전산시스템에 의하여 반입신고
- 세관장에게 보세운송신고필증을 제출한 경우에는 화물관리 세관공무원이 세관화물정보시스템에 입력하여 반입신고

반입신고를 받은 화물관리 세관공무원은 포장파손, 품명·수량의 상이 등 이상여부를 확인한 후 이상이 있는 경우에는 세관장은 사고발생 경위를 확인하여 자체조사후 통고처분 등 필요한 조치를 하거나 적하목록 정정이 필요한 경우에는 「보세화물 입출항 하선하기 및 적재에 관한 고시」에 따른 조치를 하여야 한다. 다만, 위반사항이 「세관공무원의 범칙조사에 관한 시행세칙」에서 정한 사항인 경우 즉시 조사전담부서로 고발의뢰를 하여야

한다. 보세구역외장치장에 반입한 화물중 수입신고수리된 화물은 반출신고를 생략하며 반송 및 보세운송절차에 의하여 반출된 화물은 반출신고를 하여야 한다. 세관장은 보세구역외장치 허가받은 물품의 안전관리를 위하여 업체의 경영실태를 수시로 파악하여야 하며 반입일로부터 3월 이내에 통관하지 아니할 때에는 매월 정기적으로 재고조사를 실시하여야 한다.

3. 물품의 반출입

보세구역에 물품을 반입·반출하려는 자는 세관장에게 신고하여야 한다.

1) 반출입신고

물품의 반입신고는 다음의 사항을 기재한 신고서에 의하여야 한다.

- 수입물품의 경우
  - 해당 물품을 외국으로부터 운송하여 온 선박 또는 항공기의 명칭 · 입항일자 · 입항세관 · 적재항
  - 물품의 반입일시, 선하증권번호 또는 항공화물운송장번호와 화물관리번호
  - 물품의 품명, 포장의 종류, 반입개수와 장치위치
- 내국물품[4]의 경우
  - 물품의 반입일시
  - 물품의 품명, 포장의 종류, 반입개수, 장치위치와 장치기간

반입신고된 물품의 반출신고는 다음의 사항을 기재한 신고서에 의하여야 한다.

- 반출신고번호 · 반출일시 · 반출유형 · 반출근거번호
- 화물관리번호[5]
- 반출개수 및 반출중량

2) 신고서 제출 면제

세관장은 다음에 해당하는 경우에는 신고서의 제출을 면제하거나 기재사항의 일부를 생략하게 할 수 있다.

- 다음에 해당하는 서류를 제출하여 반출입하는 경우
  - 적하목록

4) 수출신고가 수리된 물품 포함
5) 통칙 157-176...1 (화물관리번호의 의의) "화물관리번호"라 함은 적하목록상의 적하목록관리번호(Manifest Reference Number)에 Master B/L 일련번호와 House B/L일련번호를 조합한 번호를 말한다.

- 보세운송신고서 사본 또는 수출신고필증
- 내국물품장치신고서

- 자율관리보세구역으로 지정받은 자가 내국물품에 대하여 장부를 비치하고 반출입사항을 기록 관리하는 경우

3) 검사

반입 또는 반출을 하려는 때에는 세관장은 세관공무원을 입회시킬 수 있으며, 세관공무원은 해당 물품에 대하여 검사를 할 수 있다. 세관장은 검사를 함에 있어서 반입신고서·송품장 등 검사에 필요한 서류를 제출하게 할 수 있다. 세관장은 보세구역에 반입할 수 있는 물품의 종류를 제한할 수 있다.

4) 수입신고수리물품의 반출

관세청장이 정하는 보세구역에 반입되어 수입신고가 수리된 물품의 화주 또는 반입자는 수입신고수리일부터 15일 이내에 해당 물품을 보세구역으로부터 반출하여야 한다. 다만, 외국물품의 장치에 방해가 되지 아니하는 것으로 인정되어 세관장에게 해당 반출기간의 연장승인을 얻은 때에는 그러하지 아니하다. 승인을 얻고자 하는 자는 다음의 사항을 기재한 신청서를 세관장에게 제출하여야 한다.

- 수입물품의 경우 해당 물품을 외국으로부터 운송하여 온 선박 또는 항공기의 명칭 또는 등록기호 · 입항예정연월일 · 선하증권번호 또는 항공화물운송장번호(제175조제2호)
- 장치장소
- 신청사유

4. 보수작업

1) 목적

보세구역에 장치된 물품은 그 현상을 유지하기 위하여 필요한 보수작업과 그 성질을 변하지 아니하게 하는 범위 안에서 포장을 바꾸거나 구분·분할·합병을 하거나 그 밖의 비슷한 보수작업을 할 수 있다. 이 경우 보세구역에서의 보수작업이 곤란하다고 세관장이 인정하는 때에는 기간과 장소를 지정받아 보세구역 밖에서 보수작업을 할 수 있다.

보수작업이 가능한 경우는 보세화물이 운송 도중에 파손 또는 변질되어

시급히 보수하여야 할 필요가 있거나 통관을 위하여 분할, 구분이 필요한 경우와 중계무역물품으로서 수출을 하기 위하여 제품검사, 선별, 기능보완 등의 작업이 필요한 경우 등 이다.

2) 작업 승인

보수작업을 하려는 자는 세관장의 승인을 받아야 한다. 승인을 얻고자 하는 자는 다음의 사항을 기재한 신청서를 세관장에게 제출하여야 한다.

- 장치장소 및 장치사유, 수입물품의 경우 해당 물품을 외국으로부터 운송하여 온 선박 또는 항공기의 명칭 또는 등록기호 · 입항예정연월일 · 선하증권번호 또는 항공화물운송장번호, 해당 물품의 내외국물품별 구분과 품명 · 수량 및 가격, 해당 물품의 포장의 종류 · 번호 및 개수
- 사용할 재료의 품명 · 수량 및 가격
- 보수작업의 목적 · 방법 및 예정기간
- 장치장소

3) 작업완료 확인

승인을 얻은 자는 보수작업을 완료한 때에는 다음의 사항을 기재한 보고서를 세관장에게 제출하여 그 확인을 받아야 한다.

- 해당 물품의 품명 · 수량 및 가격
- 포장의 종류 · 기호 · 번호 및 개수
- 사용한 재료의 품명 · 수량 및 가격
- 잔존재료의 품명 · 수량 및 가격
- 작업완료연월일

4) 보수작업 부가 물품

보수작업으로 외국물품에 부가된 내국물품은 외국물품으로 본다. 외국물품은 수입될 물품의 보수작업의 재료로 사용할 수 없다. 보수작업을 하는 경우 해당 물품에 관한 반출검사 등에 관하여는 보세공장외 작업허가, 세관 공무원의 검사 등 관련 규정 (제187조제3항, 제4항 및 제6항)을 준용한다.

5) 보수작업의 범위

보수작업은 다음의 작업범위 내에서 허용가능하며, 해당 보수작업으로 인해 보수작업 대상물품의 HS 품목분류에 변화를 가져오는 경우에는 보수작업으로 인정되지 아니한다(통칙 158-0...1).

- 물품의 보존을 위해 필요한 작업(부패, 손상 등을 방지하기 위한 보존 작업 등)
- 물품의 상품성 향상을 위한 개수작업(포장개선, 라벨표시, 단순절단 등)
- 선적을 위한 준비작업(선별, 분류, 용기변경 등)
- 단순한 조립작업(간단한 세팅, 완제품의 특성을 가진 구성요소의 조립 등)
- 그 밖의 위와 유사한 작업

5. 해체 · 절단 등의 작업

보세구역에 장치된 물품에 대하여는 그 원형을 변경하거나 해체·절단 등의 작업을 할 수 있다.

1) 작업허가

작업을 하려는 자는 세관장의 허가를 받아야 한다. 해체·절단 등의 작업의 허가를 받으려는 자는 다음의 사항을 기재한 신청서를 세관장에게 제출하여야 한다.

- 해당 물품의 품명 · 규격 · 수량 및 가격
- 작업의 목적 · 방법 및 예정기간
- 그 밖의 참고사항

2) 작업완료 보고

작업을 완료한 때에는 다음의 사항을 기재한 보고서를 세관장에게 제출하여 그 확인을 받아야 한다.

- 작업후의 물품의 품명 · 규격 · 수량 및 가격
- 작업시작 및 종료연월일
- 작업 상황에 관한 검정기관의 증명서[6]
- 그 밖의 참고사항

3) 대상물품

작업을 할 수 있는 물품의 종류는 다음과 같다.

- 해체용 선박
- 각종의 설중 원형변경
- 해체 절단 등의 작업이 필요하거나, 견품진정화작업이 필요하다고 세관장이 인정하는 경우

6) 세관장이 특히 지정하는 경우에 한한다.

4) 세관장의 작업명령

세관장은 수입신고한 물품에 대하여 필요하다고 인정되는 때에는 화주 또는 그 위임을 받은 자에게 작업을 명할 수 있다.

6. 장치물품의 폐기

1) 폐기 승인

부패·손상 그 밖의 사유로 보세구역에 장치된 물품을 폐기하려는 자는 세관장의 승인을 받아야 한다. 승인을 받고자 하는 자는 다음의 사항을 기재한 신청서를 세관장에게 제출하여야 한다.

- 장치장소 및 장치사유, 수입물품의 경우 해당 물품을 외국으로부터 운송하여 온 선박 또는 항공기의 명칭 또는 등록기호 · 입항예정연월일 · 선하증권번호 또는 항공화물운송장번호, 해당 물품의 내외국물품별 구분과 품명 · 수량 및 가격, 해당 물품의 포장의 종류 · 번호 및 개수(법 제175조)
- 장치장소
- 폐기예정연월일 · 폐기방법 및 폐기사유

승인을 얻은 자는 폐기작업을 종료한 때에는 잔존하는 물품의 품명·규격·수량 및 가격을 세관장에게 보고하여야 한다.

2) 부패 · 손상 그 밖의 사유

'부패, 손상 그 밖의 사유'라 함은 부패, 변질, 손상, 실용시효의 경과, 물성의 변화 등으로 상품가치를 상실한 경우, 상품가치는 있으나 용도가 한정되어 있어 실용의 가능성이 거의 없는 경우, 매각하고자 하였으나 매각되지 아니한 경우로서 국고귀속의 실익이 없는 경우를 말한다(통칙 160-0...1).

3) 관세 징수

보세구역에 장치된 외국물품이 멸실되거나 폐기되었을 때에는 그 운영인이나 보관인으로부터 즉시 그 관세를 징수한다. 다만, 재해나 그 밖의 부득이한 사유로 인하여 멸실된 때와 미리 세관장의 승인을 받아 폐기한 때에는 예외로 한다. 승인을 얻은 외국물품 중 폐기 후에 남아 있는 부분에 대하여는 폐기 후의 성질과 수량에 따라 관세를 부과한다.

4) 폐기 명령

세관장은 보세구역에 장치된 물품 중 다음 각 호 어느 하나에 해당하는 것은 화주, 반입자, 화주 또는 반입자의 위임을 받은 자나 「국세기본법」 제38조 내지 제41조 규정에 따른 제2차 납세의무자(화주 등)에게 이를 반송 또는 폐기할 것을 명하거나 화주 등에게 통고한 후 이를 폐기할 수 있다. 다만, 급박하여 통고할 여유가 없는 때에는 폐기한 후 즉시 통고하여야 한다.

- 사람의 생명이나 재산을 해할 우려가 있는 물품
- 부패 또는 변질한 물품
- 유효기간이 경과된 물품
- 상품가치를 상실한 물품
- 위에 준하는 물품으로서 관세청장이 정하는 물품

5) 통고

통고를 할 때 화주등의 주소나 거소를 알 수 없거나 그 밖의 사유로 통고할 수 없는 경우에는 공고로써 이를 갈음할 수 있다.

6) 비용부담

세관장이 물품을 폐기하거나 화주 등이 물품을 폐기 또는 반송한 경우 그 비용은 화주 등이 부담한다.

7. 견품반출

1) 허가신청

보세구역에 장치된 외국물품의 전부 또는 일부를 견품으로 반출하려는 자는 세관장의 허가를 받아야 한다. 허가를 받으려는 자는 장치장소 및 장치사유, 수입물품의 경우 해당 물품을 외국으로부터 운송하여 온 선박 또는 항공기의 명칭 또는 등록기호·입항예정연월일·선하증권번호 또는 항공화물운송장번호, 해당 물품의 내외국물품별 구분과 품명·수량 및 가격, 해당 물품의 포장의 종류·번호 및 개수(법 제175조), 장치장소, 반출목적 및 반출기간을 기재한 신청서를 세관장에게 제출하여야 한다. 세관공무원은 보세구역에 반입된 물품에 대하여 검사상 필요가 있는 경우에는 그 물품의 일부를 견품으로 채취할 수 있다.

2) 견품의 사용 · 소비에 대한 관세 징수

채취된 물품이 사용·소비된 경우 수입신고를 하여 관세를 납부하고 수리된 것으로 본다.

8. 물품취급자에 대한 단속

- 제155조제1항 각호의 물품을 취급하는 자와 보세구역에 출입하는 자는 물품 및 보세구역감시에 관한 세관장의 명령을 준수하고 세관공무원의 지휘를 받아야 한다.

9. 세관공무원의 파견

세관장은 보세구역에 세관공무원을 파견하여 세관사무의 일부를 처리하게 할 수 있다.

10. 자율관리 보세구역과 보세사

1) 배경

보세화물 증대에 이를 관리할 세관인력이 따르지 못한 실정을 고려하여 전문적인 보세화물관리담당자(보세사)에 의하여 자율적으로 관리하도록 함으로써 수출입물품의 관리에 효율을 기하도록 하고 있다.

2) 지정신청

보세구역 중 물품의 관리 및 세관감시에 지장이 없다고 인정하여 관세청장이 정하는 바에 따라 세관장이 지정하는 보세구역(자율관리보세구역)에 장치한 물품에 대하여는 세관공무원의 참여와 법에 따른 절차 중 관세청장이 정하는 절차를 생략한다.

보세구역의 화물관리인이나 운영인은 자율관리보세구역의 지정을 받으려면 세관장에게 지정을 신청하여야 한다. 자율관리보세구역의 지정을 받으려는 자는 보세구역의 종류·명칭·소재지·구조·동수 및 면적과 장치하는 물품의 종류 및 수용능력을 기재한 신청서에 채용된 보세사의 보세사등록증과 관세청장이 정하는 서류를 첨부하여 세관장에게 지정신청을 하여야 한다.

자율관리보세구역의 지정을 신청하려는 자는 해당 보세구역에 장치된 물품을 관리하는 자(보세사)를 채용하여야 한다. 세관장은 지정신청을 받은 경우 해당 보세구역의 위치와 시설상태 등을 확인하여 자율관리보세구역으로 적합하다고 인정될 때에는 해당 보세구역을 자율관리보세구역으로 지정할 수 있다. 자율관리보세구역의 지정을 받은 자는 물품의 반출입 상황을 장부에 기록하여야 한다. 세관장은 자율관리보세구역의 지정을 받은 자가 관세법의 규정에 따른 의무를 위반하거나 세관감시에 지장이 있다고 인정되는 사유가 발생한 때에는 지정을 취소할 수 있다.

3) 보세사의 자격 요건

보세사는 운영인의 결격사유(제175조제1호 내지 제7호)에 해당하지 아니하는 자로서 일반직 공무원으로서 5년 이상 관세행정에 종사한 경력이 있는 사람, 3년 이상 보세화물의 관리업무에 종사한 경력이 있는 사람으로서 보세화물의 관리업무에 관한 전형에 합격한 사람이어야 한다.

4) 보세사의 등록

자격을 갖춘 자가 보세사로 근무하려는 때에는 근무하려면 해당 보세구역을 관할하는 세관장에게 등록하여야 한다. 보세사로 등록하려는 자는 등록신청서에 보세사자격증을 첨부하여 세관장에게 제출하여야 한다. 세관장은 신청을 한 사람이 자격요건을 갖춘 경우에는 보세사등록증을 교부하여야 한다. 보세사는 관세청장이 정하는 바에 의하여 그 업무수행에 필요한 교육을 받아야 한다.

5) 등록취소와 업무정지

세관장은 등록을 한 사람이 운영인의 결격사유(제175조제1호 내지 제7호)에 해당하게 된 경우, 사망한 경우, 관세법 또는 관세법에 의한 명령을 위반한 경우에는 등록의 취소, 6월의 이내의 업무정지 또는 그 밖에 필요한 조치를 할 수 있다. 보세사가 사망하거나 결격사유에 해당하면 등록을 취소하여야 한다.

6) 보세사의 직무

보세사의 직무는 다음과 같다.

- 보세화물 및 내국물품을 반입 또는 반출에 대한 입회 및 확인
- 보세구역 안에 장치된 물품의 관리 및 취급에 대한 입회 및 확인
- 보세구역출입문의 개폐 및 열쇠관리의 감독
- 보세구역의 출입자관리에 대한 감독
- 견품의 반출 및 회수
- 그 밖의 보세화물의 관리를 위하여 필요한 업무로서 관세청장이 정하는 업무

제2절 지정보세구역

1 지정보세구역

1. 의의

국가·지방자치단체 또는 공공단체의 영조물 또는 토지에 수출입물품의 보관 등 일반인이 차별 없이 이용할 수 있다. 통관하려는 물품의 일시 장치를 위한 지정장치장과 물품검사를 위한 세관검사장이 있다.

2. 지정보세구역의 지정

세관장은 국가, 지방자치단체, 공항시설 또는 항만시설을 관리하는 법인이 소유하거나 관리하는 토지·건물 또는 그 밖의 시설(토지 등)을 지정보세구역으로 지정할 수 있다. 세관장은 해당 세관장이 관리하지 아니하는 토지 등을 지정보세구역으로 지정하려면 해당 토지 등의 소유자 또는 관리자의 동의를 받아야 한다. 이 경우 세관장은 임차료 등을 지급할 수 있다.

3. 지정보세구역의 지정취소

세관장은 수출입물량의 감소하거나 그 밖의 사유로 지정보세구역의 전부 또는 일부를 보세구역으로 존속시킬 필요가 없어졌다고 인정될 때에는 그 지정을 취소하여야 한다.

4. 지정보세구역의 처분

지정보세구역의 지정을 받은 토지 등의 소유자 또는 관리자는 다음에 해당하는 행위를 하려면 미리 세관장과 협의하여야 한다.

- 해당 토지 등의 양도,교환,임대 또는 그 밖의 처분이나 그 용도의 변경
- 해당 토지에 대한 공사나 해당 토지 안에 건물 또는 그 밖의 시설의 신축
- 해당 건물 또는 그 밖의 시설의 개축 · 이전 · 철거나 그 밖의 공사

다만, 해당 행위가 지정보세구역으로서의 사용에 지장을 주지 아니하거나 지정보세구역으로 지정된 토지 등 소유자가 국가 또는 지방자치단체인 경우

그러하지 아니하다.

세관장은 협의에 대하여 정당한 이유 없이 이를 거부하여서는 아니 된다.

2 지정장치장

1. 의의

지정장치장은 통관을 하려는 물품을 일시 장치하기 위한 장소로서 세관장이 지정하는 구역으로 한다(법 제169조). 일반적으로 국내에 도착한 외국화물은 컨테이너 전용장치장(CY)에 입고되어 보세운송을 통하여 보세창고나 자가 보세 창고로 운송된다. 판례는 CY 입고를 민법상의 임치로 보고 출고시에는 화주인 운송인의 동의를 받아야 한다고 판시하고 있다.

판례 운송인이 컨테이너 전용장치장에 운송화물을 입고시키는 법률관계는 민법상 임치에 해당하므로 원칙적으로 수치인인 컨테이너 전용장치장 설영인으로서는 임치인인 운송인의 동의 없이는 임치인이 아닌 제3자에게 화물을 인도할 수 없다 할 것인데, 피고가 지적하는 이 사건 당시 시행되던 보세화물관리세칙(관세청고시 90-627호) 제4조, 제5조는 운송물이 화주의 자가보세장치장으로 보세운송되어 장치되도록 강제하는 근거규정이라 볼 수 없고(당원 1995. 9. 15. 선고 94다61120 판결 참조), 원심이 거시한 다른 증거만으로는 위와 같이 해석하기에 충분한 근거가 된다고 보기 어려우며, 한편 보세운송요령(관세청고시 제90-659호) 제35조(보세운송신고)에 의하면 수입물품을 보세운송하려는 자가 보세운송 신고를 함에 있어 운송인의 동의를 받아야 한다는 취지로 규정되어 있지는 아니하고, 또 위 보세화물관리세칙 제11조(출고절차)에도 보세구역(컨테이너 전용장치장도 이에 해당됨은 물론이다)으로부터 보세운송을 위하여 물품을 출고하는 때에 보세구역의 설영인이 징구하여야 할 서류로 보세운송면장 사본만을 규정하고 있어, 관세법규상 보세운송에 있어서 운송인의 동의가 필요하다는 취지의 명시적 규정이 있지 아니함은 사실이나, 이러한 보세운송요령이나 보세화물관리세칙은 모두 관세의 확보라는 관세행정상의 목적을 달성하기 위한 감독과 규제를 규정한 것에 지나지 아니하므로, 거기에 보세운송에 있어서 운송인의 동의가 필요하다는 취지의 규정이 없다고 하여 화주가 보세운송을 위해 컨테이너 전용장치장으로부터 화물을 반출함에 있어서 운송인의 동의가 필요하지 않다고 단정할 수는 없다 할 것이다(대법원 1996. 3. 12. 선고 94다55057 판결[집44(1)민,253;공1996.5.1.(9),1225]).

2. 장치기간

지정장치장에 물품을 장치하는 기간은 6월의 범위에서 관세청장이 정한다. 다만, 관세청장이 정하는 기준에 따라 세관장은 3월의 범위에서 그 기간을 연장할 수 있다(법 제170조).

3. 장치기간의 기산

보세구역에 반입된 물품은 해당 보세구역 반입일을 기준으로 장치기간을 기산한다. 다만, 다음에 해당하는 물품은 종전에 경과한 장치기간을 합산한다(통칙 170-0...1).

- 장치장소의 특허변경에 의하여 장치기간을 다시 기산하여야 하는 물품
- 보세운송승인을 받아 다른 보세구역에 반입하거나 보세구역 간에 장치물품을 이동함으로써 장치기간을 다시 기산하여야 하는 경우로서, 장치기간이 이미 경과된 물품

동일 B/L물품이 수차에 걸쳐 반입되는 경우에는 해당 B/L물품 전부의 반입이 완료된 날로부터 기산한다.

4. 물품에 대한 보관책임

지정장치장에 반입한 물품에 대하여는 화주 또는 반입자가 그 보관의 책임을 진다.[7] 세관장은 지정장치장의 질서유지와 화물의 안전관리를 위하여 필요하다고 인정할 때에는 화주에 갈음하여 보관의 책임을 지는 화물관리인을 지정할 수 있다. "보관의 책임"이라 함은 물품의 멸실·폐기에 관한 보관인의 책임(법 제160조제2항)과 해당 화물의 보관과 관련한 하역·재포장 및 경비 등을 수행하는 책임을 말한다. 세관장이 관리하는 시설이 아닌 때에는 세관장은 해당 시설의 소유자나 관리자와 협의하여 화물관리인을 지정하여야 한다.

지정장치장의 화물관리인은 화물관리에 필요한 비용[8]을 화주로부터 징수할 수 있다. 다만, 그 요율에 대하여는 세관장의 승인을 받아야 한다. 지정장치장의 화물관리인은 징수한 비용 중 세관설비 사용료에 해당하는 금액을 세관장에게 납부하여야 한다. 세관장은 불가피한 사유로 화물관리인을 지정할 수 없는 경우 화주를 대신하여 직접 화물관리를 할 수 있다. 이 경우 화물관리비용을 화주로부터 징수할 수 있다.

---

7) ① "화주"라 함은 해당 화물의 적하목록에 수하인으로 기재된 자를 말하며, 수하인 란에 "To Order"로 기재된 경우에는 통지처로 기재된 자를 말한다. 다만, 통지처가 소재불명이거나 소재파악이 불가능한 경우에는 수하인을 화주로 본다.
② "반입자"라 함은 적하목록의 작성책임자로서 적하목록을 세관장에게 제출한 선박회사, 항공사 및 화물운송주선업자를 말한다.

8) 제323조의 규정에 따른 세관설비사용료를 포함한다.

5. 화물관리인의 지정

1) 지정대상

화물관리인은 다음에 해당하는 자중에서 지정한다.

- 직접 물품관리를 하는 국가기관의 장
- 관세행정 또는 보세화물의 관리와 관련 있는 비영리법인
- 해당 시설의 소유자 또는 관리자가 요청한 사람(화물관리인을 지정하는 경우에 한정한다)

화물관리인의 지정은 지정된 자의 승낙이 있는 경우에만 할 수 있다.

2) 지정 절차

세관장은 다음 구분에 따라 화물관리인을 지정한다.

① 직접 물품관리를 하는 국가기관의 장

세관장이 요청한 후 직접 물품관리를 하는 국가기관의 장이 승낙한 경우에 지정한다.

② 기타의 경우

세관장이 지정신청서를 제출받아 이를 심사하여 지정한다. 이 경우 해당 시설의 소유자 또는 관리자가 요청한 사람은 해당 시설의 소유자 또는 관리자를 거쳐 제출하여야 한다. 세관장이나 해당 시설의 소유자 또는 관리자는 화물관리인을 지정하려는 경우에는 지정 예정일 3개월 전까지 지정 계획을 공고하여야 한다. 화물관리인으로 지정을 받으려는 자는 지정신청서를 공고일부터 30일 내에 세관장이나 해당 시설의 소유자 또는 관리자에게 제출하여야 한다.

세관장은 지정을 받은 자에게 재지정을 받으려면 지정의 유효기간이 끝나는 날의 1개월 전까지 재지정을 신청하여야 한다는 사실과 재지정 절차를 지정의 유효기간이 끝나는 날의 2개월 전까지 휴대폰에 의한 문자전송, 전자메일, 팩스, 전화, 문서 등으로 미리 알려야 한다.

3) 지정 심사기준

화물관리인을 지정할 때에는 다음 사항에 대하여 관세청장이 정하는 심사기준에 따라 평가한 결과를 반영하여야 한다.

- 보세화물 취급경력 및 화물관리시스템 구비 사항
- 보세사의 보유에 관한 사항
- 자본금, 부채비율 및 신용평가등급 등 재무건전성에 관한 사항
- 지게차, 크레인 등 화물관리에 필요한 시설장비 구비 현황
- 수출입 안전관리 우수업체로 공인을 받았는지 여부
- 그 밖에 관세청장이나 해당 시설의 소유자 또는 관리자가 정하는 사항

4) 유효기간

화물관리인 지정의 유효기간은 5년 이내로 한다.

5) 재지정

화물관리인으로 재지정을 받으려는 자는 유효기간이 끝나기 1개월 전까지 세관장에게 재지정을 신청하여야 한다. 이 경우 재지정의 기준 및 절차는 지정관련 규정을 준용한다.

6) 화물관리인의 지정 취소

세관장은 다음에 해당하는 사유가 발생한 경우에는 화물관리인의 지정을 취소할 수 있다.

- 거짓이나 그 밖의 부정한 방법으로 지정을 받은 경우
- 화물관리인이 결격사유(법 제175조)에 해당하는 경우
- 화물관리인이 세관장 또는 해당 시설의 소유자 · 관리자와 맺은 화물관리업무에 관한 약정을 위반하여 해당 지정장치장의 질서유지 및 화물의 안전관리에 중대한 지장을 초래하는 경우
- 화물관리인이 그 지정의 취소를 요청하는 경우

이 경우 화물관리인이 세관장 또는 해당 시설의 소유자·관리자와 맺은 화물관리업무에 관한 약정을 위반하여 해당 지정장치장의 질서유지 및 화물의 안전관리에 중대한 지장을 초래하는 경우에 해당하여 지정을 취소할 때에는 해당 시설의 소유자 또는 관리자에게 미리 그 사실을 통보하여야 한다.

세관장은 화물관리인의 지정을 취소하려는 경우에는 청문을 하여야 한다.

7) 화물관리인의 보관책임

물품 보관의 책임은 보세구역에 장치된 외국물품이 멸실되거나 폐기되었을 때에는 그 운영인이나 보관인으로부터 즉시 그 관세를 징수(법 제160

조제2항)에 따른 보관인의 책임과 해당 화물의 보관과 관련한 하역·재포장 및 경비 등을 수행하는 책임으로 한다.

3 세관검사장

1. 의의

세관검사장은 통관을 하려는 물품을 검사하기 위한 장소로서 세관장이 지정하는 지역으로 한다.

2. 물품반입과 비용부담

세관장은 관세청장이 정하는 바에 따라 검사를 받을 물품의 전부 또는 일부를 세관검사장에 반입하여 검사할 수 있다. 세관검사장에 반입되는 물품의 채취·운반 등에 필요한 비용은 화주가 부담한다.

제3절 특허보세구역

특허보세구역이란 신청에 의하여 세관장이 특허해주는 보세구역을 말한다. 여기서 수출입화물을 보관하는 것을 업으로 하는 것을 영업용보세구역 이라하고, 운영인이 소유하거나 사용하는 자기화물을 보관하기 위한 곳을 자가용 보세구역이라 한다. 특허보세구역은 운영인으로 하여금 외국물품을 보관·관리하도록 하고 있다. 이는 일정한 요건을 갖춘 개인이나 법인에게 보세구역을 설치·운영하게 하는 것이 보세화물을 보다 안전하게 관리할 수 있기 때문이다.

1 특허보세구역

1. 의의

1) 보세구역 설영특허의 의의

외국물품이나 통관하려는 물품의 장치, 보세가공, 전시, 건설, 판매 등의 목적으로 세관장이 특허한 구역으로서 보세창고, 보세공장, 보세전시장, 보세건설장, 보세판매장 등이 있다. 보세구역의 설영특허는 설권행위로서 세관장의 공익재량행위이다.

2) 보세구역 설영특허의 성격

보세구역의 설영특허는 세관장의 재량행위로서 특허요건을 갖추었다 하더라도 관세행정 목적에 부합되지 아니하면 특허를 아니 할 수 있다. 보세구역의 설영특허는 보세구역의 설치, 경영에 관한 권리를 설정하는 공기업의 특허로서 그 특허의 부여 여부는 세관장의 재량에 속하며, 특허기간이 만료된 때에 특허는 당연히 실효되는 것이어서 특허기간의 갱신은 실질적으로 권리의 설정과 같으므로 그 갱신여부도 세관장의 재량에 속한다(통칙 174-0...1).

2. 설치 · 운영에 관한 특허

특허보세구역을 설치·운영하려는 자는 세관장의 특허를 받아야 한다. 기존의 특허를 갱신하려는 경우에도 또한 같다.

1) 특허보세구역의 특허 신청

특허보세구역의 설치·운영에 관한 특허를 받으려는 자는 다음의 사항을 기재한 신청서에 서류를 첨부하여 세관장에게 제출하여야 한다.

- 특허보세구역의 종류 및 명칭, 소재지, 구조, 동수와 면적 및 수용능력
- 장치할 물품의 종류
- 설치 · 운영의 기간

신청서에 첨부하여야 하는 서류는 보세구역의 도면, 보세구역의 위치도, 운영인의 자격을 증명하는 서류, 필요한 시설 및 장비의 구비를 증명하는 서류이다.

2) 보세공장 특허 신청

보세공장의 설치운영에 관한 특허를 받으려는 자는 다음의 사항을 기재한 신청서에 사업계획서와 그 구역 및 부근의 도면을 첨부하여 세관장에게 제출하여야 한다. 이 경우 세관장은 「전자정부 구현을 위한 행정업무 등의 전자화촉진에 관한 법률」에 따른 행정정보의 공동이용을 통하여 법인등기부 등본[9]을 확인하여야 하며, 신청인이 확인에 동의하지 아니하는 경우에는 이를 첨부하도록 하여야 한다.

- 공장의 명칭, 소재지, 구조, 동수 및 면적
- 공장의 작업설비 · 작업능력
- 공장에서 할 수 있는 작업의 종류
- 원재료 및 제품의 종류
- 설치 · 운영의 기간

3) 특허 갱신 신청 및 통지

특허를 갱신하려는 자는 갱신사유와 갱신기간을 적은 신청서에 운영인의 자격을 증명하는 서류와 필요한 시설 및 장비의 구비를 증명하는 서류를 첨부하여 그 기간만료 1개월 전까지 세관장에게 제출하여야 한다.

세관장은 특허를 받은 자에게 특허를 갱신 받으려면 특허기간이 끝나는 날의 1개월 전까지 특허 갱신을 신청하여야 한다는 사실과 갱신절차를 특허기간이 끝나는 날의 2개월 전까지 휴대폰에 의한 문자전송, 전자메일, 팩스, 전화, 문서 등으로 미리 알려야 한다.

9) 신청인이 법인인 경우에 한한다.

4) 결격사유

다음에 해당하는 자는 특허보세구역을 설치·운영할 수 없다.

- 미성년자
- 금치산자와 한정치산자
- 파산선고를 받고 복권되지 아니한 사람
- 관세법을 위반하여 징역형의 실형을 선고받고 그 집행이 종료(집행이 종료된 것으로 보는 경우 포함)되거나 면제된 후 2년이 경과되지 아니한 사람
- 관세법을 위반하여 징역형의 집행유예의 선고를 받고 그 유예 기간 중에 있는 자
- 관세법의 규정에 따라 특허보세구역의 설치 · 운영에 관한 특허가 취소된 후 2년이 경과되지 아니한 사람
- 관세법 제269조 내지 제271조 또는 제274조에 따라 벌금형 또는 통고처분을 받은 자로서 그 벌금형을 선고받거나 통고처분을 이행한 후 2년이 경과되지 아니한 사람(제279조에 따라 처벌된 본인 또는 법인을 제외)
- 위에에 해당하는 자를 임원[10]으로 하는 법인

5) 특허요건

특허보세구역의 설치·운영에 관한 특허를 받을 수 있는 요건은 다음과 같다.

- 체납된 관세 및 내국세가 없을 것
- 결격사유가 없을 것
- 위험물품을 장치 · 제조 · 전시 또는 판매하는 경우에는 위험물품의 종류에 따라 관계행정기관의 장의 허가 또는 승인 등을 받을 것
- 관세청장이 정하는 바에 따라 보세화물의 보관 · 판매 및 관리에 필요한 자본금 · 수출입규모 · 구매수요 · 장치면적 등에 관한 요건을 갖출 것

6) 특허기간

특허보세구역(보세전시장 및 보세건설장 제외)의 특허기간은 10년의 범위 내에서 신청인이 신청한 기간으로 한다. 다만, 관세청장은 보세구역의 합리적 운영을 위하여 필요한 경우에는 신청인이 신청한 기간과 달리 특허기간을 정할 수 있다.

보세전시장 및 보세건설장의 특허기간은 다음과 같다.

10) 해당 보세구역의 운영업무를 직접 담당하거나 이를 감독하는 자에 한한다.

- 보세전시장 : 해당 박람회 등의 기간을 고려하여 세관장이 정하는 기간
- 보세건설장 : 해당 건설공사의 기간을 고려하여 세관장이 정하는 기간

다만, 세관장은 전시목적을 달성하거나 공사의 진척을 위하여 부득이하다고 인정할 만한 사유가 있을 경우에는 그 기간을 연장할 수 있다.

7) 특허수수료

(1) 특허 신청 수수료

특허보세구역의 설치·운영에 관한 특허를 받으려는 자, 특허보세구역을 설치·운영하는 자 및 이미 받은 특허를 갱신하려는 자는 수수료를 납부하여야 한다. 납부하여야 하는 특허신청의 수수료는 4만5천 원으로 한다.

(2) 운영 수수료

특허보세구역의 설치·운영에 관한 수수료(특허수수료)는 다음의 구분에 의한 금액으로 한다. 다만, 보세공장과 목재만 장치하는 수면의 보세창고에 대하여는 각호의 구분에 의한 금액의 4분의 1로 한다.

특허보세구역의 연면적	운영수수료
1천 제곱미터 미만인 경우	매 분기당 7만2천원
1천 제곱미터 이상 2천 제곱미터 미만인 경우	매 분기당 10만8천원
2천 제곱미터 이상 3천5백 제곱미터 미만인 경우	매 분기당 14만4천원
3천5백 제곱미터 이상 7천 제곱미터 미만인 경우	매 분기당 18만원
7천 제곱미터 이상 1만5천 제곱미터 미만인 경우	매 분기당 22만5천원
1만5천 제곱미터 이상 2만5천 제곱미터 미만인 경우	매 분기당 29만1천원
2만5천 제곱미터 이상 5만 제곱미터 미만인 경우	매 분기당 36만원
5만 제곱미터 이상 10만 제곱미터 미만인 경우	매 분기당 43만5천원
10만 제곱미터 이상인 경우	매 분기당 51만원

(3) 납부절차

특허수수료는 분기단위로 매분기말까지 다음 분기분을 납부하되, 특허보세구역의 설치·운영에 관한 특허가 있은 날이 속하는 분기분의 수수료는 이를 면제한다. 이 경우 운영인이 원하는 때에는 1년 단위로 일괄하여 미리 납부할 수 있다. 특허수수료를 계산함에 있어서 특허보세구역의 연면적은 특허보세구역의 설치·운영에 관한 특허가 있은 날의 상태에 의하되, 특허보세구역의 연면적이 변경된 때에는 그 변경된 날이

속하는 분기의 다음 분기 첫째 달 1일의 상태에 의한다.

특허보세구역의 연면적이 수수료납부후에 변경된 경우 납부하여야 하는 특허수수료의 금액이 증가한 때에는 변경된 날부터 5일내에 그 증가분을 납부하여야 하고, 납부하여야 하는 특허수수료의 금액이 감소한 때에는 그 감소분을 다음 분기 이후에 납부하는 수수료의 금액에서 공제한다.

특허보세구역의 휴지 또는 폐지의 경우에는 해당 특허보세구역 안에 외국물품이 없는 때에 한하여 그 다음 분기의 특허수수료를 면제한다. 다만, 휴지 또는 폐지를 한 날이 속하는 분기분의 특허수수료는 이를 환급하지 아니한다. 우리나라에 있는 외국공관이 직접 운영하는 보세전시장에 대하여는 특허수수료를 면제한다. 수수료를 납부하여야 하는 자가 관세청장이 정하는 바에 의하여 이를 따로 납부한 때에는 그 사실을 증명하는 증표를 특허신청서 등에 첨부하여야 한다.

(4) 설영특허수수료의 환부가능 여부

보세구역 설영특허 신청 수수료는 특허신청에 따른 심사비용에 충당하기 위한 것으로 특허를 받지 못하였다 하더라도 신청수수료는 환부할 수 없다.

8) 업무내용 등의 변경

특허보세구역의 운영인이 그 장치물품의 종류를 변경하거나 그 특허작업의 종류 또는 작업의 원재료를 변경하려는 때에는 그 사유를 기재한 신청서를 세관장에게 제출하여 그 승인을 얻어야 한다. 특허보세구역의 운영인이 법인인 경우에 그 등기사항을 변경한 때에는 지체 없이 그 요지를 세관장에게 통보하여야 한다.

9) 수용능력증감 등의 변경

특허보세구역의 운영인이 그 장치물품의 수용능력을 증감하거나 그 특허작업의 능력을 변경할 설치·운영시설의 증축, 수선 등의 공사를 하려는 때에는 그 사유를 기재한 신청서에 공사내역서 및 관계도면을 첨부하여 세관장에게 제출하여 그 승인을 얻어야 한다. 다만, 특허 받은 면적의 범위내에서 수용능력 또는 특허작업능력을 변경하는 경우에는 신고함으로써 승인을 얻은 것으로 본다. 공사를 준공한 운영인은 그 사실을 지체 없이 세관장에게 통보하여야 한다.

10) 특허보세구역의 휴지 · 폐지 등의 통보

특허보세구역의 운영인은 해당 특허보세구역을 운영하지 아니하게 된 때에는 다음의 사항을 세관장에게 통보하여야 한다.

- 해당 특허보세구역의 종류 · 명칭 및 소재지
- 운영을 폐지하게 된 사유 및 그 일시
- 장치물품의 명세
- 장치물품의 반출완료예정연월일

특허보세구역의 운영인은 30일 이상 계속하여 특허보세구역의 운영을 휴지하려는 때에는 다음 사항을 세관장에게 통보하여야 하며, 특허보세구역의 운영을 다시 시작하려는 때에는 그 사실을 세관장에게 통보하여야 한다.

- 해당 특허보세구역의 종류 · 명칭 및 소재지
- 휴지사유 및 휴지기간

3. 특허보세구역의 특례(시행일 : 2013.10.1.)

세관장은 보세판매장 특허를 부여하는 경우에 「중소기업기본법」에 따른 중소기업 및 「산업발전법」에 따른 중견기업 중 특허를 받을 수 있는 요건을 갖춘 자에게 대통령령으로 정하는 일정 비율 이상의 특허를 부여하여야 하고, 「독점규제 및 공정거래에 관한 법률」에 따른 상호출자제한 기업집단에 속한 기업에 대해 대통령령으로 정하는 일정 비율 이상의 특허를 부여할 수 없다.

기존 특허가 만료되었으나 신규 특허의 신청이 없는 등 대통령령으로 정하는 경우에는 제1항을 적용하지 아니한다.

보세판매장의 특허는 대통령령으로 정하는 일정한 자격을 갖춘 자의 신청을 받아 대통령령으로 정하는 평가기준에 따라 심사하여 부여한다. 기존 특허가 만료되는 경우에도 또한 같다.

보세판매장의 특허수수료는 제174조제2항에도 불구하고 기획재정부령으로 정하는 바에 따라 다른 종류의 보세구역 특허수수료와 달리 정할 수 있다.

보세판매장의 특허기간은 제176조제1항에도 불구하고 5년 이내로 한다.

기획재정부장관은 매 회계연도 종료 후 3개월 이내에 보세판매장 별 매출액을 대통령령으로 정하는 바에 따라 국회 소관 상임위원회에 보고하여야 한다.

기타 보세판매장 특허절차에 관한 사항은 대통령령으로 정한다.

4. 장치기간

특허보세구역의 물품의 장치기간은 다음과 같다.

- 보세창고 : 다음에서 정하는 기간
- 외국물품 (정부비축용품 등 제외) : 1년의 범위 내에서 관세청장이 정하는 기간 (세관장이 필요하다고 인정하는 경우에는 1년의 범위 안에서 그 기간을 연장가능)
  - 내국물품(정부비축용품 등 제외) : 1년의 범위 안에서 관세청장이 정하는 기간
  - 정부비축용물품, 정부와의 계약이행을 위하여 비축하는 방위산업용 물품, 장기간 비축이 필요한 수출용원재료와 수출품보수용물품으로서 세관장이 인정하는 물품, 국제물류의 촉진을 위하여 관세청장이 정하는 물품 : 비축에 필요한 기간
- 그 밖의 특허보세구역 : 해당 특허보세구역의 특허기간

세관장은 물품관리상 필요하다고 인정될 때에는 위 기간 내에도 운영인에게 그 반출을 명할 수 있다.

4. 반입정지 등과 특허취소

1) 반입정지

세관장은 특허보세구역의 운영인이 다음에 해당하는 때에는 관세청장이 정하는 바에 의하여 6월의 범위 안에서 해당 보세구역에의 물품반입을 정지시키거나 보세건설·보세판매·보세전시 등을 정지시킬 수 있다.

- 장치물품에 대한 관세를 납부할 자금능력이 없다고 인정되는 경우
- 본인 또는 그 사용인이 관세법 또는 관세법에 따른 명령에 위반한 경우
- 해당 시설의 미비 등으로 특허보세구역의 설치목적을 달성하기 곤란하다고 인정되는 경우

2) 특허취소

세관장은 특허보세구역의 운영인이 다음에 해당하는 경우에는 그 특허를 취소할 수 있다.

거짓이나 그 밖의 부정한 방법으로 특허를 받은 경우

- 결격사유(제175조 각호)에 해당하게 된 경우
- 1년 이내에 3회 이상 물품반입 등의 정지처분(과징금 부과처분 포함)을 받은 경우
- 1년 이상 물품의 반입실적이 없어서 세관장이 특허보세구역의 설치 목적을 달성하기 곤란하다고 인정하는 경우

3) 과징금 처분

세관장은 물품반입등의 정지처분이 그 이용자에게 심한 불편을 주거나 공익을 해칠 우려가 있는 경우에는 특허보세구역의 운영인에게 물품반입 등의 정지처분을 갈음하여 해당 특허보세구역 운영에 따른 매출액의 100분의 3 이하의 과징금을 부과할 수 있다.

(1) 반입정지 등을 갈음하는 과징금의 산정

부과하는 과징금의 금액은 기간(물품반입 등의 정지 일수(1개월은 30일을 기준으로 한다))* 1일당 과징금 금액: 해당 특허보세구역 운영에 따른 연간 매출액의 6천분의 1을 곱하여 산정한다.

(2) 연간매출액

연간매출액은 다음 구분에 따라 산정한다.

- 특허보세구역의 운영인이 해당 사업연도 개시일 이전에 특허보세구역의 운영을 시작한 경우: 직전 3개 사업연도의 평균 매출액(특허보세구역의 운영을 시작한 날부터 직전 사업연도 종료일까지의 기간이 3년 미만인 경우에는 그 시작일부터 그 종료일까지의 매출액을 연평균 매출액으로 환산한 금액)
- 특허보세구역의 운영인이 해당 사업연도에 특허보세구역 운영을 시작한 경우: 특허보세구역의 운영을 시작한 날부터 반입정지 등의 처분사유가 발생한 날까지의 매출액을 연매출액으로 환산한 금액

(3) 감경

세관장은 과징금 금액의 4분의 1의 범위에서 사업규모, 위반행위의 정도 및 위반횟수 등을 고려하여 그 금액을 가중하거나 감경할 수 있다. 다만, 과징금을 가중하는 경우에는 과징금 총액이 연간매출액의 100분의 3을 초과할 수 없다.

(4) 체납

과징금을 납부하여야 할 자가 납부기한까지 납부하지 아니한 경우 과징금의 징수에 관하여는 「국세기본법」과 「국세징수법」의 예에 따른다.

8. 특허의 승계

1) 승계사실 보고

운영인이 특허보세구역을 운영하지 아니하게 된 경우나 운영인이 해산하거나 사망한 경우에는 운영인, 그 상속인, 청산법인 또는 합병·분할·분할합병 후 존속하거나 합병·분할·분할합병으로 설립된 법인(이하 "승계법인"이라 한다)은 지체 없이 세관장에게 그 사실을 보고하여야 한다.

2) 승계신고

특허보세구역의 설치·운영에 관한 특허를 받은 자가 사망하거나 해산한 경우 상속인 또는 승계법인이 계속하여 그 특허보세구역을 운영하려면 피상속인 또는 피승계법인이 사망하거나 해산한 날부터 30일 이내에 요건을 갖추어 세관장에게 신고하여야 한다. 특허보세구역의 운영을 계속하려는 상속인 또는 승계법인은 해당 특허보세구역의 종류·명칭 및 소재지를 기재한 특허보세구역승계신고서에 상속인 또는 승계법인을 확인할 수 있는 서류와 특허요건의 구비를 확인할 수 있는 서류로서 관세청장이 정하는 서류를 첨부하여 세관장에게 제출하여야 한다.

신고를 받은 세관장은 이를 심사하여 신고일부터 5일 이내에 그 결과를 신고인에게 통보하여야 한다.

상속인 또는 승계법인이 신고를 한 때에는 피상속인 또는 피승계법인이 사망하거나 해산한 날부터 신고를 한 날까지의 기간에 있어서 피상속인 또는 피승계법인의 특허보세구역의 설치·운영에 관한 특허는 이를 상속인 또는 승계법인에 대한 특허로 본다. 운영이 결격사유(법 제175조 각호)에 해당하는 자는 신고를 할 수 없다.

9. 특허보세구역의 관리와 감독

1) 관리

세관장은 특허보세구역의 관리상 필요하다고 인정되는 때에는 특허보세구역의 운영인에게 그 업무에 종사하는 자의 성명 그 밖의 인적사항을 보고하도록 명할 수 있다. 특허보세구역의 출입구를 개폐하거나 특허보세구역에서 물품을 취급하는 때에는 세관공무원의 참여가 있어야 한다. 다만, 세관장이 불필요하다고 인정하는 때에는 그러하지 아니하다.

특허보세구역의 출입구에는 자물쇠를 채워야 한다. 이 경우 세관장은 필요하다고 인정되는 장소에는 2중으로 자물쇠를 채우게 하고, 그중 1개소의 열쇠를 세관공무원에게 예치하도록 할 수 있다. 지정보세구역의 관리인 또는 특허보세구역의 운영인은 그 업무에 종사하는 자 그 밖의 보세구역에 출입하는 자에 대하여 상당한 단속을 하여야 한다.

2) 특허보세구역의 설치 · 운영에 관한 감독

세관장은 특허보세구역의 운영인을 감독한다. 세관장은 특허보세구역의 운영인에 대하여 그 설치·운영에 관한 보고를 명하거나 세관공무원으로 하여금 특허보세구역의 운영상황을 검사하게 할 수 있다. 세관장은 특허보세구역의 운영에 필요한 시설·기계 및 기구의 설치를 명할 수 있다. 특허보세구역에 반입된 물품이 해당 특허보세구역의 설치목적에 합당하지 아니한 경우에는 세관장은 해당 물품을 다른 보세구역으로 반출할 것을 명할 수 있다.

10. 특허의 상실

1) 특허의 상실

특허보세구역의 설치·운영에 관한 특허는 다음에 해당하면 효력을 상실한다.

- 운영인이 특허보세구역을 운영하지 아니하게 된 경우
- 운영인이 해산하거나 사망한 경우
- 특허기간이 만료한 경우
- 특허가 취소된 경우

2) 조치

특허보세구역의 설치·운영에 관한 특허의 효력이 상실되었을 때에는 운영인이나 그 상속인은 해당 특허보세구역에 있는 외국물품을 지체 없이 다른 보세구역으로 반출하여야 한다. 특허보세구역의 설치·운영에 관한 특허의 효력이 상실된 때에는 해당 특허보세구역에 있는 외국물품의 종류와 수량 등을 고려하여 6월의 범위 내에서 세관장이 지정하는 기간 동안 해당 구역은 특허보세구역으로 보며, 운영인 또는 그 상속인에 대하여는 해당 구역과 장치물품에 관하여 특허보세구역의 설치·운영에 관한 특허가 있는 것으로 본다.

2 보세창고

1. 의의

보세창고에는 외국물품이나 통관을 하려는 물품을 장치한다(법 183조 1항). 보세창고는 외국물품을 장기간에 걸쳐 장치하면서 개장·구분·분할 등 보수 작업 후 수출 또는 중계무역진흥에 활용되고 있다.

2. 내국물품의 장치

1) 내국물품 장치신고

운영인은 미리 세관장에게 신고를 하고 물품의 장치에 방해되지 아니하는 범위에서 보세창고에 내국물품을 장치할 수 있다. 다만, 동일한 보세창고에 장치되어 있는 동안 수입신고가 수리된 물품은 신고 없이 계속하여 장치할 수 있다. 신고를 하려는 자는 시행령 제176조제1항 제2호의 사항, 장치사유, 생산지 또는 제조지 등을 기재한 신고서를 세관장에게 제출하여야 한다.

2) 내국물품 장기 장치 승인

운영인은 보세창고에 1년(수입신고수리물품은 6월) 이상 계속하여 내국물품만을 장치하려면 세관장의 승인을 받아야 한다. 승인을 얻고자 하는 자는 다음의 사항을 기재한 신청서를 세관장에게 제출하여야 한다.

- 시행령 제175조제2호의 사항
- 장치장소 및 장치기간
- 생산지 또는 제조지
- 신청사유
- 현존 외국물품의 처리완료연월일

승인이 있는 보세창고에 내국물품만을 장치하는 기간에는 견품반출(법 제161조) 및 장치기간(법 제177조)의 규정을 적용하지 아니한다. 세관장은 승인을 얻어 장치하는 물품에 대하여는 반출입신고를 생략하게 할 수 있다.

3. 보세창고운영인의 기장의무

보세창고의 운영인은 장치물품에 관한 장부를 비치하고 다음의 사항을 기재하여야 한다. 다만, 정부비축용물품, 정부와의 계약이행을 위하여 비축하는 방위산업용물품, 장기간 비축이 필요한 수출용원재료와 수출품보수용물품으로서 세관장이 인정하는 물품, 국제물류의 촉진을 위하여 관세청장이 정하는 물품(법 제177조제1항 제1호 다목)의 경우에는 관세청장이 정하는 바에 따라 장부의 비치 및 기재사항의 일부를 생략 또는 간이하게 할 수 있다.

- 반입 또는 반출한 물품의 내외국물품별 구분, 품명 · 수량 및 가격과 포장의 종류 · 기호 · 번호 및 개수
- 반입 또는 반출연월일과 신고번호
- 보수작업물품과 보수작업재료의 내외국물품별 구분, 품명 · 수량 및 가격과 포장의 종류 · 기호 · 번호 및 개수
- 보수작업의 종류와 승인연월일 및 승인번호
- 보수작업의 검사완료연월일

4. 장치기간이 경과한 내국물품

내국물품으로서 장치기간이 지난 물품은 그 기간이 지난 후 10일내에 그 운영인의 책임으로 반출하여야 한다. 승인을 얻은 내국물품으로서 그 승인기간이 경과한 때에도 같다.

3 보세공장

1. 의의

보세공장이란 외국물품 또는 외국물품과 내국물품을 원재료로 하여 제조·가공 그 밖의 이와 유사한 작업을 하기 위해 세관장으로부터 특허 받은 특허보세구역의 일종이다. 우리나라에서 보세공장제도가 시행된 것은 1967년 관세법의 제정 시행과 때를 같이하나 당시에는 국내산업의 발달이 미미하였기 때문에 1960년대 말부터 수출을 전제로 한 수출용 보세공장이 본격적으로 운영되었는데, 그 주요 업종은 피복류, 홀치기, 메리야스, 가발제조 등과 같은 수공업이었으나 현재에는 반도체, 전자기기, 귀금속, 조선 등이 주

를 이루고 있다. 보세공장제도는 외국물품만을 원료 또는 재료로 하여 제품을 제조·가공하거나, 내·외국 물품을 혼용 하여 제품을 제조·가공하여 이를 외국으로 수출하거나 국내로 수입하기 때문에 가공무역의 진흥에 기여하고 있다. 또한 보세공장에 반입되는 외국물품은 관세가 유보된 상태에서 제조·가공한 후 수출·입할 수 있어 업계는 금융 부담이 해소되며, 통관절차 간소화로 수출물품의 국제경쟁력이 향상됨으로 수출이 진흥되며, 제조업의 발달, 관련 기술개발의 촉진, 고용창출, 소득증대 효과를 통하여 국민경제의 발달에 기여하고 있다.

보세공장물품의 반출입절차는 외국물품 우리나라 도착→보세공장반입→반입신고→사용신고→제조·가공→작업종료→수입·수출·반송 등 신고→잉여물품 처리 순서이다.

1) 내국물품만을 원재료로 하는 작업의 허가 등

보세공장에서는 세관장의 허가를 받지 아니하고는 내국물품만을 원료로 하거나 재료로 하여 제조·가공 그 밖의 이와 비슷한 작업을 할 수 없다. 허가를 받으려는 자는 작업의 종류, 원재료의 품명 및 수량과 생산지 또는 제조지, 작업 기간을 기재한 신청서를 세관장에게 제출하여야 한다. 이 경우 해당 작업은 외국물품을 사용하는 작업과 구별하여 실시하여야 한다.

작업에 사용하는 내국물품을 반입하는 경우 시행령 제176조의 규정을 준용한다. 다만, 세관장은 보세공장의 운영실태, 작업의 성질 및 기간 등을 고려하여 물품을 반입할 때마다 신고를 하지 아니하고 작업시작 전에 그 작업 기간에 소요될 것으로 예상되는 물품의 품명과 수량을 일괄하여 신고하게 할 수 있으며, 작업의 성질, 물품의 종류 등에 비추어 필요하다고 인정하는 때에는 신고서의 기재사항 중 일부를 생략하도록 할 수 있다.

2) 보세공장 업종

보세공장중 수입하는 물품을 제조·가공하는 것을 목적으로 하는 보세공장의 업종은 다음에 규정된 업종을 제외한 업종으로 한다.

- 국내외의 가격차에 상당하는 율로 양허한 농 · 임 · 축산물을 원재료로 하는 물품을 제조 · 가공하는 업종
- 국민보건 또는 환경보전에 지장을 초래하거나 풍속을 해하는 물품을 제조 · 가공하는 업종으로 세관장이 인정하는 업종

3) 외국물품의 반입제한

관세청장은 국내공급 상황을 고려하여 필요하다고 인정되는 때에는 외국물품의 반입을 제한할 수 있다.

세관장은 수입통관후 보세공장에서 사용하게 될 물품에 대하여는 보세공장에 직접 반입하여 수입신고를 하게 할 수 있다. 이 경우 제241조제3항의 규정은 이를 준용한다.

2. 보세공장 원재료의 범위 등

보세공장에서 보세작업을 하기 위하여 반입되는 원료 또는 재료(보세공장 원재료)는 다음에 해당하는 것을 말한다.

- 당해 보세공장에서 생산하는 제품에 물리적 또는 화학적으로 결합되는 물품
- 당해 보세공장에서 생산하는 제품을 제조 · 가공하거나 이와 비슷한 공정에 투입되어 소모되는 물품(다만, 기계 · 기구 등의 작동 및 유지를 위한 물품 등 제품의 생산에 간접적으로 투입되어 소모되는 물품을 제외한다)
- 당해 보세공장에서 생산하는 제품의 포장용품

보세공장원재료는 해당 보세공장에서 생산하는 제품에 소요되는 수량(원자재소요량)을 객관적으로 계산할 수 있는 물품이어야 한다. 세관장은 물품의 성질, 보세작업의 종류 등을 고려하여 감시상 필요하다고 인정되는 때에는 보세공장의 운영인으로 하여금 보세작업으로 생산된 제품에 소요된 원자재소요량을 계산한 서류를 제출하게 할 수 있다. 제출하는 서류의 작성 및 그에 필요한 사항은 관세청장이 정한다.

3. 사용신고 등

운영인은 보세공장에 반입된 물품을 그 사용 전에 세관장에게 사용신고를 하여야 한다. 이 경우 세관공무원은 그 물품을 검사할 수 있다. 사용신고를 한 외국물품이 법 제226조에 따라 허가·승인·표시 그 밖의 조건을 갖출 필요가 있는 것일 때에는 이를 갖춘 것임을 증명하여야 한다. 사용신고를 하려는 자는 해당물품의 사용 전에 다음의 사항을 기재한 신고서를 세관장에게 제출하여야 한다.

- 시행령 제246조제1항 각호의 사항
- 품명 · 규격 · 수량 및 가격
- 장치장소

4. 보세공장외 작업허가

1) 허가신청

세관장은 가공무역이나 국내산업의 진흥을 위하여 필요한 경우에는 기간, 장소, 물품 등을 정하여 해당 보세공장 외에서 작업을 허가할 수 있다(법 제187조 제1항). 보세공장외 작업허가를 받으려는 자는 다음의 사항을 기재한 신청서를 세관장에게 제출하여야 한다.

- 보세작업의 종류 · 기간 및 장소
- 신청사유
- 해당 작업에 의하여 생산되는 물품의 품명 · 규격 및 수량

2) 검사 등

허가를 한 경우 세관공무원은 해당 물품이 보세공장에서 반출될 때에 이를 검사할 수 있다(법 제187조 제3항). 허가를 받은 물품이 법 제189조 후단의 규정에 따라 세관공무원의 검사를 받은 것인 때에는 검사를 생략할 수 있다.

허가를 받아 지정된 장소(공장외작업장)에 반입된 외국물품은 지정된 기간이 만료될 때까지는 보세공장에 있는 것으로 본다. 세관장은 허가를 받은 보세작업에 사용될 물품에 대하여는 관세청장이 정하는 바에 의하여 공장외작업장에 직접 반입하게 할 수 있다. 지정된 기간이 지난 경우 해당 공장외작업장에 허가된 외국물품 또는 그 제품이 있을 경우에는 해당 물품의 허가를 받은 보세공장의 운영인으로부터 그 관세를 즉시 징수한다.

3) 장소변경

세관장은 나 그 밖의 부득이한 사유로 인하여 필요하다고 인정되는 때에는 신청에 의하여 보세공장외에서의 보세작업의 기간 또는 장소를 변경할 수 있다.

5. 제품과세

외국물품이나 외국물품과 내국물품을 원료로 하거나 재료로 하여 작업을 하는 경우 그로써 생긴 물품은 외국으로부터 우리나라에 도착된 물품으로 본다.

1) 혼용

세관장의 승인을 받고 외국물품과 내국물품을 혼용하는 경우 그로써 생긴 제품 중 해당 외국물품의 수량 또는 가격에 상응하는 것은 외국으로부터 우리나라에 도착한 물품으로 본다.

2) 외국물품과 내국물품의 혼용에 관한 승인

외국물품과 내국물품의 혼용 승인을 얻고자 하는 자는 혼용할 외국물품 및 내국물품의 기호·번호·품명·규격별 수량 및 손모율과 승인을 얻고자 하는 보세작업기간 및 사유를 기재한 신청서를 세관장에게 제출하여야 한다.

승인을 할 수 있는 경우는 작업의 성질 · 공정 등에 비추어 해당 작업에 사용되는 외국물품과 내국물품의 품명·규격별 수량과 그 손모율이 확인되고, 과세표준이 결정될 수 있는 경우에 한한다. 세관장은 승인을 얻은 사항중 혼용하는 외국물품 및 내국물품의 품명 및 규격이 각각 동일하고, 손모율에 변동이 없는 동종의 물품을 혼용하는 경우에는 새로운 승인신청을 생략하게 할 수 있다. 외국물품과 내국물품을 혼용한 때에는 그로써 생긴 제품 중에서 그 원료 또는 재료 중 외국물품의 가격[11]이 차지하는 비율에 상응하는 분을 외국으로부터 우리나라에 도착된 물품으로 본다.

$$\text{관세액} = \text{제품가격} \times \frac{\text{외국원재료가격}}{\text{외국원재료가격} + \text{국산원재료가격}} \times \text{세율}$$

6. 원료과세

보세공장에서 제조된 물품을 수입함에 있어서 해당 물품의 원료인 외국물품에 대하여 보세공장에 반입당시 미리 신청을 한 경우 보세공장에 반입하는 때의 그 원료의 성질 및 수량에 따라 관세를 부과한다. 이 경우 세관공무원은 신청된 물품에 대한 검사를 할 수 있다.

원료과세 적용신청을 하려는 자는 시행령 제175조 각호의 사항, 원료인 외국물품의 규격과 생산지 또는 제조지, 신청사유를 기재한 신청서를 세관장에게 제출하여야 한다.

신청서에는 법 제186조제2항의 증명서류와 해당 물품의 송품장 또는 이에 갈음할 수 있는 서류를 첨부하여야 한다. 다만, 세관장이 부득이한 사유가 있다고 인정하는 때에는 그러하지 아니하다.

11) 종량세물품인 경우에는 수량을 말한다.

7. 보세공장운영인의 기장의무

보세공장의 운영인은 물품에 관한 장부를 비치하고 다음의 사항을 기재하여야 한다.

- 반입 또는 반출한 물품의 내외국물품의 구별 · 품명 · 규격 및 수량, 포장의 종류 · 기호 · 번호 및 개수, 반입 또는 반출연월일과 신고번호
- 작업에 사용한 물품의 내외국물품의 구분, 품명 · 규격 및 수량, 포장의 종류 · 기호 · 번호 및 개수와 사용연월일
- 작업에 의하여 생산된 물품의 기호 · 번호 · 품명 · 규격 · 수량 및 검사연월일
- 외국물품 및 내국물품의 혼용에 관한 승인을 얻은 경우에는 승인연월일, 혼용한 물품 및 생산된 물품의 기호 · 번호 · 품명 · 규격 및 수량, 내외국물품의 구별과 생산연월일
- 보세공장외 작업허가를 받아 물품을 보세공장 바깥으로 반출하는 경우에는 허가연월일 및 허가기간, 반출장소, 해당 물품의 품명 · 규격 · 수량 및 가격

세관장은 물품의 성질, 보세작업의 종류 그 밖의 사정을 참작하여 필요가 없다고 인정되는 사항에 대하여는 이의 기재를 생략하게 할 수 있다.

8. 재고조사

세관장은 원자재소요량을 계산한 서류의 적정여부, 기장의무의 성실한 이행 여부 등을 확인하기 위하여 필요한 경우 보세공장에 대한 재고조사를 실시할 수 있다.

4 보세전시장

1. 의의

보세전시장에서는 박람회,전람회,견본품 전시회 등의 운영을 위하여 외국물품을 장치·전시하거나 사용할 수 있다. 보세전시장에서는 무역·공업·농업·공예·학술·예술·스포츠분야 또는 과학적·교육적·문화적 활동의 촉진이나 종교·예배 등의 장려를 목적으로 박람회, 전시회, 견본시 등을 운영한다(통칙 190-0...1). 따라서 개인영리 목적으로 이루어지는 전시장은 보세전시장으로 특허를 받을 수 없다. 보세전시장의 운영인은 해당 박람회 등의 주최자 명의로서 하여야 한다.

1) 전시의 범위

보세전시장에서의 외국물품의 전시에는 전시의 대상이 될 물품의 성능을 실연하기 위하여 이를 동작하게 하는 행위를 포함한다.

2) 물품 및 사용의 범위

(1) 물품의 범위

보세전시장에 반입이 허용되는 외국물품의 범위는 다음과 같다.

- 해당 보세전시장에 설치될 전시관, 사무소, 창고, 그 밖의 건조물의 건설유지 또는 철거를 위하여 사용될 물품
- 해당 박람회 등의 주최자 또는 출품자가 보세전시장 내에서 그 업무수행을 위하여 사용할 물품(업무용품)
- 해당 보세전시장내에서 불특정다수의 관람자에게 오락용으로 관람시키거나 사용하게 할 물품(오락용품)
- 해당 보세전시장내에서 전시할 물품(전시용품)
- 해당 보세전시장내에서 불특정다수의 관람자에게 판매할 것을 목적으로 하는 물품(판매용품)
- 해당 보세전시장내에서 불특정다수의 관람자에게 증여할 것을 목적으로 하는 물품(증여물품)

다만, 알코올음료, 담배 및 연료는 반입할 수 없다.

(2) 사용의 범위

보세전시장에서의 외국물품의 사용에는 해당 물품의 성질 또는 수량에 변경을 가하거나 전시장 내에서 소비하는 행위를 포함한다.

2. 보세전시장 안에서의 사용

박람회 등의 운영을 위한 외국물품의 사용에는 해당 외국물품의 성질 또는 형상에 변경을 가하는 행위와 해당 박람회의 주최자·출품자 및 관람자가 그 보세전시장 안에서 소비하는 행위가 포함되는 것으로 한다.

보세전시장 반입물품중 전시목적에 직접 사용되지 않는 판매용품, 오락용품, 증여물품은 수입신고 수리후에 사용이 가능하다. 증여물품 중 관람자에게 무상 제공할 목적으로 수입하고 관람자 1인당 미화 $5 상당액 이하의 소액물품중 세관장이 타당하다고 인정하는 물품은 관세가 면제된다.

3. 보세전시장의 장치 제한 등

세관장은 필요하다고 인정되는 때에는 보세전시장안의 장치물품을 장치할 장소를 제한하거나 그 사용사항을 조사하거나 운영인으로 하여금 필요한 보고를 하게 할 수 있다. 보세전시장에 장치된 판매용 외국물품은 수입신고가 수리되기 전에는 이를 사용하지 못한다. 보세전시장에 장치된 전시용 외국물품을 현장에서 직매하는 경우 수입신고가 수리되기 전에는 이를 인도하여서는 아니 된다.

4. 폐회후 물품처리

박람회 등의 회기가 종료되면 해당 보세전시장 내에 있는 외국물품은 이를 외국으로 반송하는 것을 원칙으로 하며, 기증·판매됨으로써 보세전시장 내에 있는 외국물품을 국내로 인취하려는 때에는 수입신고를 하여야 한다. 보세전시장 내에 있는 외국물품을 폐기하고자 할 때에는 사전에 세관장의 승인을 받아야 한다. 회기가 종료되고 반송, 수입 또는 폐기 처리되지 아니한 외국물품은 해당 보세전시장의 특허기간 내에 지체 없이 타 보세구역으로 반출하여야 한다.

5 보세건설장

1. 의의

보세건설장은 산업시설의 건설에 사용되는 외국물품인 기계류 설비품이나 공사용 장비를 장치·사용하여 해당 건설공사를 할 수 있는 장소를 말한다. 보세건설장제도는 세관장에게 반입 신고한 물품에 대해 사용 전에 수입신고를 하여 세관검사만 받아 놓고 보세 상태에서 물품들을 조립하거나 공사에 투입하여 건설을 진행하다가 하나의 시설물이 완성될 때마다 세관장이 신고수리를 하도록 하는 제도이다. 건설업체에게 건설 및 과세상의 편의를 제공하고 건설공사 기간만큼 자금 부담을 덜어주기 때문에 산업시설의 건설을 촉진토록 하고 있다. 보세건설장 운영절차는 반입신고→사용전 수입신고 및 검사→건설공사 완료보고→수입신고수리 후 가동 순서이다.

2. 특허

1) 특허신청

보세건설장 설치·운영의 특허를 받으려는 자는 보세구역 특허신청서에 다음 호의 서류를 첨부하여 세관장에게 제출하여야 한다.

① 민원인 제출서류

- 공사계획서(목적, 일정, 투자내역, 건설 후 제조공정도, 수입금액 등 관련 내용 포함)
- 수입하는 기계류, 설비품 및 공사용 장비명세서(기본계획도, 설비배열도, 장치의 계선도 등을 포함한다.)
- 공사평면도 및 건물배치도
- 위치도
- 보세건설장운영과 관계가 있는 임원의 인적사항(성명, 기타 인적사항)

② 담당공무원 확인사항(민원인 제출생략)

- 법인 등기부 등본
- 국세납세증명서
- 보세건설장 운영과 관계가 있는 임원에 대한 신원확인(신원조회)

2) 특허의 제한

관세법 등 관계법령에서 정하는 보세구역 설치·운영특허의 특허결격사유 이외의 다음에 해당하는 경우에는 보세건설장 설치·운영 특허를 하지 아니한다.

- 산업시설 공사의 규모, 수입물품의 종류, 수량 등에 비추어 통상의 수입통관 절차에 의하더라도 공사 진행에 지장이 없는 경우
- 기존 시설의 보수 및 개수를 하는 경우(중요산업(관세감면 또는 분할납부 업종)으로서 보수 및 개수를 위하여 세관장이 타당하다고 인정되는 경우에는 그러하지 아니하다)

3) 특허

세관장은 보세건설장을 특허하는 때에는 다음에 해당하는 경우에 특허할 수 있다.

- 「산업발전법」에서 정하는 업종에 해당하는 물품을 수입하는 경우
- 「외국인투자 촉진법」에서 정하는 외국인투자지역에 입주하는 외국인투자기업체
- 「산업집적활성화 및 공장설립에 관한 법률」 등에서 정하는 공업단지입주기업체
- 위에 해당하지 아니하는 경우로서 정상 통관절차를 따르면 장시일이 소요되어 산업시설건설에 지장을 초래한다고 인정되는 산업 또는 기업체

세관장은 보세건설장을 특허하였을 때에는 운영인에게 특허장을 교부한다.

4) 특허의 갱신 등

보세건설장의 특허를 갱신하려는 자는 특허기간 만료 30일 전까지 다음 서류를 첨부하여 세관장에게 제출하여야 한다.

① 민원인 제출서류

- 특허갱신신청서
- 공사진행상황 경과보고서
- 보세화물 반입현황(수입신고 및 신고수리내역 포함)
- 보세건설장운영과 관계가 있는 임원의 인적사항(성명, 기타 인적사항)

② 담당공무원 확인사항(민원인 제출생략)

- 법인등기부등본
- 국세납세증명서
- 보세건설장운영과 관계가 있는 임원에 대한 신원확인(신원조회)

세관장은 특허의 갱신 신청이 있는 경우 특허에 관한 규정을 준용한다. 운영인은 건설물품의 반입 지연, 공사지체 등으로 특허기간내 건설공사의 완료가 곤란하다고 판단되어 그 기간을 연장하고자 하는 경우에는 다음 서류를 첨부하여 세관장에게 제출하여야 한다.

- 특허기간 연장신청서
- 공사진행 경과보고서
- 건설물품 반입현황

운영인은 「관세법 시행령」에 따라 특허면적 등 수용능력을 증감하려면 보세건설장 수용능력 증감 신청(승인)서를 세관장에게 제출하고 승인을 받아야 한다. 운영인은 수용능력 증감공사를 완료한 때에는 지체없이 그 사실을 세관장에게 통보하여야 한다.

5) 특허상실 보세건설장 장치물품의 처리

특허상실 또는 특허기간이 만료된 보세건설장에 장치되어 있는 외국물품은 종류, 수량 등을 고려하여 특허상실 또는 특허기간 만료일로부터 6개월을 초과하지 않는 범위에서 세관장이 정한 기간 내에 다른 보세구역으로 반출하여야 한다. 다만, 보세구역외 장치 사유가 있을 때에는 신청에 의하여 보세구역외 장치를 허가할 수 있다.

6) 특허취소 시 의견청취

세관장은 보세건설장의 특허를 취소하려는 때에는 미리 운영인에게 통보하여 본인 또는 그 대리인이 의견을 진술할 기회를 주어야 하며, 운영인에게 사전통보할 때에는 정당한 사유 없이 응답하지 아니하는 경우에는 의견진술할 기회를 포기한 것으로 본다는 뜻을 명시하여야 한다. 그 밖에 특허취소에 관한 사항은 「특허보세구역 운영에 관한 고시」를 준용한다.

3. 보세건설장 반입물품의 범위

보세건설장에는 다음 물품을 반입할 수 있다.

- 산업시설 건설에 사용되는 외국물품인 기계류 설비품
- 산업시설 건설에 사용되는 외국물품인 공사용 장비
- 산업시설에 병설되는 사무소, 의료시설, 식당, 공원, 숙사 등 부대시설을 건설하기 위한 물품
- 당해 산업시설 건설의 형편상 필요하다고 인정되는 기타의 물품

4. 물품의 반출입

1) 신고

보세건설장에 물품을 반입·반출하려는 자는 세관장에게 반출입신고를 하여야 한다. 이 경우 보세운송되어 반입된 물품은 반입 시 세관 화물정보시스템의 반입예정정보와 대조하여 확인한 후 반입신고를 전자문서로 제출할 수 있다. 자율관리보세구역으로 지정받은 경우 운영인은 내국물품의 반출입 신고를 생략할 수 있다. 다만, 세관장이 필요하다고 인정하는 때에는 그러하지 아니하다.

2) 세관공무원의 입회

반입 또는 반출하고자 할 때에는 세관공무원을 입회시켜야 한다. 다만, 세관장이 입회할 필요가 없다고 인정할 때에는 예외로 한다.

3) 물품관리

운영인은 보세건설장에 반입하는 외국물품에 대하여는 다음 사항을 확인할 수 있는 반출입신고서, 수입신고필증 등을 비치하고 반입물품을 관리하여야 한다.

- 당해 물품의 B/L번호 · 품명 · 수량 · 가격, 포장의 종류 · 기호 · 번호 및 개수
- 반입신고연월일 및 신고번호
- 수입신고연월일, 수입신고번호, 검사연월일, 사용연월일, 수입신고 수리연월일
- 기타 세관장이 필요하다고 인정하는 사항

4) 수입신고

운영인은 보세건설장에 외국물품을 반입하였을 때에는 사용 전에 「수입통관사무처리에 관한 고시」에 따라 해당 물품의 수입신고를 하여야 한다.

5) 분할신고 물품의 처리

보세건설장에 반입하는 외국물품이 분할되어 신고되었을 때에는 품목분류 등 수입통관에 관한 사항은 「수입통관사무처리에 관한 고시」에서 정하는 바에 의한다.

6) 신고수리전 사용제한 및 외국물품의 통관

보세건설장 운영인은 산업시설 건설에 사용되는 외국물품인 기계류 설비품은 수입신고후 사용하여야 하며, 산업시설 건설에 사용되는 외국물품인 공사용 장비, 산업시설에 병설되는 사무소, 의료시설, 식당, 공원, 숙사 등 부대시설을 건설하기 위한 물품, 당해 산업시설 건설의 형편상 필요하다고 인정되는 기타의 물품은 수입신고수리전에 사용할 수 없다. 외국물품의 수입통관은 「수입통관사무처리에 관한 고시」에서 정하는 바에 의한다.

7) 보세건설물품의 가동제한

운영인은 보세건설장에서 건설된 시설의 전부 또는 일부를 수입신고가 수리되기전에 가동할 수 없다. 다만, 세관장의 승인을 받고 시험목적으로 일시 가동한 경우에는 그러하지 아니하다.

8) 반입물품의 장치제한

세관장은 보세건설장에 반입된 외국물품을 필요하다고 인정될 때에는 보세건설장 안에서 그 물품을 장치할 장소를 제한하거나 그 사용상황에 관하여 운영인으로 하여금 보고하게 할 수 있다.

9) 잉여물품의 처리

보세건설장 운영인은 보세건설장 작업이 종료한 때에는 수입신고한 물품 중 잉여물품은 세관장에게 보고하여야 하며, 세관장은 잉여물품에 대하여 관세와 내국세 징수 등 해당 세액을 경정하여야 한다.

10) 건설공사 완료보고

운영인은 수입신고한 물품을 사용한 건설공사가 완료된 때에는 "보세건설장 완료보고서"를 세관장에게 제출해야 한다.

6. 보세건설장외 보세작업

보세작업의 허가를 받으려는 자는 법 제175조의 각 호의 사항, 보세작업의 종료기한, 작업장소, 신청사유와 당해 작업에서 생산된 물품 품명·규격 및 수량을 기재한 신청서에 임가공계약서 사본 1부와 그 밖에 임가공계약을 확인할 수 있는 서류 사본 1부(전산시스템에 따른 신고의 경우 제출생략)를 첨부하여 세관장에게 제출하여야 한다.

세관장은 재해나 그 밖의 부득이한 사유로 인하여 필요하다고 인정될 때에는 신청을 받아 보세건설장 외에서의 보세작업의 기간 또는 장소를 변경할 수 있다. 그 밖에 보세건설장외 보세작업 관련 업무처리사항은 「보세공장 운영에 관한 고시」에서 정하고 있는 절차를 준용하며, 보세건설장외 보세작업 허가기간에 대해서는 지정여건에 따라 관할 세관장이 정하는 바에 따른다.

6 보세판매장

1. 의의

보세판매장에서는 외국으로 반출하거나 관세의 면제를 받을 수 있는 자가 사용하는 것을 조건으로 외국물품을 판매할 수 있다. 세관장은 보세판매장에

서 판매할 수 있는 물품의 종류, 수량, 장치장소 등을 제한할 수 있다.

일반적으로 외국물품을 외국으로 반출하거나 외교관용 물품 등의 면세규정에 따라 외교관으로서 관세를 면제받을 수 있는 자가 사용하는 것을 조건으로 판매를 수행한다. 국내에서의 외화획득과 관광진흥 목적으로 하며, 종류로서는 외교관면세매점, 출국장면세매점, 시내면세매점, 모피류면세매점, 귀금속 면세매점 등이 있다.

2. 보세판매장 관리

보세판매장의 운영인은 보세판매장에서 물품을 판매하는 때에는 판매사항·구매자인적사항 그 밖의 필요한 사항을 관세청장이 정하는 바에 따라 기록·유지하여야 한다. 관세청장은 보세판매장에서의 판매방법, 구매자에 대한 인도방법 등을 정할 수 있다. 보세판매장의 운영인이 외국으로 출국하는 내국인에게 보세판매장의 물품을 판매하는 때에는 관세청장이 정하는 금액한도안에서 판매하여야 한다. 세관장은 연 2회 이상 보세화물의 반출입량·판매량·외국반출현황·재고량 등을 파악하기 위하여 보세판매장에 대한 조사를 실시할 수 있다. 관세청장은 보세화물이 보세판매장에서 불법적으로 반출되지 아니하도록 하기 위하여 반입·반출의 절차 그 밖의 필요한 사항을 정할 수 있다.

제4절 종합보세구역

1 서설

종합보세구역은 1998년 12월 관세법 개정으로 새로 도입된 보세구역의 일종이다. 종합보세구역은 동일 장소에서 기존 특허보세구역의 모든 기능[12)]을 복합적으로 수행할 수 있는 제도로서 외국인투자유치를 촉진하기 위한 목적으로 도입되었다. 종합보세구역은 지정보세구역이나 특허보세구역과는 달리 관세청장이 지정하며, 일반기업이 종합 보세구역 제도를 이용하기 위해서는 종합보세구역에 입주하여 세관장에게 종합사업장 설치·운영신고를 하여야 한다.

2007년 10월 현재 부산의 감천항국제수산물 종합보세구역, 영도국보창고 종합보세구역, 동부산터미널 종합보세구역, 현대중공업 종합보세구역, 대한항공 김해공장 종합보세구역, 월산지방산업단지 종합보세구역, 전의지방산업단지 종합보세구역, 대덕테크노밸리 종합보세구역, 오더팩터미널코리아 종합보세구역, 군산에너지넷 등 10개 종합보세구역이 지정되어 있다.

종합보세구역으로 지정된 지역에 입주하게 되면 보세구역을 세관장으로부터 특허 받는 것 보다 다음과 같은 점에서 유리하도록 제도가 마련되어 있다.

(1) 종합보세사업장의 설치신고에 제한이 없다.

특허보세구역에서는 보세구역을 특허 받으려는 때에는 보세구역마다 특허를 받아야 하고 설영특허 시에는 개별 보세구역 별로 자본금(5억 원 이상)과 면적에 따른 제한이 있으나 종합보세구역에서는 이러한 제한이 없이 세관장에게 신고만으로 종합보세사업장의 설치가 가능하다.

(2) 화물의 장치기간에 제한이 없다.

특허보세구역에서는 화물의 장치기간이 1년 또는 특허기간으로 제한이 있으나 종합보세구역에서는 장치기간이 제한되어 있지 않다.

(3) 보수작업 시 세관에 신고만으로 가능하다.

특허보세구역에서는 세관장의 승인을 받아야 보수작업이나 역외보수작업

12) 장치, 보관, 제조·가공, 전시, 건설, 판매

이 가능한 것이나 종합보세구역에서는 세관장에게 신고만 하면 가능하다.

(4) 기능간 물품이동 시 세관에 신고할 필요가 없다.

동일 사업자의 보세구역이라도 특허보세구역에서는 보세구역 상호간 물품 이동시에는 세관에 신고하여야 하나 종합보세구역에서는 특허보세기능을 종합적으로 수행하는 지역이므로 이를 신고할 필요가 없다.

(5) 특허 · 설영수수료를 납부하지 아니한다.

특허보세구역에서는 보세구역 설영특허시에 45,000원의 신청수수료와 매 분기 별로 설영수수료를 보세구역 면적에 따라 납부하여야 하나 종합보세구역에서는 수수료를 납부하지 아니하도록 법률로 규정하고 있다.

(6) 물류비용을 절감할 수 있다.

공장기계 등을 외국으로부터 수입하는 경우에는 세관의 화물관리를 위하여 보세창고에 수입물품을 일단 반입하여 반입신고를 하고 생산현장에 투입하여야 하는 것이나, 종합보세구역으로 지정을 받으면 수입물품을 보세창고에 반입하지 아니하고 생산현장으로 바로 투입함으로서 보세창고에 반입하는 절차에 소요되는 비용만큼 물류비용이 절감될 수 있다. 수입물품이 거대 중량품일수록 물류비용의 절감액이 커질 수 있다.

2 종합보세구역의 지정 · 운영

1. 종합보세구역 지정

1) 지정요청

관세청장은 직권으로 또는 관계 중앙행정기관의 장이나 지방자치단체의 장(지정대상 지역의 관리권한을 가진 중앙행정기관의 장·지방자치단체의 장 또는 그로부터 관리권한을 위임·위탁받은 자) 그 밖에 종합보세구역을 운영하려는 자(지정요청자)의 요청에 따라 무역진흥 기여정도, 외국물품의 반입·반출물량 등을 고려하여 일정한 지역을 종합보세구역으로 지정할 수 있다.

종합보세구역의 지정을 요청하고자 하는 자는 종합보세구역 지정(변경) 요청서에 다음 서류를 첨부하여 관세청장에게 제출하여야 한다. 종합보세구역의 지정을 변경하고자 하는 경우에도 또한 같다.

- 지역의 위치, 경계를 표시한 도면
- 지역내 시설물현황 및 시설계획서
- 업체입주현황과 지역의 분양 · 임대현황을 포함한 사업계획서
- 지역의 외국인투자금액 · 수출금액 또는 외국물품의 반입물량이 지정기준을 초과함을 증명하는 자료
- 당해지역에 대한 소유권 기타 사용 · 수익에 관한 권리를 가진 자임을 증명하는 서류

2) 종합보세구역의 지정건의

행정기관의 장 등이 아닌 자가 종합보세구역의 지정을 받고자 하는 때에는 당해 지역의 소재지·면적과 신청 서류를 첨부하여 관세청장에게 종합보세구역의 직권 지정을 건의할 수 있다. 지정건의를 하는 자는 당해 지역에 대한 소유권 기타 사용·수익에 관한 권리를 가진 자임을 증빙하는 서류를 첨부하여야 한다.

3) 지정절차

종합보세구역 지정(변경)요청서를 받은 관세청장은 접수한 날로부터 3월이내에 종합보세구역 지정여부를 결정하여 지정요청자에게 그 결과를 통보하여야 한다. 관세청장이 종합보세구역을 지정한 때에는 종합보세구역의 명칭, 위치·소재지·면적, 지정목적, 관할세관 및 지정요청한 행정기관명(직권지정인 경우에는 생략)을 관보에 게재하여야 한다. 관세청장은 종합보세구역으로 지정된 후 3년이 경과하여도 업체가 입주하지 아니하거나 종합보세기능의 수행이 중지된 후 3년이 경과한 때에는 당해 장소에 대하여 직권 또는 종합보세구역 지정요청자의 요청에 의하여 당해 지역을 종합보세구역으로부터 제외하여 변경 지정할 수 있다.

4) 기능

종합보세구역에서는 보세창고·보세공장·보세전시장·보세건설장 또는 보세판매장의 기능 중 둘 이상의 기능(종합보세기능)을 종합적으로 수행할 수 있다.

5) 지정대상

종합보세구역(종합보세구역)은 다음에 해당하는 지역으로서 관세청장이

종합보세구역으로 지정할 필요가 있다고 인정하는 지역을 그 지정대상으로 한다.

- 「외국인투자촉진법」에 의한 외국인투자지역
- 「산업입지 및 개발에 관한 법률」에 의한 산업단지
- 「유통산업발전법」에 의한 공동집배송센터
- 「물류시설의 개발 및 운영에 관한 법률」에 의한 물류단지
- 그 밖의 종합보세구역으로 지정됨으로써 외국인투자촉진 · 수출증대 또는 물류촉진 등의 효과가 있을 것으로 예상되는 지역

4) 지정절차

종합보세구역의 지정을 요청하려는 자(지정요청자)는 해당 지역의 소재지 및 면적, 구역안의 시설물현황 또는 시설계획, 사업계획을 기재한 지정요청서에 해당 지역의 도면을 첨부하여 관세청장에게 제출하여야 한다. 관세청장은 직권으로 종합보세구역을 지정하려는 때에는 관계중앙행정기관의 장 또는 지방자치단체의 장과 협의하여야 한다.

2. 종합보세구역 예정지의 지정

관세청장은 지정요청자의 요청에 의하여 종합보세기능의 수행이 예정되는 지역을 종합보세구역예정지역(예정지역)으로 지정할 수 있다. 예정지역의 지정기간은 3년 이내로 한다. 다만, 관세청장은 해당 예정지역에 대한 개발계획의 변경 등으로 인하여 지정기간의 연장이 불가피하다고 인정되는 때에는 3년의 범위 내에서 연장할 수 있다. 종합보세구역 지정에 관한 규정(영 제214조)은 예정지역의 지정에 관하여 이를 준용한다. 관세청장은 예정지역의 개발이 완료된 후 지정요청자의 요청에 의하여 종합보세구역으로 지정할 수 있다.

3. 설치 · 운영 신고 등

종합보세구역에서 종합보세기능을 수행하려는 자는 그 기능을 정하여 세관장에게 종합보세사업장의 설치·운영에 관한 신고를 하여야 한다. 특허보세구역 운영인의 결격사유 (법 제175조 각호의 1)에 해당하는 자는 종합보세사업장의 설치·운영에 관한 신고를 할 수 없다. 종합보세사업장의 운영인은 그가 수행하는 종합보세기능을 변경하려면 세관장에게 이를 신고하여야 한다.

종합보세사업장의 설치·운영에 관한 신고의 절차에 관하여는 특허보세구

역 신청절차 규정(영 제188조)을 준용한다. 다만, 관세청장은 종합보세구역의 규모·기능 등을 고려하여 첨부서류의 일부를 생략하는 등 설치·운영의 신고절차를 간이하게 할 수 있다. 종합보세기능의 변경신고를 하려는 자는 그 변경내용을 기재한 신고서를 세관장에게 제출하여야 한다.

3 종합보세구역 관리

1. 물품반출입 신고

1) 반출입신고

종합보세구역에 물품을 반입하거나 반출하려는 자는 세관장에게 신고하여야 한다. 종합보세구역에의 물품반출입신고에 관하여는 보세구역 물품 반출입 신고에 관한 규정(영 제176조)을 준용한다.

2) 내국물품 반출입신고의 생략

세관장은 종합보세구역에 반입·반출되는 물품이 내국물품인 때에는 다음에 해당하지 아니하는 경우에는 반출입신고를 생략하게 할 수 있다.

- 세관장의 허가를 받고 내국물품만을 원료로 하여 제조 · 가공 등을 하는 경우 그 원료 또는 재료
- 혼용작업에 소요되는 원재료
- 보세판매장에서 판매하려는 물품
- 해당 내국물품이 외국에서 생산된 물품으로서 종합보세구역안의 외국물품과 구별되는 필요가 있는 물품[13]

2. 종합보세구역의 판매물품에 대한 관세 등의 환급

외국인관광객 등 다음에서 정하는 자가 종합보세구역에서 구입한 물품을 국외로 반출하는 경우에는 해당 물품을 구입할 때 납부한 관세 및 내국세 등을 환급받을 수 있다.

1) 외국인관광객 등의 범위

「외국환거래법」 제3조에 따른 비거주자(외국인관광객 등)를 말한다. 다만, 법인, 국내에 주재하는 외교관(이에 준하는 외국공관원 포함), 국내에

13) 보세전시장의 기능을 수행하는 경우에 한한다.

주재하는 국제연합군과 미국군의 장병 및 군무원을 제외한다.

2) 종합보세구역에서의 물품판매 등

종합보세구역에서 외국인관광객등에게 물품을 판매하는 자(판매인)는 관세청장이 정하는 바에 따라 판매물품에 대한 수입신고 및 신고납부를 하여야 한다. 판매인은 수입신고가 수리된 경우에는 구매자에게 해당 물품을 인도하되, 국외 반출할 목적으로 구매한 외국인관광객 등에게 판매한 경우에는 물품판매확인서(판매확인서)를 교부하여야 한다. 관세청장은 종합보세구역의 위치 및 규모 등을 고려하여 판매하는 물품의 종류 및 수량 등을 제한할 수 있다.

3) 외국인관광객 등에 대한 관세 등의 환급

외국인관광객 등이 종합보세구역에서 물품을 구매할 때에 부담한 관세 등을 환급 또는 송금 받으려는 경우에는 출국하는 때에 출국항을 관할하는 세관장(출국항 관할세관장)에게 판매확인서와 구매물품을 함께 제시하여 확인을 받아야 한다. 출국항 관할세관장은 외국인관광객 등이 제시한 판매확인서의 기재사항과 물품의 일치여부를 확인한 후 판매확인서에 확인인을 날인하고, 외국인관광객 등에게 이를 교부하거나 판매인에게 송부하여야 한다. 외국인관광객 등이 판매확인서를 교부받은 경우에는 환급창구운영사업자에게 이를 제시하고 환급 또는 송금 받을 수 있다. 다만, 판매인이 판매확인서를 송부 받은 경우에는 그 송부 받은 날부터 20일 이내에 외국인관광객 등이 종합보세구역에서 물품을 구매한 때 부담한 관세 등을 해당 외국인관광객 등에게 송금하여야 한다.

4) 판매인에 대한 관세 등의 환급 등

판매인은 종합보세구역에서 관세 및 내국세 등(관세 등)이 포함된 가격으로 물품을 판매한 후 외국인관광객 등이 구매한 날부터 3월 이내에 물품을 국외로 반출한 사실이 확인되는 경우나 판매인이 환급창구운영사업자를 통하여 해당 관세 등을 환급 또는 송금하거나 동항 단서의 규정에 따라 외국인관광객 등에게 송금한 것이 확인되는 경우에는 관세 등을 환급받을 수 있다.

판매인이 관세 등을 환급받으려는 경우에는 다음의 사항을 기재한 신청서에 세관장이 확인한 판매확인서 및 수입신고필증 그 밖에 관세 등의 납부사실을 증빙하는 서류와 환급 또는 송금사실을 증명하는 서류를 첨부하여 해당 종합보세구역을 관할하는 세관장에게 제출하여야 한다. 이 경우 관세 등의 환급에 관하여는 시행령 제54조 및 제55조의 규정을 준용한다.

- 해당 물품의 품명 및 규격
- 해당 물품의 판매연월일 및 판매확인번호
- 해당 물품의 수입신고연월일 및 수입신고번호
- 환급받으려는 금액

환급금을 지급받은 판매인은 외국인관광객 등에 대하여 환급 또는 송금한 사실과 관련된 증거서류를 5년간 보관하여야 한다.

5) 환급창구운영사업자

관세청장은 외국인관광객 등이 종합보세구역에서 물품을 구입한 때에 납부한 관세 등을 판매인을 대리하여 환급 또는 송금하는 사업을 영위하는 자(환급창구운영사업자)를 지정하여 운영할 수 있다.

환급창구운영사업자에 대하여는 「외국인관광객 등에 대한 부가가치세 및 특별소비세 특례규정」(특례규정) 제5조의2제2항 내지 제5항, 제10조의2, 제10조의3 및 제14조제2항의 규정을 준용한다. 이 경우 특례규정 제5조의2제2항 내지 제5항중 "관할지방국세청장"은 "관세청장"으로 보고, 제5조의2제5항제1호의 규정에 따라 준용되는 제5조제4항제3호중 "국세 또는 지방세"는 "관세"로 보며, 제10조의2중 "외국인관광객"을 "외국인관광객등"으로, "면세물품"을 "물품"으로, "세액상당액"을 "관세등"으로, "면세판매자"를 "판매인"으로, "국세청장"을 "관세청장"으로 보고, 제10조의3중 "외국인관광객"을 "외국인관광객등"으로, "세액상당액"을 "관세등"으로, "면세판매자"를 "판매인"으로 보며, 제14조제2항중 "국세청장·관할지방국세청장 또는 관할세무서장"은 "관세청장 또는 관할세관장"으로, "외국인관광객"을 "외국인관광객등"으로 본다.

3. 물품 반출입 범위 등

1) 수입통관후 소비 또는 사용하여야 하는 물품

종합보세구역에서 소비하거나 사용되는 물품으로서 제조·가공에 사용되는 시설기계류 및 그 수리용 물품, 연료·윤활유·사무용품 등 제조·가

공에 직접적으로 사용되지 아니하는 물품은 수입통관 후 이를 소비하거나 사용하여야 한다.

2) 장치기간

종합보세구역에 반입한 물품의 장치기간은 제한하지 아니한다. 다만, 보세창고의 기능을 수행하는 장소 중에서 관세청장이 수출입물품의 원활한 유통을 촉진하기 위하여 필요하다고 인정하여 지정한 장소에 반입되는 물품의 장치기간은 1년의 범위 안에서 관세청장이 정하는 기간으로 한다.

3) 반출입물품의 제한

세관장은 종합보세구역에 반입·반출되는 물품으로 인하여 국가안전, 공공질서 ,국민보건 또는 환경보전 등에 지장이 초래되거나 종합보세구역의 지정 목적에 부합되지 아니하는 물품이 반입·반출되고 있다고 인정될 때에는 해당 물품의 반입·반출을 제한할 수 있다.

4. 운영인의 물품관리

운영인은 종합보세구역에 반입된 물품을 종합보세기능별로 구분하여 관리하여야 한다. 세관장은 종합보세구역에 장치된 물품 중 살아있는 동식물 등 법 제208조제1항 단서의 규정에 해당되는 물품은 동조에 따라 이를 매각할 수 있다.

운영인은 종합보세구역에 반입된 물품을 종합보세구역 안에서 이동·사용 또는 처분을 할 때에는 장부 또는 전산처리장치를 이용하여 그 기록을 유지하여야 한다. 이 경우 종합보세구역의 운영인 상호간에 이동하는 물품에 대하여는 미리 세관장에게 신고하여야 한다.

5. 설비의 유지의무 등

운영인은 종합보세기능의 수행에 필요한 시설 및 장비 등을 유지하여야 한다. 종합보세구역의 운영인이 유지하여야 하는 시설 및 장비 등의 설비는 다음의 설비로 한다.

- 제조 · 가공 · 전시 · 판매 · 건설 및 장치 그 밖의 보세작업에 필요한 기계시설 및 기구
- 반입 · 반출물품의 관리 및 세관의 업무검사에 필요한 전산설비
- 소방 · 전기 및 위험물관리 등에 관한 법령에서 정하는 시설 및 장비
- 보세화물의 분실과 도난방지를 위한 시설

설비가 천재·지변 그 밖의 불가피한 사유로 인하여 일시적으로 기준에 미달

하게 된 때에는 종합보세구역의 운영인은 관세청장이 정하는 기간 내에 이를 갖추어야 한다. 종합보세구역에 장치된 물품을 보수작업을 하거나 종합보세구역 밖에서 보세작업을 하려는 자는 세관장에게 신고하여야 한다. 작업을 하는 경우의 담보제공·반출검사 등에 관하여는 법 제187조의 규정을 준용한다.

6. 종합보세구역에 대한 세관의 관리 등

세관장은 관세채권의 확보, 감시·단속 등 종합보세구역을 효율적으로 운영하기 위하여 종합보세구역에 출입하는 인원과 차량 등의 출입을 통제하거나 휴대 또는 운송하는 물품을 검사할 수 있다. 세관장은 종합보세구역에 반입·반출되는 물품의 반입·반출 상황, 그 사용 또는 처분 내용 등을 확인하기 위하여 장부나 전산처리장치를 이용한 기록을 검사 또는 조사할 수 있으며, 운영인으로 하여금 업무실적 등 필요한 사항을 보고하게 할 수 있다.

관세청장은 종합보세구역 안에 있는 외국물품의 감시·단속에 필요하다고 인정될 때에는 종합보세구역의 지정요청자에게 보세화물의 불법유출, 분실, 도난방지 등을 위한 시설의 설치를 요구할 수 있다. 이 경우 지정요청자는 특별한 사유가 없는 한 이에 응하여야 한다.

7. 종합보세구역지정의 취소

1) 지정취소

관세청장은 종합보세구역에 반입·반출되는 물량의 감소, 종합보세구역의 지정요청자가 지정취소를 요청한 경우, 종합보세구역의 지정요건이 소멸한 경우 등 종합보세구역을 존속시킬 필요가 없다고 인정되는 때에는 종합보세구역의 지정을 취소할 수 있다.

2) 기능 수행 중지

세관장은 종합보세사업장의 운영인이 다음에 해당하는 때에는 6월의 범위 안에서 운영인의 종합보세기능의 수행을 중지시킬 수 있다.

- 운영인의 결격사유(제175조 각호의 1)에 해당하게 된 경우
- 운영인이 수행하는 종합보세기능과 관련하여 반입 · 반출되는 물량의 감소
- 1년 동안 계속하여 외국물품의 반입 · 반출실적이 없는 경우
- 운영인이 설비유지의무를 위반한 경우

제5절 장기기간 경과물품 매각

1. 의의

장치기간이 경과한 물품을 체화라고 하며 보세구역의 활용을 증대하고, 관세 등의 조기징수를 도모하며, 관세수입을 적기에 도모할 수 있도록 체화에 대하여는 매각(공매) 처리한다.

2. 매각절차

세관장은 보세구역에 반입한 외국물품의 장치기간이 지나면 그 사실을 공고한 후 해당 물품을 매각할 수 있다. 다만, 다음에 해당하는 물품은 기간이 지나기 전이라도 공고한 후 매각할 수 있다.

- 살아 있는 동식물
- 부패하거나 부패할 우려가 있는 것
- 창고나 다른 외국물품을 해할 우려가 있는 것
- 기간의 경과로 사용할 수 없게 되거나 상품가치가 현저히 감소될 우려가 있는 것
- 관세청장이 정하는 물품 중 화주(「화주」라 함은 법 제171조에 따른 화주를 말한다)의 요청이 있는 것

장치기간이 경과된 물품이 살아 있는 동식물 등 위에 해당하는 물품인 경우 급박하여 공고할 여유가 없는 때에는 매각한 후 공고할 수 있다. 매각된 물품의 질권자 또는 유치권자는 다른 법령의 규정에 불구하고 그 물품을 매수인에게 인도하여야 한다.

3. 매각 대행

세관장은 매각을 함에 있어 신속한 매각을 위하여 사이버몰 등에서 전자문서를 통하여 매각하려는 경우, 매각에 전문지식이 필요한 경우, 그 밖의 특수한 사정이 있어 직접 매각하기에 적당하지 아니하다고 인정되는 경우에는 매각대행기관으로 하여금 이를 대행하게 할 수 있다.

1) 매각대행기관

세관장이 장치기간경과물품의 매각을 대행하게 할 수 있는 기관은 다음의 기관·법인 또는 단체 중에서 관세청장이 지정하는 기관·법인 또는 단

체(매각대행기관)로 한다.

- 「금융기관부실자산 등의 효율적 처리 및 한국자산관리공사의 설립에 관한 법률」에 의하여 설립된 한국자산관리공사
- 「한국보훈복지의료공단법」에 의하여 설립된 한국보훈복지의료공단
- 관세청장이 정하는 기준에 따라 전자문서를 통한 매각을 수행할 수 있는 시설 및 시스템 등을 갖춘 것으로 인정되는 법인 또는 단체

매각대행기관이 매각을 대행하는 경우에는 매각대행기관의 장을 세관장으로 본다.

2) 매각대행수수료

세관장은 매각대행기관이 매각을 대행하는 경우에는 매각대행에 따른 실비 등을 참작하여 수수료를 지급할 수 있다. 매각대행수수료는 다음의 금액으로 한다.

- 매각대행을 의뢰한 물품이 매각된 경우 : 건별 매각금액에 1천분의 20을 곱하여 계산한 금액
- 매각대행을 의뢰한 물품이 수입 또는 반송되어 매각대행이 중지된 경우 : 건별 최초공매예정가격에 1천분의 1을 곱하여 계산한 금액
- 매각대행을 의뢰한 물품의 국고귀속 · 폐기 · 매각의뢰철회 등의 사유로 매각대행이 종료된 경우 : 건별 최초공매예정가격에 1천분의 2를 곱하여 계산한 금액

매각대행수수료를 계산함에 있어서 건별 매각금액이나 건별 최초공매예정가격이 10억 원을 초과하는 경우에는 해당 매각금액 또는 최초공매예정가격은 10억 원으로 한다. 계산한 매각대행수수료의 금액이 5천원 미만인 때에는 해당 매각대행수수료는 5천원으로 한다.

3) 공무원 의제

매각대행기관이 매각을 대행하는 경우 「형법」 그 밖의 법률에 의한 벌칙의 적용에 있어서는 매각대행기관의 임직원을 세관공무원으로 본다.

4) 절차

세관장은 장치기간경과물품의 매각을 대행하게 하는 때에는 매각대행의뢰서를 매각대행기관에 송부하여야 한다. 세관장은 매각대행의 사실을 화주 및 물품보관인에게 통지하여야 한다.

5) 매각대행의뢰의 철회요구

매각대행기관은 매각대행의뢰서를 받은 날부터 2년 이내에 매각되지 아니한 물품이 있는 경우에는 세관장에게 해당 물품에 대한 매각대행의뢰의 철회를 요구할 수 있다. 세관장은 철회요구를 받은경우에는 특별한 사유가 없는 한 이에 응하여야 한다.

6) 매각대행의 세부사항

매각대행기관이 대행하는 매각에 필요한 사항은 관세청장이 매각대행기관과 협의하여 정한다.

4. 통고

세관장은 장치기간경과물품을 매각하려면 그 화주등에게 통고일부터 1개월 내에 해당 물품을 수출·수입 또는 반송할 것을 통고하여야 한다. 화주등이 분명하지 아니하거나 그 소재가 분명하지 아니하여 통고를 할 수 없을 때에는 공고로 이를 갈음할 수 있다.

5. 매각방법

매각은 일반경쟁입찰·지명경쟁입찰·수의계약·경매 및 위탁판매의 방법으로 하여야 한다.

1) 예정가격의 체감

경쟁입찰에 의하여 매각하려는 경우 매각되지 아니하였을 경우에는 5일 이상의 간격을 두어 다시 입찰에 붙일 수 있으며 그 예정가격은 최초 예정가격의 100분의 10 이내의 금액을 입찰에 붙일 때마다 줄일 수 있다. 이 경우에 줄어들 예정가격 이상의 금액을 제시하는 응찰자가 있을 때에는 그 응찰자가 제시하는 금액으로 수의계약을 할 수 있다. 예정가격의 체감은 제2회 경쟁 입찰 때부터 하되, 그 체감한도액은 최초예정가격의 100분의 50으로 한다. 다만, 관세청장이 정하는 물품을 제외하고는 최초예정가격을 기초로 하여 산출한 세액이하의 금액으로 체감할 수 없다.

2) 수의계약

다음에 해당하는 때에는 경매 또는 수의계약에 의하여 매각할 수 있다.

- 2회 이상 경쟁 입찰에 붙여도 매각되지 아니한 경우

- 부패 · 손상 · 변질 등의 우려가 현저한 물품으로서 즉시 매각하지 아니하면 상품 가치가 저하할 우려가 있는 경우
- 물품의 매각예정가격이 50만원미만인 경우
- 경쟁 입찰방법에 의하여 매각함이 공익에 반하는 경우

응찰가격 중 다음 회의 입찰에 체감될 예정가격보다 높은 것이 있는 경우에는 응찰가격의 순위에 따라 수의계약을 체결한다. 단독응찰자의 응찰가격이 다음 회의 입찰시에 체감될 예정가격보다 높은 경우 또는 공매절차가 종료한 물품을 최종 예정가격이상의 가격으로 매수하려는 자가 있는 경우에도 또한 같다.

수의계약을 체결하지 못하고 재입찰에 붙인 때에는 직전입찰에서의 최고응찰가격을 다음 회의 예정가격으로 한다. 수의계약을 할 수 있는 자로서 그 체결에 응하지 아니하는 자는 해당 물품에 대한 다음 회 이후의 경쟁입찰에 참가할 수 없다.

3) 위탁판매

수의계약에 의하여도 매각되지 아니한 물품과 다음에 해당하는 물품 중에서 관세청장이 신속한 매각이 필요하다고 인정하여 위탁판매대상으로 지정한 물품에 대하여는 위탁판매의 방법으로 매각할 수 있다.

- 부패하거나 부패의 우려가 있는 물품
- 기간경과로 사용할 수 없게 되거나 상품가치가 현저히 감소할 우려가 있는 물품
- 공매하는 경우 매각의 효율성이 저하되거나 공매에 전문지식이 필요하여 직접 공매하기에 부적합한 물품

위탁판매 하는 경우 판매가격은 해당 물품의 최종예정가격으로 하고, 위탁판매의 장소·방법·수수료 그 밖의 필요한 사항은 관세청장이 정한다.

4) 과세가격

매각된 물품에 대한 과세가격은 최초 예정가격을 기초로 하여 과세가격을 산출한다. 매각한 물품의 예정가격과 매각된 물품의 과세가격은 관세청장이 정하는 바에 의하여 산출한다. 경매절차에 관하여는 「국세징수법」을 준용한다.

5) 공고

세관장은 매각하는 때에는 매각 물건, 매각 수량, 매각 예정가격 등을

매각 시작 10일 전에 공고하여야 한다.

6) 외화매각

매각한 물품으로 법률에 의하여 수입이 금지된 물품과 그 밖의 관세청장이 지정하는 물품은 수출하거나 외화를 받고 판매하는 것을 조건으로 매각한다. 그러나 관세청장이 필요하다고 인정하는 물품은 주무부장관 또는 주무부장관이 지정하는 기관의 장과 협의하여 수입하는 것을 조건으로 판매할 수 있다.

6. 매각대상물품의 인도

세관장이 점유하고 있거나 제3자가 보관하고 있는 매각대상물품은 이를 매각대행기관에 인도할 수 있다. 이 경우 제3자가 보관하고 있는 물품에 대하여는 그 제3자가 발행하는 해당 물품의 보관증을 인도함으로써 이에 갈음할 수 있다. 매각대행기관은 물품을 인수한 때에는 인계·인수서를 작성하여야 한다.

7. 잔금처리

세관장은 매각대금을 그 매각비용, 관세, 각종 세금의 순으로 충당하고, 잔금이 있을 때에는 이를 화주에게 교부한다. 매각하는 물품의 질권자나 유치권자는 해당 물품을 매각한 날부터 1개월 이내에 그 권리를 증명하는 서류를 세관장에게 제출하여야 한다. 세관장은 매각된 물품의 질권자나 유치권자가 있을 때에는 그 잔금을 화주에게 교부하기 전에 그 질권이나 유치권에 의하여 담보된 채권의 금액을 질권자나 유치권자에게 교부한다. 질권자 또는 유치권자에게 공매대금의 잔금을 교부하는 경우 그 잔금액이 질권 이나 유치권에 의하여 담보된 채권액보다 적고 교부받을 권리자가 2인 이상인 경우에는 세관장은 「민법」이나 그 밖의 법령에 따라 배분할 순위와 금액을 정하여 배분하여야 한다.[14] 잔금의 교부는 관세청장이 정하는 바에 따라 그 교부를 일시 보류할 수 있다. 매각대행기관이 매각을 대행하는 경우에는 매각대행기관이 매각대금의 잔금처리를 대행할 수 있다.

---

14) 통칙 211-0...1 : 잔금처리시 전부명령 효력발생의 우선순위 ①세관의 공매대금 잔액 교부채무에 있어서 해당 공매가 낙찰되기 전에 송달된 전부명령과 낙찰 후에 송달된 전부명령의 우선순위는 낙찰 후에 송달된 전부명령에 대하여 우선 변제한다. ②법무부와 법원으로부터 동일 채무에 대하여 각기 다른 전부명령이 세관에 송달되는 경우에는 법무부로부터 송달된 전부명령에 대하여 변제한다.

8. 국고귀속

세관장은 매각되지 아니한 물품에 대하여는 그 물품의 화주등에게 장치 장소로부터 지체 없이 반출할 것을 통고하여야 한다. 통고일부터 해당 물품이 1개월 내에 반출되지 아니하는 경우에는 소유권을 포기한 것으로 보고 이를 국고에 귀속시킬 수 있다.

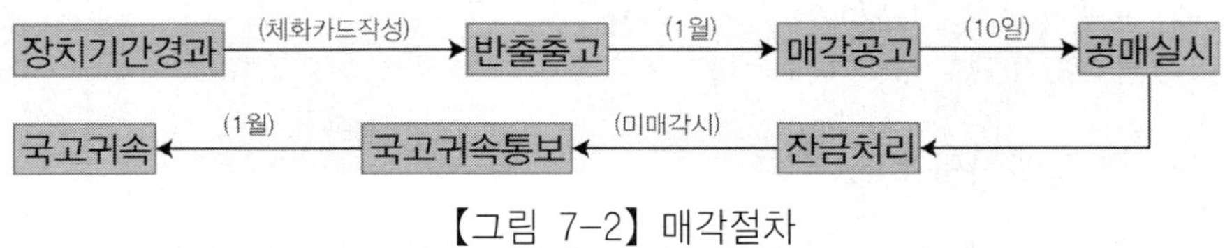

【그림 7-2】 매각절차

Chapter 8 수송

제1절 개항

1 개항과 불개항

1. 개항의 의의

관세법에서 개항(開港)이란 국내의 항구 또는 공항중에서 외국무역선(무역을 위하여 우리나라와 외국 간을 운항하는 선박)과 외국무역기(무역을 위하여 우리나라와 외국 간을 운항하는 항공기)이 자유로이 출입할 수 있는 항구, 공항을 말한다. 개항의 항계는 개항질서법과 항공법에 의한 범위로 한다(법 제133조).

2. 개항의 특징

개항은 다음과 같은 특징이 있다.

- 외국무역선(기)의 입출항 자유
- 세관 및 유관기관이 상주하고 있어 무역절차가 신속 용이하게 처리
- 보세구역 및 보세운송시설이 정비되어 있어 화물의 장치 및 운송이 신속용이

- 항구시설과 하역시설이 잘 갖추어져 있어 물품의 적재·하역 및 이적이 용이
- 사전에 세관장의 허가 및 출입허가수수료가 필요 없어 경제적 부담 감소

3. 개항의 지정요건

개항의 지정요건은 다음과 같다.

- 「개항질서법」 또는 「항공법」에 의하여 외국무역선(기)이 상시 입출항 할 수 있을 것
- 국내선과 구분되는 국제선 전용통로 및 그 밖에 출입국업무를 처리하는 행정기관의 업무수행에 필요한 시설 · 장비를 확보할 수 있을 것
- 공항의 경우에는 중형기급 정기여객기가 주 6회 이상 입항하고, 항만의 경우에는 5천톤급 이상의 선박이 연간 50회 이상 입항할 것으로 예상되는 등 외국무역선(기)의 편수 · 화물량 · 여객수가 다음 기준[1]에 적합할 것

구분	수출입 화물량 또는 입국여객수
공항	과거 1년간 입국 여객수가 1만 5천명 이상이었거나 향후 1년간 동일한 수의 여객의 입국이 예상될 것
항만	과거 1년간 수출입 화물량이 5만톤 이상이었거나 향후 1년간 동일한 화물량의 수출입이 예상될 것, 또는 과거 1년간 입국여객수가 5천명 이상이었거나 향후 1년간 동일한 수의 여객의 입국이 예상될 것

관세법에 의하여 지정된 개항은 다음 표와 같다.

〈표 8-1〉 개항지정

구분	개항명
항구	인천항, 부산항, 마산항, 여수항, 목포항, 군산항, 제주항, 동해 · 묵호항, 울산항, 통영항, 삼천포항, 장승포항, 포항항, 장항항, 옥포항, 광양항, 동해항, 평택 · 당진항, 대산항, 삼척항, 진해항, 완도항, 속초항, 고현항, 경인항
공항	인천공항 · 김포공항 · 김해공항 · 제주공항 · 청주공항 · 대구공항 · 무안공항

4. 불개항

불개항은 관세법상 개항으로 지정되지 아니한 항만·공항 그 밖의 장소를 말한다. 개항은 관세법에 의해 지정되는 것이므로 개항질서법, 항공법상 개항으로 지정 되었다 하더라도 관세법상 개항으로 지정되지 아니하면 관세법상 불개항이다. 다음에서 보는 것과 같이 개항질서법에서는 28개의 항만이 개항으로 지정되어 있지만 관세법에서는 24개의 항만이 개항으로 지정되어 있다.

1) 관세법시행령 제155조의2 제3호의 규정에 따른 개항지정기준에 관한 고시, 관세청 고시 제2004-43 호, 2004. 10. 19.

2 개항질서법

1. 개항의 정의

개항질서법에서의 「개항」은 내·외국적의 선박이 상시 출입할 수 있는 항을 말한다.

2. 개항

개항질서법에서 정하고 있는 개항은 다음과 같다(개항질서법 시행령 제2조제1항).

〈표 8-2〉 개항질서법상의 개항

1. 부산항, 2. 인천항, 3. 평택 · 당진항, 4. 마산항, 5. 통영항, 6. 삼천포항, 7. 장승포항, 8. 진해항, 9. 옥포항, 10. 동해항, 11. 묵호항, 12. 삼척항, 13. 울산항, 14. 군산항, 15. 장항항, 16. 대산항, 17. 목포항, 18. 완도항, 19. 여수항, 20. 광양항, 21. 포항항, 22. 제주항, 23. 고현항, 24. 속초항, 25. 옥계항, 26. 보령항, 27. 서귀포항, 28. 태안항

3. 개항의 항계

개항의 항계는 항만법시행령 별표1의 해상구역과 같다.

3 개항 등에의 출입

1. 개항의 출입

외국무역선이나 외국무역기는 개항에 한정하여 운항할 수 있다.

2. 개항이 아닌 지역에 대한 출입허가

개항이 아닌 지역에 대한 출입의 허가를 받아야 한다. 개항이 아닌 지역에 대한 출입의 허가를 받으려는 자는 다음의 사항을 기재한 신청서를 해당 지역을 관할하는 세관장에게 제출하여야 한다. 다만, 외국무역선 또는 외국무역기의 항행의 편의도모 그 밖의 특별한 사정이 있는 경우에는 다른 세관장에게 제출할 수 있다.

- 선박 또는 항공기의 종류 · 명칭 · 등록기호 · 국적과 총톤수 및 순톤수 또는 자체무게

- 지명
- 해당 지역에 머무는 기간
- 해당 지역에서 하역하려는 물품의 내외국물품별 구분, 포장의 종류 · 기호 · 번호 및 개수와 품명 · 수량 및 가격
- 해당 지역에 출입하려는 사유

출입허가를 한 세관장은 지체 없이 해당 지역을 관할하는 세관장에게 통보하여야 한다.

3. 개항이 아닌 지역에 대한 출입허가수수료

외국무역선의 선장이나 외국무역기의 기장은 허가를 받으려는 때에는 허가수수료를 납부하여야 한다. 개항이 아닌 지역에 출입하기 위하여 내야 하는 수수료는 다음 표와 같다. 이 경우 수수료의 총액은 50만 원을 초과하지 못한다.

구분	출입회수 기준	적용무게 기준	수수료
외국무역선	1회	해당 선박의 순톤수 1톤	100 원
외국무역기	1회	해당 항공기의 자체무게 1톤	1천2백 원

세관장은 다음에 해당하는 사유가 있는 경우에는 출입허가수수료를 징수하지 아니한다.

- 법령의 규정에 따라 강제로 입항하는 경우
- 급병환자, 항해중 발견한 밀항자, 항해중 구조한 조난자 · 조난선박 · 조난화물 등의 하역 또는 인도를 위하여 일시 입항하는 경우
- 위험물품 · 오염물품 그 밖의 이에 준하는 물품의 취급, 유조선의 청소 또는 가스발생선박의 가스제거작업을 위하여 법령 또는 권한 있는 행정관청이 정하는 일정한 장소에 입항하는 경우
- 개항의 협소 등 입항여건을 고려하여 관세청장이 정하는 일정한 장소에 입항하는 경우

세관장은 해당 지역에 머무는 기간(영 제156조제1항제3호)이 시작되기 전날까지 해당 출입허가를 취소한 경우에는 징수한 수수료를 반환한다.

제2절 선박과 항공기

1 서설

관세법은 수출입물품을 관리대상으로 하고 있으며 또한 수출입물품의 효과적인 규제를 위하여 수출입물품을 운송하는 운송수단도 관리 대상으로 하고 있다. 관세법상 운송수단은 선박·항공기 및 차량이며 이중 무역을 위하여 우리나라와 외국을 왕래하는 선박(외국무역선)·항공기(외국무역기)가 주요 규제대상이고, 내국에서 왕래하는 내항선 및 내항기는 규제대상이 되지 않으나 특별히 외국물품을 적재·운송하는 경우에는 관리대상이다. 군함, 군용기와 국가원수 또는 정부를 대표하는 외교사절이 전용하는 선박·항공기 등은 관세법상 규제대상이 아니다.

2 입출항절차

1. 입항절차

1) 입항보고

외국무역선이나 외국무역기가 개항(개항이 아닌 지역에 대한 출입의 허가를 받은 지역을 포함한다)에 입항하였을 때에는 선장이나 기장은 입항보고서에 선용품 또는 기용품의 목록, 여객명부, 승무원명부, 승무원 휴대품목록과 적하목록을 첨부하여 지체 없이 세관장에게 입항보고를 하여야 하며, 외국무역선은 선박국적증서와 최종 출발항의 출항면장(出港免狀)이나 이를 갈음할 서류를 제시하여야 한다. 다만, 세관장은 감시·단속에 지장이 없다고 인정될 때에는 선용품 또는 기용품의 목록이나 승무원 휴대품목록의 첨부를 생략하게 할 수 있다(법 제135조 제1항).

선박의 입항보고서에는 다음의 사항을 기재하여야 한다.

- 선박의 종류 · 등록기호 · 명칭 · 국적 · 선적항 · 총톤수 및 순톤수
- 출항지 · 기항지 · 최종기항지 · 입항일시 · 출항예정일시 및 목적지

- 적재물품의 개수 및 톤수와 여객 · 승무원의 수 및 통과여객 수

선용품목록에는 다음의 사항을 기재하여야 한다.

- 선박의 종류 · 등록기호 · 명칭 · 국적 및 입항연월일
- 선용품의 품명 · 수량 및 가격

선박의 여객명부에는 다음의 사항을 기재하여야 한다.

- 선박의 종류 · 등록기호 · 명칭 · 국적 및 입항연월일
- 여객의 국적 · 성명 · 생년월일 · 여권번호 · 승선지 및 상륙지

선박의 승무원명부에는 다음의 사항을 기재하여야 한다.

- 선박의 종류 · 등록기호 · 명칭 · 국적 및 입항연월일
- 승무원의 국적 · 성명 · 승무원수첩번호 또는 여권번호 · 승선지 및 상륙지

선박의 승무원 휴대품목록에는 다음의 사항을 기재하여야 한다.

- 선박의 종류 · 등록기호 · 명칭 · 국적 및 입항연월일
- 선원의 국적 · 성명 · 승무원수첩번호 또는 여권번호
- 품명 · 수량 및 가격

적하목록에는 다음의 사항을 기재하여야 한다.

- 선박명 및 적재항
- 품명 및 수하인 · 송하인
- 그 밖의 선박운항 및 화물에 관한 정보로서 관세청장이 필요하다고 인정하는 것

항공기의 입항보고서에는 다음의 사항을 기재하여야 한다.

- 항공기의 종류 · 등록기호 · 명칭 · 국적 · 출항지 및 입항일시
- 적재물품의 적재지 · 개수 및 톤수
- 여객 · 승무원 · 통과여객의 수

세관장은 감시·단속에 지장이 없다고 인정되는 때에는 선용품 또는 기용품의 목록이나 승무원휴대품목록의 첨부를 생략하게 할 수 있다.

2) 입항보고 서류의 사전제출

세관장은 신속한 입항 및 통관절차의 이행과 효율적인 감시·단속을 위하여 필요할 때에는 관세청장이 정하는 바에 따라 입항하는 해당 선박 또는 항공기가 소속된 선박회사 또는 항공사(그 업무를 대행하는 자를 포함한다)로 하여금 여객명부·적하목록 등을 입항하기 전에 제출하게 할 수 있다(법 제135조 제2항).

2. 출항절차

1) 출항허가

외국무역선이나 외국무역기가 개항을 출항하려면 선장이나 기장은 출항하기 전에 세관장에게 출항허가를 받아야 한다(법 제136조 제1항).

(1) 선박 출항 신청 서류

선박이 출항하려는 때에는 다음의 사항을 기재한 신청서를 세관장에게 제출하여야 한다.

- 선박의 종류 · 등록기호 · 명칭 · 국적 · 총톤수 및 순톤수
- 여객 · 승무원 · 통과여객의 수
- 적재물품의 개수 및 톤수
- 선적지 · 목적지 및 출항일시

(2) 항공기 출항 신청 서류

항공기가 출항하려는 경우에는 다음의 사항을 기재한 신청서를 세관장에게 제출하여야 한다.

- 항공기의 종류 · 등록기호 · 명칭 및 국적
- 여객 · 승무원 · 통과여객의 수
- 적재물품의 개수 및 톤수
- 선적지 · 목적지 및 출항일시

2) 적재물품목록 출항후 제출

선장이나 기장은 출항허가를 받으려면 그 개항에서 적재한 물품의 목록을 제출하여야 한다. 다만, 세관장이 출항절차를 신속하게 진행하기 위하여 필요하다고 인정하여 출항허가 후 7일의 범위에서 따로 기간을 정하는 경우에는 그 기간 내에 그 목록을 제출할 수 있다(법 제136조 제2항).

3. 간이입출항절차

1) 입항후 24시간 이내 출항시

외국무역선이나 외국무역기가 개항에 입항하여 물품(선용품 또는 기용품과 승무원의 휴대품은 제외한다)을 하역하지 아니하고 입항한 때부터 24시간 이내에 출항하는 경우 세관장은 적하목록, 선용품 또는 기용품의

목록, 여객명부, 승무원명부, 승무원 휴대품목록 또는 적재물품의 목록의 제출을 생략하게 할 수 있다(법 제137조 제1항).

2) 입항절차 완료 후 다른 개항에 입항시

세관장은 외국무역선이나 외국무역기가 개항에 입항하여 입항 절차를 마친 후 다시 우리나라의 다른 개항에 입항할 때에는 서류제출의 생략 등 간소한 절차로 입출항하게 할 수 있다(법 제137조 제2항).

4. 승객예약 자료의 제공

1) 제출요청

세관장은 다음 업무를 수행하기 위하여 필요한 경우 입항하거나 출항하는 선박 또는 항공기가 소속된 선박회사 또는 항공사가 운영하는 예약정보시스템의 승객예약자료(승객예약자료)를 정보통신망을 통하여 열람하거나 출항하는 선박 또는 항공기의 경우 출항 후 3시간 이내, 입항하는 선박 또는 항공기의 경우 입항 1시간 전까지(운항예정시간이 3시간 이내인 경우에는 입항 30분 전까지 할 수 있다) 제출하여 줄 것을 선박회사 또는 항공사에 요청할 수 있다. 이 경우 해당 선박회사 또는 항공사는 이에 따라야 한다(법 제137조의2 제1항).

- 수출입금지물품을 수출입한 자 또는 수출입하려는 자에 대한 검사업무
- 수출입신고 규정을 위반한 자 또는 수출입신고 규정을 위반하여 「마약류관리에 관한 법률」에 따른 마약류나 「총포 · 도검 · 화약류 등 단속법」에 따른 총포 · 도검 · 화약류 · 분사기 · 전자충격기 및 석궁 등의 물품을 수출입 또는 반송하려는 자에 대한 검사업무

2) 제출자료

세관장이 열람 또는 제출을 요청할 수 있는 승객예약자료는 자료로 한정한다.

- 국적, 성명, 생년월일, 여권번호 및 예약번호
- 주소 및 전화번호
- 예약 및 탑승수속 시점
- 항공권 또는 승선표의 번호 · 발권일 · 발권도시 및 대금결제방법
- 여행경로 및 여행사
- 동반탑승자 및 좌석번호
- 수하물 자료
- 항공사 또는 선박회사의 회원으로 가입한 경우 그 회원번호 및 등급과 승객주문정보

3) 열람방법

제공받은 승객예약자료를 열람할 수 있는 사람은 관세청장이 지정하는 세관공무원으로 한정한다. 세관장은 제공받은 승객예약자료를 열람할 수 있는 세관공무원에게 관세청장이 정하는 바에 따라 개인식별 고유번호를 부여하는 등의 조치를 하여 권한 없는 자가 승객예약자료를 열람하는 것을 방지하여야 한다. 세관공무원은 보존승객 예약 자료를 열람하려는 때에는 관세청장이 정하는 바에 따라 미리 세관장의 승인을 얻어야 한다.

4) 관리 및 비밀 준수

세관장은 승객이 입항 또는 출항한 날(입·출항일)부터 1월이 경과한 때에는 해당승객의 승객예약자료를 다른 승객의 승객예약자료[2]와 구분하여 관리하여야 한다. 세관공무원은 직무상 알게 된 승객예약자료를 누설 또는 권한 없이 처리하거나 타인의 이용에 제공하는 등 부당한 목적을 위하여 사용하여서는 아니 된다.

5) 보존기한

세관장은 구분하여 관리하는 승객예약자료(보존승객예약자료)를 해당승객의 입·출항일부터 기산하여 3년간 보존할 수 있다. 다만, 다음의 어느 하나에 해당하는 자에 대한 보존승객예약자료는 5년간 보존할 수 있다.

- 수출입금지물품을 수출입한 자 또는 수출입하려고 하였던 자로서 관세청장이나 세관장의 통고처분을 받거나 벌금형 이상의 형의 선고를 받은 사실이 있는 자
- 다음 물품을 수출입 또는 반송하려고 하였던 자로서 관세청장이나 세관장의 통고처분을 받거나 벌금형 이상의 형의 선고를 받은 사실이 있는 자
  - 「마약류관리에 관한 법률」에 따른 마약류
  - 「총포 · 도검 · 화약류 등 단속법」에 따른 총포 · 도검 · 화약류 · 전자충격기 및 석궁
- 수사기관 등으로부터 제공받은 정보나 세관장이 수집한 정보 등에 근거하여 다음에 해당하는 행위를 할 우려가 있다고 인정되는 자로서 관세청장이 정하는 기준에 해당하는 자
  - 수출입금지물품을 수출입하는 행위
  - 「마약류관리에 관한 법률」에 따른 마약류나 「총포 · 도검 · 화약류 등 단속법」에 따른 총포 · 도검 · 화약류 · 전자충격기 및 석궁을 수출입 또는 반송하는 행위

---

2) 승객의 입·출항일부터 1월이 경과하지 아니한 승객예약자료

3 재해나 그 밖의 부득이한 사유로 인한 면책 등

1. 재해나 그 밖의 부득이한 사유로 인한 면책

개항 등에의 출입, 입항절차, 출항절차, 간이입출항절차, 물품의 하역, 외국물품의 일시양륙, 항외하역, 선용품 및 기용품의 하역 등에 관한 규정은 재해나 그 밖의 부득이한 사유에 의한 경우에는 적용하지 아니한다. 선장 또는 기장은 지체 없이 그 이유를 세관공무원 또는 국가경찰공무원[3]에게 신고하여야 한다. 신고를 받은 국가경찰공무원은 지체 없이 그 요지를 세관공무원에게 통보하여야 한다. 선장 또는 기장은 나 그 밖의 부득이한 사유가 종료된 때에는 지체 없이 세관장에게 그 경과를 보고하여야 한다.

2. 내항선(기)의 외국 기착시의 보고

경과보고는 다음의 사항을 기재한 보고서에 의하여야 한다.

- 등의 내용 · 발생일시 · 종료일시
- 등으로 인하여 행한 행위
- 해당 물품의 내외국물품별 구분과 품명 · 규격 · 수량 및 가격과 해당 물품의 포장의 종류 · 기호 · 번호 및 개수 (제166조제1항제2호 및 제3호)

4 물품의 하역

1. "하역"의 의의

"하역"이라 함은 화물을 보세구역에서 반출하여 본선에 옮겨 놓는 적재행위와 물품을 본선에서 양륙하여 하선(기)장소에 반입하는 하선행위를 말한다(통칙 140-0...1).

2. 물품의 하역 또는 환적

1) 물품의 하역 · 환적

외국무역선 또는 외국무역기는 입항절차를 종료한 후가 아니면 물품을

3) 세관공무원이 없는 때에 한한다.

하역하거나 환적할 수 없다. 세관장의 허가를 받은 경우에는 그러하지 아니하며 물품을 하역 또는 환적하기 위하여 허가를 받으려는 자는 다음의 사항을 기재한 신청서를 세관장에게 제출하여야 한다.

- 선박 또는 항공기의 종류 · 명칭 · 국적 및 입항연월일
- 물품의 내외국물품별 구분과 품명 · 수량 및 가격
- 포장의 종류 · 기호 · 번호 및 개수
- 신청사유

2) 외국무역선(기)에 하역 또는 환적

외국무역선 또는 외국무역기에 물품을 하역하거나 환적 하려는 때에는 세관장에게 신고하고 현장에서 세관공무원의 확인을 받아야 한다. 다만, 세관공무원이 확인할 필요가 없다고 인정하는 때에는 그러하지 아니하다. 물품을 하역 또는 환적 하려는 자는 다음의 사항을 기재한 신고서를 세관장에게 제출하고 그 신고필증을 현장세관공무원에게 제시하여야 한다.

- 선박 또는 항공기의 명칭
- 물품의 품명 · 개수 및 중량
- 승선자수 또는 탑승자수
- 선박 또는 항공기 대리점
- 작업의 구분과 작업예정기간

수출물품의 경우에는 관세청장이 정하는 바에 따라 물품목록의 제출로써 이에 갈음할 수 있으며, 항공기인 경우에는 현장세관공무원에 대한 말로써 신고하여 이에 갈음할 수 있다.

3) 하역통로 제한

세관장은 감시·단속을 위하여 필요한 때에는 물품을 하역하는 장소 및 통로(하역통로)와 기간을 제한할 수 있다. 하역통로는 세관장이 지정하고 이를 공고하여야 한다.

4) 외국무역선(기)에 내국물품 적재 금지 등

외국무역선 또는 외국무역기에는 내국물품을 적재할 수 없으며, 내항선 또는 내항기에는 외국물품을 적재할 수 없다. 다만, 세관장의 허가를 받은 경우에는 그러하지 아니하며, 허가를 받으려는 자는 다음의 사항을 기재한 신청서를 세관장에게 제출하여야 한다.

- 물품의 내외국물품별 구분과 품명 및 수량
- 포장의 종류 및 개수
- 적재선박 또는 항공기의 명칭, 적재기간
- 화주의 주소 및 성명
- 신청사유

5) 적재허가 간주

세관장은 다음에 해당하는 허가를 하거나 신고를 한 때에는 외국무역선 또는 외국무역기에 내국물품을 적재하거나 내항선 또는 내항기에 외국물품을 적재하게 할 수 있다.

- 하역허가를 받은 경우
- 보세운송신고를 하거나 보세운송승인을 받은 경우
- 내국운송신고를 하는 경우
- 수출신고가 수리된 경우

3. 외국물품의 일시양륙

1) 의의

"외국물품의 일시양륙"이라 함은 선하증권(항공화물운송장을 포함한다) 상의 수하인 및 목적지가 제3국으로 기재된 외국물품을 운송수단 등의 변경을 위해 우리나라에 일시적으로 양륙(하선 또는 하기 포함)하는 것을 말한다(통칙 141-0...1).

2) 외국물품의 일시양륙

다음에 해당하는 행위를 하려는 때에는 세관장에게 신고를 하고, 현장에서 세관공무원의 확인을 받아야 한다. 다만, 관세청장이 감시·단속에 지장이 없다고 인정하여 따로 정하는 경우에는 간이한 방법으로 신고 또는 확인하거나 이를 생략하게 할 수 있다.

- 외국물품을 운송수단으로부터 일시적으로 육지에 내려놓고자 하는 경우
- 해당 운송수단의 여객 · 승무원 또는 운전자가 아닌 자가 타고자 하는 경우
- 외국물품을 적재한 운송수단에서 다른 운송수단으로 물품을 환적하거나 사람을 이동시키는 경우

3) 외국물품의 일시양륙 신고

외국물품을 일시적으로 육지에 내려놓고자 하는 경우에는 다음의 사항을 기재한 신고서를 세관장에게 제출하고 그 신고필증을 현장세관공무원에게 제시하여야 한다.

- 선박 또는 항공기의 종류 · 명칭 · 국적
- 입항연월일
- 육지에 내려놓고자 하는 일시 및 기간
- 육지에 내려놓고자 하는 물품의 품명 · 수량 및 가격과 그 포장의 종류 · 기호 · 번호 · 개수
- 육지에 내려놓고자 하는 물품의 최종도착지
- 육지에 내려놓고자 하는 장소

육지에 내려놓고자 하는 외국물품을 장치할 수 있는 장소의 범위 등에 관하여는 관세청장이 정한다.

4) 승선 또는 탑승신고

해당 운송수단의 여객·승무원 또는 운전자가 아닌 자가 타고자 하는 경우 다음의 사항을 기재한 신고서를 세관장에게 제출하고 그 신고필증을 현장 세관공무원에게 제시하여야 한다.

- 선박 또는 항공기의 명칭
- 승선자 또는 탑승자의 성명 · 국적 및 생년월일
- 승선 또는 탑승의 이유 및 기간

5) 환적 및 이동의 신고

물품을 환적하거나 사람을 이동시키고자 하는 자는 다음의 사항을 기재한 신고서를 세관장에게 제출하고 그 신고필증을 현장 세관공무원에게 제시하여야 한다.

- 각 운송수단의 종류 · 명칭 및 국적
- 환적하는 물품의 내외국물품별 구분
- 환적하는 물품의 품명 · 수량 및 가격과 그 포장의 종류 · 기호 · 번호 및 개수
- 이동하는 사람의 성명 · 국적 · 생년월일 · 승선지 및 상륙지
- 신고사유

4. 항외하역

외국무역선이 개항의 바깥에서 물품을 하역하거나 환적하려는 경우에는 선장은 세관장의 허가를 받아야 한다(법 제142조 제1항).

1) 항외하역에 관한 허가의 신청

개항의 바깥에서 하역 또는 환적하기 위하여 허가를 받으려는 자는 다음의 사항을 기재한 신청서를 세관장에게 제출하여야 한다.

- 개항의 바깥에서 하역 또는 환적하려는 장소 및 일시
- 선박의 종류 · 명칭 · 국적 · 총톤수 및 순톤수
- 해당 물품의 내외국물품별 구분과 품명 · 수량 및 가격
- 해당 물품의 포장의 종류 · 기호 · 번호 및 개수
- 신청사유

2) 항외하역에 관한 허가수수료

선장은 허가를 받으려는 때에는 허가수수료를 납부하여야 한다. 납부하여야 하는 항외하역에 관한 허가수수료는 하역 1일마다 4만원으로 한다. 다만, 수출물품[4]에 대한 하역인 경우에는 하역 1일마다 1만원으로 한다.

5. 선용품 및 기용품의 하역 등

1) 선(기)용품의 정의 및 특수성

"선용품"(船用品)이란 음료, 식품, 연료, 소모품, 밧줄, 수리용 예비부분품 및 부속품, 집기, 그 밖에 이와 유사한 물품으로서 해당 선박에서만 사용되는 것을 말한다(법 제2조 제10호). "기용품"(機用品)이란 선용품에 준하는 물품으로서 해당 항공기에서만 사용되는 것을 말한다(법 제2조 제11호).

수출물품은 수출신고수리후 외국무역선(기)에 적재할 수 있으나, 내국물품인 선(기)용품은 수출신고 수리를 받지 아니하고 하역허가를 받아 적재 가능하다. 외국물품인 선(기)용품은 반송신고가 아닌 하역허가만으로 적재 가능하다. 선(기)용품을 외국무역선(기) 내에서 그 용도에 따라 소비 또는 사용한 경우에는 수입으로 보지 아니하여 관세를 징수하지 아니한다. 내국물품인 선(기)용품은 특별소비세, 주세, 교통세 등 내국세가 면제되는 물품이

4) 보세판매장에서 판매하는 물품과 보세공장, 「자유무역지역의 지정 및 운영에 관한 법률」에 의한 자유무역지역에서 제조·가공하여 외국으로 반출하는 물품을 포함한다.

있고, 수입시 납부한 관세 등을 환급받는 환급대상(연료유 등)이 있으며, 부가가치세영세율 적용 대상물품이 있어 세관의 감시 확인이 중요하다.

2) 선(기)용품의 범위

선용품 또는 기용품과 외국무역선 또는 외국무역기안에서 판매하는 물품의 종류 및 수량은 선박 또는 항공기의 종류·톤수 또는 무게, 항행 또는 운행일수, 여객과 승무원의 수 등을 고려하여 세관장이 타당하다고 인정하는 범위 안이어야 한다.

3) 선(기)용품의 하역

선용품 또는 기용품과 외국무역선 또는 외국무역기 안에서 판매하는 물품을 외국무역선 또는 외국무역기에 하역하거나 환적하려면 세관장의 허가를 받아야 한다(법 제143조 제1항).

물품이 외국으로부터 우리나라에 도착한 외국물품일 때에는 보세구역으로부터 외국무역선 또는 외국무역기에 적재하는 경우에만 그 외국물품을 그대로 적재할 수 있다(법 제143조 제2항). 물품의 종류와 수량은 선박이나 항공기의 종류, 톤수 또는 무게, 항행일수 또는 운행일수, 여객과 승무원의 수 등을 고려하여 세관장이 타당하다고 인정하는 범위이어야 한다(법 제143조 제3항).

4) 관세의 징수

외국물품인 선용품 또는 기용품과 외국무역선 또는 외국무역기안에서 판매할 물품이 하역허가의 내용대로 운송수단에 적재되지 아니한 경우에는 해당 허가를 받은 자로부터 즉시 그 관세를 징수한다. 다만, 세관장이 지정한 기간 내에 그 물품이 다시 보세구역에 반입된 경우, 재해나 그 밖의 부득이한 사유로 멸실된 경우, 미리 세관장의 승인을 받고 폐기한 경우에는 관세를 징수하지 아니하다. 허가를 받아야 하는 물품의 종류·수량 등에 관하여 필요한 사항은 관세청장이 정하여 고시한다.

5 외국무역선의 내항선으로의 전환 등

1. 자격전환

외국무역선 또는 외국무역기를 내항선 “(內航船) 또는 내항기”(內航機)로 전환하거나, 내항선(국내에서만 운항하는 선박) 또는 내항기(국내에서만 운항하는 항공기)를 외국무역선 또는 외국무역기로 전환하려면 선장 또는 기장은 세관장의 승인을 받아야 한다(법 제144조).

승인을 얻고자 하는 자는 선박 또는 항공기의 명칭·종류·등록기호·국적·총톤수 및 순톤수·자체무게·선적항, 선박 또는 항공기의 소유자의 주소·성명, 내항선·내항기·외국무역선 또는 외국무역기에의 해당 여부, 전환하려는 내용 및 사유를 기재한 신청서를 세관장에게 제출하여야 한다. 세관장은 신청이 있는 경우에는 해당 선박 또는 항공기에 적재되어 있는 물품을 검사할 수 있다.

2. 선장의 직무대행자

선장 또는 기장에게 적용할 규정은 그를 대리하여 그 직무를 행하는 자에게 적용한다.

3. 그 밖의 선박 또는 항공기

1) 외국무역선(기) 준용

외국무역선 또는 외국무역기 외의 선박이나 항공기로서 외국에 운항하는 선박 또는 항공기와 외국을 왕래하는 여행자와 휴대품·탁송품 또는 별송품(제241조제2항제1호)을 전용으로 운송하기 위하여 국내에서만 운항하는 항공기(환승전용내항기)는 외국무역선이나 외국무역기에 관한 규정을 준용한다. 다만, 대통령령으로 정하는 선박 및 항공기에 대하여는 그러하지 아니하다.

2) 환승전용내항기의 관리

환승전용내항기에 대해서는 보세구역에서 외국물품을 적재하도록 한 관세법 제143조제2항은 적용하지 아니하며 효율적인 통관 및 감시·단속을 위하여 필요한 사항은 따로 정할 수 있다. 세관장은 다음 어느 하나에 해당하는 사항에 대하여 관세청장이 정하는 바에 따라 그 절차를 간소화하거나 그 밖에 필요한 조치를 할 수 있다.

- 관세법 제135조제1항에 따른 입항보고
- 관세법 제136조제1항에 따른 출항허가 신청
- 그 밖에 환승전용내항기 및 해당 항공기에 탑승하는 외국을 왕래하는 여행자와 휴대품 · 탁송품 또는 별송품(법 제241조제2항제1호)의 통관 및 감시에 필요한 사항

2) 외국무역선(기) 준용 제외대상

군함·군용기나 국가원수 또는 정부를 대표하는 외교사절이 전용하는 선박 또는 항공기에 관하여는 외국무역선이나 외국무역기에 관한 규정을 준용하지 아니한다.

4. 국경하천을 운항하는 선박

국경하천만을 운항하는 내국선박에 대하여는 외국무역선에 관한 규정을 적용하지 아니한다.

제3절 차량

1 의의

관세법에서 규정하는 차량은 국경을 출입하는 차량을 말한다. 국경을 출입하는 차량은 철도차량과 철도차량외 차량으로 구분되는데 선박, 차량 또는 항공기가 아닌 그 밖의 운송수단은 철도차량외 차량으로 본다.

2 차량의 관리

1. 관세통로

국경을 출입하는 차량(국경출입차량)은 관세통로를 경유하여야 하며, 통관역이나 통관장에 정차하여야 한다(법 제148조 제1항). 관세통로는 육상국경(陸上國境)으로부터 통관역에 이르는 철도와 육상국경으로부터 통관장에 이르는 육로 또는 수로 중에서 세관장이 지정한다(법 제148조 제2항). 통관역은 국외와 연결되고 국경에 근접한 철도역 중에서 관세청장이 지정한다. 통관장은 관세통로에 접속한 장소 중에서 세관장이 지정한다.

2. 국경출입차량의 도착절차

1) 도착보고

국경출입차량이 통관역이나 통관장에 도착하면 통관역장이나 도로차량(선박·철도차량 또는 항공기가 아닌 운송수단을 말한다)의 운전자는 차량용품목록·여객명부·승무원명부 및 승무원 휴대품목록과 관세청장이 정하는 적하목록을 첨부하여 지체 없이 세관장에게 도착보고를 하여야 하며, 최종 출발지의 출발허가서 또는 이를 갈음하는 서류를 제시하여야 한다. 다만, 세관장은 감시·단속에 지장이 없다고 인정될 때에는 차량용품목록이나 승무원 휴대품목록의 첨부를 생략하게 할 수 있다(법 제149조 제1항)

도착보고서에는 다음의 사항을 기재하여야 한다.

- 차량의 회사명 · 국적 · 종류 · 등록기호 · 번호 · 총화차수 · 총객차수

- 차량의 최초출발지 · 경유지 · 최종출발지 · 도착일시 · 출발예정일시 및 목적지
- 적재물품의 내용 · 개수 및 중량
- 여객 및 승무원수와 통과여객의 수

2) 입항보고서류의 사전제출

세관장은 신속한 입국 및 통관절차의 이행과 효율적인 감시·단속을 위하여 필요한 때에는 관세청장이 정하는 바에 의하여 도착하는 해당 차량이 소속된 회사(그 업무를 대행하는 자를 포함)에 여객명부·적하목록 등을 도착하기 전에 제출하게 할 수 있다.

3) 반복운송 도착보고

모래·자갈 등 골재와 석탄·흑연 등 광물을 일정 기간에 일정량으로 나누어 반복적으로 운송하는 데 사용되는 도로차량의 운전자는 사증(査證)을 받는 것으로 도착보고를 대신할 수 있다. 다만, 최종 도착보고의 경우를 제외한다.

사증을 받는 것으로 도착보고를 대신하는 도로차량의 운전자는 최종 도착보고를 하는 때에 관련 서류를 한꺼번에 제출하여야 한다.

3. 국경출입차량의 출발절차

1) 출발허가

국경출입차량이 통관역이나 통관장을 출발하려면 통관역장이나 도로차량의 운전자는 출발하기 전에 세관장에게 출발보고를 하고 출발허가를 받아야 한다(법 제150조).

출발보고서에는 다음의 사항을 기재하여야 한다.

- 차량의 회사명 · 종류 · 등록기호 · 번호 · 총화차수 · 총객차수
- 차량의 출발지 · 경유지 · 최종목적지 · 출발일시 및 도착일시
- 적재물품의 내용 · 개수 및 중량
- 여객 및 승무원의 수와 통과여객의 수

통관역장 또는 도로차량의 운전자는 허가를 받으려는 때에는 그 통관역 또는 통관장에서 적재한 물품의 목록을 제출하여야 한다. 제출하는 물품의 목록은 관세청장이 정하는 바에 따라 세관장에게 제출하여야 한다.

모래·자갈 등 골재와 석탄·흑연 등 광물을 일정 기간에 일정량으로 나누어 반복적으로 운송하는 데 사용되는 도로차량의 운전자는 사증을 받는 것으로 출발보고 및 출발허가를 대신할 수 있다. 다만, 최초 출발보고와 최초 출발허가의 경우를 제외한다.

2) 출발절차

도로차량을 운행하려는 자는 미리 세관장에게 신고하여야 하며, 다음 각 호의 사항을 기재한 신고서를 세관장에게 제출하여야 한다.

- 차량의 회사명 · 종류 및 차량등록번호
- 차량의 출발지, 경유지, 최종목적지, 최초 출발일시, 최종 도착일시 및 총운행횟수
- 운송대상 물품의 내용 및 총중량

4. 물품의 하역 등

1) 물품 하역

통관역 또는 통관장에서 외국물품을 차량에 하역하려는 자는 세관장에게 신고를 하고, 현장에서 세관공무원의 확인을 받아야 한다. 다만, 세관공무원이 확인할 필요가 없다고 인정하는 때에는 그러하지 아니하다.

물품을 하역하려는 자는 다음의 사항을 기재한 신고서를 세관장에게 제출하고 그 신고필증을 현장 세관공무원에게 제시하여야 한다.

- 차량번호
- 물품의 품명 · 개수 및 중량
- 작업의 구분과 작업예정기간

2) 차량용품 등의 하역 또는 환적

차량용품과 국경출입차량안에서 판매할 물품을 해당 차량에 하역하거나 환적하는 때에는 선기용품의 하역 등(법 제143조)의 규정을 준용한다. 차량용품과 국경출입차량에서 판매할 물품에 대하여는 선용품 또는 기용품 등의 하역 또는 환적(법 제166조) 규정을 준용한다.

5. 국경출입차량의 국내운행차량으로의 전환 등

국경출입차량을 국내에서만 운행하는 차량(국내운행차량)으로 전환하거나 국내운행차량을 국경출입차량으로 전환하려는 때에는 통관역장 또는 도로차

량의 운전자는 세관장의 승인을 얻어야 한다. 다만, 기획재정부령이 정하는 차량의 경우에는 그러하지 아니하다.

6. 도로차량의 국경출입

국경을 출입하려는 도로차량의 운전자는 해당도로차량이 국경을 출입할 수 있음을 증명하는 서류를 세관장으로부터 교부받아야 한다.

국경을 출입하는 도로차량의 운전자는 출입할 때마다 서류를 세관공무원에게 제시하고 사증을 받아야 한다. 이 경우 전자적인 방법으로 서류의 제시 및 사증을 받는 것을 대신할 수 있다. 사증을 받으려는 자는 400원의 수수료를 납부하여야 한다. 다만, 기획재정부령이 정하는 차량은 수수료를 면제한다.

국경을 출입할 수 있는 도로차량임을 증명하는 서류를 교부받으려는 자는 다음의 사항을 기재한 신청서를 세관장에게 제출하여야 한다.

- 차량의 종류 및 차량등록번호
- 적재량 또는 승차정원
- 운행목적 · 운행기간 및 운행경로

제4절 보세운송

1 총설

1. 의의

보세운송이란 외국물품을 보세상태로 국내에서 운송하는 것을 말하며, 창고료 부담 없이 화주의 자기 보세창고까지 수출입물품을 운송하므로 화주에게 경비절감 및 통관절차의 간소화 효과가 있다.

2. 보세운송 장소

외국물품은 다음의 장소 사이와 자유무역지대에 한하여 외국물품 그대로 운송할 수 있다. 수출신고가 수리된 물품은 해당 물품이 장치된 장소에서 다음의 장소로 운송할 수 있다.

- 개항
- 보세구역
- 보세구역외 장치허가를 받은 장소
- 세관관서
- 통관역
- 통관장
- 통관우체국

2 보세운송 절차

1. 보세운송신고와 승인

1) 신고

보세운송을 하려는 자는 세관장에게 보세운송의 신고를 하여야 한다.

2) 승인이 필요한 경우

물품의 감시 등을 위하여 필요하다고 인정하여 보세운송의 승인을 얻어

야 하는 경우는 다음에 해당하는 물품을 운송하려는 경우를 말한다.

- 보세운송된 물품중 다른 보세구역 등으로 재보세운송하려는 물품
- 「검역법」·「식물방역법」·「가축전염병예방법」 등에 따라 검역을 요하는 물품
- 「위험물안전관리법」에 따른 위험물
- 「유해화학물질관리법」에 따른 유해화학물질
- 비금속설
- 화물이 국내에 도착된 후 최초로 보세구역에 반입된 날부터 30일이 경과한 물품
- 통관이 보류되거나 수입신고수리가 불가능한 물품
- 보세구역외 장치허가를 받은 장소로 운송하는 물품
- 귀석·반귀석·귀금속·한약재·의약품·향료 등과 같이 부피가 작고 고가인 물품
- 화주 또는 화물에 대한 권리를 가진 자가 직접 보세운송하는 물품
- 통관지가 제한되는 물품
- 적하목록상 동일한 화주의 선하증권 단위의 물품을 분할하여 보세운송하는 경우 그 물품
- 불법 수출입의 방지 등을 위하여 세관장이 지정한 물품
- 관세법 및 관세법에 의한 세관장의 명령을 위반하여 관세범으로 조사를 받고 있거나 기소되어 확정판결을 기다리고 있는 보세운송업자등이 운송하는 물품

3) 보세운송 신고와 승인신청

보세운송신고를 하거나 승인을 받으려는 자는 다음 사항을 기재한 신고서 또는 신청서를 세관장에게 제출하여야 한다. 다만, 외국무역선 또는 외국무역기에의 효율적인 하역을 위하여 필요하거나 세관의 감시단속상 애로가 없다고 인정하여 관세청장이 따로 정하는 경우에는 그 정하는 바에 의한다.

- 운송수단의 종류·명칭 및 번호
- 운송통로와 목적지
- 화물상환증, 선하증권번호 또는 항공화물운송장번호와 물품의 적재지·생산지 또는 제조지
- 포장의 종류·번호 및 개수
- 품명·규격·수량 및 가격
- 운송기간
- 화주의 명칭(성명)·주소·사업자등록번호 및 대표자성명

세관장은 운송거리 그 밖의 사정을 참작하여 필요가 없다고 인정되는 때에는 기재사항 중 일부를 생략하게 할 수 있다.

보세운송신고 또는 승인신청은 보세운송하려는 화물이 장치되어 있거나 입항예정인 보세구역을 관할하는 세관(발송지세관)장 또는 보세운송 물품의 도착지보세구역을 관할하는 세관(도착지세관)장에게 한다.

4) 보세운송신청인

보세운송의 신고 또는 승인 신청은 화주[5], 관세사, 보세운송을 업(業)으로 하는 자(보세운송업자)의 명의로 하여야 한다.

판례 보세운송은 화주 또는 화주의 위임을 받은 보세운송업자(보세운송을 업으로 하는 자로서 관세청장 또는 세관장에게 신고하여야 한다)가 그 명의로 세관장에게 신고하여 세관장의 면허를 받아야 할 수 있도록 규정되어 있으므로, 이 사건 화물에 대한 보세운송신고를 할 수 있는 자는 화주인 소외 회사 또는 소외 회사의 위임을 받은 보세운송업자 뿐임은 피고도 자인하고 있는 바이고, 또 실제로 소외 회사의 위임을 받은 소외 고려종합운수 주식회사가 보세운송 신고를 하고 이 사건 화물의 보세운송을 담당한 사실은 기록상 의문의 여지가 없으므로, 다른 사정이 없는 한 보세운송 과정 중의 이 사건 화물은 소외 회사의 사실상의 지배 아래 있다고 봄이 상당하다 할 것이다. (대법원 1996. 3. 12. 선고 94다55057 판결[집44(1)민,253;공1996.5.1.(9),1225])

5) 신고절차

(1) 신고대상

보세운송하려는 수입화물중 다음의 어느 하나에 해당하는 물품은 신고대상으로 한다.

- 승인대상이 아닌 물품(영 제226조제3항)
- 특정물품간이보세운송업자가 관리대상화물 관리에 관한 고시에 따른 검사대상화물을 하선(기)장소에서 최초 보세운송하려는 물품
- 항공사가 개항간 입항적하목록 단위로 일괄하여 항공기로 보세운송하려는 물품
- 간이보세운송업자가 영 제226조제3항제1호 내지 제5호, 제7호, 제11호의 물품을 운송하는 경우로서 별도의 서류제출이 필요 없다고 인정되는 물품
- 관세 등에 대한 담보제공과 정산제도 운영에 관한 고시에 따른 신용담보업체 또는 포괄담보제공업체인 화주가 자기명의로 보세운송 신고하는 물품

5) 전매된 경우에는 그 취득자, 환적화물의 경우에는 그 화물에 대한 권리를 가진 자

(2) 신고시기

보세운송신고를 하려는 자는 보세화물 입출항 하선·하기 및 적재에 관한 고시에 따라 화물관리번호가 부여된 이후에 할 수 있다.

(3) 보세운송신고 절차

수입물품을 보세운송하려는 자는 전자문서로 작성한 "보세운송신고서"를 세관화물정보시스템에 전송하여야 한다. 다만 전자문서 전송이 불가능하여 서류로만 제출된 경우 화물관리공무원이 그 내역을 세관화물정보시스템에 등록하여야 한다. 항공사가 국내개항간에 항공기에 의하여 보세운송하고자하는 경우의 보세운송신고서는 발송지세관에 전자문서로 출항적하목록을 제출하는 것으로 갈음할 수 있다. 이 경우 출항적하목록은 보세운송 물품을 적재한 항공기의 출항전에 제출하여야 한다. 보세운송신고는 입항선박 또는 항공기별 House B/L 단위로 신고하여야 한다. 다만, 다음의 어느 하나에 해당되는 경우에는 그러하지 아니하다.

- 보세운송하려는 물품이 동일한 보세구역으로부터 동일한 도착지로 운송되는 경우에는 1건으로 일괄하여 신고할 수 있다. 다만, 관세청장이 정하는 기준에 의한 법규준수도가 높은 보세운송업자는 동일한 관할세관내 여러 도착지 보세구역으로 운송하는 경우에도 1건으로 일괄하여 신고할 수 있다.
- 단일화주의 FCL화물이나 LCL화물중 컨테이너에서 적출하지 아니한 상태로 보세운송하는 경우에는 Master B/L단위로 신고할 수 있다.
- 해상화물중 하선 장소에서 다음 입항지의 운송 구역 내 1개 이상의 영업용 보세구역으로 보세운송하는 경우에는 모선단위 1건으로 일괄하여 신고할 수 있다.

입항지	운송구역
부산항	부산세관, 용당세관, 양산세관, 사상세관 관할구역
인천항	인천세관, 부평세관 관할구역(인천광역시 지역에 한함)
마산항	마산세관, 창원세관 관할구역

(4) 심사

보세운송신고서를 접수한 화물관리공무원은 다음 사항을 심사하여야 한다.

- 적하목록상의 화물관리번호, B/L번호, 품명, 개수등과 신고내용이 일치하는지 여부

- 보세운송 신고인의 적격여부
- 보세운송신고물품이 적하목록상에 이상이 있는 물품인지 여부
- 보세운송하려는 물품이 영 제226조제3항 각 호에 따른 승인대상 물품에 해당하는지 여부
- 보세운송기간이 합당한지 여부
- 보세운송도착지가 보세화물 관리에 관한 고시 제4조에 따른 화물분류기준에 적합한 장소인지 여부
- 그 밖의 세관장이 필요하다고 인정하는 사항

(5) 검사

세관장은 보세운송 신고한 물품의 감시단속을 위하여 필요하다고 인정할 때에는 다음에 해당하는 검사방법으로 화물관리공무원이 검사하게 할 수 있으며, 검사대상물품은 관세청장이 별도 시달한 기준에 의하여 선별한다.

- 검색기검사

세관봉인부착. 다만, 신고물품이 자율관리 보세구역에서 출발하는 경우, 보세사가 보세운송신고물품에 세관봉인을 시봉할 수 있으며, 이 경우 즉시 시봉내역을 전자문서로 세관장에게 제출하여야 한다.

- 개장검사

세관장은 검사대상물품과 검사방법을 지정한 경우, 그 내역을 즉시 해당 보세운송신고인 및 보세구역운영인[6] 또는 화물관리인에게 통보하여야 하며, 통보를 받은 보세운송신고인 등은 세관공무원의 검사와 관련하여 검사장소와 장비의 확보, 작업인부 배치 등 편의를 제공하여야 한다. 세관장은 물품검사시 신고인 또는 화주의 입회가 필요하다고 인정하거나, 신고인 또는 화주로부터 입회요청을 받은 경우에는 검사에 입회하게 할 수 있다. 세관장은 제개장검사를 실시한 경우, 그 결과를 세관화물정보시스템에 등록하여야 하며, 이상화물이 발견되었을 때에는 즉시 조사의뢰 등 적절한 조치를 취하여야 한다. 다만, 이상이 없는 것으로 나타난 경우에는 신속한 보세운송을 위하여 필요한 조치를 하여야 한다. 수출신고가 수리된 물품은 관세청장이 따로 정하는 것을 제외하고는 보세운송절차를 생략한다.

6) 자유무역지역의 입주기업체 및 보세구역외장치허가를 받은 자를 포함한다.

(6) 보세운송신고 수리

화물관리공무원은 보세운송신고사항을 심사한 후 신고내용이 타당한 때에는 즉시 세관화물정보시스템에 수리등록을 하고 신고자, 발송지세관장 또는 도착지세관장, 발송지 및 도착지보세구역운영인에게 수리사실을 통보하여야 하고, 신고내용이 타당하지 아니한 경우에는 세관화물정보시스템에 타당하지 않은 사유와 함께 수리거부로 등록하고 신고자에게 통보하여야 한다. 세관장은 보세운송업무의 신속한 처리를 위하여 세관화물정보시스템에서 자동으로 신고내역을 확인하여 신고수리하고 통보를 하게 할 수 있다. 보세운송신고 수리통보를 받은 신고자는 신고필증 2부(신고자용, 반입신고용)를 출력하여 신고자용 1부와 관련서류는 3년간 보관하여야 하고, 동 내용이 수록된 마이크로필름·광디스크 등 자료전달매체에 의하여 보관할 수 있다.

(7) 신고의 취하 등

보세운송신고인이 세관에 보세운송신고서를 제출 한 후에 부득이한 사유로 취하 또는 부분취하(일괄 보세운송신고시)를 하려는 경우에는 "보세운송신고(승인신청)항목 변경승인(신청)서"를 작성하여 서류 또는 전자문서로 제출하여야 하며, 이 경우 화물관리공무원은 신고인에게 신청사유를 증명할 수 있는 자료를 요구할 수 있다. 항목변경신청서를 접수한 화물관리공무원은 신청사유와 관련 증명자료내역 등을 심사 후 그 결과에 따라 세관화물정보시스템에 승인 또는 기각으로 등록하고, 보세운송신고인에게 그 내역을 전자문서로 통보하여야 한다. 보세운송신고서가 세관에 신고 또는 수리된 후, 화물관리공무원이 신고 또는 수리내용을 수정할 필요가 있는 경우에는 세관화물관리정보시스템에 수정내용을 등록하고 수정할 수 있으며, 이 경우 보세운송신고인에게 그 내역을 전자문서로 통보하여야 한다.

6) 승인절차

(1) 승인기준

관세법 시행령 제226조제3항제1호 내지 제8호 및 제12호의 물품에 대한 승인기준은 다음과 같다.

- 보세운송된 물품 중 다른 보세구역 등으로 재보세운송하려는 물품은 보세공장,

보세전시장, 보세건설장, 보세판매장 등 특수보세구역에 반입하여야 할 경우 등 세관장이 부득이 하다고 인정하는 경우에 한한다.

- 검역법 · 식물방역법 · 가축전염병예방법 등에 따라 검역을 요하는 물품은 소정의 조치를 필하였거나 보세구역[7]으로 지정받은 검역시행장으로 운송하는 경우에 한한다.
- 위험물안전관리법에 따른 위험물, 유해화학물질관리법에 따른 유해화학물질은 도착지가 관련법령에 따라 해당 물품을 취급할 수 있는 경우에 한한다.
- 비금속설은 다음의 어느 하나에 해당하는 경우에 한한다.
  - 도착지가 비금속설만을 전용으로 장치하는 영업용 보세장치장으로서 간이보세운송업자가 승인 신청하는 경우
  - 도착지가 실화주의 자가용 보세창고로서 비금속설을 처리할 수 있는 용광로 또는 압연시설을 갖추고 있고 간이보세운송업자가 보세운송 승인신청을 하는 경우
  - 도착지가 비금속설을 장치할 수 있도록 보세구역외장치허가를 받은 장소로서 간이보세운송업자가 승인 신청하는 경우
  - 컨테이너로 운송하는 경우로서 보세화물 관리상 문제가 없다고 세관장이 인정하는 경우
- 화물이 국내에 도착된 후 최초로 보세구역에 반입된 날부터 30일이 경과한 물품은 다음의 어느 하나에 해당하는 경우에 한한다.
  - 법 제236조에 따라 통관지가 제한되는 물품으로서 통관지세관 관할 구역 내 보세구역으로 운송하는 물품
  - 보세공장, 보세건설장, 보세전시장 등 특수보세구역으로 반입하여야 할 필요가 있는 물품
  - 그 밖의 세관장이 보세운송이 부득이 하다고 인정하는 물품
- 통관이 보류되거나 수입신고수리가 불가한 물품은 반송을 위하여 선적지 하선장소로 보세운송하는 경우에 한한다.
- 법 제236조에 따라 통관지가 제한되는 물품은 수입통관 사무처리에 관한 고시에 따른 통관지세관으로 보세운송하는 경우에 한한다.
- 귀석 · 반귀석 · 귀금속 · 한약재 · 의약품 · 향료 등과 같이 부피가 작고 고가인 물품은 수출물품 제조용 원재료이거나 세관장이 지정한 장치장으로 운송하는 물품에 해당하는 경우에 한한다.
- 불법 수출입의 방지 등을 위하여 세관장이 관리대상화물 관리에 관한 고시에 따라 검사대상화물로 선별한 물품 중 검사하지 아니한 물품은 운송목적지가

7) 보세구역외 장치 허가를 받은 장소를 포함한다.

세관장이 지정한 보세구역인 경우에 한한다.

승인기준에 타당하지 아니한 물품과 법 제234조에 따른 수출·입 금지품에 대하여는 보세운송승인을 불허한다. 세관장은 운송된 물품을 재보세운송하려는 경우에는 입항지에서의 최초 보세운송과 동일하게 인정하여 처리할 수 있다. 세관장은 신고대상으로 된 물품은 보세운송신고 심사후 수리대상으로 분류하고 세관화물정보시스템을 이용하여 심사하여야 한다.

(2) 승인신청

관세법 시행령 제226조제3항의 물품을 보세운송하려는 자는 전자문서로 작성한 "보세운송 승인신청서"를 세관화물정보시스템에 전송하고, 자체시스템에서 출력한 승인신청서 3부(보관용, 신청자용, 반입신고용)에 다음 서류를 첨부하여 세관장에게 제출하여야 한다. 다만 전자문서 전송이 불가능하여 서류로만 제출된 경우 화물관리공무원이 그 내역을 세관화물정보시스템에 등록하여야 한다.

- 송품장
- 담보제공서류(담보제공대상 물품에 한한다)
- 검역증(검역대상물품에 한한다)
- 보세운송 도착지를 심사할 수 있는 서류. 다만, 세관화물정보시스템에서 도착지의 확인이 가능한 경우에는 제출을 생략하게 할 수 있다.
- 그 밖의 세관장이 보세운송승인을 위하여 필요한 서류

보세운송승인신청은 물품이 하선(기)장소에 반입된 후에 할 수 있다. 다만, 양륙과 동시에 차상 반출할 물품의 경우에는 입항후에 하선(기)장소 반입 전에라도 보세운송승인신청을 할 수 있다.

(3) 승인심사

보세운송 승인신청서를 접수한 화물관리공무원은 세관화물정보시스템에 전송된 내역과 대사한 후에 다음 사항을 심사하여야 한다.

- 첨부서류 구비여부
- 신청인이 보세운송업자인 경우 제2-1-4조에 따라 등록된 보세운송업자인지 여부
- 보세운송기간이 적당한지 여부
- 보세운송 도착지가 적정한지 여부

- 담보제공이 필요한 물품에 대하여는 담보제공 여부
- 검사의 필요성 여부
- 가산세 부과대상여부
- 그 밖의 세관장이 보세운송승인에 필요하다고 인정되는 사항

심사한 결과 보세운송승인 신청한 물품이 보세운송승인요건에 위배되는 경우와 그 밖의 세관장이 화물의 감시단속상 보세운송을 제한할 필요가 있다고 인정하는 경우에는 보세운송승인을 할 수 없다.

(4) 담보제공

세관장은 관세채권 확보를 위하여 보세운송 승인 신청한 물품에 대하여는 관세 및 제세 상당액을 담보로 제공하게 하여야 한다. 다만, 다음의 어느 하나에 해당하는 경우에는 그러하지 아니하다.

- 무세 또는 관세가 면제될 것이 확실하다고 인정하는 물품
- 자율관리 보세구역으로 지정된 보세공장에 반입하는 물품
- 보세운송신고(승인신청)하는 화주가 관세 등에 대한 담보제공과 정산제도 운영에 관한 고시에 따른 신용담보업체 또는 포괄담보제공업체로서 담보한도액 범위내인 경우이거나 이미 담보를 제공한 물품
- 간이보세운송업자가 보세운송승인 신청한 물품

(5) 물품검사

세관장은 보세운송승인 신청한 물품을 감시단속을 위하여 필요하다고 인정할 때에는 검사를 할 수 있다.

(6) 보세운송 승인

세관장은 보세운송승인신청서의 심사 및 검사결과 이상이 없을 때에는 즉시 세관화물정보시스템에 승인등록을 한 후 신청인에게 보세운송승인서(신청인용, 반입신고용) 2부를 교부하고 발송지세관장 또는 도착지세관장, 발송지 및 도착지 보세구역운영인에게 승인내역을 통보하여야 하며, 승인신청인은 보세운송승인서(신청인용) 및 관련서류를 3년간 보관하여야 하고, 동 내용이 수록된 마이크로필름·광디스크 등 자료전달매체를 부착하여 보관할 수 있다.로 한다. 세관장은 보세운송승인한 물품의 감시단속을 위하여 필요하다고 인정되는 경우에는 운송통로를 제한할 수 있다.

2. 보세운송 절차를 요하지 않는 물품

다음의 어느 하나에 해당하는 물품은 보세운송 절차를 요하지 아니한다.

- 우편법에 따라 체신관서의 관리 하에 운송되는 물품
- 검역법 등에 따라 검역관서가 인수하여 검역소 구내계류장 또는 검역시행 장소로 운송하는 검역대상 물품
- 국가기관에 의하여 운송되는 압수물품

검역대상물품을 인수하는 자는 인수증에 B/L사본 및 보세구역외 장치허가서 사본[8]을 첨부하여 제출하여야 하며, 화물관리공무원은 그 내용을 세관화물정보시스템에 등록하여야 한다.

3. 보세운송물품의 폐기 및 멸실 처리

보세운송 중에 있는 물품이 부패, 변질, 손상, 그 밖의 사유로 상품가치를 상실하였을 때에는 "보세운송물품 폐기승인(신청)서"를 보세운송 신고지 세관장에게 제출하여 그 승인을 받아 폐기할 수 있다. 보세운송 중에 있는 물품이 나그 밖의 부득이한 사유로 소실, 유실, 증발(도난 및 망실물품은 제외)등으로 멸실되었을 경우에는 "보세운송물품 멸실신고서"에 경찰 또는 소방관서장이 발행한 사실확인증명서를 첨부하여 보세운송 신고지 세관장에게 제출하여야 한다. 소정의 절차를 밟아 처리된 폐기 또는 멸실 물품에 대하여는 소정의 관세를 징수하지 아니한다. 다만, 폐기 후 잔존물이 있을 때에는 관세법 제160조제3항의 규정을 준용하여 그 관세를 징수한다.

4. 보세운송보고

보세운송의 신고를 하거나 승인을 받은 자는 해당 물품이 운송 목적지에 도착하였을 때에는 관세청장이 정하는 바에 따라 도착지의 세관장에게 보고하여야 한다.

5. 보세운송통로 및 운송 기간

1) 운송통로제한

세관장은 보세운송물품의 감시·단속을 위하여 필요하다고 인정될 때에는 관세청장이 정하는 바에 따라 운송통로를 제한할 수 있다.

8) 동물검역소구내계류장으로 운송하는 물품 제외

2) 운송기간

보세운송물품은 신고수리(승인)일로부터 해상화물은 15일, 항공화물은 7일 이내에 목적지에 도착 하여야 한다. 다만, 세관장은 선박 또는 항공기 입항전에 보세운송신고를 하는 때에는 입항예정일 및 하선(기)장소 반입기간을 고려하여 5일이내의 기간을 추가할 수 있다. 세관장은 나 그 밖의 부득이한 사유로 인하여 필요하다고 인정되는 때에는 그 기간을 연장할 수 있다. 보세운송기간의 연장을 받으려는 자는 다음의 사항을 기재한 신청서를 해당 보세운송을 신고하거나 승인한 세관장 또는 도착지 세관장에게 제출하여야 한다.

- 보세운송의 신고 또는 승인연월일과 신고번호 또는 승인번호
- 해당 물품의 품명 · 규격 및 수량
- 연장신청기간 및 신청사유

6. 보세운송기간 경과 시의 관세 징수

신고를 하거나 승인을 받아 보세운송하는 외국물품이 지정된 기간 내에 목적지에 도착하지 아니한 경우에는 즉시 그 관세를 징수한다. 다만, 해당 물품이 재해나 그 밖의 부득이한 사유로 인하여 망실되었거나 미리 세관장의 승인을 받아 폐기한 때에는 그러하지 아니하다.

7. 보세운송의 담보

세관장은 보세운송의 신고를 하거나 승인을 받으려는 물품에 대하여 관세의 담보를 제공하게 할 수 있다.

8. 조난물품의 운송

재해나 그 밖의 부득이한 사유로 선박 또는 항공기로부터 내려진 외국물품은 그 물품이 있는 장소로부터 보세운송 장소(제213조제1항 각호)로 운송될 수 있다. 외국물품을 운송하려는 자는 승인을 받아야 한다. 다만, 긴급히 처리할 필요가 있을 때에는 세관공무원 또는 국가경찰공무원(세관공무원이 없는 경우로 한정한다)에게 신고하여야 한다. 신고를 받은 국가경찰공무원은 지체 없이 그 내용을 세관공무원에게 통보하여야 한다.

3 보세운송관리

1. 보세운송수단

보세운송업자가 보세운송을 하려는 경우에는 등록된 자기보유의 운송수단 또는 등록된 다른 보세운송업자의 운송수단[9]으로 운송하여야 한다. 다만, 보세운송 물품을 철도차량으로 운송하는 경우에는 그러하지 아니하다. 냉장 또는 냉동화물 등 특수한 경우에는 사전에 세관장의 승인을 얻어 일반 업체의 운송수단으로 운송할 수 있으며, 일반 업체의 운송수단으로 보세운송(임차보세운송)을 하려는 자[10]는 1년의 임차기간 범위 내에서 “보세운송수단 임차승인(신청)서”를 전자문서 또는 서류로 관할지 또는 신고지세관장에게 제출하여야 하며, 이 경우 운송수단을 임대하는 자는 “보세운송수단 임대동의서”를 전자문서 또는 서류로 임차보세운송업자의 관할지 또는 신고지세관장에게 제출하여 승인을 받아야 한다. 다만, 세관장이 임대동의서 제출이 필요 없다고 인정하는 경우에는 생략 할 수 있다. 승인신청을 받은 세관장은 그 신청사유가 타당하다고 인정되는 경우 이를 승인하고 신청인에게 전자문서 또는 서류로 통보하여야 한다.

임차보세운송의 경우 보세운송신고(승인)서에 실제 운송업체명과 운송수단 번호를 기재하여 출발지 또는 도착지세관 화물순찰공무원의 요구가 있을 시 제시하여야 한다. 출발지 보세구역운영인 또는 화물관리인은 보세운송업자가 운송하는 경우 보세운송수단의 등록여부를 확인한 후 물품을 반출하여야 한다. 다만, 사전에 세관장의 승인을 얻어 일반 업체의 운송수단으로 운송하는 경우에는 보세운송수단 임차승인서를 확인하여야 한다. 한 건의 보세운송에 대하여 복수의 운송수단을 이용하고자 할 경우 보세운송신고 또는 승인 신청 시에 복수의 운송수단을 함께 기재하여 신고 또는 승인 신청할 수 있다.

보세운송신고인(또는 승인신청인, 보세운송인)이 보세운송신고 또는 승인 신청 후 운송수단을 변경하려는 경우 보세운송신고 또는 승인 신청한 세관장에게 항목변경신청서를 전자문서 또는 서류로 제출하여야 한다. 승인신청을 받은 세관장은 그 신청사유가 타당하다고 인정될 때에 이를 승인하고 신청인, 발송지세관장 또는 도착지세관장, 출발지 및 도착지 보세구역운영인에게 전자문서로 통보하여야 한다.

9) 관련법령에 의하여 화물운송주선업 등의 자격을 갖춘 보세운송업자에 한함.
10) 관련법령에 의하여 화물운송주선업 등의 자격을 갖춘 보세운송업자에 한함.

2. 보세운송 목적지 등 변경

보세운송인이 보세운송목적지 또는 경유지를 변경하려는 경우 항목변경신청서를 발송지세관장 또는 도착지세관장에게 전자서류 또는 서류로 제출하여 승인을 받아야 한다. 승인신청을 받은 세관장은 목적지 또는 경유지 변경 사유가 부득이하고 변경하려는 목적지 또는 경유지가 합당할 때에 한하여 이를 승인하고 신청인, 발송지세관장 또는 도착지세관장, 출발지 및 도착지 보세구역운영인에게 전자문서로 통보하여야 한다.

3. 보세운송기간 연장

차량사고, 도착지 창고사정등 그 밖의 부득이한 사유로 인하여 보세운송기간을 연장할 필요가 있을 때에는 보세운송인은 발송지세관장 또는 도착지세관장에게 항목변경신청서를 전자문서 또는 서류로 제출하여야 한다. 항목변경신청서를 접수한 세관장은 그 신청사유가 타당하다고 인정될 때에 한하여 세관장이 필요하다고 인정하는 범위 내에서 이를 승인하고 신청인, 발송지세관장 또는 도착지세관장, 출발지 및 도착지 보세구역 운영인에게 전자문서로 통보하여야 한다. 이 경우 세관장은 담당공무원으로 하여금, 차량사고현장 또는 창고사정 등을 확인하게 할 수 있다.

4. 보세운송 경유지 신고

보세운송인은 보세운송도중 운송수단을 변경하기 위하여 경유지를 거치는 경우에는 보세운송신고 또는 승인신청시에 이를 함께 기재하여 신고 또는 승인신청 하여야 한다. 이 경우 경유지는 보세구역에 한한다. 다만, 보세구역이 없는 공항만을 거쳐 운송되는 경우로서 세관장이 부득이하다고 인정하는 경우에는 그러하지 아니하다. 보세구역 경유지에서는 보세운송물품의 개장, 분리, 합병 등의 작업을 할 수 없다.

5. 보세운송물품 도착

보세운송인은 물품을 보세운송 기간 내에 도착지에 도착시켜야 한다. 보세운송인이 물품을 도착지에 도착시킨 때에는 지체 없이 보세운송신고필증(승인서) 2부(사본 가능)를 보세구역운영인 또는 화물관리인에게 제시하고 물품을 인계하여야 한다. 도착지 보세구역운영인 또는 화물관리인은 신고지세관장으로부터 통보받은 보세운송반입예정정보와 보세운송 신고필증 또는 승인

서와 일치여부 및 보세운송수단의 등록여부를 확인하고 현품과 대조 확인한 후 보세운송 신고필증 또는 승인서의 신고(청)인용과 반입신고용에 도착일시, 인수자를 기명날인하여 신고(청)인용 1부는 보세운송인에게 환부하고 반입신고용 1부는 2년간 보관하여야 한다. 도착지 보세구역운영인 또는 화물관리인은 보세운송된 물품을 인수하였을 때에는 즉시 세관화물정보시스템에 반입신고를 하여야 한다. 다만, 보세운송 도착과 동시에 수입신고가 수리된 물품은 보세구역에 입고시키지 않은 상태에서 물품을 화주에게 즉시 인도하고 반출입신고를 동시에 하여야 한다. 도착지 보세구역운영인 또는 화물관리인은 도착된 보세운송물품에 과부족이 있거나 컨테이너 또는 유개차의 봉인파손, 봉인번호 상이, 포장파손, 미등록 운송수단 확인 등 이상이 발견된 경우에는 지체 없이 세관장에게 보고하여야 한다. 보세운송 도착화물에 대한 이상보고를 받은 세관장은 담당공무원으로 하여금 그 실태를 조사하게 할 수 있다. 보세운송물품 도착보고는 보세구역운영인의 반입신고로 갈음한다. 항공사가 국내개항간에 항공기에 의하여 보세운송을 하는 경우 보세운송물품 도착보고는 도착지세관에 전자문서로 입항적하목록을 제출하는 것으로 갈음할 수 있다.

6. 도착관리

도착지세관장은 조사한 결과 도착물품에 이상이 있는 경우에는 즉시 신고지세관장에게 이상내역을 통보하여야 한다. 신고지세관장은 매일 세관화물정보시스템을 조회하여 보세운송 기간 내에 전량 반입신고가 없는 미착물품과 제1항의규정에 따라 도착지세관장으로 부터 이상내역을 통보받은 물품에 대하여는 사실을 확인한 후 조사후 처벌, 관세추징 등의 조치를 취하고 그 결과를 세관화물정보시스템에 등록하여야 한다.

7. 담보해제

보세운송 승인신청시에 담보를 제공한 자가 보세운송을 완료한 때에는 담보해제신청서를 세관장에게 제출하여 담보해제를 신청하여야 한다. 담보해제 신청을 받은 세관장은 도착여부를 조회하고 이상이 없을 때에는 즉시 제공된 담보를 해제 한다.

8. 집단화지역내의 보세운송

1) 집단화지역내의 보세운송특례

세관장은 관할 내 보세구역중 동일사업장 또는 내륙컨테이너기지 등 집단화지역내에서의 운송물품에 대하여는 보세운송신고(승인) 절차를 생략하고 보세구역운영인의 화물반출입신고로 갈음하게 할 수 있다.

2) 보세운송특례 대상의 지정

세관장은 보세운송특례 보세구역을 지정하려는 경우에는 감시단속상 문제점 등을 종합 검토하여 지정하여야 한다. 관할세관내 보세운송특례 대상 보세구역에 대하여 별도 담보를 징수하지 아니한다.

4 수출(반송물품) 보세운송

1. 적용범위

수출신고가 수리된 물품에 대하여는 보세운송절차를 생략한다. 다만, 다음 해당하는 물품은 그러하지 아니하다.

- 반송 절차에 관한 고시에 의하여 외국으로 반출하는 물품
- 보세전시장에서 전시후 반송되는 물품
- 보세판매장에서 판매후 반송되는 물품
- 여행자 휴대품 중 반송되는 물품
- 보세공장 및 자유무역지역에서 제조 · 가공하여 수출하는 물품
- 수출조건으로 판매된 몰수품 또는 국고 귀속된 물품

2. 보세운송 절차

반송 절차에 관한 고시에 의하여 외국으로 반출하는 물품과 보세전시장에서 전시후 반송되는 물품의 보세운송 절차는 반송 절차에 관한 고시에서 정하는 바에 의한다.

보세판매장에서 판매후 반송되는 물품의 보세운송 절차는 보세판매장 운영에 관한 고시에서 정하는 바에 의한다.

여행자 휴대품중 반송되는 물품의 보세운송 절차는 여행자 및 승무원 휴대

품 통관에 관한 고시에서 정하는 바에 의한다.

보세공장 및 자유무역지역에서 제조·가공하여 수출하는 물품의 보세운송 절차는 보세공장 운영에 관한 고시와 자유무역지역 반출입물품의 관리에 관한 고시에서 정하는 바에 의한다.

수출조건으로 판매된 몰수품 또는 국고 귀속된 물품에 대한 보세운송절차는 몰수품 및 국고귀속물품 관리에 관한 시행세칙에서 정하는 바에 따른다.

5 그 밖의 물품의 보세운송

1. 적용범위

다음의 그 밖의 물품이라 보세운송 관련 내용은 최초 수입시 B/L (AWB)이 없거나 물품의 특성상 세관화물정보시스템에 의한 전산처리가 불가능한 물품 중 다른 고시 등에 보세운송 규정이 없는 물품의 보세운송 처리시 적용한다.

2. 보세운송 승인신청

그 밖의 물품을 보세운송하려는 자는 물품이 출발지보세구역에 반입된 후 "보세운송승인신청서"에 서류를 첨부하여 세관장에게 제출하여야 한다. 다만, 김해·대구공항간 운항하는 내국항공기를 전용으로 이용하여 출입국하는 여행자의 기탁화물(휴대품을 포함한다)에 대하여는 항공사가 세관장에게 기탁화물의 목록을 제출함으로써 보세운송승인 신청에 갈음한다.

3. 보세운송 승인

세관장은 보세운송승인신청서의 심사 및 현품 검사결과 이상이 없을 때에는 즉시 승인하고 "보세운송대장"에 승인번호를 부여하여야 하며, 보세운송승인서(신청인용, 반입신고용) 2부를 신청인에게 교부하여야 한다. 다만, 김해·대구공항간 운항하는 내국항공기를 전용으로 이용하여 출입국하는 여행자의 기탁화물(휴대품을 포함한다)은 항공사가 제출하는 기탁화물의 목록을 세관장이 접수함으로써 보세운송승인에 갈음한다. 세관장은 보세운송승인을 하는 경우에 보세운송물품에 대한 감시단속을 위하여 필요하다고 인정되는 경우에는 운송통로를 제한할 수 있다.

4. 보세운송물품 도착

보세운송인은 물품을 보세운송 기간 내에 도착지에 도착시켜야 한다. 보세운송인이 물품을 도착지에 도착시킨 때에는 지체 없이 보세운송승인서 2부(신청인용, 반입신고용)를 보세구역운영인 또는 화물관리인에게 제시하고 물품을 인계하여야 한다. 도착지 보세구역운영인 또는 화물관리인은 보세운송승인서와 현품을 대조 확인한 후 보세운송승인서에 도착일시와 인수자를 기명날인하여 1부는 보세운송인에게 환부하고 반입신고용 1부는 세관장에게 FAX 또는 서면으로 익일 세관근무시간내에 제출하여야 한다. 도착지 보세구역운영인 또는 화물관리인은 도착된 보세운송물품에 과부족이 있거나 컨테이너 또는 유개차의 봉인파손, 포장파손 등 이상이 발견된 경우에는 지체 없이 세관장에게 보고하여야 한다. 보세운송 도착화물에 대한 이상보고를 받은 세관장은 담당공무원으로 하여금 그 실태를 조사하게 할 수 있다. 보세운송물품 도착보고는 보세구역운영인의 보세운송승인서(반입신고용) 제출로 갈음한다.

5. 도착관리

도착지 세관장은 보세구역운영인으로 부터 보세운송물품에 대한 도착보고를 받으면 발송지 세관장이 통보한 보세운송목록과 대조하여 도착여부를 확인하여야 한다. 도착지 세관장은 보세운송물품이 보세운송기간이 경과할 때까지 도착보고가 없거나, 보세운송기간이 경과하여 도착한 경우 또는 도착된 물품에 이상이 있을 때에는 즉시 발송지 세관장에게 통보하여야 하며, 발송지세관장은 동내역을 확인한 후 필요한 조치를 하여야 한다.

제5절 보세운송업자

1 보세운송업

1. 의의

외국무역선(기)에 출입하면서 하역을 하거나 보세운송 등 보세화물을 취급하는 자와 외국무역(선) 등에 물품 또는 용역을 공급하는 자 등은 관세청장 또는 세관장에게 등록하여야 한다.

2. 등록대상

다음의 어느 하나에 해당하는 자(보세운송업자 등)는 관세청장 또는 세관장에게 등록하여야 한다.

- 보세운송업자
- 외국무역선 · 외국무역기 또는 국경출입차량에 물품을 하역하는 것을 업으로 하는 자
- 외국무역선 · 외국무역기 또는 국경출입차량에 선용품 · 기용품 · 차량용품, 선박 · 항공기 또는 철도차량 안에서 판매할 물품, 용역을 공급하는 것을 업으로 하는 자
- 개항 안에 있는 보세구역에서 물품 또는 용역을 제공하는 것을 업으로 하는 자
- 외국무역선 · 외국무역기 또는 국경출입차량을 이용하여 상업서류 그 밖의 견품 등을 송달하는 것을 업으로 하는 자

1) 등록신청

등록을 하려는 자는 신청인의 주소·성명 및 상호와 영업의 종류 및 영업장소를 기재한 신청서를 세관장에게 제출하여야 한다.

2) 등록요건

보세운송업자등은 다음의 요건을 갖춘 자이어야 한다.

- 결격사유에 해당하지 아니할 것
- 「항만운송사업법」 등 관련 법령에 따른 면허 · 허가 · 지정 등을 받거나 등록을 하였을 것
- 화물자동차운수사업법에 따른 화물자동차운송사업의 허가를 받은 자
- 해운법에 따른 해상화물운송사업의 등록을 필한 사람

- 항공법에 따른 항공운송사업의 면허를 받은 자
- 관세 및 국세의 체납이 없을 것
- 보세운송업자 등의 등록이 취소된 후 2년이 지났을 것

3) 등록

보세운송업자의 등록을 하려는 자는 "보세운송업자등록(갱신)신청서"에 다음의 서류를 첨부하여 관세협회의 장에게 제출하여야 한다.

- 법인등기부 등본(개인사업자는 사업자등록증 사본)
- 해당 허가증, 등록증, 또는 면허증 사본
- 보유장비명세서 및 보유를 증명할 수 있는 서류
- 납세증명서

관세협회의 장이 보세운송업자등록(갱신)신청서를 접수한 때에는 신청대장에 즉시 기록한 후 민원사무처리기준표의 처리기한(10일)내에 처리하여야 하며, 기간 내 처리할 수 없는 사유가 있을 경우에는 그 사유를 민원인에게 통보하여야 한다. 관세협회의 장은 등록신청을 한 자가 등록요건을 갖추고 다음에 해당하는 경우에는 해당 등록부에 필요한 사항을 기재하고 등록증을 교부한다.

- 보세운송, 하역물품의 제공, 국제운송 등에 필요하다고 관세청장이 정하는 운송수단 또는 설비를 갖추고 있는 경우
- 관세청장이 정하는 일정금액 이상의 자본금 또는 예금을 보유한 경우
- 관세법 및 법에 의한 세관장의 명령에 위반하여 관세범으로 조사받고 있거나 기소 중에 있지 아니한 경우

관세협회의 장이 보세운송업자 등록증을 교부한 때에는 즉시 전자문서로 보세운송업자 관할세관장에게 보고하여야 한다.

등록을 한 자는 등록사항에 변동이 생긴 때에는 지체 없이 등록지를 관할하는 세관장에게 신고하여야 한다.

4) 등록 유효기간

등록의 유효기간은 3년으로 하되, 갱신할 수 있다. 보세운송업자의 등록을 갱신하려는 자는 기간만료 1개월 전까지 보세운송업자등록(갱신)신청서에 서류를 첨부하여 관세협회의 장에게 제출하여야 한다. 다만, 변동이 없는 서류는 제출을 생략한다. 보세운송업자등록(갱신)신청서를 접수한 관세

협회의 장은 신청대장에 즉시 기록한 후 민원사무처리기준표의 처리기한(10일)내에 처리하여야 하며, 기간 내 처리할 수 없는 사유가 있을 경우에는 그 사유를 민원인에게 통보하여야 한다. 관세협회의 장은 갱신 신청 유효기간 도래 15일 전까지 등록갱신 대상 보세운송업자에게 사전안내문을 발송하여야 한다.

세관장은 등록을 한 자에게 등록의 유효기간을 갱신하려면 등록의 유효기간이 끝나는 날의 1개월 전까지 등록 갱신을 신청하여야 한다는 사실과 갱신절차를 등록의 유효기간이 끝나는 날의 2개월 전까지 휴대폰에 의한 문자전송, 전자메일, 팩스, 전화, 문서 등으로 미리 알려야 한다. 등록을 한 자는 등록사항에 변동이 생긴 때에는 지체없이 등록지를 관할하는 세관장에게 신고하여야 한다.

5) 장부제출

관세청장이나 세관장은 필요하다고 인정하는 때는 그 영업에 관하여 보고를 하게 하거나 장부 그 밖의 서류의 제출을 명할 수 있다.

6) 등록업무의 위탁

세관장은 보세운송업자의 등록에 관한 업무[11]를 사단법인 한국관세협회(관세협회)의 장에게 위탁한다. 관세협회의 장은 위탁받은 업무를 효율적으로 수행하기 위하여 필요한 규정을 제정하거나 개정하고자 할 때에는 관세청장의 사전승인을 받아 시행할 수 있다.

7) 등록상실

보세운송업자의 등록은 다음의 어느 하나에 해당하는 때에는 그 등록의 효력이 상실된다.

- 보세운송업을 폐업한 때
- 보세운송업자가 사망하거나 법인이 해산된 때
- 등록기간이 만료된 때
- 등록이 취소된 때

3. 보세운송업자등의 행정제재

세관장은 보세운송업자등이 다음에 해당하는 경우에는 등록의 취소, 6개

11) 등록의 취소에 관한 업무를 제외한다.

월의 범위에서의 업무정지 또는 그 밖에 필요한 조치를 할 수 있다. 다만, 결격사유 해당하는 때에는 등록을 취소하여야 한다.

거짓이나 그 밖의 부정한 방법으로 등록을 한 경우

결격사유(제175조 각호의 1)에 해당하는 경우

- 「항만운송사업법」 등 관련법령에 따라 면허 · 허가 · 지정 · 등록 등이 취소되거나 사업정지처분을 받은 경우
- 보세운송업자 등(그 임원 · 직원 및 사용인을 포함한다)이 보세운송업자등의 업무와 관련하여 관세법 또는 관세법에 의한 명령을 위반한 경우

보세운송업자등(그 임직원 및 사용인을 포함한다)이 보세운송업자등의 업무와 관련하여 「조세범 처벌법」에 따른 과태료를 부과받은 경우

4. 명의대여 등의 금지

보세운송업자는 등록된 다른 보세운송업자 또는 등록되지 아니한 자로 하여금 유상 또는 무상으로 자기의 명의를 사용하여 영업소 설치 등 보세운송업을 경영하게 할 수 없다. 이 경우 보세운송업자가 다른 보세운송업자 또는 보세운송업자로 등록되지 아니한 자에 대하여 보세운송업과 관련되는 지시를 하는 경우에도 또한 같다. 보세운송업자는 유상 또는 무상으로 다른 보세운송업자의 명의를 사용하여 보세운송업을 경영할 수 없다. 이 경우 보세운송업자가 다른 보세운송업자로부터 보세운송업과 관련되는 지시를 받는 경우에도 또한 같다. 보세운송업자로 등록되지 아니한 자는 유상 또는 무상으로 보세운송업자의 명의를 사용하여 보세운송업을 경영할 수 없다. 이 경우 보세운송업자로 등록되지 아니한 자가 보세운송업자로부터 보세운송업과 관련되는 지시를 받는 경우에도 또한 같다.

5. 양도 · 양수와 법인의 합병 등 등록사항 변경 신고의무

보세운송업자가 관계 법령에 의한 인가를 받아서 운송 사업을 양도·양수하거나 법인을 합병한 때 또는 대표자 성명, 주소지 등이 변경된 때에는 즉시 관세협회의 장[12]에게 등록사항의 변경사항을 신고하여야 한다. 관세협회의 장은 보세운송업자의 대표자 또는 주소지 변경, 양도·양수 및 법인의 합병과 같이 등록사항에 변동이 발생하였을 때에는 그 사실을 즉시 관할세관장에게 전자문서로 보고하여야 한다. 세관장은 간이보세운송업자 지정사항 변

12) 간이보세운송업자로 지정한 세관장을 포함한다.

경신고를 받은 경우에는 즉시 세관화물정보시스템에 등록하여야 한다.

6. 영업소 설치등 신고의무

보세운송업자가 본사 이외에 영업소를 설치한 때에는 영업소 관할세관장에게 영업소 소재지, 영업소의 책임자등을 기재한 "보세운송업자 영업소 설치(변경) 신고서"에 의하여 영업소설치 신고를 하여야 한다. 보세운송업자는 영업소를 폐업하거나 휴업, 변경하였을 때에는 즉시 관할 세관장에게 보세운송업자 영업소 설치(변경) 신고서에 의하여 신고하여야 한다.

7. 보세운송업자의 등록취소

세관장은 보세운송업자가 다음의 어느 하나에 해당하는 때에는 그 등록을 취소할 수 있다.

- 보세운송업자 등록요건에 결격사유가 발생한 때
- 관세 등 국세를 체납하고 납부할 가능성이 없는 것으로 세관장이 인정하는 때
- 보세운송업무 정지처분을 받은 자가 등록 기간 중에 3회 이상 업무정지처분을 받은 경우

세관장이 보세운송업자의 등록을 취소한 때에는 즉시 세관화물정보시스템에 입력한 후 관세청장에게 보고하고 해당 보세운송업자 및 관세협회의 장에게 서류 또는 전자문서로 통보하여야 한다.

2 간이보세운송업

1. 간이보세운송

세관장은 보세운송을 하려는 물품의 성질 및 형태, 보세운송업자의 신용도 등을 고려하여 관세청장이 정하는 바에 의하여 보세운송업자 또는 물품을 지정하여 신고절차의 간소화, 검사의 생략, 담보제공의 면제 조치를 할 수 있다.

2. 일반간이보세운송업

1) 지정요건

세관장은 등록한 보세운송업자중 다음의 요건을 모두 갖춘 자에 대하여

는 보세운송물품의 검사생략 및 담보제공의 면제를 받을 수 있는 자(일반간이보세운송업자)로 지정할 수 있다.

- 자본금이 2억 원 이상인 법인
- 5천만 원 이상의 인 · 허가 보증보험에 가입한 자이거나, 법 제24조에 정한 담보(부동산은 제외)를 5천만 원 이상 제공한 사람. 다만, 다음 각 목의 요건을 모두 갖춘 일반간이보세운송업자 2인 이상의 연대보증으로 담보를 갈음할 수 있다.
  - 일반간이보세운송업자로 지정된 날로부터 2년이 경과한 사람
  - 관세법의 규정 또는 명령을 위반하여 처벌받은 사실이 없거나, 위반사항이 경미하여 세관장이 감시단속상 문제가 없다고 인정하는 자
  - 총 보증액이 1억 5천만 원을 넘지 않은 자
- 다음의 어느 하나에 해당하는 운송 장비를 보유한 사람
  - 자동차관리법에 따라 등록된 화물자동차 또는 특수자동차 5대 이상(합계가 5대 이상인 경우 포함)
  - 선박법에 따라 등록된 총톤수 500톤 이상 선박(부선 포함) 2척 이상
  - 항공법에 따라 등록된 항공기 1대 이상
  - 관세사 또는 보세구역운영인이 자기가 통관 또는 보관하려는 물품을 운송하기 위하여 보세운송업자로 등록한 경우에는 화물자동차 3대 이상 보유한 사람

2) 지정신청

일반간이보세운송업자로 지정을 받으려는 자는 "간이보세운송업자 지정(갱신)신청서"에 다음의 서류를 첨부하여 본사 소재지 관할세관장에게 제출하여야 한다.

- 민원인 제출서류 : 담보제공서류
- 담당공무원 확인사항(민원인 제출생략) : 법인등기부등본와 보유 장비현황

일반간이보세운송업자 지정기간은 3년으로 하되 갱신할 수 있다. 다만, 그 지정기간은 보세운송업자의 등록기간 범위내로 한다.

3) 갱신 신청

일반간이보세운송업자 지정을 갱신하려는 자는 지정기간 만료 15일전까지 간이보세운송업자지정(갱신)신청서에 서류와 종전의 지정서를 첨부하여 세관장에게 제출하여야 한다. 다만, 첨부서류 중 종전 지정신청시의 첨부서류와 내용이 같은 서류는 제출을 생략한다.

4) 지정

세관장이 간이보세운송업자 지정(갱신)신청서를 접수한 때에는 "간이보세운송업자지정대장"에 등재한 후 "간이보세운송업자지정서"를 신청인에게 교부한다. 세관장은 간이보세운송업자를 지정한 때에는 즉시 세관화물정보시스템에 지정사항을 입력하고 관세협회의 장에게 전자문서로 통보하여야 한다.

5) 지정의 소멸

간이보세운송업자는 지정기간이 만료되었을 때, 지정이 취소되었을 때, 보세운송업자의 등록이 상실되었을 때에는 그 지정의 효력이 소멸된다.

3. 특정물품간이보세운송업

1) 지정요건

세관장은 등록한 보세운송업자중 다음의 요건을 갖춘 자에 대하여는 관리대상화물 관리에 관한 고시의 규정에 따른 검사대상화물 등 특정물품을 보세운송 할 수 있는 자(특정물품간이보세운송업자)로 지정할 수 있다.

- 자본금 3억원 이상인 법인
- 2억원 이상의 인 · 허가 보증보험에 가입한 자이거나, 법 제24조에 따른 담보(부동산은 제외)를 2억원 이상 제공한 사람
- 유개화물자동차 10대 이상과 트랙터 10대 이상 보유한 사람
- 임원중 관세사 1인 이상인 업체

익산시 소재 귀금속보세공장에서 수출입하는 귀금속 등을 조합에서 직접 운송하려는 경우에는 금고 등을 시설한 특수제작차량 1대 이상을 보유하여야 하며, 이 경우 세관장은 해당 조합을 특정물품간이보세운송업자로 지정할 수 있다.

2) 지정신청

특정물품간이보세운송업자로 지정을 받으려는 자는 간이보세운송업자 지정(갱신)신청서에 다음의 서류를 첨부하여 본사소재지 관할세관장에게 제출하여야 한다.

- 민원인 제출서류 : 2억원상당액 이상의 담보제공서류
- 담당공무원 확인사항(민원인 제출생략) : 법인등기부등본, 보유장비현황, 관세사 자격 현황

특정물품간이보세운송업자의 지정기간은 3년으로 하되 갱신할 수 있다. 다만, 그 지정기간은 보세운송업자의 등록기간 범위내로 한다.

3) 갱신 신청

특정물품간이보세운송업자가 그 지정을 갱신하고자 할 때에는 지정기간 만료 15일 전까지 간이보세운송업자 지정(갱신)신청서에 서류를 첨부하여 세관장에게 제출하여야 한다. 다만, 첨부서류 중 종전 지정(갱신)신청시와 변동이 없는 서류는 제출을 생략할 수 있다.

4) 지정

세관장이 간이보세운송업자 지정(갱신)신청서를 접수한 때에는 지정요건과 그 밖의 필요한 사항을 종합 검토하여 밀수방지를 위한 감시단속상 문제점이 없다고 인정하여 특정물품간이보세운송업자로 지정하고자 할 때에는 관세청장의 사전승인을 받아야 한다.

5) 업무범위

특정물품간이보세운송업자가 보세운송할 수 있는 물품은 다음과 같다.

- 귀석 · 반귀석 · 귀금속 · 한약재 · 의약품 · 향료 등과 같이 부피가 작고 고가인 물품은 수출물품 제조용 원재료나 세관장이 지정한 장치장으로 운송하는 물품 및 불법 수출입의 방지 등을 위하여 세관장이 관리대상화물 관리에 관한 고시에 따라 검사대상화물로 선별한 물품 중 검사하지 아니한 물품 중 세관지정장치장 등 세관장이 지정한 보세구역으로 운송하는 물품
- 그 밖의 화주 또는 화물에 대하여 권리를 가진 자가 운송 의뢰한 물품

특정물품간이보세운송업자가 귀석·반귀석·귀금속·한약재·의약품·향료 등과 같이 부피가 작고 고가인 물품은 수출물품 제조용 원재료나 세관장이 지정한 장치장으로 운송하는 물품을 운송하려는 경우에는 유개차 또는 이에 준하는 시봉조치를 한 후 운송하여야 하며, 내국물품과 혼적하여 운송하여서는 아니 된다.

4. 간이보세운송업자 지정취소

세관장은 간이보세운송업자가 다음 요건에 해당하는 때에는 그 지정을 취소할 수 있다.

- 간이보세운송업자의 지정요건에 결격사유가 발생한 때

- 간이보세운송업자 지정 기간 중 업무정지 처분을 2회 이상 받은경우
- 간이보세운송업자 지정기간 중 영업실적이 극히 적어 간이보세운송업자 지정이 불필요하다고 세관장이 인정하는 때

3 보세화물 운송주선업

1. 보세화물 운송주선 신고

다른 법령에 의하여 화물운송의 주선을 업으로 하는 자(화물운송주선업자)가 보세화물을 취급하려는 때에는 세관장에게 신고하여야 한다. 보세화물을 취급하려는 자가 신고를 하고자 할 때에는 다음의 요건을 갖추어 주소·성명·상호 및 영업장소 등을 기재한 신고서를 세관장에게 제출하여야 한다.

- 결격사유(법 제175조 각호의 1)에 해당되지 아니할 것
- 화물운송주선업의 종류에 따라 관련법령에 의한 등록을 할 것

신고인의 주소 및 성명, 신고인의 상호 또는 영업장소, 신고한 등록사항을 변경한 경우에도 신고하여야 한다.

2. 화물운송주선업자 관리

세관장은 통관의 신속을 기하고 보세화물의 관리절차를 간소화하기 위하여 필요하다고 인정될 때에는 화물운송주선업자로 하여금 다음의 사항을 화물운송주선업자로 하여금 보고하게 할 수 있다.

- 화물운송주선업자가 화주에게 발행한 선하증권 또는 항공화물운송장의 내역
- 화물운송주선과정에서 발견된 보세화물의 이상 유무 등 통관의 신속 또는 관세범의 조사상 필요한 사항

3. 신고 및 관리 준용

보세화물을 취급하는 선박회사 또는 항공사(그 업무를 대행하는 자를 포함)에 대하여 신고 및 보고를 하게 할 수 있다.

제6절 내국운송

1 의의

내국운송이란 내국물품을 외국무역선 또는 외국무역기에 의하여 국내에서 운송하는 것을 말한다. 부산항에 외국물품을 적재한 외국무역선이 입항하여 입항전 수입신고 하여 선상통관을 한 후에 일부는 양륙하고 나머지는 여수항으로 운송하는 경우 부산에서 여수까지는 내국운송이 된다.

2 내국운송 관리

내국물품을 외국무역선이나 외국무역기로 운송하려는 자는 대통령령으로 정하는 바에 따라 세관장에게 내국운송의 신고를 하여야 한다.

Chapter 9
보칙 및 벌칙

제1절 세관장 등의 과세자료요청 등

1 운송수단의 출장 중지 등

관세청장이나 세관장은 관세법 또는 관세법에 의한 명령을 집행하기 위하여 필요하다고 인정되는 때에는 운송수단의 출발을 중지시키거나 그 진행을 정지시킬 수 있다.

2 서류의 제출 또는 보고 등의 명령

관세청장이나 세관장은 관세법[1] 또는 관세법에 의한 명령을 집행하기 위하여 필요하다고 인정되는 때에는 물품·운송수단 또는 장치 장소에 관한 서류의 제출, 보고 그 밖의 필요한 사항을 명하거나, 세관공무원으로 하여금 수출입자·판매자 그 밖의 관계자에 대하여 관계 자료를 조사하게 할 수 있다.

1) 「수출용원재료에 대한 관세 등 환급에 관한 특례법」을 포함

3 과세자료의 요청

관세청장은 국가기관 및 지방자치단체 등 관계기관에 대하여 관세의 부과·징수 및 통관에 관계되는 자료 또는 통계를 요청할 수 있다. 요청을 받은 기관의 장은 다른 법령에 특별한 제한이 없는 경우에는 정당한 사유가 없으면 이에 협조하여야 한다.

제2절 세무공무원의 물품검사 등

1 물품 또는 운송수단 등에 대한 검사 등

세관공무원은 관세법 또는 관세법에 의한 명령(대한민국이 체결한 조약 및 일반적으로 승인된 국제법규에 따른 의무를 포함한다)에 위반한 행위를 방지하기 위하여 필요하다고 인정되는 때에는 물품·운송수단·장치장소 및 관계장부서류를 검사하거나 봉쇄 그 밖의 필요한 조치를 할 수 있다.

2 장부 또는 자료의 제출 등

1. 장부 등 관계자료 제출요구

세관공무원은 이 법에 따른 직무를 집행하기 위하여 필요하다고 인정될 때에는 수출입업자·판매업자 또는 그 밖의 관계자에 대하여 질문하거나 문서화·전산화된 장부, 서류 등 관계 자료 또는 물품을 조사하거나, 그 제시 또는 제출을 요구할 수 있다.

2. 관계자료 비치의무

상설영업장을 갖추고 외국에서 생산된 물품을 판매하는 자로서 다음 기준에 해당하는 자는 해당 물품에 관하여 「부가가치세법」 제16조에 따른 세금계산서 또는 수입사실 등을 증명하는 자료를 갖추어 이를 영업장에 비치하여야 한다.

- 백화점
- 최근 1년간 수입물품의 매출액이 5억원 이상인 수입 물품만을 취급하거나 수입물품을 할인 판매하는 상설영업장
- 통신판매 하는 자로서 최근 1년간 수입물품의 매출액이 10억원 이상인 상설영업장
- 관세청장이 정하는 물품을 판매하는 자로서 최근 1년간 수입물품의 매출액이 전체 매출액의 30퍼센트를 초과하는 상설영업장
- 상설영업장의 판매자 또는 그 대리인이 최근 3년 이내에 「관세법」 또는 「관세사법」 위반으로 처벌받은 사실이 있는 경우 그 상설영업장

3. 영업보고

관세청장이나 세관장은 관세법 또는 관세법에 의한 명령을 집행하기 위하여 필요하다고 인정되는 때에는 상설영업장을 갖추고 외국에서 생산된 물품을 판매하는 자, 그 대리인 그 밖의 관계인에 대하여 판매물품에 관한 다음의 사항에 관한 보고서의 제출을 명할 수 있다.

- 판매물품의 품명 · 규격 및 수량
- 수입대상국과 생산국 또는 원산지
- 수입가격 또는 구입가격
- 수입자 또는 구입처
- 구입일자, 해당 영업장에의 반입일자
- 판매일자.

3 총기의 휴대 및 사용

관세청장이나 세관장은 직무를 집행하기 위하여 필요하다고 인정되는 때에는 그 소속공무원으로 하여금 총기를 휴대하게 할 수 있다. 세관공무원은 그 직무를 집행할 때 특히 자기나 다른 사람의 생명 또는 신체의 보호와 공무집행에 대한 방해 또는 저항의 억제를 위하여 필요한 상당한 이유가 있는 경우 그 사태에 응하여 부득이하다고 판단될 때에는 총기를 사용할 수 있다.

4 관계기관의 장에 대한 원조요구

1. 관계기관의 장 등에 대한 협조요청

세관공무원은 해상에서 직무를 집행하기 위하여 필요하다고 인정되는 때에는 다음에 해당하는 자의 협조를 요청할 수 있다.

- 육군 · 해군 · 공군의 각 부대장
- 국가경찰관서의 장
- 해양경찰관서의 장

2. 관계기관의 검문 · 검색

협조요청을 받은 자는 밀수관련 혐의선박에 대하여 추적감시 또는 진행정지명령을 하거나 세관공무원과 협조하여 해당 선박에 대하여 검문·검색을 할 수 있으며, 이에 응하지 아니하는 경우 강제로 그 선박을 정지시키거나 검문·검색을 할 수 있다.

5 명예세관원

관세청장은 밀수감시단속 활동의 효율적인 수행을 위하여 필요한 경우에는 수출입 관련 분야의 민간종사자 등을 명예세관원으로 위촉하여 다음의 활동을 하게 할 수 있다.

- 공항 · 항만에서의 밀수감시
- 정보제공 및 밀수방지의 홍보

명예세관원은 다음의 어느 하나에 해당하는 자 중에서 위촉한다.

- 수출입물품과 같은 종류의 물품을 생산 · 유통 · 보관 및 판매하는 등의 업무에 종사하는 자 및 관련단체의 임직원
- 소비자 관련단체의 임직원
- 관세행정 발전에 기여한 공로가 있는 자

명예세관원의 임무는 다음과 같다.

- 세관의 조사 · 감시 등 관세행정과 관련한 정보제공
- 밀수방지 등을 위한 홍보 활동 지원 및 개선 건의
- 세관직원을 보조하는 공항 또는 항만의 감시 등 밀수단속 활동 지원

관세청장은 필요한 경우 명예세관원에게 활동경비 등을 지급할 수 있다. 명예세관원의 위촉·해촉, 그 밖에 필요한 사항은 관세청장이 정한다.

제3절 납세자의 권리

1 납세자의 권리보호

관세행정은 재정수입의 확보를 위하여 관세를 부과하는 데 있어 공권력 행사와 관련하여 납세자의 재산권과 기본권을 침해할 소지가 있다. 1986년 영국에서, 1988년 미국에서 납세자 권리헌장을 제정하였고, 우리나라도 1996년 국세기본법에서 납세자권리헌장을 포함하여 납세자 권리조항을 두고 있다. 관세법은 2000년 12월 개정시 납세자의 권리 조항을 신설하여 납세자의 권리를 강화하게 되었다.

2 납세자권리의 제도적 보장

1. 납세자권리헌장의 제정 및 교부

관세청장은 중복조사의 금지부터 정보의 제공(제111조 내지 제117조)에 규정한 사항 그 밖의 납세자의 권리보호에 관한 사항을 포함하는 납세자권리헌장을 제정하여 고시하여야 한다.

세관공무원은 다음에 해당하는 때에는 납세자권리헌장의 내용이 수록된 문서를 납세자에게 교부하여야 한다.

- 관세포탈, 부정감면 또는 부정환급[2]에 대한 범칙사건을 조사하는 경우
- 관세의 과세표준과 세액의 결정 또는 경정을 위하여 납세자를 방문 또는 서면으로 조사(관세법 제110조의2에 따른 통합조사 포함)하는 경우
- 징수권의 확보를 위하여 압류를 하는 경우
- 보세판매장에 대한 조사를 하는 경우

세관공무원은 긴급히 납세자를 체포·압수·수색하거나 현행범인 납세자가 도주할 우려가 있는 등 조사목적을 달성할 수 없다고 인정되는 때에는 납세자권리헌장을 교부하지 아니할 수 있다.

2) 「수출용원재료에 대한 관세 등 환급에 관한 특례법」에 의한 부정환급을 포함

2. 통합조사

1) 원칙

신고납부세액과 관세법 및 다른 법령에서 정하는 수출입 관련 의무 이행과 관련하여 그 권한에 속하는 사항을 통합하여 조사하는 것을 원칙으로 한다.

2) 예외

다음의 경우에는 통합하여 조사하지 않을 수 있다.

- 세금탈루 혐의, 수출입 관련 의무위반 혐의, 수출입업자 등의 업종 · 규모 등을 고려하여 특정 사안만을 조사할 필요가 있는 경우
- 조세채권의 확보 등을 위하여 긴급히 조사할 필요가 있는 경우
- 그 밖에 조사의 효율성, 납세자의 편의 등을 고려하여 특정 분야만을 조사할 필요가 있는 경우로서 기획재정부령으로 정하는 경우

3. 관세조사

1) 대상자 정기선정

세관장은 다음 어느 하나에 해당하는 경우에 정기적으로 신고의 적정성을 검증하기 위하여 대상을 선정(정기선정)하여 조사를 할 수 있다. 이 경우 세관장은 객관적 기준에 따라 공정하게 그 대상을 선정하여야 한다.

① 관세청장이 수출입업자의 신고 내용에 대하여 정기적으로 성실도를 분석한 결과 불성실 혐의가 있다고 인정하는 경우

② 최근 4년 이상 조사를 받지 아니한 납세자에 대하여 업종, 규모 등을 고려하여 신고 내용이 적정한지를 검증할 필요가 있는 경우(장기 미조사자에 대한 관세조사는 수출입업자 등의 업종, 규모, 이력 등을 고려하여 관세청장이 정하는 기준에 따른다)

③ 무작위추출방식으로 표본조사를 하려는 경우

2) 부정기 선정

세관장은 정기선정에 의한 조사 외에 다음 어느 하나에 해당하는 경우에는 조사를 할 수 있다.

- 납세자가 이 법에서 정하는 신고 · 신청, 과세자료의 제출 등의 납세협력의무를

이행하지 아니한 경우
- 수출입업자에 대한 구체적인 탈세제보 등이 있는 경우
- 신고내용에 탈세나 오류의 혐의를 인정할 만한 자료가 있는 경우

3) 부과고지 조사

세관장은 부과고지를 하는 경우 과세표준과 세액을 결정하기 위한 조사를 할 수 있다.

4) 소규모 성실사업자에 대한 관세조사 면제

세관장은 최근 2년간 수출입신고 실적이 일정금액 이하인 경우 등 다음 요건을 충족하는 자에 대해서는 조사를 하지 아니할 수 있다. 다만, 객관적인 증거자료에 의하여 과소 신고한 것이 명백한 경우에는 그러하지 아니하다.

- 최근 2년간 수출입신고 실적이 30억원 이하일 것
- 최근 4년 이내에 다음 어느 하나에 해당하는 사실이 없을 것
  · 수출입 관련 법령을 위반하여 통고처분을 받거나 벌금형 이상의 형의 선고를 받은 사실
  · 관세 및 내국세를 체납한 사실
  · 신고납부한 세액이 부족하여 세관장으로부터 경정을 받은 사실

4. 관세조사권 남용 금지

1) 최소한의 조사

세관공무원은 적정하고 공평한 과세를 실현하고 통관의 적법성을 보장하기 위하여 필요한 최소한의 범위에서 관세조사를 하여야 하며 다른 목적 등을 위하여 조사권을 남용하여서는 아니 된다.

2) 재조사 금지

세관공무원은 다음 어느 하나에 해당하는 경우를 제외하고는 해당 사안에 대하여 이미 조사받은 자를 다시 조사할 수 없다.

- 관세포탈 등의 혐의를 인정할 만한 명백한 자료가 있는 경우
- 이미 조사받은 자의 거래상대방을 조사할 필요가 있는 경우
- 관세법에 따른 이의신청 · 심사청구 또는 심판청구가 이유 있다고 인정되어 내려진 필요한 처분의 결정에 따라 조사하는 경우

- 밀수출입, 부정 · 불공정무역 등 경제질서 교란 등을 통한 탈세혐의가 있는 자에 대하여 일제조사를 하는 경우

5. 관세조사의 경우 조력을 받을 권리

납세자는 세관공무원에게 조사를 받는 경우에 변호사·관세사 그 밖의 관세에 관하여 전문지식을 갖춘 자로서 20년 이상 일반직공무원으로 관세행정에 종사한 경력이 있는 자나 그밖에 관세에 관하여 학식과 경험이 풍부한 자로서 세관장이 인정하는 자로 하여금 조사에 참여하게 하거나 의견을 진술하게 할 수 있다.

6. 성실성 추정

세관공무원은 납세자가 관세법이 정하는 신고 등의 의무를 이행하지 아니하였거나 납세자에 대한 구체적인 관세포탈 등의 혐의가 있는 경우 등 다음을 제외하고는 납세자가 성실하며 납세자가 제출한 신고서 등이 진실한 것으로 추정하여야 한다.

- 납세자가 법에서 정하는 신고 및 신청, 과세자료의 제출 등의 납세협력의무를 이행하지 아니한 경우
- 납세자에 대한 구체적인 탈세정보가 있는 경우
- 신고내용에 탈루나 오류의 혐의를 인정할 만한 명백한 자료가 있는 경우
- 납세자의 신고내용이 관세청장이 정한 기준과 비교하여 불성실하다고 인정되는 경우

그러나 세관공무원이 납세자가 제출한 신고서 등의 내용에 관하여 질문을 하거나 신고한 물품에 대한 확인 등 다음 행위를 하는 것을 제한하지 아니한다.

- 세액심사를 위한 질문이나 자료제출의 요구
- 물품의 검사
- 장부 또는 자료의 제출
- 그 밖의 관세법[3]에 의한 자료조사나 자료제출의 요구

7. 사전통지와 연기신청

1) 사전통지

관공무원은 조사를 위하여 해당 장부·서류·전산처리장치 그 밖의 물

3) 「수출용원재료에 대한 관세 등 환급에 관한 특례법」을 포함한다.

품 등을 조사하는 경우에는 조사를 받을 납세자(위임을 받은 자를 포함)에게 조사시작 7일전에 조사대상 및 조사사유 그 밖의 다음 사항을 기재한 문서로 통지하여야 한다(영 제139조).

- 납세자 또는 그 위임을 받은 자의 성명과 주소 또는 거소
- 조사기간
- 조사대상 및 조사사유
- 조사공무원의 인적사항
- 그 밖의 필요한 사항

다만, 범칙사건에 대한 조사를 하는 경우나 사전에 통지하면증거인멸 등으로 조사목적을 달성할 수 없는 경우에는 그러하지 아니하다.

2) 관세조사 기간

(1) 조사기간

조사기간은 조사대상자의 수출입 규모, 조사 인원·방법·범위 및 난이도 등을 종합적으로 고려하여 최소한이 되도록 하되, 방문하여 조사하는 경우에 그 조사기간은 20일 이내로 한다(영 제139조의2 제1항). 다음에 해당하는 경우에는 20일 이내의 범위에서 조사기간을 연장할 수 있다. 이 경우 2회 이상 연장하는 경우에는 관세청장의 승인을 받아 각각 20일 이내에서 연장할 수 있다.

- 조사대상자가 장부 · 서류 등을 은닉하거나 그 제출을 지연 또는 거부하는 등 조사를 기피하는 행위가 명백한 경우
- 조사범위를 다른 품목이나 거래상대방 등으로 확대할 필요가 있는 경우
- 천재지변이나 노동쟁의로 조사가 중단되는 경우
- 위에 준하는 사유로 사실관계의 확인이나 증거 확보 등을 위하여 조사기간을 연장할 필요가 있는 경우

(2) 조사중지

세관공무원은 납세자가 자료의 제출을 지연하는 등 다음 어느 하나에 해당하는 사유로 조사를 진행하기 어려운 경우에는 조사를 중지할 수 있다. 이 경우 그 중지기간은 조사기간 및 조사연장기간에 산입하지 아니한다.

- 납세자가 천재지변이나 관세조사 연기신청 사유에 해당하는 사유가 있어 조사중지를 신청한 경우

- 납세자가 장부 · 서류 등을 은닉하거나 그 제출을 지연 또는 거부하는 등으로 인하여 조사를 정상적으로 진행하기 어려운 경우
- 노동쟁의 등의 발생으로 관세조사를 정상적으로 진행하기 어려운 경우
- 그 밖에 관세조사를 중지하여야 할 특별한 사유가 있는 경우로서 관세청장이 정하는 경우

(3) 조사 재개

세관공무원은 관세조사를 중지한 경우에는 그 중지사유가 소멸하면 즉시 조사를 재개하여야 한다. 다만, 관세채권의 확보 등 긴급히 조사를 재개하여야 할 필요가 있는 경우에는 그 중지사유가 소멸하기 전이라도 관세조사를 재개할 수 있다.

(4) 통지

세관공무원은 조사기간을 연장, 중지 또는 재개하는 경우에는 그 사유, 기간 등을 문서로 통지하여야 한다.

2) 연기신청

통지를 받은 납세자가 천재·지변 그 밖의 조사를 받기 곤란한 때에는 해당 세관장에게 조사를 연기하여 줄 것을 신청할 수 있다. 관세조사의 연기를 받으려는 자는 다음 사항을 기재한 문서를 해당 세관장에게 제출하여야 한다.

- 관세조사의 연기를 받으려는 자의 성명과 주소 또는 거소
- 관세조사의 연기를 받으려는 기간
- 관세조사의 연기를 받으려는 사유
- 그 밖의 필요한 사항

관세조사 연기를 신청받은 세관장은 연기신청 승인 여부를 결정하고 그 결과를 조사 개시 전까지 신청인에게 통지하여야 한다.

8. 조사결과 통지

세관공무원은 조사를 종료하였을 때에는 그 조사결과를 서면으로 납세자에게 통지하여야 한다. 다만, 다음 경우에는 그러하지 아니하다.

- 납세자에게 통고처분을 하는 경우
- 범칙사건을 고발하는 경우
- 폐업한 경우

- 납세자의 주소 및 거소가 불명하거나 그 밖의 사유로 통지를 하기 곤란하다고 인정되는 경우

9. 비밀유지

세관공무원은 납세자가 관세법이 정한 납세의무를 이행하기 위하여 제출한 자료나 관세의 부과·징수 또는 통관을 목적으로 업무상 취득한 자료 등(과세정보)을 타인에게 제공하거나 누설하여서는 아니 되며, 사용 목적 외의 용도로 사용하여서도 아니 된다. 다만, 다음에 해당하는 경우에는 그 사용목적에 맞는 범위에서 납세자의 과세정보를 제공할 수 있다.

- 국가기관이 관세에 관한 쟁송이나 관세범에 대한 소추(訴追)를 목적으로 과세정보를 요구하는 경우
- 법원의 제출명령이나 법관이 발부한 영장에 따라 과세정보를 요구하는 경우
- 세관공무원 상호간에 관세를 부과 · 징수, 통관 또는 질문 · 검사하는 데에 필요하여 과세정보를 요구하는 경우
- 다른 법률의 규정에 따라 과세정보를 요구하는 경우

과세정보의 제공을 요구하는 자는 문서에 의하여 해당 세관장에게 이를 요구하여야 한다. 세관공무원은 절차에 위반하여 과세정보의 제공을 요구하는 때에는 이를 거부하여야 한다. 과세정보를 알게 된 자는 타인에게 제공하거나 누설하여서는 아니 되며, 그 목적 외의 용도로 사용하여서도 아니 된다. 과세정보를 제공받아 알게 된 자중 공무원이 아닌 자는 「형법」이나 그 밖의 법률에 따른 벌칙을 적용할 때 공무원으로 본다.

10. 고액 · 상습체납자 명단 공개

1) 사유

관세청장은 체납발생일부터 1년이 지난 관세 및 내국세등이 5억원 이상인 체납자에 대하여는 그 인적사항과 체납액 등을 공개할 수 있다. 다만, 체납관세등에 대하여 이의신청·심사청구 등 불복청구가 진행 중이거나 체납액의 일정금액 이상을 납부한 경우 등 다음에 해당하는 경우에는 그러하지 아니하다(법 제116조의2 제1항).

- 체납액의 100분의 30이상을 납부한 경우
- 「채무자 회생 및 파산에 관한 법률」에 따른 회생계획인가의 결정에 따라 체납된

세금의 징수를 유예받고 그 유예기간 중에 있거나 체납된 세금을 회생계획의 납부일정에 따라 납부하고 있는 경우

- 재산상황, 미성년자 해당여부 및 그 밖의 사정 등을 고려할 때 관세정보공개심의위원회가 공개할 실익이 없거나 공개하는 것이 부적절하다고 인정하는 경우

2) 관세정보공개심의위원회의 설치

체납자의 인적사항과 체납액 등에 대한 공개여부를 심의하거나 재심의하기 위하여 관세청에 관세정보공개심의위원회(심의위원회)를 둔다. 심의위원회의 위원장은 관세청 차장이 되고, 위원은 관세청의 고위공무원단에 속하는 일반직공무원 중에서 관세청장이 임명하는 자 4인과 법률 또는 재정·경제에 관한 학식과 경험이 풍부한 자 중에서 관세청장이 위촉하는 자 6인이 된다. 위촉위원의 임기는 2년으로 하되, 연임할 수 있다. 위원회의 회의는 위원장을 포함한 재적위원 과반수의 출석으로 개의하고, 출석위원 과반수의 찬성으로 의결한다. 그 밖의 위원회의 구성 및 운영에 관하여 필요한 사항은 관세청장이 정한다.

3) 소명기회 부여

관세청장은 심의위원회의 심의를 거친 공개대상예정자에게 체납자 명단 공개대상예정자임을 통지하여 소명할 기회를 주어야 한다(법 제116조의2 제3항). 공개대상예정자에게 체납자 명단공개 대상예정자임을 통지하는 때에는 그 체납된 세금의 납부촉구와 명단공개 제외사유에 해당되는 경우 이에 관한 소명자료를 제출하도록 각각 안내하여야 한다.

4) 재심의

관세청장은 통지한 날부터 6개월이 지나면 심의위원회로 하여금 체납액의 납부이행 등을 고려하여 체납자의 명단 공개 여부를 재심의하게 한다(법 제116조의2 제4항).

5) 공개 방법과 내용

공개는 관보에 게재하거나 관세청장이 지정하는 정보통신망 또는 관할 세관의 게시판에 게시하는 방법으로 한다. 체납자 명단 공개시 공개할 사항은 체납자의 성명·상호(법인의 명칭을 포함)·연령·직업·주소, 체납액의 세목·납기 및 체납요지 등으로 하고, 체납자가 법인인 경우에는 법인의 대표자를 함께 공개한다.

11. 정보의 제공

세관공무원은 납세자가 납세자의 권리행사에 필요한 정보를 요구하면 신속하게 제공하여야 한다. 이 경우 세관공무원은 납세자가 요구한 정보와 관련되어 있어 관세청장이 정하는 바에 따라 납세자가 반드시 알아야 한다고 판단되는 그 밖의 정보도 함께 제공하여야 한다.

12. 과세전 적부심사

1) 통지

세관장은 납부세액이나 납부하여야 하는 세액에 부족한 금액을 징수하려는 때에는 미리 납세의무자에게 그 내용을 서면으로 통지하여야 한다. 다만, 다음에 해당하는 때에는 그러하지 아니하다.

- 통지하려는 날부터 3월 이내에 관세부과의 제척기간이 만료되는 경우
- 납세의무자가 확정가격의 신고를 한 경우
- 수입신고수리전에 세액심사를 하는 경우로서 그 결과에 따라 부족세액을 징수하는 경우
- 감면된 관세를 징수하는 경우
- 관세포탈죄로 고발되어 포탈세액을 징수하는 경우
- 납부세액의 계산착오 등 명백한 오류에 의하여 부족하게 된 세액을 징수하는 경우
- 「감사원법」에 의한 감사원의 시정요구에 따라 징수하는 경우
- 납세의무자가 부도 · 휴업 · 폐업 또는 파산한 경우
- 관세품목분류위원회의 의결에 따라 결정한 품목분류에 의하여 수출입물품에 적용할 세율이나 품목분류의 세번이 변경되어 부족한 세액을 징수하는 경우

위의 사유 외의 부분 본문에 따른 통지를 받은 자는 과세전적부심사를 청구하지 아니하고 통지를 한 세관장에게 통지받은 내용의 전부 또는 일부에 대하여 조기에 경정해 줄 것을 신청할 수 있다. 이 경우 해당 세관장은 즉시 신청받은 대로 세액을 경정하여야 한다(법 제118조 제5항).

2) 과세전적부심사 청구

납세의무자는 통지를 받은 경우에는 그 통지를 받은 날부터 30일 이내에 세관장에게 통지내용에 대한 적법성 여부에 관한 심사(과세전적부심사)를 청구할 수 있다. 과세전 적부심사를 청구하는 세관장은 다음의 구분에 의한다.

- 서울세관장 · 구로세관장 · 대전세관장 · 성남세관장 · 안양세관장 · 동해세관장 · 청주세관장 · 천안세관장 · 의정부세관장 · 대산세관장 · 충주세관장 · 속초세관장 · 원주세관장 · 파주세관장 및 고성세관장의 통지에 대한 과세전적부심사인 경우 : 서울세관장
- 인천공항세관장 · 김포세관장 및 인천공항국제우편세관장의 통지에 대한 과세전적부심사인 경우 : 인천공항세관장
- 부산세관장 · 용당세관장 · 김해세관장 · 창원세관장 · 양산세관장 · 마산세관장 · 거제세관장 · 사상세관장 · 사천세관장 · 진주세관장 · 부산국제우편세관장 및 통영세관장의 통지에 대한 과세전적부심사인 경우 : 부산세관장
- 인천세관장 · 수원세관장 · 안산세관장 · 평택세관장 및 부평세관장의 통지에 대한 과세전적부심사인 경우 : 인천세관장
- 대구세관장 · 포항세관장 · 구미세관장 및 울산세관장의 통지에 대한 과세전적부심사인 경우 : 대구세관장
- 광주세관장 · 군산세관장 · 목포세관장 · 여수세관장 · 광양세관장 · 제주세관장 · 익산세관장 및 전주세관장의 통지에 대한 과세전적부심사인 경우 : 광주세관장

3) 과세전적부심사의 범위

법령에 대한 관세청장의 유권해석을 변경하여야 하거나 새로운 해석이 필요한 경우 등 다음의 경우에는 관세청장에게 심사를 청구할 수 있다(영 제143조).

- 관세청장의 훈령 · 예규 · 고시 등과 관련하여 새로운 해석이 필요한 경우
- 관세청장의 업무감사결과 또는 업무지시에 따라 세액을 경정하거나 부족한 세액을 징수하는 경우
- 관세평가분류원장의 품목분류 및 유권해석에 따라 수출입물품에 적용할 세율이나 물품분류의 관세율표번호가 변경되어 세액을 경정하거나 부족한 세액을 징수하는 경우
- 동일 납세의무자가 동일한 사안에 대하여 둘 이상의 세관장에게 과세전적부심사를 청구하여야 하는 경우

위의 사유에 해당하지 아니하는 경우로서 과세전적부심사 청구금액이 5억 원 이상인 것.

4) 결정 및 통지

과세전적부심사의 청구를 받은 세관장 또는 관세청장은 청구를 받은 날

부터 30일 이내에 과세전적부심사위원회 또는 관세심사위원회의 심사를 거쳐 결정을 하고 그 결과를 청구인에게 통지하여야 한다.

5) 결정

과세전적부심사청구에 대한 결정은 다음에 의한다.

- 청구가 이유없다고 인정되는 경우 : 채택하지 아니한다는 결정
- 청구가 이유있다고 인정되는 경우 : 채택한다는 결정. 다만, 청구의 일부가 이유있다고 인정되는 경우에는 일부를 채택하는 결정을 할 수 있다.
- 청구기간을 경과하거나 보정기간 내에 보정을 하지 아니하는 경우 : 심사하지 아니한다는 결정

6) 행정심판법의 준용

과세전적부심사에 관하여는 「행정심판법」 제15조, 제16조, 제20조부터 제22조까지, 제29조, 제39조 및 제40조를 준용한다. 이 경우 "위원회"는 "관세심사위원회"로 본다.

제4절 심사와 심판

1 의의

행정구제제도라 함은 행정청의 위법, 부당한 공권력의 행사 또는 불행사로 인한 국민의 권리 또는 이익의 침해를 구제하기 위한 제도이다. 행정청의 직권에 의한 구제와 납세자의 불복청구에 의한 구제로 대별되며, 불복청구에 의한 구제는 다시 심판기준에 따라 행정적 구제[4)]와 사법적구제[5)]로 나눌 수 있다. 행정소송법에서는 행정심판전치주의가 폐지되고 임의적 절차로 개정되고 행정소송 심급도 2심제에서 3심제로 개편되었으나, 특별히 법에서 심사청구 또는 심판청구를 거치도록 되었을 때에는 개정전과 같이 심사청구 또는 심판청구를 거치도록 단서규정을 두고 있다.

2 관세심사 및 심판제도

1. 기능

관세심사 및 심판제도의 기능은 과세관청이 자기가 처분한 것에 대하여 스스로 반성하는 기회, 국민의 침해된 권리를 구제해주면서 관세행정의 적법성과 합목적성을 동시에 보장, 또한 관세심판은 행정기관 내부의 전문적이고 기술적인 지식을 활용하여 신속·정확하게 납세자의 권익을 보호한다는 측면에서 사법적 기능을 보완, 일반 행정심판법에 절차에 의한 행정심판을 배제하고 관세법 절차에 의하여 독립적인 행정심판 기능을 한다.

2. 특성

심사청구 또는 심판청구중 선택하는 1심제를 원칙으로 하고 있다. 납세자가 원하는 경우에만 심사청구 또는 심판청구 이전에 이의 신청을 할 수 있도록 하는 선택적 2심제를 채택하고 있다. 개괄주의로서 특정한 처분사항을 열

4) 행정심판법, 국세기본법, 관세법등에 의한 구제, 감사원법에 의한 구제
5) 행정소송, 민사소송

거하여 불복할 수 있도록 하지 아니하고 권리 또는 이익을 침해 받은 사항이면 처분의 종류와 관계없이 불복할 수 있도록 하고 있다.

3. 행정소송법 등과의 관계

1) 행정심판법 적용배제

처분에 대하여는 「행정심판법」의 규정을 적용하지 아니한다. 다만, 「행정심판법」 선정대표자(제11조), 제15조, 심판참가(제16조), 청구의 변경(제20조)부터 참가인의 지위(제22조), 제29조, 제39조, 제40조, 제42조 및 제51조 등은 심사청구 또는 심판청구에 관하여 이를 준용하며, 이 경우 "위원회"는 "관세심사위원회", "조세심판관회의" 또는 "조세심판관합동회의"로 본다.

2) 심사청구 또는 심판청구 전치주의

위법한 처분에 대한 행정소송은 「행정소송법」의 규정에도 불구하고 관세법에 의한 심사청구 또는 심판청구와 그에 대한 결정을 거치지 아니하면 이를 제기할 수 없다. 행정소송은 「행정소송법」의 규정에 불구하고 심사청구 또는 심판청구에 의한 결정의 통지를 받은 날부터 90일 이내에 제기하여야 한다. 다만, 심사청구 결정기간(60일) 또는 심판청구의 결정기간(90일)내에 결정의 통지를 받지 못한 때에는 결정의 통지를 받기 전이라도 그 결정기간이 경과한 날부터 행정소송을 제기할 수 있다. 이 기간은 불변기간으로 한다.

「감사원법」의 규정에 따라 심사청구를 한 처분이나 그 심사청구에 대한 처분의 심사청구를 거친 때에는 관세법에 의한 심사청구 또는 심판청구를 거친 것으로 본다.

판례 조세법률관계는 극히 대량적, 주기적으로 반복하여 성립할 뿐 아니라 그에 관한 법령 또한 전문적, 기술적이고 복잡하여 이를 정확하게 이해하기 위하여는 전문적, 기술적 지식을 필요로 하는 점 등 조세관계사건의 특수성과 관세법 제38조, 제38조의2의 규정이 심사청구 및 심판청구 등 2단계의 전심절차를 거칠 것을 요구하는 한편 행정소송법 제18조 제2항, 제3항 및 제20조 의 적용을 배제하고 있는 취지 등을 합목적적으로 고려하면, <u>관세에 관한 소송에서는 이미 관세청장과 국세심판소로 하여금 기본적 사실관계와 법률문제에 대하여 다시 판단할 수 있는 기회를 부여하였을 뿐더러 납세의무자로 하여금 굳이 또 전심절차를 거치게 하는 것이 가혹하다고 보이는 등 정당한 사유가 있는 때에 한하여 납세의무자가 전심절차를 거치지 아니하고도 처분의 취소를 청구하는 행정소송을 제기할 수 있다고</u>

보아야 할 것이다(당원 1989. 11. 10. 선고 88누7996 판결 등 참조). 1993. 12. 31. 법률 제4674호로 개정된 관세법 제17조 제2항은 관세의 원칙적인 부과·징수를 순수한 신고납세방식으로 전환한 것이고, 이와 같은 신고납세방식의 조세에 있어서 과세관청이 납세의무자의 신고에 따라 세액을 수령하는 것은 사실행위에 불과할 뿐 이를 부과처분으로 볼 수는 없는 것이므로(당원 1996. 12. 6. 선고 95누11184 판결 참조), 원심이 확정한 바와 같이 국세심판소가 원고의 심판청구에 대하여 불복대상인 부과처분이 존재하지 아니한다는 이유로 본안에 대하여 실질적인 판단을 하지 아니한 채 각하결정을 한 것은 적법하다고 할 것이고, 따라서 원고가 심사청구에 대하여 기각결정을 받았다 하더라도 이로써 이 사건 물품의 조정관세대상 여부라고 하는 기본적 사실관계와 법률문제에 관하여 국세심판소로 하여금 다시 판단할 수 있는 기회를 부여하였다고 할 수 없고, 원심이 들고 있는 사정만으로는 원고로 하여금 거부처분에 대한 전심절차를 별도로 거치게 하는 것이 무익하다거나 원고에게 가혹하다고 볼 수도 없다 할 것이므로, 이 사건의 경우는 납세의무자가 전심절차를 거치지 아니하고도 행정소송을 제기할 수 있는 경우에 해당된다고 할 수 없다. 그렇다면 원고의 예비적 청구에 관한 소는 적법한 전심절차를 거치지 아니하고 제기된 것으로서 부적법하고 그 흠결은 보정될 수 없는 것임에도 불구하고 위 부분 소를 적법한 것으로 보아 본안 판결을 한 원심판결에는 전심절차에 관한 법리를 오해한 위법이 있다 할 것이다. 이 점을 지적하는 주장은 이유 있다. 【대법원 1997. 7. 22. 선고 96누8321 선고 판결】

3 불복청구 절차 등

1. 불복의 신청

1) 불복대상

관세법이나 그 밖의 관세에 관한 법률 또는 조약에 따른 처분으로서 위법한 처분 또는 부당한 처분을 받거나 필요한 처분을 받지 못하여 권리 또는 이익을 침해당한 자[6]는 이 절에 따른 심사청구 또는 심판청구를 하여 그 처분을 취소 또는 변경하거나 그 밖에 필요한 처분을 하여 줄 것을 청구할 수 있다. 다만, 관세청장이 조사결정한 처분 또는 처리하였거나 처리하였어야 하는 처분인 경우를 제외하고는 그 처분에 대하여 심사청구 또는 심판청구에 앞서 이 절에 따른 이의신청을 할 수 있다.

6) 통칙 119-0-1(권리 또는 이익의 침해를 당한 자의 범위)①법 제119조제1항에 규정된 "권리 또는 이익의 침해를 당한 자"라 함은 위법부당한 처분을 받았거나 필요한 처분을 받지 못한 직접적인 당사자를 말한다. ②제3자적 지위에 있는 자도 해당 위법부당한 처분으로 인해 권리 또는 이익의 침해를 당한 경우에는 불복청구를 할 수 있다. 다만, 단순히 반사적인 이익의 침해를 받은 자는 제외한다.

2) 불복청구할 수 없는 처분

다음의 처분은 불복청구할 수 있는 처분에 포함되지 아니한다.[7]

- 이의신청 · 심사청구 또는 심판청구에 대한 처분[8]
- 통고처분
- 「감사원법」의 규정에 따라 심사청구를 한 처분이나 그 심사청구에 대한 처분[9]

3) 청구기간

심사청구는 그 처분이 있은 것을 안 날[10]부터 90일 이내에 하여야 한다. 심사청구를 거친 처분에 대한 행정소송은 「행정소송법」에 불구하고 그 심사청구에 대한 결정의 통지를 받은 날부터 90일내에 처분청을 당사자로 하여 제기하여야 한다. 이러한 기간은 불변기간으로 한다.

4) 내국세 등에 대한 불복 기관

수입물품에 부과하는 내국세 등의 부과·징수·감면·환급 등에 관한 세관장의 처분에 대하여 불복이 있는 자는 이의신청·심사청구 및 심판청구를 할 수 있다.

5) 제2차 납세의무자의 청구

관세법 그 밖의 관세에 관한 법률 또는 조약에 의한 처분에 의하여 권리 또는 이익의 침해를 받게 되는 제2차 납세의무자 등 다음 이해관계인은 그 처분에 대하여 심사청구 또는 심판청구를 하여 그 처분의 취소 또는 변경이나 그 밖의 필요한 처분을 청구할 수 있다.

- 제2차 납세의무자로서 납부통지서를 받은 자
- 물적 납세의무를 지는 자로서 납부통지서를 받은 자

7) 통칙 119-0-3(체납처분에 대한 불복청구 가능여부) ①납세자에 대한 재산의 압류·매각 및 청산(배분)의 체납처분은 불복청구의 대상이 된다. ②체납처분으로 압류한 재산이 제3자의 소유인 경우, 그 제3자는 압류처분에 대하여 불복청구를 할 수 있다.

8) 이의신청에 대한 처분에 대하여 심사청구 또는 심판청구를 하는 경우 제외

9) 통칙 119-0-2(이의신청·심사청구와 감사원심사청구와의 관계) ①동일한 처분에 대하여 이의신청과 심사청구를 중복 제기하였을 경우에는 심사청구를 제기한 것으로 본다. 다만, 심사청구가 청구기간을 경과한 때에는, 청구기간 내에 제기된 이의신청을 심리한다. ②동일한 처분에 대하여 이의신청 또는 심사청구와 감사원심사청구를 중복제기한 경우에는 감사원심사청구를 제기한 것으로 본다. 다만, 감사원심사청구가 청구기간을 경과한 때에는, 청구기간 내에 제기된 이의신청 또는 심사청구를 심리한다.

10) 처분의 통지를 받은 때에는 그 받은 날을 말한다.

- 납세보증인
- 그 밖의 기획재정부령이 정하는 자

6) 중복 제기

동일한 처분에 대하여는 심사청구와 심판청구를 중복하여 제기할 수 없다.

7) 심사청구

심사청구를 하는 때에는 관세청장이 정하는 심사청구서에 다음의 사항을 기재하여야 한다. 이 경우 관계증거서류 또는 증거물이 있는 경우에는 이를 첨부할 수 있다(영 제145조 제1항).

- 심사청구인의 주소 또는 거소와 성명
- 처분이 있은 것을 안 연월일[11]
- 처분의 내용
- 심사청구의 요지와 불복의 이유

세관장 또는 관세청장은 심사청구에 관한 의견서 작성 또는 심의·결정을 위하여 필요하다고 인정하는 경우에는 직권으로 또는 심사청구인의 신청에 따라 해당 청구의 대상이 된 처분에 관계되는 통관절차 등을 대행한 관세사(합동사무소·관세사법인 및 통관취급법인을 포함한다)에게 통관경위에 관하여 질문하거나 관련 자료를 제출하도록 요구할 수 있다(영 제145조 제1항).

심사청구서가 세관장외의 세관장 또는 관세청장에게 제출된 때에는 해당 청구서를 관할세관장에게 지체없이 송부하고 그 뜻을 해당 청구인에게 통지하여야 한다. 관세청장은 송부받은 의견서의 부본을 지체없이 해당 청구인에게 교부하여야 한다. 심사청구인은 관세청장에게 교부받은 의견서에 대하여 반대되는 증거서류 또는 증거물을 제출할 수 있다.

2. 청구절차

심사청구는 불복의 사유를 갖추어 해당 처분을 하였거나 하였어야 하는 세관장을 거쳐 관세청장에게 하여야 한다. 심사청구서가 세관장외의 세관장 또는 관세청장에게 제출된 때에는 해당 청구서를 관할세관장에게 지체없이 송부하고 그 뜻을 해당 청구인에게 통지하여야 한다. 심사청구기간의 계산에 있어서는 해당 청구서가 세관장에게 제출된 때에 심사청구가 있은 것으로 본다. 해

11) 처분의 통지를 받은 경우에는 그 받은 연월일

당 청구서가 세관장외의 세관장 또는 관세청장에게 제출된 때에도 또한 같다. 해당 청구서의 제출을 받은 세관장은 이를 받은 날부터 7일내에 그 청구서에 의견서를 첨부하여 관세청장에게 송부하여야 한다. 송부받은 의견서의 부본을 지체없이 해당 청구인에게 교부하여야 한다. 심사청구인은 관세청장에게 교부받은 의견서에 대하여 반대되는 증거서류 또는 증거물을 제출할 수 있다.[12)]

3. 대리인

이의신청인·심사청구인 또는 심판청구인은 변호사 또는 관세사를 대리인으로 선임할 수 있다. 대리인의 권한은 서면으로 증명하여야 한다. 대리인은 본인을 위하여 청구에 관한 모든 행위를 할 수 있다. 다만, 청구의 취하는 특별한 위임을 받은 경우에 한한다. 대리인을 해임한 때에는 그 뜻을 서면으로 해당 재결청에 신고하여야 한다.

4. 심사청구 등의 효력

이의신청·심사청구 또는 심판청구는 법령에 특별한 규정이 있는 경우를 제외하고는 해당 처분의 집행에 효력을 미치지 아니한다. 다만, 해당 재결청이 필요하다고 인정하는 때에는 그 처분의 집행을 중지하게 하거나 중지할 수 있다.

4 불복청구 심리 및 결정

1. 불복청구의 심리

1) 심리구분

(1) 요건심리

심사청구가 형식적 요건을 갖추었는지 여부를 검토하여 수리여부 결정[13)]

(2) 본안심리

결과 청구가 적법하게 청구되었다고 인정하여 수리되었을 때 실제적 내용에 관해 심리

12) 통칙 122-0-1(취하 후 불복청구 가능 여부) 청구인이 이의신청 또는 심사청구를 취하한 경우에도 청구기간 내에는 이의신청 또는 심사청구를 다시 할 수 있다.

13) 처분의 존재, 청구자 적격, 기간요건 등을 심리

2) 서류의 열람 및 의견진술

(1) 서류열람

이의신청인·심사청구인 또는 심판청구인은 그 청구에 관계되는 서류를 열람할 수 있다.

(2) 의견진술

이의신청인·심사청구인 또는 심판청구인은 재결청에 의견을 진술할 수 있다. 의견을 진술하려는 자는 그 주소 또는 거소 및 성명과 진술하려는 요지를 기재한 신청서를 해당 재결청에 제출하여야 한다. 신청을 받은 재결청은 심사청구의 대상이 된 사항이 경미한 때와 심사청구의 대상이 된 사항이 오로지 법령해석에 관한 것인 때에 해당하여 심사청구인의 의견진술이 필요없다고 인정되는 때를 제외하고는 출석일시 및 장소와 진술시간을 정하여 관세심사위원회 회의개최예정일 3일전까지 심사청구인에게 통지하여야 한다. 신청을 받은 재결청은 심사청구인의 의견진술이 필요없다고 인정되는 때에는 이유를 명시한 문서로 그 뜻을 해당 심사청구인에게 통지하여야 한다. 의견진술은 진술하려는 내용을 기재한 문서의 제출로 갈음할 수 있다.

2. 청구서의 보정

관세청장은 심사청구의 내용이나 절차가 이 절의 규정에 적합하지 아니하지만 보정할 수 있다고 인정되는 때에는 20일 이내의 기간을 정하여 보정할 것을 요구할 수 있다. 다만, 보정할 사항이 경미한 때에는 직권으로 이를 보정할 수 있다.[14)]

심사청구의 내용이나 절차의 보정을 요구하는 때에는 다음 사항을 기재한 문서에 의하여야 한다.

- 보정할 사항
- 보정을 요구하는 이유
- 보정할 기간
- 그 밖의 필요한 사항

보정기간은 심사청구기간에 산입하지 아니한다.[15)]

14) 통칙 123-0-2(보정요구의 당사자) 대리인을 선임하여 불복청구를 한 경우 보정요구서의 송달은 본인 또는 법 제126조에 규정한 대리인 중 누구에게도 할 수 있다.

3. 결정절차

심사청구가 있는 경우에는 관세청장은 관세심사위원회의 심의를 거쳐 이를 결정하여야 한다. 다만, 심사청구기간이 경과된 후 심사청구가 제기된 경우 등 다음 사유에 해당하는 경우에는 그러하지 아니하다.

- 심사청구기간을 경과한 경우
- 심사청구의 대상이 되는 처분이 존재하지 아니하는 경우
- 해당 처분에 의하여 권리 또는 이익을 침해당하지 아니한 자가 심사청구를 제기한 경우
- 심사청구의 대상이 되지 아니하는 처분에 대하여 심사청구가 제기된 경우
- 보정기간 내에 필요한 보정을 하지 아니한 경우
- 심사청구의 대상이 되는 처분의 내용 · 쟁점 · 적용법령 등이 이미 관세심사위원회의 심의를 거쳐 결정된 사항과 동일한 경우
- 그 밖의 신속히 결정하여 상급심에서 심의를 받도록 하는 것이 권리구제에 도움이 된다고 판단되는 경우

관세심사위원회의 회의는 공개하지 아니한다. 다만, 관세심사위원회의 위원장이 필요하다고 인정하는 때에는 이를 공개할 수 있다.

4. 관세심사위원회

1) 설치

관세청장에게 제기된 과세전적부심사, 심사청구, 이의신청을 심의하기 위하여 심의하기 위하여 세관 및 관세청에 각각 관세심사위원회를 둔다.

2) 심의사항

관세심사위원회의 심의사항은 다음 구분에 따른다.

- 관세청에 두는 관세심사위원회: 관세청장에게 제기된 과세전적부심사청구와 관세청장에게 제기된 심사청구(법 제122조) 사항
- 서울세관 · 인천공항세관 · 부산세관 · 인천세관 · 대구세관 및 광주세관(본부세관)에 두는 관세심사위원회: 과세전적부심사 청구(법 제132조) 및 이의신청 사항
- 본부세관 외의 세관(일선세관)에 두는 관세심사위원회: 이의신청(법 제132조) 사항

15) 통칙 123-0-1(심사청구서 등의 형식을 취하지 않은 불복청구에 대한 보정) 이의신청서 또는 심사청구서의 형식을 취하지 아니하고 처분의 취소·경정 또는 필요한 처분을 요구하는 내용의 불복이 서면으로 제출되었을 경우에는 청구인에게 보정을 요구하여 심리할 수 있다.

3) 구성

관세심사위원회는 위원장 1명을 포함하여 다음 구분에 따른 위원으로 구성한다.

- 관세청에 두는 관세심사위원회: 29명 이내의 위원
- 본부세관에 두는 관세심사위원회: 22명 이내의 위원
- 일선세관에 두는 관세심사위원회: 15명 이내의 위원

4) 관세심사위원회의 위원장

위원장은 다음 구분에 따른 사람이 된다.

- 관세청에 두는 관세심사위원회: 관세청차장
- 본부세관에 두는 관세심사위원회: 본부세관장
- 일선세관에 두는 관세심사위원회: 일선세관장

관세심사위원회의 위원장은 관세심사위원회를 대표하고, 관세심사위원회의 업무를 총괄한다. 관세심사위원회의 위원장이 부득이한 사유로 직무를 수행할 수 없는 경우에는 위원 중 관세심사위원회의 위원장(관세청에 두는 관세심사위원회의 경우에는 관세청장을 말한다)이 미리 지명한 위원이 그 직무를 대행한다.

5) 위원

관세심사위원회의 위원은 다음 구분에 따른 사람이 된다.

- 관세청에 두는 관세심사위원회
  - · 관세청의 3급 또는 고위공무원단에 속하는 공무원 중에서 관세청장이 지정하는 8명 이내의 사람
  - · 법률 · 재정 · 경제에 관한 학식과 경험이 풍부한 사람 중에서 관세청장이 위촉하는 20명 이내의 사람
- 본부세관에 두는 관세심사위원회
  - · 본부세관의 3급부터 5급까지의 공무원 중에서 위원장이 지정하는 6명 이내의 사람
  - · 법률 · 재정 · 경제에 관한 학식과 경험이 풍부한 사람 중에서 위원장이 위촉하는 15명 이내의 사람
- 일선세관에 두는 관세심사위원회
  - · 일선세관의 5급 또는 6급 공무원 중에서 위원장이 지정하는 4명 이내의 사람

· 법률 · 재정 · 경제에 관한 학식과 경험이 풍부한 사람 중에서 위원장이 위촉하는 10명 이내의 사람

위원 중 관세심사위원회의 위원장이 위촉하는 위원(민간위원)의 임기는 2년으로 한다. 관세심사위원회의 위원장은 민간위원이 심신장애, 직무태만, 품위손상, 그 밖의 사유로 위원으로 적합하지 아니하다고 인정되는 경우에는 임기 중이라도 위촉을 해제할 수 있다.

6) 관세심사위원회의 회의

관세심사위원회의 위원장은 심의가 필요한 경우 기일을 정하여 관세심사위원회의 회의를 소집하고 그 의장이 된다.

관세심사위원회의 회의는 위원장과 다음 구분에 따라 위원장이 회의마다 지정하는 사람으로 구성하되, 민간위원이 2분의 1 이상 포함되어야 한다.

- 관세청에 두는 관세심사위원회: 10명
- 본부세관에 두는 관세심사위원회: 8명
- 일선세관에 두는 관세심사위원회: 6명

관세심사위원회의 위원장은 기일을 정하였을 때에는 그 기일 7일 전까지 지정된 위원 및 해당 청구인 또는 신청인에게 통지하여야 한다.

관세심사위원회의 회의는 구성원 과반수의 출석으로 개의하고, 출석위원 과반수의 찬성으로 의결한다. 관세심사위원회의 위원장과 위원은 자기의 이해에 관한 의사에 참석하지 못한다. 관세심사위원회의 회의에서 의결한 사항은 위원장이 관세청장에게 보고하여야 한다. 관세심사위원회에 그 서무를 처리하게 하기 위하여 간사 1명을 두고, 간사는 위원장이 소속공무원 중에서 지명한다.

7) 수당

관세심사위원회의 회의에 출석한 공무원이 아닌 위원에 대하여는 예산의 범위 안에서 수당을 지급할 수 있다.

5. 결정

1) 결정종류

(1) 각하

기간이 경과되었거나 필요한 보정을 기간 내에 하지 아니하였을 때 청구를 반려하는 결정[16)]

(2) 기각

심사청구가 이유없다고 인정될 때 결정한다.

(3) 인용

심사청구가 이유있다고 인정될 때에는 그 청구의 대상이 된 처분을 취소·변경 또는 필요한 처분의 결정한다.

2) 결정기간

결정은 심사청구를 받은 날부터 90일 이내에 하여야 한다. 다만, 부득이한 사유가 있는 경우에는 그러하지 아니하다. 결정을 한 때에는 결정기간 내에 그 이유를 기재한 결정서에 의하여 심사청구인에게 통지하여야 한다. 보정기간은 결정기간에 산입하지 아니한다.

6. 불복방법의 통지

1) 통지

이의신청·심사청구 또는 심판청구의 재결청은 결정서에 이의신청의 경우에는 결정서를 받은 날부터 90일 이내에 심사청구 또는 심판청구를 제기할 수 있다는 뜻과 심사청구 또는 심판청구의 경우에는 결정서를 받은 날부터 90일 이내에 행정소송을 제기할 수 있다는 뜻을 함께 기재하여야 한다.

16) 통칙 128-0-1(심사청구 등에 대한 각하결정 사유)법 제128조제1항제1호의 규정에 따라 청구를 각하하는 결정을 하는 경우에는 다음의 경우를 포함한다.
1. 불복청구의 대상이 된 처분이 존재하지 않는 때 (처분의 부존재)
2. 불복청구의 대상이 된 처분에 따라 권리 또는 이익을 침해당하지 않은 자의 불복청구(당사자의 부적격)
3. 법 제119조제2항 각호에서 정하는 불복청구의 대상이 되지 아니하는 처분에 대한 불복청구
4. 법 제126조 규정에 따른 대리권한이 없는 자에 의한 불복청구. 다만, 불복제기 후 정당한 대리권이 있음을 증명하는 때에는 제외한다.

이의신청·심사청구 또는 심판청구의 재결청은 해당 신청 또는 청구에 대한 결정기간이 경과할 때까지 결정을 하지 못한 때에는 지체없이 신청인 또는 청구인에게 이의신청의 경우에는 결정의 통지를 받기 전이라도 그 결정기간이 경과한 날부터 심사청구 또는 심판청구를 제기할 수 있다는 뜻과 심사청구 또는 심판청구의 경우에는 결정의 통지를 받기 전이라도 그 결정기간이 경과한 날부터 행정소송의 제기를 할 수 있다는 뜻을 서면으로 통지하여야 한다.

2) 통지방법

결정 또는 불복방법의 통지를 하는 때에는 인편 또는 등기우편에 의하여야 하며, 인편에 의하는 경우에는 수령증을 받아야 한다. 심사청구인의 주소 또는 거소가 불명하거나 그 밖의 사유로 인하여 인편 등의 방법으로 결정 등을 통지할 수 없는 때에는 그 요지를 해당 재결관서의 게시판 그 밖의 적절한 장소에 공고하여야 한다. 공고를 한 때에는 그 공고가 있은 날부터 10일을 경과한 날에 결정 등의 통지를 받은 것으로 본다.

3) 불복방법의 통지를 잘못한 경우 등의 구제

불복방법의 통지에 있어서 불복청구를 할 기관을 잘못 통지하였거나 누락한 경우 그 통지된 기관 또는 해당 처분기관에 불복청구를 한 때에는 정당한 기관에 해당 청구를 한 것으로 본다. 청구를 받은 기관은 정당한 기관에 지체없이 이를 이송하고, 그 뜻을 그 청구인에게 통지하여야 한다.

5 그 밖의 관세구제제도

1. 이의신청

1) 이의신청의 접수

이의신청은 불복의 사유를 갖추어 해당 처분을 하였거나 하였어야 할 세관장에게 하여야 한다. 이 경우 결정사항 또는 세액에 관한 이의신청은 해당 결정사항 또는 세액에 관한 통지를 직접 우송한 우체국의 장에게 이의신청서를 제출함으로써 이를 행할 수 있고, 우체국의 장이 이의신청서를 접수한 때에 세관장이 접수한 것으로 본다.

2) 준용

이의신청에 관하여는 관세법상의 심사청구기간(제121조), 심사청구절차(제122조제2항), 심사청구서의 보정(제123조), 결정절차(제127조) 및 결정(제128조)을 준용한다. 다만, 관세법 제128조제2항 중 “90일”은 “30일”로 본다. 이의신청에 관하여는 관세법 시행령 심사청구(제145조), 보정요구(제146조) 및 경미한 사항(제150조)부터 의견진술(제153조)까지의 규정을 준용한다.

3) 이의신청의 결정

이의신청을 받은 세관장은 관세심사위원회의 심의를 거쳐 결정하여야 한다.

2. 감사원법에 의한 심사청구

감사원의 감사를 받은 자의 직무에 관한 처분, 그 밖의행위에 대하여 이해관계가 있는 자가 감사원장에게 심사청구한다. 감사원법에 의한 심사청구를 거친 것은 관세법에 의한 심사청구, 관세법 및 국세기본법에 의한 심판청구를 거친 것과 동일한 효과를 부여한다. 감사원에 대한 불복은 위법 또는 부당한 과세처분 등이 있은 것을 안 날부터 90일 이내에 하고, 감사원장은 그 청구를 수리한 날부터 3월 이내에 결정한다.

3. 심판청구

심판청구는 재정경제부에 설치된 조세전문기관인 국세심판원에 처분의 취소 또는 변경이나 필요한 처분을 구하는 것이다. 관세에 관한 심판청구는 심사청구와 선택적인 사항으로 되어 있어 둘 중 어느 것을 택하여 청구하여도 되나, 동일 건에 대하여 중복하여 청구할 수 없다. 심판청구의 제기는 처분이 있은 것을 안날부터 90일 이내에 하고, 심판청구를 받은 날부터 90일 이내 국세심판위원회가 심리하여 결정한다.

제5절 벌칙

1 관세행정벌

1. 행정벌의 개념

각종 행정법규에는 그 행정 목적을 실현하기 위하여 여러 가지 의무규정을 두고 이를 위반하였을 때에는 처벌하는 규정을 두고 있는데, 이와 같이 행정법규상의 의무위반에 대한 제재로서 일반통치권에 의거하여 과하는 처벌을 행정벌이라고 한다.

2. 관세행정벌

관세법에서는 관세수입의 확보와 수출입통관의 적정이라는 행정목적 달성을 위하여 각종의 명령, 금지 등의 규정을 두고 그 실효성을 확보하기 위하여 이를 위반한 경우에는 처벌을 하도록 규정하고 있는데 관세법상 의무위반에 대한 제재로서 과하는 처벌을 관세행정벌이라고 한다.

3. 보호법익

관세법상의 관세포탈죄나 특정범죄 가중처벌 등에 관한 법률의 관세법 위반죄는 국가적 법익을 침해하는 죄로서 그 보호법익은 재정권 특히 과세권의 확보이다.

판례 살인죄는 강학상의 이른바 개인적 법익을 침해하는 죄로서 그 보호법익은 사람의 생명이고, 관세법상의 관세포탈죄나 이 사건 특가법 조항은 이른바 국가적 법익을 침해하는 죄로서 그 보호법익은 재정권 특히 과세권의 확보이므로, 양자는 그 보호법익과 죄질이 다르다. 따라서 살인죄의 법정형을 기준으로 하여 이 사건 특가법 조항 소정형의 경중을 논단할 수는 없다. 이 점은 사람의 생명이 가장 존귀한 형벌법규의 보호법익이라 하더라도 결론에 있어 다르지 않다. 가사 살인죄의 법정형과 이 사건 특가법 조항의 법정형을 단순비교해 보더라도, 살인죄의 경우에는'사형'이 규정되어 있지만 이 사건 특가법 조항의 경우에는 포탈액수에 상한을 두지 않으면서 사형이 규정되어 있지 않으므로 이 사건 특가법 조항의 법정형이 살인죄의 법정형보다 높다고 할 수 없다. 청구인은 특가법 제6조 제4항 제1호 가 사형을 제외하면 살인죄의 법정형과 동일하고, 살인죄에 대하여는 벌금형의 필요적 병과가 없다는 점에서 이 사건 특가법 조항의 법정형이 지나치게 높다고 주장한다. 하지만 보호법익과 죄질이 서로 다른 둘 또는 그 이상의 범죄를 동일선상에 놓고

그 중 어느 한 범죄의 법정형을 기준으로 하여 단순한 평면적 비교로써 다른 범죄의 법정형의 과중 여부를 판정하여서는 아니 된다(헌재 1995. 4. 20. 93헌바40, 판례집 7-1, 539, 549; 헌재 2006. 12. 28. 2005헌바35, 판례집 18-2, 589, 594). 【헌법재판소 2008.2.28. 선고 2005헌바88 선고 전원재판부】

2 관세행정벌의 종류

1. 관세형벌

관세형벌이란 관세법상 의무위반에 대한 제재로서 형법상 형명이 있는 형벌을 과하는 것을 말한다. 형법상 사형, 징역, 금고, 자격상실, 자격정지, 벌금, 구류, 과료, 몰수 등 9가지 형명의 형벌이 있지만 이 중 관세범에 대하여는 징역, 벌금, 몰수 3종이 있다. 관세범에 대한 형벌 적용시 형법 총칙이 적용되나 관세범의 특수성으로 인하여 관세법에 형법총칙의 일부 배제규정을 두고, 형법에 없는 양벌규정과 법인 처벌규정 등을 두고 있다.

2. 관세질서벌

관세법상의 의무위반에 대한 제재이기는 하나 형법에 형명이 없는 벌인 과태료를 과하는 경우를 말한다. 관세질서벌은 형법총칙이 적용되지 않기 때문에 고의, 과실, 착오 등을 고려할 필요가 없이 관세법 위반사실 그 자체에 대하여 부과되는 행정벌이며 과태료 부과에 대해 다툼이 있는 경우에는 형사소송법에 따르지 않고 비송사건절차법이 정하는 바에 따른다.

3 관세범의 성격

1. 법정범

법 규범에 따라 명령·금지된 사항을 위반함으로써 성립하므로 반윤리적·반사회적인 범죄인 자연범과 구별된다.

2. 행정범

일반범죄가 형법에 규정되어 형사범이라고 하는 데 반하여 관세범은 행정법인 관세법에 규정되어 있으므로 행정범에 해당한다.

3. 경제범

재정범 또는 조세범으로서의 관세범은 행정의 합목적성이 강조되어 그 형벌에 있어서 재산형을 위주로 한다. 헌법재판소도 관세범이 재정범임을 밝히고 있다.

판례 관세포탈범은 재정범으로서 일반형사범에 비하여 범행의 동기나 행위의 태양 등이 비교적 정형화되어 있고 그것이 국가와 사회에 미치는 병폐는 관세포탈액 등이 많으면 많을수록 가중된다. 따라서 관세포탈액 등을 기준으로 한 단계적 가중처벌은 비록 포탈관세액의 다과만이 그 죄의 경중을 가늠하는 유일한 기준은 아닐지라도 가장 중요한 기준일 것이므로 일응 수긍할 만한 합리적 이유가 있다.【헌법재판소 2008.2.28. 선고 2005헌바88 선고 전원재판부】

4 관세범 처벌상의 특례

1. 벌금형의 경우 형법규정의 적용배제

관세법에 따른 벌칙에 위반되는 행위를 한 자에게는 「형법」 제38조제1항제2호 중 벌금경합에 관한 제한가중규정을 적용하지 아니한다.

2. 양벌규정

1) 의의

관세법상 규제대상에 관련되는 업무를 하는 자의 사용인이 그 업무를 수행함에 있어 행한 행위가 관세법에 의한 처벌의 대상이 될 경우에는 그 사용인을 처벌하는 외에 업무주체인 본인도 처벌한다. 이와 같이 행위자와 업무주체를 양벌하는 것은 업무주체에게 주의감독의 책임을 부담시켜 범죄방지를 도모하자는데 그 목적이 있다. 과태료는 양벌대상에서 제외한다.

2) 적용대상

법인의 대표자나 법인 또는 개인의 대리인, 사용인, 그 밖의 종업원이 그 법인 또는 개인의 업무에 관하여 벌칙(과태료는 제외한다)에 해당하는 위반행위를 하면 그 행위자를 벌하는 외에 그 법인 또는 개인에게도 해당 조문의 벌금형을 과한다. 다만, 법인 또는 개인이 그 위반행위를 방지하기 위하여 해당 업무에 관하여 상당한 주의와 감독을 게을리하지 아니한 경우

에는 그러하지 아니하다.

개인은 다음 어느 하나에 해당하는 자로 한정한다.

- 특허보세구역 또는 종합보세사업장의 운영인[17]
- 수출[18] · 수입 또는 운송을 업으로 하는 자
- 관세사[19]
- 개항 안에서 물품이나 용역의 공급을 업으로 하는 자
- 국가관세종합정보망 운영사업자 및 전자문서중계사업자

3) 처벌 및 면책

본인에 대한 처벌은 타인의 위법행위에 대한 과실책임을 묻는 것이므로 고의범에 대하여 과하여지는 자유형을 과할 수 없고 재산형인 벌금을 과한다. 본인이 위반행위를 방지하는 방도가 없었음을 증명하는 때에는 처벌하지 아니한다. 이는 위반행위를 방지하는 방도가 없었다는 것은 통상의 주의를 게을리 하지 아니하고 감독을 하였음에도 그 위법행위를 방지할 수가 없는 경우를 말하며 그 증명은 본인이 하여야 한다.

3. 법인처벌

법인의 임원·직원 또는 사용인이 법인의 업무에 관하여 관세법에 규정된 벌칙에 위반되는 행위를 한 때에는 그 행위자를 처벌하는 외에 법인도 처벌한다. 일반 형사범인 경우는 행위자인 자연인만을 처벌하는 것이 원칙이나 행정범에 대하여는 양벌규정의 경우와 같이 행위자인 자연인과 함께 그 업무행위의 효과가 귀속되는 법인에 대하여도 처벌하고 있다.[20] 업무를 집행하는 임원·직원 또는 사용인에 대하여 법인이 위반행위를 방지하는 방도가 없었음을 증명하는 때에는 법인을 처벌하지 아니한다.

17) 법 제279조제1호에 규정한 특허보세구역의 운영인은 자연인만을 의미하며 법인은 이에 해당하지 아니한다(통칙 279-0-1).

18) 「수출용원재료에 대한 관세 등 환급에 관한 특례법」에 의한 수출 등을 포함한다.

19) 법인 등에 속한 다수의 사용인이 관세사법 제3조제2항을 위반하여 각각 관세사에게 관세사의 직무를 소개, 알선하고 그 대가를 받은 경우, 법인, 관세사의 종업원 또는 대리인, 사용인이 각각 법인 또는 관세사의 업무와 관련하여 위반행위를 하고 각각의 위반행위가 개별적, 독립적인 것으로서 위반자 상호간 공범관계가 성립되지 않는다면 각 행위자별로 양벌적용하여 각각의 위반행위에 대하여 법인 또는 관세사에게도 벌금형을 과한다(통칙 279-0-2).

20) 법 제280조에 따라 법인의 임직원 또는 피용자의 범칙행위에 대하여 법인을 처벌하기 위하여는 먼저 범칙행위를 한 자가 법인의 임원, 직원, 사용인의 어느 하나에 해당되어야 하고, 나아가 그의 범칙행위가 법인의 업무에 관하여 행한 것이어야 한다(통칙 280-0-1).

4. 과실범 처벌규정

일반 형사범은 고의범만을 처벌하는 것이 원칙이고 고의가 없거나 과실범은 법률에 특별한 규정이 있는 경우에만 처벌하고 있는 데, 관세법에서는 허위신고죄 등(제276조)과 관련하여 과실범도 처벌하도록 하고 있다.

5. 교사범과 종범의 처벌

그 정을 알고 밀수출입죄(제269조) 및 관세포탈죄 등(제270조)의 규정에 따른 행위를 교사하거나 방조한 자는 정범에 준하여 처벌한다. 교사범은 형법규정과 같이 정범에 준하여 처벌하고 방조범은 형법의 종범 대한 경감규정과 달리 정범에 준하여 처벌한다. 또한 밀수출입과 관세포탈 행위를 방조한 자는 징역형이든 벌금형이든 정범에 준하여 처벌하고, 그 이외의 관세범은 벌금형일 때에만 감경하지 아니한다.

6. 예비범 및 미수범 처벌

전자문서 위조·변조죄 등(268조의2)·밀수출입죄(제269조) 및 관세포탈(제270조)의 죄를 범할 목적으로 그 예비를 한 자와 미수범은 본죄에 준하여 처벌한다. 밀수품의 취득죄(제274조)를 범할 목적으로 그 예비를 한 자와 미수범은 본죄에 준하여 처벌한다. 형법 규정에는 원칙적으로 음모나 예비에 대하여 벌하지 아니하고, 미수범은 경감할 수 있다고 하였으나 관세법에서는 상기 특정한 죄에 대하여는 본죄에 준하여 처벌하고 있다.

판례 형법 제28조는 범죄의 음모 또는 예비행위가 실행의 착수에 이르지 아니한 때에는 법률에 특별한 규정이 없는 한 벌하지 아니한다고 규정하고, 관세법 제182조 제2항은 제180조 소정의 관세포탈죄 등을 범할 목적으로 그 예비를 한 자를 미수범과 함께 본죄에 준하여 처벌한다고 규정하며, 특정범죄가중처벌등에관한법률 제6조 제7항은 관세법 제182조에 규정된 죄를 범한 자를 일정한 요건하에 가중 처벌하는 규정을 두고 있는바, 이는 관세포탈죄를 비롯한 관세범이 국가경제에 미치는 영향이 크고, 조직성, 전문성, 지능성, 국제성을 갖춘 영리범이라는 특성을 갖고 있으며, 기수와 미수, 미수와 예비가 그 법익침해 가능성이나 위험성에 있어서 크게 차이가 없는 점 등에 비추어 관세법의 입법목적 달성 및 질서유지와 공공복리를 위하여 그 예비행위를 벌하는 규정을 두고 있는 것일 뿐이고, 합리적 근거 없이 어느 특정인을 일반 국민과 차별하거나 조세범처벌법상 조세포탈죄 등 다른 특정범죄와 차별하여 특별히 엄단하려 하는 것은 아니므로, 관세포탈예비죄에 관한 위 규정들은 헌법 제11조의 평등원칙이나 헌법 제10조의 기본적 인권보장의 원리에 위배된다고 할 수 없다. 【대법원 1999. 4. 9. 선고 99도424 선고 판결】

7. 징역과 벌금의 병과

다음의 죄를 범한 자는 정상에 의하여 징역과 벌금을 병과할 수 있다.

- 밀수출입죄 (제269조)
- 관세포탈죄 등 (제270조)
- 미수범 등 (제271조)
- 밀수품의 취득죄 등 (제274조)

각 처벌규정에는 징역 또는 벌금이란 형식으로 자유형과 재산형을 선택적으로 과할 수 있게 하고 있으나, 밀수범 등 악질범죄에 대하여는 한 가지 형태의 처벌만으로 불충분할 경우에는 자유형과 재산형을 병과하여 그 처벌의 실효를 거두려고 한 것이다.

8. 체납처분면탈죄

납세의무자 또는 납세의무자의 재산을 점유하는 자가 체납처분의 집행을 면탈할 목적 또는 면탈하게 할 목적으로 그 재산을 은닉·탈루하거나 거짓 계약을 하였을 때에는 3년 이하의 징역 또는 3천만 원 이하의 벌금에 처한다(법 제275조의2).

관세법에 의한 압수물건의 보관자 또는 「국세징수법」에 따른 압류물건의 보관자가 그 보관한 물건을 은닉·탈루, 손괴 또는 소비하였을 때에도 3년 이하의 징역 또는 3천만 원 이하의 벌금에 처한다.

사정을 알고도 이를 방조하거나 거짓 계약을 승낙한 자는 2년 이하의 징역 또는 2천만 원 이하의 벌금에 처한다.

9. 타인에 대한 명의대여죄

관세(세관장이 징수하는 내국세등을 포함)의 회피 또는 강제집행의 면탈을 목적으로 타인에게 자신의 명의를 사용하여 납세신고를 할 것을 허락한 자는 1년 이하의 징역 또는 1천만 원 이하의 벌금에 처한다(법 제275조의3).

10. 몰수와 추징

1) 의의

범죄행위에 제공하였거나 범죄로 생긴 물건 등에 대한 사회적 유통을 억제하고 범죄로 인한 재산적 이익을 회수하기 위하여 그 소유권을 박탈하는 재산형의 일종으로서 주형에 부가하여 과하는 것이 원칙이나 예외적으로 몰수만을 과할 수 있고 몰수 불능일 때에는 그 가액을 추징하는 제도이다.

2) 범죄물품의 몰수와 추징

(1) 몰수 · 추징

수출입금지물품을 밀수출입 한 경우에는 그 물품을 몰수한다. 그리고 밀수출입하거나 밀수물품을 취득한 경우에도 범인이 소유 또는 점유하는 그 물품을 몰수한다. 다만, 밀수 수입한 경우로서 보세구역에 신고를 한 후 반입한 외국물품이나 세관장의 허가를 받아 보세구역이 아닌 장소에 장치한 외국물품은 몰수하지 아니할 수 있다.

판례는 물품의 소유 또는 점유사실의 유무를 불문하고 범칙자 전원으로부터 각각 추징할 수 있고, 범인이 밀수품을 소유하거나 점유한 사실이 있다면 압수 또는 몰수가 가능한 시기에 범인이 이를 소유하거나 점유한 사실이 있는지 여부에 상관없이 몰수 또는 추징할 수 있다고 판시하고 있다. 판례는 더 나아가 '누구의 소유에 속함을 불구하고 소유자가 선의였든가 악의였든가를 가리지 않고 그 사실에 관하여 재판을 받는 범인에 대한 관계에서 이를 몰수'하여야 한다고 해석하고 있다.

판례 관세법에서 정한 몰수는 형법총칙의 몰수에 대한 특별규정으로서 필요적인 몰수에 관한 규정이라 할 것이고, 범인이 소유 또는 점유하는 그 물품을 몰수한다고 규정한 이상 범인이 점유하는 물품은 누구의 소유에 속함을 불구하고 소유자가 선의였든가 악의였든가를 가리지 않고 그 사실에 관하여 재판을 받는 범인에 대한 관계에서 이를 몰수하여야 한다고 해석할 것이고(대법원 1992. 9. 18. 자 92모22 결정 참조), 기록에 의하면 피고인들이 이 사건 선박을 점유하고 있었음을 알 수 있는바, 그렇다면 이 사건 선박이 누구의 소유에 속하던 간에 이 사건 선박의 무신고수입으로 인한 관세법위반죄의 범인인 피고인들로부터 이 사건 선박을 몰수하여야 할 것이다. 【대법원 2004. 3. 26. 선고 2003도8014 선고 판결】

판례 **【관세범칙물을 소유 또는 점유한 사실이 없는 공범자에 대한 추징 가부(적극)】**

관세법상 추징은 일반 형사법에서의 추징과는 달리 징벌적 성격을 띠고 있어 여러 사람이 공모하여 관세를 포탈하거나 관세장물을 알선, 운반, 취득한 경우에는 범칙자의 1인이 그 물품을 소유하거나 점유하였다면 그 물품의 범칙 당시의 국내도매가격 상당의 가액 전액을 그 물품의 소유 또는 점유사실의 유무를 불문하고 범칙자 전원으로부터 각각 추징할 수 있고, 범인이 밀수품을 소유하거나 점유한 사실이 있다면 압수 또는 몰수가 가능한 시기에 범인이 이를 소

유하거나 점유한 사실이 있는지 여부에 상관없이 관세법 제282조 에 따라 몰수 또는 추징할 수 있다. 관세법 제282조 제3항 은 같은 조 제1항 및 제2항 의 규정에 따라 몰수할 물품의 전부 또는 일부를 몰수할 수 없는 때에는 그 몰수할 수 없는 물품의 범칙 당시의 국내도매가격에 상당한 금액을 범인으로부터 추징한다고 규정하고 있는데, 여기서'몰수할 수 없을 때'란 범인이 이를 소비, 은닉하는 등 그 소유 또는 점유의 상실이 범인의 이익으로 귀속시킬 수 있는 사유로 인한 경우뿐 아니라, 범인의 이익과는 관계없는 훼손, 분실 그 밖에 소재장소로 말미암은 장애사유로 인한 경우도 포함하는 것이며, 위'국내도매가격'이란 도매업자가 수입물품을 무역업자로부터 매수하여 국내도매시장에서 공정한 거래방법에 의하여 공개적으로 판매하는 가격으로서, 물품의 도착원가에 관세 등의 제세금과 통관절차비용, 기업의 적정이윤까지 포함한 국내 도매물가시세인 가격을 뜻한다. 【대법원 2007.12.28. 선고 2007도8401 선고 판결】

몰수할 물품의 전부 또는 일부를 몰수할 수 없는 때에는[21] 그 몰수할 수 없는 물품의 범칙 당시의 국내도매가격[22]에 상당한 금액을 범인으로부터 추징한다.[23] 제274조제1항제1호 중 제269조제2항의 물품을 감정한 자를 제외한다.

판례 **【관세법상 추징의 성격 및 관세범칙물을 소유 · 점유하지 않은 공동범칙자에 대한 전액추징이 가능한지 여부(적극)】**

관세법이 규정하고 있는 추징은 일반 형사법상의 추징과는 달리 징벌적 성격을 띠고 있어 여러 사람이 공모하여 밀수입행위를 하거나 그 밀수품을 취득, 양도, 감정한 경우에는 범칙자의 1인이 그 물품을 소유하거나 점유하였다면 그 물품의 범칙 당시의 국내도매가격 상당의 가액 전액을 그 물품의 소유 또는 점유사실의 유무를 불문하고 범칙자 전원으로부터 각각 추징할 수 있다고 할 것이고(대법원 1983. 5. 24. 선고 83도639 판결, 대법원 2006. 4. 14. 선고 2006도638 판결 등 참조), 다만 그 공범자 또는 범칙자 중 어떤 자가 그 가액의 전액을 납부한 때에는 다른 공범자에 대하여 그 추징의 집행이 면제될 뿐이다. 또한, 관세법은 밀수품을 취득·양도한 자뿐만 아니라 밀수품을 운반, 보관, 알선하거나 이에 대한 감정을 한 자에 대하여도 그 물품을 몰수할 수 없는 때에 그 가액을 필요적으로 추징하도록 규정하고 있으나, 이는 밀수품의 유통방지를 통하여 밀수를 억제하려는 관세법의 입법목적에 비추어 정당성이 인정되고, 그 입법수단이 위 입법목적의 달성에 적절하다. 또한, 밀수품을 운반·보관·알선하거나 이에 대한 감정을 하는 행위는 밀수입을 조장·유발하거나

---

21) 법 제282조제3항에 규정된 "몰수할 수 없는 때"라 함은 범인이 이를 소비, 은닉, 훼손, 분실하는 등의 경우는 물론 그 소재장소로 말미암은 장애사유로 인하여 몰수할 수 없는 때도 이에 해당된다(통칙 282-0-1).

22) 도매업자가 수입물품을 무역업자로부터 매수하여 국내도매시장에서 공정한 거래방법에 따라 공개적으로 판매하는 가격

23) 법 제282조제3항의 규정에 따라 몰수할 물품을 몰수할 수 없는 때에 범칙당시의 국내도매가격에 상당한 금액으로 추징하는 경우, 감정가격을 기준으로 하여 관세 등을 합산하여 국내도매가격을 산출하는 방식인 시가역산율표에 근거하여 추징금액을 산정할 수 있다(통칙 282-0-2).

이를 용이하게 한다는 점에서 밀수품을 취득·양도하는 행위와 본질적인 차이가 있다고 보기 어려울 뿐만 아니라, 밀수품의 취득죄 등과 법정형이 동일한 관세법 제269조 제3항 소정의 무신고 수출죄에도 위 필요적 몰수·추징 규정이 적용되어 다른 관세 범죄와의 형의 균형이 이루어지고 있는 점에 비추어 보면, 관세법이 밀수품을 운반, 보관, 알선하거나 이에 대한 감정을 한 자에 대하여 밀수품의 가액을 필요적으로 추징하도록 규정하고 있다고 하여 그것이 과잉금지의 원칙에 반하는 등 입법재량권을 현저하게 일탈하였다고 볼 수 없다. 【대법원 2008.1.17. 선고 2006도455 선고 판결】

개인 및 법인은 몰수와 추징 관련 규정 적용에 있어서는 이를 범인으로 본다. 그리고 위 판례는 몰수·추징의 대상이 되는 여부나 추징액의 인정은 엄격한 증명을 필요로 하지 않고(대법원 1993. 6. 22. 선고 91도3346 판결, 대법원 2006. 4. 7. 선고 2005도9858 전원합의체 판결), 몰수할 수 없는 다이아몬드의 범칙 당시 국내도매가격을 인정한 것은 정당하다고 판시하고 있다.

(2) 밀수전용 운반기구 몰수

밀수수출입죄에 전용되는 선박·자동차 그 밖의 운반기구는 그 소유자가 범죄에 사용되는 정을 알고 있고, 다음에 해당하는 경우에는 이를 몰수한다.

- 범죄물품을 적재하거나 적재하려고 한 경우
- 검거를 기피하기 위하여 권한 있는 공무원의 정지명령을 받고도 정지하지 아니하거나 적재된 범죄물품을 해상에서 투기 · 파괴 또는 훼손한 경우
- 범죄물품을 해상에서 인수 또는 취득하거나 인수 또는 취득하고자 한 경우
- 범죄물품을 운반한 경우

(3) 범죄에 사용된 물품의 몰수 등

밀수출입에 사용하기 위하여 특수한 가공을 한 물품은 누구의 소유이든지 이를 몰수하거나 그 효용을 소멸시킨다.

(4) 밀수품을 은닉한 물품의 몰수

밀수출입죄에 해당되는 물품이 다른 물품 중에 포함되어 있는 경우 그 물품이 범인의 소유인 때에는 그 다른 물품도 몰수할 수 있다.

5 관세범의 종류

GATT 제8조 제3항에서는 "세관규정 또는 절차상 요건의 경미한 위반에 대하여 중한 벌칙을 부과"하지 말도록 규정하고 있다. GATT에서는 용이하게 정정할 수 있고 고의 또는 중과실에 의한 것이 아님이 명백한 세관서류 작성상의 누락 또는 오류에 대한 처벌은 단순히 경고로 기능하는 데 필요한 정도를 넘지 아니하도록 하고 있다. 관세범은 다음과 같이 벌금과 징역형을 과할 수 있는 중한 관세범, 벌금형만을 규정하고 있는 경한 관세범 그리고 과태료로 나눌 수 있다.

중한 관세범 : 벌금 이외에 징역형까지 처벌	경한 관세범 : 벌금형으로만 처벌	단순 질서범인 관세범 : 과태료로 처벌
- 전자문서 위조·변조죄 등 (법 제268조의2) - 밀수출입 (법 제269조) - 관세포탈 (법 제270조①1호), 부정감면 및 환급 (법 제270조④ 및 제270조⑤) - 부정수출입 (법 제270조① 2호, ②, ③) - 밀수품 취득 보관 등 (법 제274조)	- 허위신고죄 등 (법 제276조)	- 과태료(법 제277조)

1. 전자문서 위조 · 변조죄 등

1) 전자문서 위조 · 변조 등

국가관세종합정보망이나 전자문서중계사업자의 전산처리설비에 기록된 전자문서 등 관련 정보를 위조 또는 변조하거나 위조 또는 변조된 정보를 행사한 자는 1년 이상 10년 이하의 징역 또는 1억원 이하의 벌금에 처한다.

2) 전자문서중계사업자관련 위반

다음에 해당하는 자는 5년 이하의 징역 또는 5천만원 이하의 벌금에 처한다.

- 지정을 받지 아니하고 국가관세종합정보망을 운영하거나 관세청장의 지정을 받지 아니하고 전자문서중계업무를 행한 사람
- 국가관세종합정보망 또는 전자문서중계사업자의 전산처리설비에 기록된 전자문서 등 관련 정보를 훼손하거나 그 비밀을 침해한 사람
- 업무상 알게 된 전자문서 등 관련 정보에 관한 비밀을 누설하거나 도용한 국가관세종합정보망 운영사업자 또는 전자문서중계사업자의 임직원 또는 임직원이었던 사람

2. 밀수출입죄

1) 금지품 수출입죄

관세법상 수출입이 금지된 물품을 수출입함으로써 성립하고 국가의 안전, 사회공공의 안녕, 미풍양속 및 경제질서를 해할 물품이 외국으로부터 유입되거나 유출되는 것을 방지하여 국가안보 및 사회공공의 안정 등을 확보하는데 그 목적이 있다. 10년 이하의 징역 또는 2천만원이하의 벌금에 처한다.

2) 밀수출입죄

(1) 밀수입

신고를 하지 아니하고 물품을 수입한자(무신고수입) 또는 신고는 하였으나 실제 수입하는 물품과는 달리 다른 물품으로 신고하여 수입한 자를 처벌(수입신고전 물품반출신고를 한자는 제외)한다. 5년 이하의 징역 또는 관세액의 10배와 물품원가 중 높은 금액에 상당하는 벌금에 처한다.

판례 **【화주가 물품을 수입하면서 수입신고를 하지 않고, 고용한 사람들로 하여금 각자의 휴대품인 양 가장하여 세관 검색대를 통관하게 하는 방법으로 수입하는 경우에 관세법상 무신고수입죄가 성립하는지 여부(적극)】**

화주가 물품을 수입하면서 수입신고를 하지 않고 여러 사람들을 고용하여 그들로 하여금 각자의 휴대품인 양 가장하여 세관 검색대를 통관하게 하는 방법으로 수입하는 것은 관세법 제269조 제2항 제1호 소정의 무신고수입죄에 해당된다고 보아야 한다(대법원 2002. 8. 27. 선고 2001도2820 판결 등 참조). 피고인이 2001. 2.부터 2002. 6.까지 보따리상을 통하여 장뇌삼 9,398뿌리 외 7종 시가 1억 99,928,460원 상당품을 밀수입하고, 2002. 9.경부터 2003. 2.경까지 보따리상을 통하여 중국산 장뇌삼 9,529뿌리 외 3종 시가 1억 60,673,000원 상당의 물품을 밀수입하였다는 공소사실에 대하여 〈중략〉 관세법 제269조 제2항 제1호 소정의 무신고수입죄는 수입물품에 대한 정당한 관세의 확보를 그 보호법익으로 하는 것이므로, 물품을 신고하지 아니하고 수입하는 경우에는 그 수입시마다 해당 수입물품에 대한 정당한 관세의 확보라는 법익이 침해되어 별도로 구성요건이 충족되는 것이어서 각각의 수입시마다 1개의 죄가 성립하는 것이고(대법원 2000. 5. 26. 선고 2000도1338 판결, 2000. 11. 10. 선고 99도782 판결, 2001. 1. 30. 선고 2000도2903 판결 등 참조), 【대법원 2007.1.11. 선고 2004도3870 선고 판결】

판례 **【실제 수출품과 다른 물품을 수출하는 것으로 허위 신고하여 물품을 수출한 관세법 위반죄에 있어서 물품의 동일성 여부를 판단하는 기준】**

관세법 제241조 제1항 은 물품을 수출하고자 할 때에는 해당 물품의 품명·규격·수량 및 가격 등을 세관장에게 신고하도록 정하고 있고, 법 제269조 제3항 제2호

는 법 제241조 제1항 의 규정에 따른 신고를 하였으나 해당 수출물품과 다른 물품으로 신고하여 수출한 자를 3년 이하의 징역 또는 물품원가 이하의 벌금에 처하도록 정하고 있는바, 여기서 해당 수출물품과'다른 물품'이라 함은 수출신고서에 따라 신고한 바로 그 물품 이외의 모든 물품을 의미하는 것이 아니고, **수출신고한 물품 또는 그와 동일성이 인정되는 물품을 제외한 모든 물품**을 의미하는 것으로 보아야 한다. 우리나라에서는 수출입에 관한 면허제도가 이미 폐지되었을 뿐 아니라 특히 수출에 대하여는 아니하고 있고, 관세도 부과되지 아니하므로, 법 제241조 제1항 이 물품을 수출하고자 할 때 해당 물품의 품명·규격·수량 및 가격 등을 세관장에게 신고하도록 규정한 취지는, 관세법과 기타 수출입 관련 법령에 규정된 허가·승인·표시 기타 조건의 구비 여부를 확인하고(법 제226조 제1, 2항), 수출과 관련된 적정한 통계자료를 확보하려는 데 있다고 보아야 할 것인데, 수출 통계를 위한 품목 분류는 재정경제부 장관이 고시한 10단계 분류체계인'관세·통계통합품목분류표(Harmonized System Korea)'에 따르고 있고, 법 제226조 제2항 및 관세법 시행령 제233조 의 규정에 따라 통관시 세관장이 확인하여야 할 수출입 물품 및 그 확인방법을 정하기 위하여 관세청장이 고시한 "관세법 제226조의 규정에 따른 세관장확인물품 및 확인방법 지정 고시" 제3조 제1항 및 [별표 1, 2] 또한 위 관세·통계통합품목분류표의 10단위까지 세분한 항목에 따라 통관시 세관장이 확인하여야 할 수출입 물품 및 확인사항을 정하고 있다. 그렇다면 수출신고서에 따라 신고한 물품과 실제 통관하여 수출한 물품 간에 동일성이 인정되는지는 양자의 관세·통계통합품목분류표상 10단위 분류코드가 같은지 다른지를 기준으로 결정되어야 할 것임에도, 원심은 피고인이 세관에 수출신고한 차량들과 실제 수출한 차량들의 관세·통계통합품목분류표상 10단위 분류코드가 같은 경우까지 제조회사, 차량의 종류 또는 규격(톤수, 연식) 등에 차이가 있다는 이유만으로 동일성을 인정하지 아니하였으니, 이러한 원심의 조치에는 법 제269조 제3항 제2호의'해당 수출물품과 다른 물품'에 관한 법리를 오해하여 판결 결과에 영향을 미친 위법이 있고, 따라서 피고인이 이를 지적하여 상고이유로 내세운 주장은 이유 있다(다만, 피고인의 행위가 법 제276조 제1항 제4호에 해당할 수 있는 것은 이 사건 공소사실과 별도의 문제이다).

(2) 밀수출

신고를 하지 아니하고 물품을 수출하거나 반송한 자 또는 신고를 하였으나 해당 수출물품 또는 반송물품과 다른 물품으로 신고하여 수출하거나 반송한 자를 처벌한다. 3년 이하의 징역 또는 물품원가 이하에 상당하는 벌금에 처한다.[24)]

판례 **【관세법상 반송신고 후 물품 반송행위가 관세법 밀수출죄에 해당하는 경우】**

관세법 제241조 제1항 이 물품을 수출·수입 또는 반송하고자 할 때 해당 물

24) 통칙 270-0-1(수입신고인의 범위) 내국인이 외국 국적의 선박을 그에 대한 사실상의 소유권 내지 처분권을 취득함이 없이, 단지 개항된 우리나라 항구와 공해간을 운항할 목적으로 우리나라에 들여 온 때에는 그 선박에 관하여 관세법상의 수입이 있다고 할 수 없어 관세포탈죄 또는 밀수입죄에 해당되지 아니한다.

품의 품명·규격·수량 및 가격 등을 세관장에게 신고하도록 규정한 취지는, 관세법과 기타 수출입 관련 법령에 규정된 조건의 구비 여부를 확인하려는 데 있는 것으로서, 관세법상 반송신고는 해당 물품이 관세법에 규정된 장치장소, 즉 보세구역에 있는 경우에만 할 수 있고(관세법 제243조 제2항), 반송신고를 받은 세관공무원은 신고된 물품과 현품이 일치하는지 여부를 확인하기 위하여 관세법이 정하고 있는 장치장소인 보세구역에서 반송신고물품을 검사할 수 있으며(관세법 제246조 제1항), 반송신고를 한 자는 반송신고가 관세법의 규정에 따라 적법하고 정당하게 이루어져 신고를 수리한다는 신고필증을 교부받은 후에 비로소 관세법에 규정된 장치장소인 보세구역으로부터 신고된 물품을 반출할 수 있는 점(관세법 제248조 제1 , 3항)과 앞서 본 바와 같이 관세법의 해석상 반송이란 외국으로부터 우리나라 보세구역에 들어온 물품을 수입하지 아니하고 외국으로 보내는 것을 의미하는 점 등을 종합하여 보면, 물품을 반송하고자 할 때에는 반송신고 당시 보세구역에 장치되어 있는 물품의 품명·규격·수량 및 가격 등을 현상 그대로 신고하여야 하는 것으로 해석하여야 할 것이다. 따라서 보세구역에 장치된 해당 물품 또는 그와 동일성이 인정되는 물품이 아닌 물품을 반송신고 한 다음 해당 물품을 반송하는 행위는 의당 관세법 제269조 제3항 제2호 에 해당한다 할 것인바, 원심이 인정한 사실관계에 의하면 보세구역에 장치되어 있던 물품은 MTBE이었으므로, 비록 그 MTBE가 보세구역에서 반출된 후 선박에서 다른 물품과 혼합되어 오민(MOTOR GASOLINE)으로 제조된다 하더라도, 피고인들이 반송신고한"MOTOR GASOLINE"과 MTBE가 상호 동일성이 인정되지 않는 이상 그 MTBE를"MOTOR GASOLINE"으로 반송신고한 다음 이를 반송한 행위는 위 법조 소정의'해당 반송물품과 다른 물품으로 신고하여 반송'한 행위에 해당한다 할 것이다.

3. 관세포탈죄 등

1) 관세포탈죄

수입신고를 함에 있어 세액결정에 영향을 미치기 위하여 과세가격 또는 관세율 등을 허위로 신고하거나 신고하지 아니하고 수입한 자는 3년 이하의 징역 또는 포탈관세액의 5배와 물품원가 중 높은 금액이하에 상당하는 벌금에 처한다.25)

판례 관세법에 의하면 관세의 납부의무자는 수입신고를 하는 때에 대통령령이 정하는 바에 따라 세관장에게 해당 물품의 가격에 대한 신고를 하여해당 지만, 납세신고를 하여해당할 자가 과세가격결정의 기초가 되는 사항에 관하여 의문이 있는 경우에는 가격 경우전에 대통령령이 정하는 서류를 갖추어 관세청장 또는 세관장에게 미리 심사하여 줄 것을 신청할 수 있고, 세관장은 관세의 납세의무자가 위 사전심사서에 의하여 납세신고를 한 경우에 해당 납세의무자와 사전심사 신청인이 일치하고 수입신고청인자가 및 과세가격신고가 사전심사서상의 내용과 동일하다고 되는 사때에는 대통령령이 정하는 특별있고, 유가 없는 있고,전심사서의

25) 통칙 270-0-1(수입신고인의 범위) 관세사 명의로 수입신고를 하여 수입신고수리를 받은 경우에 법 제270조의 적용에 있어서 "법 제241제1항 및 제2항의 규정에 따라 수입신고를 한 자"에는 신고명의자인 관세사도 포함된다.

내용에 따라 과세가격을 결정하도우에규정하고 있고를 한 **관세를 포탈할 목적으로 수입할 물품의 수량과 가격이 낮게 기재청인건약서를 첨부하여 수입예정 물량우전부에 대한 과세가격, 전심사를 신청함으로써 과세가격을 허위로 신고하고 이에 따과과세가격, 전심사서를 미리 받아 두이 정하는 관세포탈죄의 실현 바잘한 외부적인 준비써 과세가격을 경우봄이 상당**한것을 이러한 취지하고 신청할 는 대 등이 실제로 수입 통관한 녹두 330t 바제외한 나머지 770t에 관하여 갖추어 182장 또2항 수입예관세포탈예비죄가 적용된다경우판단하여 특정범죄가중처벌등에관한법 관져6장 또7항으로 의율하였음은 옳고, 거기에예관세포탈예비죄에예관한 법리오해의 위법이 있다경우할 수 없다. 【대법원 1999. 4. 9. 선고 99도424 선고 판결】

2) 부정수출입죄

(1) 부정수입

법령에 따라 수입이 제한된 사항을 회피할 목적으로 부분품으로 수입하거나 주요특성을 갖춘 미완성·불완전한 물품 또는 완제품을 부분품으로 분할하여 수입한 자를 처벌한다. 3년 이하의 징역 또는 포탈 관세액의 5배와 물품원가 중 높은 금액 이하에 상당하는 벌금에 처한다.

수입신고를 한 자 중 법령에 따라 수입이 필요한 허가·승인·추천·증명 그 밖의 조건을 구비하지 아니하거나 부정한 방법으로 구비하여 수입한 자를 처벌한다. 3년 이하의 징역 또는 3천만원 이하에 상당하는 벌금에 처한다.

(2) 부정수출

수출신고를 한 자 중 법령에 따라 수출에 필요한 허가·승인·추천·증명 그 밖의 조건을 구비하지 아니하거나 부정한 방법으로 구비하여 수출한 자를 처벌한다. 1년 이하의 징역 또는 2천만원 이하에 상당하는 벌금에 처한다.

3) 부정감면죄

부정한 방법으로 관세의 감면을 받거나 관세의 감면을 받은 물품에 대한 관세의 징수를 면탈한 자를 처벌한다. 3년 이하의 징역 또는 감면 받거나 면탈한 관세액의 5배 이하에 상당하는 벌금에 처한다.

4) 부정환급죄

부정한 방법으로 관세의 환급을 받은 자를 처벌하며 3년 이하의 징역 또는 환급받은 세액의 5배 이하에 상당하는 벌금에 처한다.

4. 밀수품의 취득죄

금지품수출입, 무신고수출입 및 부정수출입 행위로 발생한 범죄물품을 취득·양도·운반·보관·알선·감정한 경우에 성립한다. 본범을 조장·유발 또는 용이하게 하는 행위를 처벌하려는데 그 목적이 있다. 본죄가 성립하려면 그 물품이 밀수품이라는 사실을 알고 있어야 하며, 만일 밀수품 등이 적법하게 수입신고된 물품으로 알고 취득하였다면 사실의 착오로서 고의가 조각되어 본죄가 성립하지 않는다. 3년 이하의 징역 또는 물품원가 이하에 상당하는 벌금에 처한다.

판례 **【신고없이 물품을 수입한 본범이 이를 취득 · 양도하는 행위가 불가벌적 사후행위인지 여부(적극)】**

물품을 취득, 양도하는 등의 행위를 처벌하고 있는바, 이는 무신고 수입행위를 조장·유발하거나 이를 용이하게 하는 밀수품의 취득, 양도 등의 행위를 처벌함으로써 본범인 무신고 밀수입범의 발생을 억제하고, 궁극적으로는 관세법이 무신고 수입행위를 금지함으로써 달성하려는 수입 물품에 대한 적정한 통관절차의 이행과 이를 통한 관세수입의 확보를 위한 것이라고 할 것이다. 따라서 신고 없이 물품을 수입한 본범이 그 물품에 대한 취득, 양도 등의 행위를 하는 경우 밀수입행위에 의하여 이미 침해되어 버린 것으로 평가되는 적정한 통관절차의 이행과 관세수입의 확보라는 보호법익 외에 새로운 법익의 침해를 수반한다고 보기 어려우므로, 이는 새로운 법익의 침해를 수반하지 않는 이른바 불가벌적 사후행위로서 별개의 범죄를 구성하지 않는다고 할 것이다. 【대법원 2008.1.17. 선고 2006도455 선고 판결】

5. 허위신고죄

1) 허위신고죄

수출·수입 또는 반송신고. 입항전 수입신고를 할 때 물품의 가격을 허위로 신고한 자는 물품원가 또는 5천만원 중 높은 금액 이하의 벌금에 처한다.

2) 물품원가 또는 2천만원 중 높은 금액 이하의 벌금

다음에 해당하는 자는 물품원가 또는 2천만원 중 높은 금액 이하의 벌금에 처한다.[26)]

26) 통칙 276-0-1(과세가격 탈루 등 행위의 가벌성 여부) 수입신고서상의 신고구분란을 허위기재하고 과세가격을 누락한 행위에 대한 가벌성 여부와 관련, 관세포탈죄(법 제270조1항1호)가 성립하려면 관세탈루의 목적이 인정되어야 하고, 허위신고죄(법 제276조1항4호)가 성립하려면 허위신고의 고의가 존재하여야 한다. 따라서, 피의자의 자백 및 제반사정을 종합 판단하여 관세포탈의 목적 및 허위신고의 고의가 인정된다면 상상적 경합에 따라 처리하고, 관세

- 종합보세사업장 안에서의 설치 · 운영 신고를 하지 아니하고 종합보세기능을 수행한 사람(제198조 제1항)
- 세관장의 중지조치에 위반하여 종합보세기능을 수행한 사람(제204조 제2항)
- 보세구역 반입명령에 대하여 반입대상물품의 전부 또는 일부를 반입하지 아니한 사람(제238조)
- 수출입신고시 품명 · 규격 · 수량 · 가격 그 밖의 법정신고 사항을 신고하지 아니하거나 거짓으로 신고한 사람(제241조 제1항)
- 수입신고수리전에 운송수단 · 관세통로 · 하역통로 또는 관세법에 규정된 장치장소로부터 신고된 물품을 반출한 사람(제248조 제3항)

판례 **【물품을 수출하려는 의사 없이 허위신고를 하였을 뿐이므로 관세법상의 허위신고죄로 의율할 수 없다고 한 사례】**

국내에서 러시아 보따리 상인들에게 물품을 판매하는 것이 수출행위가 아님에도 세관으로부터 수출신고필증을 받아 부가가치세 등을 환급받기 위하여 판매물품 상당을 수출한 것처럼 허위로 수출신고를 한 경우, 물품을 수출하려는 의사 없이 허위신고를 하였을 뿐이므로 관세법상의 허위신고죄로 의율할 수 없다고 한 사례. 관세법에서는 관세의 부과·징수 및 수출입물품의 통관을 적정하게 하기 위하여 물품을 수출·수입 또는 반송하려는 자들에 대하여 신고의무를 부과하고, 위 신고의무를 이행하지 아니하거나 신고의무에 반하여 허위신고를 하는 자들을 처벌하기 위하여 처벌규정을 두고 있는 것으로 해석하여야 할 것이므로, 물품을 수출·수입 또는 반송하려는 의사 없이 허위신고를 하는 자들에게까지 위 처벌규정을 적용할 수는 없다. 【대법원 2002. 11. 26. 선고 2002도3736 선고 판결】

2) 2,000만원 이하의 벌금

다음에 해당하는 자는 2,000만 원 이하의 벌금에 처한다. 과실로 ② - ⑯에 해당하게 된 경우 300만 원 이하의 벌금에 처한다.

① 부정한 방법으로 적하목록을 작성하였거나 제출한 자(제135조 제1항)
② 가격신고 · 납세신고 · 수출입신고 · 보세운송신고 서류의 보관기간 위반(제12조)
③ 시설재 등 재수출감면세품을 승인 없이 용도 외 사용 또는 양도(제98조제2항)
④ 다른 법령 등에 의한 감면물품을 세관장의 확인없이 용도외 사용 또는 양도(제109조제1항)
⑤ 외국무역선(기)가 허가 없이 불개항 출입(제134조 제1항)
⑥ 출항전 적재물품목록 미제출(제136조 제2항)
⑦ 국경출입 차량의 관세통로 경유 및 통관역(장) 정차의무 위반(제148조 제1항)

포탈의 목적은 없으나 허위신고의 고의가 인정된다면 허위신고죄로 처벌하여야 한다.

⑧ 국경출입차량의 도착절차 위반(제149조)

⑨ 보세건설장에 반입된 외국물품을 사용 전에 수입신고하고 세관검사를 받아야하나 이를 위반(제192조)

⑩ 종합보세구역에서 사용되는 물품으로서 재경부령이 정하는 물품은 수입통관후 이를 사용 또는 소비해야 하나 이를 위반(제200조)

⑪ 등록없이 보세운송업 · 하역업 등 영업(제222조 제1항)

⑫ 신고없이 보세화물운송주선업 영업(제225조 제1항 및 제3항)

⑬ 세관장의 의무이행 요구를 이행하지 아니한 자(제227조)

⑭ 자율심사결과를 거짓으로 작성하여 제출한 자

⑮ 다음에 해당하는 물품을 법령에 의해 지정된 기간 이내에 용도외에 사용하거나 양도하는 행위

- 용도세율적용물품(제83조제2항)
- 외교관용물품 등의 면세물품(제88조제2항)
- 재수출면세물품(제97조제2항)
- 세율불균형물품(제89조제1항), 학술연구용품(제90조), 종교용품 · 자선용품 · 장애인용품 등(제91조), 특정물품(제93조), 환경오염방지물품 등(제95조)에 대한 감면세 물품(제102조제1항)
- 수출용원자재 감면세 등 감면물품(제104조제5항)

⑯ 입후 특정한 용도에의 사용 등 세관장의 의무이행요구를 이행하지 아니한 자(제227조)

⑰ 자율심사 결과를 거짓으로 작성하여 제출한 자(제38조제3항 후단)

⑱ 특허보세구역 허가취소 사유(제178조제2항제1호) 및 거짓이나 부정한 방법으로 등록을 한 보세운송업자(제224조제1호)

판례 관세법 제194조 제2항에 의하면 관세법에 규정한 벌칙에 위반하는 행위를 한 사람에 대하여 형법 제16조 (법률의 착오)를 적용하는 경우에 있어서는 법률의 착오에 정당한 이유의 유무를 불문하도록 규정하고 있으므로 설사 피고인이 주한 네덜란드대사관소유의 이 사건 승용차를 양수함에 있어서 이 사건 승용차와 같이 주한 외국대사관의 공용품으로서 관세가 면제되어 수입된 후 5년이 경과되지 아니한 차량에 관하여는 미리 세관장의 승인을 얻어야 한다는 사실을 몰랐다 하더라도 피고인이 원심이 판시한 관세법의 면세물품의 용도외 사용죄의 죄책을 면할 수는 없다 할 것이고, 또한 피고인이 미리 세관장의 승인을 얻지 아니하고 이 사건 승용차를 매수하기로 약정한 후 그 매수대금 중 일부를 지급하고 이 사건 승용차를 인수받은 이상 그로써 위 용도외사용죄는 일단 성립된 것으로 보아야 하므로 설사 그후 위 매매계약이 해약되고 매도인측이 매매대금을 반환하지 아니하여 부득이 이 사건 승용차를 보관만 하고 있었다 하더라도 그와 같은 사유는 일단 성립된 위 용도외사용죄에는 아무런 영향도 주지 아니한다고 보아야 할 것이므로, 같은 취지에

서 피고인을 위 용도외사용죄로 의율한 원심의 조치는 정당하고 이를 비난하는 취지의 논지는 이유없다. 【대법원 1988.4.25. 선고 87도2451 선고 판결】

3) 1,000만원 이하의 벌금

다음에 해당하는 자는 1,000만원 이하의 벌금에 처하며 과실의 경우에는 200만원 이하의 벌금에 처한다.

- 세관공무원의 질문에 대하여 허위의 진술을 하거나 그 직무의 집행을 거부 또는 기피한 자
- 외국무역선(기) 입항보고를 허위로 한 자(제135조제1항)
- 외국무역선(기)의 입항보고 불이행(제135조제1항)
- 출항허가 없이 출항(제136조 제1항)
- 내항선(기) 외국기착보고 의무위반(제139조)
- 보고 및 확인 없이 입항절차를 종료하기 전에 하역 · 환적한 자(제140조 제1항, 제2항)
- 세관장의 허가 없이 외국무역선(기)에 내국물품을 적재하거나 내항선(기)에 외국물품을 적재한 자(제140조 제4항)
- 신고 없이 외국물품 일시 양륙(제141조 제1호)
- 신고 없이 외국물품의 환적 교통(제141조 제3호)
- 허가 없이 항외적재 · 하역 · 환적(제142조 제1항)
- 허가 없이 선(기)용품 적재 · 하선(제143조 제1항)
- 승인 없이 외국무역선(기)의 자격전환(제144조)
- 국경출입차량이 출발하기 전에 출발보고를 하고 출발허가를 취득하지 않은 경우 및 적재한 물품의 목록 미제출, 신고없이 외국물품을 차량에 하역하려는 자, 철도차량외의 차량의 사증획득의무 위반(제150조, 제151조, 제152조제1항)
- 외국물품과 내국운송승인을 얻고자 하는 내국물품을 보세구역이 아닌 장소에 장치(제155조 제1항)
- 허가 없이 보세구역 아닌 장소에 장치(제156조제1항)
- 허가 없이 해체 · 절단 등의 작업(제159조제2항)
- 승인 없이 장치 물품 폐기(제160조제1항)
- 허가 없이 장치 외국물품 견품반출(제161조 제1항)
- 운영인은 보세공장에 반입된 물품을 그 사용 전에 세관장에게 사용 신고를 하여야 하나 이를 위반한 자(제186조제1항, 제205조에서 준용하는 경우를 포함함)
- 반입물품을 종합보세기능별로 구분하여 관리하지 않은 종합보세구역 운영인(제201조 제1항)
- 종합보세구역 장치물품을 종합보세구역 안에서 이동·사용 또는 처분하는 경우 장

부 또는 전산장치를 이용하여 그 기록을 유지하여야 하나 이를 위반한 자(제201조 제3항)
- 보세운송신고 없이 외국물품운송(제213조 제2항)
- 승인 없이 조난외국물품 운송(제219조 제2항)
- 외국물품 상설영업장의 판매자가 세금계산서 또는 수입사실 등을 증명하는 자료를 영업장에 미비치(제266조 제2항)
- 항공사, 선박회사의 입항전 여객명부 또는 적하목록 미제출(제135조 제2항)
- 물품을 하역하는 장소 및 통로를 제한하는 경우 이에 위반한 행위(제140조 제3항)
- 종합보세구역에의 반출입 물품 제한 위반(제200조 제3항)
- 종합보세구역에 출입하는 인원 · 차량에 대한 출입통제 또는 휴대·운송물품에 대한 검사를 거부 · 기피 · 방해한 자(제203조 제1항)
- 운송수단의 출발 중지 또는 진행 정지 조치에 위반한 경우(제262조)
- 허가 받지 아니하고 보세공장 · 보세건설장 또는 지정공장외의 장소에서 작업을 한 자{제187조 제1항(제89조제4항에서 준용하는 경우를 포함), 제195조 제1항}
- 종합보세구역에 장치된 물품을 신고를 하지 아니하고 보수작업을 하거나 종합보세구역외의 장소에서 작업을 한 자(제202조 제2항)
- 부정한 방법으로 전산처리설비를 이용하여 신고필증을 교부 받은 자(제248조 제1항)
- 물품 · 운수기관 또는 장치장소에 관한 서류의 제출 · 보고 그 밖의 필요한 사항에 관한 명령을 이행하지 아니하거나 허위보고를 한 자
- 세관장 또는 세관공무원의 물품 · 운수기관 · 장치장소 및 관계장부 서류에 대한 검사 · 봉쇄 그 밖의 필요한 조치를 거부 또는 방해한 자
- 세관공무원의 장부 또는 자료의 제시요구 또는 제출요구를 거부한 자

4) 500만원 이하의 벌금

보세사 등록을 하지 아니하고 영업을 한 자는 500만원 이하의 벌금에 처한다(제165조 제2항).

6 관세범 위반행위의 가중처벌

특정범죄가중처벌 등에 관한 법률에서는 다음과 같은 관세법 위반에 대하여 가중처벌을 규정하고 있다.

1. 수출입금지물품 수출입죄

수출입금지물품의 수출입(법제269조제1항)을 한 자는 수출 또는 수입한 물

품의 가액이 1억 원 이상인 때에는 무기 또는 7년 이상의 징역에 처하며, 물품 가액이 3천만 원 이상 1억 원 미만인 때에는 3년 이상의 유기징역에 처한다.

2. 밀수입죄

무신고 또는 허위수입을 한 자로서 수입한 물품원가가 5억 원 이상인 때에는 무기 또는 5년 이상의 징역에 처하며 수입한 물품원가가 2억 원 이상 5억 원 미만인 때에는 3년 이상의 유기징역에 처한다.

3. 밀수출죄

무신고 또는 허위 수출(관세법 제269조제3항)을 한 자로서 수출 또는 반송한 물품원가가 5억 원 이상인 때에는 1년 이상의 유기징역에 처한다.

4. 관세포탈죄

관세를 부정하게 포탈·감면·면탈 또는 환급(관세법 제270조제1항제1호·제4항 또는 동조제5항)한 자는 다음의 구분에 따라 가중처벌한다.

- 포탈 · 감면 · 면탈 또는 환급받은 세액이 2억 원 이상인 때에는 무기 또는 5년 이상의 징역
- 포탈 · 감면 · 면탈 또는 환급받은 세액이 5천만 원 이상 2억 원 미만인 때에는 3년 이상의 유기징역

5. 부정수입죄

법령에 따라 수입이 제한된 사항을 회피할 목적으로 부분품으로 수입하거나 주요 특성을 갖춘 미완성·불완전한 물품 또는 완제품을 부분품으로 분할하여 수입한 자나 법령에 따라 수입에 필요한 허가·승인·추천·증명 그 밖의 조건을 구비하지 아니하거나 부정한 방법으로 구비하여 수입한 자(관세법 제270조제1항제2호 또는 동조제2항) 자는 다음의 구분에 따라 가중처벌한다.

- 수입한 물품원가가 5억원 이상인 때에는 3년 이상의 유기징역
- 수입한 물품원가가 2억원 이상 5억원 미만인 때에는 1년 이상의 유기징역

6. 벌금의 필요적 병과

관세범을 가중처벌하는 경우 다음에 상당하는 벌금을 병과한다. 헌법재판소는 "조세포탈범에 대한 벌금의 필요적 병과 여부는 원칙적으로 입법정책의

문제이고, 이 사건 규정의 벌금형의 필요적 병과는 조세포탈행위의 반사회성, 반윤리성에 터잡아 거액의 조세포탈자에 대하여 경제적인 불이익을 가하고, 아울러 그가 부정하게 취한 이득을 박탈함으로써 국민의 납세윤리를 확립하여 건전한 사회질서의 유지와 국민경제의 발전에 기여하려는 입법목적에서 비롯된 것"임을 밝힌 바 있다(헌재 2005. 7. 21, 2003헌바98, 판례집 17-2, 34, 40; 헌재 1998. 5. 28, 97헌바68, 판례집 10-1, 640, 653 참조).

- 금지물품수입죄의 경우에는 물품가액의 2배 이상 10배 이하
- 밀수입죄의 경우에는 수입한 물품원가의 2배
- 밀수출죄의 경우에는 수출 또는 반송한 물품원가
- 관세포탈죄 경우에는 포탈 · 감면 · 면탈 또는 환급받은 세액의 2배 이상 10배 이하
- 부정수입죄의 경우에는 수입한 물품원가

7. 미수범 및 상습범의 처벌

미수범(관세법 제271조)의 죄를 범한 자는 그 정범 또는 본죄에 준하여 처벌한다. 단체 또는 집단을 구성하거나 상습으로 관세법에 규정된 죄(관세법 제269조 내지 제271조 또는 제274조)를 범한 자는 무기 또는 10년 이상의 징역에 처한다.

7 과태료

1. 의의

관세법상의 의무위반에 대한 제재이지만 형법상 형명이 없는 벌 즉 과태료를 부과하는 것이다. 직접적으로 관세행정 목적을 침해하는 것이 아니고 일정한 보고, 신고, 등록 등의 의무를 태만히 함으로써 간접적으로 행정목적 달성에 장애를 미치는 위험성이 있는 행위 즉, 관세행정 질서를 문란케 하는 행위에 대한 제재로서 과하여진다. 따라서 형법상의 형벌이 아닌 과태료를 부과하는 관세질서벌에 대하여는 형법총칙이나 형법이론이 적용될 여지가 없는 것이며 관세법상의 양벌이나 법인처벌을 할 수 없다. 과태료는 세관장이 부과·징수한다.

2. 1억원 이하의 과태료

자료제출을 요구받은 특수관계에 있는 자(제37조의3제1항)가 제10조에서 정하는 정당한 사유 없이 60일 이내에 자료를 제출하지 아니하거나 거짓의 자료를 제출하는 경우에는 1억 원 이하의 과태료를 부과한다. 이 경우 벌금 규정(제276조)은 적용되지 아니한다.

2. 1천만 원 이하의 과태료

다음에 해당하는 자에게는 1천만 원 이하의 과태료를 부과한다.

- 제139조, 제143조제1항, 제152조제1항, 제155조제1항, 제156조제1항, 제159조제2항, 제160조제1항, 제161조제1항, 제186조제1항(제205조에서 준용하는 경우를 포함한다), 제192조(제205조에서 준용하는 경우를 포함한다), 제200조제1항, 제201조제1항 · 제3항, 제219조제2항 또는 제266조제2항을 위반한 자
- 제187조제1항(제89조제4항에서 준용하는 경우를 포함한다) 또는 제195조제1항에 따른 허가를 받지 아니하거나 제202조제2항에 따른 신고를 하지 아니하고 보세공장 · 보세건설장 · 종합보세구역 또는 지정공장 외의 장소에서 작업을 한 자

3. 500만 원 이하의 과태료

다음에 해당하는 자에게는 500만 원 이하의 과태료를 부과한다.

- 제240조의2제1항을 위반하여 유통이력을 신고하지 아니하거나 거짓으로 신고한 자
- 제240조의2제2항을 위반하여 장부기록 자료를 보관하지 아니한 자

4. 200만 원 이하의 과태료

다음에 해당하는 자에게는 200만 원 이하의 과태료를 부과한다.

- 특허보세구역의 특허사항을 위반한 운영인
- 제38조제3항, 제83조제1항, 제107조제3항, 제140조제3항, 제157조제1항, 제158조제2항 · 제4항, 제172조제3항, 제194조(제205조에서 준용하는 경우를 포함한다), 제198조제3항, 제199조제1항, 제202조제1항, 제214조, 제215조(제219조제4항 및 제221조제2항에서 준용하는 경우를 포함한다), 제216조제2항(제219조제4항 및 제221조제2항에서 준용하는 경우를 포함한다), 제221조제1항, 제222조제3항, 제225조제1항 후단 또는 제251조제1항을 위반한 자
- 제83조제2항, 제88조제2항, 제97조제2항, 제102조제1항 및 제104조제5항을 위반한 자 중 해당 물품을 직접 수입한 경우 관세를 감면받을 수 있고 수입자와 동일한

용도에 사용하려는 자에게 양도한 자
- 제135조제1항 · 제2항 또는 제137조의2제1항 각 호 외의 부분 후단을 위반한 자 중 과실로 여객명부 또는 승객예약자료를 제출하지 아니한 자
- 제159조제4항, 제180조제3항(제205조에서 준용하는 경우를 포함한다), 제196조제2항, 제216조제1항(제219조제4항 및 제221조제2항에서 준용하는 경우를 포함한다), 제225조제2항(같은 조 제3항에서 준용하는 경우를 포함한다), 제228조 또는 제266조제3항에 따른 관세청장 또는 세관장의 조치를 위반한 자
- 제321조제2항제2호를 위반하여 운송수단에서 물품을 취급한 자

5. 100만 원 이하의 과태료

다음에 해당하는 자에게는 100만 원 이하의 과태료를 부과한다.

- 적재물품과 일치하지 아니하는 적하목록을 작성하였거나 제출한 자. 다만, 다음에 해당하는 자가 투입 및 봉인한 것이어서 적하목록을 제출한 자가 해당 적재물품의 내용을 확인하는 것이 불가능한 경우에는 해당 적하목록을 제출한 자는 제외한다.
  - 부정한 방법으로 적하목록을 작성하였거나 제출한 자(제276조제2항제1호에 해당하는 사람)
  - 적재물품을 수출한 자
  - 다른 선박회사 · 항공사 및 화물운송주선업자
- 제28조제2항에 따른 신고를 하지 아니한 자
- 제107조제4항, 제108조제2항, 제138조제2항 · 제4항, 제141조제2호, 제157조의2, 제162조, 제179조제2항, 제182조제1항(제205조에서 준용하는 경우를 포함한다), 제183조제2항 · 제3항, 제184조(제205조에서 준용하는 경우를 포함한다), 제185조제2항(제205조에서 준용하는 경우를 포함한다), 제245조제3항 또는 제254조의2제2항을 위반한 자
- 제160조제4항(제207조제2항에서 준용하는 경우를 포함한다)에 따른 세관장의 명령을 이행하지 아니한 자
- 제177조제2항(제205조에서 준용하는 경우를 포함한다), 제180조제4항(제205조에서 준용하는 경우를 포함한다) 또는 제249조에 따른 세관장의 명령이나 보완조치를 이행하지 아니한 자
- 제180조제1항(제205조에서 준용하는 경우를 포함한다) · 제2항(제89조제4항에서 준용하는 경우를 포함한다), 제193조(제205조에서 준용하는 경우를 포함한다) 또는 제203조제2항에 따른 세관장의 감독 · 검사 · 보고지시 등에 응하지 아니한 자

제6절 조사와 처분

1 총설

환급특례법을 위반한 자에 대하여는 「관세법」 제12장 '조사와 처분'에 대하여 규정하고 있는 「관세법」 제283조 내지 제319조의 규정을 적용한다.

1. 관세범 의의[27)]

관세범이라 함은 관세법 또는 관세법에 의한 명령에 위배하는 행위로서 관세법에 따라 형사처벌 또는 통고처분되는 것을 말한다. 관세범에 관한 조사·처분은 세관공무원이 이를 행한다(관세법 제283조).

2. 관세범의 조사처분 전담

일반 형사범은 검사와 검사의 지휘를 받는 사법경찰관리의 수사를 거쳐 공소를 제기하고 법원의 재판을 통하여 처벌하지만, 관세범은 관세와 관련하여 전문적인 지식과 능력을 가진 세관공무원이 조사하고, 범죄사실이 확인되면 관세청장 또는 세관장이 통고처분하여 통고의 요지를 이행하면 처벌이 종료한다.

3. 형사소송법과의 관계

형사소송법은 실체적 진실 발견과 피고인 또는 피의자의 인권보장을 규정하고 있어 관세범이 고발되어 공소제기되는 경우 당연히 형사소송법의 절차가 적용되지만, 이에 앞서 세관공무원이 관세범을 조사처분 할 때에는 관세법의 조사와 처분규정을 우선 적용한다. 이 경우에도 관세법에 규정되어 있지 아니한 부분은 형사소송법 규정에 따라야 한다. 관세법상의 규정된 특별규정은 다음과 같다.

① 관세범에 대한 공소의 요건(제284조 제1항)
② 관세범 사건의 즉시 인도(제284조 제2항)
③ 관세범에 대한 사법경찰권(제295조)
④ 수색·압수영장(제296조)

27)이하 박민규(2011) 앞의 책 참조.

⑤ 현행범의 체포와 인도(제298조)
⑥ 통고처분의 공소시효 중단(제311조)
⑦ 즉시 고발(제312조)
⑧ 통고불이행에 의한 고발(316조)
⑨ 일사부재리(제317조)
⑩ 무자력 고발(제318조)
⑪ 형사소송법 준용(제319조)

4. 관세범에 대한 공소시효

공소시효란 검사가 일정기간 동안 공소를 제기하지 않고 방치하는 경우에 국가의 소추권을 소멸시키는 제도이다. 관세범의 공소시효에 관하여 관세법에 규정이 없으므로 형사소송법 제249조를 적용한다. 관세범에 관하여는 관세법에 특별한 규정이 있는 것을 제외하고는 「형사소송법」을 준용하도록 하고 있다(관세법 제319조).

- 무기에 해당하는 범죄는 10년
- 장기 10년 이상의 징역형에 해당하는 범죄는 7년
- 장기 10년 미만의 징역형에 해당하는 범죄는 5년
- 장기 5년 미만의 징역 또는 다액 1만원 이상의 벌금에 해당하는 범죄는 3년
- 다액 1만원 미만의 벌금에 해당하는 범죄는 1년

2개 이상의 형을 병과하거나 2개 이상의 형에서 1개를 과할 범죄에는 중한 형에 의하여 공소시효의 기간을 적용하고, 시효는 범죄행위의 종료시부터 진행한다. 시효는 공소제기로 정지되며, 관세범에 관하여 통고처분을 한 때에는 공소시효가 중단된다.

5. 검사와 세관공무원의 관계

관세청장이나 세관장의 제청으로 사법경찰관리로 지명을 받은 세관공무원이 관세범에 대하여 구속·압수·수색 등 강제조사를 할 때에는 검사의 지휘를 받아야 한다. 관세청장이나 세관장에 의한 통고처분권 행사를 목적으로 하는 세관공무원의 조사는 관세법에 의한 독자적인 권한이므로 형사소송법과 검찰청법상의 형사처분을 위한 수사를 주재하는 검사의 지휘·감독 대상이 아니다. 사법경찰관리로 지명받은 세관공무원이 통고처분을 목적으로 하는 임의조사시에는 검사의 지휘·감독을 받지 않는다.

6. 공소의 요건

관세범에 관한 사건에 대하여는 관세청장이나 세관장의 고발이 없으면 검사는 공소를 제기할 수 없다(법 제284조 제1항). 다른 기관이 관세범에 관한 사건을 발견하거나 피의자를 체포한 때에는 즉시 관세청 또는 세관에 인계하여야 한다(법 제284조 제2항). 그러나 특정범죄가중처벌등에관한법률 대상인 중죄인 관세범은 관세청장 또는 세관장의 고발없이 공소제기가 가능하다.

7. 관세범에 관한 서류의 처리

1) 관세범에 관한 서류

관세범에 관한 서류의 처리에는 연월일을 기재하고 서명·날인하여야 한다(관세법 제285조). 관세범에 관한 서류는 조사조서·압수조서·진술서·감정서 등이 있고 이런 서류에는 조사자인 세관공무원 뿐만 아니라 피의자, 진술자, 감정인 등이 서명·날인한 증거물로 보전하여 통고처분 또는 재판에 있어서의 판단자료로 인정되고 있다.

2) 조사처분에 관한 서류

관세범의 조사와 처분에 관한 서류에는 장마다 간인하여야 한다(관세법 제286조 제1항). 문자를 추가하거나 삭제할 때와 난의 바깥에 기입할 때에는 날인하여야 한다(관세법 제286조 제2항). 문자를 삭제할 때에는 그 문자 자체를 그대로 두고 그 글자 수를 적어야 한다(관세법 제286조 제3항).

3) 조서작성

세관공무원이 피의자·증인 또는 참고인을 조사한 때에는 조서를 작성하여야 한다(관세법 제292조 제1항). 조서는 세관공무원이 진술자에게 읽어 주거나 열람하게 하여 기재 사실에 서로 다른 점이 있는지 물어보아야 한다(관세법 제292조 제2항). 진술자가 조서 내용의 증감 변경을 청구한 경우에는 그 진술을 조서에 적어야 한다(관세법 제292조 제3항). 조서에는 연월일과 장소를 기재하고 조사를 한 자, 진술자, 참여자가 함께 서명·날인하여야 한다(관세법 제292조 제4항).

4) 조서의 대용

현행범인에 대한 조사로서 긴급히 처리할 필요가 있을 때에는 그 주요 내용을 적은 서면으로 조서를 대신할 수 있다(관세법 제293조 제1항). 서면에는 연월일시와 장소를 기재하고 조사를 한 자와 피의자가 이에 서명·날인하여야 한다(관세법 제293조 제2항).

5) 조서의 서명

관세범에 관한 서류에 서명·날인하는 경우 본인이 서명할 수 없을 때에는 다른 사람에게 대서하게 하고 도장을 지니지 아니하였을 때에는 손도장을 찍어야 한다(관세법 제287조 제1항). 다른 사람으로 하여금 대서하게 한 때에는 대서자가 그 사유를 기재하고 서명·날인하여야 한다(관세법 제287조 제2항).

6) 서류의 송달

관세범에 관한 서류는 인편이나 등기우편으로 송달한다(관제법 제288조). 관세범에 관한 서류를 송달하였을 때에는 수령증을 받아야 한다(관제법 제289조).

2 관세범 조사

세관공무원이 관세범이 있다고 인정하는 때에는 범인·범죄사실 및 증거를 조사하여야 한다(관세법 제290조). 조사방법에는 임의조사와 강제조사의 두 가지가 있다. 임의조사란 피조사자의 자발적 동의하에 하는 조사를 말하는 것으로 출석요구, 출석, 동행, 조사, 검증, 시작요구, 임의제출물품과 유류품의 압수 등을 말한다. 강제조사란 피조사자의 의사에 구애됨이 없이 조사자의 일방적인 강제력에 의하여 조사하는 것으로 체포·구속·수색·압수 등을 말한다.

1. 임의조사

임의조사란 피의자의 승낙을 받아 행하는 조사로서 관세범의 조사는 임의조사가 원칙임. 관세법상 임의조사 방법에는 출석요구, 출석, 동행, 조사, 검증, 시작요구, 임의제출 물품과 유류품의 압수 등이 있다.

1) 조사

세관공무원은 관세범 조사에 필요하다고 인정할 때에는 피의자·증인 또는 참고인을 조사할 수 있다(관세법 제291조). 피의자를 조사함에 있어서는

진술거부권(묵비권)이 있음을 미리 알려야 하고, 피의자로 하여금 불이익한 사실 뿐만 아니라 이익이 되는 사실을 진술할 기회도 부여하여야 한다.

2) 출석요구 · 출석 · 동행

세관공무원은 관세범 조사에 필요하다고 인정할 때에는 피의자·증인 또는 참고인을 출석요구할 수 있다(관세법 제294조 제1조). 세관공무원이 관세범 조사에 필요하다고 인정할 때에는 지정한 장소에 피의자·증인 또는 참고인의 출석 또는 동행을 명할 수 있다(관세법 제294조 제2조). 피의자·증인 또는 참고인의 출석요구은 출석요구장을 발급하여야 한다(관세법 제294조 제3조).

3) 검증수색

세관공무원은 관세범 조사에 필요하다고 인정할 때에는 선박·차량·항공기·창고 그 밖의 장소를 검증 또는 수색할 수 있다(관세법 제300조). 일몰부터 일출까지는 검증·수색 또는 압수를 할 수 없다(관세법 제306조 제1항). 다만, 현행범인 경우에는 그러하지 아니하다. 이미 시작한 검증·수색 또는 압수는 계속할 수 있다(관세법 제306조 제2항).

4) 신변수색

세관공무원은 피의자가 범죄사실을 증명하기에 충분한 물품을 피의자가 신변(身邊)에 은닉하였다고 인정될 때에는 이를 내보이도록 요구하고 이에 응하지 아니하는 때에는 신변을 수색할 수 있다(관세법 제301조 제1항). 여성의 신변을 수색하는 때에는 성년의 여성을 참여시켜야 한다(관세법 제301조 제2항).

2. 강제조사

강제조사는 형사절차에 있어서 불가결한 제도이지만 개인의 기본권을 침해할 소지가 많음. 따라서 강제처분을 제한하거나 그 요건을 엄격히 할 필요가 있다. 강제조사는 사법경찰관리로 지명받은 자에 의해 법관으로부터 영장을 발부받아 집행하여야 하며 법률에 특별한 규정이 없으면 하지 못한다.

1) 체포

체포란 죄를 범하였다고 의심할 만한 상당한 이유가 있는 피의자를 단시간 동안 수사관서 등 일정한 장소에 인치하는 제도다. 체포의 종류는 영장에 의한 체포(원칙), 긴급체포, 현행범 체포가 있다. 세관공무원이 관세범의 현행범인을 발견한 때에는 즉시 체포하여야 한다(관세법 제297조).

2) 피의자의 구속

구속이란 피의자 또는 피고인의 신체의 자유를 제한하는 강제처분이다. 피의자 구속은 수사기관이 판사가 발부한 구속영장에 의하여 피의자를 구인 또는 구금하는 것이다. 피고인 구속은 공소제기된 후에 판사가 발부한 구속영장에 의하여 피고인을 구인 또는 구금하는 것을 말한다. 사법경찰관리의 직무를 행하는 세관공무원이 법령에 의하여 피의자를 구속하는 때에는 세관관서·국가경찰관서 또는 교도관서에 유치하여야 한다(관세법 시행령 제267조).

3. 조사 중 출입금지

세관공무원은 피의자·증인 또는 참고인에 대한 조사·검증·수색 또는 압수 중에는 누구를 막론하고 그 장소에의 출입을 금할 수 있다(관세법 제307조).

4. 조사 결과의 보고

세관공무원은 조사를 종료하였을 때에는 관세청장이나 세관장에게 서면으로 그 결과를 보고하여야 한다(관세법 제310조 제1항). 세관공무원은 보고를 할 때에는 관계 서류를 함께 제출하여야 한다(관세법 제310조 제1항).

5. 관세범의 조사에 관한 통지

관세청장 또는 세관장의 조사위촉을 받은 수사기관의 장은 그 조사전말을 관세청장 또는 세관장에게 통지하여야 한다(관세법 시행령 제273조).

3 수색 · 압수

1. 수색 · 압수영장

세관공무원은 관세범 조사에 의하여 발견한 물품이 범죄의 사실을 증명하기에 충분하거나 또는 몰수하여야 하는 것으로 인정되는 때에는 이를 압수할 수 있다. 관세법에 의하여 수색·압수하는 때에는 관할지방법원 판사의 영장을 받아야 한다. 다만, 긴급을 요하는 경우에는 사후에 영장의 교부를 받아야 한다(관세법 제296조 제1항). 소유자·점유자 또는 보관자가 임의로 제출한 물품이나 남겨 둔 물품은 영장 없이 압수할 수 있다(관세법 제296조 제2항).

2. 참여

세관공무원이 수색을 하는 때에는 선박·차량·항공기·창고 그 밖의 장소의 소지인·관리인, 동거하는 친척이나 고용된 사람, 이웃에 거주하는 사람을 참여시켜야 한다(관세법 302조 제1항). 다만, 이들이 모두 부재인 때에는 공무원을 참여시켜야 한다. 동거하는 친척이나 고용된 사람, 이웃에 거주하는 사람은 성년자이어야 한다(관세법 제302조 제2항).

3. 압수물품

1) 조치

세관공무원은 관세범 조사에 의하여 발견한 물품이 범죄의 사실을 증명하기에 충분하거나 또는 몰수하여야 하는 것으로 인정되는 때에는 이를 압수할 수 있다(관세법 제303조 제1항). 물품을 압수하는 때에는 당해 물품에 봉인하여야 한다. 다만, 물품의 성상에 따라 봉인할 필요가 없거나 봉인이 곤란하다고 인정되는 때에는 그러하지 아니하다(제268조 제1항).

압수물품은 편의에 따라 소지자나 시·군·읍·면사무소에 보관시킬 수 있다(관세법 제303조 제2항). 압수물품을 보관시키는 때에는 수령증을 받고 그 요지를 압수 당시의 소유자에게 통지하여야 한다(관세법 시행령 제268조 제1항). 관세청장이나 세관장은 압수물품이 다음에 해당하는 때에는 피의자 또는 관계인에게 통고한 후 매각하여 그 대금을 보관 또는 공탁할 수 있다(관세법 제303조 제3항).

- 부패 또는 손상 그 밖의 실용기간이 경과될 우려가 있는 경우
- 보관하기가 극히 불편하다고 인정되는 경우
- 처분이 지연되면 상품가치가 크게 떨어질 우려가 있는 경우
- 피의자나 관계인이 매각을 요청하는 경우

통고할 여유가 없는 때에는 매각한 후 통고하여야 한다(관세법 제303조 제3항 단서).

물품을 압수하는 때에는 해당 물품에 봉인하여야 한다. 다만, 물품의 성상에 따라 봉인할 필요가 없거나 봉인이 곤란하다고 인정되는 때에는 그러하지 아니하다. 압수물품을 보관시키는 때에는 수령증을 받고 그 요지를 압수 당시의 소유자에게 통지하여야 한다.

관세청장이나 세관장은 압수물품 중 다음에 해당하는 물품은 피의자 또는 관계인에게 통고한 후 폐기할 수 있다(관세법 제304조 제1항).

- 사람의 생명이나 재산을 해칠 우려가 있는 것
- 부패하거나 변질된 것
- 유효기간이 지난 것
- 상품가치가 없어진 것

통고할 여유가 없는 때에는 폐기한 후 즉시 통고하여야 한다(관세법 제304조 제1항 단서). 통고를 할 때 화주등의 주소나 거소를 알 수 없거나 그 밖의 사유로 통고할 수 없는 경우에는 공고로써 이를 갈음할 수 있다(관세법 제304조 제2항 및 제160조 5항).

2) 압수물품의 국고귀속

세관장은 압수된 물품을 그 압수일부터 6월 이내에 해당 물품의 소유자 및 범인을 알 수 없는 때에는 해당 물품을 유실물로 간주하여 유실물의 공고를 하여야 한다(관세법 제299조 제1항). 공고일부터 1년이 경과하여도 소유자 및 범인을 알 수 없는 때에는 해당 물품은 국고에 귀속된다(관세법 제299조 제2항).

3) 압수조서 등의 작성

검증·수색 또는 압수를 하였을 때에는 조서를 작성하여야 한다(관세법 제305조 제1항). 검증·수색 또는 압수조서에는 다음 사항을 기재하여야 한다(관세법 시행령 제269조).

- 당해 물품의 품명 및 수량
- 포장의 종류 · 기호 · 번호 및 개수
- 검증 · 수색 또는 압수의 장소 및 일시
- 소유자 또는 소지자의 주소 또는 거소와 성명
- 보관장소

검증·수색 또는 압수조서는 세관공무원이 진술자에게 읽어 주거나 열람하게 하여 기재 사실에 서로 다른 점이 있는지 물어보아야 하며(제292조제2항 준용) 및 진술자가 조서 내용의 증감 변경을 청구한 경우에는 그 진술을 조서에 적어야 한다(관세법 제305조 제2항). 현행범인에 대한 수색이나 압수로서 긴급한 경우에는 그 주요 내용을 적은 서면으로 조서를 대신할 수 있고 서면에는 연월일시와 장소를 적고 조사를 한 사람과 피의자가 이에 서명 날인하여야 한다(관세법 제293조 준용. 관세법 제305조 제3항).

4) 압수물품의 반환

관세청장이나 세관장은 압수물품을 몰수하지 아니할 때에는 그 압수물품이나 그 물품의 환가대금(換價代金)을 반환하여야 한다(관세법 제313조 제1항). 물품이나 그 환가대금을 반환받을 자의 주소 및 거소가 분명하지 아니하거나 그 밖의 사유로 반환할 수 없을 때에는 그 요지를 공고하여야 한다(관세법 제313조 제2항). 공고를 한 날부터 6개월이 지날 때까지 반환의 청구가 없는 경우에는 그 물품이나 그 환가대금을 국고에 귀속시킬 수 있다(관세법 제313조 제3항). 물품에 대하여 관세가 미납된 경우에는 반환받을 자로부터 해당 관세를 징수한 후 그 물품이나 그 환가대금을 반환하여야 한다(관세법 제313조 제4항).

5) 몰수물품의 납부

몰수에 해당하는 물품으로서 시·군·읍·면사무소에서 보관한 것은 그대로 납부절차를 행할 수 있다(관세법 시행령 270조).

4. 사법경찰관

세관공무원은 관세범에 관하여 「사법경찰관리의 직무를 행할 자와 그 직무범위에 관한 법률」이 정하는 바에 따라 사법경찰관리의 직무를 수행한다(관세법 제295조). 세관공무원중 관세범조사 담당공무원은 세관장이 제청하여 관할지방 검찰청검사장의 지명을 받아 사법경찰관리가 되며, 7급 이상 일반직 공무원은 사법경찰관으로 지명될 수 있고, 8·9급 일반공무원은 사법경찰관리로 지명될 수 있다.

1) 현행범의 체포

세관공무원이 관세범의 현행범인을 발견하였을 때에는 즉시 체포하여야 한다(관세법 제297조).

2) 현행범의 인도

관세범의 현행범인이 그 장소에 있을 때에는 누구든지 체포할 수 있다(관세법 제298조 제1항). 범인을 체포한 자는 지체 없이 세관공무원에게 범인을 인도하여야 한다(관세법 제298조 제1항).

3) 신분 증명

세관공무원은 조사·검증·수색 또는 압수를 할 때에는 제복을 착용하거나 그 신분을 증명할 증표를 지니고 그 처분을 받을 자가 요구하면 이를 보여 주어야 한다(관세법 제308조 제1항). 세관공무원이 제복을 착용하지 아니한 경우로서 그 신분을 증명하는 증표제시 요구에 응하지 아니하는 경우에는 처분을 받을 자는 그 처분을 거부할 수 있다(관세법 제308조 제2항).

4) 경찰관의 원조

세관공무원은 조사·검증·수색 또는 압수를 할 때 필요하다고 인정하는 경우에는 국가경찰공무원의 원조를 요구할 수 있다(관세법 제309조).

4 통고처분

1. 의의

통고처분이라 함은 법원에 의하여 자유형 또는 재산형에 처하는 과벌제도에 갈음하여 행정관청이 법규 위반자에게 범칙금이라는 금전적 제재를 통고하고, 기간 내 이를 이행할 경우에는 확정판결과 동일하게 일사부재리의 원칙이 적용되는 것을 말한다. 통고처분은 행정처분이지 사법처분이 아니다. 통고처분은 벌금, 몰수 또는 추징과 같은 형사처벌을 직접 하는 것을 말하는 것이 아니고 '벌금에 상당한 금액', '몰수에 해당하는 물품' 및 '추징금에 상당한 금액'을 납부할 것을 통고하는 행정처분이다. 통고처분이 부당하다고 생각되어 이행을 하지 않게 되면 일정기간(10일)지나면 고발되어 재판을 받을 수 있으므로 국민의 재판을 받을 권리가 제한 또는 박탈되는 것은 아니다. 통고처분은 사법적 절차에 의한 번잡한 절차와 장시일에 걸쳐 완결되는 번거로움을 덜면서 징벌의 효과를 거둘 수 있다.

2. 관세법상 통고처분

1) 내용

관세청장이나 세관장은 관세범을 조사한 결과 범죄의 확증을 얻었을 때에는 그 이유를 구체적으로 밝히고 벌금에 상당하는 금액, 몰수에 해당하는 물품, 추징금에 해당하는 금액을 납부할 것을 통고할 수 있다(관세법

제311조 제1항).[28)]

2) 예납

관세청장이나 세관장은 통고처분을 받는 자가 벌금이나 추징금에 상당한 금액을 예납(豫納)하려는 경우에는 이를 예납시킬 수 있다(관세법 제311조 제2항). 벌금 또는 추징금에 상당한 금액을 예납하고자 하는 자는 주소 및 성명, 예납금액, 신청사유를 기재한 신청서를 관세청장 또는 세관장에게 제출하여야 한다(관세법 시행령 제271조 제1항). 예납금을 받은 관세청장 또는 세관장은 그 보관증을 예납자에게 교부하여야 한다. 관세청장 또는 세관장은 보관한 예납금으로써 예납자가 납부하여야 하는 벌금 또는 추징금에 상당하는 금액에 충당하고 잔금이 있는 때에는 지체없이 예납자에게 환급하여야 한다(관세법 시행령 제271조 제3항).

3) 불복

통고처분은 이를 받은 자가 그 처분에 대하여 이의가 있는 경우에는 이를 이행하지 아니함으로써 관세청장 또는 세관장의 고발에 의하여 법원의 심판을 받을 수 있으므로 위법한 통고처분에 대하여는 행정심판이나 행정소송에 의하여 다툴 수 없다(통칙 311-0-2).

2. 통고처분의 요건

통고처분권자는 관세청장과 세관장이며 범죄의 확증이 있어야 통고처분을 할 수 있다. 범죄의 구성요건인 사실의 존재를 증명할 수 있는 확증이 있어야 한다.

3. 통고처분 절차

통고처분을 하는 때에는 통고서를 작성하여야 한다(관세법 제314조 제1항). 통고서에는 다음의 사항을 기재하고 처분을 한 자가 이에 서명날인하여야 한다(관세법 제314조 제2항).

- 처분을 받을 자의 성명 · 연령 · 성별 · 직업 및 주소
- 벌금에 상당한 금액, 몰수에 해당하는 물품 또는 추징금에 상당한 금액

28) 통칙 311-0-1(통고처분의 취소 또는 변경) 법 제311조에 따른 통고처분에 하자가 있을 경우, 관세범인이 해당 통고의 요지를 이행하기 전에는 동 처분을 취소하거나 그 내용을 변경할 수 있다.

- 범죄사실
- 적용법조
- 이행장소
- 통고처분연월일

통고처분의 고지는 통고서를 송달하는 방법으로 하여야 한다(관세법 제315조).

4. 통고처분 및 통고이행의 효과

관세범인이 통고의 요지를 이행하였을 때에는 동일사건에 대하여 다시 처벌을 받지 아니한다(관세법 제317조) 통고가 있는 때에는 공소의 시효는 정지된다(관세법 제311조 제3항).

5 고발

1. 의의

관세청장 또는 세관장이 관세법의 규정에 따라 관세범죄사실을 검사에게 고지하여 일반 형사소송법 절차에 따라 수사와 소추를 구하는 의사표시를 말한다.

2. 즉시고발

관세청장이나 세관장은 범죄의 정상이 징역형에 처하여질 것으로 인정되는 때에는 즉시 고발하여야 한다(관세법 제312조). 통고처분은 벌금에 상당하는 금액, 몰수에 해당하는 물품, 추징금에 해당하는 금액을 납부할 것을 통보하는 것이므로 징역형에 처해질 것으로 인정되는 때에는 통고처분을 하지 않고 고발을 해야 한다. 그러나 징역형을 처할지 벌금을 부과할지는 판사가 판단할 수 있다. 징역형이 처해질 것으로 인정되어 고발을 했는데 벌금형이 부과된 경우 당사자는 재판과정에서 많은 시간이 소요되고 소송비용이 들어가며 결국 전과자가 된다. 그러나 통고처분에 처해진 경우 전과가 남지 않는다. 세관공무원의 통고처분할지 고발을 하느냐 따라 결과가 전혀 달라진다.

3. 통고의 불이행과 고발

관세범인이 통고서의 송달을 받았을 때에는 그 날부터 15일 이내에 이를 이행하여야 하며, 이 기간 내에 이행하지 아니하였을 때에는 관세청장이나

세관장은 즉시 고발하여야 한다. 다만, 15일이 지난 후 고발이 되기 전에 관세범인이 통고처분을 이행한 경우에는 그러하지 아니하다(관세법 제316조)

4. 무자력고발

관세청장이나 세관장은 관세범인이 통고를 이행할 수 있는 자금능력이 없다고 인정되는 경우나 관세범인의 주소 및 거소가 분명하지 아니하거나 그 밖의 사유로 통고를 하기 곤란하다고 인정되는 경우에는 통고처분을 하지 않고 즉시 고발하여야 한다(관세법 제318조).

> 판례 관세청장이나 세관장은 관세범에 대하여 통고처분을 할 수 있고, 범죄의 정상이 징역형에 처하여질 것으로 인정되는 때에는 즉시 고발하여야 하며, 관세범인이 통고를 이행할 수 있는 자금능력이 없다고 인정되거나 주소 및 거소의 불명 기타의 사유로 인하여 통고를 하기 곤란하다고 인정되는 때에도 즉시 고발하여야 하는바, 이들 규정을 종합하여 보면, 통고처분을 할 것인지의 여부는 관세청장 또는 세관장의 재량에 맡겨져 있다고 할 것이고, 따라서 관세청장 또는 세관장이 관세범에 대하여 통고처분을 하지 아니한 채 고발하였다는 것만으로는 그 고발 및 이에 기한 공소의 제기가 부적법하게 되는 것은 아니라고 할 것이다. 【대법원 2007.5.11. 선고 2006도1993 선고 판결】

5. 압수물품의 인계

관세청장 또는 세관장은 관세범을 고발하는 경우 압수물품이 있는 때에는 압수물품조서를 첨부하여 인계하여야 한다(관세법 시행령 제272조 제1항). 관세청장 또는 세관장은 압수물품이 편의에 따라 소지자나 시·군·읍·면 사무소에 보관시킨 것인 때에는 당해 보관자에게 인계의 요지를 통지하여야 한다(관세법 시행령 제272조 제1항).

6 세관의 개청시간·물품취급시간

세관의 개청시간·보세구역과 운송수단에 있어서의 물품의 취급시간은 다음과 같다.

1. 개청시간

세관의 개청시간과 보세구역 및 운수수단의 물품취급시간은 다음의 구분에 의한다.

- 세관의 개청시간 및 운송수단의 물품취급시간
  - 「국가공무원 복무규정」에 의한 공무원의 근무시간[29]
- 보세구역의 물품취급시간
  - 24시간[30]

2. 임시개청

공휴일 또는 개청시간외에 통관절차·보세운송절차 또는 입출항절차를 밟고자 하는 자는 사무의 종류 및 시간과 사유를 기재한 통보서를 세관장에게 제출하여야 한다. 다만, 신고를 하여야 하는 우편물외의 우편물에 대하여는 그러하지 아니하다.

3. 시간외 물품취급

세관의 개청시간외에 통관절차·보세운송절차 또는 입출항절차를 밟고자 하는 자나 운송수단의 물품취급시간외에 물품의 취급을 하려는 자는 세관장에게 미리 통보하여야 한다. 물품취급시간외에 물품의 취급을 하려는 자는 통보서를 세관장에게 제출하여야 한다.

다음 어느 하나에 해당하는 경우에는 통보서를 제출하지 않아도 된다.

- 우편물(신고를 하여야 하는 것은 제외)을 취급하는 경우
- 통보한 시간내에 해당 물품의 취급을 하는 경우
- 보세공장에서 보세작업을 하는 경우[31]
- 보세전시장 또는 보세건설장에서 전시 · 사용 또는 건설공사를 하는 경우
- 수출신고수리시 세관의 검사가 생략되는 수출물품을 취급하는 경우
- 별표 3에 따른 항구나 공항에서 하역작업을 하는 경우
- 그 밖의 불가피한 사유로 인하여 해당 물품을 취급하는 경우[32]

통보서에는 다음 사항을 기재하여야 한다.

- 해당 물품의 내외국물품의 구분과 품명 및 수량
- 포장의 종류 · 번호 및 개수
- 취급물품의 종류

---

29) 항공기·선박 등이 상시 입·출항하는 등 세관의 업무특성상 필요한 경우에 세관장은 관세청장의 승인을 얻어 부서별로 근무시간을 달리 정할 수 있다.
30) 감시·단속을 위하여 필요한 경우 세관장은 그 시간을 제한할 수 있다.
31) 감시·단속에 지장이 있다고 세관장이 인정할 때에는 예외로 한다.
32) 이 경우에는 사후에 경위서를 세관장에게 제출하여 그 확인을 받아야 한다.

- 물품취급의 시간 및 장소

사전통보는 부득이한 경우를 제외하고는 「국가공무원 복무규정」에 의한 공무원의 근무시간내에 하여야 한다.

4. 개청시간 및 물품취급시간외 통관절차 등에 관한 수수료

물품취급시간외 통관에 관한 사전통보를 한 자는 수수료를 납부하여야 한다. 납부하여야 하는 개청시간외 통관절차·보세운송절차 또는 입출항절차에 관한 수수료[33]는 기본수수료 4천원[34]에 다음의 구분에 의한 금액을 합한 금액으로 한다. 다만, 수출물품의 통관절차 또는 출항절차에 관한 수수료는 수입물품의 통관절차 또는 출항절차에 관한 수수료의 4분의 1에 상당하는 금액으로 한다.

- 오전 6시부터 오후 6시까지 : 1시간당 3천 원
- 오후 6시부터 오후 10시까지 : 1시간당 4천8백 원
- 오후 10시부터 그 다음날 오전 6시까지 : 1시간당 7천 원

수수료를 계산함에 있어서 관세청장이 정하는 물품의 경우 여러 건의 수출입물품을 1건으로 하여 통관절차·보세운송절차 또는 입출항절차를 신청하는 때에는 이를 1건으로 한다.

납부하여야 하는 물품취급시간외의 물품취급에 관한 수수료는 해당 물품을 취급하는 때에 세관공무원이 참여하는 경우[35]에는 기본수수료 2천원[36]에 다음에 해당하는 금액을 합한 금액으로 하며, 세관공무원이 참여하지 아니하는 경우에는 기본수수료 2천원[37]으로 한다.[38] 다만, 수출물품을 취급하는 때에는 그 금액의 4분의 1에 상당하는 금액[39]으로 한다.

---

33) 구호용 물품의 경우 해당 수수료를 면제한다.

34) 휴일은 1만2천원

35) 규칙 제81조제3항의 규정에 따른 "세관공무원이 참여하는 경우"라 함은, 감시업무담당공무원이 물품취급 운송수단에 승선(기)하여 작업개시 및 종료사항과 적재 및 하선작업내용에 직접 참여하는 경우를 말하며, 단순한 기동순찰과 주감시소 등에서 시간외 물품취급신고서 등에 의해 간접적으로 작업을 확인하는 경우는 세관공무원의 참여로 보지 아니한다(통칙 321-275-2).

36) 휴일은 6천원

37) 휴일은 6천원

38) 통칙 321-275-1("물품취급시간외물품취급에 관한 수수료"중 기본료 적용방법) 규칙 제81조제3항의 규정에 따른 기본료는 물품취급시간대의 연속, 불연속을 불문하고 일자별로 적용한다. 다만, 당일과 연속하여 익일까지 작업하고 익일이 평일(공휴일인 경우는 기본료 따로 납부)인 경우는 그 익일 근무시간 전까지는(당일18:00-익일09:00) 당일 기본료에 포함한다.

39) 보세구역에 야적하는 산물인 광석류의 경우에는 그 금액의 5분의 1에 상당하는 금액

- 오전 6시부터 오후 6시까지 : 1시간당 1천5백 원
- 오후 6시부터 오후 10시까지 : 1시간당 2천4백 원
- 오후 10시부터 그 다음날 오전 6시까지 : 1시간당 3천6백 원

수수료금액을 계산함에 있어서 소요시간중 1시간이 상호간에 걸쳐 있는 경우의 수수료는 금액이 많은 것으로 한다. 세관장은 수수료를 일정기간별로 일괄하여 납부하게 할 수 있다. 수수료를 납부하여야 하는 자가 관세청장이 정하는 바에 따라 이를 따로 납부한 때에는 그 사실을 증명하는 증표를 세관장에게 제출하여야 한다.

7 통계 및 증명서의 작성 및 교부

관세청장은 다음 사항에 관한 통계를 작성하고 그 열람 또는 교부를 신청하는 자가 있는 경우에는 이를 열람시키거나 교부하여야 한다.

- 수출 또는 수입한 화물에 관한 사항
- 입항 또는 출항한 외국무역선 및 외국무역기에 관한 사항
- 그 밖의 외국무역에 관련하여 관세청장이 필요하다고 인정하는 사항

관세청장은 통계를 집계하고 정기적(연 1회 이상)으로 그 내용을 공표할 수 있다.

1. 통계 · 증명서의 작성 및 교부의 신청

통계외 통관관련 세부통계자료를 열람하거나 교부받으려는 자는 사용용도 및 내용을 구체적으로 명시하여 관세청장에게 신청할 수 있다. 이 경우 관세청장은 열람 또는 교부의 대상이 되는 자료가 「공공기관의 정보공개에 관한 법률」에 해당하는 경우를 제외하고는 이를 열람시키거나 교부하여야 한다. 통계의 열람 또는 교부를 신청하려는 자는 통계의 종류 및 내용, 열람 또는 교부의 사유를 기재한 신청서를 관세청장에게 제출하여야 한다.

관세청장은 통계를 전산처리가 가능한 전달매체에 기록하여 교부하거나 전산처리설비를 이용하여 교부할 수 있다. 이 경우 교부할 수 있는 통계의 범위 및 그 절차는 관세청장이 정한다.

관세청장은 통계의 작성 및 교부 업무를 대행할 자(대행기관)를 지정하여 그 업무를 대행하게 할 수 있다. 이 경우 관세청장은 통계작성을 위한 기초

자료를 대행기관에 제공하여야 한다.

증명서 또는 통계의 교부를 받으려는 자는 증명서 또는 통계의 내용이 기록되는 매체의 종류 및 내용, 교부를 받으려는 사유를 기재한 신청서를 관세청장·세관장 또는 업무를 대행하는 자에게 제출하여야 한다.

2. 증명서 및 통계의 교부수수료

세관사무에 관한 증명서와 통계의 교부를 받으려는 자는 수수료를 관세청장에게 수수료를 납부하여야 한다. 다만, 대행기관이 업무를 대행하는 경우에는 대행기관이 정하는 수수료를 해당 대행기관에 납부하여야 한다.

1) 교부수수료

세관사무에 관한 증명서, 통계 및 통관관련 세부통계자료의 교부수수료는 다음과 같다.

<table>
<tr><th colspan="3">구분</th><th>단위</th><th>금액</th></tr>
<tr><td colspan="3">1. 증명서</td><td>1통</td><td>400원</td></tr>
<tr><td rowspan="6">2. 통계</td><td rowspan="5">관세청장이 발간하는 무역통계연보 · 월보에 등재된 통계항목</td><td>인쇄물</td><td>1년분</td><td>기본료 2만8천원
+1매당 400원</td></tr>
<tr><td rowspan="4">전산처리가 가능한 전달매체에 기록하거나 전산처리설비를 이용하여 교부하는 것</td><td>1월분</td><td>20만5천원</td></tr>
<tr><td>1분기분
1분기분(월별)</td><td>26만7천원
55만4천원</td></tr>
<tr><td>1반기분
1반기분(분기별)
1반기분(월별)</td><td>34만7천원
48만1천원
98만4천원</td></tr>
<tr><td>1년분
1년분(반기별)
1년분(분기별)
1년분(월별)</td><td>45만1천원
62만5천원
98만1천원
172만2천원</td></tr>
<tr><td>그 밖에 추가항목</td><td colspan="2">수출입통관 자료 항목별</td><td>항목당 금액의 10분의 1씩 추가</td></tr>
<tr><td rowspan="2">3. 통관 관련세부통계 자료</td><td colspan="3">인쇄물</td><td>기본료 2만8천원+1매당 400원</td></tr>
<tr><td colspan="3">전산처리가 가능한 전달매체에 기록하거나 전산처리 설비를이용하여 교부하는 것</td><td>기본료 2만8천원 +(건수 ×항목수)×5원</td></tr>
</table>

2) 대행기관의 수수료

대행기관은 수수료를 정할 때에는 관세청장의 승인을 받아야 한다. 승인을 받은 사항을 변경하려는 경우에도 또한 같다. 대행기관이 수수료를 징수한 경우 그 수입은 해당 대행기관의 수입으로 한다. 대행기간이 수수료를 인하하여 정한 때에는 그 금액을 납부한다.

대행기관은 교부수수료를 정하거나 변경하려는 경우에는 이해관계인의 의견을 수렴할 수 있도록 대행기관의 인터넷 홈페이지에 30일간 정하거나 변경하려는 교부수수료의 내용을 게시하여야 한다. 다만, 긴급하다고 인정되는 경우에는 대행기관의 인터넷 홈페이지에 그 사유를 소명하고 10일간 게시할 수 있다.

대행기관은 수렴된 의견을 고려하여 교부수수료의 범위에서 정한 교부수수료에 대하여 관세청장의 승인을 받아야 한다. 이 경우 대행기관은 원가명세서 등 교부수수료의 승인에 필요한 자료를 관세청장에게 제출하여야 한다. 대행기관은 승인받은 교부수수료의 금액을 대행기관의 인터넷 홈페이지를 통하여 공개하여야 한다. 관세청장은 3년마다 원가명세서, 대행기관의 교부수수료 수입·지출 내역 등을 검토하여 교부수수료 수준을 평가하여야 하며, 필요한 경우 적정한 교부수수료 수준을 통보할 수 있다. 일일자료교부 등 새로운 컴퓨터프로그램이나 전산처리설비를 필요로 하는 방식으로 교부신청을 하는 경우에는 추가되는 비용의 범위에서 교부수수료를 인상하여 적용할 수 있다. 정부 및 지방자치단체에 대하여는 교부수수료를 면제한다. 「공공기관의 운영에 관한 법률」에 따른 공공기관 및 관세청과 정보통신망을 연결하여 구비조건을 확인하고 있는 기관에 대하여는 관세청장이 정하는 바에 따라 교부수수료를 인하하거나 면제할 수 있다.

2. 수출입, 반송 증명서

증명서 중 수출·수입 또는 반송에 관한 증명서는 해당 물품의 수출·수입 또는 반송 신고의 수리일부터 5년 내의 것에 관하여 발급한다.

8 포상

1. 포상

1) 포상 대상

관세청장은 다음 어느 하나에 해당하는 자에 대하여는 포상할 수 있다.

- 관세범을 세관이나 그 밖의 수사기관에 통보하거나 체포한 자로서 공로가 있는 자
- 범죄물품을 압수한 자로서 공로가 있는 자

- 관세법 또는 다른 법률의 규정에 따라 세관장이 관세 및 내국세 등을 추가 징수하는데 공로가 있는 자
- 이 법이나 다른 법률에 따라 세관장이 관세 및 내국세 등을 추가 징수하는 데에 공로가 있는 사람

2) 포상금액

관세청장은 체납자의 은닉재산을 신고한 자에 대하여 위원회의 결정을 거쳐 10억원의 범위에서 포상금을 지급할 수 있다. 다만, 은닉재산의 신고를 통하여 징수된 금액이 2천만원 미만인 경우 또는 공무원이 그 직무와 관련하여 은닉재산을 신고한 경우에는 포상금을 지급하지 아니한다.

"은닉재산"이란 체납자가 은닉한 현금·예금·주식이나 그 밖에 재산적 가치가 있는 유·무형의 재산을 말한다. 다만, 다음 어느 하나에 해당하는 재산은 제외한다.

- 「국세징수법」 제30조에 따른 사해행위 취소소송의 대상이 되어 있는 재산
- 세관공무원이 은닉 사실을 알고 조사를 시작하거나 체납처분 절차를 진행하기 시작한 재산
- 그 밖에 체납자의 은닉재산을 신고받을 필요가 없다고 인정되는 재산으로서 체납자 본인의 명의로 등기된 국내소재 부동산

은닉재산의 신고는 신고자의 성명과 주소를 적고 서명하거나 날인한 문서로 하여야 한다. 은닉재산을 신고한 자에 대한 포상금은 재산은닉 체납자의 체납액에 해당하는 금액을 징수한 후 지급한다.

3) 공로심사

관세청장이나 세관장은 공로자의 공로사실을 조사하여 포상할 필요가 있다고 인정되는 자에 대하여 포상할 수 있다. 관세청장이나 세관장은 포상을 받을 만한 공로가 있는 자에게 공정하게 포상의 기회를 부여하여야 한다. 포상에 필요한 공로의 기준·조사방법과 그 밖에 필요한 사항은 관세청장이 정한다. 다만, 동일한 공로에 대하여 이중으로 포상할 수 없다.

2. 공무원 포상금 한도

포상은 관세청장이 정하는 바에 따라 포상장 또는 포상금을 수여하거나 포상장과 포상금을 함께 수여할 수 있다. 관세청장이 포상금의 수여기준을 정

하는 경우 포상금의 수여대상자가 공무원인 때에는 공무원에게 수여하는 포상금총액을 그 공로에 의한 실제 국고수입액의 100분의 25 이내로 하여야 한다. 다만, 1인당 수여액을 100만 원 이하로 하는 때에는 그러하지 아니하다. 공로자중 관세범을 세관, 그 밖의 수사기관에 통보한 자와 체납자의 은닉재산을 신고한 자에 대하여는 관세청장이 정하는 바에 의하여 익명으로 포상할 수 있다. 체납자의 은닉재산을 신고한 자에 대하여는 은닉재산의 신고를 통하여 징수된 금액(징수금액)에 다음의 지급률을 곱하여 계산한 금액을 포상금으로 지급할 수 있다. 다만, 10억원을 초과하는 부분은 지급하지 아니한다.

징수금액	지급률
2천만원 이상 2억원 이하	100분의 5
2억원 초과 5억원 이하	1천만원 + 2억원을 초과하는 금액의 100 분의 3
5억원 초과	1천9백만원 + 5억원을 초과하는 금액의 100분의 2

9 몰수품 등의 처분

1. 처분

세관장은 관세법의 규정에 따라 몰수되거나 국고에 귀속된 물품(몰수품등)을 공매 그 밖의 방법에 의하여 처분할 수 있다. 몰수품등의 공매에 관하여는 '보세구역에 반입한 외국물품의 장치기간이 경과된 때에는 공고한 후 물품을 매각'(제210조의 규정)하는 절차규정을 준용한다. 다만, 관세청장이 정하는 물품은 경쟁입찰에 의하지 아니하고 수의계약이나 위탁판매의 방법으로 매각할 수 있다. 세관장은 관세청장이 정하는 기준에 해당하는 몰수품등을 처분하려면 관세청장의 지시를 받아야 한다. 세관장은 몰수품등에 대하여 몰수 또는 국고귀속 전에 발생한 보관료 및 관리비를 지급할 수 있다.

2. 몰수농산물의 이관

세관장은 몰수품등의 매각대금에서 매각에 소요된 비용과 보관료 및 관리비를 직접 지급할 수 있다. 세관장은 몰수품등이 농산물인 경우로서 국내시장의 수급조절과 가격안정을 도모하기 위하여 농림축산부장관이 요청할 때에는 몰수품등을 농림부장관에게 이관할 수 있다. 세관장은 공매 그 밖의 방법으로 처분할 수 있는 몰수품 등이 농산물(몰수농산물)인 경우에는 관세청

장이 정하는 바에 따라 농림축산부장관에게 이를 통보하여야 한다. 통보를 받은 농림축산부장관이 몰수농산물을 이관 받으려는 경우에는 통보받은 날부터 20일 이내에 관세청장이 정하는 바에 따라 이관요청서를 세관장에게 제출하여야 한다. 세관장은 농림축산부장관이 기한내에 이관요청서를 제출하지 아니하는 경우에는 처분할 수 있다. 농림축산부장관의 요청에 따라 이관하는 몰수농산물에 대한 보관료 및 관리비는 관세청장이 정하는 바에 따라 농림축산부장관이 지급하여야 한다.

10 전산처리설비의 이용

1. 전산처리설비를 이용한 전자신고 및 전자송달

세관장은 관세청장이 정하는 바에 의하여 전산처리설비를 이용하여 관세법에 의한 신고·신청·보고·납부 등(전자신고 등)을 하게 하거나 승인·허가·수리 등에 대한 교부·통지·통고 등 전자송달을 할 수 있다. 전자신고 등을 행하는 때에는 관세청장이 정하는 바에 의하여 관계서류를 전산처리설비를 이용하여 제출하게 하거나 그 제출을 생략 또는 간이한 방법으로 하게 할 수 있다. 이행된 전자신고 등은 관세청장이 정하는 전산처리설비에 저장된 때에 세관에 접수된 것으로 보고, 전자송달은 송달받을 자가 지정한 컴퓨터에 입력된 때[40]에 그 송달을 받아야 할 자에게 도달된 것으로 본다.

전자송달은 송달을 받아야 할 자가 신청하는 경우에만 이를 행한다. 전자송달을 받으려는 자는 관세청장이 정하는 바에 따라 전자송달에 필요한 설비를 갖추고 다음 사항을 기재한 신청서를 관할세관장에게 제출하여야 한다.

- 성명 · 주민등록번호 등 인적사항
- 주소 · 거소 또는 영업소의 소재지
- 전자우편주소[41]
- 전자송달을 받으려는 서류의 종류
- 그 밖의 필요한 사항으로서 관세청장이 정하는 것

전산처리설비의 장애로 인하여 전자송달이 불가능한 경우 그 밖에 다음 사

40) 관세청장이 정하는 전산처리설비에 저장하는 경우에는 저장된 때
41) 관세청장이 정하는 전산처리설비의 경우에는 사용자확인기호를 이용하여 접근할 수 있는 곳을 말한다.

유가 있는 경우에는 교부·인편 또는 우편에 의하여 송달할 수 있다.

- 정전, 프로그램의 오류 그 밖의 부득이한 사유로 인하여 금융기관 또는 체신관서의 전산처리장치의 가동이 정지된 경우
- 전자송달을 받으려는 자의 전산처리설비 이용권한이 정지된 경우
- 그 밖의 전자송달이 불가능한 경우로서 관세청장이 정하는 경우

전자송달할 수 있는 서류는 납부서·납세고지서·환급통지서 및 그 밖에 관세청장이 정하는 서류로 한다. 관세청장은 서류중 납부서·납세고지서·환급통지서 및 관세청장이 따로 정하는 서류를 전자송달하는 경우에는 전산처리설비에 저장하는 방식으로 이를 송달하여야 한다. 관세청장이 서류외의 서류를 전자송달하는 경우에는 전자송달을 받으려는 자가 지정한 전자우편주소로 이를 송달하여야 한다.

2. 국가관세종합정보망

1) 구축 및 운영

관세청장은 전자통관의 편의를 증진하고, 외국세관과의 세관정보 교환을 통하여 수출입의 원활화와 교역안전을 도모하기 위하여 전산처리설비와 데이터베이스에 관한 국가관세종합정보망(국가관세종합정보망)을 구축·운영할 수 있다.

세관장은 관세청장이 정하는 바에 따라 국가관세종합정보망의 전산처리설비를 이용하여 관세법에 따른 신고·신청·보고·납부 등과 법령에 따른 허가·승인 또는 그 밖의 조건을 갖출 필요가 있는 물품의 증명 및 확인신청 등(전자신고등)을 하게 할 수 있다.

세관장은 관세청장이 정하는 바에 따라 국가관세종합정보망의 전산처리설비를 이용하여 전자신고등의 승인·허가·수리 등에 대한 교부·통지·통고 등(전자송달)을 할 수 있다.

전자신고등을 할 때에는 관세청장이 정하는 바에 따라 관계 서류를 국가관세종합정보망의 전산처리설비를 이용하여 제출하게 하거나, 그 제출을 생략하게 하거나 간소한 방법으로 하게 할 수 있다.

2) 전자송달

(1) 접수 및 도달시기

전자신고등은 관세청장이 정하는 국가관세종합정보망의 전산처리설비에 저장된 때에 세관에 접수된 것으로 보고, 전자송달은 송달받을 자가 지정한 컴퓨터에 입력된 때[42]에 그 송달을 받아야 할 자에게 도달된 것으로 본다.

(2) 전자송달 신청

전자송달은 송달을 받아야 할 자가 신청하는 경우에만 이를 행한다.

전자송달을 받으려는 자는 관세청장이 정하는 바에 따라 전자송달에 필요한 설비를 갖추고 다음 사항을 기재한 신청서를 관할세관장에게 제출하여야 한다.

- 성명 · 주민등록번호 등 인적사항
- 주소 · 거소 또는 영업소의 소재지
- 전자우편주소[43]
- 전자송달을 받으려는 서류의 종류
- 그 밖의 필요한 사항으로서 관세청장이 정하는 것

(3) 전자송달의 예외

국가관세종합정보망의 전산처리설비의 장애로 전자송달이 불가능한 경우, 그 밖에 다음과 사유가 있는 경우에는 교부·인편 또는 우편의 방법으로 송달할 수 있다.

- 정전, 프로그램의 오류 그 밖의 부득이한 사유로 인하여 금융기관 또는 체신관서의 전산처리장치의 가동이 정지된 경우
- 전자송달을 받으려는 자의 전산처리설비 이용권한이 정지된 경우
- 그 밖의 전자송달이 불가능한 경우로서 관세청장이 정하는 경우

(4) 전자송달 대상

전자송달할 수 있는 서류는 납부서·납세고지서·환급통지서 및 그 밖에 관세청장이 정하는 서류로 한다.

42) 관세청장이 정하는 국가관세종합정보망의 전산처리설비에 저장하는 경우에는 저장된 때
43) 관세청장이 정하는 국가관세종합정보망의 전산처리설비의 경우에는 사용자확인기호를 이용하여 접근할 수 있는 곳을 말한다.

(5) 방법

관세청장은 납부서·납세고지서·환급통지서 및 관세청장이 따로 정하는 서류를 전자송달하는 경우에는 전산처리설비에 저장하는 방식으로 이를 송달하여야 한다. 이러한 서류외의 서류를 전자송달하는 경우에는 전자송달을 받으려는 자가 지정한 전자우편주소로 이를 송달하여야 한다.

2) 국가관세종합정보망 운영사업자의 지정

(1) 지정

관세청장은 국가관세종합정보망을 효율적으로 운영하기 위하여 대통령령으로 정하는 기준과 절차에 따라 국가관세종합정보망의 전부 또는 일부를 운영하는 자(국가관세종합정보망 운영사업자)를 지정할 수 있다.

(2) 지정기준

국가관세종합정보망 운영사업자의 지정기준은 다음과 같다. 다만, 국가관세종합정보망의 유지·보수 업무만을 담당하는 국가관세종합정보망 운영사업자의 경우에는 ①의 기준을 적용하지 아니한다.

① 「민법」에 따라 설립된 비영리법인 또는 「정부출연연구기관 등의 설립·운영 및 육성에 관한 법률」에 따른 정부출연연구기관일 것
② 전산정보처리시스템의 구축 및 운영에 관한 경험을 보유할 것
③ 그 밖에 관세청장이 정하는 설비 및 기술인력 등의 기준을 보유할 것

국가관세종합정보망 운영사업자의 지정을 받으려는 자는 관세청장이 정하는 서류를 갖추어 관세청장에게 신청하여야 한다. 지정을 받은 운영사업자가 지정받은 사항을 변경할 때에도 또한 같다. 관세청장이 국가관세종합정보망 운영사업자를 지정한 때에는 해당 신청인에게 지정증을 교부하고, 그 사실을 관계 행정기관의 장 및 관세업무 관련 기관의 장에게 통지하여야 한다.

(2) 결격사유

다음 어느 하나에 해당하는 자는 지정을 받을 수 없다.

- 운영인의 결격사유(제175조제2호부터 제5호)에 해당하는 사람
- 지정이 취소된 날부터 2년이 경과되지 아니한 자
- 위에 해당하는 사람이 임원으로 재직하는 법인

(3) 지원

관세청장은 국가관세종합정보망을 효율적으로 운영하기 위하여 필요한 경우 국가관세종합정보망 운영사업자에게 그 운영에 필요한 재원을 지원할 수 있다.

(4) 행정처분

관세청장은 지정을 받은 국가관세종합정보망 운영사업자가 다음에 해당하는 때에는 그 지정을 취소하거나 1년 이내의 기간을 정하여 국가관세종합정보망 운영사업의 전부 또는 일부의 정지를 명할 수 있다. 다만, 결격사유에 해당하거나 거짓이나 그 밖의 부정한 방법으로 지정을 받은 경우에는 그 지정을 취소하여야 한다.

- 결격사유에 해당한 때
- 거짓이나 그 밖의 부정한 방법으로 지정을 받은경우
- 기준에 미달하게 된 때
- 관세청장의 지도 · 감독을 위반한 때

(5) 과징금

관세청장은 업무정지가 그 이용자에게 심한 불편을 주거나 공익을 해할 우려가 있는 경우에는 업무정지처분을 갈음하여 1억 원 이하의 과징금을 부과할 수 있다. 과징금은 업무정지일수(1개월은 30일을 기준으로 한다)에 1일당 과징금 금액 30만 원을 곱하여 산정한다. 이 경우 산정한 금액이 1억 원을 넘을 때에는 1억 원으로 한다(영 제285조의6제1항).

관세청장은 국가관세종합정보망 운영사업자 및 전자문서중계사업자의 사업규모·위반행위의 정도 및 횟수 등을 참작하여 과징금의 금액의 4분의 1의 범위에서 이를 가중 또는 경감할 수 있다. 이 경우 가중하는 때에도 과징금의 총액이 1억 원을 초과할 수 없다(영 제285조의6제2항).

과징금을 납부하여야 할 자가 납부기한까지 이를 납부하지 아니한 경우에는 「국세기본법」 및 「국세징수법」의 예에 의한다.

(6) 지도 · 감독

관세청장은 국가관세종합정보망 운영사업에 관하여 국가관세종합정보망 운영사업자를 지도·감독하여야 한다.

3. 전자문서중계사업자의 지정

1) 전자문서중계사업자의 지정

전자신고 등 및 전자송달을 중계하는 업무를 수행하려는 자는 관세청장의 지정을 받아야 한다.

2) 지정기준

(1) 지정기준

전자문서중계사업자의 지정기준은 다음과 같다.

- 「상법」 상 주식회사로서 납입자본금이 10억 원 이상일 것
- 정부, 「공공기관의 운영에 관한 법률」 에 따른 공공기관 및 비영리법인을 제외한 동일인이 의결권있는 주식총수의 100분의 15를 초과하여 소유하거나 사실상 지배하지 아니할 것
- 전자문서중계사업에 필요한 다음 설비를 자기 사업장에 설치하고 해당 설비에 대한 정당한 사용권을 가질 것
  - 전자문서중계사업을 안정적으로 수행할 수 있는 충분한 속도 및 용량의 전산설비
  - 전자문서를 변환 · 처리 · 전송 및 보관할 수 있는 소프트웨어
  - 전자문서를 전달하려는 자의 전산처리설비로부터 관세청의 전산처리설비까지 전자문서를 안전하게 전송할 수 있는 통신설비 및 통신망
  - 전자문서의 변환 · 처리 · 전송 · 보관, 데이터베이스의 안전한 운영과 보안을 위한 전산설비 및 소프트웨어
  - 전자문서중계사업에 필요한 다음 기술인력을 보유할 것
  - 「국가기술자격법」에 의한 정보처리 또는 통신 분야의 기술사 이상의 자격이 있는 자 1인 이상
  - 전자문서중계사업을 위한 표준전자문서의 개발 또는 전자문서중계방식과 관련한 기술 분야의 근무경력이 2년 이상인 자 2인 이상
  - 전자문서와 데이터베이스의 보안관리를 위한 전문요원 1인 이상
  - 「관세사법」에 의한 관세사 자격이 있는 자 1인 이상

(2) 동일인이 소유하거나 사실상 지배하는 주식의 범위

"동일인이 소유하거나 사실상 지배하는 주식의 범위"란 주주 1명 또는 그와 다음 각 호의 어느 하나에 해당하는 자가 자기 또는 타인의 명의로

소유하는 주식을 말한다. 외국인에게도 이를 준용한다.

- 주주 1인의 배우자, 8촌 이내의 혈족 또는 4촌 이내의 인척(친족)
- 주주 1인이 법인인 경우에 해당 법인이 100분의 30 이상을 출자 또는 출연하고 있는 법인과 해당 법인에 100분의 30 이상을 출자 또는 출연하고 있는 법인이나 개인
- 주주 1인이 개인인 경우에 해당 개인 또는 그와 그 친족이 100분의 30 이상을 출자 또는 출연하고 있는 법인
- 주주 1인 또는 그 친족이 최다수 주식소유자 또는 최다액 출자자로서 경영에 참여하고 있는 법인
- 주주 1인과 그 친족이 이사 또는 업무집행사원의 과반수인 법인

3) 지정절차

전자문서중계사업자의 지정을 받으려는 자는 관세청장이 정하는 서류를 갖추어 관세청장에게 신청하여야 한다. 지정을 받은 전자문서중계사업자가 지정받은 사항을 변경하고자 할 때에도 또한 같다. 관세청장은 지정을 한 때에는 해당 신청인에게 지정증을 교부하고, 그 사실을 관계행정기관의 장 및 관세업무 관련기관의 장에게 통지하여야 한다.

4) 지정제외

다음에 해당하는 자는 지정을 받을 수 없다.

- 운영인의 결격사유에 해당하는 사람
- 결격사유에 해당하거나 사위 그 밖의 부정한 방법으로 지정받아 그 지정이 취소된 날부터 2년이 경과되지 아니한 자
- 결격사유에 해당하는 자를 임원으로 하는 법인

5) 지정취소 및 업무정지

(1) 지정취소

① 금치산자와 한정치산자
② 파산선고를 받고 복권되지 아니한 자
③ 관세법을 위반하여 징역형의 실형을 선고받고 그 집행이 종료(집행이 종료된 것으로 보는 경우를 포함)되거나 면제된 후 2년이 경과되지 아니한 자

④ 관세법을 위반하여 징역형의 집행유예의 선고를 받고 그 유예기간 중에 있는 자
⑤ 사위 그 밖의 부정한 방법으로 지정을 받은경우

(2) 전자문서 중계업무의 전부 또는 일부의 정지

① 전자문서중계사업자의 지정에 관한 기준에 미달하게 된 때
② 관세법 또는 관세법에 의한 명령이나 처분에 위반한 때

(3) 과징금

관세청장은 업무정지가 그 이용자에게 심한 불편을 주거나 그 밖에 공익을 해할 우려가 있는 경우에는 업무정지처분에 갈음하여 1억원 이하의 과징금을 부과할 수 있다.

4. 전자문서 등 관련 정보에 관한 보안과 표준

1) 보안

누구든지 전자문서중계사업자의 전산처리설비에 기록된 전자문서 등 관련 정보를 위조 또는 변조하거나 위조 또는 변조된 정보를 행사하여서는 아니 된다. 누구든지 전자문서중계사업자의 전산처리설비에 기록된 전자문서 등 관련 정보를 훼손하거나 그 비밀을 침해하여서는 아니 된다. 전자문서중계사업자의 임원 또는 직원이거나 임원 또는 직원이었던 자는 업무상 지득한 전자문서상의 비밀과 관련 정보에 관한 비밀을 누설하거나 도용하여서는 아니 된다. 전자문서중계사업자의 임원 또는 직원은 「형법」 그 밖의 법률에 의한 벌칙의 적용에 있어서 이를 공무원으로 본다.

2) 표준

관세청장은 국가 간 세관정보의 원활한 상호 교환을 위하여 세계관세기구 등 국제기구에서 정하는 사항을 고려하여 전자신고등 및 전자송달에 관한 전자문서의 표준을 정할 수 있다.

11 청문

세관장은 다음에 해당하는 처분을 하려는 때에는 청문을 실시하여야 한다.

- 자율관리보세구역의 지정취소
- 보세사 등록의 취소 및 업무정지
- 지정보세구역지정의 취소
- 화물관리인 지정의 취소
- 물품반입등의 정지 및 운영인 특허의 취소(제178조제1항 및 제2항)
- 종합보세구역지정의 취소
- 종합보세기능의 수행 중지
- 보세운송업자등의 등록 취소 및 업무정지(제224조)
- 수출입 안전관리 우수업체 공인의 취소(제255조의2제5항)
- 국가관세종합정보망 운영사업자 및 전자문서중계사업자 지정의 취소 및 사업 · 업무의 전부 또는 일부의 정지(제327조의2제4항 및 제327조의3제3항)

12 권한의 위임 및 위탁

1. 위임 사항

1) 위임

관세청장이나 세관장은 권한의 일부를 세관장 또는 소속기관의장에게 위임할 수 있다.

- 세관장 : 포상에 관한 권한
- 관세평가분류원장
  - 과세환율의 결정
  - 가산 또는 공제하는 금액의 결정
  - 국내판매가격을 기초로 한 과세가격의 결정
  - 과세가격 결정방법의 사전심사
  - 품목분류사전심사(법 별표 관세율표의 제82류 내지 제97류에 한한다)
  - 환율의 결정
- 중앙관세분석소장 : 품목분류 사전심사(법 별표 관세율표의 제1류 내지 제81류에 한한다)에 관한 권한
- 세관장 또는 관세평가분류원장 : 수출입 안전관리 우수 공인업체 심사에 관한 권한

2) 위탁

세관장은 통관질서의 유지와 수출입화물의 효율적인 관리를 위하여 설립된 비영리법인, 화물관리인, 운영인, 등록한 보세운송업자에게 보세구역 물건 반입·반출신고(법 제157조), 보수작업 승인(법 제158조제2항), 보세구역에 장치된 물품의 원형을 변경하거나 해체·절단 등의 작업 허가(법 제159조제2항), 보세사 등로(법 제165조제2항), 통고(법 제209조), 보세운송 신고(법 제213조제2항. 보세운송신고의 접수만 해당한다)·보세운송물품 검사(법 제213조 제3항), 보세운송보고(법 제215조), 보세운송업자 등록(법 제222조제1항제1호), 및 물품검사(법 제246조제1항)에 따른 권한을 위탁할 수 있다.

판례 세관출장소장에게 관세부과처분에 관한 권한이 위임되었다고 볼만한 법령상의 근거가 없는데도 피고가 이 사건 처분을 한 것은 결국, 적법한 위임 없이 권한 없는 자가 행한 처분으로서 그 하자가 중대하다고 할 것이나, 앞서 본 바와 같이 구 예산회계법과 그 시행령 등에 의하면, 세관출장소장은 세입징수관으로서 관세를 징수할 권한이 위임되어 있고 따라서 그 징수처분으로 세입과목, 세액 등을 기재한 문서로써 납입고지를 할 수 있도록 규정되어 있는 점, 정부조직법에 근거하여 관세청과 그 소속기관의 조직 및 직무범위 등에 관하여 규정하고 있는 대통령령인 관세청과그소속기관직제 및 그 시행규칙에 의하면, 피고에게는 '수입물품에 대한 관세 등 조세의 세액결정 및 징수'에 관한 권한이 위임되어 있는데, 위 '조세의 세액결정 및 징수'업무에는 관세부과처분에 관한 업무까지 포함되는 것으로 오인할 여지가 없지 아니한 점, 관세청고시인 '수입통관사무처리에관한고시' 소정의 납부고지서의 서식이나 '관세불복청구및처리에관한고시' 소정의 심사청구서나 그 결정서 서식에 의하면, 세관출장소장도 세관장과 마찬가지로 관세부과처분권한이 있는 것처럼 취급되고 있는 점, 세관출장소는 1949. 6. 27. 대통령령 제137호 '세관관서직제'에 의거하여 설립되어 현재까지 13개 세관출장소장 명의로 관세부과처분 및 증액경정처분이 이루어져 왔는데, 그동안 세관출장소장에게 관세부과처분에 관한 권한이 있는지 여부에 관하여 아무런 이의제기가 없었던 점 등에 비추어 보면, 세관출장소장에게 관세부과처분을 할 권한이 있다고 객관적으로 오인할 여지가 다분하다고 인정되므로 결국 적법한 권한 위임 없이 행해진 이 사건 처분은 그 하자가 중대하기는 하지만 객관적으로 명백하다고 할 수는 없어 당연무효는 아니라고 보아야 할 것이다. 【대법원 2004. 11. 26. 선고 2003두2403 선고 판결】

3) 우편물에 관한 업무

세관장은 대통령령으로 정하는 바에 따라 우편물의 검사(법 제257조), 우편물통관에 관한 결정(법 제258조), 세액결정(법 제259조) 관련 권한을 체신관서의 장에게 위탁할 수 있다.

4) 지식재산권의 보호업무 위탁

관세청장은 대통령령으로 정하는 바에 따라 지식재산권의 신고에 관한 업무의 일부(신고서의 접수 및 보완 요구만 해당한다)를 「민법」에 따라 설립된 사단법인 중 지식재산권 보호업무에 전문성이 있다고 인정되어 관세청장이 지정·고시하는 법인에 위탁한다. 이 경우 관세청장은 예산의 범위에서 위탁업무의 수행에 필요한 경비를 지원할 수 있다.[44)]

2. 지휘 · 감독 및 공무원 의제

업무의 위탁을 받은 자에 대한 지휘·감독에 관한 사항은 관세청장이 정한다.

권한 또는 업무를 위탁받아 행사하는 자(임직원과 사용인 포함)는 「형법」 제129조부터 제132조까지의 규정을 적용할 때에는 공무원으로 본다.

44) 「대한민국과 유럽연합 및 그 회원국 간의 자유무역협정」이 발효되는 날부터 시행한다.

Reference 참고문헌

문헌

국세공무원교육원, 「관세법」, 2003.
국세공무원교육원, 「Cyber 관세평가」, 2003.
박민규, 「대외무역」 에이포미디어, 2007.
여주호, 「논술 관세법」 고시학회 21, 2002.
외교통상부, 「WTO 개황」, 2005.
이정길, 「수출입통관매뉴얼」 한국재정연구소. 2007.
정재완, 「관세환급특례법」 (주)두남, 2000
______, 「환급특례법 연습」, 형설, 2002
日本關稅協會, 「通關手續」 2001.
WCO, Amendments to the Harmonized System Nomenclature. 2004.
_____, Brief Guide to the Customs Valuation Agreement, 3rd ed. 1996.

인터넷 자료

국회 법률지식정보시스템〈http://likms.assembly.go.kr/law/jsp/main.jsp〉
국회 의안정보시스템〈http://likms.assembly.go.kr/bill/jsp/main.jsp〉
법제처 홈페이지〈http://www.moleg.go.kr〉
산자부 홈페이지〈http://www.mocie.go.kr/index2.html〉
관세청 홈페이지, 「통관정보의 문 〈http://www.customs.go.kr〉」
국회 법률지식정보시스템 〈http://likms.assembly.go.kr/law/jsp/main.jsp〉

기획재정부 홈페이지 〈http://mosf.go.kr〉
외교통상부 홈페이지 〈http://www.mofat.go.kr/main/index.jsp〉
WCO 홈페이지 〈http://www.wcoomd.org〉
WTO 홈페이지 〈http://www.wto.org〉

Index
색 인

숫자

영문

국문

(ㄱ)

(ㅈ)

(ㅎ)

저자 약력

저자는 강원도 춘천에서 태어났고, 전북 남원에서 유년시절을 보냈으며, 부산에서 초·중·고·대학교를 다녔다. 1993년 제37회 행정고등고시에 합격하여 해양수산부에서 통상관련 업무와 법제 업무를 담당하였다.

University of Wisconsin대학에서 법학석사를 받았고 University of Wisconsin Law School에서 법학박사(S.J.D) 학위를 받았다. 2001년 5월 미국 뉴욕 주 변호사시험에 합격하였으며 같은 해 9월부터 뉴욕 주 변호사협회 회원으로 활동을 하고 있다. 2003년 9월부터 인하대학교 국제통상학부에서 법학개론, 통상법, 국제거래법, 무역관계법, 무역계약론, 국제결제론, 통상분쟁사례연구 등을 강의하고 있으며 물류전문대학원에서 물류법규를 강의하고 있다.

저서로는 「물류법규」, 「대외무역법」, 「외국환거래법」, 「유통산업발전법」, 「통관물류법」 등이 있으며, 「물류정책의 통합 · 조정기능 강화를 위한 물류법제 개선 방안에 관한 연구」, 「중국 보조금 제도에 관한 연구」, 「중국 주요 물류거점도시 발전전략 연구」, 「경제자유구역청의 효율적 운영방안에 관한 연구」 등 다수의 논문 및 연구보고서가 있다. 주요 연구 분야는 물류, 통상, 일반행정 및 법제, 해양수산 정책·제도·법령 등 다양하며, 현재 여러 관련연구를 수행하고 있다.

현재 외교통상부·국토해양부·지식경제부·농림수산식품부·해양경찰청 등 정부기관과 한국선박안전관리공단·인천항만공사·수협·한국수산회 등 민간단체의 자문위원이다. 관세법과 관련된 활동으로는 인천세관 및 인천공항세관 특허심사위원회 위원과 관세사 시험출제위원이며 행정고등고시·물류관리사·화물운송종사자 자격시험 등 각종 시험위원과 종합물류업인증 심사위원, 우수 화물자동차 운수사업 심사위원으로도 활동하고 있다.

최신 관세법

초판 인쇄 2013년 3월 7일
초판 발행 2013년 3월 17일
저자 박민규
발행인 고우용
발행처 도서출판 서훈
출판등록 제 1997-000139 호
등록일 1997년 11월 25일
주소 서울특별시 마포구 망원1동 338-53
전화 02) 324-6577
팩스 02) 324-6177
홈페이지 www.choolpansa.com
값 25,000원
ISBN 978-89-6249-078-7 93360